U0915841

DRC 国务院发展研究中心学术指导
中国发展出版社编辑出版

2019 PERFORMANCE EVALUATION REPORT OF CHINESE LISTED COMPANIES

中国上市公司业绩评价报告

中国上市公司业绩评价课题组 著

图书在版编目（CIP）数据

2019中国上市公司业绩评价报告 / 中国上市公司业绩评价报告课题组著. 北京：中国发展出版社，2019. 6

ISBN 978-7-5177-1012-7

Ⅰ. ①2… Ⅱ. ①中… Ⅲ. ①上市公司—经济评价—中国—2019 Ⅳ. ①F279.246

中国版本图书馆CIP数据核字（2019）第101852号

书　　　名：2019中国上市公司业绩评价报告
著作责任者：中国上市公司业绩评价课题组
出 版 发 行：中国发展出版社
（北京市西城区百万庄大街16号8层　100037）
标 准 书 号：ISBN 978-7-5177-1012-7
经　销　者：各地新华书店
印　刷　者：河北盛世彩捷印刷有限公司
开　　　本：889mm × 1194mm　1/16
印　　　张：34
字　　　数：580千字
版　　　次：2019 年 6 月第 1 版
印　　　次：2019 年 6 月第 1 次印刷
定　　　价：480.00元

联 系 电 话：（010）68990646　67899620
购 书 热 线：（010）67894472　68990686
网 络 订 购：http：//zgfzcbs.tmall.com
网 购 电 话：（010）68990639　88333349
本 社 网 址：http://www. develpress. com
电 子 邮 件：cheerfulreading@sina. com

中国智库

中国上市公司业绩评价课题组

顾　　问：孟建民　国务院国有资产监督管理委员会副主任
　　　　　隆国强　国务院发展研究中心副主任、研究员

组　　长：包月阳　中国发展出版社社长
　　　　　王子林　中联企业管理集团董事局主席
　　　　　邬红兵　国务院国资委财务监管局局长
副 组 长：孙庆红　中国上市公司业绩评价课题组副组长
　　　　　刘绍娓　国务院国资委财务监管局副局长
　　　　　马　骏　国务院发展研究中心企业研究所所长、研究员
　　　　　任兴洲　国务院发展研究中心市场经济研究所原所长、研究员
　　　　　李佐军　国务院发展研究中心资源与环境政策研究所副所长、研究员
　　　　　陈道富　国务院发展研究中心金融研究所副所长、研究员
　　　　　车海刚　中国发展出版社副总编辑兼中国发展观察杂志社副总编辑
　　　　　张诗雨　中国发展出版社副社长兼中国发展观察杂志社副社长
　　　　　杨良敏　中国发展观察杂志社副总编辑
　　　　　范树奎　中联资产评估集团有限公司董事长
　　　　　姚庚春　中兴财光华会计师事务所首席合伙人
　　　　　穆东升　中联财联网科技有限公司总裁
　　　　　潘　明　中联企业管理集团合伙人
　　　　　严晓健　中联造价咨询有限公司董事长
成　　员：杜　嘉　国研文化传媒集团股份有限公司市场运营部主任、课题协调人
　　　　　宋东坡　中国发展出版社第四编辑部主任、国研智库书院总经理
　　　　　赵　刚　国研智库创新科学园投资股份有限公司常务副总经理
　　　　　张玉雷　中国发展观察杂志社视觉传播部负责人
　　　　　韩　僅　中民国资创新产业发展投资有限公司首席战略官
　　　　　李进安　上海厚有安资产管理公司董事长
　　　　　范鹏宇　中国发展出版社第四编辑部副主任、国研智库书院副总经理
　　　　　邓艳芳　中联税务师事务所有限公司董事长
　　　　　金　阳　中联国际资信评估有限公司合伙人
编　　辑：韩荣、唐章奇、陈志红、周良、鲁杰钢、刘松、陶涛、吴晓光、蒋卫峰、高红海、刘艳伟、李昱霖

目　录

第一部分　中国上市公司评价总报告

3　第一章　中国上市公司业绩评价宏观经济背景
15　第二章　中国上市公司业绩评价结果综述
41　第三章　2018 年度“中联百强”上市公司

第二部分　中国上市公司评价各行业分析报告

59　第四章　煤炭行业上市公司业绩评价
75　第五章　钢铁行业上市公司业绩评价
91　第六章　有色金属行业上市公司业绩评价
114　第七章　石油石化行业上市公司业绩评价
143　第八章　机械行业上市公司业绩评价
179　第九章　汽车行业上市公司业绩评价
208　第十章　电子和计算机行业上市公司业绩评价
243　第十一章　电力行业上市公司业绩评价
255　第十二章　建筑行业上市公司业绩评价
274　第十三章　银行业上市公司业绩评价
293　第十四章　证券行业上市公司业绩评价
304　第十五章　医药生物行业上市公司业绩评价
330　第十六章　农林牧渔行业上市公司业绩评价
350　第十七章　房地产行业上市公司业绩评价
369　第十八章　环保行业上市公司业绩评价

第三部分　中国上市公司税收分析报告

385　第十九章　　上市公司税收负担率分析

附　录

433　附录一　　中国上市公司业绩评价体系说明
453　附录二　　2018 年度上市公司业绩评价排序
500　附录三　　2018 年度中国上市公司分类财务指标
504　附录四　　2018 年度新三板概述

533　后　记

第一部分
中国上市公司评价总报告

第一章　中国上市公司业绩评价宏观经济背景

2018年，全球经济总体延续复苏态势，但增长趋势有所放缓，其中仍包含较多不确定因素，全球贸易摩擦增加。主要发达经济体增长有所放缓，经济运行出现分化。新兴市场经济体表现继续分化。中国经济保持较强韧性，仍继续保持总体平稳、稳中有进的态势，即增长稳、物价稳、就业稳、国际收支平衡改善、去杠杆取得积极成效、新动能继续高成长、经济结构进一步调整优化。但处在新旧动能转化阶段，长期积累的风险隐患增多，经济增长面临下行压力。

一、国际经济大环境的影响

（一）全球经济环境增长放缓

2018年世界经济增长与预期相一致，GDP增长相较于上年明显放缓。根据相关机构（IMF，国际货币基金组织）2019年4月份预测，2018年全球经济增长率约为3.6%，欧元区经济增长势头的减弱程度超出预期及外部需求（尤其是来自新兴亚洲的需求）减弱。2017年全球经济增长率为4.6%，2016年全球经济增长率为3.1%。整体而言，全球经济扩张已经减弱，由此可见2019年，全球经济增速将有所放缓。

（二）全球CPI涨幅提升、大宗商品价格涨势明显

2018年，发达国家和发展中国家CPI同比分别上涨2.0%和4.9%，比上年相比分别上涨0.3个百分点和0.6个百分点。国际市场大宗商品价格上涨明显，作为大宗商品风向标的原油市场在2018年全年均价为29.9美元/桶，非燃料价格大幅下降。

自2016年跌到30美元/桶之后，国际石油市场原油价格一直在上涨。2018年大部分时间，由于产量可能受限和全球石油库存的下降，原油价格不断上涨。2018年5月，美国宣布重启对伊朗的制裁，伊朗主要的石油进口国减少了从伊朗进口原油的数量。2018年10月3日，布伦特原油价格涨到4年来的最高点，为86美元/桶。但是，美国、俄罗斯和沙特阿拉伯的石油产量达到历史性高位、全球经济增长放缓的担忧及其对石油需求可能带来的负面影响、对某些进口伊朗原油国家的豁免，这些大大缓解了对原油供应紧张的担忧，

最终导致了随后原油价格的暴跌。这使得2018年成为自2015年以来，第一个年底原油价格低于年初的年份。基于全球三大交易所去年交易量的分析，再加上对此前的交易策略受到宏观不确定性的影响，投资者纷纷逃离工业金属市场。在伦敦金属交易所（LME），从7月份开始，交易量出现负增长，2018全年的交易量增幅微乎其微。芝加哥商品交易所高企的铜期货合约持续了较长时间。但到了第四季度，交易量和未平仓合约均出现大幅下滑。至于上海期货交易所，2018年的交易量并不好，只有镍和锡的交易量出现了显著增长。对于仍是全球最大工业金属交易中心的伦敦金属交易所，2018年上半年和下半年交易情况差异显著。在美国对俄罗斯铝业实施制裁后，4月底铝交易活动激增，带动6月底铝交易量增加逾10%。然而，8月份的日均交易量为负，并一直持续到年底，这使得全年的增长率仅为1%。

（三）国际金融市场波动加强

一是全球经济分化现象明显增强。自2018年4月以来，在全球贸易摩擦、美联储收紧货币政策、美元升值、全球美元流动性趋紧等因素影响下，全球经济扩张的均衡性开始下降。从经济增长方面来看，发达国家中美国经济“一枝独秀”，欧洲经济陷入疲软，新兴经济体中亚洲保持较高增长，其他地区增速放缓；从金融市场表现来看，发达国家总体稳定，新兴经济体则出现货币贬值、资本外流、股市下滑、偿债压力上升等风险，阿根廷、俄罗斯、土耳其等国家的货币危机引起全球关注。二是全球经济博弈现象显现。全球化与逆全球化的博弈更加白热化。美国政府奉行单边主义和“零和博弈”思维，在全球范围内采取频繁“退群”、加征关税、重谈双边协定等行动，引发国际关系的失衡和贸易摩擦，而G7（七国集团）、G20（20国集团）、WTO（世纪贸易组织）、APEC（亚太经济合作组织）等国际合作平台无法对美国保护主义形成有效制约，全球多边协调机制受到严重冲击。与此同时，各国内外部政治力量的博弈加剧，引发经济社会矛盾，俄罗斯、伊朗受到美国制裁，英国脱欧波折，意大利预算困局，法国“黄背心”运动，卡塔尔退出OPEC（石油输出国组织）等事件频繁爆出，增加了全球经济金融运行的不确定性。

二、国内宏观经济指标

（一）GDP（国内生产总值）

2018年，国内生产总值达900309亿元，比上年增长6.6%。

（二）投资

2018年全社会固定资产投资（不含农户）635636亿元，比上年增长5.9个百分点。

（三）出口

2018年全年货物进出口总额305050亿元，比上年增长9.7%。其中，出口164177亿元，增长7.1%；进口140874亿元，增长12.9%。货物进出口差额（出口减进口）23303

亿元，比上年减少 5217 亿元。对“一带一路”沿线国家进出口总额 83657 亿元，比上年增长 13.3%。其中，出口 46478 亿元，增长 7.9%；进口 37179 亿元，增长 20.9%。

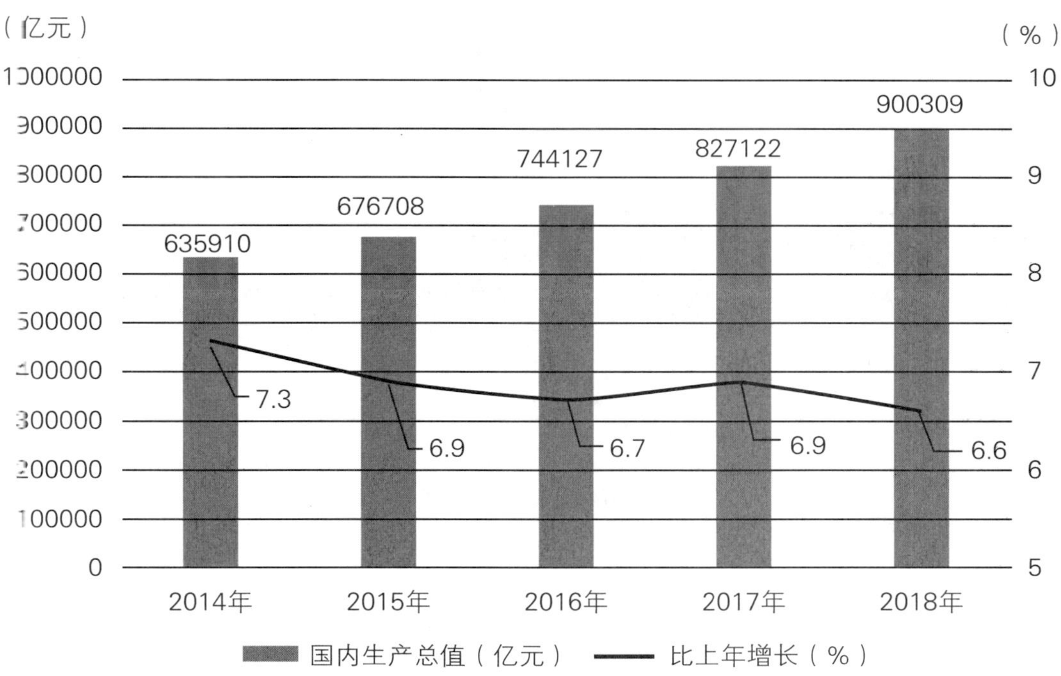

图 1－1　2014—2018 年国内生产总值及其增长速度

数据来源：国家统计局网站。

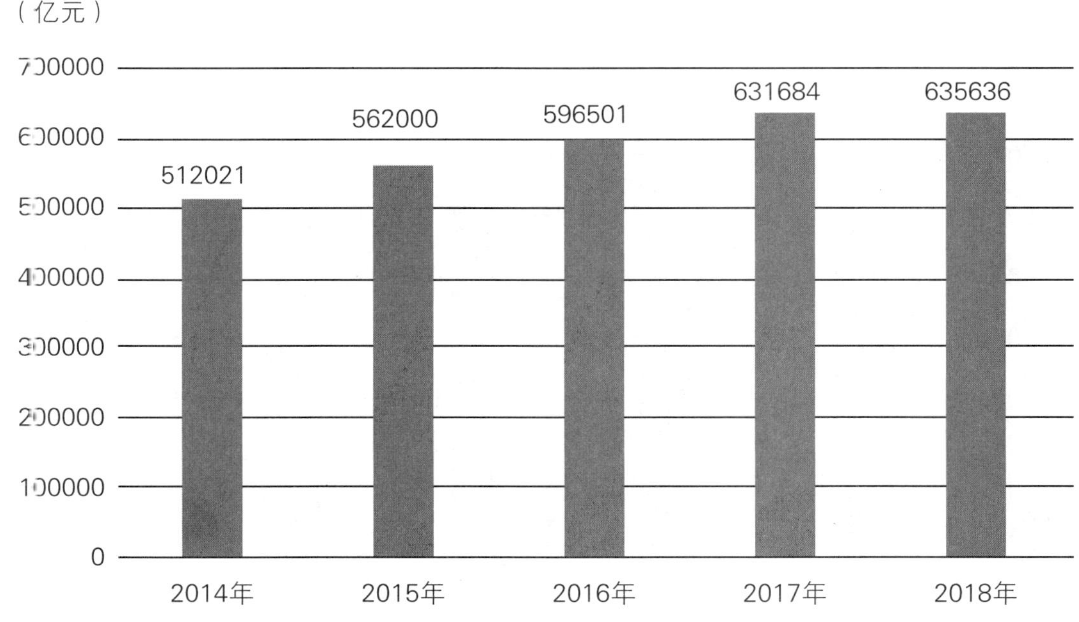

图 1－2　2014—2018 年全社会固定资产投资

数据来源：国家统计局网站。

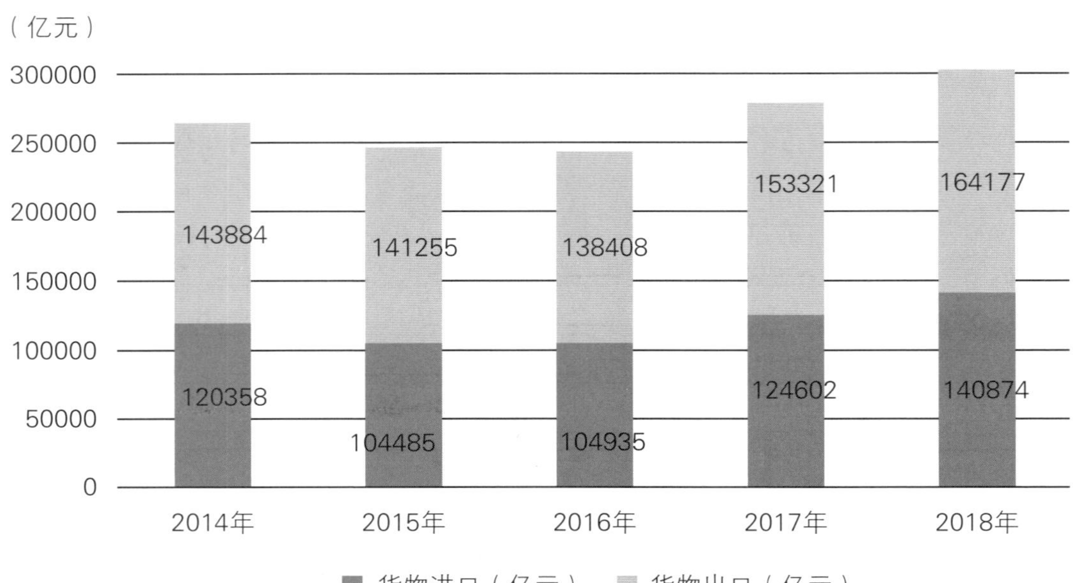

图 1－3　2014—2018 年货物进出口总额

数据来源：国家统计局网站。

（四）消费

2018 年社会消费品零售总额 380987 亿元，比上年增长 9.0%。按经营地统计，城镇消费品零售额 325637 亿元，增长 8.8%；乡村消费品零售额 55350 亿元，增长 10.1%。按消费类型统计，商品零售额 338271 亿元，增长 8.9%；餐饮收入额 42716 亿元，增长 9.5%。

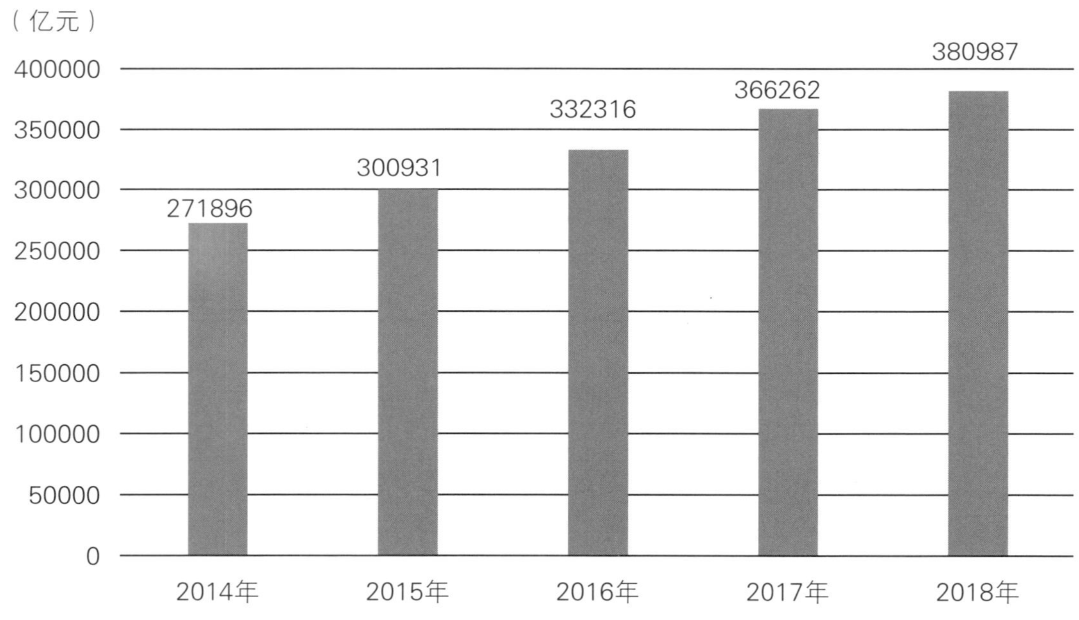

图 1－4　2014—2018 年社会消费品零售总额

数据来源：国家统计局网站。

在限额以上企业商品零售额中，粮油、食品类零售额比上年增长 10.2%，饮料类增长 9.0%，烟酒类增长 7.4%，服装、鞋帽、针纺织品类增长 8.0%，化妆品类增长 9.6%，金银珠宝类增长 7.4%，日用品类增长 13.7%，家用电器和音像器材类增长 8.9%，中西药品类增长 9.4%，文化办公用品类增长 3.0%，家具类增长 10.1%，通讯器材类增长 7.1%，建筑及装潢材料类增长 8.1%，石油及制品类增长 13.3%，汽车类下降 2.4%。

（五）价格

2018 年，居民消费价格比上年上涨 2.1%，涨幅比 2017 年扩大了 0.5 个百分点，其中食品价格上涨 1.8%。

生产资料价格涨幅明显下降，同比上涨 4.6%，降幅比上年回落 3.7 个百分点。工业生产者购进价格同比上涨 4.1%，涨幅比上年回落 4.0 个百分点，全年工业生产者出厂价格指数上涨 3.5%。企业商品价格同比上涨 3.0%，比上年回落 3.8 个百分点。农业生产资料价格同比上涨 3.1%，涨幅比上年扩大 2.5 个百分点。

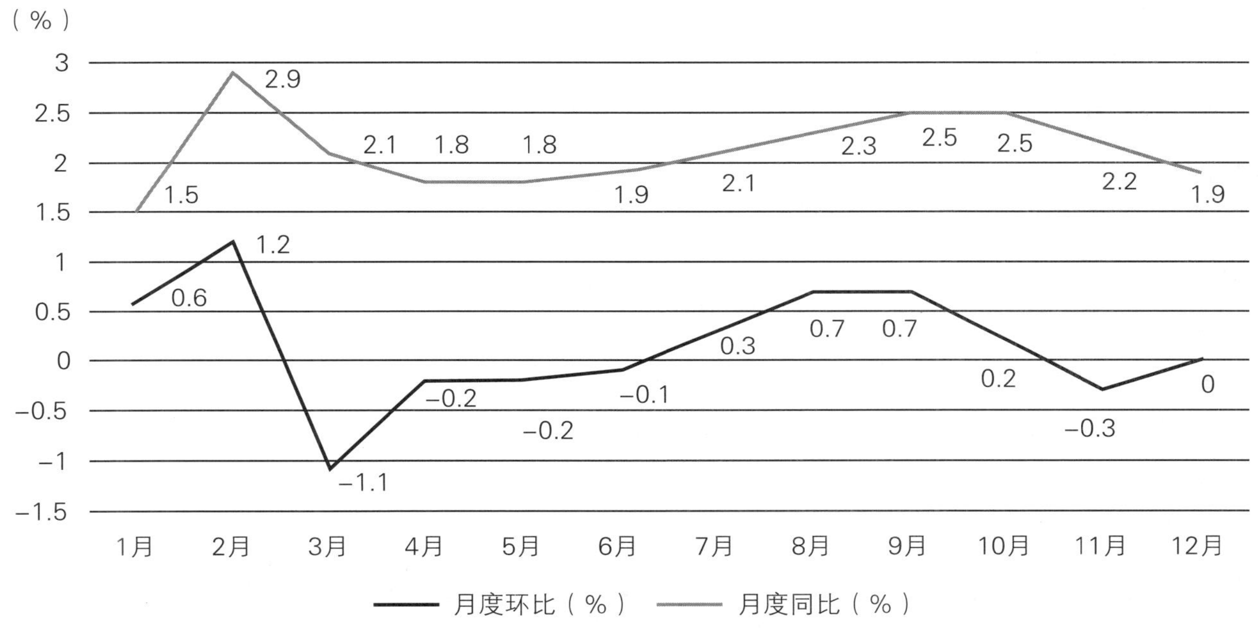

图 1－5　2018 年居民消费价格月度涨跌幅度

数据来源：国家统计局网站。

（六）就业

截至 2018 年末，全国就业人员 77586 万人，其中城镇就业人员 43419 万人。2018 年末城镇登记失业率为 3.8%，比上年末下降 0.1 个百分点，2017 年末的城镇登记失业率为 3.90%，2016 年末的城镇登记失业率为 4.02%。可见，近年来我国城镇登记失业率持续降低。2018 年，全年全员劳动生产率为 107327 元 / 人，比上年提高 6.6%。

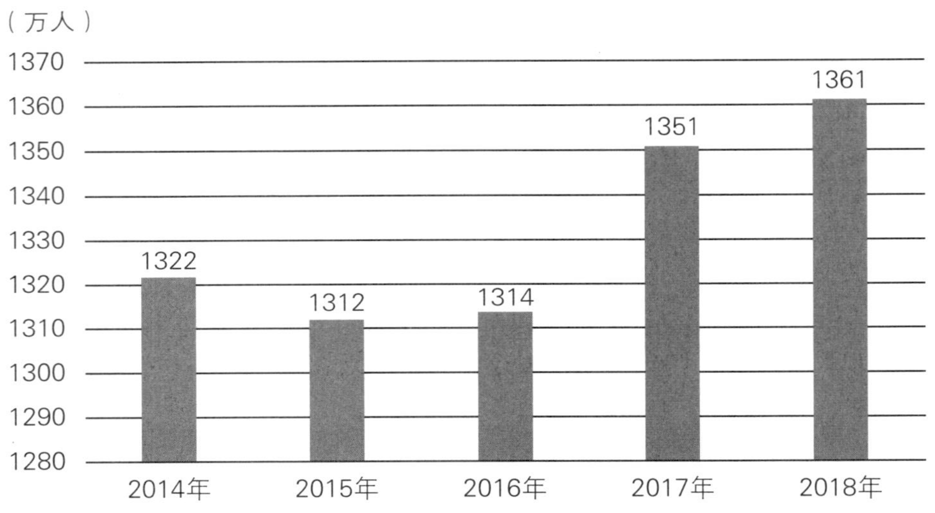

图 1－6　2014—2018 年城镇新增就业人数

数据来源：国家统计局网站。

（七）国际收支

2018 年，我国国际收支状况稳健，跨境资金流动从净流出转为基本平衡。2018 年，经常账户顺差 491 亿美元；非储备性质的金融账户顺差 602 亿美元。2018 年末，外汇储备余额为 30727 亿美元。外债规模继续保持增长。2018 年 9 月末，全口径（含本外币）外债余额为 19132 亿美元，较 6 月末增加 427 亿美元。其中，短期外债余额为 12073 亿美元，占外债余额的 63%。

（八）PMI（中国制造业采购经理指数）

采购经理指数以百分比来表示，常以 50% 作为经济强弱的分界点；当指数高于 50% 时，被解释为制造业经济扩张的信号；当指数低于 50% 时，反映制造业经济萎缩。

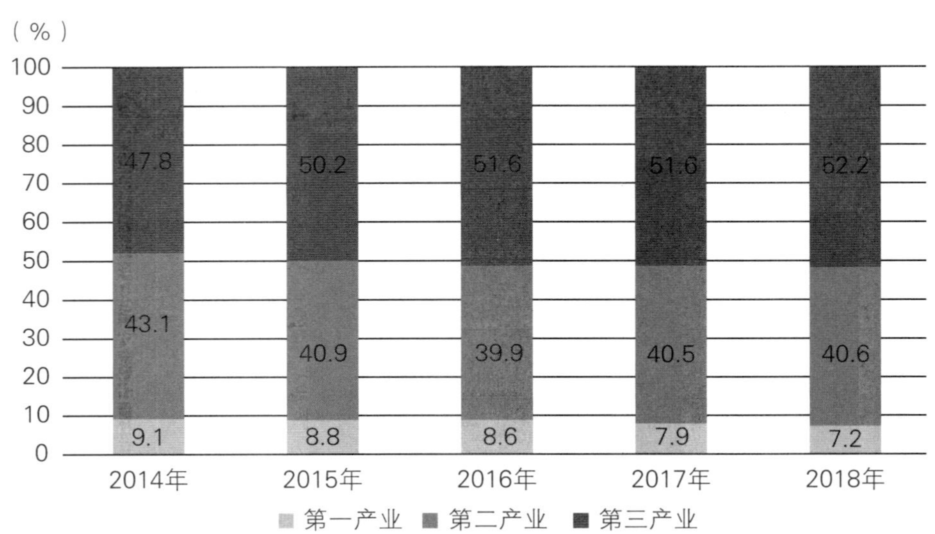

图 1－7　2014—2018 年三大产业增加值占国内生产总值比重

数据来源：国家统计局网站。

表 1-1　PMI 各月指数

月份	1月	2月	3月	4月	5月	6月	7月	8月	9月	10月	11月	12月
PMI（%）	51.3	50.3	51.5	51.4	51.9	51.5	51.2	51.3	50.8	50.2	50.0	49.4

三、宏观经济特征

（一）深化供给侧结构性改革

1. 工业、服务业生产总体平稳，产业结构持续优化

消费在经济增长中发挥主要拉动作用。2018 年，第一、第二产业所占比重呈现持续下降态势，而第三产业所占比重则连续上升。2018 年，第三产业增加值达 469961 亿元，占国内生产总值比重上升到 52.2%，增长 0.6 个百分点。

2. 深入推进简政减税减费

取消一批行政许可事项，“证照分离”改革在全国推开，企业开办时间大幅压缩，工业生产许可证种类压减 1/3 以上。“双随机、一公开”监管全面实施。清理规范各类涉企收费，推动降低用能、用网和物流等成本。深化“互联网 + 政务服务”，各地探索推广一批有特色的改革举措，企业和群众办事便利度不断提高。

3. 工业生产总体平稳，经济结构优化发展

钢铁、煤炭行业市场化去产能改革持续进行。实施稳投资举措，制造业投资、民间投资增速明显回升。出台促进居民消费政策。全面推进“互联网 +”，运用新技术新模式改造传统产业。

2018 年，全国规模以上工业增加值比上年实际增长 6.2%，增速缓中趋稳。高技术制造业、战略性新兴产业和装备制造业增加值分别比上年增长 11.7%、8.9% 和 8.1%，增速分别比规模以上工业快 5.5 个、2.7 个和 1.9 个百分点。2018 年，全国规模以上工业企业利润同比增长 10.3%；主营业务收入利润率为 6.49%，比上年提高 0.03 个百分点。

（二）新的发展动能不断增强

1. 深入实施创新驱动发展战略，创新能力和效率进一步提升

大力优化创新生态，调动各类创新主体积极性。深化科技管理体制改革，推进关键核心技术攻关，加强重大科技基础设施、科技创新中心等建设。强化企业技术创新主体地位，将提高研发费用加计扣除比例政策扩大至所有企业。制定支持双创深入发展的政策措施。技术合同成交额增长 30% 以上。科技进步贡献率提高到 58.5%。

2. 深化国企改革、强化对外开放政策

继续推进和深化国资国企改革，国有企业优化重组、提质增效取得新进展。针对民营企业发展遇到的困难和问题，千方百计帮助其解忧纾困。推进财税体制改革，预算绩效管理改革全面启动。推出对外开放一系列重大举措。共建“一带一路”引领效应持续释放，同沿线国家的合作机制不断健全，经贸合作和人文交流加快推进。出台稳健外贸政策，货

物通关时间压缩一半以上。下调部分商品进口关税，关税总水平由 9.8% 降至 7.5%。新设一批跨境电商综合试验区。复制推广自贸试验区改革经验。大幅压缩外资准入负面清单，扩大金融、汽车等行业开放，一批重大外资项目落地，新设外资企业增长近 70%。

3. 抓紧农业农村发展，统筹区域发展不断深入

乡村振兴战略有力实施，粮食总产量保持在 1.3 万亿斤以上。新型城镇化扎实推进，近 1400 万农业转移人口在城镇落户。推进西部开发、东北振兴、中部崛起、东部率先发展，出台一批改革创新举措。新增高速铁路运营里程 4100 公里，新建改建高速公路 6000 多公里、农村公路 30 多万公里。

（三）房地产市场调控效果显著

2018 年，全国商品房销售面积与销售额增速持续放缓；受三四线城市带动，房价上涨区域和幅度有所扩大；房地产开发投资保持较快增长；房地产贷款增速继续平稳回落。

1. 商品房销售面积、销售额增速持续回落

2018 年，全国商品房销售面积为 17.17 亿平方米，同比增长 1.3%，增速较上年下降 6.4 个百分点。商品房销售额为 15 万亿元，同比增长 12.2%，增速较上年下降 1.5 个百分点。

2. 房地产开发投资保持较快增长

2018 年，全国房地产开发投资完成 12.03 万亿元，同比增长 9.5%，增速较上年提升 2.5 个百分点。其中，住宅开发投资累计完成 8.5 万亿元，同比增长 13.4%，增速较上年提高 4 个百分点，占房地产开发投资的比重为 70.8%。全国房屋新开工面积为 20.93 亿平方米，同比增长 17.2%，增速较上年提高 10.2 个百分点。

四、宏观经济政策

（一）积极的财政政策

坚持实施积极的财政政策，着力减税降费、补短板调结构；下调增值税税率，扩大享受税收优惠小微企业范围，出台鼓励研发创新等税收政策；调整完善进出口税收政策；进一步清理规范涉企收费；优化财政支出结构，盘活财政存量资金，重点领域支出得到保障；推动三大攻坚战取得明显成效；加强地方政府债务风险防控；大力支持脱贫攻坚；支持深化供给侧结构性改革；推进科技创新能力建设；支持制造业转型升级；激发创业创新活力；落实“三去一降一补”重点任务；促进城乡区域协调发展；财税改革向纵深推进；加快财政体制改革；深化预算管理制度改革；财政管理水平继续提高。

2018 年，财政改革发展工作取得新进展，有力促进了经济社会持续健康发展。全国一般公共预算收入 183351.84 亿元，比 2017 年同口径增长 6.2%。其中税收收入 156401 亿元，比上年增加 12031 亿元，增长 8.3%。中央一般公共预算支出 85447.34 亿元，完成预算的 100.1%，增长 5.3%。加上补充中央预算稳定调节基金 2130 亿元，从中央政府性基金预算、中央国有资本经营预算调入 323 亿元，收入总量为 87900.34 亿元。中央一般

公共预算支出102381.8亿元，完成预算的99.1%，增长7.7%。加上补充中央预算稳定调节基金1018.54亿元，支出总量为103400.34亿元。收支总量相抵，中央财政赤字15500亿元，与预算持平。中央政府性基金收入4032.65亿元，为预算的104.4%，增长4.2%。地方政府性基金本级收入71371.85亿元，增长23.8%，其中，国有土地使用权出让收入65095.85亿元。

1. 提高财政管理水平

强化管理基础工作，严肃财经纪律，认真整改审计发现问题。多措并举加快预算执行进度，完善对地方转移支付资金调度，支持地方做好保工资、保运转、保基本民生，以及农民工工资支付、清理拖欠民营企业账款等工作。加快推进预算执行动态监控工作，36个省本级、绝大多数市县都已建立预算执行动态监控机制。高度重视审计指出的具有指定用途的转移支付占比较高、预算绩效评价覆盖面小等问题，落实整改责任，细化整改措施，扎实推进整改，同时认真研究采纳审计建议，注重举一反三，从体制机制上巩固整改成果。

2. 加强地方政府债务风险防控

严控地方政府债务增量，终身问责、倒查责任。依法规范地方政府债务限额管理和预算管理。鼓励各地区按照《财政部关于试点发展项目收益与融资自求平衡的地方政府专项债券品种的通知》（财预〔2017〕89号）的规定，积极利用上年末专项债务未使用的限额，结合项目对应的政府性基金收入、专项收入情况，合理选择重点项目试点分类发行项目收益与融资自求平衡的专项债券（以下简称项目收益专项债券），保障重点领域合理融资需求。推进地方政府债务领域信息公开。

3. 财税制度向纵深推进。加快财政体制改革

深化预算管理制度改革。完善税收制度。深化国资国企改革。大力实施减税降费。完善增值税制度。实施个人所得税改革。加大小微企业税收支持力度。鼓励企业加大研发投入。调整完善进出口税收政策。进一步清理规范涉企收费。全年为企业和个人减税降费约1.3万亿元。下调部分商品进口关税，关税总水平由9.8%降至7.5%。优化财政支出结构，盘活财政存量资金，重点领域支出得到保障。

（二）稳健中性的货币政策

2018年，中国人民银行坚持实施稳健的货币政策，引导金融支持实体经济。针对融资难、融资贵问题，先后4次降低存款准备金率，多措并举缓解民营和小微企业资金紧张状况，融资成本上升势头得到初步遏制。及时应对股市、债市异常波动，人民币汇率基本稳定，外汇储备保持在3万亿美元以上。2018年末，广义货币供应量M2余额182.7万亿元，同比增长8.1%，与上年持平；2018年，金融机构对实体经济发放的人民币贷款比年初增加15.67万亿元，比上年多增1.83万亿元，占同期社会融资规模增量的81.4%；社会融资规模存量为200.75万亿元，同比增长9.8%。全年增量为19.26万亿元，比上年少3.14万亿元，主要是表外融资大幅下降。2018年末，人民币对美元汇率中间价为6.8632元，比上年末贬值4.8%。

1. 灵活开展公开市场操作，引导货币市场利率中枢下行

以7天期逆回购为主搭配不同期限品种灵活开展公开市场操作，及时对冲税收、节日现金投放、季末监管考核等因素对流动性的冲击，弥补短期流动性缺口，使银行体系流动性总量保持在合理充裕水平。2018年，中国人民银行累计开展逆回购操作10.84万亿元，其中7天期操作7.1万亿元，14天期操作2.6万亿元，28天期操作9100亿元，63天期操作2300亿元。货币市场基准性的DR007（存款类机构间利率债质押的7天回购利率）中枢从年初的2.9%左右下降至2.6%左右，第四季度以来至2019年春节前保持平稳。2018年第一季度，央行公开市场7天期逆回购操作利率在美联储加息后上行5个基点，其他操作品种利率相应上行；第二季度以来，美联储继续加息三次，中国人民银行保持公开市场操作利率稳定，巩固货币市场利率下行逐步传导至债券市场和信贷市场的效果。

2. 支持扩大小微、民营企业等重点领域和薄弱环节信贷投放

积极运用再贷款、再贴现和抵押补充贷款等工具，引导金融机构加大对“三农”、小微、扶贫、“双创”等普惠领域和民营企业、债转股等支持力度。截至2018年末，全国再贷款再贴现余额合计8332亿元，比年初增加3009亿元。其中支农再贷款余额为2870亿元（含扶贫再贷款1822亿元），支小再贷款余额为2172亿元，再贴现余额为3290亿元。2018年12月，中国人民银行创设定向中期借贷便利（TMLF），为金融机构提供长期稳定资金来源，定向支持其扩大对小微、民营企业的信贷投放。中国人民银行于2019年1月23日开展了第一季度定向中期借贷便利操作，操作利率比中期借贷便利低15个基点，操作数量为2575亿元，与金融机构支持小微、民营企业的力度挂钩，有利于撬动银行信贷支持实体经济薄弱环节。结构上，民营、小微企业等重点领域和薄弱环节的金融服务有边际改善，呈“量增、价降、面扩、回暖”的特点。

3. 深化利率市场化改革，完善人民币汇率市场化形成机制

一方面，持续推进利率市场化改革，推动利率“两轨合一轨”。另一方面，保持人民币汇率弹性，稳定市场预期。提高中央银行市场化利率调控能力，疏通货币政策传导。完善利率走廊机制，提高央行对市场利率的调控和传导效率。不断健全市场利率定价自律机制。进一步拓宽自律机制成员范围，目前自律机制成员已扩大至2051家，包括15家核心成员、1182家基础成员和854家观察成员。加快推动大额存单发展，促进同业存单市场规范发展。同时，保持人民币汇率弹性，发挥汇率调节宏观经济和国际收支“自动稳定器”的作用，根据形势变化，采取宏观审慎政策等一系列有针对性的措施，包括加强与市场沟通、提高远期售汇风险准备金率、重启中间价报价“逆周期因子”等，并创新和丰富调控工具箱，着力引导和稳定市场预期。在香港发行中央银行票据，丰富香港高信用等级人民币金融产品，完善香港人民币收益率曲线。

2018年，中国股票市场从板块行情来看，全年可以称之为行情上涨的仅仅包括：1月以上证50成分股为代表的蓝筹股的短暂诱多式上涨（随后暴跌）、消费医药白马上半年继续前两年中级行情的最后冲高（下半年也步入暴跌模式）、10—11月部分题材股的短暂炒作。

除了这三种情况，今年其他板块几乎所有的股票均出现了长期的持续性的下跌，市场总体进入了最残酷的熊市的第三阶段。受资本寒冬影响，全年A股并购重组市场的交易热度有所下降。2018年，中国资本市场有序开放，金融行业外资投资门槛大幅降低，A股正式纳入摩根士丹利资本国际公司新兴市场指数和全球指数。

五、对2019年宏观经济的几点展望

2019年预计全球经济贸易摩擦风险和政策不确定性提高，但我国经济保持平稳发展的有利因素较多，丰富且灵活运用的财政、货币、就业政策工具，不仅有利于增强宏观经济调控前瞻性、针对性和有效性，而且为经济平稳运行创造了有利条件。预计财政政策和货币政策将延续2018年末的积极取向，将更加宽松且更具弹性，经济结构的有利变化也有望增强增长动能。企业进一步减税降费政策将逐渐落地，基建投资将在更多地方专项债的支持下加速推进；货币政策有望适度宽松。但世界经济形势错综复杂，地缘政治风险依然较大，主要发达经济体货币政策趋势存在不确定性，贸易摩擦给未来出口形势亦带来较大不确定性，可能造成外需对经济的边际拉动作用减弱，还可能影响投资者情绪，加剧金融市场波动。

（一）继续创新和完善宏观调控，确保经济运行在合理区间

1. 保持松紧适度的稳健型货币政策，强化逆周期调节，保持流动性合理充裕和市场利率水平合理稳定

健全货币政策和宏观审慎政策双支柱调控框架，继续灵活运用多种货币政策工具组合，加强政策协调，平衡好总量和结构之间的关系，发挥“几家抬”的政策合力，从供需两端共同夯实疏通货币政策传导的微观基础，保持货币信贷和社会融资规模合理增长。

2. 完善税制、优化收入分配格局

实施更大规模的减税，普惠性减税与结构性减税并举，重点降低制造业和小微企业税收负担。深化税制改革，推进税制简化。明显降低企业社保缴费负担。下调城镇职工基本养老保险单位缴费比例，稳定现行征缴方式。确保减税降费落实到位。减税降费直击当前市场主体的痛点和难点，是既公平又有效率的政策。改革完善货币信贷投放机制，着力缓解企业融资难、融资贵问题。

3. 多管齐下稳定和扩大就业

扎实做好高校毕业生、退役军人、农民工等重点群体就业工作，加强对城镇各类就业困难人员的就业帮扶。推动消费稳定增长。多措并举促进城乡居民增收，增强消费能力。

（二）深化重点领域改革，加快完善市场机制

1. 优化民营经济发展环境

坚持“两个毫不动摇”，鼓励、支持、引导非公有制经济发展。构建亲清新型政商关系，健全政企沟通机制，激发企业家精神，促进民营经济发展升级。保护产权必须坚定不移，对侵权行为要依法惩处，对错案冤案要有错必纠。

2. 深化财税金融体制改革

加大预算公开改革力度，全面实施预算绩效管理。深化中央与地方财政事权和支出责任划分改革，推进中央与地方收入划分改革。完善转移支付制度。健全地方税体系，稳步推进房地产税立法。规范地方政府举债融资机制。以服务实体经济为导向，改革优化金融体系结构。

（三）激发市场主体活力，培育壮大新动能

1. 以简审批优服务便利投资兴业

进一步缩减市场准入负面清单，推动“非禁即入”普遍落实。实行“证照分离”改革，使企业更便捷地拿到营业执照并尽快正常运营，坚决克服“准入不准营”的现象；在全国推开工程建设项目审批制度改革，使全流程审批时间大幅缩短。继续压缩专利审查和商标注册时间。推行网上审批和服务，抓紧建成全国一体化在线政务服务平台。推进“双随机、一公开”跨部门联合监管，推行信用监管和“互联网 + 监管”改革，优化环保、消防、税务、市场监管等执法方式，对违法者依法严惩、对守法者无事不扰。深化综合行政执法改革，清理规范行政处罚事项。

2. 推动传统产业改造提升

围绕推动制造业高质量发展，强化工业基础和技术创新能力，促进先进制造业和现代服务业融合发展，加快建设制造强国。打造工业互联网平台，拓展“智能 +”，为制造业转型升级赋能。支持企业加快技术改造和设备更新。促进新兴产业加快发展。深化大数据、人工智能等研发应用，培育新一代信息技术、高端装备、生物医药、新能源汽车、新材料等新兴产业集群，壮大数字经济。

资料数据来源：

1. 国家统计局网站
2. 国家商务部网站
3. 国家财政部网站
4. 2019 年政府工作报告
5. 关于 2018 年中央和地方预算执行情况与 2019 年中央和地方预算草案的报告
6. 2018 年第四季度中国货币政策执行报告

第二章 中国上市公司业绩评价结果综述

2018 年是全面贯彻党的十九大精神开局之年，国内外形势复杂严峻，经济出现新的下行压力。在持续推进积极财政政策并深化供给侧改革的双重驱动下，2018 年，A 股虽市场表现低迷，业绩基本面下行，但蓝筹公司发挥稳健，实体行业有所回暖。

2018 年末，A 股市场各指数都“跌跌不休”，上证综指下跌 24.59%，深证成指下跌 34.42%，创业板指下跌 28.65%。2018 年度，沪深两市上市公司实现营业收入（不包括金融和 B 股，本文以下如无特指按此口径；本书除第二部分第十三、十四章，如无特指，全部上市公司也按此口径）37.87 万亿元，同比增长 13.68%，较 2017 年度营业收入增速 21.02%，有较大程度的下降；归母净利润合计 1.65 万亿元，同比下降 2.11%，这是十年来首度出现净利润负增长。A 股业绩基本面下行，一方面源于商誉减值的压力，另一方面源于去杠杆的政策深化带来的财务成本的上升。但从沪深两市情况看，在积极财政政策及“三去一降一补”的供给侧改革的助力下，行业龙头公司在整体经济下行压力下业绩稳健，引领高质量发展。

一、上市公司业绩评价结果

按照中国上市公司业绩评价体系，本书以统一的评价标准为测算基准，运用功效系数法，同时结合上市公司的市场表现，对 2018 年度中国上市公司业绩进行评价。从整体综合评价得分情况来看，3473 户上市公司的业绩评价得分在 2018 年整体略有下降。2018 年综合得分 61.16 分，与 2017 年综合得分 61.75 分相比下降了 0.59 分。

2018 年与 2017 年全部 A 股上市公司在财务效益、资产质量、偿债风险、发展能力和市场表现各方面得分情况如图 2–1 所示。从图 2–1 中可以看出，2018 年全部 A 股上市公司除在资产质量上小幅上升外，在其余各方面均有所下降，从而使得综合得分较 2017 年略有下降。其中，2018 年资产质量稍有上涨的原因在于总资产周转率、存货周转率和应收账款周转率均有不同程度的上升。

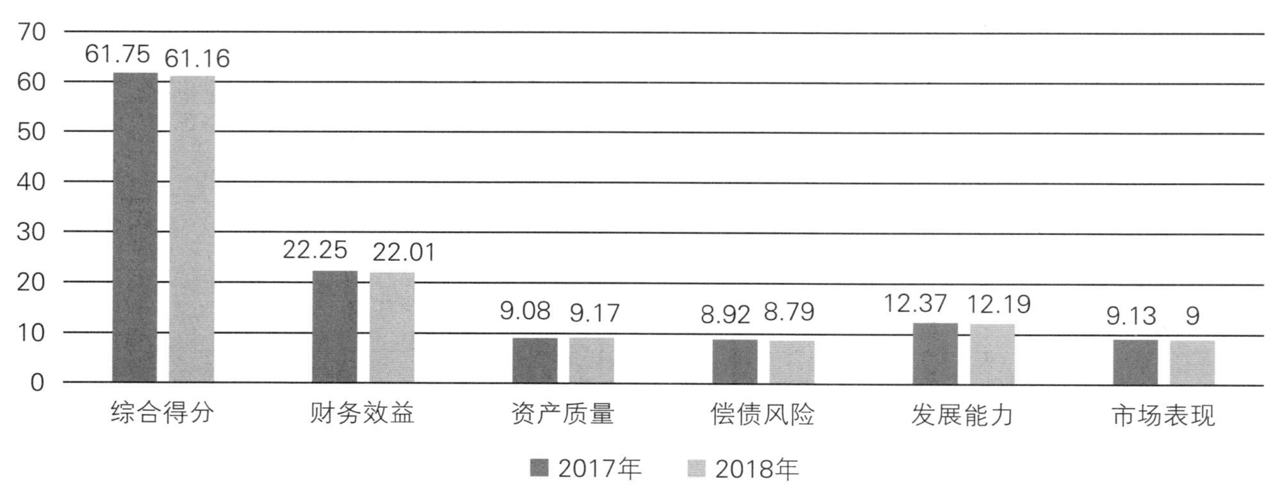

图 2－1　2017—2018 年全部 A 股上市公司各项能力得分情况对比

图 2–2 列示了 2017—2018 年各行业综合得分情况变化。从图 2–2 中可以看出，得益于“十九大”提出的供给侧结构性改革深入推进及“一带一路”政策的实施，采掘、建筑材料、食品饮料、休闲服务等行业综合得分较上年有不同程度的提高，其中采掘行业增长最为显著，主要原因在于工业生产者出厂价格指数呈上升趋势，行业整体盈利能力、经营效益持续上涨；2018 年虽然整体增速偏低，但综合行业综合得分较上年有明显升高。除此之外，有色金属、电气设备、传媒和非银金融行业综合得分较上年有较大幅度下降，其中传媒行业下降最为明显，主要原因是 2018 年该板块出台较多监管政策，监管趋严，一定程度上限制了行业发展，此外，商誉减值也对该行业营业利润造成一定影响。

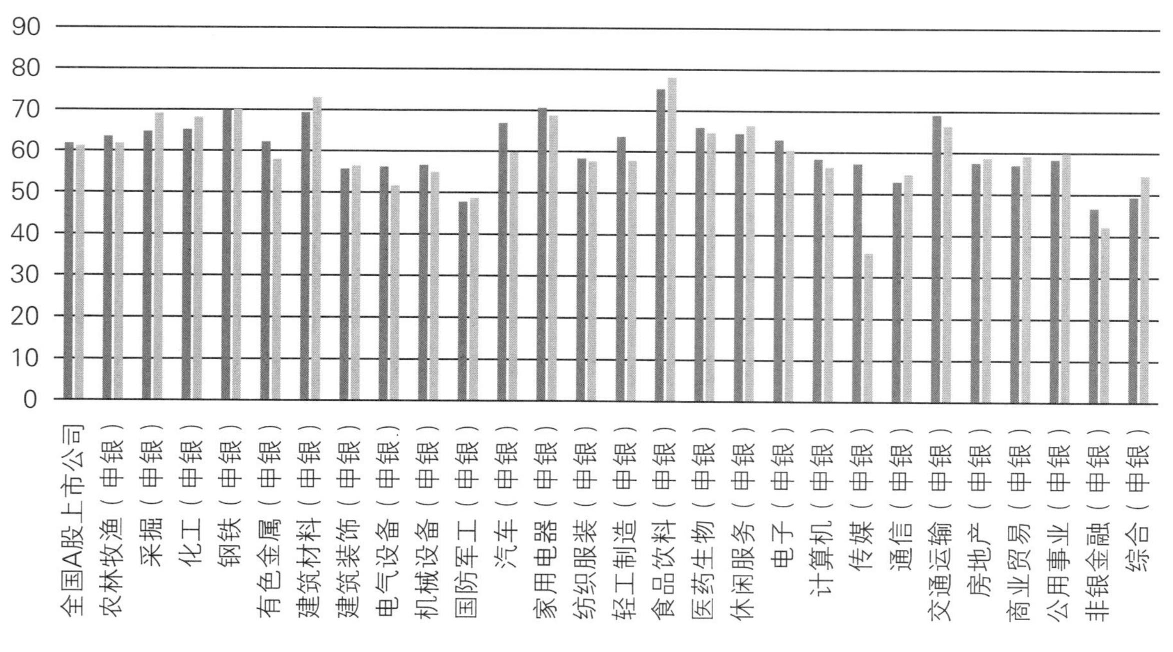

图 2－2　2017—2018 年各行业综合得分情况对比

图 2–3 列示了 2017—2018 年各规模上市公司综合得分情况。从图 2–3 中可以看出，各规模上市公司在 2018 年的综合评分均有不同幅度下降，其中，规模在 10 亿元以下的上市公司下降幅度最为明显，规模在 100 亿元以上的上市公司下降幅度最小。由此可见，面对整体经济环境的下行压力，100 亿元以上的大规模公司抵御风险的能力更强，而小规模的公司相对而言更易受到经济环境影响。

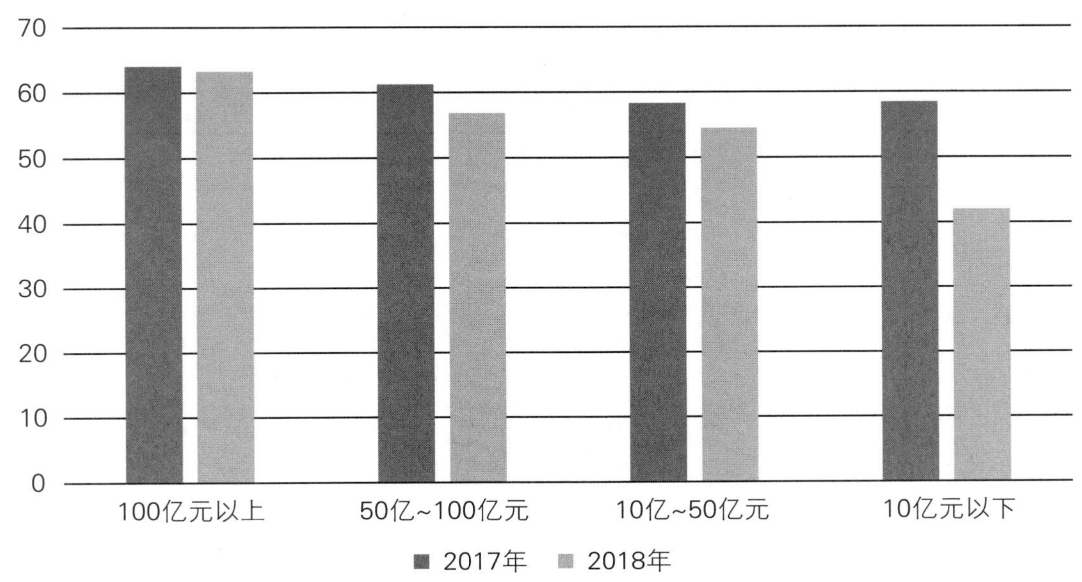

图 2–3 2017—2018 年各规模上市公司综合得分情况对比

2018 年的 GDP（国内生产总值，下同）为 900309 亿元。2018 年，上市公司的期末总资产为 611313.96 亿元，同比增长 12.70%，占当年 GDP 的 67.90%。

2018 年上市公司共实现营业收入 378658.70 亿元，同比增加 15.87%，占当年 GDP 的 42.06%。2018 年实现营业利润 25482.11 亿元，同比增长 7.58%，占当年 GDP 的 2.83%。

下面分别从财务效益、资产质量、偿债风险、发展能力和市场表现五个方面对评价结果逐一说明。

（一）财务效益状况

2018 年上市公司的财务效益状况平均得分为 22.01 分。评价财务效益状况的指标包括两个基本指标（扣除非经常性损益净资产收益率和总资产报酬率）和三个修正指标（营业利润率、盈利现金保障倍数、股本收益率）。财务效益状况各项指标年度变化情况详见表 2–1。

由财务效益状况指标年度对比表可见，除盈利现金保障倍数较 2017 年有大幅上涨外，其余各项指标均有不同程度下降，因此 2018 年度整体财务效益状况较 2017 年略有下降，可以看出，2018 年上市公司的现金流状况较好，但资产收益率较上一年度下降明显。

表 2－1 财务效益状况指标年度对比表

分析指标		2018 年上市公司平均值	2017 年上市公司平均值	增长率（%）
基本指标	净资产收益率 (%)	7.16	7.99	−10.39
	总资产报酬率 (%)	5.61	5.91	−5.08
修正指标	营业利润率 (%)	6.73	7.25	−7.17
	盈利现金保障倍数	1.69	1.34	26.12
	股本收益率 (%)	38.49	42.46	−9.35
综合得分		22.01	22.25	−1.08

1. 行业分析

图 2–4 列示了各行业财务效益得分在 2017—2018 年度之间的变化。采掘、化工、钢铁、建筑材料、食品饮料、通信、房地产、商业贸易、综合等行业有较大程度的改善，农林牧渔、电气设备、汽车、纺织服装、轻工制造、医药生物、计算机、传媒、非银金融等行业有一定程度降低。

从 2018 年各行业上市公司财务效益指标评分来看，食品饮料行业较去年有小幅增长，以 29.37 分位列各行业榜首，较上市公司平均财务效益指标评分高出 7.36 分，此外，建筑材料、家用电器、钢铁和房地产行业也分别以 28.21 分、26.65 分、26.42 分和 26.40 分远

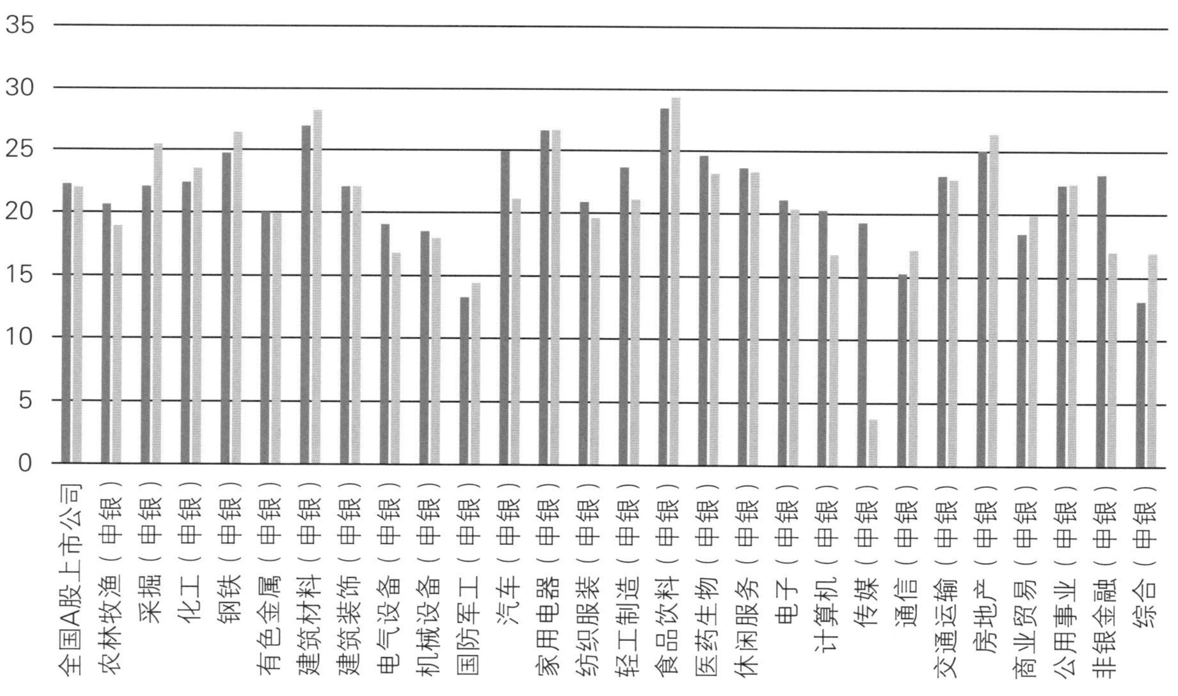

图 2－4 2017—2018 年各行业财务效益得分

超上市公司平均水平。2018 年度，食品饮料行业 88 家上市公司实现营业利润 1392.72 亿元，占上市公司全部实现营业利润总额的 5.47%，较 2017 年的 1050.83 亿元增长 32.53%。从各项财务效益基本指标和修正指标看，食品饮料行业净资产收益率、总资产报酬率、营业利润率、总股本收益率等指标均远高于其他行业，进而拔得头筹。排在食品饮料行业之后的是建筑材料行业，2018 年度建筑材料行业上市公司实现的营业利润为 771.82 亿元，占上市公司全部实现营业利润总额的 3.03%，较 2017 年的 476.94 亿元增长 61.83%，涨幅较大。从各项财务效益基本指标和修正指标情况看，建筑材料行业除盈利现金保障倍数指标外，其余各项指标都优于 A 股上市公司的平均水平，且均高于 A 股上市公司平均水平近 3 倍之多。可以看出，2018 年稳定增长的居民消费水平、“一带一路”政策的推进及基础设施建设投资的增加为以上两个行业在财务效益的良好表现加分不少。

此外，家用电器、房地产、钢铁、采掘、休闲服务等行业财务效益状况评分均高于上市公司平均评分。家用电器行业财务效益状况评分较上年涨幅较小，主要原因是原材料价格的持续上涨，但其评分仍保持在较高水平，这主要受益于产品技术和结构的加速升级。钢铁行业的较快增长则主要受益于供给侧结构性改革的推进，房地产行业较去年也有较大增长，主要由于土地成交量的大幅上涨。除房地产行业总资产报酬率略低于上市公司平均水平外，以上各行业扣除非经常性损益净资产收益率、总资产报酬率和总股本收益率均高于上市公司平均水平，但盈利现金保障倍数则普遍低于平均水平，营业利润率相差较大，房地产行业营业利润率最高。

建筑装饰、汽车、轻工制造、医药生物、化工、交通运输、电子、公用事业等行业财务效益状况评分与上市公司平均水平基本持平。从各项财务效益状况指标来看，以上各行业指标较上市公司平均水平略高或略低，与平均水平差距较小。汽车行业较去年下降明显，主要由于限行限购政策的持续推行。

农林牧渔、有色金属、电气设备、机械设备、国防军工、计算机、传媒、通信、非银金融、综合等行业财务效益状况评分显著低于上市公司平均水平。其中，有色金属行业在经历了联合减产后，2016 年才逐渐开始回暖，2018 年伴随供给侧改革的推进持续上涨，但较平均水平仍有一定差距。而国防军工的高增长率一定程度上受益于政府的高额补贴。传媒行业财务效益状况评分下降最为明显，主要原因在于 2018 年传媒行业监管力度加强，以及商誉减值的影响，使得现金流下降明显。此外，受到经济形势及监管趋严的影响，非银金融行业财务效益也呈下降趋势。

2. 规模分析

图 2–5 列示了 2017—2018 年各规模上市公司财务效益状况得分情况。从图 2–5 中可以看出，规模在 100 亿元以上的上市公司在 2018 年财务效益得分有所提高，而其余各规模上市公司均有不同程度的得分下降。其中，规模在 10 亿元以下的上市公司财务效益得分下降幅度最大。

100 亿元以上规模企业实现利润总额 22796.84 亿元，占上市公司全部实现利润总额

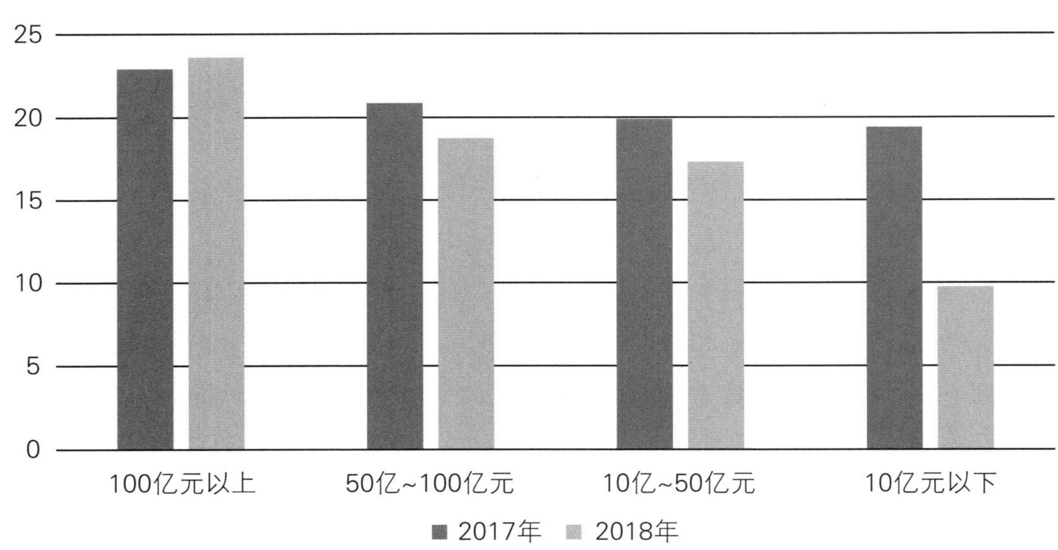

图 2－5　2017—2018 年各规模上市公司财务效益得分情况对比

的 90.68%，实现归属于母公司股东的净利润 15054.76 亿元，占上市公司全部实现归属于母公司股东的净利润的 91.35%；2018 年财务效益得分为 23.62 分，较上市公司均值高 7.31%，扣除非经常性损益净资产收益率、总资产报酬率、营业利润率和股本收益率均高于上市公司平均水平；而盈利现金保障倍数则略低于上市公司平均值。

50 亿—100 亿元规模企业实现利润总额 1458.16 亿元，占上市公司全部实现利润总额的 5.80%，实现归属于母公司股东的净利润 966.95 亿元，占上市公司全部实现归属于母公司股东的净利润的 5.87%；2018 年财务效益得分为 18.76 分，较上市公司平均值低 14.77%，扣除非经常性损益净资产收益率、总资产报酬率、营业利润率和股本收益率均低于上市公司平均值，而盈利现金保障倍数高于上市公司平均水平。

10 亿—50 亿元规模企业实现利润总额 899.37 亿元，占上市公司全部实现利润总额的 3.58%，实现归属于母公司股东的净利润 495.50 亿元，占上市公司全部实现归属于母公司股东的净利润的 3.01%；2018 年财务效益得分为 17.31 分，较上市公司平均值低 21.35%，扣除非经常性损益净资产收益率、总资产报酬率、营业利润率和股本收益率均低于上市公司平均值，而盈利现金保障倍数高于上市公司平均水平。

10 亿元以下规模企业实现利润总额 –14.69 亿元，占上市公司全部实现利润总额的 –0.06%，实现归属于母公司股东的净利润 –37.65 亿元，占上市公司全部实现归属于母公司股东的净利润的 –0.23%；2018 年财务效益得分为 9.83 分，较上市公司平均值低 55.34%，扣除非经常性损益净资产收益率、总资产报酬率、营业利润率、盈利现金保障倍数和股本收益率都低于上市公司平均值，且扣除非经常性损益净资产收益率、总资产报酬率、股本收益率为负值。

3. 中联五强

从上市公司的财务效益指标来看，排在前五家的情况如表 2–2 所示。

表 2－2　2018 年度中国上市公司财务效益中联五强排行榜

名次	股票代码	股票简称	财务效益得分
1	600585	海螺水泥	35
2	601006	大秦铁路	35
3	600675	中华企业	35
4	601225	陕西煤业	35
5	600519	贵州茅台	35

2018 年度中联上市公司业绩评价中财务效益得分并列第一名的上市公司共有 8 家，得分均为 35.00，前五名按总体评分排序。财务效益得分排名前 5 家的上市公司企业规模均为 100 亿元以上企业，其中，2 家来自制造行业，1 家来自交通运输、仓储行业，1 家来自房地产业，另外 1 家来自采掘行业。

以上行业 2018 年度整体财务效益状况除盈利现金保障倍数外，均远高于上市公司平均水平，贵州茅台再次上榜。

（二）资产质量状况

2018 年度上市公司的资产质量状况平均得分为 9.17 分。评价资产质量状况的指标包括两个基本指标（总资产周转率和流动资产周转率）和两个修正指标（存货周转率和应收账款周转率）。资产质量状况各项指标年度变化情况如表 2–3 所示。

表 2－3　资产质量状况指标年度对比表

分析指标		2018 年上市公司平均值（次）	2017 年上市公司平均值（次）	增长率（%）
基本指标	总资产周转率	0.65	0.64	1.56
	流动资产周转率	1.23	1.23	0.00
修正指标	存货周转率	2.78	2.77	0.36
	应收账款周转率	8.18	8.16	0.25
综合得分		9.17	9.08	0.99

从表 2–3 可以清晰地看出，2018 年上市公司总资产质量略高于 2017 年的水平，除流动资产周转率保持不变外，其余各项资产质量状况基本指标和修正指标都较 2017 年有不同程度的上升。各项指标均有所增长说明各类资产的经营质量和利用效率在 2018 年均呈上升趋势，总资产、流动资产、存货和应收账款分别对应的公司营运能力、存货管理和收账情况在 2018 年度都有所改善。

1. 行业分析

图 2–6 列示了各行业 2017—2018 年度资产质量状况得分，可见，除了采掘、建筑材料、休闲服务、电子和交通运输行业有较大幅度增长外，汽车、房地产、公用事业行业小幅降低外，其他各行业基本维持不变。

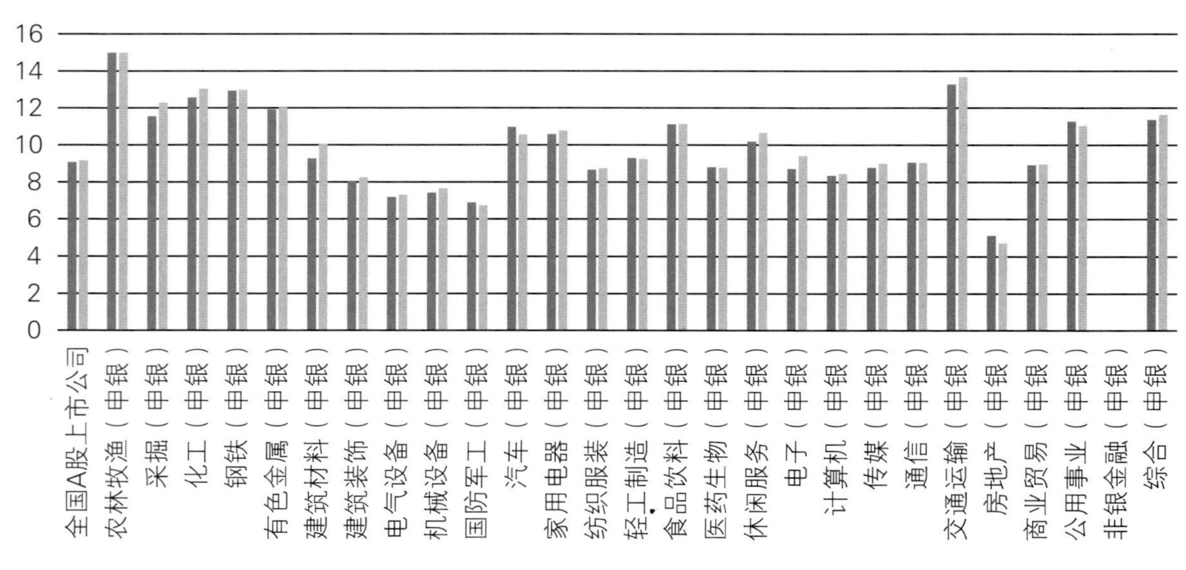

图 2–6　2017—2018 年各行业资产质量得分情况对比

2018 年资产质量状况表现最突出的行业为农林牧渔，资产质量状况得分为 15.00 分。由于行业特点，加上近年来互联网经济的快速发展，农产品直销渠道进一步拓广，从而减少了传统批发中的诸多中间环节，缩短了流通时间，农林牧渔行业多年一直位于资产质量状况评分榜首。其他行业中，交通运输、化工、钢铁、公用事业、综合等行业亦远远超出上市公司资产质量状况平均得分。就农林牧渔、化工、钢铁和交通运输行业而言，除交通运输行业总资产周转率稍低于上市公司平均水平外，其余各项指标都高于上市公司平均水平，而应收账款周转率最是突出，分别为 19.26 次、21.31 次、39.51 次和 18.26 次，高于上市公司平均水平 2 倍以上。公用事业行业具有庞大的资产规模且属于重资产、自然垄断、政府约束力较强的行业，因此总资产周转率远远低于其他行业。从其他指标来看，公用事业行业存货周转率非常高，但应收账款周转率低于平均水平，说明投资的回收速度较慢，行业特色较为明显。

此外，采掘、有色金属、汽车、家用电器、食品饮料、休闲服务等行业的资产质量状况得分都高于上市公司平均水平。从各项资产质量状况指标来看，以上各行业均高于上市公司平均水平或与其相当。有色金属、食品饮料、休闲服务行业因其应收账款占收入比率较小的行业特点而具备较高的应收账款周转率。汽车、家用电器行业因其高销量、低库存的特点而具备较高的存货周转率。此外，由于去库存措施的持续施行，采掘业的存货周转率高达 10.84 次。

建筑材料、通信、传媒、纺织服装、电子、轻工制造、商业贸易等行业资产质量状况得分与上市公司平均水平相近，各项指标在上市公司平均水平上下波动不大。建筑装饰、电气设备、机械设备、国防军工、计算机、房地产等行业资产质量状况指标均低于上市公司平均水平。其中，房地产行业的资产质量状况得分最低，从各项指标来看，除应收账款周转率维持在 15.26% 的较高水平外，其余各指标均大幅低于平均水平。其主要原因是房地产行业出台从传统的需求端抑制向供给侧增加进行转变，限购限贷限售叠加土拍收紧的政策，使得房价增速变缓，大量房屋搁置，成交率下降，存货周转变缓，资金紧张，致使其资产质量指标明显低于上市公司平均水平。

2. 规模分析

图 2–7 列示了 2017—2018 年各规模上市公司的资产质量状况得分情况。从图 2–7 中可以看出，各个规模的上市公司在 2018 年的资产质量得分均有不同程度上升。

100 亿元以上规模企业 2018 年资产质量得分为 9.35 分，高于上市公司平均值 1.96%，总资产周转率等于上市公司平均值，流动资产周转率略高于上市公司平均水平，存货周转率略低于上市公司平均水平，应收账款周转率为 9.39 次，高于上市公司平均值 1.21 次。

50 亿—100 亿元规模企业 2018 年资产质量得分为 8.87 分，低于上市公司平均值 3.27%，总资产周转率、流动资产周转率和存货周转率都略高于上市公司平均水平，应收账款周转率低于上市公司平均水平。

10 亿—50 亿元规模企业 2018 年资产质量得分为 8.37 分，低于上市公司平均值 8.72%，存货周转率略高于上市公司平均水平，流动资产周转率、总资产周转率和应收账款周转率均低于上市公司平均值，应收账款周转率最显著为 4.30 次，比上市公司平均水平低 3.88 次。

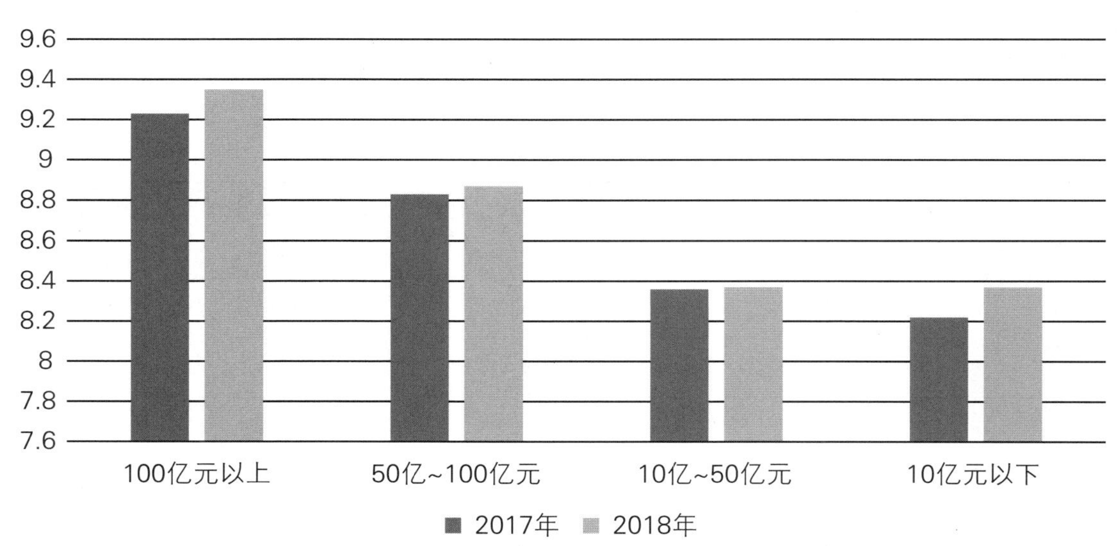

图 2 – 7　2017—2018 年各规模上市公司资产质量得分情况对比

10 亿元以下规模企业 2018 年资产质量得分为 8.37 分，低于上市公司平均值 8.72%，与 10 亿—50 亿元规模企业得分持平。存货周转率高于上市公司均值，总资产周转率、流动资产周转率和应收账款周转率都低于上市公司平均值，尤其应收账款周转率为 4.08 次，低于上市公司平均水平 4.10 次，而存货周转率为各规模企业中最高值，高于上市公司平均值。

3. 中联五强

从 2018 年上市公司质量状况得分来看，有 114 家公司质量指标得分为满分，占上市公司总数的 3.28%。表 2–4 中列示的 5 家为资产质量得分相同情况下综合得分较高的上市公司。

表 2 – 4　2018 年度中国上市公司资产质量中联五强排行榜

名次	股票代码	股票简称	资产状况得分
1	002120	韵达股份	15
2	601888	中国国旅	15
3	600675	中华企业	15
4	002468	申通快递	15
5	000029	深深房 A	15

位列上市公司资产质量中联五强的公司中，有三家为社会服务行业。2018 年，共享经济的快速发展及人们生活条件、消费能力的进一步提升，带动了社会服务行业的发展，各项指标均高于平均水平，存货周转率最为显著。其余两家为房地产行业，其应收账款周转率远高于平均水平。

（三）偿债风险状况

2018 年度上市公司的偿债风险状况平均得分为 8.79 分。评价偿债风险状况的指标包括两个基本指标（资产负债率、获利倍数）和三个修正指标（现金流动负债比率、速动比率和带息负债比率）。偿债风险状况各项指标年度变化情况见表 2–5。

表 2 – 5　偿债风险状况比较表

分析指标		2018 年上市公司平均值	2017 年上市公司平均值	增长率（%）
基本指标	资产负债率（%）	60.9	60.19	1.18
	获利倍数	4.41	4.97	–11.27
修正指标	速动比率（%）	78.76	79.6	–1.06
	现金流动负债比率（%）	12.06	10.9	10.64
	带息负债比率（%）	48.41	49.72	–2.63
综合得分		8.79	8.92	–1.46

从表 2–5 中可以看出，2018 年度上市公司整体盈利能力较 2017 年有所下降，使得获利倍数指标大幅降低，同比下降 11.27%。资产负债率和现金流动负债比率较上一年度有不同幅度增加，其余各项指标有小幅下降。综合来看，上市公司的偿债能力比 2017 年度略有下降，这是由于获利倍数下降明显，上市公司获利能力降低，同时资产负债率有所上升，负债比率提高，但现金流动负债比率大幅提升，说明上市公司现金流状况良好，偿债压力增加但偿债风险增长并不显著。

1. 行业分析

图 2–8 列示了各行业在 2017—2018 年偿债风险得分情况。其中，采掘、钢铁、建筑材料、家用电器、纺织服装、食品饮料、公用事业、综合行业在偿债能力方面有较大程度的改善，农林牧渔、传媒行业偿债风险上升明显。

在偿债风险控制方面，表现较好的行业有建筑材料、家用电器、食品饮料、医药生物、休闲服务、采掘等。以上行业的偿债风险得分均高于上市公司平均水平，偿债风险各项指标中获利倍数和速动比率更是远远高于上市公司的均值，反映出较强的偿债能力。此外，采掘、机械设备、汽车、纺织服装、电子、计算机、商业贸易等行业的偿债风险得分也高于上市公司平均水平。

农林牧渔、钢铁、有色金属、建筑装饰、国防军工、轻工制造、传媒、交通运输、房地产、公用事业、非银金融、综合等行业偿债风险得分低于上市公司平均水平。其中，尤以非银金融、房地产、建筑装饰和公用事业行业得分最低。传媒行业上市公司得分较 2017

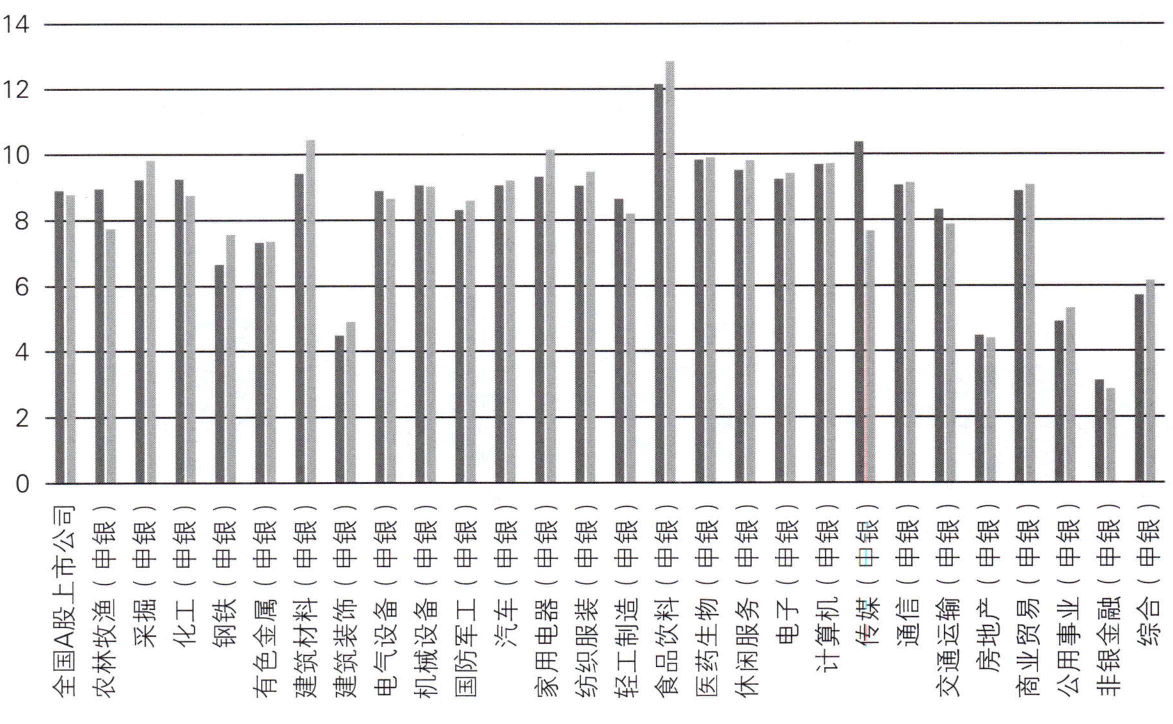

图 2 – 8　2017—2018 年各行业偿债风险得分情况对比

年明显下降，其已获利息倍数为负值，远低于平均水平，说明其净收益为负值，偿债能力较弱。非银金融行业上市公司的现金流动负债比率为负值，说明其经营现金净流量为负，行业整体偿债能力弱。房地产上市公司的偿债风险修正指标即速动比率、现金流动负债比率和带息负债比率3个指标均远低于上市公司均值，并且资产负债率较高且呈现逐年上升趋势，反映出偿债能力趋弱的发展态势。现金流动负债比率最为突出，仅为3.88%，与上市公司平均水平差距较大，说明行业内公司资金压力大，偿债压力重。建筑装饰行业受到"一带一路"政策的推动，建筑装饰行业较去年有较为明显的增长，但各项偿债指标仍低于平均水平，其中现金流动负债比率仅为平均值的五分之一，主要原因是行业趋于稳定，产品服务趋于同质，竞争加剧，同时房地产行业限购政策不断完善，使得房地产行业增速逐步放缓，进一步缩小了建筑装饰市场。

2. 规模分析

图2–9列示了2017—2018年各规模上市公司的偿债风险状况得分情况。从图2–9中可以看出，2018年10亿元以下的上市公司较2017年下降明显，其余各规模上市公司偿债风险得分变动幅度不大，规模在100亿元以上和50亿—100亿元的上市公司在2018年的偿债风险得分稍有上升，规模在10亿—50亿元的上市公司偿债风险得分稍有下降，可以看出规模较小的公司面对经济下行的压力，偿债能力有所减弱。

100亿元以上规模企业2018年偿债风险得分为8.06分，相比上市公司平均值低约8.30%。资产负债率、获利倍数和带息负债比率高于上市公司平均水平；速动比率和现金流动负债比率低于上市公司平均水平，其中，速动比率为73.07%，较上市公司平均水平低约7.22%。

50亿—100亿元规模企业2018年偿债风险得分为9.51分，相比上市公司平均值高约8.19%。速动比率和现金流动负债比率高于上市公司平均水平，其中速动比率为106.95%，

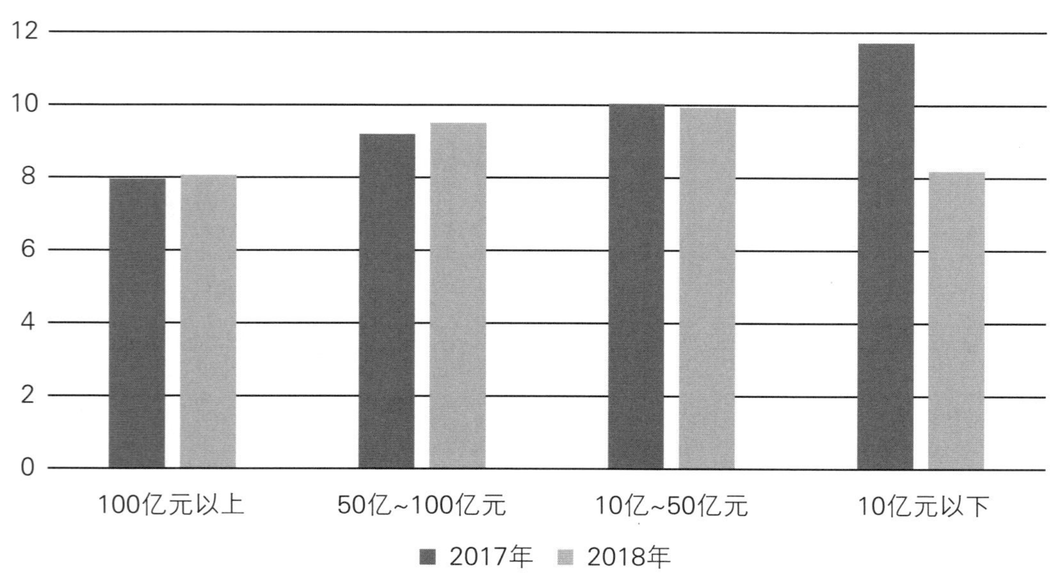

图2–9 2017—2018年各规模上市公司偿债风险得分情况对比

较上市公司平均水平 78.76% 高约 28.19%；资产负债率、获利倍数和带息负债比率低于上市公司平均水平。

10 亿—50 亿元规模企业 2018 年偿债风险得分为 9.94 分，相比上市公司平均值高约 13.08%。速动比率和现金流动负债比率均远高于上市公司平均水平，其中，速动比率为 137.07%，较上市公司平均水平 78.76% 高约 58.31%；资产负债率、已获利息倍数和带息负债比率低于上市公司平均水平。

10 亿元以下规模企业 2018 年偿债风险得分为 8.19 分，相比上市公司平均值低约 6.83%，资产负债率、已获利息倍数和带息负债比率均远低于上市公司平均水平，其中已获利息倍数为负值，现金流动负债比率和速动比率远高于上市公司平均水平，速动比率为 188.23%，较上市公司平均水平 78.76% 高约 1.39 倍。

从资产规模可以看出，伴随着资产规模的增加，资产负债率上升，其偿债能力得分逐渐降低，但由于竞争压力加剧，10 亿元以下规模企业偿债压力增长迅速。

3. 中联五强

从上市公司的偿债风险指标来看，偿债风险得分并列最高分 15.00 分的共有 8 家。偿债风险状况中联五强排行榜中列示的 5 家为偿债风险得分相同情况下综合得分较高的上市公司。排在前五家的情况如表 2–6 所示。

表 2 – 6 2018 年度中国上市公司偿债风险状况中联五强排行榜

名次	股票代码	股票简称	偿债风险得分
1	603043	广州酒家	15
2	603160	汇顶科技	15
3	603848	好太太	15
4	002287	奇正藏药	15
5	300699	光威复材	15

总体来看，上市公司偿债能力得分的分值差距较小，得分并列最高的 8 家上市公司有 7 家属于制造行业，1 家属于信息技术行业，资产负债率普遍较低，最高为 23.16%。较低的负债导致的速动比率和现金流动负债比率普遍较高，而由于付息债务较少，带息负债比率基本为零，已获利息倍数差距较大。由此，以上上市公司具备优良的偿还债务的能力。

（四）发展能力状况

2018 年度上市公司的发展能力状况平均得分为 12.19 分。评价发展能力状况的指标包括两个基本指标（营业收入增长率和资本扩张率）和四个修正指标（累计保留盈余率、三年营业收入平均增长率、总资产增长率和营业利润增长率）。2017 年发展能力各项指标年度变化情况见表 2–7。

表 2－7 发展能力状况比较表

分析指标		2018 年上市公司平均值	2017 年上市公司平均值	增长率（%）
基本指标	营业收入增长率（%）	13.68	21.02	-34.92
	资本扩张率（%）	9.66	14.21	-32.02
修正指标	累计保留盈余率（%）	40.89	41.07	-0.44
	三年营业平均增长率（%）	15.02	9.58	56.78
	总资产增长率（%）	11.63	14.82	-21.52
	营业利润增长率（%）	4.93	42.01	-88.26
综合得分		12.19	12.37	-1.46

上市公司的发展能力是公司能否持续稳定经营的一个重要方面，2018 年度上市公司整体发展能力有所下降，除三年主营业务平均增长率较 2017 年上涨 56.78% 外，其余基本指标和修正指标较 2017 年均有不同程度下降，营业利润增长率下降幅度最大，同比下降 88.26%，累计保留盈余率下降幅度最小，与 2017 年基本持平。说明 2018 年各行业上市公司自身盈利能力较 2017 年大幅下降，但主营业务增长态势良好，因此综合得分较 2017 年稍有下降，但下降幅度仅为 1.46%。

1. 行业分析

图 2–10 列示了各行业在 2017—2018 年发展能力得分情况，可知今年总体情况较去年有所下降，除采掘、化工、建筑材料、建筑装饰、食品饮料、房地产、公用事业等行业较上年有较大程度的改善外，有色金属、电气设备、机械设备、国防军工、汽车、纺织服装、轻工制造、电子、传媒、通信、综合等众多行业发展能力得分均有较大幅度下降。“一带一路”政策的有力推动是采掘、建筑材料、建筑装饰、公用事业等行业发展能力上升的重要原因，传媒行业则受监管趋严的影响明显。

2018 年发展能力评分最高的行业有建筑材料、房地产、食品饮料、家用电器等，以上行业发展能力评分都在 13.50 分以上，各单项指标表现差异性较大，营业收入增长率均超出上市公司平均水平，但其余指标表现各异，其中建筑材料行业以 16.33 分高居榜首，与 2017 年相比增长迅速，所有基本指标和修正指标均远高于上市公司平均水平，营业利润增长率最为突出，高达 65.52%。而家用电器行业得分较 2017 年有所下降，营业收入增长率、资本扩张率、累计保留盈余率和三年营业收入平均增长率均高于平均水平，营业利润增长率却与平均水平相差较远，为 –7.66%。食品饮料行业得分较 2017 年有大幅增长，除三年营业收入平均增长率稍低于平均水平外，其余各项指标均远高于上市公司平均水平，其营业利润增长率为 27.61%，超上市公司平均水平 4.6 倍。房地产行业发展能力得分增长迅猛，以 14.52 分位列第二，各项指标均高于上市公司平均水平。

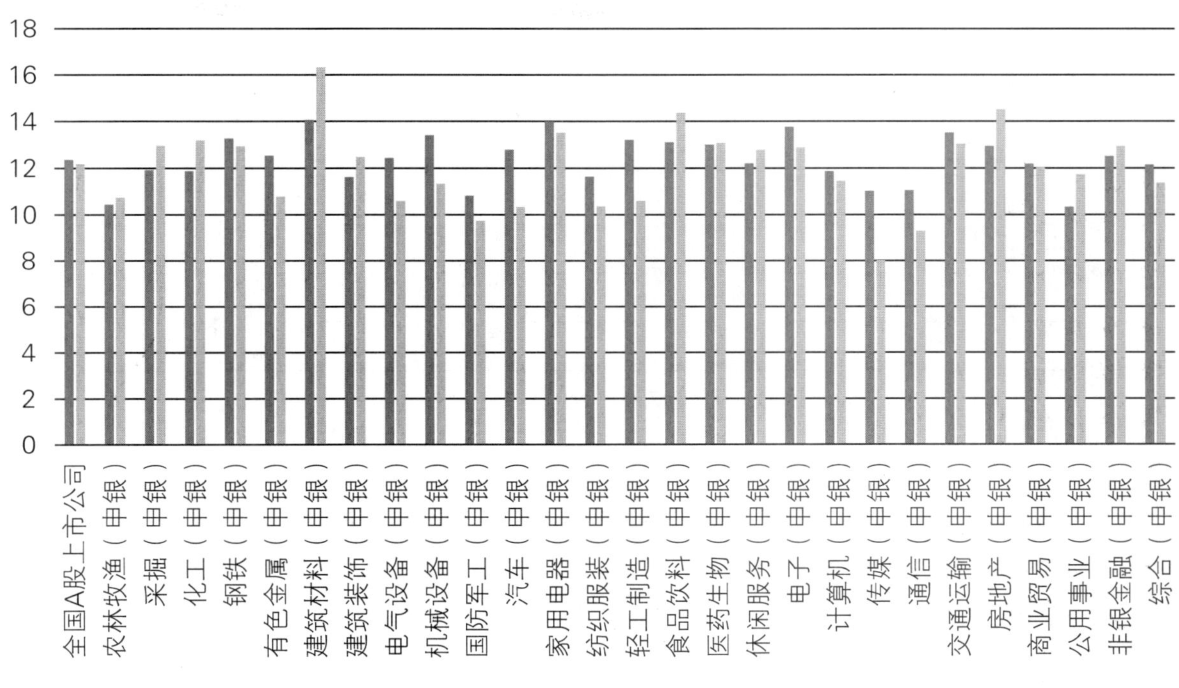

图 2－10　2017—2018 年各行业发展能力得分情况对比

此外，采掘、化工、钢铁、生物医药、休闲服饰、电子、交通运输和非银金融等行业也高于上市公司平均水平。采掘一直保持较快的增长趋势，发展能力逐年提升，化工和钢铁行业在供给侧结构性改革政策的不断深入下，落实去库存、去产能方案，转型升级、优化布局，从而保持较高的行业发展能力。随着人们生活水平的不断提高，休闲服饰行业发展能力也在逐年提升。

汽车、电气设备、机械设备、轻工制造、传媒、通信等行业发展能力得分较去年下降明显，均跌到平均值以下，尤其是传媒行业，受监管政策的影响，发展能力下降迅速。公用事业较 2017 年增长迅速，但仍处于行业平均值以下。2018 年度，传媒行业垫底，低至 8.02 分；通信、国防军工、汽车行业紧随其后，这几个行业营业收入和营业利润处于微弱增长或负增长的状态。

2. 规模分析

图 2–11 列示了 2017—2018 年各规模上市公司的发展能力状况得分情况。从图 2–11 中可以看出，除 100 亿元以上规模上市公司发展能力较 2017 年有小幅增长外，其余各规模上市公司发展能力得分较 2017 年均有不同程度下跌，且规模越小，发展能力下降越快，规模为 10 亿元以下的上市公司下降幅度最大，较 2017 年下降 41.75%。

100 亿元以上规模企业 2018 年发展能力得分为 12.73 分，高于上市公司平均值 4.43%，基本指标和修正指标均高于上市公司平均水平，其中营业利润增长率高于上市公司平均值 1.66 倍。

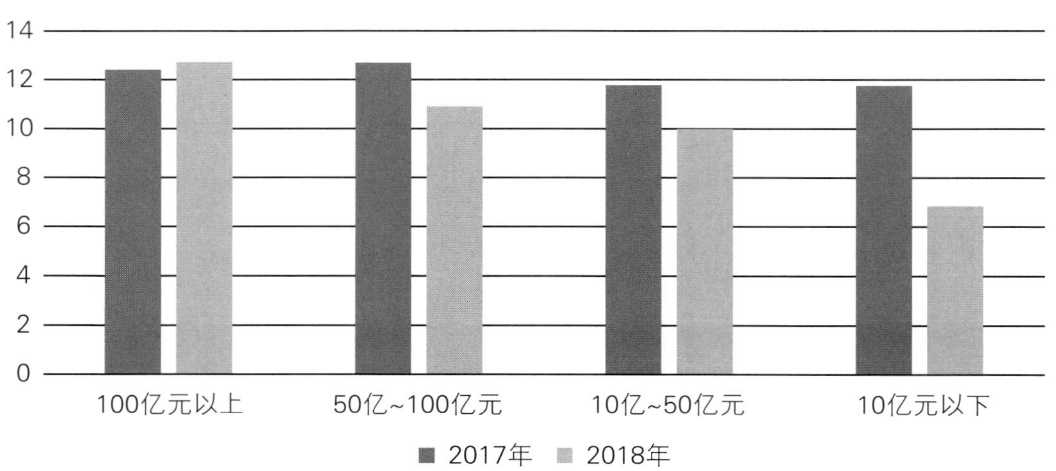

图 2-11 2017—2018 年各规模上市公司发展能力得分情况对比

50 亿—100 亿元规模企业 2018 年发展能力得分为 10.91 分，低于上市公司平均值 10.50%，营业收入增长率、资本扩张率和三年营业收入平均增长率高于上市公司平均水平，累积保留盈余率、总资产增长率和营业利润增长率低于上市公司平均水平，其中，营业利润增长率仅为 –22.44%。

10 亿—50 亿元规模企业 2018 年发展能力得分为 10 分，低于上市公司平均值 17.97%，各项指标均远低于上市公司平均水平，营业利润增长率仅为 –51.13%。

10 亿元以下规模企业 2018 年发展能力得分为 6.85 分，低于上市公司平均值 43.81%。各项指标均远低于上市公司平均水平，且除三年营业收入平均增长率外，其他指标均为负值，营业利润增长率仅为 –60.87%。

从各种规模上市公司发展能力得分来看，100 亿元规模的上市公司摘得桂冠，稍高于上市公司平均水平，但其余各规模上市公司发展能力得分较 2017 年下降明显，10 亿元以下规模的上市公司发展能力下降最快，远低于上市公司平均水平。各项指标与上市公司平均水平相比较，基本与得分规律相符。

3. 中联五强

从上市公司的发展能力指标来看，共有 12 家上市公司以 20 分的满分获得上市公司发展能力最高分。发展能力中联五强排行榜中列示的 5 家为发展能力得分相同情况下综合得分较高的上市公司。排在前五家的情况如表 2–8 所示。

表 2-8 2018 年度中国上市公司发展能力状况中联五强排行榜

名次	股票代码	股票简称	发展能力得分
1	600585	海螺水泥	20
2	600675	中华企业	20
3	600031	三一重工	20
4	000401	冀东水泥	20
5	600985	淮北矿业	20

上述上市公司发展能力状况得分较高的原因主要有：企业核心竞争力的提高；“一带一路”政策推动产能快速增长；供给侧结构性改革的深入实施使得煤炭价格高居不下；此外，重大资产重组为企业带来业绩的提升。

（五）市场表现状况

2018 年度上市公司的市场表现状况平均得分为 9 分，较上年得分有所下降。评价市场表现状况的指标包括市场投资回报率和股价波动率。

2018 年上市公司平均股价波动率为 127.11%，较 2017 年的上市公司股价波动率 92.63% 有较大幅度增长，说明 2018 年度上市公司股价较 2017 年波动幅度较大。而市场投资回报率则连续三年大幅下降，从 2015 年的 74.18% 跌到 2016 年的 5.21%，到 2017 年市场投资回报率已跌为 –14.59%，2018 年持续下跌到 –33.09%。

2014 年至 2016 年，上市公司的股价与其整体业绩之间的正相关关系逐渐减弱，甚至背离情况显著。2017 市场投资回报率虽降为负数，但其余各项指标逐渐回暖，上市公司股价与其整体业绩间的正相关关系逐渐显现。但由于证监会趋严监管措施及商誉减值的影响，2018 年上市公司的业绩较上一年度有较为明显的下滑，上市公司股价也有所下跌，与其整体业绩间基本呈正相关关系。

1. 行业分析

图 2–12 列示了各行业在 2017—2018 年度市场表现得分情况，如图 2–12 所示，食品饮料行业市场表现得分与 2017 年基本持平，摘得市场表现桂冠，而 2017 年排名第一的钢铁行业较上年下降明显，得分仅为 10.21 分，位列第二。此外，农林牧渔、机械设备、国防军工、纺织服装、休闲服务、计算机、通信、非银金融和综合等行业均较上一年度有更

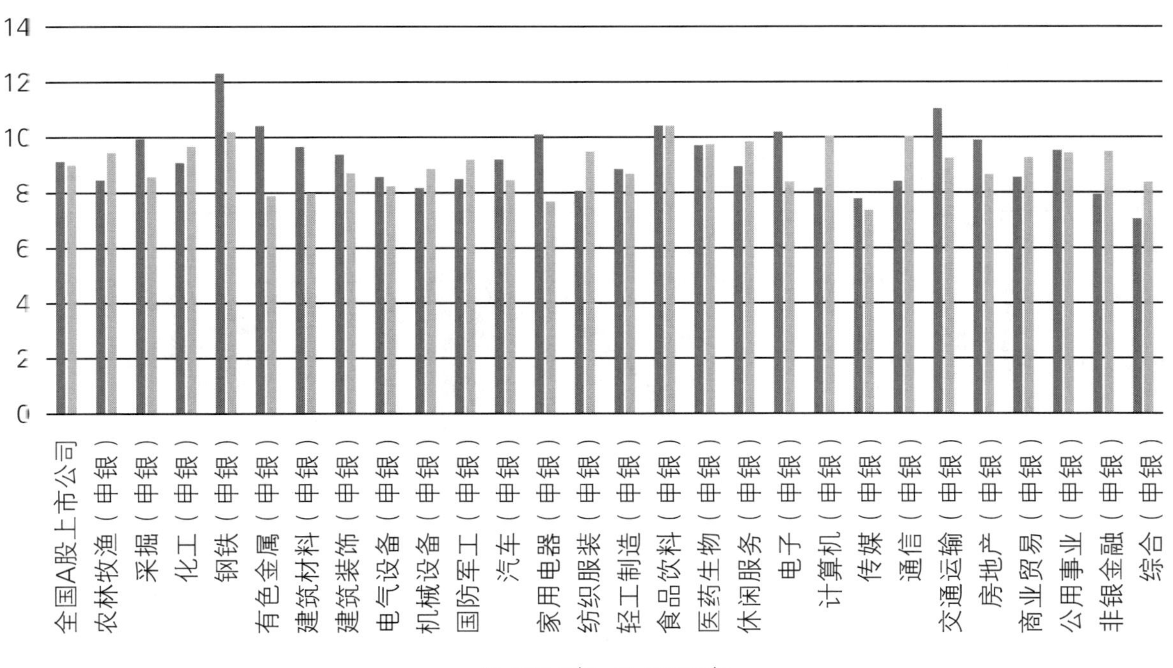

图 2 – 12　2017—2018 年各行业市场表现得分对比

加优异的市场表现。采掘、有色金属、建筑材料、家用电器、电子、交通运输、房地产等行业在2018年的市场表现较2017年有较大幅度的下降，其中有色金属下降幅度最大。

2018年，在市场表现方面，食品饮料行业以10.41分摘得桂冠，与上年得分基本持平，该行业市场投资回报率仅为–25.86%，但高于其他行业市场投资回报率，与此同时，该行业也伴随着较高的股价波动率，为116.3%。其他得分较高的行业包括钢铁、计算机、通信、休闲服务等。从指标来看，除钢铁行业股价波动率为92.95%外，其余各个行业股价波动率都高于100%，和上市公司平均股价波动率差距不明显，因此，以上行业的良好表现主要源于市场投资回报率。

2018年，市场表现得分较低的行业包括传媒、家用电器、有色金属、建筑材料等行业，这些行业市场投资回报率明显低于上市公司平均水平。

2. 规模分析

图2–13列示了2017—2018年各规模上市公司市场表现状况的得分情况。从图2–13中可以看出，规模在10亿—50亿元和10亿元以下的上市公司在2017年市场表现得分有所提高，其中10亿元以下规模的上市公司市场表现得分增长率高达19.48%；而在100亿元以上和50亿—100亿元的上市公司有不同程度的得分下降。其中，规模100亿元以上的上市公司在2018年的市场表现方面得分下降幅度较大，较2017年降低17.80%。

100亿元以上规模企业2018年市场表现得分为9.47分，较上市公司平均水平得分高5.22%，投资回报率为–32.30%，高于上市公司平均水平。

50亿—100亿元规模企业2018年市场表现得分为8.77分，较上市公司平均水平低2.56%，投资回报率为–34.15%，略低于上市公司平均水平。

10亿—50亿元规模企业2018年市场表现得分为8.9分，较上市公司平均水平低1.11%，投资回报率为–33.3%，稍低于上市公司平均水平。

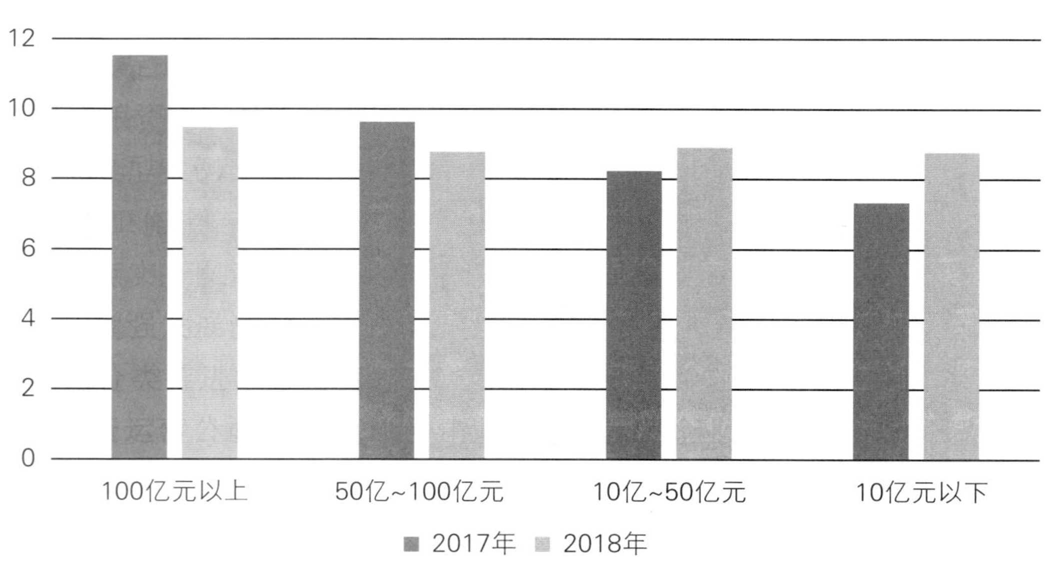

图2–13 2017—2018年各规模上市公司市场表现得分情况对比

10 亿元以下规模企业 2018 年市场表现得分为 8.77 分，较上市公司平均水平低 2.56%，投资回报率为 –32.19%，高于上市公司平均水平。

从不同规模上市公司的市场表现来看，2018 年各规模的上市公司市场表现得分和市场投资回报率差距较小，10 亿元以下规模的上市公司投资回报率水平最高，但市场表现得分最低；100 亿元以上规模的上市公司市场表现得分最高但投资回报率略低于 10 亿元以下规模的上市公司。

3. 中联五强

从上市公司的市场表现指标来看，共有 131 家上市公司以 15 分的满分获得上市公司发展能力最高分。市场表现状况中联五强排行榜中列示的 5 家为市场表现状况得分相同情况下综合得分较高的上市公司。市场表现较好的前五位如表 2–9 所示。

表 2 – 9　2018 年度中国上市公司市场表现状况中联五强排行榜

名次	股票代码	股票简称	市场表现得分
1	600585	海螺水泥	15
2	601006	大秦铁路	15
3	600009	上海机场	15
4	000029	深深房 A	15
5	300146	汤臣倍健	15

在 2018 年上市公司市场表现中联五强名单的上市公司中，有 2 家来自制造行业，2 家来自交通运输、仓储业，另外 1 家则来自房地产行业。前三家上市公司的企业规模在 100 亿元以上，第四名企业规模为 10 亿—50 亿元，第五名企业规模为 50 亿—100 亿元。

资料链接：

➢2018 年中国证券市场十大新闻

✧ A 股持续波动，多部门出台系列措施稳定市场；

✧ 原油期货、国债期货等多个期货产品及铜期权产品上市，期货市场创新发展日新月异；

✧ CDR 试点细则发布力促新经济发展；

✧ 银保监会挂牌，金融监管迈向新格局；

✧ 养老金体系建设加快，个人税收递延型商业养老保险及职业年金政策持续推进，为资本市场提供源头活水；

✧ 资管新规出炉，资管行业进入规范发展新时代；

◇ 证监会陆续发布外商投资证券公司、期货公司管理办法，沪伦通抓紧筹备中，资本市场对外开放提速；

◇《公司法》修正、《关于完善上市公司股票停复牌制度的指导意见》发布，交易制度不断完善，市场生态持续优化；

◇ 上海证券交易所将设立科创板并试点注册制；

◇ 退市新规落地多只股票被终止上市。

资料来源：《中国证券报》。

二、上市公司业绩评价结果分析

（一）A 股业绩基本面下行，行业龙头公司发挥稳健

2018 年度，沪深两市上市公司实现营业收入 37.87 万亿元，同比增长 13.68%，较 2017 年度营业收入增速 21.02% 有较大程度的下降；归母净利润合计 1.65 万亿元，同比下降 2.11%，这是十年来首度出现净利润负增长。其中，亏损企业达 446 家，占上市公司总数 3473 家的 12.84%，较 2017 年度占比 6.45% 上升了近一倍。A 股业绩基本面下行，一方面源于商誉减值的压力，另一方面源于去杠杆的政策深化带来的财务成本的上升。但从沪深两市情况看，头部公司在整体经济下行压力下业绩稳健，引领高质量发展态势明显。

1. 沪市经营质量稳中向好，尽显国民经济中流砥柱作用

2018 年，沪市公司主动适应经济结构调整的新变化，提质增效，全年共实现营业收入 33.50 万亿元，同比增长 11%，占同期 GDP 比重约 30%；共实现净利润 2.80 万亿元，同比增长 4%。在总体营收和净利润规模已经较大的基础上，增速较去年同期有所放缓，但依然保持了较好的增长势头。总体上看，沪市公司以占全国注册企业不到万分之一的数量，实现全国 GDP 约三分之一的营收，充分展现了国民经济的中流砥柱作用。

同时，具有市场代表性的各项蓝筹股指数公司表现也依然稳健。代表大型龙头企业的上证 50、上证 180 经营增长高于沪市平均水平，分别实现营业收入 18.32 万亿元和 23.66 万亿元，同比增长均为 12%；分别实现净利润 2.01 万亿元和 2.44 万亿元，同比增长 8% 和 7%，发挥了经济排头兵的作用。

2. 深市盈利面基本平稳，中小创企业龙头效应明显

2018 年深市上市公司实现营业总收入 11.95 万亿元，同比增长 13.33%，其中主板、中小板和创业板同比分别增长 11.12%、15.55% 和 15.85%；归属母公司股东净利润合计 5834.83 亿元，同比下降 22.88%，其中，主板、中小板和创业板分别下降 4.37%、31.74% 和 65.61%。在复杂多变的内外部环境下，龙头企业的竞争力和盈利能力显著强于小规模企业，表现出强者更强的发展态势。2018 年，深市市值前 20% 的公司贡献了超过六成的收入，净利润合计超过深市整体；营业总收入和净利润分别同比增长 16.78% 和 3.22%，在体

量较大的基础上持续增长。

3. 受益于供给侧改革，上中游行业业绩增幅靓眼，下游行业业绩下滑

2018 年，受益于供给侧结构性改革等因素，上中游多个行业延续增长态势，但在行业周期性、金融流动性、上下游结构性等因素的影响下，增速相较往年大幅增长态势有所放缓。同时，在上游成本挤压、外部需求放缓、国家政策规范等多种因素影响下，下游消费类行业业绩有所下滑。

4. 上市公司集体商誉洗澡，商誉减值频频爆雷

2018 年度，上市公司商誉减值损失合计 1667.64 亿元，是 2017 年的 4.54 倍，是 2016 年的 14.57 倍。其中，商誉减值金额超过 10 亿元的上市公司共有 45 家，而在 2017 年只有 3 家。天神娱乐、东方精工、掌趣科技商誉减值居上市公司前三，减值金额分别为 40.60 亿元、38.86 亿元和 33.80 亿元。从行业分布看，共有 5 个行业计提商誉减值规模超过百亿元。其中，前几年“三高”交易横行的传媒业是商誉减值的重灾区。2018 年，共计有 77 家传媒上市公司计提商誉减值，合计 481.3 亿元，占总商誉减值规模的 29%。另外，计算机、医药生物、机械设备、电气设备四个行业分别有 62 家、78 家、83 家、69 家上市公司计提商誉减值，规模分别为 135 亿元、130.6 亿元、122.6 亿元和 121.1 亿元。上述五大行业合计商誉规模达到 991 亿元，占商誉总规模的 60%。

（二）A 股市场表现不佳，市值大幅度缩水

2018 年末，A 股市值总额 35.35 万亿元，较上年末下降 12.17 万亿元，下降幅度高达 25.61%，市值下降的上市公司数量占比高达 88.76%。其中，跌幅超过 50% 的公司占比达到 14%；跌幅在 40%—50% 的公司占比高达 19%；跌幅在 30%—40% 的公司最多，占比高达 25%；跌幅在 20%—30% 的公司占比为 17%；跌幅在 20% 以内的公司占比为 15%。

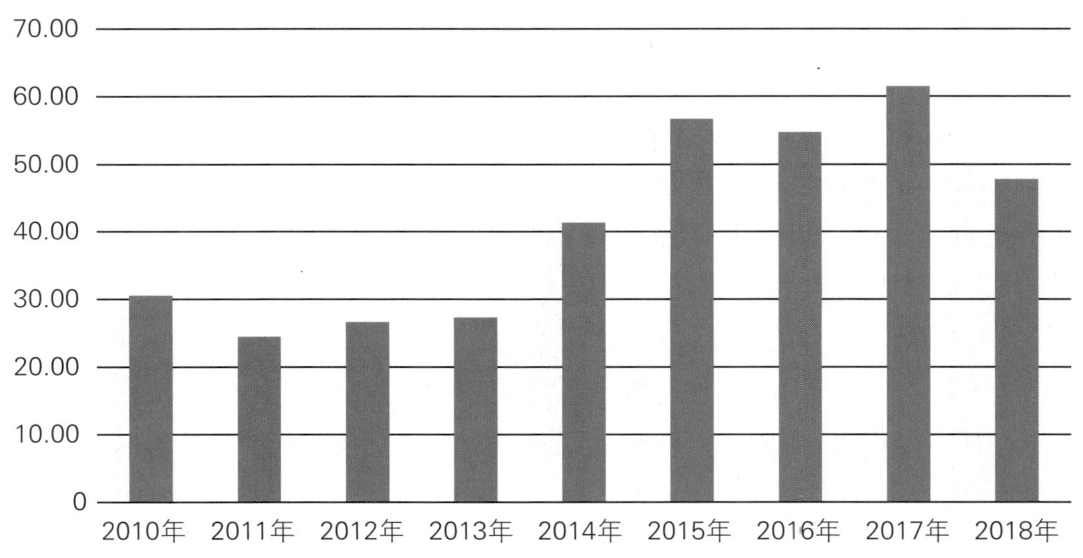

图 2－14　历年 A 股总市值变化

从行业来看，综合行业的跌幅最高，为46.46%；除此之外，有色金属、机械设备、传媒、纺织服装、轻工制造、汽车、家用电器等行业的跌幅均高于30%。

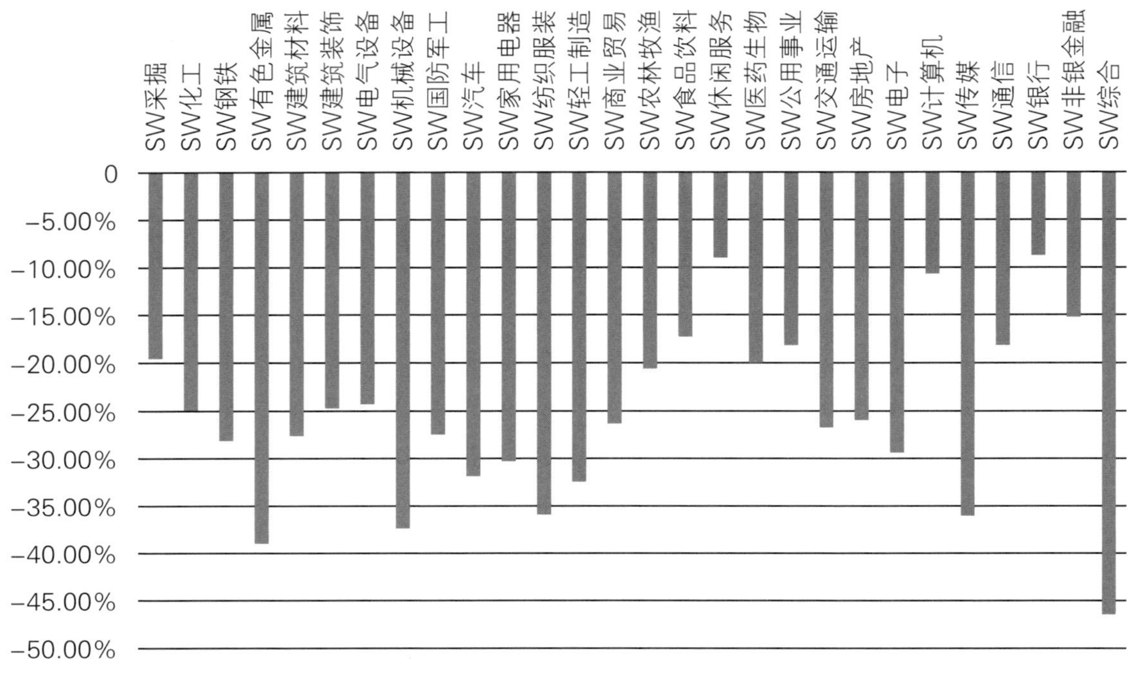

图2-15 各行业2018年市值跌幅

伴随A股市值的毁灭，多家上市公司高层震荡。据统计，2018年，沪深两市487家公司更换董事长，共有603名董事长辞职。董事长发生变更的487家公司中，九成以上市值缩水。其中，乐视网（300104）、财通证券（601108）等19家公司股价下滑超50%、市值蒸发过百亿元。

（三）供给侧结构性改革不断深化，非金融实体去杠杆成效明显，利润增速超金融行业

受益于供给侧结构性改革的持续推进，加大去库存、结构调整、产业升级逐步显现效果，逐渐淘汰高污染、高耗能、产能严重过剩的部分传统行业，2017年度，煤炭、钢铁、有色金属等传统行业的景气度有所回升，虽然2018年度的整体收入增速受大环境影响较2017年度水平有所下降，但也基本维持在相对稳定增长的水平。尤其以钢铁、水泥制造行业的去杠杆效果显著，资产负债率同比降低5%左右。

从利润增幅来看，实体行业已经超过了金融行业。银行业加大拨备计提力度、证券经纪业务受资本市场交易量影响下滑及新金融工具准则的实施，对金融行业业绩增速施加了不小的压力。而实体行业在国家振兴实体经济的政策号召和供给侧改革的深化推进下，增长劲头十足。

（四）上市公司研发投入增速持续高位，技术创新提升发展动能

党的十八大以来，创新发展成为“创新、协调、绿色、开放、共享”五大发展理念之首，我国致力瞄准世界科技前沿，全面提升自主创新能力，力争在基础科技领域做出大的

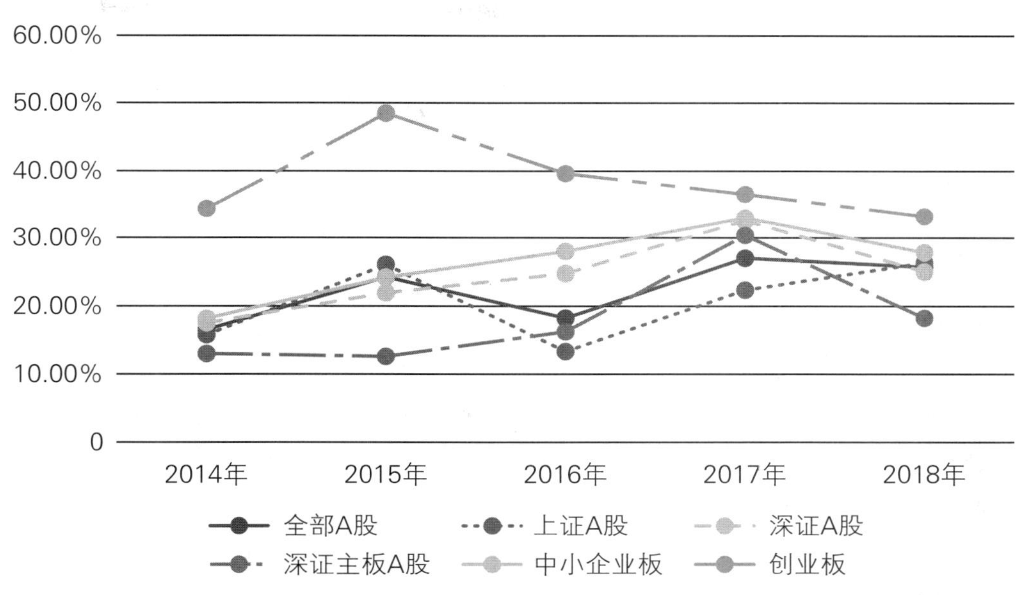

图 2－16　2014—2018 年 A 股各板块研发支出增速

创新、在关键核心技术领域取得大的突破。上市公司作为我国优质企业的主力，积极落实国家战略，2018 年度 A 股上市公司整体研发费用支出为 7255.44 亿元，较 2017 年度增长 25.72%，研发费用增速与上年度的高增速 27.00% 相比仍处于高位，可见，上市公司在加大自主创新研发力度上的主观能动性持续提升。从各板块情况看，沪市研发费用的增速更上一层楼，深市虽然增速有所回落，但是整体增速仍然处于高位。根据深交所年报，2018 年深市共有 245 家公司研发强度超过 10%，占深市公司总数的 11.36%。研发支出超过 10 亿元的公司有 48 家，较去年同期增加 10 家。中兴通讯、美的集团、比亚迪、格力电器、京东方 A、潍柴动力、TCL 集团 7 家公司研发支出超过 50 亿元。在研发人员方面，深市公司平均聘请技术人员 720 人，200 多家深市公司技术人员占比超过 50%。

（五）积极财政政策持续升温，减税降费拉动资本市场业绩回暖

2016 年，我国全面推行的营改增和资源税改革在减轻企业税负方面成效卓著，2017 年继续完善营改增的政策，进一步扩大减税效应，同时清理规范基金和收费，取消、调整和规范行政事业性收费项目。2018 年，我国积极财政政策持续升温，5 月起将制造业等行业增值税税率从 17% 降至 16%，将交通运输、建筑、基础电信服务等行业及农产品等货物的增值税税率从 11% 降至 10%。同时，上调小规模纳税人标准，并对装备制造等先进制造业、研发等现代服务业符合条件的企业和电网企业在一定时期内未抵扣完的进项税额予以一次性退还。从 A 股上市公司的税负情况看，2016—2018 年平均税负率（支付的各项税费／营业总收入）分别为 8.59%、7.56% 和 7.37%，连年持续下降显著。其中，公用事业、通信行业的税负下降最为显著。可见，本轮财政体制改革减税力度在很大程度减轻了上市公司的负担，逆经济形势增长活力尽现。2019 年，财政部再度加大减税力度，原适用 16% 税率的，税率调整为 13%；原适用 10% 税率的，税率调整为 9%，制造业、建筑、房地产等实体性行业将持续受益。

从各行业税负情况看，历年税负率最高的行业是食品饮料、房地产和银行业，在各行业税负都有所下降的情况下，食品饮料行业的税负率有上升的趋势。其次是金融业，食品饮料行业也处于高位，最低的是农林牧渔行业。

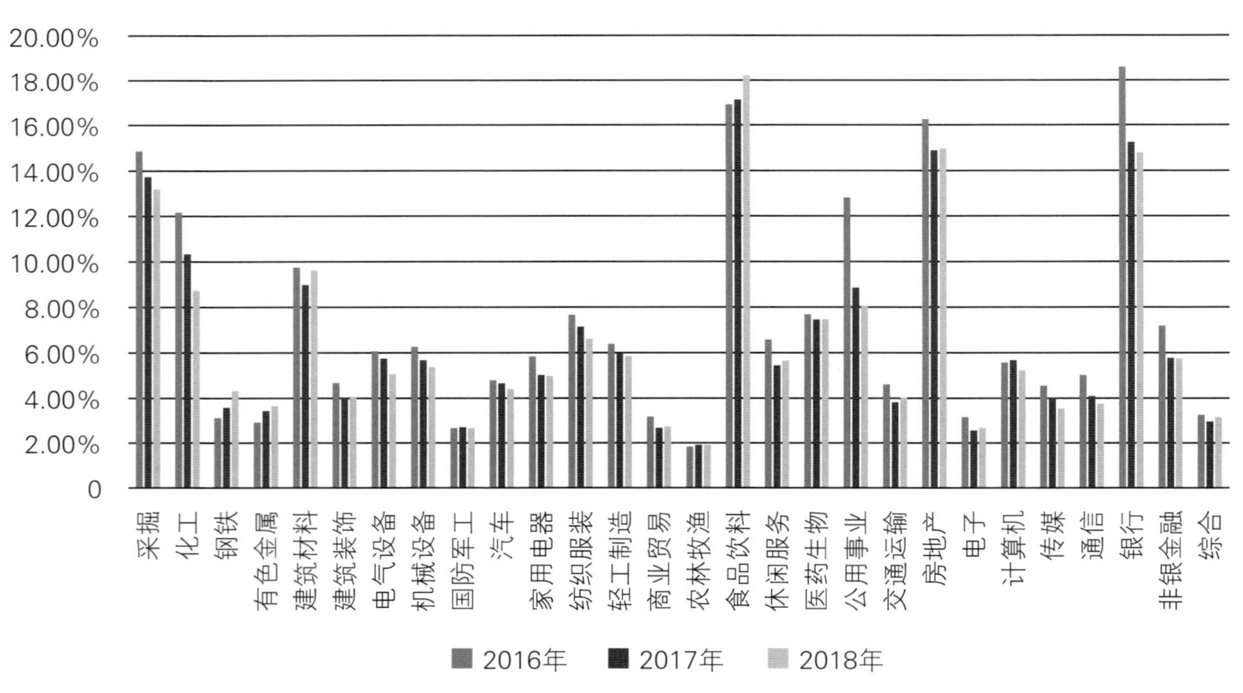

图 2－17　2016—2018 年 A 股各行业税负率变化

实体行业在 2018 年度销售费用、管理费用、财务费用占收入的比重都有不同程度的下降，尤其以电子、计算机、机械设备、国防军工、建筑材料和电气设备的下降最为明显。

2018 年度，居于上市公司纳税榜首地位的大户仍然是中国石化和中国石油，支付税负总额分别为 3293.87 亿元和 3231.56 亿元。工商银行也突破了千亿元。排在前十名的除了“两桶油”、工农中建招商五大银行，还有中国平安、中国神华，万科 A 超越中国建筑进入前十。

（六）上市公司振奋资本市场，分红热度逆业绩走势上扬

自 2006 年以来，中国证监会不断推出鼓励上市公司积极分红的系列政策，沪深两市也通过从严监管高送转、ST 股炒作、“忽悠式”重组等方式落实该系列政策，不断强化监管，支持、鼓励现金分红，使得 A 股上市公司现金分红意愿愈加浓烈，近八成的 A 股公司进行现金分红，分红稳定性和数量也有了很大改善。尽管 2018 年度上市公司业绩和市场表现都相对惨淡，但是上市公司为稳定市场，分红热度不减。

沪市公司继续保持了历年来重回报、高分红的蓝筹特点。沪市有 1108 家公司在 2018 年度报告中提出了分红预案，合计拟派现金额达到 9100 余亿元，在去年 8100 余亿元的基础上再创新高；平均分红比例约为 41%，较 2017 年增加约 4 个百分点。派现公司中，800

余家公司的分红比例在 30% 以上，220 余家公司的分红比例超过 50%。从公司分布情况看，持续稳定高比例分红公司群体已形成，约 480 家公司连续三年分红比例超过 30%。诸如中国神华、方大特钢、伊利股份等公司已经成为沪市公司长期大比例分红的典范。

深市 68.78% 的上市公司推出现金分红预案，分红金额 2605.50 亿元，同比上升 13.07%，股利支付率为 44.87%。深市盈利公司中，14.42% 的公司（311 家）股利支付率超过 50%。2016—2018 年连续三年分红的公司有 1195 家。

从派现金额看，贵州茅台分红最慷慨，每 10 股派 145.39 元；其次是吉比特，每 10 股派现金额为 100 元，华宝股份、养元饮品等每 10 股派现金额也在 5 元以上。从送转方案来看，上市公司送转热情也有所降温，目前分配方案中包含送转的公司有 447 家，每 10 股送转比例最高的是裕同科技，公司每 10 股送转 12 股；泰禾集团、亿联网络等紧随其后，送转比例为每 10 股送转 10 股。

（七）上市公司并购监管趋严，并购交易持续冰冷

从监管政策来看，2014 年的监管政策核心是“简政放权、鼓励创新，放松管制、加强监管”，2015 年进一步强调“以信息披露为中心”，在政策大力支持的背景下，可以看到 2015 年为近五年来重组市场最活跃时期。而 2016 年下半年以来，监管政策的核心则是“依法、从严、全面监管”，重组新规严格规范重组上市等事项。从 2017 年 2 月再融资新政到 2017 年 5 月董监高减持新规的发布，再到 2017 年 9 月信息披露新规的发布，证监会对于“忽悠式”“跟风式”及盲目跨界重组均采取了高压态势，对于并购重组政策做出新的窗口指导，严控套利行为，要求并购重组时所做的业绩承诺不可变更、不可调整；通过股东大会对已完成的并购重组约定的业绩承诺进行调整，也要被严控。同时，IPO 审核提速也进一步促使并购重组市场回归理性，交易数量逐年降低，2018 年并购重组委共召开 72 次会议，较 2015 年减少约三分之一。

2018 年证监会并购重组委共计审核 144 单重组交易，较 2017 年的 176 单下降了 18.18%。从否决率来看，2018 年否决率较 2017 年小幅提升 4.99 个百分点。2017 年被否

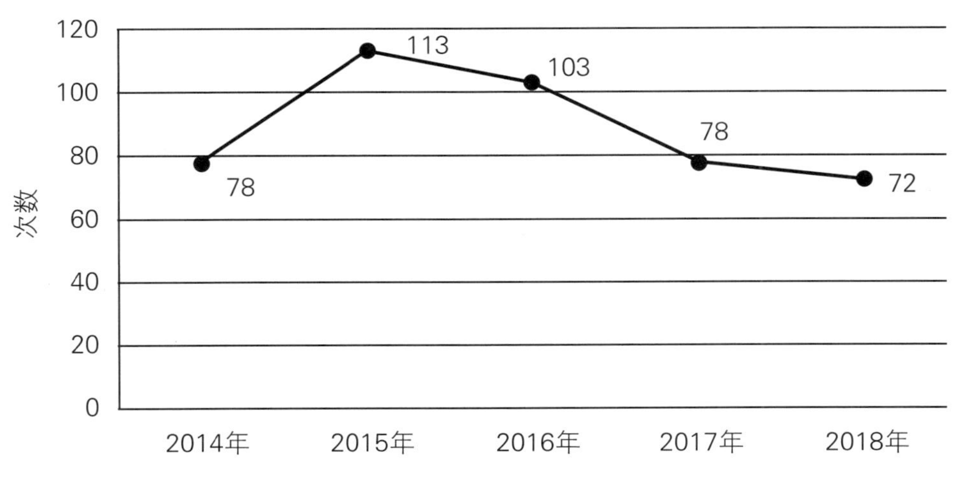

图 2－18　并购重组委召开会议次数

12单，有条件通过58单，无条件通过103单，有条件通过数占通过总数的33.53%。2018年被否17单，有条件通过54单，无条件通过69单，有条件通过数占通过总数的38.57%。从有条件通过比率来看，2018年有条件通过比率较2017年上升5.04个百分点，并购重组委审核意见增加。

从行业分类看，2018年化学原料及化学制品制造业、通用设备、专用设备制造业等传统行业仍持续了2017年的热度，为并购重组的热门行业，软件和信息技术服务业、计算机、通信和其他电子设备制造业等新兴行业的并购重组也不甘示弱，体现了我国在培育新一代信息技术、高端装备等新兴产业集群、壮大数字经济等方面的支持力度和觉醒。

（八）国有上市公司控股股东混改纵深升级，转入攻坚阶段

2016年以来，国有企业混合所有制改革加速“落地”，国有控股上市公司积极适应经济发展新常态，遵循市场经济规律和企业发展规律，开展一系列市场化改革，以“规范运作、互利共赢、互相尊重、长期合作”的“十六字”混合原则，走出一条以国民共进方式进行市场化改革和行业结构调整的新路。至2018年，混合所有制改革有序推进，上市公司已经成为中央企业运营的主体。具体而言，中央企业资产的65%、营业收入的61%、利润总额来源的88%都在上市公司；2018年，央企和地方企业新增了2880户混合所有制改革的企业。

2017年，中国联通打响了央企集团整体混改第一枪。2018年国资进一步在A股“大展身手”。以重大资产重组为例，根据Wind统计，在15单交易价值在百亿元规模的案例中，共有6单为国企改革。其中，万华化学（600309.SH）吸收合并万华化工交易规模最大，交易总价值522.18亿元。交易规模同样在500亿元以上的还有“云南白药换股吸收合并减资后的白药控股100%股权”。云南白药（000538.SZ）表示，本次吸并彰显了云南省委、省政府推动国企深化改革的决心与魄力，将白药控股混改成果及时转化为上市公司的发展动力。此外，“S*ST前锋（600733.SH）资产置换暨发行股份收购北汽新能源100%股权”“深赤湾A定增收购招商局港口（00144.HK）38.72%股权”“中原特钢（002423.SZ）定增收购中粮资本100%股权”“上海临港（600848.SH）定增收购6家公司股权”均为去年国企改革典型案例。

2019年政府工作报告指出，“要深化电力、油气、铁路等领域改革，自然垄断行业要根据不同行业特点实行网运分开，将竞争性业务全面推向市场。国有企业要通过改革创新、强身健体，不断增强发展活力和核心竞争力”。根据政府工作报告的精神，国资委主任介绍称，我国将加大分类推进混合所有制改革，推进混改的企业范围将包括：商业一类国有企业、国有资本投资运营公司、10家“创建世界一流示范企业”“双百行动”改革试点企业。

第三章　2018 年度“中联百强”上市公司

一、2018 年度“中联百强”上市公司评价结果

按照中国上市公司业绩评价体系，我们以统一测算的评价标准为基准，运用功效系数法，对截至 2018 年 5 月 4 日公布年报的 A 股 3473 家上市公司（不包括 B 股上市公司和金融行业，以下简称“评价范围内全部上市公司”）业绩进行了评价，得出了 2018 年度中联上市公司价值百强排行榜（以下简称“中联百强”）。其中，海螺水泥以综合得分 97.5 分获得冠军，大秦铁路、韵达股份、中国国旅、中华企业、华新水泥、海天味业、上海机场、三钢闽光和格力电器分列排行榜的第 2—10 名。具体信息见表 3–1。

表 3 – 1　中联百强排行榜表

排名	证券代码	单位名称	评价得分	排名	证券代码	单位名称	评价得分
1	600585	海螺水泥	97.5	15	002233	塔牌集团	87.1
2	601006	大秦铁路	94.7	16	000789	万年青	86.5
3	002120	韵达股份	94.4	17	002841	视源股份	86.4
4	601888	中国国旅	92.6	18	600519	贵州茅台	86.2
5	600675	中华企业	92.3	19	000401	冀东水泥	86.2
6	600801	华新水泥	90.7	20	002468	申通快递	86.2
7	603288	海天味业	89.5	21	600426	华鲁恒升	86.0
8	600009	上海机场	88.5	22	300144	宋城演艺	86.0
9	002110	三钢闽光	87.9	23	601003	柳钢股份	85.8
10	000651	格力电器	87.8	24	000029	深深房 A	85.8
11	600276	恒瑞医药	87.7	25	000858	五粮液	85.5
12	601225	陕西煤业	87.6	26	600782	新钢股份	85.3
13	600160	巨化股份	87.5	27	601021	春秋航空	84.8
14	600031	三一重工	87.5	28	600808	马钢股份	84.6

续表

排名	证券代码	单位名称	评价得分	排名	证券代码	单位名称	评价得分
29	600507	方大特钢	84.5	62	600161	天坛生物	81.5
30	600309	万华化学	84.2	63	600900	长江电力	81.5
31	601088	中国神华	83.6	64	600104	上汽集团	81.5
32	600688	上海石化	83.6	65	600398	海澜之家	81.5
33	600233	圆通速递	83.6	66	002415	海康威视	81.4
34	300146	汤臣倍健	83.5	67	300498	温氏股份	81.4
35	002304	洋河股份	83.5	68	002299	圣农发展	81.3
36	600271	航天信息	83.4	69	002311	海大集团	81.3
37	002746	仙坛股份	83.3	70	600997	开滦股份	81.2
38	000975	银泰资源	83.2	71	002007	华兰生物	81.2
39	603568	伟明环保	83.1	72	000568	泸州老窖	81.1
40	600887	伊利股份	82.9	73	603260	合盛硅业	81.1
41	300015	爱尔眼科	82.8	74	600516	方大炭素	81.0
42	600681	百川能源	82.7	75	603866	桃李面包	80.9
43	002475	立讯精密	82.7	76	600724	宁波富达	80.9
44	000932	华菱钢铁	82.5	77	000596	古井贡酒	80.6
45	600985	淮北矿业	82.4	78	600596	新安股份	80.6
46	002507	涪陵榨菜	82.3	79	603338	浙江鼎力	80.3
47	002146	荣盛发展	82.2	80	600690	青岛海尔	80.3
48	002032	苏泊尔	82.1	81	600566	济川药业	80.3
49	603899	晨光文具	82.1	82	002602	世纪华通	80.1
50	600346	恒力股份	82.1	83	603043	广州酒家	80.1
51	600406	国电南瑞	82.1	84	600886	国投电力	80.0
52	002203	海亮股份	82.0	85	601100	恒立液压	79.9
53	600332	白云山	82.0	86	603833	欧派家居	79.8
54	000338	潍柴动力	82.0	87	600323	瀚蓝环境	79.7
55	300628	亿联网络	81.9	88	000636	风华高科	79.6
56	600282	南钢股份	81.9	89	603711	香飘飘	79.6
57	600126	杭钢股份	81.8	90	603228	景旺电子	79.6
58	600763	通策医疗	81.7	91	000813	德展健康	79.6
59	603060	国检集团	81.6	92	300637	扬帆新材	79.6
60	002372	伟星新材	81.6	93	600570	恒生电子	79.5
61	300107	建新股份	81.5	94	600606	绿地控股	79.5

续表

排名	证券代码	单位名称	评价得分	排名	证券代码	单位名称	评价得分
95	600987	航民股份	79.5	98	600872	中炬高新	79.3
96	600897	厦门空港	79.4	99	000898	鞍钢股份	79.3
97	002127	南极电商	79.4	100	600436	片仔癀	79.3

注：当年 IPO 上市或借壳上市的公司并未参与排名。

从评价得分结果来看，2018 年中联百强表现优异，算数平均得分为 83.29 分，比全部上市公司算数平均得分 54.04 分高出 29.25 分，高于平均水平 54.12%。与往年相比，2018 年中联百强最高得分为 97.5 分，创历史新高。

从市场价值来看，2018 年度中联百强总市值为 61463.16 亿元，受 A 股整体下行影响，与 2017 年度相比下降 28.10%，占纳入评价范围内全部上市公司总市值的 17.39%，保持了整体优势；中联百强户均市值为 614.63 亿元，为评价范围内全部上市公司户均市值的 6.04 倍，表明中联百强市值平均规模明显高于评价范围内全部上市公司平均水平。中联百强平均市盈率为 11.65 倍，是评价范围内全部上市公司平均市盈率的 53.92%，具有一定的投资价值。以上数据表明，中联百强市场价值表现良好。

从经营规模来看，中联百强 2018 年度实现营业收入 44178.47 亿元，占评价范围内全部上市公司的 11.67%，户均水平为评价范围内全部上市公司户均水平的 4.05 倍；净利润 5476.36 亿元，占评价范围内全部上市公司的 28.58%，户均水平为评价范围内全部上市公司户均水平的 9.93 倍，表明中联百强户均盈利能力高于评价范围内全部上市公司平均水平。经营活动产生的现金流量净额 6964.08 亿元，占评价范围内全部上市公司的 21.50%，户均水平为评价范围内全部上市公司户均水平的 7.47 倍，表明中联百强户均经营现金流状况明显优于评价范围内全部上市公司平均水平。中联百强 2018 年度资产总额 64231.93 亿元，占评价范围内全部上市公司的 10.51%，户均水平为评价范围内全部上市公司户均水平的 3.65 倍；净资产总额 28116.23 亿元，占评价范围内全部上市公司的 11.76%，户均水平为评价范围内全部上市公司户均水平的 4.09 倍。相比 2017 年度，受股市整体影响，2018 年度中联百强虽然经营规模增长不太明显，营业收入增长 0.18%，净利润下降 0.59%，经营活动产生的现金流净额增长 14.99%，资产总额增长 0.53%，净资产总额下降 5.86%，但整体表现明显强于评价范围内其他上市公司。

从经营质量来看，中联百强 2018 年度整体净资产收益率为 20.39%，为评价范围内全部上市公司平均水平的 2.85 倍；中联百强 2018 年度整体总资产周转率为 0.74 次，为评价范围内全部上市公司平均水平的 1.14 倍，中联百强 2018 年度整体资产负债率为 56.23%，小于评价范围为全部上市公司的平均水平 60.90%，中联百强 2018 年度整体收入增长率为 20.95%，为评价范围内全部上市公司平均水平的 1.53 倍，可见，2018 年度中联百强整体经营质量明显优于评价范围内全部上市公司平均水平。由于 2018 年度股市下跌，市场投资普遍亏损，中联百强 2018 年度整体市场投资回报率为 –6.10%，评价范围内全部上市公司平均水平为 –33.09%，中联百强市场回报表现相对更具优势。

以上数据表明，虽然 2018 年度 A 股市场整体表现不佳，中联百强仍然集聚了经营效益好、资产质量优、发展潜力大的上市公司。例如海螺水泥，具体如下所示：

资料链接：

2018 年，海螺水泥坚持“一区一策、一厂一策、差别施策”营销策略，抓住市场有效需求，实现营业收入为 1284.03 亿元，较上年同期增长 70.50%；归属于上市公司股东的净利润为 298.14 亿元，较上年同期增长 88.05%；每股盈利 5.63 元，较上年同期上升 2.64 元/股。东、中、南、西部区域市场销售金额同比分别上升 43.27%、35.37%、35.08% 和 35.39%，毛利率同比分别上升 11.08 个百分点、12.97 个百分点、6.72 个百分点和 12.1 个百分点；海外项目公司销售金额同比增长 66.58%。

2019 年，海螺水泥集团将坚持实施差异化的营销策略，深化与大型煤企的战略合作，有序推进国际化发展战略，着力提升海外已投产项目运营质量。计划资本开支支出约 100 亿元，预计全年水泥和熟料净销量（不含贸易量）3 亿吨，预计吨产品成本和吨产品费用基本稳定。

资料来源：海螺水泥 2018 年度报告

二、2018 年度“中联百强”上市公司评价指标分析

本次业绩评价分别从财务效益状况、资产质量状况、偿债风险状况、发展能力状况、市场表现状况五个方面进行，中联百强上市公司整体优于评价范围内全部上市公司平均水平，下面分别从上述五个方面对中联百强上市公司的财务指标进行分析。

（一）财务效益

表 3–2 列示了中联百强上市公司财务效益状况评价结果。根据财务效益状况指标具体分析：与评价范围内全部上市公司平均值相比较，2018 年度中联百强上市公司财务效益基本指标和其他修正指标；与 2017 年度中联百强情况相比较，2018 年度中联百强除总资产报酬率有所下降，其他指标均不同幅度地得到提升。总体而言，中联百强上市公司财务效益状况较 2017 年度有所提升。就中联百强具体上市公司的财务效益得分情况而言，100 家上市公司财务效益全部超过评价范围内全部上市公司平均水平，其中，海螺水泥、大秦铁路、中华企业、陕西煤业、贵州茅台、万华化学、中国神华、长江电力 8 家上市公司在财务效益方面获得 35 分满分，与其他中联百强上市公司相比表现明显突出。

表 3－2　中联百强财务效益状况比较表

分析指标		2018 年上市公司平均值	2018 年百强值	与上市公司平均值比值	2017 年百强值	同比增长率（%）
基本指标	扣除非经常性损益净资产收益率	7.16%	20.39%	2.85	19.10%	6.76
	总资产报酬率	5.61%	12.13%	2.16	12.54%	–3.25
修正指标	营业利润率	6.73%	15.47%	2.30	15.32%	0.98
	盈利现金保障倍数	1.69	1.27	0.75	1.10	15.68
	总股本收益率	38.49%	165.51%	4.30	152.19%	8.76

（二）资产质量

表 3–3 列示了中联百强上市公司资产质量状况评价结果。从资产质量状况指标来看，2018 年度中联百强四项指标与 2017 年度相比均有所下降，但均高于评价范围内全部上市公司平均水平。就资产质量得分情况而言，2018 年度中联百强中有 93 家上市公司超过评价范围内全部上市公司平均水平，其中，韵达股份、中国国旅、中华企业、申通快递、深深房 A 等 14 家上市公司在资产质量方面获得 15 分满分，表现优于中联百强其他公司。

表 3－3　中联百强资产质量状况比较表

分析指标		2018 年上市公司平均值	2018 年百强值	与上市公司平均值比值	2017 年百强值	同比增长率（%）
基本指标	总资产周转率（次）	0.65	0.74	1.14	0.76	–2.08
	流动资产周转率（次）	1.23	1.34	1.10	1.58	–14.75
修正指标	存货周转率（次）	2.78	2.99	1.08	4.68	–36.00
	应收账款周转率（次）	8.18	16.14	1.97	17.50	–7.76

（三）偿债风险

表 3–4 列示了中联百强上市公司偿债能力状况评价结果。从偿债风险状况指标来看，2018 年度中联百强四项指标均优于评价范围内全部上市公司平均水平。与 2017 年度的情况相比，2018 年度中联百强“去杠杆”成效显著，偿债风险明显降低。从中联百强内具体公司来看，中联百强上市公司中有 80 家企业偿债能力综合得分高于评价范围内全部上市公司平均水平。其中，广州酒家偿债能力综合得分为满分 15 分，另外，德展健康、扬帆新材得分 14.99 分，接近满分，明显优于中联百强其他公司水平。

表 3－4 中联百强偿债风险状况比较表

分析指标		2018 年上市公司平均值	2018 年百强值	与上市公司平均值比值	2017 年百强值	同比增长率（%）
基本指标	资产负债率	60.90%	56.23%	0.92	53.25%	5.58
	已获利息倍数	4.41	16.21	3.67	14.17	14.45
修正指标	速动比率	78.76%	90.88%	1.15	93.72%	–3.03
	现金流动负债比率	12.06%	25.46%	2.11	23.89%	6.58
	带息负债比率	48.41%	38.01%	0.79	42.74%	–11.08

（四）发展能力

表 3–5 列示了中联百强上市公司发展能力状况评价结果。从具体指标来看，受股市整体表现影响，2018 年度中联百强发展能力水平与 2017 年度相比明显下降，但所有指标均优于评价范围内全部上市公司平均水平。从中联百强内具体公司来看，中联百强上市公司中有 97 家企业发展能力得分高于评价范围内全部上市公司平均水平。海螺水泥、中华企业、三一重工、冀东水泥、淮北矿业、荣盛发展发展能力综合得分为满分 20 分，明显优于中联百强其他公司水平。

表 3－5 中联百强发展能力状况比较表

分析指标		2018 年上市公司平均值	2018 年百强值	与上市公司平均值比值	2017 年百强值	同比增长率（%）
基本指标	带息负债比率	48.41%	38.01%	0.79	42.74%	–11.08
	营业收入增长率	13.68%	20.95%	1.53	31.72%	–33.93
	资本扩张率	9.66%	18.97%	1.96	21.04%	–9.84
修正指标	累计保留盈余率	40.89%	62.82%	1.54	62.29%	0.84
	三年营业收入增长率	15.02%	21.65%	1.44	13.80%	56.86
	总资产增长率	11.63%	17.15%	1.47	21.74%	–21.13
	营业利润增长率	4.93%	27.36%	5.54	64.17%	–57.37

（五）市场表现

表 3–6 列示了中联百强上市公司市场表现状况评价结果。从具体指标来看，受股市整体表现影响，2018 年度中联百强市场投资回报率远不及 2017 年度，但却明显优于评价范围内全部上市公司平均水平。同时，2018 年度中联百强股价波动率明显收窄。具体来看，中联百强上市公司中有 95 家市场表现得分高于评价范围全部上市公司平均水平。表 3–6 中数据表明中联百强大部分市场表现良好。

表 3－6　中联百强市场表现状况比较表

分析指标	2018 年上市公司平均值	2018 年百强值	与上市公司平均值比值	2017 年百强值	同比增长率（%）
市场投资回报率	–33.09%	–6.10%	0.18	50.09%	–112.19
股价波动率	127.11%	74.16%	0.58	107.93%	–31.29

三、2018 年度“中联百强”上市公司分布特点

2018 年，世界经济“本应向好”的发展态势因单边主义、保护主义等因素影响而遭遇转折，金融市场、大宗商品价格剧烈波动，全球投资规模大幅下滑。尽管如此，中国经济巨轮仍在惊涛骇浪中稳健前行，2018 年，我国国内生产总值首次超过 90 万亿元，按可比价格计算，同比增长 6.6%，城镇新增就业 1361 万人，交出一份总体平稳、稳中有进、国民经济继续运行在合理区间的成绩单。

同时，2018 年 A 股股市整体不佳，沪指、深成指、创业板这三大股指分别下跌了 –24.59%、–34.42%、–28.65%。关于股市连续下跌的原因，市场也有各种分析，譬如中美贸易摩擦持续升级、人民币贬值、股市紧缺资金、股民缺乏信心等。

中联百强作为中国资本市场乃至中国经济高质量发展的领头羊，表现出全面优于评价范围内全部上市公司的优势。中联百强具有以下特点：

（一）行业结构整体稳定，制造业结构优化

与 2017 年度相比，2018 年度中联百强行业分布整体保持稳定，从行业来分，制造业占比仍超半数，交通运输、仓储业和信息技术业占比有所下滑，农、林、牧、渔业和电力、煤气及水的生产和供应业占比有所增加，其余行业占比与上年保持一致。整体而言，2018 年度中联百强行业结构趋于稳定。

制造业是中国经济的第一大产业，也是维系中国经济发展的命脉产业，占中国经济比例达 29 4%。2018 年度入围中联百强的 64 家制造业企业相比此前分布变化较大，关系到国民生活质量的大消费行业如食品饮料类、医药生物类、纺织服装类制造业企业较 2017 年度有大幅增加，这也是贯彻落实党的十九大关于更好满足人民日益增长的美好生活需要精神重要体现。

中联百强各行业数量和占比分布情况如表 3–7、图 3–1 所示。

表 3－7　中联百强行业分布表

行业名称	2018 年	2017 年
制造业	64	63
交通运输、仓储业	4	8
社会服务业	8	8

续表

行业名称	2018 年	2017 年
房地产业	5	5
采掘业	4	4
传播与文化产业	1	1
信息技术业	4	6
农、林、牧、渔业	3	1
电力、煤气及水的生产和供应业	4	2
批发和零售贸易	1	0
综合类	1	1
建筑业	0	1

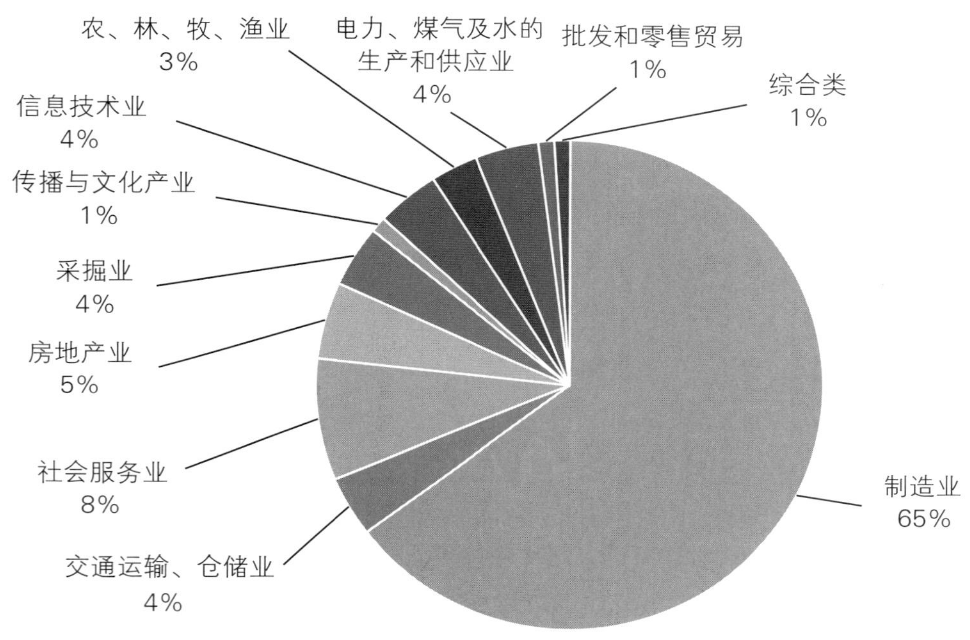

图 3－1　2018 年中联百强行业分布

（二）老牌上市公司厚积薄发

从中联百强上市公司的上市年份来看，2018 年度中联百强名单中，上市时间在 10 年以上的公司最多，占比 65%，上市 6—10 年与 1—5 年的中联百强占比大致相同，分别占 17% 和 18%。

与 2017 年度相比，2018 年度中联百强名单中上市 10 年以上的公司占比大幅增加，上市 5 年内和 6—10 年两个区间相应减少。具体来看，2018 年度新晋中联百强公司中，上市 10 年及以上的企业共有 46 家，其中，中华企业、冀东水泥、万华化学、淮北矿业、白云山、宁波富达、航民股份均以不同方式完成了重组，迸发出了多年沉淀的潜力。

中联百强上市时间和占比分布情况如表 3–8、图 3–2 所示。

表 3－8　中联百强上市时间分布表

上市时间	2018 年	2017 年
1 年内	8	5
3 年内	16	17
5 年内	18	21
10 年内	35	47
10 年以上	65	53

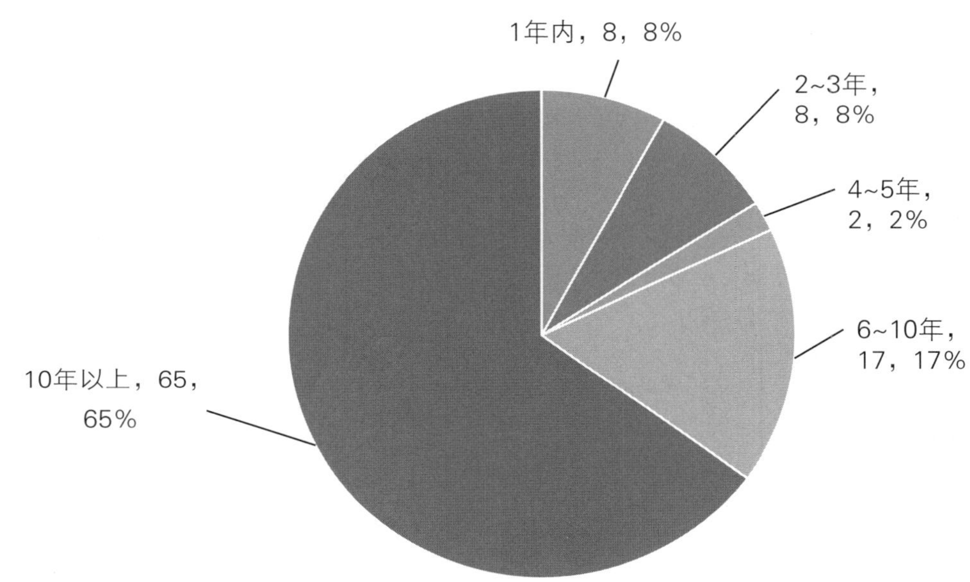

图 3－2　2018 年中联百强上市时间分布

（三）东部地区持续领跑，浙江百强尤为突出

从中联百强分布省份来看，2018 年度浙江省共有 20 家，位列第一，广东省和北京市位列二、三位，前三名共计 44 家，中联百强与 2017 年基本一致仍然聚集于经济较为发达、资本市场较为活跃的东部地区。

2018 年度中联百强排名前五位的省份中，除浙江省大幅增加和广东省仍保持 16 家外，其余省份均比 2017 年度有所减少。具体来说，浙江省同比增加 7 家，并超过 2017 年度排名第一的广东省，成为 2018 年度第一名。2018 年度浙江省入围的中联百强企业中，制造业企业和民营企业均占比 65%，可见，浙江省在促进企业经济转型升级激发市场活力方面取得显著成效。

中联百强省份数量和占比分布情况如表 3–9、图 3–3 所示。

表 3-9 中联百强省份分布表

省份	2018 年	2017 年
浙江省	20	13
广东省	16	16
北京市	8	10
上海市	7	8
江苏省	7	8
福建省	5	1
山东省	5	7
安徽省	4	5
河北省	4	2
辽宁省	4	2
湖北省	3	2
江西省	3	1
四川省	2	3
内蒙古自治区	2	2
湖南省	2	2
山西省	1	2
陕西省	1	1
贵州省	1	1
广西壮族自治区	1	1
重庆市	1	0
河南省	1	3
甘肃省	1	1
新疆维吾尔自治区	1	1

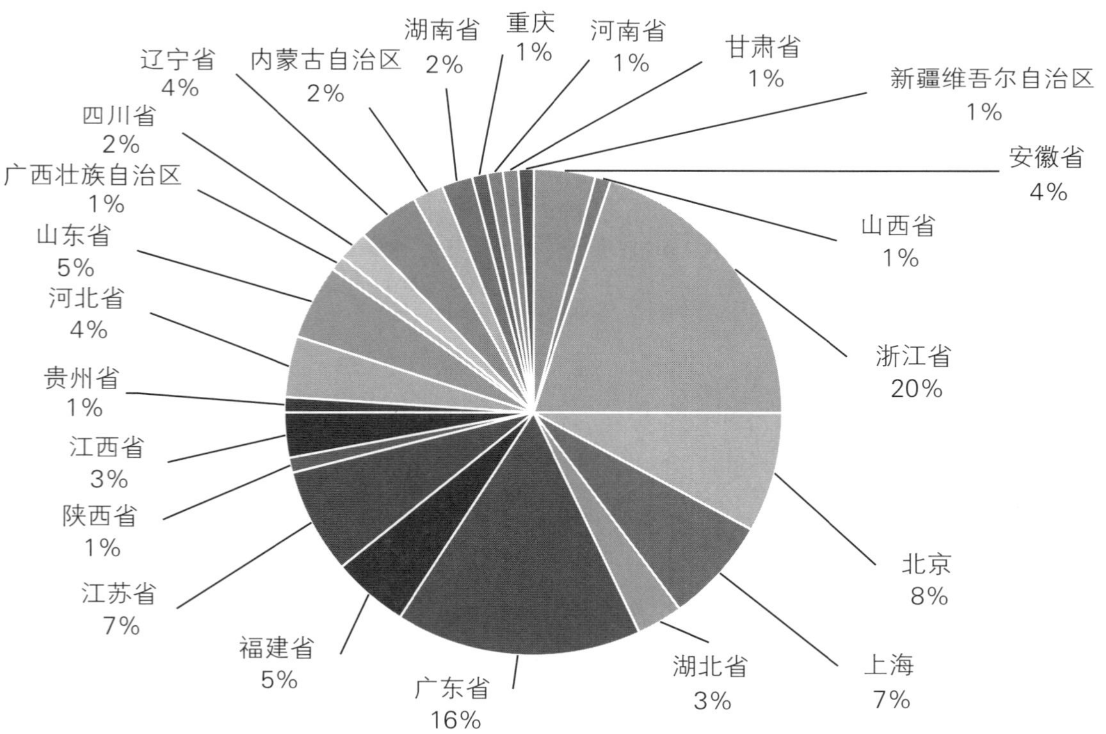

图 3-3 2018 年中联百强省份分布

（四）主板发力创新高，百强名单大换血

与2017年度相比，2018年度中联百强中上海主板市场增加了10家，总数突破60家，创历史新高，深圳主板市场有所减少，中小企业板占比继续下跌，创业板仍为7家。具体来看，61家进入中联百强的上海主板上市公司中，有29家为连续两年百强；13家进入中联百强的深圳主板上市公司中，仅有格力电器、五粮液、潍柴动力、泸州老窖4家为连续两年百强；19家进入中联百强的中小板上市公司中，仅有韵达股份、申通快递2家社会服务业公司，三钢闽光、塔牌集团、洋河股份、海康威视4家制造业公司为连续两年百强；7家进入中联百强的创业板上市公司中，仅有宋城演艺、爱尔眼科2家为连续两年百强，其余5家分别为汤臣倍健、亿联网络、建新股份、温氏股份、扬帆新材。以上数据表明中联百强名单变化显著，颇具活力。

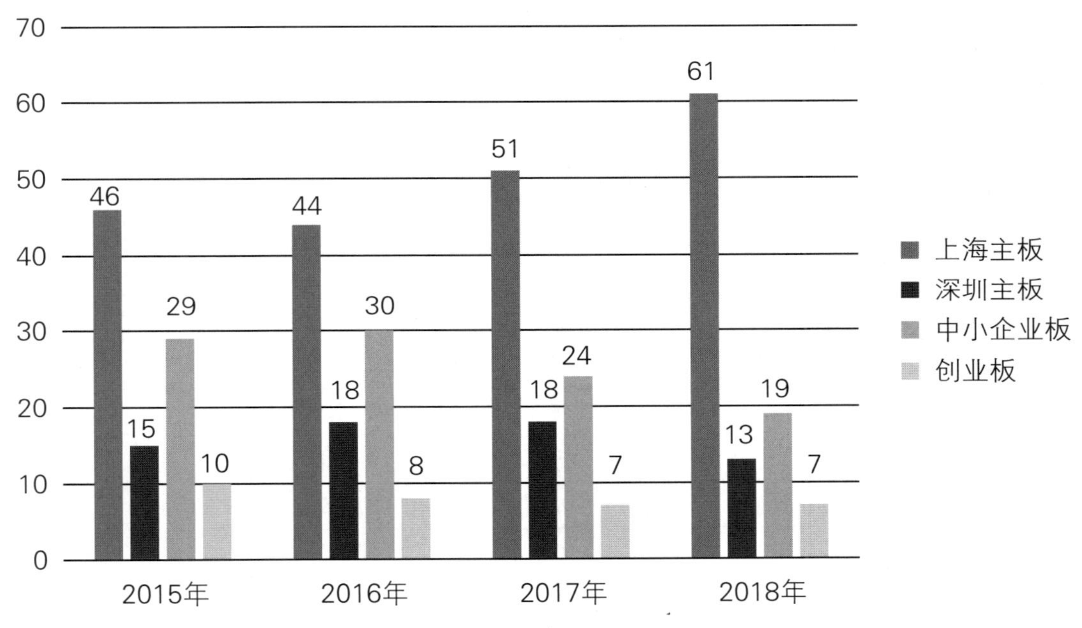

图3－4　中联百强上市板块分布图

（五）民企活力绽放，占据百强半壁江山

国家出台支持民营经济发展、帮助民营企业纾难解困系列政策效果显著，民企活力进一步绽放。2018年度中联百强中民营企业占比47%，其中，民营企业前两名与2017年度一致，仍为韵达股份和海天味业，而且两者在中联百强中的排名明显上升，分别列第3名、第7名，进入中联百强前二十名的民营企业还有恒瑞医药、三一重工、塔牌集团、视源股份、申通快递，分别为第11名、第14名、第15名、第17名和第20名。2018年度中联百强中，新晋的民营企业共计34家，说明民营企业市场活力得到进一步释放。

（六）2018年度中联百强榜中榜

1. 中联百强连续三年登榜公司

表3–10显示，2016年度、2017年度、2018年度连续三年荣登“中联百强”的共有

21 家公司，其中，海螺水泥、中国国旅、海天味业、格力电器、恒瑞医药、贵州茅台、五粮液、万华化学、上海石化、洋河股份共 10 家公司连续三年挺进前 50 强，是上市公司发展持续稳定、业绩表现优异的表率。

2. 中联百强连续三年名次提升公司

海螺水泥、中国国旅、海天味业、上海机场、格力电器 5 家公司连续三年业绩提升，其中海螺水泥在 2018 年度荣登中联百强之首，持续发展能力较强。

3. 中联百强发展速度最快的公司

在中联百强公司排名中，上海机场由 2016 年度的第 87 名到 2018 年度的第 8 名，提升了 79 个名次，业绩排名提升速度最快，表现抢眼。

4. 中联百强最具送红股和分红实力公司

2018 年末，贵州茅台每股留存收益 96.04 元，依然成为中联百强最具送红股和分红实力的公司。作为老牌绩优蓝筹股，贵州茅台长期占据该榜，是 A 股市场回报股东的典范。

表 3 – 10 连续三年荣登百强公司

序号	证券代码	单位名称	各年排名			三年累计分红占比（%）	每股留存收益（元/每股）
			2018	2017	2016		
1	600585	海螺水泥	1	2	41	49.87	19.39
2	601888	中国国旅	4	20	42	80.37	6.51
3	603288	海天味业	7	13	22	189.45	4.19
4	600009	上海机场	8	21	87	55.00	13.04
5	002110	三钢闽光	9	4	73	54.50	7.26
6	000651	格力电器	10	17	26	67.65	14.55
7	600276	恒瑞医药	11	34	24	45.47	3.36
8	600519	贵州茅台	18	38	19	84.84	96.04
9	300144	宋城演艺	22	70	65	29.43	3.37
10	000858	五粮液	25	32	14	85.07	16.33
11	600309	万华化学	30	10	31	61.83	11.51
12	600688	上海石化	32	25	18	102.69	1.80
13	002304	洋河股份	35	47	23	102.20	23.61
14	600887	伊利股份	40	73	16	201.47	2.78
15	300015	爱尔眼科	41	22	58	85.61	1.02
16	002372	伟星新材	60	100	52	130.00	1.58
17	600900	长江电力	63	89	2	129.65	3.46
18	600104	上汽集团	64	19	13	119.08	14.02
19	002415	海康威视	66	31	17	88.40	3.03
20	000568	泸州老窖	72	24	35	119.57	8.99
21	600690	青岛海尔	80	59	75	55.62	4.91

四、全部上市公司分类榜单

（一）最给力的公司——2018 年每股派息前 10 名公司

表 3－11　分类榜单——最给力的公司

排名	证券代码	证券简称	每股税前派息（元）
1	600519.SH	贵州茅台	10.99
2	603444.SH	吉比特	2.60
3	603156.SH	养元饮品	2.60
4	002304.SZ	洋河股份	2.55
5	000550.SZ	江铃汽车	2.31
6	002749.SZ	国光股份	2.00
7	000513.SZ	丽珠集团	2.00
8	600516.SH	方大炭素	1.90
9	600104.SH	上汽集团	1.83
10	603858.SH	步长制药	1.61

数据来源：Wind 数据，截至 2018 年 12 月 31 日已上市的公司，剔除 ST 公司和当年借壳上市的公司

本榜单为截至报告期每股派息前 10 名的公司。每股派息较高说明这些公司 2018 年度经营净现金流比较好，公司营运资金较为宽裕，取得良好的收益，不忘回报投资者。

（二）业绩最牛公司——2018 年基本每股收益前 10 名公司

表 3－12　分类榜单——业绩最牛公司

排名	证券代码	证券简称	每股收益（元 / 每股）
1	600519.SH	贵州茅台	28.02
2	603444.SH	吉比特	10.12
3	601318.SH	中国平安	6.02
4	000661.SZ	长春高新	5.92
5	600585.SH	海螺水泥	5.63
6	002304.SZ	洋河股份	5.38
7	601155.SH	新城控股	4.69
8	000651.SZ	格力电器	4.36
9	300751.SZ	迈为股份	4.26
10	603260.SH	合盛硅业	4.19

数据来源：Wind 数据，于 2018 年 12 月 31 日已上市的公司

本榜单为2018年度基本每股收益前10名的公司，每股收益较高，说明这些公司2018年度盈利能力较强。

（三）业绩最差公司——2018年基本每股收益后10名公司

表3－13 分类榜单——业绩最差公司

排名	证券代码	证券简称	每股收益（元/每股）
1	600634.SH	*ST富控	–9.57
2	002354.SZ	天神娱乐	–7.67
3	300313.SZ	天山生物	–7.09
4	300216.SZ	千山药机	–6.82
5	600891.SH	*ST秋林	–6.69
6	300269.SZ	联建光电	–4.73
7	002604.SZ	*ST龙力	–4.68
8	300432.SZ	富临精工	–4.61
9	000038.SZ	深大通	–4.49
10	000911.SZ	*ST南糖	–4.21

数据来源：Wind数据，截至2018年12月31日已上市的公司

本榜单为2018年度每股收益后10名的公司。每股收益较低，说明这些公司2018年度盈利能力较差。

（四）最让投资者踏实公司——2018年股息率前10名公司

表3－14 分类榜单——最让投资者踏实公司

排名	证券代码	证券简称	股息率（%）
1	600738.SH	兰州民百	24.32
2	000631.SZ	顺发恒业	16.03
3	300741.SZ	华宝股份	12.50
4	000635.SZ	英力特	12.35
5	300403.SZ	汉宇集团	10.74
6	600664.SH	哈药股份	10.57
7	300121.SZ	阳谷华泰	10.53
8	600028.SH	中国石化	9.85
9	600282.SH	南钢股份	9.01
10	603355.SH	莱克电气	9.01

数据来源：Wind数据，截至2018年12月31日已上市的公司

本榜单为2018年度股息率前10名的公司。股息率是股息与股票价格之间的比率。公司的股息率较高，说明公司具有较高的投资价值。

（五）长线价值投资公司——2018年加权净资产收益率前10名公司

表3-15 分类榜单——长线价值投资公司

序号	证券代码	证券简称	净资产收益率（%）
1	600399.SH	ST 抚钢	964.67
2	000912.SZ	泸天化	478.47
3	600423.SH	*ST 柳化	166.95
4	600247.SH	*ST 成城	99.75
5	600800.SH	天津磁卡	76.50
6	600408.SH	ST 安泰	75.01
7	600793.SH	宜宾纸业	74.90
8	600870.SH	ST 厦华	74.58
9	600678.SH	四川金顶	72.13
10	002607.SZ	中公教育	71.89

数据来源：Wind数据，截至2018年12月31日已上市的公司

本榜单为2018年度加权净资产收益率前10名的公司。加权净资产收益率较高，说明这些公司2018年公司经营业绩良好，净资产回报率较高，盈利能力较强。

第二部分
中国上市公司评价各行业分析报告

第四章　煤炭行业上市公司业绩评价

受益于供给侧改革，煤炭产业结构逐步优化，煤炭价格高位盘整，煤炭上市企业经营业绩也大幅改善。我国目前正在推动高质量供给体系的形成，加快淘汰落后煤炭产能后，大型现代化煤矿已经成为全国煤炭生产的主体，行业供给质量和效率在大幅提升。根据中国煤炭工业协会统计数据，大型煤炭企业营业收入（含非煤）完成3.48万亿元，同比增长5.5%；利润总额1563亿元，同比增长26.7%；应收账款净额（含非煤）1754亿元，同比下降22.7%；资产负债率67.3%，比2017年同期下降1.77个百分点。预计2019年先进产能将少量投放，预计供需在短期内仍维持紧平衡，并且煤炭价格维持合理区间，行业盈利能力将继续维持。

2018年煤炭行业指数持续下跌，年初为3438.43点，年底跌至2237.62点，跌幅达34.92%，沪深300指数也从3510.09点跌至2501.22点，全年处于下降通道，除年初小部分时间外，全年煤炭行业指数低于沪深300指数。

一、煤炭行业上市公司业绩评价结果

截至2018年末，煤炭行业包括煤炭开采、焦炭加工的上市公司共计36家，其中沪市为28家，深市为8家。除平庄能源和ST大洲之外，全部实现盈利，2017年和2016年该比例分别为92%、78%，说明煤炭行业上市公司业绩持续回暖，国家层面去产能效果显著。

煤炭行业2018年度综合评价分值为71.9分，略低于2017年度的74.3分，基本保持平稳，也超过同年全部上市公司（不包括金融和B股，本文以下如无特指按此口径）的综合评价分值61.2分，说明煤炭行业自2014年以来的低迷状态得到了阶段性改善；3家煤炭行业上市公司进入2018年上市公司业绩评价综合得分百强名单，陕西煤业、中国神华和开滦股份分别位列第12名、第34名和第75名。

在36家煤炭行业上市公司中（在业绩排名时，剔除2018年上市、2018年借壳及2018年会计信息失真企业），陕西煤业评价等级为AAA，业绩为AA的有2家，分别为中国神华和开滦股份，业绩为 A 的有 3 家，山西焦化、兖州煤业和露天煤业；业绩为 BBB 的有 7 家，业绩为 BB 的有 8 家，业绩为 B 的有 5 家；业绩为 CCC 的有 4 家，业绩为 CC 的有 1 家，业绩为 C 的有 5 家。

2018 年全部上市公司为 3473 家，其资产总额为 61.13 万亿元，其中，煤炭行业上市公司资产总额为 1.95 万亿元，占全部上市公司资产总额的 3.19%；全部上市公司实现营业收入 37.87 万亿元，其中，煤炭行业上市公司营业收入为 0.96 万亿元，占上市公司营业收入的 2.53%；全部上市公司实现利润总额 2.51 万亿元，其中，煤炭行业上市公司利润总额为 0.15 万亿元，占全部上市公司利润总额的 5.98%；全部上市公司实现净利润 1.92 万亿元，其中，煤炭行业上市公司净利润为 0.11 万亿元，占全部上市公司净利润的 5.96%。

煤炭行业上市公司扣除非经常性损益净资产收益率平均值为 12.24%，高于全部上市公司 7.16% 的平均水平；营业利润率平均值为 16.14%，高于全部上市公司 6.73% 的平均水平；总资产报酬率平均值为 9.56%，高于全部上市公司 5.61% 的平均水平。这说明，2018 年煤炭行业上市公司资产收益水平和经营收益水平均高于全部上市公司水平，这主要得益于供给侧改革步入尾声，保供稳价成果显著。2018 年煤炭行业综合排名十强见表 4–1。

表 4 – 1　2018 年度煤炭行业十强排行榜

名次	股票代码	股票简称	综合得分	在全部上市公司中排名
1	601225	陕西煤业	87.6	12
2	601088	中国神华	83.6	34
3	600997	开滦股份	81.2	75
4	600740	山西焦化	78.4	133
5	600188	兖州煤业	78.2	144
6	002128	露天煤业	75.1	254
7	603113	金能科技	75	261
8	600348	阳泉煤业	74.8	273
9	600403	大有能源	72.7	386
10	601898	中煤能源	71.1	477

基于对煤炭行业上市公司的整体评价，下面分别从财务效益状况、资产质量状况、偿债风险状况、发展能力状况、市场表现状况五个方面对煤炭行业上市公司进行具体分析。

资料链接：

中国神华是国内乃至世界的煤炭龙头企业，在行业内经过长期竞争之后，其规模和市场占有率均已经在国内遥遥领先其他企业，再加上多元化（煤炭、电力、运输）发展，使公司在业内保持了低成本竞争优势，业绩受周期性影响也进一步平滑。

回顾2016年、2017年国家供给侧改革，推动了整个煤炭行业的业绩快速回暖，进入2018年以来，煤炭行业的平均毛利率、净利率都小幅下滑，但根据中国神华披露的2018年度报告看，虽然也受行业整体利润率下滑影响，但要强于行业平均值。

具体来看，中国神华2018年度实现归属于本公司股东的净利润约为440亿元，同比减少约2.3%；归属于本公司股东的扣除非经常性损益的净利润约为460亿元，同比增长约2.0%。

资料来源：香港财华社

（一）财务效益

表4–2列示了2018年煤炭行业上市公司财务效益评价结果（满分35分）。从基本指标来看，煤炭行业上市公司财务效益状况得分为28.23分，较2017年得分26.6分增长了6.13%。扣除非经常性损益净资产收益率、总资产报酬率两项基本指标也有小幅增长，增幅分别为4.35%和4.14%。上述指标略微增长的主要原因为：2018年，全国煤炭消费没有大幅增长，价格与2017年基本持平，在当前煤炭价格相对高位稳定运行之时，企业盈利也趋于稳定。

从修正指标来看，煤炭行业的营业利润率和总股本收益率分别增长3.26%和4.86%，盈利现金保障倍数指标降低1.04%，上述三项指标与2017年度维持相对平衡，波动较小。上述指标均说明煤炭行业上市公司盈利能力2017年由弱转强，在2018年政策维持利好的前提下，继续保持平稳。

财务效益指标综合得分高于全部上市公司平均水平22.01分的共有26家，其中，陕西煤业、中国神华该指标均为35分满分，其特点在于两家上市公司对产业结构和资本结构的合理布局，业务均衡发展，综合实力突出，抗风险能力优于同行。根据年报显示，陕西煤业以109.93亿元连续三年成为陕西赚钱能力最强的上市公司，同比2017年增长了5.2%。陕西煤业在资源储量、年产规模、人员功效排名国内行业前列，去年盈利规模仅次于中国神华，其净利润就约相当于陕西省其余49家陕西上市公司之和。去年煤炭价格比较稳定，在行业去产能进程中，龙头企业效益向好。

表 4－2　煤炭行业财务效益状况比较

评价指标		2018 年全部上市公司平均值	2018 年行业值	2017 年行业值	增长率（%）
基本指标	扣除非经常性损益净资产收益率（%）	7.16	12.24	11.73	4.35
	总资产报酬率（%）	5.61	9.56	9.18	4.14
	基本得分	20.59	28.23	26.6	6.13
修正指标	营业利润率（%）	6.73	16.14	15.63	3.26
	盈利现金保障倍数	1.69	1.9	1.92	−1.04
	总股本收益率（%）	38.49	80.48	76.75	4.86
综合得分		22.01	29.02	28.57	1.58

（二）资产质量

表 4–3 列示了煤炭行业上市公司资产质量状况评价结果（满分 15 分）。基本指标与修正指标变化趋势一致，2018 年煤炭行业上市公司资产质量状况综合得分为 12.04 分，与上一年度 11.49 分相比增长 4.79%。

基本指标中总资产周转率为 0.5 次，与 2017 年相比基本无变化，低于全部上市公司平均值 0.65 次。而流动资产周转率从 2017 年的 1.79 次降低为 1.66 次，表明企业流动资产周转速度变慢，需要补充流动资金参加周转，资金利用效率降低，企业盈利能力减弱。

修正指标中应收账款周转率增幅略大，得分为 14.91 分，比 2017 年增长 25.72%，说明煤炭行业上市公司收账速度加快，平均收账期变短，坏账损失减少，偿债能力增强。存货周转率得分 14.84 分，比上一年增长 10.33%，高于全部上市公司平均值 2.78 分，这表示煤炭流动性增强，煤炭供需平衡使得库存煤炭维持高位的状况进一步缓解，2018 年度煤炭销售情况继续保持乐观态势。

2018 年煤炭行业上市公司资产质量综合得分 12.04 分，已经超过 2018 年全部上市公司平均得分 9.17 分及 2017 年行业得分 11.49 分，煤炭企业销售收入增加，回款加快，库存降低等因素是导致资产质量上升的主要原因。该指标表现较好的有兖州煤业（13.59 分），该公司在销售渠道开拓、去库存等方面处理得较为出色。

表 4－3　煤炭行业资产质量状况比较

评价指标		2018 年全部上市公司平均值	2018 年行业值	2017 年行业值	增长率（%）
基本指标	总资产周转率（次）	0.65	0.5	0.49	2.04
	流动资产周转率（次）	1.23	1.66	1.79	−7.26
	基本得分	9.43	9.45	9.44	0.11
修正指标	应收账款周转率（次）	8.18	14.91	11.86	25.72
	存货周转率（次）	2.78	14.84	13.45	10.33
综合得分		9.17	12.04	11.49	4.79

（三）偿债风险

表 4–4 列示了煤炭行业上市公司偿债风险状况评价结果（满分为 15 分）。

从综合得分来看，2018 年煤炭行业上市公司偿债风险状况高于全部上市公司平均水平 8.79，与上一年度基本一致。

基本指标中，已获利息倍数小幅度增长 2.09%，国际上通常认为，该指标为 3 时较为适当，煤炭行业上市公司已获利息倍数 5.86 与之相比较高，说明煤炭行业上市公司长期偿债能力较强。

从修正指标来看，现金流动负债指标变化不大，速动比率较上年增长 17.47%，表明企业流动资产中可以立即变现用于偿还流动负债的能力增强。带息负债比率较上年下降 10.6%，反映企业负债中带息负债的比重进一步下降，降低了企业未来的偿债（尤其是偿还利息）的压力。在综合得分上，陕西煤业该项指标得分为 11.98 分，表现较好。

表 4 – 4　煤炭行业偿债风险状况比较

评价指标		2018 年全部上市公司平均值	2018 年行业值	2017 年行业值	增长率（%）
基本指标	资产负债率（%）	60.9	49.88	51.47	–3.09
	已获利息倍数	4.41	5.86	5.74	2.09
	得分	8.94	9.75	9.51	2.52
修正指标	速动比率（%）	78.76	97.08	82.64	17.47
	现金流动负债比率（%）	12.06	35.86	34.84	2.93
	带息负债比率（%）	48.41	54.58	61.05	–10.60
综合得分		8.79	9.46	9.38	0.85

（四）发展能力

表 4–5 列示了煤炭行业上市公司发展能力状况评价结果（满分 20 分），下游行业需求继续改善，煤炭消费稳中有升，但随着环保趋严，未来需求面临抑制，发展能力综合得分由 2017 年度的 13.27 分下降至 12.12 分。

各项指标中，累计保留盈余率指标连续三年表现较为稳定，营业收入增长率下降至 9.52%，主要原因是煤炭产量维持稳定的情况下，价格与上年保持小幅上涨。三年营业收入增长率增长至 18.57%，营业利润增长率下降至 13.07%，2018 年仍超过全部上市公司平均水平，未来随着供给侧改革由限制产能向优化产能转变，煤炭供需结构将得到改善，营业收入大幅度增长的可能性不大，煤炭行业的发展潜力在一定程度上受到限制。

资本扩张率和总资产增长率两项指标均低于全部上市公司平均值，煤炭行业“去产能”

是一场持久战，淘汰落后小型矿井，严格限制新建矿井，压缩煤炭行业投资，鼓励煤炭行业转型，未来较长一段时间内上述两项指标将保持较低水平。

从综合得分来看，兖州煤业发展能力得分在煤炭行业中排名第一，发展能力综合评分为14.78分，2018年是兖煤澳大利亚完成对联合煤炭收购后的首个完整的财年，也是在香港上市的第一个财年，通过优质资源并购和自身扩产，兖煤澳大利亚已成为兖州煤业重要利润来源和“现金牛”。由此可见，在目前煤炭行业未来发展存在重大不确定性因素的背景下，保持可持续性发展，积极推进资本运营和产业升级、响应“一带一路”号召配置海外优质资产是未来煤炭行业可持续发展的可行之路。

表 4－5　煤炭行业发展能力状况

评价指标		2018 年上市公司平均值	2018 年行业值	2017 年行业值	增长率（%）
基本指标	营业收入增长率（%）	13.68	9.52	36.81	−74.14
	资本扩张率（%）	9.66	8.77	8.2	6.95
	得分	12.2	11.38	13.02	−12.60
修正指标	累计保留盈余率（%）	40.89	49.21	46.77	5.22
	三年营业收入增长率（%）	15.02	18.57	5.88	215.82
	总资产增长率（%）	11.63	5.31	6.25	−15.04
	营业利润增长率（%）	4.93	13.07	156.62	−91.65
综合得分		12.19	12.12	13.27	−8.67

（五）市场表现

2018年，煤炭板块上市公司实现营业收入9582.38亿元，归属母公司的净利润为908.49亿元，同比继续保持增长。2018年煤炭供给侧结构性改革深入推进。“十三五”煤炭去产能主要目标任务基本完成。年产30万吨以下煤矿产能减少到2.2亿吨/年以内。煤炭行业由总量性去产能转向系统性去产能、结构性优产能。

图4–1为煤炭行业（申万）指数与沪深300指数波动对比图，我们可以看到煤炭行业指数的走势与沪深300指数的变化趋势是基本相同的。

表4–6列示了煤炭行业上市公司市场表现状况评价结果（满分15分）。其中市场投资回报率指标2018年行业值为–35.03%，降幅为789.57%，大盘表现不太理想。股价波动率指标与全部上市公司平均值较为接近，说明煤炭行业股票市场走势紧跟大盘脚步。从综合得分来看，煤炭行业上市公司市场表现综合得分为9.26分，总体不如2017年水平。

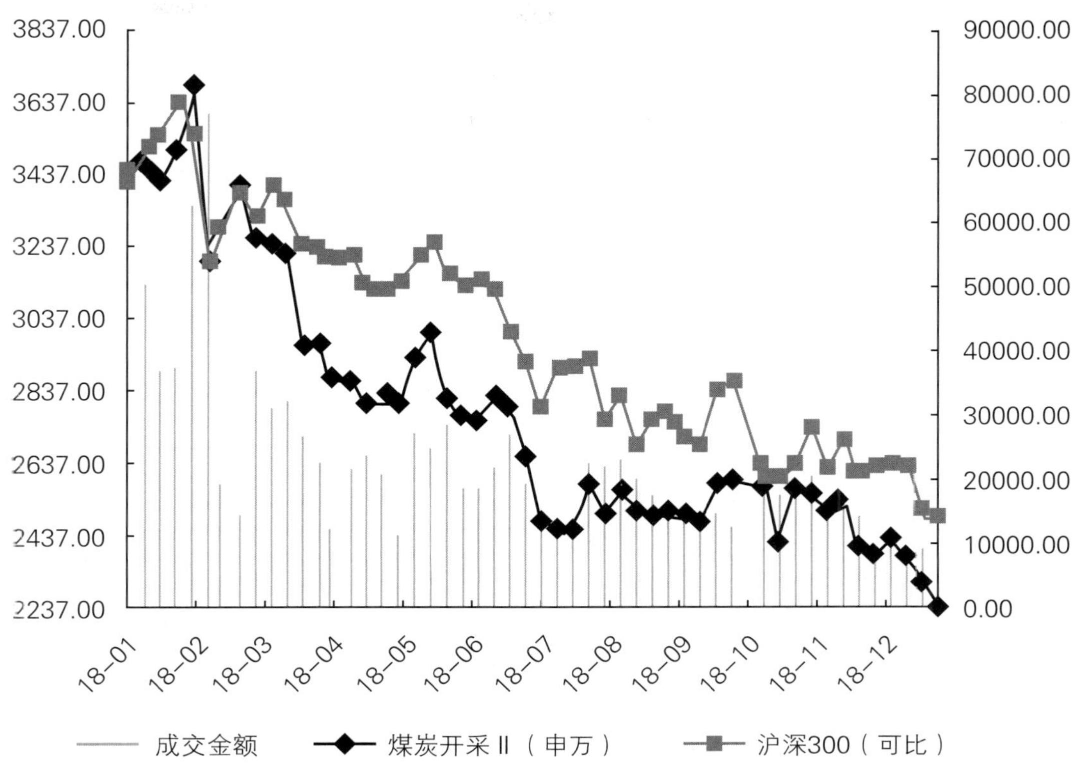

图 4-1 煤炭开采Ⅱ（申万）与沪深 300 指数波动

数据来源：Wind 资讯。

表 4-6 煤炭行业公司市场表现比较

评价指标	2018 年全部上市公司平均值	2018 年行业值	2017 年行业值	增长率（%）
市场投资回报率（%）	-33.09	-35.03	5.08	-789.57
股价波动率（%）	127.11	106.07	84.77	25.13
综合得分	9	9.26	11.56	-19.90

二、2018 年度煤炭行业上市公司业绩影响因素分析

煤炭行业自 2012 年开始进入寒冬，在 2016 年底迎来了煤价上涨，当前价格虽然说处于高位，但是距离 2011—2012 年最高的均价仍有 20% 的空间。2018 年煤价总体来看仍是处于高位，因此煤企盈利能力也得到提升。现对影响 2018 年煤炭行业上市公司业绩因素分析如下：

（一）长协占比提高，净利率逐步回升

煤炭价格受到供给侧改革的影响，在经历了几年连续下跌后从 2016 年四季度开始上涨，并延续至今维持高位。全年来看，各个煤种的价格波动基本仍是遵循淡旺季的周期变

化，比较值得注意的是，动力煤2018年最高点出现在一季度，并未像2017年一样出现冬季大幅上涨的预期，但是综合全年走势来看，2018年煤价仍是处于高位。

动力煤，2017年环渤海动力煤均价为585元/吨，秦港（Q5500）均价为640元/吨，2018年，环渤海动力煤均价为571元/吨，秦港均价为650元/吨，对比可得，环渤海动力煤下降14元/吨，秦港上涨10元/吨，和2017年煤价相比变化不大。环渤海动力煤价反映的是电厂采购的价格，多以年度和月度长协为主，港口煤价则更多反映的是即时市场价。环渤海动力煤价格全年表现仍然是较为稳定，这点和2017年的情况基本一致，未来随着长协煤占比和签订时间的延长，港口煤价的振幅会进一步降低，长期来看价格会趋于稳定。

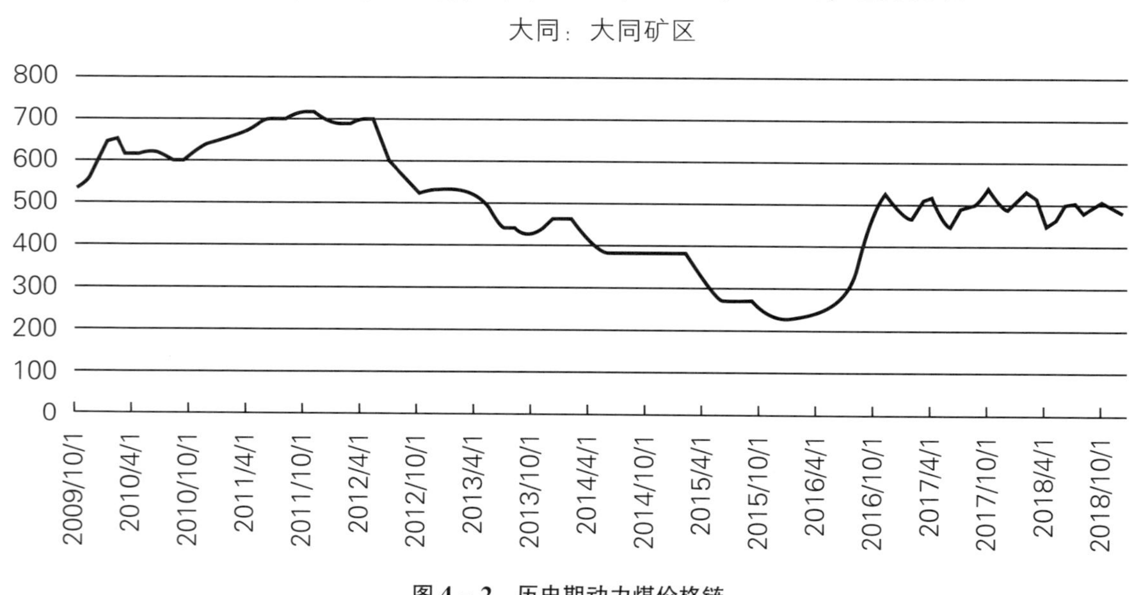

图4－2　历史期动力煤价格链

数据来源：Wind资讯。

焦煤，2017年2号和4号焦煤均价为840元/吨和838元/吨，2018年2号和4号焦煤均价分别为930元/吨和930元/吨，同比上涨10.7%和10.9%，焦煤的价格整体呈现上涨趋势，一是由于2018年钢厂利润较好，钢价相对稳定，二是由于焦煤本身的稀缺性对价格高企有一定支撑。目前2号和4号焦煤价格基本已经同步，这也是由于焦企和钢厂签订的长协占比逐年提高，使得焦煤的市场价格波动空间逐渐缩小，价格日趋稳定。

无烟煤，2018年无烟煤中块、小块、末煤的均价为1192元/吨、1167元/吨和690元/吨，同比分别上涨24.8%、35.5%和7.3%，无烟煤的价格是2018年三种煤中涨幅最大的，主要也是化工行业部分产品的价格上涨带动的。从2019年来看，受到宏观经济增速放缓的影响，化工产品价格会有一定下调，无烟煤价格较2018年会有10%左右的下跌。

2018年度长协价仍由“基准价＋浮动价”组成，而基准价与2017年一样，为535元/吨。近日，神华公布2019年长协煤定价方案，指出年度长协量比例为2018年的60%，且只限于签 3 年长协的单位（四大发电直属电厂及部分地方国企）。加之电厂认为受宏观经济增速放缓等因素影响，煤炭需求将逐步走弱，煤炭供求稳步趋于宽松，加之全国性的工业电价下调，煤价有下调的预期，所以签约积极性不高，导致在 2019 年全国煤炭交易会上长协量普遍减少。

（二）供给侧改革深化，产销量逐步企稳

煤炭价格的变化归根结底是受到市场上供需关系的影响，2012 年煤价下跌的原因就是煤炭产能过剩引起的，而随着供给侧改革的影响，煤价到 2016 年开始回升。“十三五”期间要化解淘汰过剩产能共 8 亿吨，根据实际情况来看，2016 年已退出产能 2.9 亿吨，2017 年和 2018 年 1.5 亿吨已经完成，三年共计退出产能 5.9 亿吨，还剩余 2.1 亿吨，2019—2020 年预计会持续退出产能 1.2 亿吨和 0.9 亿吨。

2018 年国家能源局公告称，截至 2018 年 6 月底，取得安全生产许可证等证照的生产煤矿 3816 处，我国煤炭在产产能为 34.91 亿吨 / 年，已核准的在建煤矿 1138 处，产能为 9.76 亿吨 / 年，进入联合试运转的煤矿 201 处，产能为 3.35 亿吨 / 年。2017—2018 年，总产能由 34.1 亿吨上升至 34.91 亿吨，获得安全许可证的矿个数从 4271 个下降到 3916 个，每个矿的平均产能由 79.8 万吨上涨至 91.5 万吨，说明 2018 年的去产能在关闭小产能的矿井上效果明显，另外，还有部分以往未获批的产能在 2018 年陆续获批。核准在建矿萎缩大概 7700 万吨产能，个数也有所下降，这也侧面反映出目前新批产能速度放缓，未来新建产能的投产速度也会有所放慢。

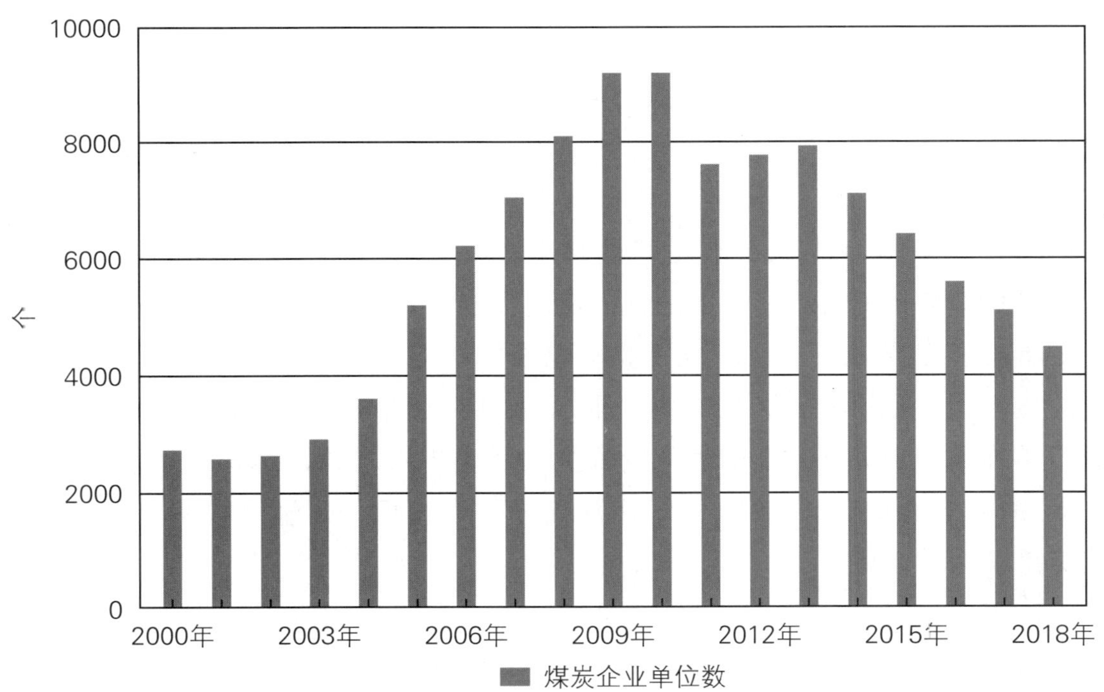

图 4-3　煤炭企业单位数

数据来源：Wind 资讯。

陕西煤业2018年产量1.08亿吨，较去年同期1.01亿吨，增加近700万吨，增幅近7%；一方面公司受益于铜川煤矿产量增长，该地区产量增长近400万吨，另一方面小保当煤矿9月陆续投产，贡献产量约300万吨左右。2018年煤炭销量1.43亿吨，同比增加近2000万吨，增幅约16%。公司一方面受益于新建产能投产带来煤炭产量的增长，另一方面受益于区域调配资源，远距离运输至四川、重庆及湖北等缺煤省份进行销售，贸易煤增长迅速。

（三）进口煤调控，保证国内煤企毛利率稳定

2018年进口煤量为2.81亿吨，同比增长3.9%，略高于2017年全年进口煤量。2018年发改委采取进口煤平控政策，即2018年与2017年进口煤总量基本持平，淡旺季之间进行进口煤量调整以平滑煤价大起大落。

近五年来，我国煤炭进口量出现明显起伏，呈“V”形变化。2013年，我国煤炭进口量一度达3.27亿吨，之后连续两年下降，2014年降至2.9亿吨，2015年跌至2.04亿吨，两年时间减少过亿吨，2016年煤炭进口出现较大幅度回升，全年进口量2.55亿吨，比上年增长25.2%。2017年，进口煤政策有所调控，增幅回落为6.1%，但进口总量仍达到2.71亿吨。资料显示，我国煤炭进口的主要国家为印度尼西亚、澳大利亚、俄罗斯、蒙古和菲律宾。进口量较大的省份则为广东、江苏、内蒙古、辽宁及广西，这些省份2017年的煤炭进口量超过了全国进口量的六成。

近年来，进口煤逐渐成为调控国内煤炭市场、平抑煤价、保障煤炭供需平衡的重要砝码。进口煤数量的大幅增加，会挤压国内煤炭市场需求空间，一定程度上会削弱去产能、减量化生产改善煤炭供应关系的政策效应，加剧国内煤炭市场的供需矛盾，所以，适时收紧进口煤政策，限制劣质进口煤是必要的。

（四）火电和基建投资维持增长，拉动煤价上涨

煤炭前三大下游是火电、钢铁、建材行业，分别约占总需求的44%、20%、8%。火电是最主要的煤炭需求端，近年来火电发电量增速不断提升，由2015年的-2.8%上升到2018年的8.5%。2018年生铁、水泥产量同比增长3%，2018年煤炭需求增速约为2%—3%，增速较2017年的0.4%进一步提升，煤炭需求增长主要是由于下游火电拉动。

煤炭终端需求主要来源于地产投资和基建投资。基建投资受去杠杆政策影响，2018年出现较大程度下滑，由2017年的19%下降至2018年的3.8%，基建投资增速下滑对煤炭需求造成一定拖累。但是2018年地产投资拉动煤炭需求增长，地产投资增速由2017年的7%上升至2018年的9.5%，表明当下开发商开工建设积极，地产投资维持较高增速是今年拉动煤炭需求的主要原因。

山西焦化表示，2018年以来，在宏观经济稳健运行和国家供给侧结构性改革推动下，国内钢铁企业产能不断提高，焦炭和化工产品市场需求增加，相关产品价格呈上涨趋势。公司不断提高科学管理水平，采取了一系列降本增效措施，实施“契约化”管理并完善绩效考核体系，公司效益显著提升。公司完成重大资产重组后，联营企业山西中煤华晋能源有限责任公司生产经营运行平稳，盈利能力较好，公司实现了较好的投资收益。

资料链接：

➢ 2018 煤炭产能退出 1.5 亿吨

3 月 5 日，在全国两会的政府工作报告中指出，中国将在 2018 年削减无效钢铁产能 3000 万吨和煤炭产能 1.5 亿吨。截至 2016 年底，全国提前超额完成了钢铁去产能 4500 万吨、煤炭去产能 2.5 亿吨的目标任务。截至 2017 年底，全国煤矿数量将从 2015 年的 1.08 万处进一步减少到 7000 处左右。

➢ 发改委：九条措施力促煤价回归合理区间

为进一步稳定煤炭市场、促进市场煤价回归合理区间，5 月下旬发改委将采取 9 项措施力促市场煤价回归合理区间：一是增产量。二是增产能。三是增运力。四是增长协。五是增清洁能源。六是调库存。七是减耗煤。八是强监管。九是推联营。

➢ 2018 年中国进口煤政策不会放松

国家发改委 10 月 2 日在广州召开沿海六省关于煤炭进口会议。今年底煤炭进口还是要平控，进口指标不再增加，按原来计划执行，如确实存在大困难非进口不可的，可单船向国家发改委申请，由发改委向国务院汇报、协调。

➢ 国家发改委关于深入推进煤电联营促进产业升级的补充通知

国家发改委下发《关于深入推进煤电联营促进产业升级的补充通知》（以下简称《通知》），《通知》中提出了煤电联营可以落地施行的 3 种具体方案。

资料来源：一点资讯

三、2019 年度煤炭行业前景展望

“十三五”最后两年国家推动煤炭供给侧结构性改革的政策取向不会改变，但调控市场方式将更加稳健灵活。2019 年，煤炭消费增速趋缓，在煤炭供应将进一步增加的情况下，市场供需大概率继续保持平衡。去产能结构化调整后，陕蒙等煤炭主产区的优质产能集中释放促使我国煤炭产量稳步增长，增速高于全国平均水平。进口煤方面，2019 年进口量将维持平控，总量与 2018 年持平。整体来看，2019 年预计国内煤炭产量有望达到 40 亿吨，煤炭进口量维持在 3 亿吨左右，2019 年国内煤炭总供给预计达到 43 亿吨，同比增长 1.19%。

从下游需求来看：2019 年全社会用电量稳定增长，火力发电增速有望维持，发电耗煤需求稳中有增；建材方面，地产市场回暖有望抵消基建投资下行带来的负面影响，建材耗煤需求趋于平稳；煤化工方面，传统煤化工用煤需求受益原油价格强势稳定增长，“十三五”

以来，新型煤化工发展如火如荼，大量在建煤化工项目未来投产有望为化工用煤需求带来新增量。整体来看，动力煤需求仍较为旺盛，伴随供给侧释放部分产能，明年动力煤供需或将进一步宽松，动力煤价格存在小幅下行压力，但煤企得益于高长协比例、煤炭综合售价稳定，盈利有望维持高位。

（一）兼并重组产业集中度提升，大企业煤价话语权增强

煤炭行业加快兼并重组。2018 年初，国家发改委联合 12 部委发布《关于进一步推进煤炭企业兼并重组转型升级的意见》要求，通过兼并重组，实现煤炭企业平均规模明显扩大，上下游产业融合度显著提高，到 2020 年底，争取在全国形成若干个具有较强国际竞争力的亿吨级特大型煤炭企业集团。

2016 年 7 月，中国国新、诚通集团、中煤集团、神华集团出资组建国源煤炭资产管理有限公司，负责央企煤炭资源整合。2017 年 8 月，国电集团与神华集团重组为国家能源投资集团，成为我国规模最大的煤炭和电力企业。与此同时，地方煤炭企业也在积极推进兼并重组。2017 年 9 月，山西省国资委将其持有的省属七大煤炭集团的控股股东股权全部注入山西省国有资本投资运营公司。2018 年 2 月，江苏、山西六大能源国企共建苏晋能源公司，实现跨区域煤电上下游兼并重组。2018 年 7 月，贵州省重组盘江煤电集团，整合全省煤炭和火电资源。2018 年 9 月，由山西焦煤集团牵头的中国焦煤品牌集群成立，进一步增强我国焦煤企业联系。2018 年 11 月，辽宁省 9 家省属国有企业组建辽宁能源产业控股集团，统一协调辽宁省煤炭生产，发挥规模和产业集群效应。

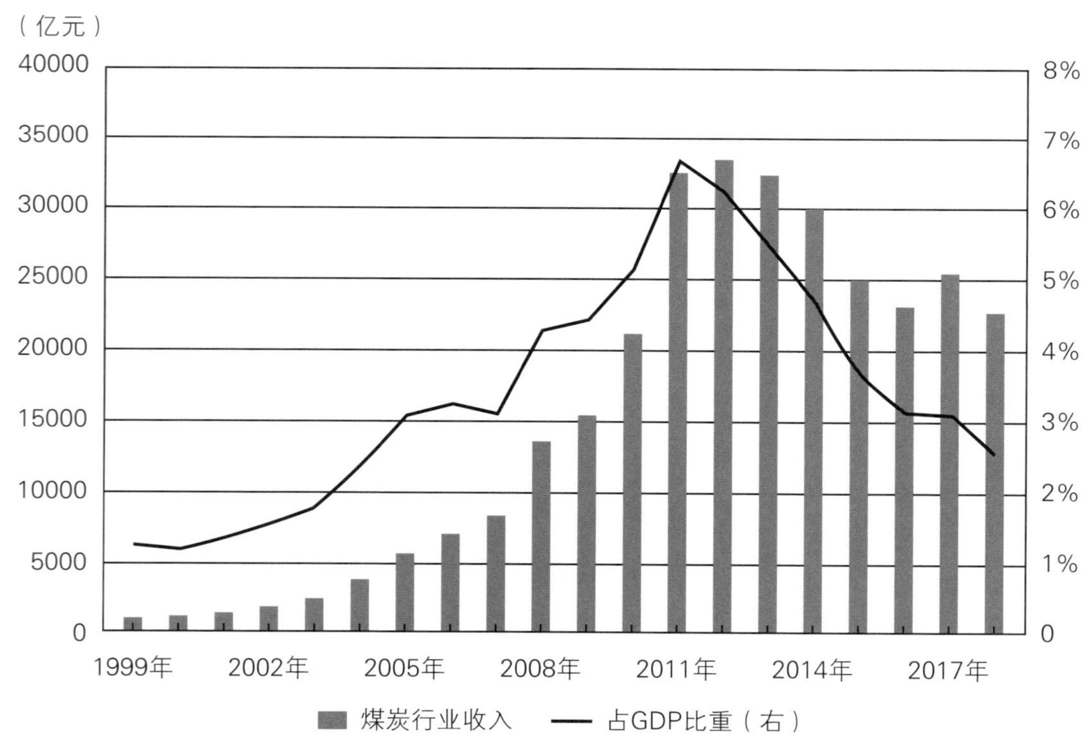

图 4－4　煤炭行业收入占 GDP 比重

数据来源：Wind 资讯。

根据煤炭“十三五”规划，从2015年至2020年，大型煤炭基地产量比重将由93%提升至95%以上，大型煤矿产量比重由73%上升至80%，煤矿数量由9700处降至6000处，煤炭企业数量由6000家降至3000家以下，5000万吨级以上大型煤炭企业产量比重将从55%上升至60%，至2020年，煤炭产业集中度将进一步提高，大企业煤价话语权增强。

（二）政策积极调控煤价，有助煤价在绿色区间企稳

政策可以有效调控国内煤炭供应。煤炭行业国资占比多而且是关系国计民生的能源行业，国家有强大的管控力。政策通过淘汰过剩产能、实施276个工作日制度、加强安检和环保等措施，减少国内煤炭供给，2016年煤价大幅上涨就是得益于以上措施强有力的实施。2017年之后煤炭行业出现供给紧张，政策通过释放新增产能增加供给，煤价逐步平稳。

另外，政策还能调控进口煤供给影响。2017年我国原煤产量35.24亿吨，进口煤量2.71亿吨，进口煤占总供给量的7%，是我国煤炭供给额的重要补充。2017年5月10日，国务院常务会议上指出要坚决控制劣质煤进口，明确提出管控进口煤。2018年实施进口煤总量平控。淡旺季调节的政策，在2018年2—3月煤价大幅下跌后加大进口煤限制，4—5月进口煤量下降，煤价随之开始反弹，6月进口煤价大幅上涨后放松进口煤限制，6—8月进口煤增加，煤价开始下降。2010—2018年进口煤量在1.8亿—3.3亿吨区间波动，进口煤有较大调节空间，进口煤调控会是影响煤价的重要手段。

2017年初政府发布《关于平抑煤炭市场价格异常波动的备忘录通知》，政策的目标是将环渤海动力煤价长期稳定在500—570元/吨的绿色区间范围内。此价格水平兼顾了煤电的利益，能够充分反映国内煤矿的生产成本和用户承受能力，有利于煤电上下游行业和谐发展。煤电双方实施“中长期合同制度”和基础价“中长期合同制度”和“基础价+浮动价”的定机制，政策要求规模以上煤炭、发电企业集团签订的2019年中长期合同数量中长期合同数量应达到自有资源量或采购量的75%以上，以535元/吨为基础参考市场价格进行浮动定价。

（三）钢铁需求端下行压力较大，焦煤需求可能有所下降

焦煤在我国是稀缺煤种，16个主要煤矿分布在山西、贵州、安徽、河南、河北等地，焦煤主要用来冶炼焦炭，和焦炭产量比例为1.3：1，而焦炭80%以上又是用在钢铁行业，因此焦煤价格间接受到钢铁行业的影响。2018年焦煤价格较去年走势相对平稳，也是得益于2018年钢价较高。从供需方面来看，焦煤的稀缺性使得焦煤自2015年就供给略显不足，未来大概率仍是延续这个趋势。

焦煤的下游钢铁受到房地产和基建影响较大，从2018年数据来看，基建的增速大幅下滑，2019年政府方面如果放宽财政政策，基建的增速会有所回升，房地产投资增速，2018年有所上涨，但是受到经济增速放缓的影响，2019年房地产增速也会相对放缓，因此总的来看，2019年钢铁需求端不容乐观，2019年更多的是一个修复期，不会出现需求暴增或者大幅上涨的情况，更大可能需求下滑导致钢价下跌。另外一点就是，焦煤企业去年到2018年多数也签订了长协，未来长协价占比会进一步提升，焦煤市场价格的波动也会减

小。长期协议对焦煤价格企稳有着积极作用，但是由于焦煤的稀缺性，对价格有一定支撑作用，2019 年焦煤价格应该可以维持在均价 900 元 / 吨的水平。

（四）十三五规划只剩最后两年，煤层气行业价值凸显

煤炭虽然仍是我国最主要的能源，但是煤炭储量逐渐减少，在安全和环保限制的双重压力下，行业未来发展前景不容乐观。和煤炭及石油资源相比，天然气具有热值高、环保的优势，能减少空气中二氧化硫、二氧化碳、氮氧化合物和粉尘的排量，开发天然气已经成为我国现代化能源建设的重要组成部分。煤层气是一种清洁能源，用途和天然气类似，我国“十三五”规划中明确指出“2020 年力争天然气消费占比达 10%”，煤改气也符合我国天然气发展规划。2013 年，我国发布《大气污染防治行动计划》标志着煤改气的开始，后各地区也陆续出台煤改气相关政策，目前我国煤改气已经进入全面实施推进阶段。根据国家统计局资料显示，天然气消费占比在总能源消费中的比例逐年提高，截至 2017 年，天然气在我国能源占比达到 7%，距离“十三五”目标仍有较大的差距，“十三五”规划最后两年是 2019 和 2020 年，随着煤层气的逐步推进，预计政府会在这方面给予更强烈的支持力，明后年煤层气行业的发展会迎来新的机遇。

（五）煤炭行业增值税减税效果明显，行业业绩预计进一步改善

2019 年政府工作报告中指出：我国将实施更大规模的减税，重点降低制造业和小微企税收负担。深化增值税改革，将制造业等行业现行 16% 的税率降至 13%，确保主要行业税负明显降低。

煤炭采掘业的增值税率 2018 年 5 月 1 日以前为 17%，2018 年 5 月 1 日到 2019 年 3 月 31 日为 16%，2019 年 4 月 1 日以后下调至 13%。由于煤炭开采处于整个工业产业链的最上游，排除固定资产购置，原材料采购在企业经营中占比较小。并且目前煤炭上市公司更多通过长协价进行煤炭的销售，规避因产品和原材料价格大幅波动带来的生产经营风险，以锁定利润。考虑上述因素，新出台的增值税政策不会对当前主流煤炭市场价格造成较大冲击，增值税率下调对煤炭企业的主要影响在于其产品（煤炭）的售价和与之相对的销项税额，在价格不变的情况下，增值税减税会在实际上产生利润增厚的效果。

附表　2018 年煤炭行业上市公司业绩评价结果排序表

行业排名	全部上市公司排名	股票代码	股票简称	综合得分（100 分）	总资产报酬率（%）每股收益（元）	净资产收益率（%）	总资产周转率（次）	流动资产周转率（次）	资产负债率（%）	已获利息倍数	营业收入增长率（%）	资本扩张率（%）	市场投资回报率（%）	股价波动率（%）	年末资产总额（万元）	营业收入净额（万元）	净利润（万元）
1	12	601225	陕西煤业	87.60	16.801.14	25.50	0.51	1.96	44.92	668.75	76.01	13.35	−11.14	69.17	12052963.45	5722372.60	1592915.75
2	34	601088	中国神华	83.60	13.130.42	13.87	0.46	1.44	31.13	16.89	49.15	7.96	−20.34	59.90	58723900.00	26410100.00	5404100.00
3	75	600997	开滦股份	81.20	10.050.28	13.65	0.86	2.03	49.47	7.83	96.36	13.16	−8.44	80.54	2483463.39	2046001.17	161401.32
4	133	600740	山西焦化	78.40	11.320.50	24.07	0.46	1.24	51.54	6.60	114.77	260.67	−24.00	106.24	2019535.28	722897.44	150440.69
5	144	600188	兖州煤业	78.20	9.360.62	13.14	0.82	2.47	58.29	6.77	136.22	9.93	−42.71	102.07	20367990.00	16300847.20	1065593.60
6	254	002128	露天煤业	75.10	15.310.30	17.55	0.51	1.34	30.22	32.35	47.31	13.83	−35.60	112.75	1771571.77	822966.73	203767.77
7	261	603113	金能科技	75.00	24.790.18	29.13	1.46	2.87	28.39	159.48	143.46	26.25	−53.76	100.02	679549.65	881201.48	127026.20
8	273	600348	阳泉煤业	74.80	7.730.35	11.14	0.74	2.34	52.49	6.16	93.81	40.27	−30.57	78.52	4612776.53	3268371.22	209101.43
9	386	600403	大有能源	72.70	7.260.23	7.96	0.46	1.07	50.74	4.40	70.00	22.26	−20.98	159.26	1737163.99	786122.12	61921.84
10	477	601898	中煤能源	71.10	5.520.29	5.75	0.41	2.00	58.18	2.66	75.70	4.33	−21.18	150.99	26465846.90	10414006.60	622758.60
11	526	600971	恒源煤电	70.40	12.320.32	16.32	0.41	0.83	44.97	15.22	48.76	12.94	−45.87	179.98	1445102.64	590033.28	122317.41
12	520	600395	盘江股份	70.40	9.220.14	13.84	0.48	1.30	47.46	23.02	49.66	2.27	−25.39	182.35	1312839.35	608980.52	94434.73
13	530	600123	兰花科创	70.30	7.440.15	8.92	0.36	2.16	54.42	4.10	86.86	5.75	−29.41	236.29	2330734.03	852910.21	92202.99
14	669	000968	蓝焰控股	68.40	12.500.10	18.56	0.30	0.68	50.75	7.26	41.00	20.51	−33.07	109.00	797885.59	233333.96	66743.69
15	682	601101	昊华能源	68.20	6.870.06	6.72	0.28	1.52	38.82	6.02	−11.59	7.57	−26.52	149.17	2080202.88	581029.96	82554.37
16	705	600508	上海能源	68.00	5.020.04	6.17	0.47	2.36	35.00	7.44	38.08	5.24	−22.33	45.16	1487236.78	684919.79	58177.45
17	719	000983	西山煤电	67.70	6.750.07	9.64	0.53	1.94	64.01	4.69	72.96	10.47	−46.89	56.67	6505635.94	3227100.55	214907.91
18	732	000723	美锦能源	67.50	18.280.07	25.08	0.93	2.48	56.66	15.24	165.65	−3.63	−49.70	117.12	1868499.43	1514656.38	206878.37
19	763	600408	ST 安泰	67.20	20.610.05	80.83	1.65	4.37	71.42	5.60	272.04	104.74	−19.71	65.07	522955.64	881557.06	89916.72
20	792	601001	大同煤业	66.70	10.090.06	11.04	0.43	1.17	61.01	4.29	57.93	−13.42	−33.33	110.58	2536717.63	1125856.88	117700.18
21	831	601699	潞安环能	66.20	6.170.11	9.07	0.38	0.83	65.57	3.93	125.36	10.50	−42.48	39.68	6526556.18	2513957.55	194137.19
22	991	000552	靖远煤电	64.20	7.32−0.01	8.09	0.41	0.84	27.93	70.72	54.61	6.27	−26.94	79.72	1013010.80	409231.21	57349.98
23	1068	601918	新集能源	63.20	7.050.12	7.12	0.29	4.38	79.46	2.06	83.09	10.90	−23.79	45.88	2924959.44	875026.08	40692.21

续表

行业排名	全部上市公司排名	股票代码	股票简称	综合得分（100分）	总资产报酬率（%）每股收益（元）	净资产收益率（%）	总资产周转率（次）	流动资产周转率（次）	资产负债率（%）	已获利息倍数	营业收入增长率（%）	资本扩张率（%）	市场投资回报率（%）	股价波动率（%）	年末资产总额（万元）	营业收入净额（万元）	净利润（万元）
24	1294	600792	云煤能源	60.80	5.920.16	6.40	1.02	2.63	40.74	3.64	56.33	6.49	−38.38	20.10	535958.33	539927.93	19700.26
25	1331	000937	冀中能源	60.50	4.850.09	4.95	0.47	1.16	52.85	3.43	71.16	3.64	−37.51	103.08	4576614.92	2145841.17	104915.72
26	1327	600546	山煤国际	60.50	8.090.20	14.95	0.81	1.78	79.37	2.76	−3.67	11.79	−32.93	78.21	4833526.01	3814277.02	141206.37
27	1409	601015	陕西黑猫	59.60	5.55−0.32	6.18	0.73	1.59	47.86	3.15	100.67	5.87	−50.16	171.55	1452041.34	1047230.25	45473.50
28	1481	601011	宝泰隆	58.80	4.96−0.62	5.03	0.34	1.37	37.81	7.90	133.77	5.72	−41.40	47.39	1091927.06	355988.13	33211.96
29	1489	600725	ST 云维	58.70	3.90−0.82	4.61	2.98	2.99	16.03	–	−63.91	4.72	−25.40	123.54	34355.09	100736.01	1300.77
30	1722	601666	平煤股份	56.10	5.110.04	6.21	0.44	1.28	69.96	2.21	61.96	7.30	−48.25	82.99	4895838.97	2015341.99	88271.03
31	2241	600397	安源煤业	50.50	4.40−0.58	8.50	0.74	1.81	88.68	1.29	−1.33	8.70	−44.65	75.51	665789.44	504865.57	6146.69
32	2661	600121	郑州煤电	43.80	7.29−0.58	8.89	0.40	0.89	65.62	3.03	−59.90	−0.59	−54.49	78.00	1273591.67	481022.70	39027.43
33	2879	600758	红阳能源	37.90	3.42−2.08	2.04	0.46	1.11	64.40	1.51	23.46	−2.17	−56.20	98.16	1528770.58	731113.35	11241.51
34	2888	600157	永泰能源	37.60	4.640.50	0.56	0.21	1.49	73.29	1.15	107.04	−1.18	−60.12	89.10	10652909.77	2232727.76	15922.97
35	3073	000780	平庄能源	28.70	−4.760.82	−5.73	0.40	0.59	20.10	–	8.83	−9.73	−38.30	53.96	520507.43	222432.87	−25102.24
36	3159	000571	ST 大洲	24.30	−19.88	−44.49	0.34	1.07	55.41	−11.66	73.24	−34.76	−39.08	96.01	422819.80	158851.91	−106229.02

第五章　钢铁行业上市公司业绩评价

作为国民经济的基础工业和重要支柱产业，钢铁行业与宏观经济运行高度相关。2018年国民经济延续总体平稳、稳中向好的发展态势。受益于国家大力发展高端制造业，加大金融服务实体经济发展力度，钢铁行业需求端保持平稳运行，钢铁行业提前两年完成了化解过剩产能五年目标任务。2018年钢铁行业占我国GDP比重为4.4%，比上年同期增长3.5%，规模以上企业实现主营业务收入64006.5亿元，比上年同期下降5.08%，实现利润总额4029.3亿元，比上年同期上升5.08%。2018年钢铁行业指数有所下降，年初为3190.85点，至年末为2178.37点，全年下降了31.73%，全年钢铁行业指数与沪深300指数上升下降趋势一致。预计2019年钢铁行业产能仍将呈扩张态势，钢材市场供需大致平衡，钢材价格应在合理区间波动。

一、钢铁行业上市公司业绩评价结果

截至2018年末，钢铁行业A股上市公司共计32家，其中盈利31家，亏损1家，即97%的公司实现盈利，低于2017年100%的公司全部实现盈利水平；钢铁行业上市公司总资产共17225.34亿元，占全部上市公司（全部上市公司是指：不包括金融和B股，本文以下如无特指按此口径）总资产的2.82%。

2018年全国3473家上市公司共计完成营业收入378658.70亿元，32家钢铁行业上市公司完成营业收入15147.19亿元，占全部上市公司全部营业收入的4.00%；全部上市公司共计实现净利润25482.11亿元，钢铁行业上市公司实现净利润1289.69亿元。

2018年钢铁行业整体评价结果为良，32家钢铁行业上市公司中有八家进入2018年上市公司业绩评价综合得分的百强名单。业绩评价综合得分有八家超过80分；全行业70分以上公司有21家。2018年钢铁行业整体评价业绩综合得分70.1分，高于全部上市公司平均得分的61.2分，32家上市公司中，业绩为AAA的有3家；业绩为AA的有5家；业绩为A的有7家；业绩为BBB的有6家；业绩为BB的有2家，业绩为B的有6家；业绩为CCC的有1家；业绩为C的有2家。

表 5－1 2018 年度钢铁行业中联十强排行榜

行业排名	股票代码	股票简称	在全部上市公司排名
1	002110	三钢闽光	9
2	601003	柳钢股份	23
3	600782	新钢股份	26
4	600808	马钢股份	29
5	600507	方大特钢	30
6	000932	华菱钢铁	47
7	600282	南钢股份	59
8	600126	杭钢股份	60
9	000898	鞍钢股份	106
10	000825	太钢不锈	116

基于对钢铁行业上市公司的整体评价，下面分别从财务效益状况、资产质量状况、偿债风险状况、发展能力状况、市场表现状况五个方面对钢铁行业上市公司进行具体分析。

（一）财务效益

2018 年钢铁行业上市公司财务效益状况高于全部上市公司平均水平。财务状况评价是通过基本指标：扣除非经常性损益净资产收益率、总资产报酬率进行基本评分，然后再用营业利润率、盈利现金保障倍数、股本收益率进行修正，得出综合得分。

从综合得分来看，2018 年钢铁行业上市公司财务效益状况平均得分为 26.42 分，高于上市公司平均得分 22.01 分。

表 5–2 列示了 2018 年钢铁行业上市公司财务效益状况评价结果。在钢铁行业上市公司财务效益状况指标中，马钢股份财务效益排名第一。马钢股份深化供给侧结构性改革，全面完成去产能任务，创新协同，推进精益运营，取得了较好经营成果。2018 年实现营业收入 819.52 亿元，比 2016 年增长 11.91%；实现营业利润 80.85 亿元，比上年增加 24.36 亿元。

与 2017 年的情况相比较，2018 年钢铁行业上市公司除盈利现金保障倍数指标低于 2017 年行业值，其他指标均高于 2017 年行业值。

表 5－2　钢铁行业财务效益状况比较表

分析指标		2018 年上市公司平均值	2018 年行业值	2017 年行业值	增长率（%）
基本指标	扣除非经常性损益净资产收益率（%）	7.16	15.14	13.15	15.13
	总资产报酬率（%）	5.61	9.10	7.38	23.31
	得分	20.59	30.40	26.65	14.07
修正指标	营业利润率（%）	6.73	8.51	6.60	28.94
	盈利现金保障倍数	1.69	1.64	1.73	–5.20
	股本收益率（%）	38.49	58.34	47.67	22.38
综合得分		22.01	26.42	24.73	6.83

（二）资产质量

2018 年钢铁行业上市公司资产质量状况优于全部上市公司平均水平。资产质量评价是通过基本指标：总资产周转率、流动资产周转率进行基本评分，再用应收账款周转率和存货周转率进行修正，得出综合得分。

表 5–3 列示了钢铁行业上市公司资产质量状况评价结果。在钢铁行业上市公司资产质量状况指标中，排名前五的为杭钢股份、大冶特钢、三钢闽光、永兴特钢和韶钢松山，排名前五的钢铁行业上市公司资产质量状况得分均超过了 14 分，远高于 2017 年上市公司平均值。

表 5－3　钢铁行业资产质量状况比较表

分析指标		2018 年上市公司平均值	2018 年行业值	2017 年行业值	增长率（%）
基本指标	总资产周转率（次）	0.65	0.89	0.84	5.95
	流动资产周转率（次）	1.23	2.47	2.49	–0.80
	得分	9.43	12.89	12.66	1.82
修正指标	应收账款周转率（次）	8.18	39.51	37.50	5.36
	存货周转率（次）	2.78	6.45	6.22	3.70
综合得分		9.17	12.98	12.94	0.31

与 2017 年比较可知，2018 年钢铁行业上市公司总体上资产质量略有上升，但总体远高于 2017 年上市公司平均值。钢铁行业上市公司 2018 年平均应收账款周转率 39.51 次，比 2017 年高 5.36%。

（三）偿债风险

2018年钢铁行业上市公司偿债风险状况低于全部上市公司平均水平。偿债风险评价是通过基本指标：资产负债率和获利倍数进行基本评分，再用速动比率、现金流动负债比率和带息负债比率进行修正，得出综合得分。

表5–4列示了钢铁行业上市公司偿债风险状况评价结果。在钢铁行业上市公司偿债风险状况指标中，永兴特钢排名第一，得分为14.26分，永兴特钢借用合纵锂业现有技术，结合宜丰地区丰富锂矿资源，达到缩短生产研发投入、降低成本的目的，远高于2018年上市公司平均值8.79分，以及2018年行业值7.56分。

表5－4　钢铁行业偿债风险状况比较表

分析指标		2018年上市公司平均值	2018年行业值	2017年行业值	增长率（%）
基本指标	资产负债率（%）	60.9	57.51	61.66	–6.73
	获利倍数	4.41	6.32	4.81	31.39
	得分	8.94	9.42	8.46	11.35
修正指标	速动比率（%）	78.76	52.02	45.47	14.41
	现金流动负债比率（%）	12.06	21.59	16.11	34.02
	带息负债比率（%）	48.41	46.21	62.30	–25.83
综合得分		8.79	7.56	6.65	13.68

与2017年相比较，2018年钢铁行业上市公司偿债风险状况平均得分有所上升。

（四）发展能力

2018年钢铁行业上市公司发展能力状况高于全部上市公司平均水平。发展能力评价是通过基本指标：营业收入增长率和资本扩张率进行基本评分，再用累计保留盈余率、三年营业收入增长率、总资产增长率和营业利润增长率进行修正，得出综合得分。

表5–5列示了钢铁行业上市公司发展能力状况评价结果。在钢铁行业上市公司发展能力状况指标中，新钢股份排名第一，得分为18.4分，2018年新钢股份以非钢产业发展规划为引领，积极推进六大非钢板块发展，多元产业格局逐步形成。在钢材延伸加工板块上，优特钢带加工配送中心、新能源汽车用高牌号电工钢等项目进展顺利，进一步推进中冶新材等全资控（参）股企业规范化运作；在资源开发利用板块上，整合公司自发电业务，成立新余新钢节能发电公司；在贸易物流板块上，完成了公司物流系统规划，与相关方建立战略合作关系；国贸公司利用业务整合优势，在服务公司原材料采购、做实钢贸业务的同时，稳步发展外部业务；在金融投资板块上，利用公司钢材全产业链制造优势，大力推进产业资本与金融资本融合，拓展金融业务市场，成立新钢投资管理公司和广州新钢商业保理公司。钢铁行业三年营业收入平均增长率为20.75%，远高于2018年上市公司平均值。

表 5－5　钢铁行业发展能力状况比较表

分析指标		2018 年上市公司平均值	2018 年行业值	2017 年行业值	增长率（%）
基本指标	营业收入增长率（%）	13.68	13.13	41.47	–68.34
	资本扩张率（%）	9.66	15.32	24.96	–38.62
	得分	12.2	13.19	16.18	–18.48
修正指标	累计保留盈余率（%）	40.89	34.43	29.29	17.55
	三年营业收入增长率（%）	15.02	20.75	5.15	302.91
	总资产增长率（%）	11.63	3.36	8.96	–62.50
	营业利润增长率（%）	4.93	45.77	429.62	–89.35
综合得分		12.19	12.94	13.27	–2.49

2018 年钢铁行业上市公司营业收入增长率从 2017 年的 41.47% 降至 13.13%，营业收入规模不断缩小，主要受国家环保限产政策的影响。

（五）市场表现

钢铁行业上市公司市场表现状况优于全部上市公司的平均水平。市场表现是通过市场投资回报率和股价波动率两个指标对上市公司进行评价得出综合得分。

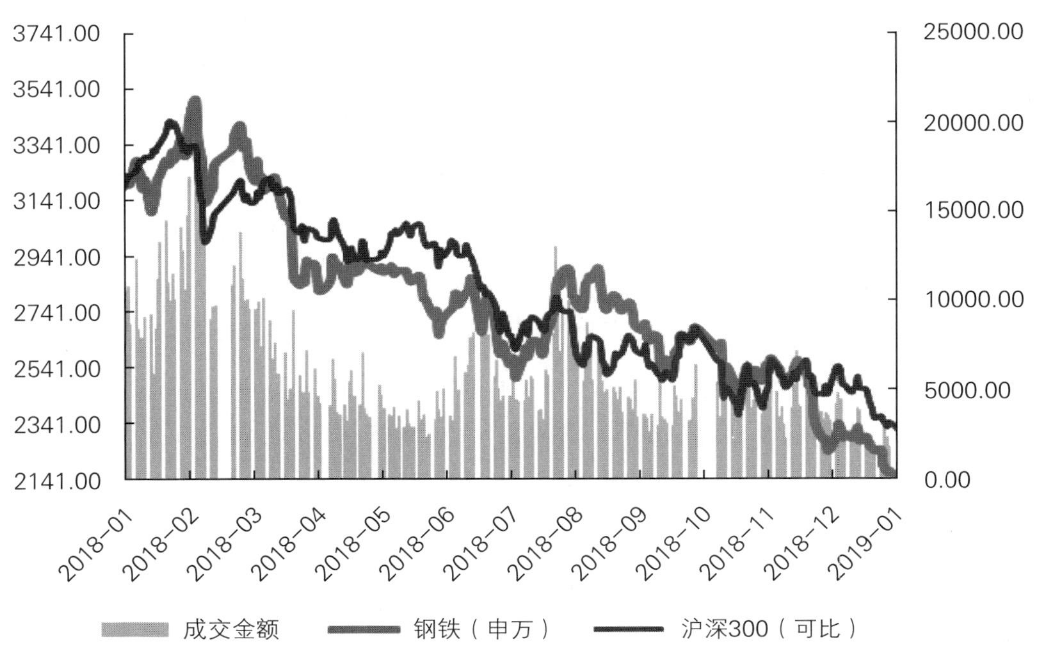

图 5－1　钢铁指数与大盘指数波动

数据来源：Wind。

表 5–6 列示了钢铁行业上市公司市场表现状况评价结果。在钢铁行业上市公司市场表现状况指标中，久立特材名列第一，得分为 14.77 分。久立特材作为国内不锈钢材料研发基地，在新技术、新工艺、新产品等方面积累了较多研发成果，进一步实现了关键材料、核心技术的自主化，公司主要研发、生产和销售工业用不锈钢管及特种合金管材、管件，产品主要运用于石油、化工、天然气、电力（包括核电）设备制造等行业。未来将持续巩固公司在高端不锈钢管行业的市场地位，实现公司可持续发展。

表 5 – 6 钢铁行业公司市场表现状况比较表

分析指标	2018 年上市公司平均值	2018 年行业值	2017 年行业值	增长率（%）
市场投资回报率（%）	–33.09	–31.17	18.18	–271.45
股价波动率（%）	127.11	92.95	110.44	–15.84
得分	9	10.21	12.32	–17.13

二、2018 年钢铁行业业绩的影响因素分析

2018 年国民经济延续总体平稳、稳中向好的发展态势。受益于国家大力发展高端制造业，加大金融服务实体经济发展力度，钢材需求结构由建筑业用钢与制造业用钢并举的格局逐步向以制造业用钢为主、建筑业用钢为辅的格局演变，钢铁行业需求端保持平稳运行，造船、海工、能源、汽车等行业下游需求稳中向好；同时国家持续推进供给侧结构性改革，严禁新增产能、严防“地条钢”死灰复燃，并加强环保限产和环保督查力度，钢材供给增长受到抑制。从行业上游看，铁矿石供过于求的格局已经形成，钢铁行业“话语权”和盈利能力大幅提升。2018 年，钢铁行业上市公司营业收入为 15147.19 亿元，同比增长 13.13%；净利润为 1098.55 亿元，同比增长 36.89%。影响钢铁行业的业绩因素主要如下。

（一）固定资产投资持续增长，推动钢铁行业业绩增长

2018 年，全国固定资产投资（不含农户）635636 亿元，比上年增长 5.9%。其中，全国房地产开发投资 120264 亿元，比上年增长 9.5%。

在固定资产投资持续增长的拉动下，2018 年，钢铁行业规模以上企业实现主营业务收入 64006.5 亿元，比上年同期下降 5.08%，实现利润总额 4029.3 亿元，比上年同期上升 5.08%。

2018 年，宝钢股份硅钢产品销售规模扩大，位居全球第一，汽车板销售规模也进入了全球前三，冷轧汽车板持续保持 50% 以上的国内市场份额，湛江钢铁、梅钢、武钢有限等主要钢铁子公司盈利均大幅增长。2018 年，公司实现营业收入 3047.79 亿元，同比增长 5.4%，实现净利润 230.5 亿元，同比增长 14.68%。

（二）国家和行业系列环保等新政策，具有竞争优势的大型企业受惠政策红利

2018年5月，生态环境部颁布《钢铁企业超低排放改造工作方案（征求意见稿）》，文件指出：深化有组织排放控制，烧结机头烟气、球团焙烧烟气在基准含氧量16%条件下，颗粒物、二氧化硫、氮氧化物小时均值排放浓度分别不高于10、35、50毫克/立方米；其他污染源颗粒物、二氧化硫、氮氧化物小时均值排放浓度分别不高于10、50、150毫克/立方米。重点推进粗钢产能200万吨及以上的钢铁企业实施超低排放改造，力争2020、2022、2025年底前完成钢铁产能改造4.8亿、5.8亿、9亿吨。不具备条件的钢铁企业要实施全面达标排放治理，2020年1月1日前完成无组织排放治理。加快淘汰落后产能和不符合相关强制性标准要求的生产设施；全面加强企业污染排放检测监控。

根据“十三五”钢铁去产能计划，各地总计将去除产能1.58亿吨。2018年的采暖季限产政策管控力度空前，对开工率和产量的影响显著大于2017年。进入采暖季的第一周，全国高炉开工率就下滑7.05个百分点至63.12%，唐山高炉开工率下滑25.00个百分点至43.29%；进入采暖季的40天内，日均产量下降11.33万吨至217.67万吨，钢铁供应持续收缩。

环保限产导致钢铁产量下降、高炉开工率下滑、钢厂库存下降，社会库存发生变动，采暖季的限产措施对价格的影响更为显著，导致钢铁价格季度性上涨。新钢股份2018年煤气综合利用高效发电（一期）等节能改造项目建成投产后，公司自发电率大幅提高，吨钢外购电量减少44.84千瓦、新水消耗下降。

确定能源消耗限额值，制定能耗限额标准，推动结构调整和节能降耗。2018年，中国钢铁工业协会统计的会员生产企业总能耗26417.01万吨标准煤，比2017年下降1.25%；吨钢综合能耗555.24克标煤/吨，比2017年下降2.13%；吨钢可比能耗496.84千克标煤/吨，比2017年下降3.12%；吨钢耗电451.99千瓦时/吨，比2017年上升0.8%。2018年三钢闽光深入推进节能减排，全年自发电比例为63.73%，同比提高7.69%，吨钢综合能耗为510.73克标煤/吨，同比下降11.91克标煤/吨。

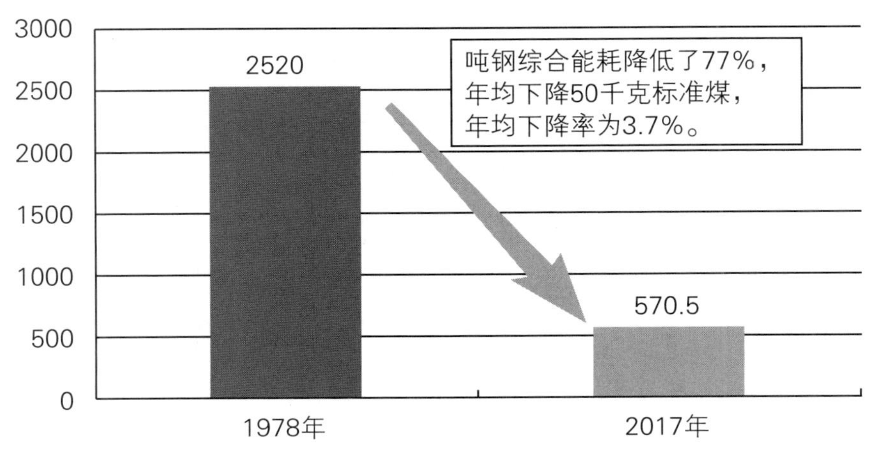

图5－2　能源消耗限额值变化

数据来源：公开资料整理。

（三）国际钢价指数先扬后抑，钢价低位下行

在全球金融市场大幅波动、原油等大宗物资暴跌的影响下，2018 年的国际钢市最终以全面下跌的态势收官，从而影响现货销售价格，致使钢铁行业盈利空间被压缩。

凌钢股份钢材价格低位运行，进口铁矿石价格基本稳定，2018 年实现净利润 11.97 亿元，同比降低 0.78%。

（四）铁矿石原料价格回升，钢价小幅回升

铁矿石是钢材的重要原材料之一，钢材价格与铁矿石价格呈显著正相关关系。在钢铁行业需求低迷之际，国内矿石价格表现势弱，尤其在海外矿上产能集中投放导致矿石供给增多的情况下，进口矿价格跌幅更大。2018 年，国内市场钢材消费需求不足，钢铁产量有所回落。受钢材价格小幅回升和冬储影响，铁矿石价格有所上升。

2018 年，宝钢股份持续推进成本削减、提质增效及深化改革等内部挖潜工作，发挥宝武协同效益，实现了经营业绩和获现能力均创历史最好水平、主要单元经营业绩大幅提升的佳绩，2018 年销售商品坯材 4709.8 万吨，实现营业总收入 3052.0 亿元，利润总额 278.2 亿元。

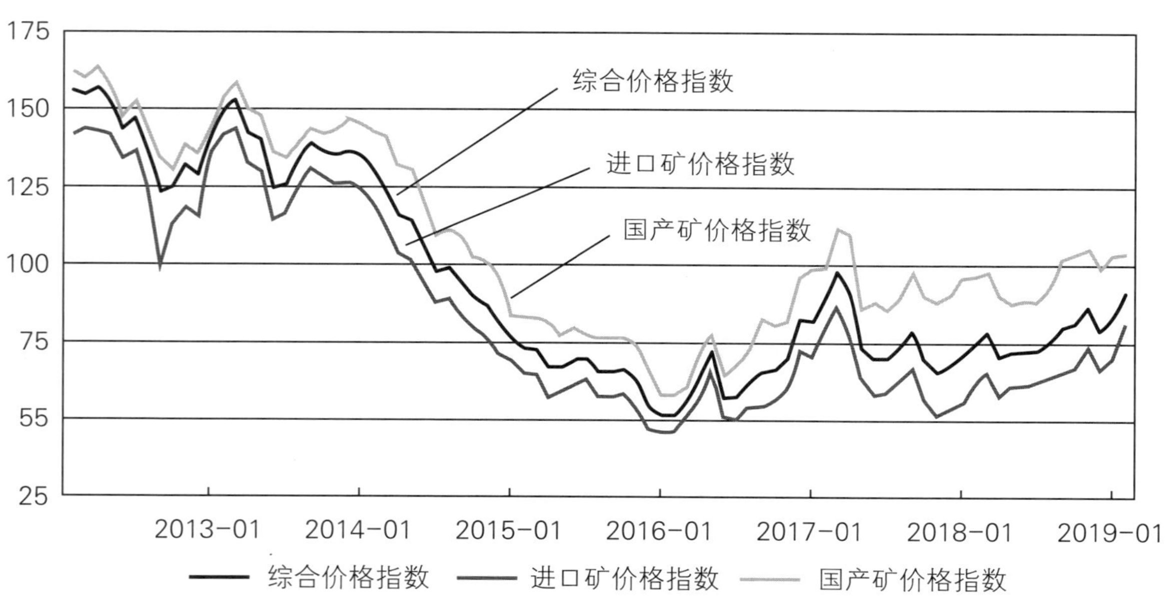

图 5－3 国内矿石价格指数

数据来源：Wind 资讯。

（五）行业下游需求放缓，钢铁营收下降

1. 基建用钢需求分析

基建与地产用钢占据了很大部分的钢材下游需求，其中基建用钢占比稍多于地产，约 30% 左右，消耗的钢材品种以螺线与热卷为主。

2018 年初以来，基建投资在去杠杆基调下明显走弱，基础设施投资累计完成额同比增速持续下降。

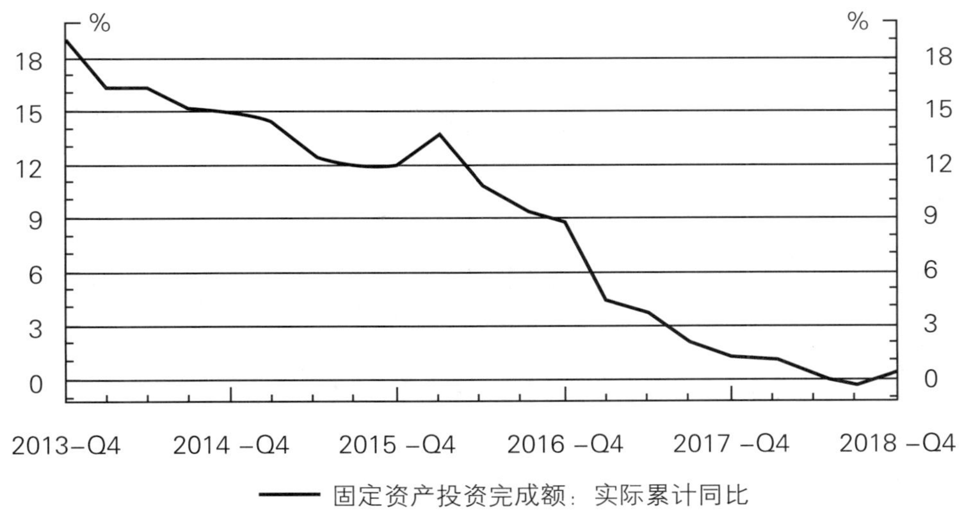

图 5－4　固定资产投资完成额

数据来源：Wind 资讯。

2. 地产用钢需求分析

地产用钢在整个钢铁下游用钢需求中占比 25% 左右，稍低于基建，但也是非常重要的一部分，主要消耗的钢材品种为螺线与热卷。

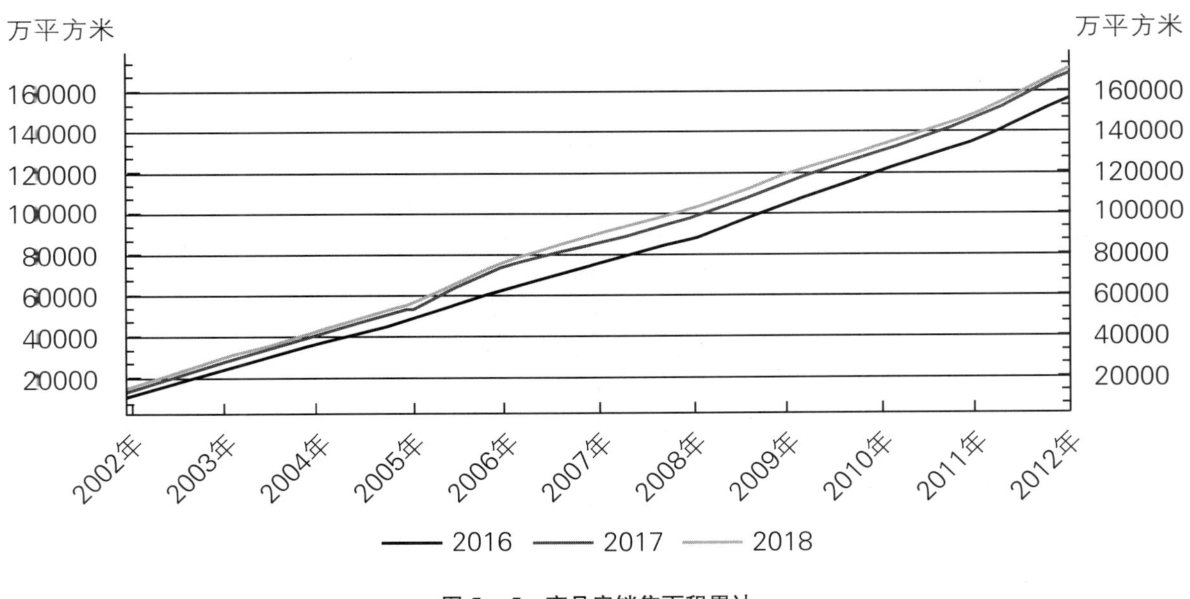

图 5－5　商品房销售面积累计

数据来源：Wind 资讯。

2018 年商品房销售面积、金额双创新高，破 17 亿平方米、近 15 万亿元。新开工面积同比增速持续上扬至 17.2%。但房地产开发投资额增速高位回落至 9.5%，增长后劲略有不足。

3. 机械制造用钢需求分析

2018 年，机械行业产销两旺，保持了良好的发展势头。从机械制造主要行业工程机械领域来看，2018 年 1—12 月，挖掘机共计销售 20.3 万台，同比增长 45.0%。

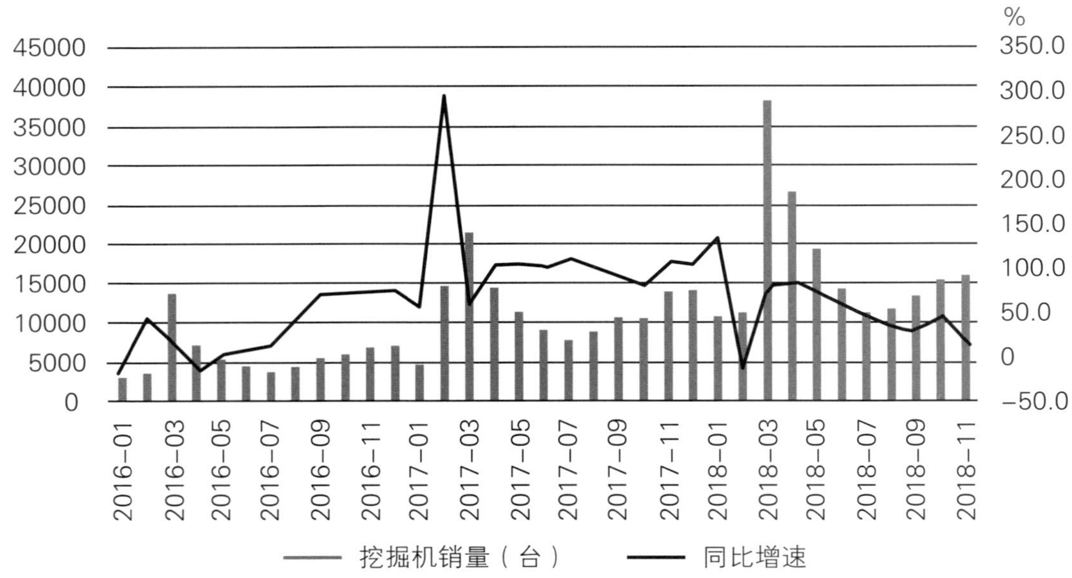

图 5－6　挖掘机销量

数据来源：Wind 资讯。

4. 汽车行业用钢需求分析

2018 年，我国乘用车销量为 2808.1 万辆，较 2017 年减少 80 万辆，同比下降 2.8%，这是汽车市场持续增长 28 年以来首次出现销量负增长。从趋势与成长的角度来看，自 2016 年以来，汽车行业销售量增速一直呈现出一个放缓下行的趋势。

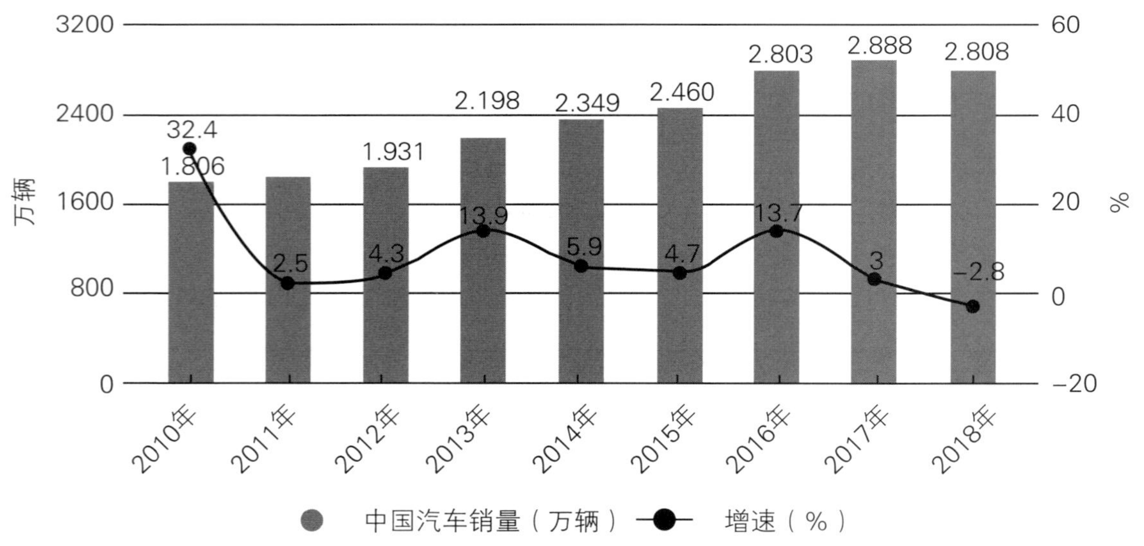

图 5－7　中国汽车销量

数据来源：公开资料整理。

5. 家电行业需求分析

2018 年，家电行业整体表现较为低迷，如图 5–8 所示，从家电近五年的零售数据来看，2017 年以前一直稳步上升，但进入 2018 年，从 2、3 月以后零售数据看，无论是增速、还是绝对值，同比都进入了负增长，并且一直持续到年末。家电消费，2018 年底政府虽然释放了一些刺激措施的信号，但目前政策尚未明晰。此外，政策的传导也存在一定的时滞。

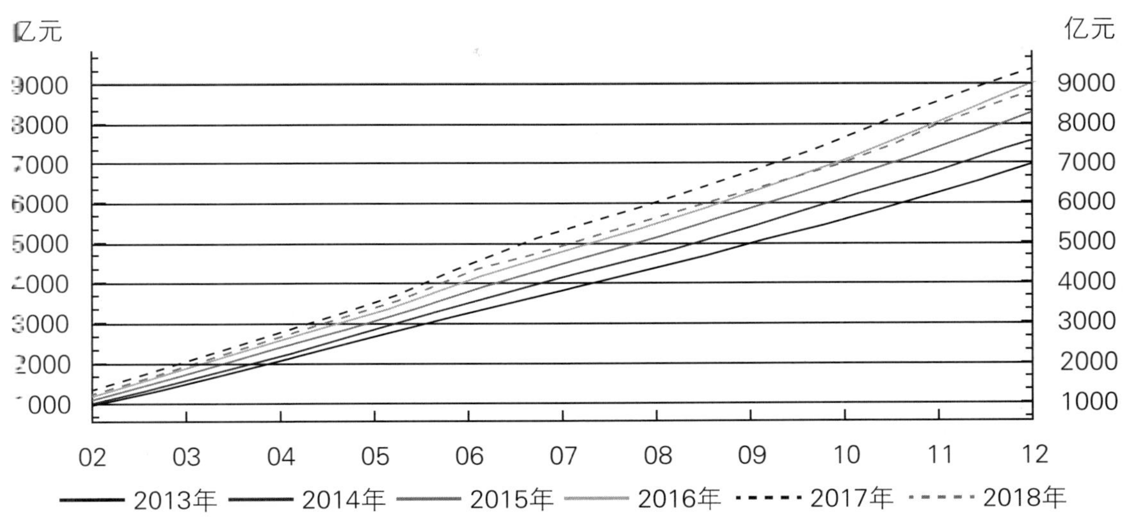

图 5－8　家用电器和音像器材类零售额

数据来源：Wind。

6. 造船行业需求分析

船舶行业对钢材的消耗主要以中厚板为主。根据中国船舶工业行业协会发布的数据显示，2018 年度中国造船产能利用监测指数（CCI）为 607 点，仍处于偏冷区间，与 2017 年同期 678 点相比下降 71 点，同比下降 10.5%。但从季度的数据来看，2018 年四季度中国造船产能利用监测指数为 607 点，和三季度 601 点相比，环比增长 6 点。具体来看，四季度我国骨干企业新承接船舶订单小幅增长，带动手持船舶订单环比回升，与此同时，企业营业收入和营业利润率等指标也出现环比增长，监测指数出现止跌企稳的信号。

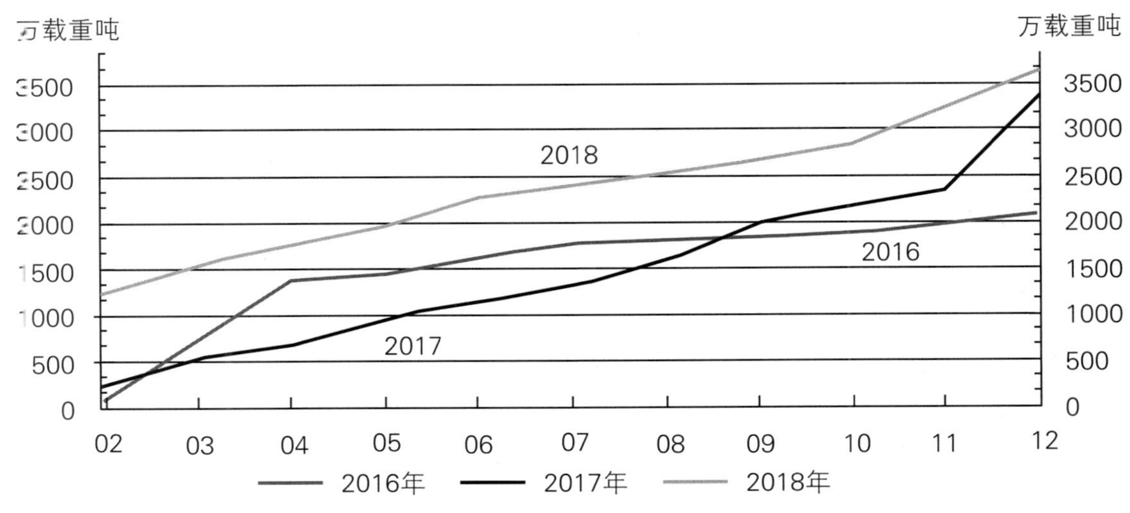

图 5－9　新接船舶订单量

数据来源：Wind。

7. 出口需求分析

2018 年我国累计出口钢材 6933.6 万吨，同比下降 8.1%。出口的下降背后的原因，一方面受国内外钢材价格差的影响，另一方面也与全球贸易保护主义加剧、各国设置进口屏障密切相关。

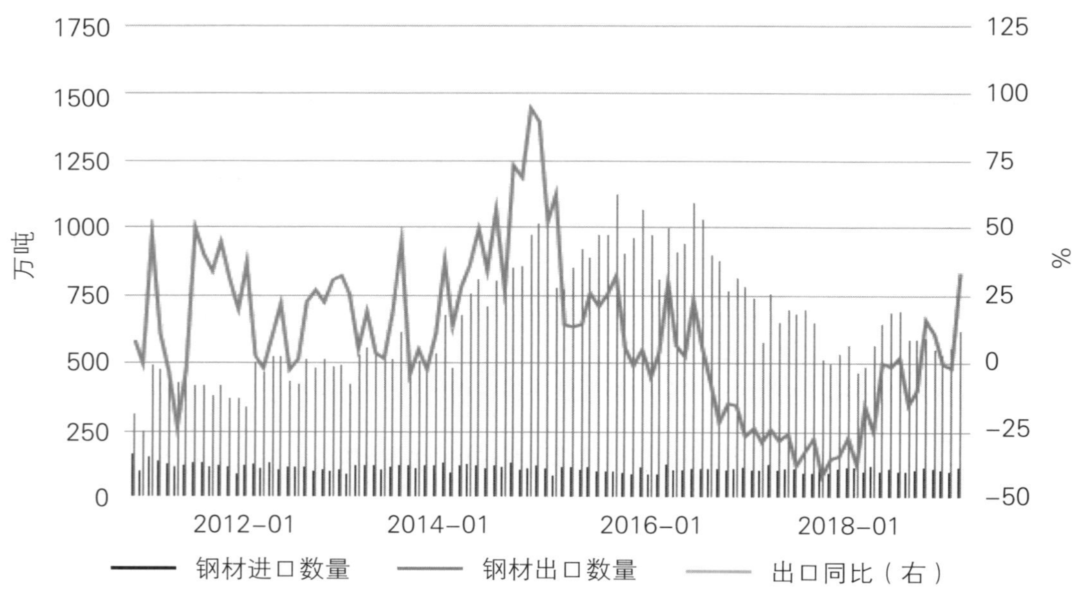

图 5 – 10 钢材进出口数量

数据来源：Wind。

资料链接：行业重大事件

➢ 工信部发布钢铁行业产能置换办法

2018 年 1 月 1 日起，《钢铁行业产能置换实施办法》正式施行。办法中对置换方法、退出产能、新增产能等各方面都做出了详细的规定。根据办法显示，“建设项目备案前产能置换方案须正式公告，建设项目投产前产能出让方须拆除用于置换的退出设备，使其不具备恢复生产条件”。

➢ 环保取消“一刀切”扩大限产范围

2018 年取消了统一的限停产比例，严禁采取“一刀切”方式，将实施因地制宜推进工业企业错峰生产。同时，限产范围出现了扩大，京津冀、长三角、汾渭平原等重点地区通过持续开展强化督查，从企业超排到散乱污整治不彻底、从小锅炉整治到工地扬尘管控，污染问题得到遏制。

资料来源：和讯网新闻

三、2019 年钢铁行业业绩前景分析

2018 年钢铁行业坚决推进供给侧结构性改革，受“去产能”、取缔“地条钢”、严控新增产能及环保限产等因素影响，我国钢材供需关系有效改善，国内钢材市场出现利好，价格在合理区间内波动，钢铁企业经营状况好转。为应对国内经济下行压力和中美贸易摩擦带来的负面影响，国家“稳增长”政策不断出台，预计 2019 年国家将加大基础设施领域补短板投资力度、扩大减税降费规模、加大对民营企业的支持，“补短板”基建建设和制造业投资也有望继续回升。

（一）国家推行减税降费政策，钢铁行业各环节成本将下降

2019 年，政府将深化增值税改革，将制造业等行业现行 16% 的税率降至 13%，钢铁行业作为国民经济的支柱型产业，是国家进项税额的主要来源之一，受减税的影响较大。税率下调有助于降低钢铁生产企业的成本和负担，进而降低和改善行业企业的资产负债率；同时，减税降费将有助于钢铁企业增加投资，盘活企业创新活力，深化增值税改革释放的减税红利，减少政府对资源的配置，尽可能多地发挥企业能动性。

（二）“稳增长”政策逐步落实，宏观经济保持平稳增长，钢铁营收将平稳增长

2018 年 10 月，国际货币基金组织 IMF 发布了《世界经济展望》报告，预估 2018 年和 2019 年全球经济将增长 3.7%，均下调 0.2%。2018 年 10 月 16 日，国际钢协（WSA）发布最新的短期展望报告，由于全球经济贸易紧张格局和汇率的剧烈波动，对 2019 年世界经济，特别是新兴国家经济产生不确定影响，预计 2019 年全球钢铁需求有望保持继续增长，增幅为 1.4%。

为应对经济下行压力，国家“稳增长”政策不断出台，除加大基础设施领域补短板投资力度外，还下调人民币存款准备金率，提高部分机电产品出口退税率，全面降低增值税税率。此外，国家通过增加再贷款和再贴现额度、设立纾解股权质押专项基金、扩大减税规模、加强出口退税力度等方式，加大对民营企业的支持力度，“补短板”基建建设和制造业投资也有望继续回升。随着国家政策的不断落实，2019 年经济下行压力将有效缓解，钢材需求有望保持稳定，不会出现大的下滑。

（三）国家深入推进供给侧改革并有望建立长效机制，盈利空间将持续保持

2019 年钢铁工业结构调整的重点是从量上维持目前供需基本平衡的良好态势，从质上推进全行业高质量发展，从全国范围内的钢铁去产能向以减少京津冀等重点区域产能和产业布局调整转变。通过引导京津冀地区钢铁企业向区域外转移、鼓励支持发展电炉炼钢、科学谋划城市钢厂发展、积极推进企业兼并重组等工作，力求从根本上解决京津冀地区钢铁产业与生产环境保护之间的矛盾。工信部表示，到 2018 年底，顺利完成国家确定的“十三五”钢铁去产能 1.5 亿吨的上限目标，第一步去产能、促重组的目标基本实现。从 2019 年起，将进入第二步推重组、促转型的转段实施阶段，2019 年将是我国钢铁行业兼并重组的重要窗口期。中钢协表示，在利润驱动下的钢铁产能扩张冲动，违规上电炉及

"地条钢"妄图死灰复燃仍然存在，必须建立防范过剩的长效机制。

（四）受中美贸易摩擦影响，2019 年钢材出口仍保持低位

全球经济和贸易增长动能趋弱，国际金融市场动荡不安，中美贸易摩擦升级引发的市场预期波动，深刻影响着全球经济和贸易增长。贸易保护主义抬头严重破坏世贸组织规则，导致全球钢铁市场区域分化的风险增加，一些区域市场走向封闭，不仅对我国将产生直接和间接影响，对全球贸易秩序都会产生极大的破坏，其后果严重。

2018 年我国出口至美国的钢材 118 万吨，占中国出口钢材的 1.56%，占美国进口钢材的 3%。出口至美国的钢材，包括管材 26 万吨、板材 19 万吨、棒线材 13.7 万吨、角型材 3.2 万吨、铁道用材 2.9 万吨、其他钢材 53 万吨。2018 年，我国机电出口美国 2623.83 亿美元；机械产品为 398.4 亿美元，占中国机械出口的 35.46%；电机电器等产品为 1086 亿美元，占中国电机电器出口的 72.38%；二者合计 1484.4 亿美元，占出口美国机电总额的 56.57%。可见，中美贸易摩擦虽对我国钢材的直接出口影响不大，但机械、机电产品的间接出口对钢材需求影响较大。

综上所述，2019 年钢材市场供需大致平衡，钢材价格应在合理区间波动，但受铁矿石、钢坯、煤焦、期货等价格波动的影响，钢材价格波动的频率和幅度可能较大。由于国家取缔"地条钢"，长材价格走势仍将好于板材。

附表　2018年钢铁行业上市公司业绩评价结果排序表

行业排名	全部上市公司排名	股票代码	单位名称	年末资产总额（万元）	营业收入（万元）	营业利润（万元）	每股收益（元）	加权平均净资产收益率（%）	总资产报酬率	综合得分	总资产报酬率（%）	总资产周转率（次）	流动资产周转率（次）	资产负债率（%）	已获利息倍数	营业收入增长率（%）	资本扩张率（%）	市场投资回报率（%）	股价波动率（%）
1	9	002110	三钢闽光	2821786.83	3624821.31	868549.67	3.98	41.3	34.8	87.9	35.07	1.44	2.64	34.75	70.83	14.4	31.46	-37.67	97.33
2	23	601003	柳钢股份	2495084.47	4735111.02	538267.55	1.8	52.01	23.29	85.8	23.29	1.97	3.37	57.8	27.08	13.94	46.25	-11.63	99.96
3	26	600782	新钢股份	4163575.6	5696330.2	667466.09	1.85	36.53	18	85.3	18.45	1.52	2.28	53.12	25.73	14	40.56	-23.49	89.87
4	29	600808	马钢股份	7687199.93	8195181.35	808529.78	0.77	22.83	12.16	84.6	12.23	1.1	2.32	58.38	10.36	11.91	17.46	-13.31	53.57
5	30	600507	方大特钢	961776.16	1728585.1	389594.18	2.08	51.73	41.32	84.5	42.68	1.9	3.61	29.96	84.41	23.96	30.27	-21.93	111.17
6	47	000932	华菱钢铁	7523545.5	9117877.83	944121.12	2.25	48.64	14.4	82.5	14.69	1.21	3.01	65.12	6.51	19.17	79.97	-31.72	92.33
7	59	600282	南钢股份	4119458.6	4364678.89	603818.63	0.91	29.74	15.88	81.9	16.04	1.11	2.89	51.91	15.03	16.08	27.33	-31.27	89.51
8	60	600126	杭钢股份	2580804.06	2644977.45	268215.86	0.57	11.06	10.01	81.8	10.75	1.05	2.55	27.54	68.02	-5.05	11.71	-15.82	42.45
9	106	000898	鞍钢股份	9002400	10515700	1008800	1.1	15.6	12.71	79.3	12.76	1.17	3.79	41.72	8	24.73	4.13	-18.15	56.22
10	116	000825	太钢不锈	7182325.41	7294610.55	532445.24	0.87	17.35	8.72	79	8.83	1	3.26	57.08	5.76	7.61	12.75	-15.61	74.47
11	118	600019	宝钢股份	33514060.58	30477946.26	2818330.83	0.97	12.64	8.94	79	9.01	0.89	2.41	43.53	10.05	5.43	8.47	-22.96	74.52
12	178	000708	大冶特钢	767790.46	1257307.14	62285.62	1.14	12.1	8	77.2	8.54	1.76	2.75	42.65	75.02	22.94	9.32	-22.97	57.35
13	193	002478	常宝股份	642260.39	537612.69	64725.42	0.49	12.48	10.05	76.9	10.38	0.89	1.62	30.75	65.49	53.85	12.28	-12.86	61.56
14	194	002075	沙钢股份	1152148.23	1471244.91	294763.8	0.53	29.99	27.94	76.8	28.07	1.39	2.36	34.64	1214.35	18.51	22.47	-50.1	107.58
15	229	601005	重庆钢铁	2693335.1	2263895.7	174644	0.2	10.14	7.46	75.7	7.84	0.87	3.69	31.19	7.31	71.03	10.28	-22.14	56.74
16	325	000717	韶钢松山	1642679.28	2711248.4	340465.73	1.37	72.27	22.83	73.7	22.94	1.76	5.64	62.39	15.28	4.13	107.82	-49.15	106.71
17	409	600569	安阳钢铁	3428325.36	3317653.74	194371.43	0.78	25.12	8.05	72.4	8.35	0.98	2.23	74.47	3.05	22.74	29.57	-38.65	112.23
18	410	000778	新兴铸管	5183616.87	4054712.03	337587.53	0.53	10.47	7.03	72.4	7.43	0.8	1.62	58.12	5.12	-1.74	5.27	-19.44	45.4
19	411	600022	山东钢铁	7190618.95	5590846.36	291281.44	0.19	11.01	4.58	72.3	4.72	0.87	2.38	59.5	5.2	16.72	12.78	-28.02	71.66
20	450	002318	久立特材	518210.87	406305.71	37949.22	0.36	10.01	8.32	71.7	8.47	0.8	1.29	36.51	8.45	43.42	10.01	-11.38	46.36
21	459	600231	凌钢股份	1599454.76	2077650.63	165825.33	0.43	17.31	11.51	71.5	12.08	1.35	3.64	53.45	8.64	15.5	16.58	-43.29	98.15
22	686	000709	河钢股份	20874634.16	12095699.33	537357.54	0.32	7.1	4.18	68.2	4.34	0.61	2.04	71.76	2.68	10.99	23.69	-27.73	79.03

续表

行业排名	全部上市公司排名	股票代码	单位名称	年末资产总额（万元）	营业收入（万元）	营业利润（万元）	每股收益（元）	加权平均净资产收益率（%）	总资产报酬率	综合得分	总资产报酬率（%）	总资产周转率（次）	流动资产周转率（次）	资产负债率（%）	已获利息倍数	营业收入增长率（%）	资本扩张率（%）	市场投资回报率（%）	股价波动率（%）
23	868	002756	永兴特钢	434405.71	479434.96	44998.63	1.08	11.43	11.17	65.7	11.27	1.15	2.04	21.4	21.44	18.93	1.21	-53.62	160.67
24	997	603878	武进不锈	288371.17	200006.98	23571.98	0.99	9.5	8.49	64.1	8.58	0.73	0.95	24.93	79.41	36.88	6.85	-32.42	84.67
25	1073	000959	首钢股份	13510627.8	6577666.05	314421.65	0.45	9.29	4.08	63.2	4.3	0.49	3.09	73.08	2.2	9.17	-0.39	-38.84	118.33
26	1101	000761	本钢板材	5963250.49	5018186.97	120197.95	0.27	6.2	3.48	62.9	3.8	0.82	1.47	67.03	1.82	23.88	32.39	-36.14	92.57
27	1206	600010	包钢股份	14880068.64	6718756.06	425387.98	0.07	6.53	4.5	61.7	4.58	0.45	1.56	64.6	2.68	25.15	6.32	-40.77	137.46
28	1229	600581	八一钢铁	1932226.86	2010534.62	84794.07	0.46	18.98	5.85	61.4	5.9	1.06	4.8	79.08	4.06	19.98	21.01	-51.19	167.65
29	1332	600307	酒钢宏兴	3977771.47	4543111.48	111122.22	0.17	10.85	4.89	60.4	5	1.14	3.87	73.39	2.28	10.84	10.86	-34.79	87.69
30	1573	002443	金洲管道	375690.5	480769.01	23085.25	0.37	8.69	7.81	57.8	7.86	1.37	2.14	35.81	8.19	24.46	6.78	-41.89	111.11
31	2873	600399	ST 抚钢	793884.53	584773.17	-26069.34	2.01	171.36	33.15	38.1	33.38	0.67	1.34	47.47	9.3	17.32	0	-55.92	192.55
32	3249	600117	西宁特钢	2351985.01	678651.64	-174032.84	-1.96	-96.88	-4.82	19.7	-4.7	0.28	0.99	92.93	-1.28	-8.71	-55.1	-42.54	97.47

第六章　有色金属行业上市公司业绩评价

有色金属是农业、工业、国防科技发展不可或缺的基础材料和重要的战略物资，农业现代化、工业现代化、国防和科学技术现代化都离不开有色金属。世界上许多国家，尤其是工业发达国家，竞相发展有色金属工业，增加有色金属的战略储备。当今社会有色金属已成为决定一个国家经济、科学技术、国防建设等发展的重要物质基础，是提升国家综合实力和保障国家安全的关键性战略资源。

2018 年，受消费转暖、环保趋严及供给侧改革、中美贸易摩擦持续升温等多方面因素的影响，有色金属产业总体延续了平稳运行态势，但有色金属企业利润同比回落明显。2018 年规模以上有色金属企业主营业务收入 54289 亿元，同比增长 8.8%；利润 1855 亿元，同比下降 6.1%。2018 年有色金属行业指数全年大幅震荡下行，年初开盘为 4182.36 点，年末收盘为 2444.61 点，全年平均 3291.87 点，最高 4316.29 点，最低 2355.65 点。展望 2019 年，有色金属行业受有色金属价格走弱、成本上升、国际贸易形势复杂多变等因素影响，行业运行压力不断增大，市场环境依然严峻。但是随着全球经济持续复苏，中国经济总体上平稳向好，以及中美贸易摩擦逐步趋于缓和，有色金属生产有望延续平稳运行的态势。

一、有色金属行业上市公司价值分析结果

截至 2018 年末，有色金属行业（含铝、铅锌、铜、黄金、锂、钨、稀土等采掘、制造子行业）的 A 股上市公司共 117 家，其中盈利 95 家，占 81.20%；亏损 22 家，占 18.80%。在 117 家行业上市公司中，业绩为 AAA 的有 0 家；业绩为 AA 的有 4 家；业绩为 A 的有 1 家；业绩为 BBB 的有 7 家；业绩为 BB 的有 13 家；业绩为 B 的有 16 家；业绩为 CCC 的有 14 家；业绩为 CC 的有 15 家，业绩为 C 的有 47 家。117 家有色金属行业上市公司年末资产总额 16757.66 亿元，归属母公司的所有者权益 6642.27 亿元，资产负债率为 55.26%。2018 年有色金属行业上市公司完成营业收入 15241.66 亿元，比上年增加 9.05%；实现净利润 281.44 亿元，比上年减少 44%。与全部上市公司（不包括金融和 B 股，本文以下如无特指按此口径）相比，有色金属行业在总资产、营业收入、净利润所占

比例分别为2.74%、4.03%、1.47%。

根据综合评价结果，2018年有色金属行业有4家公司进入上市公司100强。有色金属行业综合评价得分排名第一的为银泰资源，在总排名中位列第41位。2018年，银泰资源并购的黄金矿山为公司带来了业绩增量，新收购的黑河银泰、吉林板庙子和青海大柴旦正式纳入公司合并报表范围，依托于品位高、盈利能力强的黄金矿业资产，公司正式跨入黄金行业，步入发展新征程；同时公司旗下玉龙矿业高品位的银铅锌矿，为公司持续贡献稳定的利润，使得银泰资源2018年实现营业收入482623.72万元，同比增加116.69%，营业利润98804.13万元，同比增加56.30%；净利润77040.43万元，同比增加51.42%；归属于上市公司股东的净利润66257.28万元，同比增加96.78%。

表6－1 2018年有色金属行业中联十强排行榜

名次	股票代码	股票简称	在全部上市公司中排名
1	000975	银泰资源	41
2	002203	海亮股份	55
3	603260	合盛硅业	78
4	600516	方大炭素	79
5	600673	东阳光	113
6	300395	菲利华	292
7	000688	国城矿业	293
8	601899	紫金矿业	298
9	000603	盛达矿业	357
10	603826	坤彩科技	417

资料链接：

银泰能源成本下降增厚公司利润，大柴旦复产巩固未来成长基础

公司2019年第一季度营业收入11.28亿元，同比增长33.14%，归母净利润1.70亿元，同比增长46.31%；实现每股收益0.09元。

金价小幅上涨、成本下降提振公司业绩：玉龙矿业矿产品销售有所增长，同时由于黑河银泰的投产、玉龙矿业的技术改造和吉林板庙子的开拓工程稳步推进等原因，成本逐渐下降，公司的销售毛利率达到29.76%，同比提高了1.24个百分点，提振了公司的业绩。营收规模扩大的同时，管理费用和财务费用与去年同期相当。据上期所和国家统计局，同期金属价格也有不同程度的变化。2019年一季度国内上期所黄金、白银均价分别为286.47元/克和3676.78元/千克，分别同比上涨3.87%和－2.27%，环比2018年四季度价格上涨2.95%和3.41%；铅锌价格下降幅度较大，铅锭和锌锭的市场价为1.75万元/吨和2.20万元/吨，分别同比下跌－8.39%和－15.03%。

需求旺盛叠加联储暂停加息，金银价格上行支撑公司业绩。不同于铅锌价格的长期调整，金银价格进入了长期上行的通道。据世界白银协会，2018 年全球白银需求达到三年高点，超过 10 亿盎司，较 2017 年增长 4%。与此同时，全球银矿产量连续第三年下降，2018 年下降 2%，至 8.557 亿盎司。另外，从贵金属避险保值的角度，美国经济下行压力逐渐加大将推升贵金属的价格。4 月美债的长短端收益率再次倒挂，预示着美国经济面临的不确定性加大。在美国经济形势有恶化迹象的情况下，美联储发出了超市场预期的鸽派态度。美联储 2019 年的加息计划由两次调整为不再加息，9 月底可能结束缩表的计划，货币宽松的预期不断加大，支撑黄金价格步入上行通道，同时从长周期来看，金银比存在修复的可能，银价的弹性将超过黄金。金银价格的共振走强将利好公司未来的业绩。

大柴旦复产、扩建和探矿增储项目稳步推进将巩固公司未来成长基础：2017 年公司收购青海大柴旦完成后停产进行整改之后，2019 年 4 月 26 日公司发布公告称青海大柴旦正式复工生产。公司表示青海大柴旦黄金资源量已达 53.05 吨，平均品位 4.12g/t，采矿权范围 17.77 吨，探矿权范围 35.28 吨。后续公司将大力推进矿山生产建设，力争尽快扩大产能，有望增厚公司利润。

资料来源：中国银河证券

按照中国上市公司业绩评价指标体系，有色金属行业综合评分结果为 57.90，比全部上市公司综合评分结果低 3.30。其中，财务效益状况 19.87 分，资产质量状况 12.03 分，偿债风险状况 7.35 分，发展能力状况 10.79 分，市场表现 7.90 分。在有色金属行业的 117 家上市公司中，业绩评价综合得分在 70 分以上的有 12 家，60 分至 70 分的有 29 家；50 分至 60 分的有 31 家；50 分以下的有 45 家。从综合评价结果来看，2018 年有色金属行业上市公司的综合表现较 2017 年有所降低，2017 年有色金属行业综合得分高于全部上市公司综合得分，而 2018 年综合得分低于全部上市公司水平综合得分，并且在 70 分以上的公司数量较 2017 年略有下降。

基于对有色金属行业上市公司的整体评价，下面分别从财务效益、资产质量、偿债风险、发展能力、市场表现五个方面对有色金属行业上市公司进行具体分析。

（一）财务效益状况

从综合得分来看，2018 年有色金属行业上市公司财务效益状况相比去年略有下降，仍低于全部上市公司平均水平。

表 6–2 列示了有色金属行业上市公司财务效益状况评价结果。从综合得分来看，有色金属行业上市公司财务效益平均得分为 19.87，比全部上市公司平均分低 2.14。其中，银泰资源、海亮股份、合盛硅业、方大炭素等 33 家公司超过全部上市公司平均水平。

表 6 – 2　有色金属行业财务效益状况表

评价指标		2018 年上市公司平均值	2018 年行业值	2017 年行业值	增长率（%）
基本指标	扣除非经常性损益净资产收益率（%）	7.16	3.14	6.86	–54.23
	总资产报酬率（%）	5.61	4.7	6.29	–25.28
	得分	20.59	17.49	20.58	–15.01
修正指标	营业利润率（%）	6.73	3.06	4.69	–34.75
	盈利现金保障倍数	1.69	3.86	1.29	199.22
	股本收益率（%）	38.49	14.8	28.27	–47.65
综合得分		22.01	19.87	20.02	–0.75

从具体指标看，除盈利现金保障倍数外，其余各项指标均有较大幅度下降，总体情况劣于 2017 年。其中扣除非经常性损益净资产的收益率由 6.86% 下降至 3.14%；营业利润率从 4.69% 下降至 3.06%；股本收益率从 28.27% 下降至 14.8%，下降幅度均在 30% 以上。这些指标的大幅降低导致有色金属行业的整体财务效益状况评分低于去年。

在有色金属行业上市公司财务效益状况指标中，天齐锂业的财务效益得分为 34.26 分，财务效益在有色金属行业排名第一。

天齐锂业是中国和全球领先的以锂为核心的新能源材料供应商。天齐锂业在推动公司内生增长的同时，继续围绕战略目标进行外延式并购布局，2018 年成功购买 SQM 23.77% 的股权，成为其第二大股东。天齐锂业已形成垂直一体化的产业链布局，控股的格林布什锂辉石矿资源和技术积淀深厚的锂化工产品生产线垂直整合，协同效应显著，公司锂精矿与锂化工产品销售收入及产品销售毛利率继续保持行业领先地位。天齐锂业在 2018 年业绩持续增长，扣除非经常性损益后的加权平均净资产收益率为 22.02%，总资产报酬率为 12.96%，营业利润率为 57.42%，盈利现金保障倍数为 1.29。

（二）资产质量状况

从综合得分来看，2018 年有色金属行业上市公司资产质量状况较 2017 年略有上升，仍高于全部上市公司平均值。

从表 6–3 中可以看出，2018 年有色金属行业上市公司资产质量状况（满分为 15 分）基本指标平均得分 12.57 分，高于全部上市公司 9.43 分的平均水平；其中有 63 家企业超过全国上市公司平均水平，海亮股份、山东黄金、四通新材、锡业股份、湖南黄金等 17 家企业的资产质量状况评分获得满分。

表 6－3 有色金属行业资产质量状况表

评价指标		2018 年上市公司平均值	2018 年行业值	2017 年行业值	增长率（%）
基本指标	总资产周转率（次）	0.65	0.95	0.95	0.00
	流动资产周转率（次）	1.23	2.23	2.26	−1.33
	得分	9.43	12.57	12.79	−1.72
修正指标	应收账款周转率（次）	8.18	20.36	19.23	5.88
	存货周转率（次）	2.78	5.61	5.77	−2.77
综合得分		9.17	12.03	11.92	0.92

从修正指标来看，2018 年有色金属行业上市公司资产质量状况（满分为 15 分）平均得分 12.03 分，高于全部上市公司 9.17 分的平均水平，同时较 2017 年资产质量状况略有上升。

在有色金属行业上市公司资产质量指标中，盛屯矿业的资产质量得分为 15 分，资产质量在有色金属行业排名第一。

盛屯矿业聚焦锌、钴、铜、镍，对资源的全球布局及发展趋势有较深的理解，能快速对行业趋势做出反应，对行业内优秀企业具备较强的识别能力和购并能力。2018 年 8 月完成了对钴材料深加工企业珠海科立鑫的全资收购，同时在刚果（金）年产 3500 吨钴、10000 吨铜钴综合利用项目于 2018 年底投产，钴材料业务体系已形成。在基本金属业务稳定发展的基础上，向新能源电池金属领域成功拓展，获得了新的发展驱动力，为公司业绩的持续稳步发展提升提供保障。2018 年度，盛屯矿业总资产周转率 2.49 次，流动资产周转率 5 次，应收账款周转率 49.75 次，存货周转率 14.88 次。

（三）偿债风险状况

从综合得分来看，2018 年有色金属行业上市公司偿债风险状况较 2017 年略有上升，但仍低于全国上市公司平均水平。

从表 6–4 中可以看出，2018 年有色金属行业上市公司偿债风险状况（满分为 15 分）基本指标平均得分 8.01 分，低于全部上市公司 8.94 分的平均水平；其中有 61 家企业超过全国上市公司平均水平，方大炭素、国城矿业、坤彩科技、石英股份、银河磁体等 12 家企业得分为 15 分满分。基本指标得分同比下降 2.32 个百分点。有色金属行业 2018 年获利倍数较 2017 年下降 29.41%，可见有色金属行业上市公司在 2018 年获利能力减弱，偿债风险状况有所增加。

从修正指标来看，2018 年有色金属行业上市公司偿债风险状况（满分为 15 分）平均得分 7.35 分，低于全部上市公司 8.79 分的平均水平；速动比率、带息负债比率相比去年均略有下降；现金流动负债比率较2017年增长62.63个百分点，有色金属行业偿债压力略有下降但仍大于全国平均水平。

表6－4　有色金属行业偿债风险状况表

评价指标		2018年上市公司平均值	2018年行业值	2017年行业值	增长率（%）
基本指标	资产负债率（%）	60.9	55.26	55.54	−0.50
	获利倍数	4.41	2.4	3.4	−29.41
	得分	8.94	8.01	8.2	−2.32
修正指标	速动比率（%）	78.76	71.58	73.09	−2.07
	现金流动负债比率（%）	12.06	17.19	10.57	62.63
	带息负债比率（%）	48.41	66.26	69.59	−4.79
综合得分		8.79	7.35	7.32	0.41

在有色金属行业上市公司偿债风险指标中，国城矿业的偿债风险得分为14.99分，偿债风险在有色金属行业排名前列。

国城矿业属于有色金属冶炼上游行业，旗下主要矿山东升庙多金属矿作为国内知名矿山，与全国范围内其矿山比较具有较低的采选成本及较高的盈利能力，凭借丰富的资源优势和较强盈利能力在采选企业中处于领先地位。目前，国城矿业正在向规模大型化、装备大型化、生产自动化、运输无轨化、管理信息化方向发展，现已通过扩产形成年铅锌矿200万吨的生产规模，提升了公司在国内独立铅锌矿采选企业的行业地位，使公司在与下游冶炼企业合作中更加有利而主动。2018年，国城矿业资产负债率10.76%，已获利息倍数1537.35倍，速动比率389.94%，带息负债比率0.81%。

（四）发展能力状况

从综合得分来看，2018年有色金属行业上市公司发展能力状况较2017年小幅下降，低于全国上市公司平均水平。

从表6–5中可以看出，有色金属行业上市公司发展能力状况（满分为20分）基本指标平均得分为11.47分，低于全国上市公司平均水平12.2分；其中有44家公司高于全国上市公司平均水平，银泰资源、合盛硅业、东阳光、四通新材、华友钴业、盛屯矿业等9家企业获得满分。

从修正指标来看，2018年有色金属行业上市公司发展能力状况（满分为20分）平均得分10.79分，低于全部上市公司12.19分的平均水平，同比下降13.96%；各项修正指标中，除三年营业收入增值率上升外，受有色金属价格高位震荡回落、环保趋严、中美贸易摩擦持续升温等多方面因素的影响，营业收入增长率、资本扩张率、营业利润率均出现大幅下降。

表 6－5　有色金属行业发展能力状况表

评价指标		2018 年上市公司平均值	2018 年行业值	2017 年行业值	增长率（%）
基本指标	营业收入增长率（%）	13.68	9.05	16.26	−44.34
	资本扩张率（%）	9.66	9.63	15.27	−36.94
	得分	12.2	11.47	11.76	−2.47
修正指标	累计保留盈余率（%）	40.89	28.13	29	−3.00
	三年营业收入增长率（%）	15.02	11.38	7.72	47.41
	总资产增长率（%）	11.63	9.44	11.38	−17.05
	营业利润增长率（%）	4.93	−29.56	169.52	−117.44
综合得分		12.19	10.79	12.54	−13.96

在有色金属行业上市公司发展能力状况指标中，合盛硅业的发展能力得分为 18.84 分，发展能力在有色金属行业排名前列。

合盛硅业主要从事工业硅及有机硅等硅基新材料产品的研发、生产及销售，是我国硅基新材料行业中业务链最完整、生产规模最大的企业之一。2018 年，鄯善循环经济产业园生产基地相关项目的建设取得突破性进展，东部合盛年产 40 万吨工业硅项目顺利投产，产能得到有效释放，2018 年继续维持收入和利润的高速增长。2018 年，合盛硅业营业收入增长率 59.37%，三年营业收入平均增长率 45.25%，总资产增长率 13.4%，营业利润增长率 83.49%。

（五）市场表现状况

如图 6–1 所示，2018 年有色金属行业上市公司股价总体呈现震荡下行，上半年走势与大盘走势接近，下半年偏离大盘在震荡下行。从表 6–6 中的评价指标来看，2018 年有色金属行业上市公司的平均市场回报率为 −38.58%，较 2017 年大幅下跌，市场投资回报率低于全部上市公司 −33.09% 的平均水平。从个股来看，银泰资源、海亮股份、东阳光、国城矿业、坤彩科技 5 家上市公司的市场投资回报率大于 0，其余有色金属行业上市公司市场投资回报率均小于 0，市场投资回报率整体表现较差。海亮股份、国成矿业以 15 分的市场表现状况评价得分并列有色金属行业第一。

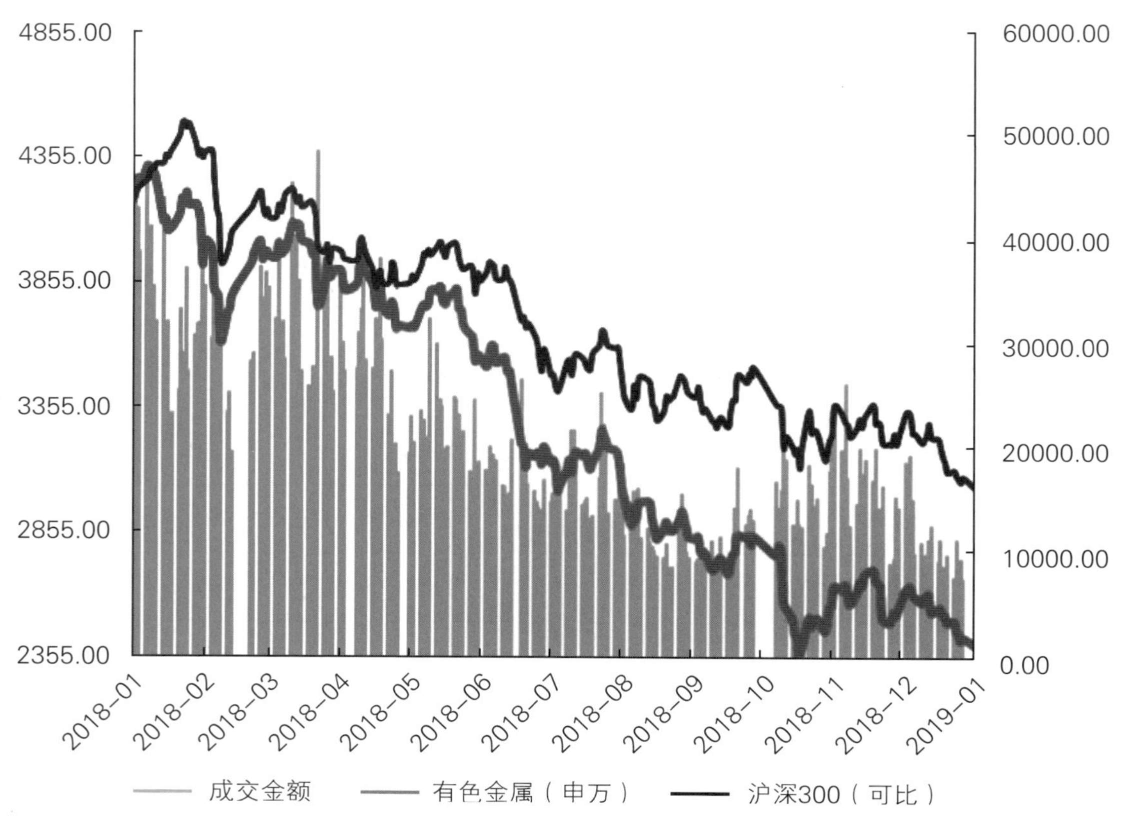

图 6－1　2018 年有色金属行业指数与沪深 300 指数走势图

数据来源：Wind。

表 6－6　有色金属行业公司市场表现表

评价指标	2018 年上市公司平均值	2018 年行业值	2017 年行业值	增长率（%）
市场投资回报率（%）	–33.09	–38.58	–1.55	–2389.03
股价波动率（%）	127.11	136.46	97.43	40.06
得分	9	7.9	10.42	–24.18

二、有色金属行业上市公司业绩影响因素分析

国家工业和信息化部发布的数据显示，2018 年，中国有色金属行业产量平稳增长，投资有所恢复。十种有色金属产量 5688 万吨，同比增长 6%，其中，铜、铝、铅、锌产量分别为 903 万吨、3580 万吨、511 万吨、568 万吨，分别同比增长 8.0%、7.4%、9.8%、–3.2%；铜材、铝材产量分别为 1716 万吨、4555 万吨，分别同比增长 14.5%、2.6%。2018 年，有色行业固定资产投资同比增长 1.2%，由规模扩张转向加大环保、安全等技改及高端材料、新技术等研发。

有色金属价格高位震荡回落，行业效益大幅下降。2018 年，铜、铅现货均价分别为 50689 元 / 吨、19126 元 / 吨，同比分别上涨 2.9%、4.1%，涨幅同比回落 26 个、22 个百分点，铝、锌现货均价分别为 14262 元 / 吨、23674 元 / 吨，同比下降 1.8%、1.7%。规模以上有色企业主营业务收入 54289 亿元，同比增长 8.8%；利润 1855 亿元，同比下降 6.1%。

2018 年，影响有色金属行业业绩的因素主要有以下几方面：

（一）价格高位震荡回落、行业效益大幅下降

1. 基本金属分析

伦敦金属交易所 6 种基本金属现货结算价 2018 年平均价格见表 6–7。

表 6 – 7　基本金属 LME 现货结算年平均价统计表

	现货结算价：LME 铜	现货结算价：LME 铝	现货结算价：LME 锌	现货结算价：LME 铅	现货结算价：LME 锡	现货结算价：LME 镍
2015 年平均价格	5494.50	1660.77	1928.30	1783.57	16070.16	11807.27
2016 年平均价格	4862.63	1604.89	2094.75	1871.58	18005.93	9608.70
同比	–11.50%	–3.36%	8.63%	4.93%	12.05%	–18.62%
2017 年平均价格	6165.97	1968.74	2895.94	2317.46	20104.70	10411.35
同比	26.80%	22.67%	38.25%	23.82%	11.66%	8.35%
2018 年平均价格	6523.04	2110.08	2921.95	2242.43	20153.22	13122.27
同比	5.79%	7.18%	0.90%	–3.24%	0.24%	26.04%

数据来源：Wind。

2016 年下半年，基本金属价格开始触底反弹，2017 年基本金属价格呈现高位平稳上升趋势。2018 年上半年，金属矿产品市场呈现震荡格局，多数产品价格维持过去两年高位徘徊。随着全球贸易摩擦的不断升级，以及美元指数回升、避险情绪高涨，6 月之后，大宗商品价格开始全线、快速回调。截至 2018 年 12 月末，主要产品价格较年初均出现下跌。多数产品价格较年初跌幅均超过 10%，其中，锌、铅价格跌幅超过 20%，铜、铝、银价格跌幅超过 15%。不过，从均价来看，前 11 个月，累计多数产品均价较 2017 年均价有所上涨，其中，镍价上涨 26.04%，铝价上涨 7.18%、铜价上涨 5.79%。根据 LME 基本金属指数 2010—2018 年的数据可以看出，基本金属指数 2018 年整体呈现回落趋势。

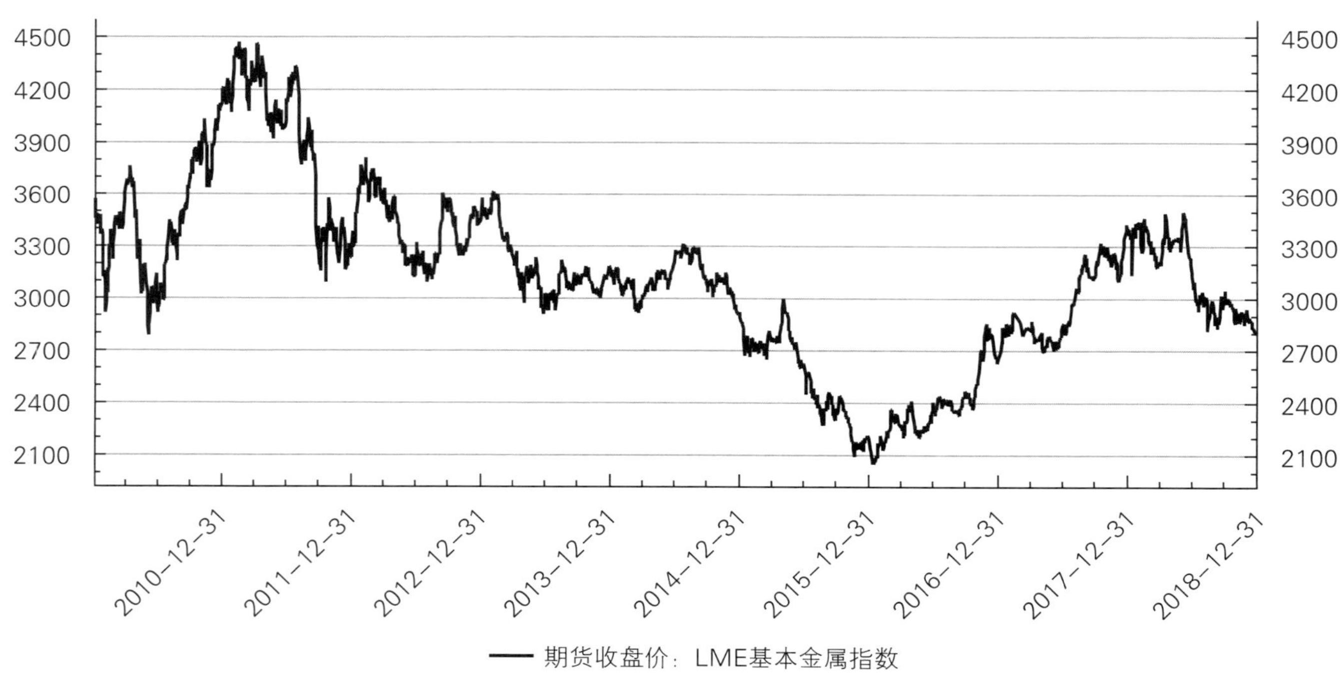

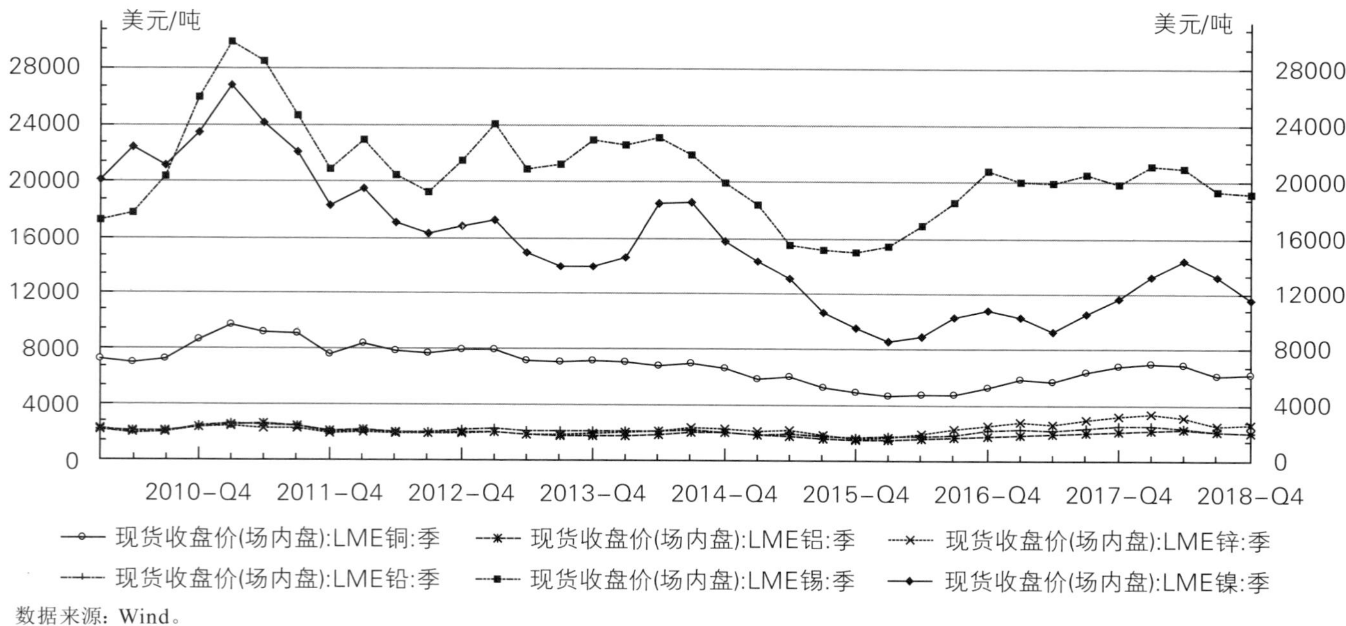

数据来源：Wind。

2. 稀有金属分析

2018 年主要稀有金属价格统计见表 6–8。

2018 年，新能源新材料相关的小金属市场显著降温，尤其是进入二季度之后，钴、锂价格跌势持续加剧。截至 12 月末，碳酸锂价格年内累计跌幅已超过 50%，维持在过去两年最低；电解钴价格年内跌幅近 27%，降至 2017 年 7 月以来低点。不过，从均价来看，前 11 个月，累计多数产品均价较 2017 年均价有所上涨。相对来看，传统小金属钼、锰、铬等品种 2018 年表现较好，截至 12 月末，均价和年内累计涨幅均在 20% 以上；稀土、钨价格波动相对稳定，其中，钨年内价格微跌，均价上涨接近 20%。

表 6－8　主要稀有金属年平均价格统计表

	价格：碳酸稀土：REO 42.0%—45.0%：上海	价格：金属锂：≥ 99% 工业级，电池级	最低价：金属钴：国产	价格：铌：≥ 99%：上海	价格：1# 钼：≥ 99.95%：国产
2015 年	24161.16	411708.33	211877.92	736.25	197.85
2016 年	22533.47	654375.00	207492.68	591.94	182.85
2017 年	22829.92	824606.74	429096.30	521.15	207.77
2018 年	23000.00	892510.29	525668.18	629.55	257.97
增幅	0.74%	8.23%	22.51%	20.80%	24.16%

数据来源：Wind。

3. 贵金属分析

贵金属方面，黄金价格总体平稳，消费量、交易量同比上涨。2015—2018 年贵金属平均价格统计见表 6–9。

表 6－9　主要贵金属年平均价格统计表

	价格：金：99.99%	价格：1# 银：99.99%	价格：铂：99.95%	价格：钯：99.95%	价格：钌：99.95%	价格：铑：99.95%	价格：铱：99.95%
2015 年	234.88	3406.13	228.79	156.43	12.94	223.69	126.83
2016 年	266.23	3756.02	226.53	149.37	11.50	178.97	141.90
2017 年	275.61	3921.20	224.35	216.11	20.49	286.07	226.91
2018 年	271.10	3592.42	202.97	251.90	68.85	561.72	326.08
增幅	–1.63%	–8.38%	–9.53%	16.56%	236.04%	96.36%	43.71%

数据来源：Wind。

2018 年，国际黄金价格较为平稳，现货均价 1270.6 美元 / 盎司，同比上涨 1.2%，但受汇率等因素影响，国内黄金现货均价 271.1 元 / 克，同比下跌 1.5%。国际政治经济局势复杂化及贸易摩擦推升了黄金的避险需求，国内首饰、金条等消费大幅增长，高端电子产品带动工业用金量持续增加，我国黄金实际消费量 1151.4 吨，同比增长 5.7%，连续 6 年保持全球第一，同时，现货成交量大幅增长，上海黄金交易所全部黄金品种累计成交 6.8 万吨（双边），同比增长 24.4%，成交额 18.3 万亿元，同比增长 22.2%。

但随着黄金资源品位下降、原材料价格上升、人工费用上涨等影响，矿产开发利用难度进一步加大，开采成本不断提高，黄金勘察及采选冶固定资产投资呈下降态势，黄金吨矿综合成本大幅提升。2018 年，金矿采选利润 93 亿元，金冶炼利润 80 亿元，分别同比降低 1.0% 和 1.1%。黄金生产成本逐年上涨，利润小幅下降。

（二）成本上涨、消费不振，行业运行压力不断增大

从生产端看，受矿产、原料、煤炭、电力等原辅料成本普遍上涨及环保投入不断增加等影响，2018 年，行业每百元主营业务收入成本高于工业平均水平 3.97 元，同比增加 0.58 元，尤其是电解铝平均综合成本大幅提升。2018 年国内电解铝现货均价 14262 元 / 吨，同比下跌 1.8%，受环保整顿，铝土矿价格持续走高，煤炭价格上涨，企业节能减排成本提升等影响，电解铝综合生产成本同比大幅提升。2018 年，铝行业实现利润 372 亿元，同比下降 40%。其中，铝矿采选实现利润 7 亿元，同比增长 19.6%；铝冶炼、铝加工行业实现利润 112 亿元、254 亿元，同比分别下降 54.6%、31.4%。

从消费端看，房地产、电力、汽车、家电等传统消费领域持续走弱，量大面广、带动性强的新兴应用领域有待拓展。此外，民营企业是有色行业的重要组成，但由于融资成本高、非经营性负担重，在承担重大项目等方面仍存在壁垒，发展压力较大。

（三）国际贸易形势复杂，发展环境日趋严峻，中美贸易战升级

随着全球经济走势不确定性因素增多，贸易摩擦的实质性影响显现，铝材出口持续增长，难以为继，机电、汽车等有色终端消费品出口受阻也将加剧行业运行压力。由于有色金属金融属性很强，贸易摩擦对行业的间接影响甚至大于直接影响，冲击市场信心、价格及投资，影响行业发展。

以铝行业为例，2018 年上半年，电解铝日均产量 9 万吨，同比下降 1.0%；氧化铝日均产量 19 万吨，同比下降 9.3%。建筑交通等国内铝主要消费领域虽总体表现较为平淡，但铝消费仍保持增长。与此同时，企业为降低中美贸易摩擦影响而自主调整出口市场，加之人民币大幅贬值，铝出口表现好于预期。从 2018 年下半年运行环境来看，铝冶炼行业还将面临诸多不确定因素。国内方面包括：燃煤自备电厂专项治理方案；各地区秋冬季大气污染防治落实情况；电解铝合规待投项目投放速度等。国际方面包括：中美贸易摩擦风险；美国对俄铝最终制裁结果；海德鲁巴西氧化铝厂复产进度等。

（四）行业转型升级不断加快，产业结构深层次问题凸显

随着新能源汽车市场的火爆，新能源汽车的需求带动了有色金属钴、锂等新材料的发展，轨道交通和汽车用铝的产量和用量持续增长，进一步促进了高端运输铝材的应用。2018 年，清理整顿电解铝行业违法违规项目专项行动取得阶段性成果，控产能、调结构取得成效，330 多万吨电解铝产能通过产能置换转移至内蒙古、云南等能源丰富地区，中铝整合云南冶金，山东魏桥控股鲁丰股份等联合重组不断推进。去杠杆取得进展，行业资产负债率 62.2%，同比下降 0.6 个百分点。补短板不断加快，7050 全尺寸铝合金厚板获得装机许可，铝空气电池、纳米陶瓷铝合金等实现产业化，铜、铝等冶炼能耗不断下降，绿色发展水平不断提高。

但严控电解铝新增产能任务依然艰巨，部分中低端加工领域存在产能过剩风险，锂盐、三元材料前驱体等新兴领域也出现阶段性产能快速扩张。高端材料及绿色冶炼存在短板，航空航天、集成电路用关键有色材料仍依赖进口，2018 年铝材进口单价是出口单价的 1.9 倍，部分冶炼行业实现特排限值要求还缺乏产业化技术支撑，污染防治仍是制约行业绿色发展的重要瓶颈。

资料链接：行业重大事件

➢ 自然资源部成立，自然资源管理将不再“九龙治水”

2018 年 3 月 13 日，十三届全国人大一次会议第四次全体会议上，国务院机构改革方案提请审议。根据方案，将组建自然资源部，不再保留国土资源部、国家海洋局、国家测绘地理信息局。新成立的自然资源部保留原国土资源部的职责，将国家发改委、住建部、水利部、农业部、国家林业局、国家海洋局、国家测绘地理信息局 7 个部门的部分职责合并，对外保留国家海洋局牌子。2018 年 4 月 10 日，中共中央政治局常委、国务院副总理韩正出席自然资源部挂牌式。

➢ 我国首部绿色矿山建设行业标准发布

2018 年 6 月 22 日，《有色金属行业绿色矿山建设规范》等 9 项推荐性行业标准经全国国土资源标准化技术委员会审查批准，自然资源部正式公告发布，2018 年 10 月 1 日起实施。此次发布的非金属矿等 9 项绿色矿山建设规范，分别从矿区环境、资源开发方式、资源综合利用、节能减排、科技创新与数字化矿山、企业管理与企业形象 6 个方面对绿色矿山建设作出规范要求。

➢ 黔东探获我国首个特大型富锰矿床

2018 年 3 月 30 日，贵州东部探获我国有记载以来的首个特大型富锰矿床。该矿床由 1 个单一完整矿体构成，可提交（332）+（333）类碳酸锰富锰矿石资源量 7166.84 万吨，资源量为大型锰矿床规模的 3.58 倍，锰平均品位为 25.75%。目前，该特大型富锰矿床已通过贵州省储量评审机构评审。

锰矿是国家十分紧缺的战略矿产之一。该特大型富锰矿床位于国家规划建设的黔东—湘西国家锰矿资源基地和国家锰矿战略紧缺矿产安全供应的核心区，同时是武陵山国家扶贫攻坚的核心区。

➢7018 米！松科二井创造大陆科学钻探工程新纪录

2018 年 5 月 26 日，由自然资源部中国地质调查局组织实施的科技创新重大工程——松科二井工程胜利完井。该井于 2014 年 4 月 13 日开钻，历时 4 年多，完钻井深 7018 米，成为亚洲国家实施的最深大陆科学钻井和国际大陆科学钻探计划（ICDP）成立22年来实施的最深钻井，也是全球首个钻穿白垩系陆相地层的科学钻探井。工程攻克了超高温钻探和大口径取芯等关键技术难题，获取了415万组24TB的深部实验数据，超额完成了预定目标任务，取得了地质科技四项重大突破与进展。

➢ **紫金矿业收购塞尔维亚国有铜业公司**

2018年9月17日，紫金矿业宣布，与塞尔维亚共和国在北京签订协议，投资3.5亿美元以获得塞尔维亚铜矿开采及冶炼企业RTB Bor 63%的股份。

RTB Bor铜矿曾是塞尔维亚的核心工业项目，控制了四个矿山和一个冶炼厂，是该国唯一的铜矿在产项目。截至2017年底，RTB Bor铜矿在塞尔维亚资源储量委员会备案的矿石总资源储量为25.56亿吨，其中，铜金属量1029万吨，平均品位0.403%。

资料来源：中国有色金属工业网

三、2019年有色金属行业前景分析

2018年受有色金属价格震荡回落等因素的影响，有色金属行业效益大幅下降。2019年国内外经济环境更加复杂严峻，经济下行压力仍然较大，我国经济发展新常态特征愈发明显。行业必须由规模扩张转向优化存量、做优增量；由低成本资源和要素投入转向创新驱动，加快有色新材料、新业态创新发展，提升产业链智能化，统筹政策，促进行业规范发展。结合宏观形势，预计有色金属行业2019年将呈现出以下几方面特征。

（一）国际环境复杂，贸易争端或将趋于缓和，利于行业发展

2018年，全球贸易环境趋紧，局部金融风险增大。以特朗普政府推行的“美国优先”政策和英国“脱欧”为代表，美、欧贸易保护主义风险抬头。世贸组织报告指出，2017年10月至2018年10月，世贸组织成员实施的贸易限制措施所覆盖贸易总额同比扩大了7倍多；国际贸易环境正面临系统性挑战，呈现以单边关税政策取代各国协调制定的关税政策的危险趋势。

2018年3月22日，美国特朗普政府基于“301”调查结果对中国对美出口与投资出台了多种贸易保护措施。随后，中国坚决地采取了等量级的关税反制措施，中美贸易战进入白热化阶段。作为全球最大的经济体和最大的贸易逆差国，美国强硬的贸易保护政策引起了世界各国广泛的关切。

随后中美双方开展了多轮经贸高层磋商，2019年4月3—5日，国务院副总理刘鹤与美国贸易代表莱特希泽、财政部长姆努钦在华盛顿共同主持第九轮中美经贸高级别磋商。双方讨论了技术转让、知识产权保护、非关税措施、服务业、农业、贸易平衡、实施机制等协议文本，取得新的进展。双方决定就遗留的问题通过各种有效方式进一步磋商。

作为世界两个最大的经济体，中美之间的贸易冲突影响的远不止中美两个国家，中美尽快达成协议、消除不确定因素，也是世界许多国家的期待。据《日本经济新闻》报道，亚洲开发银行日前警告，美中贸易冲突是亚洲经济面临的最大风险，可能“破坏亚洲发展中国家的投资和增长”。而结束贸易战可能对防止经济进一步下行大有帮助，“要避免长期贸易冲突造成的自我伤害”。“全球等待签订协议”，德国《柏林日报》称，中美贸易争端给世界经济带来不稳定和不确定性。实际上，美国自身也受到自己发起的贸易战的损害。英国《独立报》称，中美经济关系是当今世界上最重要的双边经济关系，如果中美继续针锋相对地加征关税和实施贸易壁垒，全球增长将螺旋式下降，甚至失去控制。“好消息是：经过近一年的纷争，他们的贸易战正趋于缓和”。随着中美贸易战逐步趋于缓和，双方大概率达成协议，市场悲观情绪消退，全球经济重回复苏，对基本金属价格形成支撑，有利于有色金属行业发展。

（二）未来市场谨慎乐观，金属价格波动加大分化加剧

2018 年下半年之后，全球金属矿业市场步入阶段性调整期。受到全球经济增长复杂性加大、不确定性增多的冲击，需求增长前景显著弱化，主要商品价格开始震荡回调，铅、锌、锡、钴等价格一度突破过去两年低点，矿业公司业绩改善步伐减缓，资本市场对矿业资产追逐显著降温，令行业回暖前景蒙上阴影。

机构预期，2019 年金属矿产品价格跌多涨少，整体下行压力大于向上支撑。截至 2018 年 11 月末，彭博与标普对国际金融机构有关商品价格预测的最新统计数据显示，2019 年，略微看好镍、银、锡、铜等品种，不太看好钴、锌、铅、钼等品种，且市场将整体呈现前高后低的变化趋势。就具体价格而言，预计 2019 年国际市场铜均价为 6650 美元 / 吨，铝均价为 2150 美元 / 吨，锌均价为 2760 美元 / 吨，铅均价为 2240 美元 / 吨，镍均价为 1.385 万美元 / 吨，金均价为 1270 美元 / 盎司，钴均价为 6.8 万美元 / 吨。其中，预测的 2019 年锌价将较 2018 年回落接近 8%，而镍价涨幅超过 1%。

从中期市场走势来看，国际机构较为看好镍价、银价、铜价，基本看平金价、铝价、锡价，而看空锌价、铅价、钴价、钼价等。统计数据预计，2021 年，锌价将回落至 2680 美元 / 吨，铅价、钼价格分别为 2266 美元 / 吨、2.08 万美元 / 吨；同期，钴价预计为 7.09 万美元 / 吨，铝价预计为 2220 美元 / 吨，金价预计为 1318 美元 / 盎司，镍价预计为 1.52 万美元 / 吨。其中，2021 年，预计锌价将较 2018 年回落近 10%，而镍价涨幅超过 10%。此外，相对于 2018 年年中的价格预期，2018 年三季度以来的预期普遍出现下调，显示出国际机构对未来市场看法更加谨慎。

而对于稀有金属锂，目前具备开发经济性的锂资源主要位于南美的智利、阿根廷、澳大利亚及中国。2019 年锂资源主要供给增量来自澳洲西部矿山和南美锂盐湖的扩产，由于锂资源供给增加的预期，2018 年碳酸锂价格已经提前回调，年初至年末价格几近腰斩。与此同时中国及全球锂需求保持较快增长，2019 年预计在“双积分制”推动下，中国新能源汽车将保持较快发展态势，全球新能源汽车在各国政府政策鼓励支持下，发展前景良好。

尽管2019年供给继续增加，但市场预期较为充分，且价格大幅回调可能导致部分新增项目投产推迟，2019年碳酸锂价格或趋稳，但难以大幅上涨。

（三）增值税率下调降低企业税率负担及成本，整体利好行业的中长期发展

2019年3月5日，李克强总理在两会作政府工作报告时表示，深化增值税改革，今年将制造业等行业现行16%的税率降至13%，将交通运输业、建筑业等行业现行10%的税率降至9%，确保所有行业税负只减不增。减税新政策一出，瞬间引起了相关行业的热议，今年两会的减税降费“大礼包”是继去年的减税政策之后的又一次减税降费。

从4月1日起，我国增值税率下调政策正式实施，生产制造业的增值税率由16%降至13%。在有色行业方面，增值税改革将进一步释放有色金属行业需求。在不考虑其他因素的情况下，有色金属行业增值税率从16%下降至13%，将使有色金属价格较原先有所下滑。在目前政策层面施行更为积极的财政政策，基建加码稳定经济，新开工即将进入旺季的情况下，增值税减少导致有色金属交易价格的下降让利于终端消费环节，可能会进一步刺激产业链下游对有色金属的需求。此外，增值税下降将使国内企业生产的有色金属产品在价格方面较国外同类产品的竞争力边际提升，有利于出口需求的释放。

增值税下调将有利于有色金属产业链中上游企业利润。从企业利润维度看，由于增值税是价外税与流转税，与利润没有直接关系，“减税红利”的具体落地取决于产业链上中下游的议价能力。本质上来说，降税的好处将会在产业链上中下游中共享。议价能力强的企业将获得较多的“减税红利”。就有色金属产业链来说，一般上游原材料供应企业议价能力较强，其次是中游加工企业，最后才是下游消费企业。因此，增值税降低带来的收益多数可能分配到上游企业中。但是总体来说，增值税率的下调降低了企业的税率负担及成本，从而为企业的转型升级提供支持，整体利好行业的中长期发展。

（四）发展循环经济，提升产业链智能化，助推绿色发展

有色金属工业开采和冶炼废水、废气、废渣排放量都较大，对生态环境影响突出，特别是重金属污染历史欠账多、社会关注度高，国家已经将有色金属列为重金属污染防控重点行业。随着2015年“史上最严”的新《中华人民共和国环境保护法》和2018年“史上最严”《中华人民共和国环境保护税法》正式实施，配合“两高”司法解释，以及区域性和行业性的专项整治，如《京津冀及周边地区2017年大气污染防治工作方案》《清理整顿电解铝行业违法违规项目专项行动工作方案》等，更由于中央环保督查实现31个省份全覆盖、力度越来越大，中国有色金属工业环保治理与绿色发展面临越来越大的压力。

鉴于环保治理与绿色发展的巨大压力，应制定有色金属智能矿山、工厂建设指南，指导行业智能标准化建设，建设数字化矿山、城市矿山，促进循环利用，应进一步推进节能减排和污染防治。相关政府部门和行业协会应优选围绕铜、铅锌、钨、镁等传统产业在绿色冶炼、超低排放、废渣无害化处置、资源综合利用等方面的绿色制造短板，加快技术研发及推广，指导部分产业集聚区开展技术供需对接。组织力量开展硫化物、氮氧化物汇集颗粒物减排等技术攻关及推广，支持高铝粉煤灰综合利用技术研发及产业化，大力发展重金属污染减量化、有毒有害原料替代、废渣资源化等绿色工艺技术装备，引导企业加快绿色发展。

（五）加强国际合作，尤其以“一带一路”建设为重点

2019 年 4 月 27 日，第二届“一带一路”国际合作高峰论坛圆桌峰会在北京隆重召开，这次高峰论坛的主题是“共建‘一带一路’、开创美好未来”。圆桌峰会上，与会领导人和国际组织负责人围绕“推进互联互通，挖掘增长新动力”“加强政策对接，打造更紧密伙伴关系”“推动绿色和可持续发展，落实联合国 2030 年议程”等议题进行深入讨论，完善了合作理念，明确了合作重点，强化了合作机制，就高质量共建“一带一路”达成了广泛共识。

作为有色金属行业，要积极落实“一带一路”倡议，坚持以“一带一路”建设为重点，充分发挥中国有色金属先进技术和装备优势，带动先进装备、产品、技术、标准、服务的全产业链输出，提高国际化经营能力。按照《国务院关于推进国际产能和装备制造合作的指导意见》要求，充分发挥中国铜、铝、铅、锌等有色金属冶炼及铜、铝深加工技术、装备和人才优势，综合考虑资源能源、政治、法律、市场等因素，鼓励有实力的企业集团在资源丰富的中部和南部非洲、中亚、东南亚、西亚、中东、南美等地区建设冶炼项目，在有色金属消费潜力较大的国家和地区建设深加工项目。

附表　2018 年度有色金属行业上市公司业绩评价结果排序表

行业排名	全部上市公司排名	股票代码	股票简称	综合得分（100 分）	每股收益（元）	总资产报酬率（%）	净资产收益率（%）	总资产周转率（次）	流动资产周转率（次）	资产负债率（%）	获利倍数	营业收入增长率（%）	资本扩张率（%）	市场投资回报率（%）	股价波动率（%）	年末资产总额（万元）	营业收入（万元）	净利润（万元）
1	41	000975	银泰资源	83.2	0.33	12.83	10.67	0.6	3.28	12.07	24.55	225.52	86.16	4.06	85.59	1068320.98	482623.72	77040.43
2	55	002203	海亮股份	82	0.52	8.44	13.32	2.35	3.75	56.34	3.8	36.16	51.97	0.94	42.78	1921816.35	4059662.43	92651.46
3	78	603260	合盛硅业	81.1	4.19	23.4	42.27	0.73	2.39	50.01	15.37	59.37	46.89	−22.49	114.51	1606144.37	1107641.02	285159.68
4	79	600516	方大炭素	81	3.21	48.72	50.52	0.78	0.98	16.02	235.19	39.52	32.57	−46.8	108.33	1609137.92	1165095.44	598825.47
5	113	600673	东阳光	79.1	0.36	13.31	21.26	0.71	1.67	52.92	5.42	57.59	92.03	3.86	88	1962242.04	1168024.37	149335.35
6	292	300395	菲利华	74.3	0.55	14.55	16.43	0.56	1.01	24.21	290.33	32.41	16.62	−15.13	43.33	139710.34	72209.79	16158.29
7	293	000688	国城矿业	74.3	0.36	19.32	17.79	0.49	1.21	10.76	1537.35	−1.18	6.83	6.29	48.84	262389.09	122583.7	40321.86
8	298	601899	紫金矿业	74.2	0.18	7.7	11.03	1.05	3.59	58.12	4.69	12.11	25.58	−26	92.48	11287930.38	10599424.61	468267.66
9	357	000603	盛达矿业	73.3	0.6	19.98	23.42	0.7	2.63	42.08	11.53	119.14	−17.76	−18.44	122.58	370893.44	240182.01	55748.43
10	417	603826	坤彩科技	72.2	0.39	15.5	14.76	0.43	0.91	11.11	11010.34	25.07	13.81	19.89	77.58	146064.05	58677.48	18002.68
11	425	603663	三祥新材	72	0.55	12.07	13.98	0.84	1.63	31.66	92.91	46.75	24.23	−17.44	69.45	85001.44	59853.43	7327.38
12	448	600547	山东黄金	71.7	0.45	4.93	4.62	1.26	8.12	47.99	3.07	7.34	36.16	−4.96	78.54	4494597.02	5478787.73	93707.56
13	569	300428	四通新材	69.8	0.75	14.97	22.27	1.81	2.95	55.53	5.32	487.38	311.23	−32.79	128.88	658817.23	675463.75	40558.84
14	689	002466	天齐锂业	68.1	1.93	12.96	24.85	0.2	1.06	73.26	9.75	14.16	12.24	−48.52	170.92	4463392.68	624442	280434.07
15	709	601677	明泰铝业	67.9	0.84	7.74	9.09	1.48	2.48	34.74	16.67	28.55	10.4	−32.2	91.11	933584.63	1332158.09	52792.25
16	747	002842	翔鹭钨业	67.3	0.63	9.03	12.87	0.95	1.54	52.16	6.41	71.67	11.06	−40.75	116.5	200235.4	167515.52	11710.15
17	813	603688	石英股份	66.5	0.42	12.11	10.53	0.44	0.77	7.06	0	12.46	8.76	−30.59	110.28	151521.89	63329.74	14235.13
18	833	603799	华友钴业	66.1	1.84	12.79	21.05	0.81	1.34	55.87	4.41	49.7	38.39	−53.4	208.38	1905980.33	1445076.3	152466.55
19	838	000960	锡业股份	66.1	0.53	6.37	8.51	1.22	3.6	58.65	2.71	15.09	15.77	−28.06	117.91	3425216.46	3960107.34	112303.88
20	844	002155	湖南黄金	65.9	0.22	5.86	5.42	1.81	6.64	28.49	7.78	20.68	6.23	−19.15	105.48	688742.18	1246090.97	25921.52
21	864	600362	江西铜业	65.7	0.71	4.7	4.81	2.15	3.24	49.42	3.34	5	4.09	−33.86	96.79	10286582.7	21528986.68	245431.03
22	873	002460	赣锋锂业	65.7	1.07	13.73	20.36	0.47	0.8	41	16.35	14.15	97.3	−53.66	173.88	1352071.68	500388.29	122388.31
23	886	002171	楚江新材	65.5	0.39	9.35	10.3	2.31	3.57	32.06	10.12	18.68	31.13	−34.65	91.96	662761.55	1310710.65	40890.69

续表

行业排名	全部上市公司排名	股票代码	股票简称	综合得分（100分）	每股收益（元）	总资产报酬率（%）	净资产收益率（%）	总资产周转率（次）	流动资产周转率（次）	资产负债率（%）	获利倍数	营业收入增长率（%）	资本扩张率（%）	市场投资回报率（%）	股价波动率（%）	年末资产总额（万元）	营业收入（万元）	净利润（万元）
24	897	603993	洛阳钼业	65.4	0.22	8.48	10.78	0.26	0.66	51	5.82	7.52	8.04	-46.82	195.71	10121611.72	2596286.28	515004.15
25	914	300127	银河磁体	65.2	0.48	14.05	12.85	0.46	0.55	5.58	0	13.72	0.86	-35.46	96.83	130383.1	59907.34	15751.5
26	959	600711	盛屯矿业	64.7	0.25	6.41	6.79	2.49	5	43.73	2.63	48.8	61.92	-48.15	163.24	1347905.85	3075432.94	41663.1
27	961	300618	寒锐钴业	64.6	3.69	35.34	46.74	0.99	1.22	44.96	27.16	89.94	70.52	-55.6	190.86	345055.33	278246.75	70415.97
28	990	600114	东睦股份	64.2	0.51	11.43	12.39	0.57	1.36	16.25	267.9	7.59	5.69	-40.97	118.88	343605.95	191817.64	34691.22
29	1034	002237	恒邦股份	63.7	0.45	5.6	9.13	1.52	2.36	70.76	2.54	8.59	3.48	-21.63	91.18	1491993.29	2120095.73	39186.68
30	1036	000060	中金岭南	63.7	0.26	7.77	8.61	1.04	2.75	45.06	6.02	5.26	2.99	-46.09	146.63	1950633.22	1996340.95	90957.8
31	1098	002806	华锋股份	62.9	0.54	8.34	9.65	0.54	1.38	28.96	12.36	47.89	238.92	-21.1	219.42	178151.49	64993.81	7908.39
32	1120	002057	中钢天源	62.7	0.32	8.49	9.48	0.75	1.13	24.56	19.13	10.59	6.66	-31.1	77.09	176556.24	127941.92	12230.58
33	1134	601958	金钼股份	62.5	0.12	4.03	3.47	0.56	1.48	14.27	22	-13.99	2.72	-19.98	53.01	1558329.89	877843.59	45727.13
34	1179	600219	南山铝业	62.1	0.15	4.38	4.06	0.41	1.1	23.02	6.65	18.48	16.15	-36.76	83.1	5229933.39	2022236.2	152251.52
35	1205	601137	博威合金	61.7	0.55	8.17	9.99	1.16	2.32	34.99	10.2	5.33	5.66	-41.41	130.92	539781.89	606476.81	34105.36
36	1224	000630	铜陵有色	61.5	0.07	4.58	5.15	1.78	3.49	58.53	2.61	2.62	4.89	-31.51	89.38	4698617.61	8458912.44	98001.62
37	1258	603527	众源新材	61.2	0.54	10.72	11.17	2.9	3.49	20.99	27.12	7.54	7.68	-48.54	161.09	109940.5	320925.35	9356.39
38	1261	002182	云海金属	61.2	0.51	12.16	19.43	1.24	2.43	59.6	5.05	3.54	17.84	-32.44	70.65	452721.5	510105.24	32857.57
39	1341	002540	亚太科技	60.3	0.3	8.42	7.85	0.69	0.98	10.37	96.55	5.36	5	-38.69	142.77	545883.83	359002.75	37508
40	1361	600459	贵研铂业	60.1	0.46	6.32	8.56	3.04	3.81	62.28	2.46	10.57	10.2	-35.7	114.7	600104.94	1707404.13	18474.31
41	1394	600549	厦门钨业	59.8	0.35	6.86	8.95	0.95	1.8	59.29	3.29	37.84	4.74	-39.69	110.85	2250516.43	1955679.09	80172.77
42	1398	600489	中金黄金	59.7	0.06	3.27	2.15	0.9	2.26	49.21	1.8	4.63	23.54	-13.97	95.89	3805254.28	3445237.95	37636.97
43	1423	300731	科创新源	59.5	0.51	8	7.18	0.51	0.62	14.17	59.68	12.66	2.2	-26.55	149.75	58186.69	28587.73	3549.42
44	1426	600338	西藏珠峰	59.4	1.38	28.98	46.47	0.51	0.82	54.66	19.42	-17.04	27.48	-51.9	173.89	479060.33	204630.98	90066.5
45	1442	002340	格林美	59.2	0.19	6.59	8.59	0.59	1.13	59.04	2.4	29.07	29.47	-47.09	139.72	2495982.64	1387822.91	77870.4

续表

行业排名	全部上市公司排名	股票代码	股票简称	综合得分（100分）	每股收益（元）	总资产报酬率（%）	净资产收益率（%）	总资产周转率（次）	流动资产周转率（次）	资产负债率（%）	获利倍数	营业收入增长率（%）	资本扩张率（%）	市场投资回报率（%）	股价波动率（%）	年末资产总额（万元）	营业收入（万元）	净利润（万元）
46	1472	600206	有研新材	58.9	0.09	2.99	2.69	1.39	1.87	11.33	43.19	16.87	3.11	-44.79	134.37	350980.81	476790.76	8250.05
47	1645	600330	天通股份	57.1	0.29	6.15	7.62	0.46	1.09	34.93	9.57	19.77	2.93	-40.32	96.54	593927.06	261021.73	29046.13
48	1675	000657	中钨高新	56.6	0.15	4.94	5.47	1.12	1.97	49.24	3.9	25.01	3.2	-40.9	114.53	743676.55	817652.05	20324.53
49	1686	600497	驰宏锌锗	56.5	0.12	5	3.7	0.59	3.89	47.35	2.65	2.61	3.41	-44.25	140.31	3184656.66	1895071.94	61037.15
50	1724	600111	北方稀土	56.1	0.16	5.55	5.01	0.63	0.86	47.49	3.14	36.76	17.03	-39.9	99	2373258.96	1395471.9	57899.14
51	1779	600392	盛和资源	55.5	0.16	5.74	5.15	0.73	1	38.77	3.56	19.67	3.71	-40.91	112.28	879149.27	622696.41	27230.76
52	1819	000970	中科三环	55.1	0.23	6.56	5.78	0.67	0.92	16.71	49.37	6.91	3.51	-47.99	137.97	629265.73	416454.14	29781.9
53	1830	603978	深圳新星	55	0.78	8.6	9.16	0.62	1.14	26.52	21.63	9	7.04	-56	186.14	192098.08	109996.01	12509.73
54	1844	000878	云南铜业	54.9	0.09	4.39	4.31	1.48	3.49	70.19	1.73	-17.26	47.16	-43.76	125.29	3726447.11	4743034.32	40174.71
55	1890	000831	五矿稀土	54.5	0.1	5.92	4.72	0.41	0.52	7.69	278.59	29.18	4.77	-31.79	73.85	238215.8	92480.81	10140.6
56	1931	601020	华钰矿业	54.1	0.43	8.12	9.62	0.33	1.6	32.23	9.57	26.57	40.43	-58.3	198.12	389567.51	114498.87	21748.19
57	1939	000795	英洛华	54	0.1	5.68	5.61	0.78	1.12	22.25	68.13	14.97	5.66	-42.71	124.98	285548.95	213513.29	12124.15
58	1975	300328	宜安科技	53.6	0.12	3.29	3.61	0.57	1.1	31.93	4.15	21.59	63.6	-37.27	134.16	200026.17	98580.38	3962.04
59	1977	600490	鹏欣资源	53.6	0.09	3.26	3.62	1.76	4.06	33.35	1.94	133.44	-2.81	-48.36	153.08	827272.37	1413802.83	20235.41
60	2006	600980	北矿科技	53.3	0.22	6.05	5.94	0.62	0.91	24.47	0	8.31	2.43	-36.89	100.02	76447.94	47235.23	3387.49
61	2018	600456	宝钛股份	53.2	0.33	4.52	4.34	0.48	0.78	46.98	2.48	18.56	3.37	-36.84	112.23	727555.26	341019.39	16454
62	2042	603399	吉翔股份	52.9	0.35	7.66	8.44	0.87	1.27	41.95	5.63	69.65	13.63	-35.21	147.24	411793.99	373038.13	18957.41
63	2100	002578	闽发铝业	52	0.04	2.41	2.26	0.84	1.84	11.72	77.28	16.07	1.21	-26.52	90.76	170835.18	142611.49	3382.19
64	2120	000758	中色股份	51.8	0.06	2.93	3.04	0.62	0.96	62.68	2.25	-4.05	36.95	-44.15	142.26	2527372.75	1480206.44	24771.42
65	2130	300697	电工合金	51.6	0.32	8.82	9.07	1.24	1.47	35.4	6.84	7.47	5.75	-41.54	150.44	116405.95	141169.05	6634.04
66	2153	300666	江丰电子	51.4	0.27	6.26	9.84	0.56	0.97	57.35	6.16	18.12	8.44	-39.96	136.07	144414.84	64968.32	5825.18
67	2280	002130	沃尔核材	50.1	0.02	2.76	1.22	0.56	1.48	56.39	1.13	36.65	0.61	-43.54	134	642736.09	352502.42	3402.43

续表

行业排名	全部上市公司排名	股票代码	股票简称	综合得分（100分）	每股收益（元）	总资产报酬率（%）	净资产收益率（%）	总资产周转率（次）	流动资产周转率（次）	资产负债率（%）	获利倍数	营业收入增长率（%）	资本扩张率（%）	市场投资回报率（%）	股价波动率（%）	年末资产总额（万元）	营业收入（万元）	净利润（万元）
68	2284	603612	索通发展	50	0.6	6.49	7.54	0.65	1.48	52.21	3.55	2.22	8.14	-70.17	264.15	591477.63	335402.93	20506.01
69	2289	002295	精艺股份	50	0.19	6.72	4.18	3.01	3.69	44.56	1.85	5.61	1.06	-33.81	142.55	207534.42	575756.12	4779.42
70	2304	600531	豫光金铅	49.7	0.12	3.73	3.99	1.79	2.4	69.51	1.57	10.8	0.94	-46.67	165.4	1080311.57	1933419.03	13084.96
71	2337	600888	新疆众和	49.3	0.22	4.7	5.2	0.47	1.08	64.95	1.68	-18.9	6.08	-41.48	97.25	1042494.25	487097.17	18461.22
72	2367	002149	西部材料	48.8	0.14	4.64	4.95	0.46	0.88	45.37	3.26	10.33	3.58	-44.61	141.04	387234.96	172015.96	10295.44
73	2416	000962	东方钽业	48	0.07	2.91	2.7	0.57	1.17	37.32	2.18	15.91	2.17	-28.39	81.81	180845.3	109545.89	3024.31
74	2460	300706	阿石创	47.5	0.2	6.52	6.61	0.44	0.78	30.06	5.76	8.69	5.73	-49.02	140.08	61654.82	25597.17	2773.18
75	2465	002379	宏创控股	47.4	0.01	0.73	0.69	1.1	2.4	11.29	7.28	4.92	0.69	-49.25	171.28	141559.6	151766.86	865.05
76	2487	601600	中国铝业	47.1	0.04	3.81	2.41	0.9	2.83	66.31	1.47	0.09	3.29	-56.12	232.87	20087611.4	18024015.4	160782.8
77	2505	601069	西部黄金	46.8	0.02	1.82	0.58	0.39	1.35	37.13	1.74	-28.06	0.01	-12.42	101.45	267394.1	100177.7	972.03
78	2529	002716	金贵银业	46.3	0.12	4.32	3.54	1	1.35	68.45	1.61	-5.71	-2.35	-45.71	150.66	1171966.25	1065658.4	13258.82
79	2540	000697	炼石航空	46.1	0.04	4.78	0.95	0.31	1.2	41	1.4	112.89	97.65	-46.67	122.45	520727.86	160251.99	2192.49
80	2587	601388	怡球资源	45.2	0.05	4.39	3.86	1.26	1.77	48.48	2.54	16.95	3.37	-55.4	177.81	498883.82	629654.19	9752.31
81	2613	000751	锌业股份	44.8	0.04	3.1	2.21	1.89	3.45	47.99	1.64	24.75	2.23	-47.4	154.86	466994.8	835763.62	5307.29
82	2637	002824	和胜股份	44.5	0.1	3.12	2.47	1.06	1.94	31.07	5.66	26.59	9.37	-52.42	159.03	116928.54	106465.92	1908.45
83	2651	601212	白银有色	44	0	3.52	1.7	1.34	2.86	71.99	1.56	9.38	-7.45	-56.21	184.73	4569687.9	6194657.43	22587.8
84	2696	002378	章源钨业	43	0.05	4.04	2.42	0.49	1.01	50.05	1.99	2.11	1.73	-53.67	152.99	400479.79	186925.6	4800.78
85	2729	600366	宁波韵升	42.4	0.09	2.15	1.96	0.35	0.64	18.75	4.31	7.73	-6.74	-47.91	183.2	552621.03	202649.85	9115.14
86	2758	600615	丰华股份	41.8	0.05	1.89	1.58	0.13	0.14	7.14	0	-11.85	1.41	-21.68	92.14	64616.4	8330.63	943.66
87	2781	000426	兴业矿业	41.1	-0.09	3.28	-3.25	0.27	2.99	42.78	1.78	15.51	-4.9	-51.14	194.61	893349.78	243900.02	-17064.05
88	2815	300489	中飞股份	40.2	0.02	1.15	0.3	0.22	0.64	29.89	1.16	2.22	0.04	-41.49	107.88	66588.63	14705.41	138.21
89	2850	300224	正海磁材	38.9	-0.1	-2.97	-3.08	0.44	0.59	27.93	-47.47	40.89	-10.18	-36.49	97.4	374962.75	167995.54	-8798.31

续表

行业排名	全部上市公司排名	股票代码	股票简称	综合得分（100分）	每股收益（元）	总资产报酬率（%）	净资产收益率（%）	总资产周转率（次）	流动资产周转率（次）	资产负债率（%）	获利倍数	营业收入增长率（%）	资本扩张率（%）	市场投资回报率（%）	股价波动率（%）	年末资产总额（万元）	营业收入（万元）	净利润（万元）
90	2943	600961	株冶集团	35.8	-3.09	-25.12	-431.96	2.21	3.86	90.73	-10.22	-5.71	168.85	-12.85	65.84	594175.94	1300842.93	-163181.87
91	2956	002428	云南锗业	35	0.01	1.08	0.5	0.24	0.9	19.42	1.45	0.16	0.49	-58.41	225.03	191127.02	46504.39	761.08
92	2976	600988	赤峰黄金	34.1	-0.09	0.04	-4.02	0.34	0.87	63.52	0.03	-16.77	-0.14	-37.65	111.93	774823.49	215311.55	-11360.2
93	3022	000969	安泰科技	31.6	-0.21	-2.27	-5.92	0.51	1.1	44.77	-2.48	8.46	-7.41	-48.8	149.37	974414.25	505408.61	-33150.32
94	3030	601168	西部矿业	31.3	-0.87	-3.09	-14.96	0.8	2.25	71.15	-1.35	4.88	-11.32	-28.57	72.87	3951139.21	2871249.63	-181385.49
95	3051	002167	东方锆业	29.7	0.02	4.69	1.07	0.19	0.52	58.8	1.12	-40.91	0.62	-50.14	157.78	243915.47	50331.75	1073.59
96	3062	000933	神火股份	29.3	0.13	4.71	-0.83	0.35	1.02	85.69	1.18	-0.34	-2.33	-63	217.21	5346854.32	1883477.82	-6394.4
97	3066	002070	*ST众和	28.9	-0.9	-26.79	76.56	0.11	0.35	165.98	-3.88	-73.29	0	0	26.01	160355.82	20140.76	-58647.01
98	3079	600766	园城黄金	28.5	-0.01	-0.38	-4.39	0.08	0.11	67.63	-0.39	8.78	-7.4	-14.77	102.39	15900.52	1207.9	-234.94
99	3091	000633	合金投资	27.8	0.01	0.16	0.81	0.11	0.52	84.5	5.22	67.15	0.81	-54.14	219.75	104613.11	11108.18	130.23
100	3126	300337	银邦股份	26.2	-0.09	-0.52	-4.59	0.7	1.67	49.02	-0.29	-3.05	-7.01	-57.17	181.44	280737.9	192840	-6819.32
101	3132	600768	宁波富邦	25.6	-0.23	-2.89	-25.86	1.21	1.96	83.71	-1.31	-8.24	-22.04	-34.89	88.49	64628.34	73839.28	-3106.97
102	3148	002160	常铝股份	24.7	-0.59	-4.56	-13.93	0.64	1.2	54.62	-2.35	1.82	-11.53	-43.88	141.65	639931.5	413765	-43099.19
103	3170	600255	梦舟股份	23.7	-0.71	-21.63	-40.16	0.97	1.84	45.39	-14.21	-6.62	-33.18	-51.87	166.71	446355.33	501939.63	-122201.42
104	3188	000612	焦作万方	23	-0.37	-4.67	-9.9	0.66	3.41	43.24	-2.95	-2.15	-10.3	-56.57	189.93	744412.96	490882.49	-44210.55
105	3195	600385	*ST金泰	22.7	-0.07	-6.03	-17.18	0.03	0.04	65.12	0	-78.06	-6.56	-27.88	84.23	16696.86	545.33	-1035.74
106	3229	600259	广晟有色	20.8	-0.88	-5.95	-14.96	0.6	0.8	51.77	-2.96	-56.13	-15.4	-42.73	109.95	375193.19	241071.91	-29529.34
107	3242	600687	ST刚泰	19.9	-0.78	-7.11	-21.12	0.91	1.08	56.44	-2.8	34.33	-19.95	-64.27	234.84	1135202.34	1103846.2	-117453.96
108	3262	002114	罗平锌电	18.8	-0.8	-10.27	-15.4	0.47	2.08	29.47	-17.28	-33.66	-14.5	-63.87	243.36	219410.04	107392.35	-25850.44
109	3263	600311	荣华实业	18.6	-0.16	-10.82	-14.02	0.09	0.14	17.35	0	-50.56	-13.1	-31.77	149.21	87232.85	8223.51	-10869.97
110	3294	600595	中孚实业	16.6	-1.31	-9.64	-106.94	0.48	2.26	89.37	-1.83	1.98	-54.55	-64	223.72	2290417.88	1175062.7	-416519.2
111	3300	000807	云铝股份	16.2	-0.56	-1.95	-17.33	0.59	2.15	75.44	-0.66	-1.99	-15.7	-62.97	211.63	3752137.28	2168935.27	-174567.29

续表

行业排名	全部上市公司排名	股票代码	股票简称	综合得分（100分）	每股收益（元）	总资产报酬率（%）	净资产收益率（%）	总资产周转率（次）	流动资产周转率（次）	资产负债率（%）	获利倍数	营业收入增长率（%）	资本扩张率（%）	市场投资回报率（%）	股价波动率（%）	年末资产总额（万元）	营业收入（万元）	净利润（万元）
112	3317	600331	宏达股份	15.1	-1.32	-36.71	-66.31	0.38	1.21	52.93	-61.68	-41.81	-61	-62.17	215.76	480433.9	269001.22	-267240.75
113	3379	600614	鹏起科技	10	-2.18	-53.56	-121.22	0.32	0.62	75.51	-27.51	7.17	-75.66	-64.67	282.57	500575.38	214727.14	-379513.07
114	3403	002501	利源精制	6.8	-3.33	-24.2	-67.53	0.03	0.55	67.7	-4.76	-84.24	-50.33	-72.86	290.96	1229314.01	47786.45	-403968.81
115		300748	金力永磁	60.4	0.39	10.42	15.23	0.73	0.95	46.49	7.73	41.31	35.76	-33.02	104.18	207029.97	128933.99	14652.41
116		603876	鼎胜新材	59.7	0.68	6.62	9.7	1.25	2.12	59.31	2.73	11.86	43.99	-33.02	174.11	845137.96	1029137.39	28263.04
117		603045	福达合金	58.5	0.66	7.76	9.11	1.1	1.56	42.45	3.13	5.62	53.17	-33.02	165.72	133508.31	132548.24	5783.08

第七章　石油石化行业上市公司业绩评价

石油石化行业在中国国民经济的发展中有重要作用，是中国的支柱产业部门之一。石油石化行业与其他行业的关联度高，石油、煤、天然气等作为一种基础原料，国民经济各部门的许多产品都是石油的衍生物。

2018 年，我国 GDP（国内生产总值）总额为 90.03 万亿人民币，增速达 6.6%，随着国家大力推进产业结构升级，绿色产业、安全生产和规范可持续发展的相关政策要求，在克服经济增幅下行的压力下，在应对美国贸易战的影响下，石油和化工行业完成了行业收入和盈利大幅增长的目标，自 2018 年 4 月后石油石化行业指数表现优于沪深 300 指数。为进一步深化石油石化行业的运行打下了较好的基础，预计 2019 年在应对新的挑战下，行业整体下半年景气度将较上半年表现更好。

一、石油石化行业上市公司业绩评价结果

截至 2018 年末，石油石化行业包括石油、化工、塑胶、塑料等企业的 A 股上市公司共 337 家，其中 318 家盈利。

石油石化行业的综合评价分值为 68.70 分，高于同年全部上市公司（不包括金融和 B 股，本文以下如无特指按此口径）的综合评价分值 61.20 分；有 9 家石油石化行业上市公司进入 2018 年上市公司业绩评价综合得分的百强名单。在 337 家石油石化上市公司中（在业绩排名时，剔除了其中 12 家当年上市或借壳上市的公司），业绩为 AAA 的有 2 家；业绩为 AA 的有 6 家；业绩为 A 的有 21 家；业绩为 BBB 的有 50 家；业绩为 BB 的有 33 家；业绩为 B 的有 44 家；业绩为 CCC 的有 47 家；业绩为 CC 的有 49 家；业绩为 C 的有 73 家。

2018 年全部上市公司为 3773 家，其资产总额总计为 61.13 万亿元，石油石化行业上市公司资产总额合计为 6.95 万亿元，占全部上市公司资产总额的 11.37%，行业同比增长 6.27%；全部上市公司实现主营业务收入 37.87 万亿元，石油石化行业上市公司实现主营业务收入 7.41 万亿元，占全部上市公司营业收入的 19.57%，行业同比增长 19.32 %；全部上市公司共计实现利润总额 2.51 万亿元，石油石化行业上市公司实现利润总额 0.37 万亿

元，占全部上市公司实现利润总额的 14.74%，行业同比增长 42.31%；全部上市公司共计实现净利润 1.92 万亿元，石油石化行业上市公司实现净利润 0.28 万亿元，占全部上市公司实现净利润的 14.58%，行业同比增长 41.20%；该行业上市公司 2018 年度市场投资回报率 −31.22%，略高于全部上市公司 −33.09% 的市场投资回报率；石油石化行业上市公司股价波动率为 115%，略低于全部上市公司 127.11% 的股价波动率。

石油石化行业扣除非经常性损益净资产收益率的平均值为 7.59%，高于全部上市公司 7.16% 的平均水平；营业利润率平均值为 5.3%，低于全部上市公司 6.73% 的平均水平；总资产报酬率 6.57%，高于全部上市公司的 5.61%，说明 2018 年石油石化行业上市公司净资产收益水平和总资产的报酬率高于全部上市公司水平，经营收益低于全部上市公司水平。2018 年，石油化工行业按评价体系，行业综合排名十强见表 7–1。

表 7 – 1　2018 年度石油石化行业中联十强排行榜

名次	股票代码	股票简称	全部上市公司排名
1	600160	巨化股份	13
2	600426	华鲁恒升	21
3	600309	万华化学	31
4	600688	上海石化	33
5	600985	淮北矿业	48
6	600346	恒力股份	53
7	300107	建新股份	65
8	600596	新安股份	82
9	300637	扬帆新材	99
10	600028	中国石化	137

下面分别从财务效益、资产质量、偿债风险、发展能力及市场表现五个方面对石油石化行业上市公司进行具体分析。

（一）财务效益

表 7–2 列示了石油石化行业上市公司财务效益状况评价结果。从指标来看，石油石化行业上市公司财务效益状况平均得分高于全部上市公司的平均水平。其中万华化学、中国巨石、鲁西化工、浙江龙盛和龙蟒佰利分别排在前五名。该行业除营业利润率外，净资产收益率、总资产报酬率、盈利现金保障倍数及股本收益率等财务效益指标都高于全部上市公司平均水平。

与上年的财务效益情况相比较，2018 年行业财务效益增长 11.19%。除盈利现金保障倍数指标外的其他财务效益指标都高于 2017 年，其中净资产收益率、总资产报酬率、股本收益率指标较为突出，分别增长 41.08%、31.40%、42.14%；该行业实现净利润为 2776.24 亿元，比 2017 年的 1966.17 亿元净利润增长了 41.20%。

石油石化行业上市公司财务效益指标除了营业利润率外，其余净资产收益率、总资产报酬率和股本收益率高于全部上市公司的平均值，除了盈利现金保障倍数外也高于行业去年水平。石油石化行业财务收益增长，主要原因为油气产品价格上涨所致。行业主要财务指标见表 7-2。

表 7 – 2　石油石化行业财务效益状况比较表

评价指标		2018 年上市公司平均值	2018 年行业值	2017 年行业值	增长率（%）
基本指标	净资产收益率（%）	7.16	7.59	5.38	41.08
	总资产报酬率（%）	5.61	6.57	5.00	31.40
	得分	20.59	21.59	17.99	20.01
修正指标	营业利润率（%）	6.73	5.3	4.19	26.49
	盈利现金保障倍数	1.69	2.62	3.55	–26.20
	股本收益率（%）	38.29	38.62	27.17	42.14
综合得分		22.01	23.36	21.01	11.19

（二）资产质量

从表 7-3 中可以看出，石油石化行业上市公司资产质量状况指标平均得分高于全部上市公司的平均水平，其中存货周转率、应收账款周转率都近 3 倍于全部上市公司平均水平。2018 年石油石化行业收入与利润两位数增长，以中国石化、中国石油为行业代表的企业进一步的产业结构调整改革，加强产销衔接和库存管理。

与 2017 年相比较，石油石化行业 2018 年资产质量指标除了流动资产周转率外，其余指标都高于去年。上市公司资产质量最佳排名前五名的为 淮北矿业、中泰化学、新凤鸣、氯碱化工和滨化股份，这五家公司在资产质量上得分表现优良，共同点是都保持很高的流动资产周转率及应收账款周转率。

表 7 – 3　石油石化行业资产质量状况比较表

评价指标		2018 年上市公司平均值	2018 年行业值	2017 年行业值	增长率（%）
基本指标	总资产周转率（次）	0.65	1.1	0.98	12.24
	流动资产周转率（次）	1.23	3.47	47.69	–92.72
	得分	9.43	14.2	13.83	2.68
修正指标	应收账款周转率（次）	8.18	22.17	20.59	7.67
	存货周转率（次）	2.78	9.73	8.91	9.20
综合得分		9.17	13.21	12.68	4.18

（三）偿债风险

从表 7-4 中石油石化行业指标的分析可知，2018 年该行业上市公司偿债风险状况平均得分高于全部上市公司的平均水平，该行业的资产负债率 47.95% 优于所有上市公司的 60.90% 的平均值，速动比率低于所有上市公司平均值。

2018 年石油石化行业的偿债风险能力高于 2017 年水平，偿债风险各指标除了获利倍数、带息负债比率高于去年，其他指标都低于去年。2017 年石油石化行业偿债风险最佳排名前五名分别是光威复材、岳阳兴长、金牛化工、三孚股份和康普顿。

表 7－4　石油石化行业偿债风险状况比较表

评价指标		2018 年上市公司平均值	2018 年行业值	2017 年行业值	增长率（%）
基本指标	资产负债率（%）	60.9	47.95	47.63	-0.67
	获利倍数	4.41	6.36	5.20	22.31
	得分	8.94	9.9	9.65	2.59
修正指标	速动比率（%）	78.76	66.24	68.27	-2.97
	现金流动负债比率（%）	12.06	31.1	31.68	-1.83
	带息负债比率（%）	48.41	49.15	47.50	3.47
综合得分		8.79	9.01	9.28	-2.91

（四）发展能力

从表 7-5 中可知，石油石化行业上市公司发展能力状况指标平均得分高于全部上市公司的平均水平。行业的营业增长率、累计保留盈余率和营业利润增长率远高于上市公司的平均值，行业的资本扩张率、总资产增长率和三年营业收入增长率均低于全部上市公司。

表 7－5　石油石化行业发展能力状况比较表

评价指标		2018 年上市公司平均值	2018 年行业值	2017 年行业值	增长率（%）
指标	营业增长率 (%)	13.68	19.9	25.91	-23.20
	资本扩张率 (%)	9.66	6.32	6.45	-2.02
	得分	12.2	12.69	11.47	10.64
修正指标	累计保留盈余率（%）	40.89	52.7	52.49	0.40
	三年营业收入增长率（%）	15.02	14.14	-1.08	—
	总资产增长率（%）	11.63	7.14	6.91	3.33
	营业利润增长率（%）	4.93	50.63	53.13	-4.71
综合得分		12.19	13.54	11.50	17.74

2018 年行业发展能力指标除了营业增长率、资本扩张率和营业利润增长率指标外，其余总资产增长率、累计保留盈余率、三年营业收入增长率都高于 2017 年。究其原因，2018 年石油石化行业的发展能力指标增长主要受益于本行业收入、利润总额的大幅增长，该行业发展能力排名前五名为淮北矿业、恒力股份、恒逸石化、天科股份和荣盛石化。

（五）市场表现

图 7–1 列示了石油石化行业上市公司市场表现评价结果。2018 年沪深 300 市场表现 1 月震荡上行，2—12 月下滑震荡，石油化工行业市场表现与沪深 300 大致趋同，1—4 月沪深 300 市场位于上方运行表现高于石油石化，5 月份以后反之，石油石化行业指数位于沪深 300 指数上方，8—11 月差距日较大（见图 7–1）。

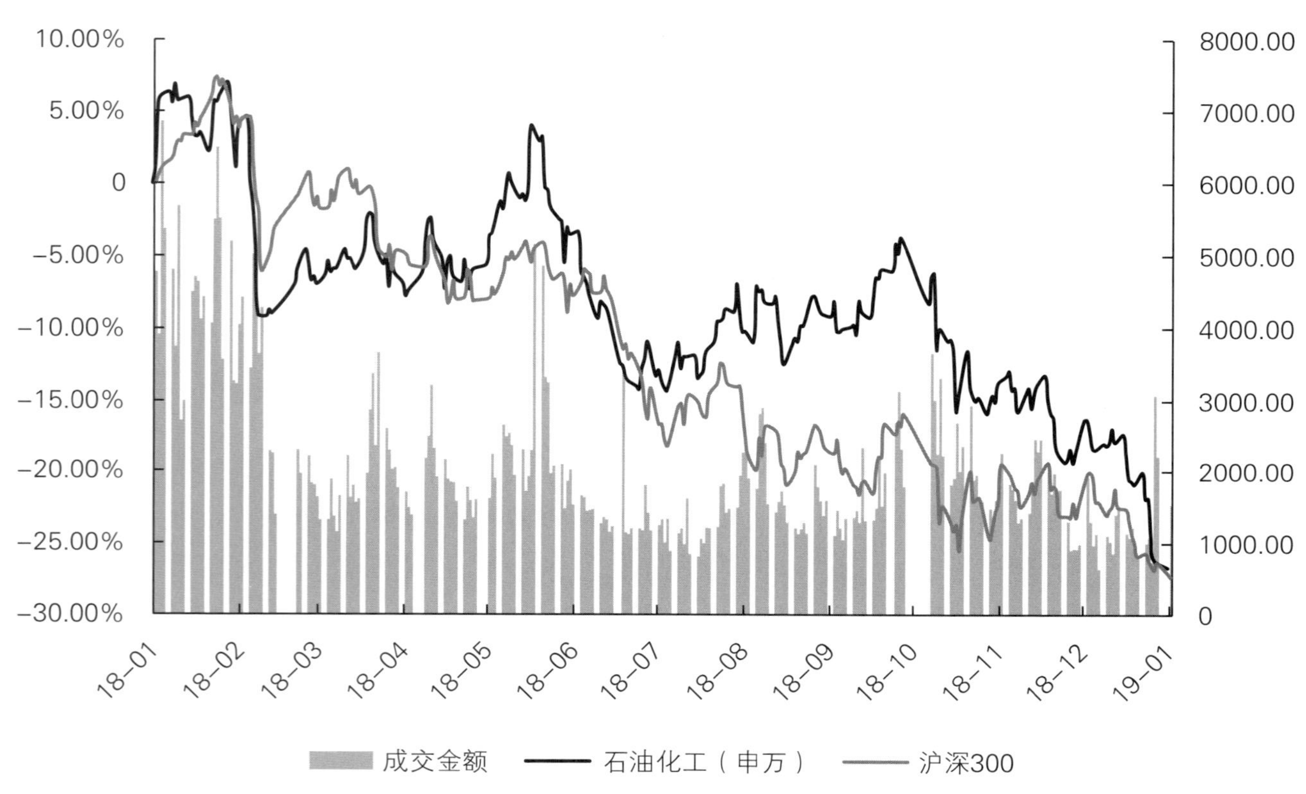

图 7 – 1 2018 年石油石化行业指数与沪深 300 指数比较

数据来源：Wind 资讯。

从表 7–6 可知，2018 年石油石化市场表现的得分高于同年全部上市公司平均值。2018 年石油石化行业的股价波动率为 115.33%，低于全部上市公司平均值 127.11%，但高于行业 2017 年的 92.18%。2017 年石油石化行业上市公司市场投资回报率为 –31.22%，略高于于全部上市公司 –33.09% 的市场投资回报率；同比低于 2017 年的 –16.09%。行业的市场投资回报率同比 2017 年有较大的降幅。该行业市场表现排名前五位的是恒力股份、荣盛石化、中旗股份、泰和新材、雅本化学。

表 7－6　石油石化行业公司市场表现状况比较表

评价指标	2018 年上市公司平均值	2018 年行业值	2017 年行业值	增长率（%）
市场投资回报率 (%)	–33.09	–31.22	–16.09	—
股价波动率 (%)	127.11	115.33	92.18	25.11
得分	9	9.61	8.98	7.02

二、2018 年度石油石化行业上市公司影响因素分析

2018 年度，石油石化行业 A 股上市公司 337 家总体表现景气，在国际油价上升的影响下，经济效益明显好于 2017 年，中国石油、中国石化两大巨头公司依然代表上市公司石油石化板块的整体业绩，也引领着我国整个石油石化行业的发展，从石油石化行业经营实体影响力角度来看，这两家上市公司经营业绩的变化仍是石油石化上市公司业绩的决定性因素，其他规模相对较小的石油石化类上市公司数量逐渐增多，其业绩有较好表现，在行业的影响力正日渐显现。

2018 年上市公司石油石化板块格局是中国石化、中国石油占绝对市场地位，如表 7–1 数据中所列，中国石化、中国石油两家上市公司的资产总额、营业收入、净利润、总市值分别占石化行业上市公司相关总额的 57.84%、70.72%、55%、18.18%；与 2017 年同比，资产总额、总市值所占比值分别减少了 3.32%、23.68%，营业收入和净利润所占比值增加了 0.19% 和 0.54%，数据说明这两大行业巨头占据了石油石化行业上市公司绝大部分资产总额、营业收入和净利润收益，同比市值所占比例大幅下降。

表 7–7　2018 年中国石油、中国石化与石化行业上市公司指标表

企业名称	资产总额		营业收入		净利润		总市值	
	数额（万亿元）	比例（%）	数额（万亿元）	比例（%）	数额（亿元）	比例（%）	数额（万亿元）	比例（%）
中国石化	1.59	22.88	2.89	39.00	802.89	28.92	0.61	14.99
中国石油	2.43	34.96	2.35	31.71	724.10	26.08	0.13	3.19
小计	4.02	57.84	5.24	70.72	1526.99	55.00	0.74	18.18
石化行业上市公司	6.95	100.00	7.41	100.00	2776.24	100.00	4.07	100.00

在 2018 年度中，影响石油石化行业业绩的主要因素表现为以下几方面：

（一）国际油价整体回升，供需关系主导油价走势，油价整体走高带动石油石化板块收益增加

油价的波动是影响石化行业景气与否的决定性因素之一。2018 年，前 10 个月窄幅震荡上行，10 月以后急剧下挫，国际原油的运行空间较上年抬升了近 20 美元，WTI 的主流运行区间为 60—75 美元 / 桶，布伦特的主流运行区间为 65—80 美元 / 桶。与往年相比，油价的运行区间波幅也有所减弱。WTI 原油期货均价为 64.91 美元 / 桶，同比去年 50.93 美元 / 桶上涨 127.45%，最高收盘价在 76.41 美元 / 桶（10 月 3 日）；WTI 最低收盘价为 42.53 美元 / 桶（12 月 24 日）。布伦特原油期货均价为 71.69 美元 / 桶，同比去年 54.75 美元 / 桶上涨 16.94 美元 / 桶或 30.94%，最高收盘价在 86.29 美元 / 桶（10 月 3 日）；最低收盘价为 50.47 美元 / 桶（12 月 24 日）。

影响 2018 年国际油价波动主要有四大因素：

一是减产协议导致供给减少，助推油价上涨。OPEC 国家一致决定共同减少 120 万桶 / 日的原油产量，并将产量限额调整到 3250 万桶 / 日的水平。2017 年 11 月 30 日，OPEC 国家将减产协议延长 9 个月至 2018 年底。豁免国利比亚、尼日利亚从 2018 年 1 月 1 日开始限制产量，产量上限之和为 280 万桶 / 日。

非 OPEC 国家，延期协议为 55.8 万桶 / 日的减产限额。同样使得是全球原油的供给量更为可控。

二是美国成为全球最大原油生产国，对国际油市影响力持续增强。11 月中旬美国周度原油产量达到 1170 万桶 / 日，超越俄罗斯成为全球最大的原油生产国。11 月底，美国周度原油和成品油出口量自 1991 年来首次超过进口量。

三是全球经济持续增长，原油需求日均增大。2018 年全球经济增长 3.7%，与 2017 年基本持平；2018 年世界石油需求比 2017 年提高 153 万桶 / 日，需求增大。2018 年全球原油需求增量主要来自亚洲地区，包括中国、印度等亚太地区新兴发展中国家。中国经济的高增速、民营炼化进口配额的开放促进需求的增长；印度工业化水平的进一步发展，人口红利作用发挥，印度对原油的需求也会相应增加。

四是地缘政治、突发事件对油价的影响加大，导致 2018 年度原油价格波动较大。2018 年 5 月 8 日，美国单方面宣布退出伊核协议，并要求各国在 2018 年 11 月前停止对伊朗石油进口，受制裁影响 2018 年 10 月伊朗较去年同期减少 52 万桶 / 日至 330 万桶 / 日。美国恢复对伊制裁可能引发供应紧缺预期是 10 月国际油价持续走高的重要原因。委内瑞拉经济动荡，原油产量加速下滑，2018 年 10 月较去年同期减少 70 万桶 / 日至 117 万桶 / 日。2018 年 6 月，受伊朗原油产量下降价格上升，美国要求沙特提高原油产量，2018 年 10 月沙特原油产量较去年同期增加 60 万桶 / 日至 1063 万桶 / 日。

五是原油库存增加，成品油供给过剩抑制后续原油油价。美国原油去库存周期 2017 年二季度开始，进入 2018 年市场去库存速度放缓。美国原油于 2018 年四季度开始累库，库存量与历史同期相比达到最高水平。OECD 石油去库存周期与美国去库存周期较为同步，OECD 累库的时间开始于 2018 年 6 月，比美国提早大约 1 个季度。截至 2018 年 11 月，OECD 国家商业石油库存达到 29.12 亿桶 / 日，2018 年四季度突破近五年均值水平。2018 年成品油裂解价差持续走弱，美国、欧洲等发达经济体，中国等发展中经济体均表现出这种状况，成品油结构性过剩在全球范围内已经显现。

2018 年，中国石化的营业额及其他经营收入为人民币 28912 亿元，与 2017 年相比增加 22.5%。主要归因于公司主要产品价格同比上升，以及该公司充分发挥营销网络优势，持续推进精细化营销，统筹优化内外部资源，全力拓展市场，主要产品销量同比增长。经营收益为人民币 823 亿元，同比增长 15.1%。

2018 年中国石油的营业额为人民币 23535.88 亿元，比 2017 年的人民币 20158.90 亿元增长 16.8%。主要原因是大部分油气产品价格上升及销售量增加。

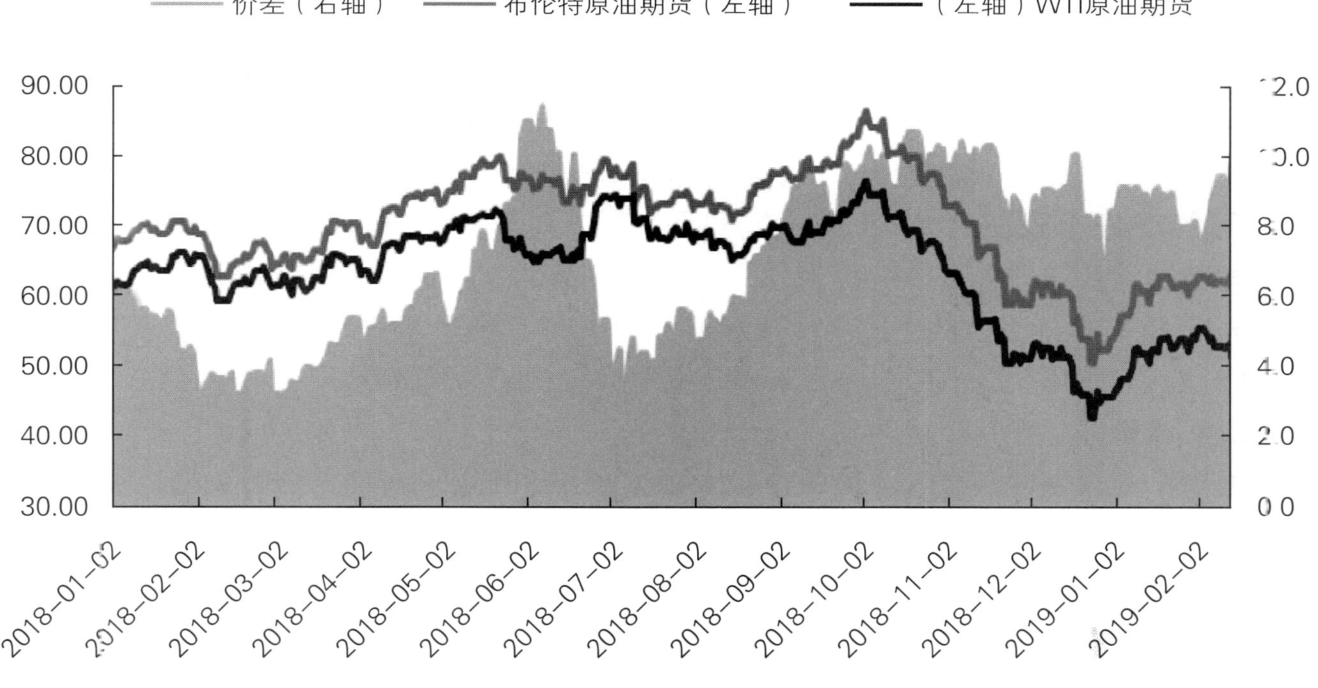

图 7－2　2018 年国际油价走势图

数据来源：万德资讯。

（二）世界石油需求增速回落，供给大于需求，我国原油对外依存度再创新高

2018 年全球原油消费量在 45.23 亿吨左右，增长 1.5%，世界石油需求比 2017 年提高 140 万桶 / 日，低于 2017 年 150 万桶 / 日的增量。美国挑起与中国及其他主要贸易伙伴之间的贸易摩擦成为阻碍经济增长的重要因素。同时金融环境收紧、地缘政治局势紧张及石油进口成本上升使新兴经济体经济下行压力加大，加之国际油价总体水平回升，使世界石油需求增长受到一定影响。全球石油市场基本面回归平衡后再度转向过剩，全年平均供大于求。2018 年全年，全球石油市场总体供给大于需求 60 万桶 / 日。5 月美国退出伊核协议

后，沙特和俄罗斯的增产决定，伊朗石油出口降幅不及预期、美国原油产量不断突破历史新高等因素，全球石油市场又出现自 2014 年以来的供大于求的局面。

2018 年中国的石油进口量为 4.4 亿吨，同比增长 11%，石油对外依存度升至 69.8%；天然气进口量 1254 亿立方米，同比增长 31.7%，对外依存度升至 45.3%，2018 年，中国油气消费持续快速增长，继 2017 年成为世界最大原油进口国之后，又超过日本成为世界最大的天然气进口国。

（三）石化行业总体运行景气，我国原油供给增速大于需求增速，天然气需求增幅较大

1. 原油、天然气市场

2018 年全年，国内原油产量 1.9 亿吨，同比下降 1.3%，降幅比上年收窄 2.7 个百分点，全年进口原油 4.6 亿吨，同比增长 10.1%，进口量与生产量之比为 2.44：1。

2018 年国内天然气产量 1594 亿立方米，比上年同期增长 7.2%；天然气进口量 1242 亿立方米，比上年同期增长 35.0%。

2018 年我国原油和天然气表观消费总量 9.03 亿吨（油当量），同比增长 9.7%，增速比上年加快 2.2 个百分点，为 2011 年以来最大增幅。2018 年原油表观消费量 6.48 亿吨，同比增长 7.0%，增速比上年加快 2.0 个百分点。全年天然气表观消费量 2833.5 亿立方米，增速达 17.3%，比上年加快 2.0 个百分点，创近年来最大增幅，占原油天然气表观消费总当量的 28.2%，同比上升 2.0 个百分点。

成品油消费增长平稳，结构改善。2018 年成品油表观消费量 3.19 亿吨，增长 2.5%，增速与上年基本持平。其中，汽油表观消费量 1.26 亿吨，增长 7.2%；煤油表观消费量 3709.3 万吨，增幅 12.8%；柴油表观消费量 1.56 亿吨，下降 3.0%。

2. 石油加工市场

据国家发改委资料显示，2018 年原油加工量 58809 万吨，同比增长 4.6%，成品油产量 36799 万吨，同比增长 6.3%；成品油消费量 32514 万吨，同比增长 6.0%，其中汽油同比增长 7.8%，柴油同比增长 4.1%。全年国家 25 次调整国内汽油、柴油价格，汽油标准品价格累计下跌人民币 485 元 / 吨，柴油标准品价格累计下跌人民币 460 元 / 吨。国内成品油价格走势与国际市场油价变化趋势基本保持一致。

3. 化工市场

2018 年，国内化工产品市场整体表现良好，营业收益和利润总额都同时增长。全年投资增长 6%，结束连续两年下降局面。2018 年，境内化工市场需求保持快速增长。据统计，境内乙烯当量消费量同比增长 9.2%，合成树脂、合成纤维、合成橡胶三大合成材料表观消费量同比分别增长 7.7%、7.6% 和 0.6%。国内化工产品价格走势与国际市场相同。

2018 年，中国石油原油总产量 890.3 百万桶，比上年同期下降 0.4%；可销售天然气产量 36076 亿立方英尺，比上年同期增长 5.4%，油气当量产量 1491.7 百万桶，同比增长 2.3%；该集团加工原油 1122.80 百万桶，同比增长 10.4%，其中加工集团勘探与生产业务生产的原油 669.80 百万桶，占比 59.7%，产生了良好的协同效应；生产成品油 10534.2 万吨，比上年同期增长13.6%。中国石化全年油气当量产量451.46百万桶，其中，原油产量288.51百万桶，同比下降1.8%，天然气产量同比增长7.1%，全年加工原油2.44亿吨，同比增长2.3%，生产成品油1.55亿吨，同比增长2.7%，其中，汽油产量增长7.2%，煤油产量增长7.6%。

（四）石油石化收入与盈利大幅增长，结构优化表现明显，化工产业表现抢眼

石油石化行业全部上市公司收入7.41万亿元，同比增长19.32%，净利润2776.24亿元，同比增长39.08%，呈现营业收入、净利润大幅增长的景气状态。其原因是石油石化产品价格增长导致行业总体收入的增长，同时产业结构优化、成本控制的措施致使盈利大幅增加。

从整个产业来看，产业结构优化明显的子行业中，化学工业收益增长表现突出。基础化学原料、合成材料和专用化学品制造对收入增长的贡献率较高，依次达到35.0%（其中有机化学原料贡献率为27.1%）、30.9%和18.6%。值得关注的是，新兴产业增加值增速较快。2018年生物基材料制造增加值增速高达211.9%，生物质燃料制造增加值增幅为37.6%。

（五）石油和天然气开采盈利大增，行业亏损下降明显

受全行业石油、天然气效益大幅增长，利润增长5.8倍的有利影响，行业亏损情况不断改善。数据显示，2018年全行业亏损企业亏损额1162.3亿元，同比下降36.9%。其中，油气开采业降幅63.0%，化学工业下降14.4%。全行业亏损面为16.7%，比上半年缩小2.0个百分点。2018年度石油石化全部上市公司净资产收益率为7.59%，同比增长41.08%。

供给侧结构性改革稳步推进。资产运行质量明显提高。2018年度石油石化上市公司总资产周转率为1.1%，同比增长12.24%。

单位成本明显回落。全行业100元主营收入成本同比下降0.50元，其中化学工业下降了0.56元。

（六）出口增速加快，出口产品结构优化

2018年，行业出口增速较高。据统计，石油和化工行业规模上企业完成出口同比增长22%，增速比上年加快5.9个百分点。其中，石油加工出口值增速超80%，化学工业增长13.1%。石油加工业出口在全行业中的比重大幅上升，达到19.9%，较上年提高6.6个百分点。

出口结构优化。专用化学品、合成材料、有机化学原料制造等出口增长较快，占比上升。2018年上述三大领域出口分别增长19.7%、17.2%和21.6%，明显高于化学工业平均增速，占化工行业出口比重达到19.7%、16.7%和12.7%，同比分别提高1.1%、0.6%和1.0个百分点。而化肥、橡胶制品等传统出口主导产品占比继续下降。全年化肥出口降幅逾5%，占比仅为2.3%，同比下降0.5个百分点；橡胶制品出口增幅只有4.4%，占比28.3%，下降2.4个百分点。

（七）环保政策对能源行业板块影响

《中华人民共和国环境保护税法》于2018年1月1日起施行，环境保护税开征，排污费停止征收，收税范围延伸到了一些具体的有毒有害物质，因此将对石油和化工行业产生较大影响。

环境保护税法增加了纳税人减排的税收减免档次，即纳税人排放应税大气污染物或者水污染物的浓度值低于规定标准 30% 的，减按 75% 征收环保税。

由于环保税属于地方税，各地方政府制定的环保税可因地制宜，为属地化工企业设置了适宜的税收环境，可减轻区域内企业一定的环保压力。

随着环保税逐渐加码，化工企业必须通过要素替代、能源结构优化、生产技术更新、设备更换、运行效率提高、资产更替等方式提升绩效，消化环保税的外在压力；对于化工产业来说，更应该有高的格局，长远的规划，宏观的顶层设计，必须主动与地方经济的支柱产业融合，形成利益共同体，追求区域循环这一高层次发展目标。2017 年 3 月，国家发改委、工信部提出，按照循环经济理念，采取煤化电热一体化、多联产方式，大力推动现代煤化工与煤炭开采、电力、石油化工、化纤、盐化工、冶金建材六大产业融合发展，延伸产业链，壮大产业集群，提高资源转化效率和产业竞争力。可以预见，煤基化工、油基化工和生物质化工在产业融合方面都将大有作为。

链接：行业重大事件

➢ 2018 年环保税开征

《中华人民共和国环境保护税法》于 2018 年 1 月 1 日起施行，2018 年 4 月 1 日起环境保护税正式开征，排污费停止征收。环保税的征税对象分为大气污染物、水污染物、固体废物和噪声四类污染品类排放纳税人，涉及 500 多万户各类企业。

➢ 国家能源集团组建首个氢能联盟

2018 年 2 月 11 日，由国家能源集团牵头，国家电网公司等多家央企参与的跨学科、跨行业、跨部门的国家级产业联盟——中国氢能源及燃料电池产业创新战略联盟在北京宣告成立，表明我国氢能产业规模化、商业化拉开帷幕。目前，申请加入联盟的单位已达 50 多家，主要是能源生产、装备制造、交通运输、冶金材料等行业的大型企业、科研机构、高等院校和投资机构。

➢ 恒力和中化合资成立恒力油化

2018 年 6 月 12 日，恒力集团和中化集团联手在新加坡举行合资贸易公司开幕仪式。该公司称作恒力油化（Hengli Oilchem），由恒力股份和中化石油按照 80% 和 20% 的股比共同成立，负责恒力炼化的原油进口采购、成品油及石化品出口销售，以及在此基础上的原油、成品油第三方转口贸易等业务。

> **中海油达成与壳牌集团在惠州大亚湾合作的三期项目**
>
> 2018年10月16日，中国海油董事长杨华与壳牌集团首席执行官范伯登在荷兰海牙签署惠州石化化工项目合作谅解备忘录。这将成为中国海油、壳牌集团在惠州大亚湾合作建设的三期项目，总投资数十亿美元。二期项目年产可达120万吨乙烯，加上已经投产的中海壳牌一期年产100万吨乙烯裂解装置，将成为亚洲最大的乙烯生产工厂之一。
>
> **中委广东石化2000万吨炼化一体化项目正式开建**
>
> 2018年12月5日，总投资654亿元的中委广东石化建设启动仪式在广东揭阳举行。这标志着中国石油一次性投资最大的炼化一体化项目、广东省重点建设项目正式开建。中委广东石化2000万吨炼化一体化项目是中石油国际油气合作和国内炼化业务转型升级的重要组成部分，将充分发挥工程建设能力强的优势，全力以赴将项目建成国内领先、国际先进的重油加工基地。
>
> 资料来源：中化新网讯

三、2019年石油石化行业前景分析

我国石油和化工行业既面临经济保增长、产业结构调整、发展方式转型的关键时期，同时仍处于重要的发展机遇期，围绕贯彻创新、协调、绿色、开放、共享和安全的几大新的发展理念，深度推进供给侧结构性改革，实现石化行业大国向强国的跨越。2019年是实施“十三五”规划的关键时期，油气改革的推进将对行业参与主体结构产生深远影响，在克服挑战的同时，预计在我国经济持续以不低于6.5%高速增长的背景下，石油和化工行业总体景气表现同比将稳中小幅趋升。

（一）国际油价同比上涨呈小幅震荡，供需基本面因素影响加大

2019年，全球经济受贸易保护主义的影响，增速低于去年，据IFM预计，全球经济增速将达3.3%，受经济增长、减产协议的延期、美国页岩油产量、美国原油产量、中东地缘政治、美俄关系的影响。预计WTI的主流运行区间为50—80美元/桶，布伦特则有望运行在55—85美元/桶左右。

（二）石油供需均衡持续增长，需求落后供给增长，石油石化板块景气

2019年世界石油需求预计增长但增幅下降，供给略大于需求。欧佩克预计2019年全球原油日需求量为1.0008亿桶/日。受减产影响，2019年3月全球原油产量下降34万桶/日至9920万桶/天，略大于市场需求9902万桶/天。2018年12月，沙特和俄罗斯为代表的OPEC及非OPEC产油国达成协议减产，受美国制裁及电力故障的影响，委内瑞拉2019年3月原油产量已经降至长期新低96万桶/日，较2月水平大降50万桶/日。2019年3月OPEC原油产量减少53.4万桶/日至3002.2万桶/日。

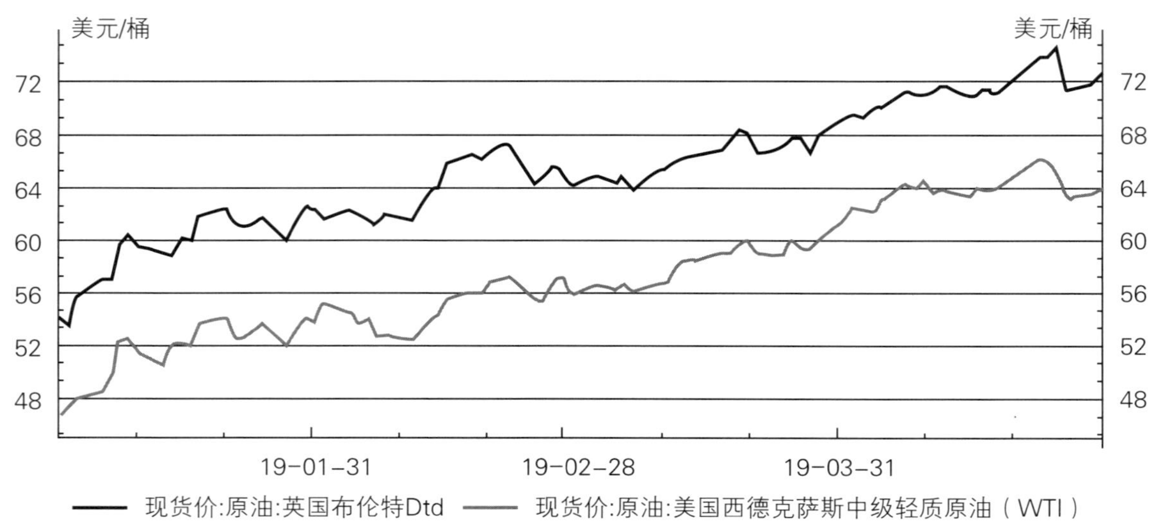

图 7－3 2019 年 1—4 月国际石油价格走势图

数据来源：Wind。

（三）石化行业从供需角度平稳增长，石油对外依存度持续创新高

2019 年预计原油表观消费量同比增长约 5.0%；天然气表观消费量增长约 15%；成品油表观消费量增长 3.0% 左右，其中柴油表观消费量增长约 1.0%；化肥表观消费量与 2018 年大致持平；合成树脂表观消费量增长约 4.5%；乙烯表观消费量增长约 3.5%；烧碱表观消费量增长约 4.0%。

《中国油气产业发展分析与展望报告蓝皮书（2018—2019）》预计，2019 年中国石油需求增速将小幅回落，原油进口将继续增长，原油对外依存度将逼近 72%；天然气进口量为 1430 亿立方米，对外依存度将增至 46.4%。

2019 年，中国石油计划生产原油 9.059 亿桶，天然气产量 38110 亿立方英尺，油气当量合计为 15.41 亿桶，计划原油加工量为 11.704 亿桶。中国石化计划生产原油 2.88 亿桶，其中境外 3900 万桶；计划生产天然气 10191 亿立方英尺；全年计划加工原油 2.46 亿吨，生产成品油 1.57 亿吨，境内计划经销成品油 1.82 亿吨；计划生产乙烯 1212 万吨。

（四）面临国际经济环境、价格剧烈波动和投资不足三个方面的挑战

2019 年石油石化行业将面临以下三个方面的挑战：

第一，国际经济环境的变化。美国贸易保护主义抬头，挑起贸易战对中美两国乃至全球经济发展都是灾难性的。受美国影响，世贸组织成员也实施新的贸易限制措施，外部贸易环境的深刻变化，将进一步加快全球经济格局重组。

第二，原油与大宗商品价格剧烈波动下行。2018 年 10 月份以后，石油和化工市场波动显著加大，一些大宗商品价格持续大幅下降。据数据显示，11 月 WTI 原油和布伦特原油现货月均价格环比跌幅均为 15.2%；12 月油价环比跌幅分别达 18.9% 和 17.8%。12 月一些大宗有机化学原料和合成材料跌幅继续扩大。如丙烯均价环比跌幅 8.6%，纯苯跌幅 14.6%，甲醇跌幅更达 22.9%；聚丙烯均价环比跌幅 12.7%，丙烯腈环比大跌 22.4%，均价创年内新低等。大宗产品价格大幅波动和下挫，严重打击了市场信心和预期。

第三，投资动力不足。2018 年四季度以后，化学原料和化学制品制造业投资恢复增长态势，虽然全年增速 6.0%，但仍低于 6.5% 的全国工业投资平均增幅，行业投资回升动力还是明显不足。

（五）2019 年是油气改革关键之年，有利于石油石化行业的长远发展

2019 年初以来，国家层面相继出台关于深化油气领域改革的文件。国家发改委提请全国人大审查的《关于 2018 年国民经济和社会发展计划执行情况与 2019 年国民经济和社会发展计划草案的报告》显示，今年拟放开油气勘查开采准入限制，积极吸引社会资本加大油气勘查开采力度。报告还指出今年主要任务包括"深化石油天然气体制改革，组建国家石油天然气管网公司，实现管输和销售分开"。3 月 19 日，中央全面深化改革委员会第七次会议审议通过《石油天然气管网运营机制改革实施意见》。会议明确指出要组建国有资本控股、投资主体多元化的石油天然气管网公司，这意味着国家油气管网公司即将落地，备受瞩目的中游改革取得实质性进展。会议同时强调推动形成上游油气资源多主体多渠道供应、中间统一管网高效集输、下游销售市场充分竞争的油气市场体系，提高油气资源配置效率，保障油气安全稳定供应。

今年一系列的文件出台足以说明国家对油气行业改革的高度重视，也为今年油气改革指明了具体方向。国家能源局将积极推动油气勘探开发管理体制改革。放开油气勘查开采权限一直是业内共同关注的焦点，不少外资企业和民营企业也很有热情参与油气的勘探开发。

附表　2018年度石油石化行业上市公司业绩评价结果排序表

行业排名	全部上市公司排名	股票代码	股票简称	综合得分（100分）	每股收益（元）	总资产报酬率（%）	净资产收益率（%）	总资产周转率（次）	流动资产周转率（次）	资产负债率（%）	已获利息倍数	营业收入增长率（%）	资本扩张率（%）	市场投资回报率（%）	股价波动率（%）	年末资产总额（万元）	营业收入（万元）	净利润（万元）
1	13	600160	巨化股份	87.5	0.78	18.66	16.94	1.11	2.29	15.6	217.12	13.71	18.41	-22.95	74.17	1526682.19	1565627.43	218294.14
2	21	600426	华鲁恒升	86	1.86	21.65	28.2	0.83	4.37	35.32	19.85	37.94	29.91	-30.29	85.44	1865702.86	1435681.75	301965.3
3	31	600309	万华化学	84.2	3.88	23.67	35.01	0.85	2.21	48.97	18.45	14.11	27.63	-23.19	125	7691265.92	6062119.34	1282964.2
4	33	600688	上海石化	83.6	0.49	16.24	17.17	2.56	4.77	31.55	80.94	17.12	6.81	-24.13	49.15	4453996	10776490.8	527707.3
5	48	600985	淮北矿业	82.4	1.68	18.98	15.03	1.78	8.31	65.58	4.13	5617.42	1000.28	-36.52	128.56	5895664.93	5468722.65	394716.49
6	53	600346	恒力股份	82.1	0.68	7.86	16.29	0.83	2.48	77.72	3.66	169.51	279.43	-1.03	43.57	12524246.19	6006725.52	340246.66
7	65	300107	建新股份	81.5	1.2	54.39	51.73	1.01	1.5	8.93	0	164.67	60.4	56.22	157.52	173122.22	141829.42	65601.4
8	82	600596	新安股份	80.6	1.8	15.34	22.45	1.15	2.59	37.96	17.42	51.19	27.8	2.4	117.44	1010663.67	1100095.21	125082.48
9	99	300637	扬帆新材	79.6	1.15	22.17	20.27	0.73	1.14	12.36	0	20.51	24.5	17.82	101.25	80055.26	52597.53	13748.45
10	137	600028	中国石化	78.3	0.52	6.71	8.98	1.81	5.6	46.14	16.76	22.5	0.42	-22.35	42.65	159230800	289117900	8028900
11	139	603086	先达股份	78.2	2.24	18.97	19.33	1.05	1.42	21.54	385.85	46.21	21.39	-18.15	50.7	172992.69	163589.24	25104.77
12	143	603605	珀莱雅	78.2	1.44	15.37	17.56	0.91	1.44	40.62	45.08	32.43	16.43	58.41	136.49	286004.26	236124.88	28661.96
13	161	603225	新凤鸣	77.7	1.69	13.6	18.42	2.31	7.17	51.99	9.46	42.22	25.64	-34.28	85.32	1716918.1	3265876.71	142305.41
14	167	600273	嘉化能源	77.5	0.75	15.54	16.62	0.67	1.9	19.52	107	0.5	1.18	-2.11	50.77	814950.6	560376.26	110411.94
15	170	002749	国光股份	77.4	1.08	25.23	17.84	0.82	1.07	15.72	0	17.37	10.76	-22.27	69.05	112520.02	86541.97	23458.92
16	175	601857	中国石油	77.2	0.29	5.75	6.16	0.97	5.48	42	5.85	16.75	2.12	-14.52	46.2	243255800	235358800	7241000
17	178	300575	中旗股份	77.2	2.85	13.11	18.53	0.83	1.51	46.02	21.23	27.4	19.85	8.55	55.87	223833.49	164984.95	20915.85
18	182	300073	当升科技	77.1	0.75	10.64	12.46	0.92	1.3	24.94	33.03	52.03	108.48	8.1	90.84	439844.84	328066.94	31616.15
19	185	600256	广汇能源	77	0.28	7.11	10.08	0.28	2.66	64.24	3.24	58.58	20.79	-17.1	55.57	4833902.16	1290456.41	162644.01
20	189	600486	扬农化工	76.9	2.89	15.27	20.98	0.73	1.19	35.09	55.4	19.21	19.15	-30.22	96.87	743861.38	529072.58	93933.47
21	203	603585	苏利股份	76.4	1.73	22.55	20.16	0.73	0.99	9.09	0	12.99	18.84	-21.51	53.67	246046.83	164589.9	42617.62
22	204	000830	鲁西化工	76.4	2.02	15.41	29.31	0.77	7.45	60.47	9.47	35.04	4.7	-44.66	150.21	2778654.47	2128484.84	306657.54
23	206	300285	国瓷材料	76.4	0.87	16.94	14.38	0.47	1.14	20.43	18.46	47.65	61.88	-15.94	64.61	437818.24	179777.72	55825.39

续表

行业排名	全部上市公司排名	股票代码	股票简称	综合得分（100分）	每股收益（元）	总资产报酬率（%）	净资产收益率（%）	总资产周转率（次）	流动资产周转率（次）	资产负债率（%）	已获利息倍数	营业收入增长率（%）	资本扩张率（%）	市场投资回报率（%）	股价波动率（%）	年末资产总额（万元）	营业收入（万元）	净利润（万元）
24	208	603360	百傲化学	76.3	0.78	20.6	18.54	0.63	1.46	11.07	161.18	28.71	16.26	−20.88	71.48	89738.15	52817.12	14506.49
25	212	600230	沧州大化	76.2	2.41	30.39	30.64	0.99	2.06	13.96	281.2	0.33	30.46	−49.7	146.35	461402.72	443172.75	107240.34
26	219	300121	阳谷华泰	76	1.01	25.47	27.93	1.12	1.78	18.79	23.21	27.12	99.39	−29.15	105.5	210078.3	208192.52	36724.85
27	233	300684	中石科技	75.5	0.9	20	22.32	0.88	1.32	24.68	35.56	33.78	22.57	172.07	160.23	90411.01	76315.42	14116.26
28	243	603639	海利尔	75.3	2.19	15.67	20.3	0.79	1.13	39.42	44.85	37.88	21.14	−17.41	44.08	322957.44	219146.52	36733.45
29	252	002942	新农股份	75.1	1.38	18.46	24.79	1.14	1.86	32.77	47.21	19.62	151.21	−33.02	18.11	111296.72	96695.33	12810.23
30	254	601233	桐昆股份	75.1	1.16	10.51	14.07	1.36	4.19	53.46	7.5	26.78	20.09	−48.61	116.47	3466067.2	4160074.88	213145.09
31	262	000902	新洋丰	75	0.63	11.67	13.56	1.13	1.92	29.15	1308.74	11.05	9.24	−11.56	35.37	899884.93	1003062.17	82867.7
32	271	002812	恩捷股份	74.9	1.21	16.59	16.77	0.5	1.17	47.13	27.15	101.39	146.05	8.53	99.03	770246.85	245749.28	68034.39
33	273	300132	青松股份	74.8	1.04	38.96	44.19	1.18	1.73	24.22	66.01	75.24	52.44	29.48	142.09	146460.92	142157.11	40035.27
34	299	000703	恒逸石化	74.3	0.8	7.61	9.54	1.83	6.15	62.66	3.86	32.14	40.48	−37.49	98.15	5962467.78	8494768.83	224342.16
35	304	002258	利尔化学	74.1	1.1	14.52	20.73	0.73	1.82	43.92	13.2	30.6	32.27	−25.85	80.81	657284.08	402706.93	65146.48
36	315	600352	浙江龙盛	73.9	1.26	11.09	18.62	0.39	0.57	57.95	12.8	26.32	16.01	−21.25	84.67	5221625.92	1907578.03	421253.17
37	325	600389	江山股份	73.8	1.32	16.82	20.84	1.27	2.94	43.17	39.53	7.68	16.4	−8.06	63.07	320668.42	392117.08	39209.94
38	327	002493	荣盛石化	73.7	0.27	3.68	5.96	1	3.59	70.53	3.12	29.62	38.97	−2.1	41.69	12141520.01	9142466.44	196760.33
39	331	002440	闰土股份	73.7	1.14	16.69	15.53	0.68	1.25	18.47	73.73	6.72	13.51	−31.53	122.91	1007073.01	646408.35	128029.85
40	337	600176	中国巨石	73.6	0.68	11.88	17.74	0.36	1.33	51.99	7.25	15.96	16.15	−34.61	93.31	3037045.96	1003242.33	238483.47
41	347	603810	丰山集团	73.5	2.14	12.85	16.32	1.01	1.48	25.65	31.76	4.55	102.98	−33.02	36.63	149125.99	131655.21	13878.59
42	357	002360	同德化工	73.3	0.37	14.06	13.13	0.64	1.47	17.99	67.65	26.33	−1.42	−18.86	56.52	131207.21	89658.61	14155.12
43	367	600277	亿利洁能	73.1	0.28	6.03	5.61	0.53	1.36	52.35	2.83	10.32	10.98	−16.2	71.62	3668880.24	1737136.37	112492.34
44	371	601966	玲珑轮胎	73	0.98	7.05	12.42	0.68	1.53	61.17	4.41	9.94	15.04	−24.24	66.88	2579346.34	1530158.32	118135.91
45	375	002768	国恩股份	73	1.16	13.49	19.01	1.28	1.88	42.09	11.77	81.94	98.11	−18.34	41.33	365687.63	372426.55	31412.5
46	376	603067	振华股份	73	0.47	13.07	12.33	1.00	2.03	8.36	152.56	18.51	10.71	17.07	121.56	135257.40	140406.35	14600.20

续表

行业排名	全部上市公司排名	股票代码	股票简称	综合得分（100分）	每股收益（元）	总资产报酬率（%）	净资产收益率（%）	总资产周转率（次）	流动资产周转率（次）	资产负债率（%）	已获利息倍数	营业收入增长率（%）	资本扩张率（%）	市场投资回报率（%）	股价波动率（%）	年末资产总额（万元）	营业收入（万元）	净利润（万元）
47	379	600618	氯碱化工	72.9	0.91	24.62	30.61	1.49	4.38	22.72	26.74	-0.78	34.13	-44.11	135.81	506053.38	717063.8	105282.57
48	389	600378	天科股份	72.7	0.63	13.37	3	0.9	1.71	39.79	18.13	693.73	526.41	-34.57	114.43	827576	418182.89	53485.08
49	396	300429	强力新材	72.6	0.55	10.39	9.03	0.47	1.06	12.64	39.59	15.49	47.3	29.51	59.33	188245.97	73908.36	13687.66
50	398	600141	兴发集团	72.6	0.49	6.51	13.46	0.75	3.48	67.03	2.57	13.31	18.87	-31.72	68.23	2565928.77	1785545.08	79482.66
51	417	600299	安迪苏	72.3	0.35	7.86	6.91	0.53	1.11	18.9	456.25	9.81	0.82	5.99	42.97	2145336.23	1141798.18	121568.71
52	419	002643	万润股份	72.2	0.49	10.41	10.06	0.54	1.19	9.99	762.21	7.14	13.19	-6.92	84.61	511830.67	263166.47	45148.87
53	420	300082	奥克股份	72.2	0.48	8.21	9.74	1.25	2.68	41.62	5.95	30.71	4.09	-12.46	70.61	560394.91	744902.24	33908.74
54	423	000683	远兴能源	72.2	0.33	9.72	13.82	0.39	1.42	50.24	6.84	-13.4	11.58	-21.45	54.13	2361368.36	892358.19	163845.79
55	433	603928	兴业股份	72	0.72	11.49	11.72	0.99	1.44	22.88	43.86	17.15	9.15	-4.67	89.54	160819.05	150298.38	14615.55
56	434	600623	华谊集团	72	0.85	6.43	8.05	1.04	2.06	56.08	6.98	1.58	4.32	-6.7	72.98	4607692.24	4423969.11	172583.41
57	437	000408	藏格控股	71.9	0.65	18.94	17.66	0.38	0.8	19.21	29.56	3.19	19.98	-40.88	121.94	970408.61	327447.19	129916.18
58	439	603026	石大胜华	71.9	1.01	10.66	12.27	1.97	3.87	38.47	7.38	11.74	2.31	-20.88	79.34	277402	533135.16	20360.41
59	448	300037	新宙邦	71.8	0.86	8.86	11.52	0.53	1.07	35.42	16.93	19.23	15.9	11.9	71.64	440975.59	216480.6	32937.51
60	449	603650	彤程新材	71.7	0.74	20.16	22.7	0.86	1.18	27.12	43.64	14.41	92.72	-33.02	135.94	316760.64	217487.52	41157.59
61	451	603823	百合花	71.7	0.84	11.4	12.61	0.83	1.39	30.3	47.78	20	14.76	-5.76	46.29	230855.36	181305.97	21430.53
62	457	603968	醋化股份	71.6	0.98	12.78	13.27	1.07	1.79	26.48	32.79	22.11	8.46	-35.86	107.14	196639.6	202818.62	20087.55
63	462	002632	道明光学	71.6	0.33	11.34	9.02	0.53	1.13	12.44	43.6	48.41	9.29	-13.77	87.86	229063.4	119735.5	20534.84
64	470	002802	洪汇新材	71.4	0.68	12.65	10.48	0.78	1.19	9.71	0	33.41	1.33	-29.51	88.86	67895.59	51830.7	7340.04
65	474	000819	岳阳兴长	71.2	0.19	8.38	6.45	2.39	3.23	12.15	85.9	26.64	10.4	-32.24	76.08	86226.12	201105.79	4655.87
66	477	002092	中泰化学	71.2	1.08	7.17	12.97	1.23	3.46	66.32	3.75	71.03	3.14	-51.38	156.68	5862798.57	7022262.99	256120.84
67	480	600387	海越能源	71.1	0.66	7.89	9.83	2.19	7.54	68.13	2.83	86.16	17.05	-27.96	71.43	970970.42	2141260.85	41613.16
68	481	002597	金禾实业	71.1	1.62	19.31	23	0.73	1.06	31.17	27.26	-7.75	13.66	-38.93	140.98	569464.59	413279.64	91157.91
69	486	600810	神马股份	71	1.47	12.21	27.47	1.07	2.28	63.42	6.53	4.38	34.34	38.26	201.29	1096458.13	1115315.83	96374.37

续表

行业排名	全部上市公司排名	股票代码	股票简称	综合得分（100分）	每股收益（元）	总资产报酬率（%）	净资产收益率（%）	总资产周转率（次）	流动资产周转率（次）	资产负债率（%）	已获利息倍数	营业收入增长率（%）	资本扩张率（%）	市场投资回报率（%）	股价波动率（%）	年末资产总额（万元）	营业收入（万元）	净利润（万元）
70	492	603980	吉华集团	71	1.41	17.77	16.44	0.59	0.84	13.31	2183066.25	18.69	5.96	-43.32	136.66	504568.6	291521.15	74991.38
71	494	002601	龙蟒佰利	71	1.15	13.99	16.87	0.5	1.54	39.62	14.21	1.78	-5.25	-20	94.74	2092367.3	1044058.85	232023.75
72	504	600409	三友化工	70.8	0.77	10.02	15.86	0.82	2.69	53.51	6.74	-0.11	10.78	-42.51	111.73	2533746.52	2017373.67	170152.14
73	509	300481	濮阳惠成	70.7	0.42	16.22	14.71	0.82	1.36	15.84	39.7	17.55	49.08	-27.1	86.15	91351.98	63584.25	10574.63
74	514	002825	纳尔股份	70.6	0.44	8.58	9.03	0.99	1.55	26.15	6901.04	22.66	9.24	-25.07	59.99	84163.05	78851.83	6198.67
75	518	002753	永东股份	70.6	0.83	17.5	20.98	1.38	2.55	26.15	25.81	30.31	20.35	-36.89	93.1	199433.66	258709.18	27788.31
76	522	603192	汇得科技	70.5	1.3	9.82	13.16	1.16	1.32	31.67	28.99	11.67	110.66	-33.02	72.53	163441.85	159251.98	11609.68
77	526	601678	滨化股份	70.4	0.45	11.94	11.56	0.73	3.08	41.86	8.68	4.43	7.13	-34.77	118.35	1065955.46	675140.34	71139.86
78	529	002064	华峰氨纶	70.4	0.27	9.59	11.95	0.77	1.74	35.99	11.52	6.89	11.8	-18.39	62.52	593845.68	443571.39	44522.14
79	535	300610	晨化股份	70.4	0.57	11.25	10.21	0.92	1.23	14.52	215.19	11.86	11.63	-23.86	95.49	89303.29	78680.33	8619.77
80	547	300596	利安隆	70.3	1.07	14	18.72	0.85	1.43	45.52	11.5	30.23	19.31	67.41	136.48	201739.03	148774.93	19606.56
81	550	300530	达志科技	70.2	0.79	12.04	6.28	0.33	0.42	7.09	0	30.83	5.21	-15.17	42.96	56102.45	18334.64	5687.76
82	556	002408	齐翔腾达	70.1	0.47	10.22	11.22	2.64	6.48	35.33	10.38	25.64	11.65	-45.19	106.5	1151565.65	2792406.21	84481.9
83	557	300487	蓝晓科技	70.1	0.71	11.55	15.47	0.43	0.68	47.86	34.56	42.26	18.46	45.2	141.91	185754.42	63198.68	14170.04
84	564	002391	长青股份	70	0.89	9.71	10.21	0.76	1.78	19.55	20.76	33.65	7.05	-30.52	82.29	407254.27	300079.51	32069.08
85	569	603737	三棵树	69.9	1.67	11.45	15.37	1.36	2.42	57.82	10.33	36.82	19.33	-35.02	100.96	316560.5	358401.68	22248.8
86	575	002810	山东赫达	69.8	0.64	8.08	10.43	0.75	2.05	41.59	9.79	40.18	13.67	-7.96	110.16	132180.67	91311.45	7670.73
87	578	601216	君正集团	69.7	0.27	12.62	13.81	0.36	3.36	32.6	8.32	9.37	4.03	-40.5	140.34	2455080.51	846384.06	227704.67
88	584	300522	世名科技	69.6	0.56	11.13	9.62	0.49	0.72	9.28	390.96	17.84	9.79	-18.51	125.31	71251.4	33307.34	6698.26
89	613	000822	山东海化	69.3	0.66	13.91	16.78	1.18	2.46	27.01	0	9.25	19.36	-49.68	139.1	458073.65	526265.49	58693.35
90	616	603181	皇马科技	69.2	0.99	13.61	12.83	1.01	1.98	24.03	30.45	2.15	12.06	-39.51	135.97	188940	171884.36	19702.67
91	623	002838	道恩股份	69.1	0.49	10.78	12.38	1	1.52	42.26	22.23	45.87	18.7	-14.4	83.5	173212.87	136253.32	12442.98
92	627	002226	江南化工	69.1	0.18	6.46	4.00	0.34	1.02	40.20	2.01	74.46	50.20	17.50	50.50	1204110.00	200525.42	27417.77

续表

行业排名	全部上市公司排名	股票代码	股票简称	综合得分（100分）	每股收益（元）	总资产报酬率（%）	净资产收益率（%）	总资产周转率（次）	流动资产周转率（次）	资产负债率（%）	已获利息倍数	营业收入增长率（%）	资本扩张率（%）	市场投资回报率（%）	股价波动率（%）	年末资产总额（万元）	营业收入（万元）	净利润（万元）
93	630	603790	雅运股份	69.1	1.08	14.78	14	0.9	1.02	13.02	58.48	6.51	69.02	-33.02	64.58	125540.49	94096.93	13169.63
94	634	002648	卫星石化	69	0.89	9.7	11.58	0.84	1.67	41.42	10.12	22.49	11.61	-46.79	161.03	1373864.86	1002929.92	93539.47
95	641	300398	飞凯材料	68.9	0.67	11.23	12.43	0.45	1.13	35.84	11.64	76.23	13.62	-25.19	89.76	348967.74	144571.98	28833.43
96	665	002254	泰和新材	68.6	0.26	5.03	5.11	0.68	1.2	35.25	45.55	39.72	12.25	-6.87	35.43	379476.86	217247.88	14988.64
97	671	002221	东华能源	68.5	0.66	8.34	10.78	1.99	3.34	68.56	3.06	49.77	10	-38.16	107.5	2678688.36	4894286.43	107993.65
98	673	300437	清水源	68.5	1.13	12	18.33	0.49	0.92	57.29	8.44	103.55	19.88	-26.12	89.76	391149.54	171211.75	28439.68
99	687	000818	航锦科技	68.3	0.73	15.99	16.72	0.95	3.49	41.61	25.7	12.48	-5.39	-28.34	94.32	422162.08	382534.94	51702.21
100	688	002549	凯美特气	68.3	0.15	9.04	9.79	0.39	1.05	31.54	10.23	17.81	7.77	-18.01	94.08	141287.83	50455.97	9696.18
101	693	300446	乐凯新材	68.3	0.84	18.73	16.41	0.41	0.55	6.67	0	2.41	9.55	-30.87	108.6	66303.17	26445.96	10306.28
102	709	002215	诺普信	68.1	0.36	8.78	10.81	0.8	1.17	50.61	7.85	41.96	21.45	-5.65	49.21	552259.48	400544.42	34261.8
103	731	300699	光威复材	67.7	1.02	12.59	10.33	0.4	0.59	20.2	139.23	43.63	10.42	-46.13	120.47	358719.54	136355.57	37658.05
104	744	600722	金牛化工	67.6	0.09	9.06	9.88	0.77	0.98	11.09	124.96	22.7	9.63	-40	107.18	128450.24	95619.87	10860.75
105	756	600315	上海家化	67.4	0.81	7.21	8.16	0.72	1.56	42.79	10.74	10.01	8.12	-21.09	120.55	1016007.23	713794.74	54038
106	763	600328	兰太实业	67.3	0.61	11.42	16.28	0.56	2.28	57.53	4.98	15.06	13.17	-44.69	104.5	676289.7	378082.41	44769.46
107	770	300243	瑞丰高材	67.2	0.44	12.33	16.45	1.49	2.3	43.07	8.89	31.91	17.75	-33.74	85.89	105645.05	144543.9	9018.83
108	774	002381	双箭股份	67.2	0.37	8.92	7.46	0.65	0.88	19.81	562.11	19.36	0.67	-15.07	54.1	212902.38	135814.16	15300.02
109	803	002109	兴化股份	66.9	0.23	7.91	6.74	0.49	2.43	17.04	10.33	8.38	7.34	-26.61	71.11	431596.8	205262.79	23803.12
110	807	300230	永利股份	66.8	0.48	11.05	11.01	0.79	1.47	30.52	48.73	11.77	13.67	-33.86	108.73	458445.33	344967.15	40588.79
111	831	300200	高盟新材	66.5	0.32	6.16	5.47	0.58	1.33	14.22	196.05	19.06	4.22	-27.78	73.52	176826.59	101634.77	8368.12
112	838	300740	御家汇	66.5	0.5	11.93	10.59	1.63	1.87	26.64	57.1	36.38	158.22	-33.02	93.89	190314.01	224533.83	12755.48
113	840	300261	雅本化学	66.4	0.17	7.17	8.99	0.53	1.08	42.82	6.3	49.5	6.44	-9.88	46.28	363446.15	180564.88	18442.83
114	851	300727	润禾材料	66.3	0.52	12.55	11.22	1	1.46	23.53	32.92	41.31	13.13	-18.71	129.06	68752.21	65182.47	6616.07
115	867	603599	广信股份	66	1.25	9.28	9.05	0.5	0.74	21.38	680.94	21.35	12.36	-48.79	123.41	589982.6	284696.52	46906.18

续表

行业排名	全部上市公司排名	股票代码	股票简称	综合得分（100分）	每股收益（元）	总资产报酬率（%）	净资产收益率（%）	总资产周转率（次）	流动资产周转率（次）	资产负债率（%）	已获利息倍数	营业收入增长率（%）	资本扩张率（%）	市场投资回报率（%）	股价波动率（%）	年末资产总额（万元）	营业收入（万元）	净利润（万元）
116	879	600777	新潮能源	65.8	0.09	4.93	5.43	0.21	1.85	40.11	0	213.99	9.27	-51.53	145.16	2474838.32	478052.78	60074.61
117	923	000912	泸天化	65.4	0.35	6.12	20.61	0.68	2.83	32.74	9.35	17.96	0	-24.93	32.14	704395.45	440540.05	35023.82
118	934	300505	川金诺	65.3	0.69	8.7	8.35	1	2.13	30.96	10.39	20.73	7.79	-28.91	94.08	104173.91	96559.32	6410.53
119	958	000553	安道麦 A	64.9	0.98	9.27	4.19	0.62	1.07	47.96	6.53	7.54	18.65	-44.87	121.12	4281250.5	2561511.9	240246.2
120	980	300384	三联虹普	64.7	0.36	5.9	7.87	0.26	0.42	37.26	19.84	111.28	2.06	-21.85	129.47	263895.87	61954.02	11455.43
121	1003	300576	容大感光	64.4	0.35	9.43	8.45	0.81	1.12	18.38	0	16.42	7.4	-16.31	84.79	53626.14	42303.99	4213.97
122	1004	300196	长海股份	64.4	0.63	10.05	9.48	0.7	1.43	19.44	32.53	8.42	3.01	-36.25	89.93	313632.01	219794.17	26228.84
123	1010	603938	三孚股份	64.3	0.75	12.19	9.69	1.01	1.53	6.97	0	2.76	8.42	-52.06	157.3	113940.46	110385.24	11305.02
124	1012	002734	利民股份	64.3	0.74	9.76	11.16	0.59	1.15	31.39	11.21	6.73	8.5	-30.1	97.92	273531.45	151918.2	20914.8
125	1021	000059	华锦股份	64.2	0.66	5.96	8.2	1.16	2.45	57.69	3.65	8.81	8.44	-44.7	131.36	3246067.75	3668329.05	112373.55
126	1043	603033	三维股份	63.9	0.65	7.53	6.61	0.68	1	33.53	10.18	12.69	6.71	0.11	48.24	183847.19	108758.35	8033.96
127	1050	300586	美联新材	63.8	0.26	8.8	10.03	0.66	1.08	35.81	10.19	25.76	2.6	2.33	125.61	94156.21	58371.8	6329.59
128	1052	300180	华峰超纤	63.7	0.26	5.88	3.92	0.43	1.62	31.88	9.11	22.33	5.46	-18.7	64.26	753957.45	306512.71	30151.47
129	1054	600500	中化国际	63.7	0.44	7.4	4.44	1.13	1.82	52.31	5.39	-4.02	14.06	-19.94	45.18	5032909.64	5995657.34	210827.62
130	1070	603580	艾艾精工	63.6	0.38	10.2	8.7	0.44	0.57	10.04	68.13	21.35	3.98	-26.85	88.97	43858.97	18811.45	3676.73
131	1076	603601	再升科技	63.5	0.29	8.94	9.53	0.5	1.05	41.1	15.49	69.15	11.55	-19.92	103.28	228500.29	108212.18	15866.31
132	1090	002068	黑猫股份	63.4	0.55	7.77	11.93	1.08	2.07	50.55	5.8	13.61	5.66	-40.61	87.05	714507.36	789298.08	40169.38
133	1106	300743	天地数码	63.2	0.53	9.91	11.32	1.01	1.66	19.92	15.45	7.65	136.88	-33.02	179.54	48176.62	40556.61	3174.24
134	1107	300192	科斯伍德	63.2	0.12	8.07	10.02	0.58	1.46	44.8	4.65	103.22	4.95	-32.36	102.22	162379.89	95948.06	8941.75
135	1112	300164	通源石油	63.1	0.23	6.71	7.31	0.57	1.44	37.22	7.95	95.09	-9.15	-9.99	82.67	291505	159309.57	14593.94
136	1123	002683	宏大爆破	63	0.31	6.08	7.9	0.71	1.21	47.81	4.32	14.93	5.61	9.2	100.8	663392.32	457990.08	26493.61
137	1129	300655	晶瑞股份	62.9	0.34	7.78	9.03	0.77	1.29	50.46	5.78	51.69	32.01	-21.71	113.28	118856.77	81086.06	5677.12
138	1133	300717	华信新材	62.8	0.46	9.41	7.48	0.53	0.89	9.67	0	8.02	6.7	-34.74	119.69	59725.14	30659.78	4668.38

续表

行业排名	全部上市公司排名	股票代码	股票简称	综合得分（100分）	每股收益（元）	总资产报酬率（%）	净资产收益率（%）	总资产周转率（次）	流动资产周转率（次）	资产负债率（%）	已获利息倍数	营业收入增长率（%）	资本扩张率（%）	市场投资回报率（%）	股价波动率（%）	年末资产总额（万元）	营业收入（万元）	净利润（万元）
139	1141	603077	和邦生物	62.7	0.04	3.59	2.65	0.46	1.69	15.72	8.13	26.84	−0.68	−22.72	66.47	1328717.66	600901.91	29820.49
140	1145	600367	红星发展	62.7	0.4	8.58	10.01	0.87	1.46	28.93	32.72	19.32	9.66	−36.73	95.26	189822.47	159303.93	12812.43
141	1159	603266	天龙股份	62.6	0.48	7.86	7.23	0.87	1.2	21.11	0	8.13	5.61	−26.76	98.5	110074.15	92661.05	7160.74
142	1172	002917	金奥博	62.5	0.58	10.71	8.71	0.53	0.62	12.97	0	−3.12	10.96	−28.77	93.26	81841.86	41846.29	7150.75
143	1179	002080	中材科技	62.5	0.72	6.55	9.86	0.49	1.25	54.17	4.42	11.48	20.75	−49.52	178.95	2404239.98	1144686.95	99162.16
144	1189	300538	同益股份	62.4	0.36	7	5.88	2.18	2.31	30.08	10.04	28.26	9.04	−12.39	83.72	61990.83	129561.21	2959.5
145	1199	603798	康普顿	62.2	0.38	9.05	8.31	0.83	1.45	11.62	0	−5.42	4.25	−42.76	122.29	99565.87	84709.29	7585.5
146	1225	601058	赛轮轮胎	61.9	0.25	6.29	9.78	0.9	1.99	58.68	4.11	−0.88	5.77	−37.5	91.91	1528820.16	1368475.27	65693.54
147	1229	002326	永太科技	61.8	0.54	9.8	4.38	0.53	1.36	52.43	6.86	19.78	13.27	−38.62	100.73	664830.22	329527.38	43097.19
148	1230	603906	龙蟠科技	61.8	0.33	6.94	6.47	0.81	1.26	32.08	7.78	15.44	17.31	−33.68	95.03	204962	149778.67	9952.51
149	1231	000096	广聚能源	61.8	0.2	5.13	4.71	0.64	1.11	5.58	0	33.06	4.06	−32.84	106.25	264694.28	165419.58	11171.04
150	1240	002206	海利得	61.7	0.29	9.06	11.62	0.78	1.84	38.99	109.29	12.03	2.02	−34.73	86.1	480958.79	356947.79	35447.86
151	1260	000990	诚志股份	61.4	0.68	5.33	4.08	0.26	0.97	30.19	5.74	3.05	1.6	−30.92	60.44	2338163.43	586837.43	84271.49
152	1268	000731	四川美丰	61.4	0.37	6.87	7.91	0.62	1.88	30.18	6.29	4.43	6.68	−37.35	114.5	414908.19	263991.95	22286.19
153	1281	600929	湖南盐业	61.3	0.16	7.28	7.82	0.69	2.34	28.27	9.55	4.48	31.49	−33.02	190.73	357379.38	230281.85	17307.65
154	1283	600727	鲁北化工	61.3	0.27	5.93	8.29	0.39	0.96	28.68	0	8.26	15.92	−37.04	136.42	188754.89	65795.38	9407.48
155	1292	300409	道氏技术	61.2	0.56	12.27	17.79	0.8	1.22	55.18	5.47	109	25.39	−58.16	200.73	518777.53	354392.85	38514.12
156	1304	000525	红太阳	61.1	1.1	7.69	10.84	0.46	0.93	64.49	4.72	16.49	6.85	−36.19	126.56	1336940.28	590827.14	63719.05
157	1318	000637	茂化实华	60.9	0.07	4.49	5.37	3.53	6.11	23.6	11.47	−1.99	−4.32	−36.97	102.98	123974.46	431989.94	4028.58
158	1321	601113	华鼎股份	60.8	0.25	5.5	3.56	0.91	1.7	39.76	10.19	132.97	101.09	−42.99	236.36	964569.7	660291.65	27933.34
159	1337	002741	光华科技	60.7	0.36	7.98	9.56	0.75	1.34	48.47	11.24	17.01	13.97	4.63	85.78	247189.24	152022.01	13115.92
160	1361	002409	雅克科技	60.5	0.31	5.14	4.43	0.47	1.25	10.56	115.9	36.58	172.82	−51.77	155.36	475738.97	154739.87	14152.31
161	1370	300587	天铁股份	60.3	0.73	7.65	8.04	0.36	0.58	41.11	28.62	54.47	20.15	−23.53	92.8	177237.52	49050.6	8278.94

续表

行业排名	全部上市公司排名	股票代码	股票简称	综合得分（100分）	每股收益（元）	总资产报酬率（%）	净资产收益率（%）	总资产周转率（次）	流动资产周转率（次）	资产负债率（%）	已获利息倍数	营业收入增长率（%）	资本扩张率（%）	市场投资回报率（%）	股价波动率（%）	年末资产总额（万元）	营业收入（万元）	净利润（万元）
162	1373	600228	ST 昌九	60.3	0.03	7.39	9.32	1.75	3.02	53.1	9.63	−4.47	12.46	−31.61	147.38	28701.32	52847.96	1352.58
163	1385	603977	国泰集团	60.2	0.22	5	3.36	0.43	1.26	27.05	6.9	53.6	101.86	−28.94	96.19	273375.99	86831	7650.04
164	1389	002442	龙星化工	60.1	0.28	7.1	9.17	1.05	1.86	56.54	3.82	14.19	11.7	−39.51	76.56	291330.05	308573.68	13272.09
165	1405	300568	星源材质	60	1.16	9.4	6.1	0.2	0.54	56.83	9.18	11.92	19.93	−20.15	137.04	356872.88	58348.88	20265.89
166	1412	300305	裕兴股份	59.9	0.26	5.45	3.7	0.46	0.6	9.55	43.85	25.06	2.92	2.92	66.6	163911.5	73848.14	7621.19
167	1422	002828	贝肯能源	59.8	0.23	3.51	4.15	0.54	0.88	47.38	23.48	39.28	8.99	−18.46	99.71	188039.05	90442.61	4587.13
168	1424	002783	凯龙股份	59.8	0.24	6.47	6.84	0.6	1.36	49.1	6.06	37.25	17.01	−44.46	147.19	381061.57	186520.99	13207.02
169	1425	603916	苏博特	59.8	0.88	11.63	7.44	0.74	1.21	40.77	10.84	37.88	11.32	−34.36	91.52	353479.8	231595.74	26966.06
170	1437	600731	湖南海利	59.7	0.15	6.26	8.85	0.79	1.68	47.89	5.8	33.66	30.94	−41.22	147.34	224689.99	162779.08	7772.1
171	1440	000510	金路集团	59.7	0.16	8.29	10.8	1.39	4.27	35.63	6.72	19.75	9.05	−53.5	156.98	148447.2	206939.12	10286.6
172	1463	002538	司尔特	59.4	0.42	8.87	8.38	0.67	1.46	26.65	8.66	20.14	6.03	−45.14	176.08	488912.56	312680.86	31238.22
173	1466	002004	华邦健康	59.3	0.25	6.04	6.13	0.38	0.82	51.98	2.78	16.08	−4.12	−29.1	87.16	2655150.2	1057362.75	82281.75
174	1469	300387	富邦股份	59.3	0.25	5.96	5.59	0.43	0.98	23.24	10.68	8.79	41.36	−31.57	105.04	147724.14	57664.88	6030.42
175	1472	002386	天原集团	59.2	0.22	3.44	1.59	1.32	4.31	63.37	1.49	18.56	18.45	−41.31	93.03	1398038.35	1812317.33	12370.03
176	1481	300214	日科化学	59.2	0.24	7.16	3.04	0.88	1.45	10.7	37.1	−25.41	2.05	9.63	48.13	181588.7	156877.13	10276.78
177	1488	002637	赞宇科技	59.1	0.43	5.51	1.95	1.06	2.51	59.05	3.71	2.26	5.24	−33.38	76.54	701106.03	706406.67	20849.38
178	1506	600423	*ST 柳化	58.9	0.9	17.41	−31.13	0.68	2.12	20.83	14.3	9.75	5519.81	−22.23	29.69	274252.74	200850.6	37570.16
179	1528	000936	华西股份	58.6	0.36	7.11	6.86	0.25	0.94	58.51	2.05	3.16	6.48	−9.28	117.79	1203954.55	293219.39	33869.42
180	1533	603615	茶花股份	58.6	0.28	6.21	4.79	0.53	0.77	7.98	0	5.89	0.63	−37.15	112.39	146351.77	76255.74	6838.19
181	1546	603227	雪峰科技	58.5	0.08	6.33	5.35	0.72	1.48	50.19	5.59	59.75	8.34	−38.76	107.2	304614.2	203428.37	9934.02
182	1564	603722	阿科力	58.3	0.39	5.72	5.89	0.63	1.28	23.17	0	45.24	−0.24	−42.6	160.05	67543.89	42244.55	3342.45
183	1569	603630	拉芳家化	58.2	0.56	7.96	6.25	0.5	0.61	9.95	0	−1.73	5.73	−37.88	108.34	199488.36	96413.94	12823.71
184	1572	000950	重药控股	58.2	0.4	5.9	9.06	1.46	1.8	59.69	5.56	11.97	11.8	−33.02	62.29	2011488.44	2580273.92	75091.4

续表

行业排名	全部上市公司排名	股票代码	股票简称	综合得分（100分）	每股收益（元）	总资产报酬率（%）	净资产收益率（%）	总资产周转率（次）	流动资产周转率（次）	资产负债率（%）	已获利息倍数	营业收入增长率（%）	资本扩张率（%）	市场投资回报率（%）	股价波动率（%）	年末资产总额（万元）	营业收入（万元）	净利润（万元）
185	1573	002037	久联发展	58.1	0.36	5.3	4.25	0.64	0.85	67.22	2.63	31.56	50.21	-27.27	122.94	1104706.47	603503.94	24076.53
186	1577	603330	上海天洋	58.1	0.45	5.53	5.42	0.62	1.26	34.61	9.02	23.24	3.52	-27.09	74.3	97795.81	56082.31	3820.82
187	1582	300067	安诺其	58.1	0.19	9.42	7.48	0.63	1.08	13.88	42.1	-12.98	4.52	-18.11	77.08	190402.12	115993.76	13536.44
188	1595	002827	高争民爆	58	0.33	7.66	6.58	0.38	0.72	16.44	85.06	-20.47	-0.68	-23.28	70.6	98337.12	35821.34	6203.82
189	1601	002145	中核钛白	57.9	0.25	9.23	13.38	0.55	1.57	41.28	13.67	-5.14	7.18	-46.38	145.34	547020.08	308888.26	40304.35
190	1606	300019	硅宝科技	57.8	0.2	7.48	7.73	0.87	1.77	25.33	31.63	19.55	1.48	-40.9	143.92	101717.95	87057.3	6514.39
191	1607	300174	元力股份	57.8	0.34	10.53	13.4	1.15	2.98	52.83	6.86	99.42	11.65	-60.58	203.46	160627.35	170170.2	10531.57
192	1618	600143	金发科技	57.7	0.23	5.04	3.25	1.17	2.25	53.91	2.71	9.42	3.05	-23.43	95.34	2246049.06	2531662.06	62498.51
193	1656	601163	三角轮胎	57.3	0.6	4.12	4.59	0.52	0.84	35.48	13.84	-5.17	17.04	-44.92	132.53	1452595.95	751105.37	48311.91
194	1685	600636	三爱富	57.1	1.22	15.36	4.31	0.31	0.48	9.8	244.28	-68.27	-2	-26.5	98.06	349272.76	166357.85	54476.6
195	1693	600182	S佳通	56.7	0.26	10.53	11.56	1.23	2.02	40.15	7.14	-2.56	2.7	-37.82	117.74	269845.36	336936.39	18423.03
196	1714	600063	皖维高新	56.5	0.07	3.12	2.13	0.65	2.15	49.59	2.14	24.47	-4.18	-40.05	98.14	917097.25	585724.48	13013.81
197	1729	002395	双象股份	56.4	0.12	3.4	3.49	1.08	1.77	34.16	17.18	9.6	-10.34	-16.67	114.95	130287.96	139565.41	3590.03
198	1734	603041	美思德	56.4	0.41	5.6	3.53	0.37	0.49	11.53	185.61	1.3	3.71	-37.08	100.91	83026.71	30516.55	4082.36
199	1748	601808	中海油服	56.2	0.01	2.4	-1.59	0.3	1.06	53.57	1.66	25.86	0	-27.75	71.98	7468700.46	2194587.76	8867.2
200	1750	603002	宏昌电子	56.2	0.08	3.46	3.67	1	1.52	43.35	10.62	45.82	1.09	-45.72	117.38	195975.23	180394.34	5000.75
201	1755	300690	双一科技	56.2	0.91	9.68	7.9	0.5	0.63	14.74	154.41	-9.84	-2.18	-47.93	171.18	107008.99	53617.84	8650.67
202	1758	600075	新疆天业	56.1	0.51	7.47	7.51	0.55	2.18	40.11	6.46	-3	8.77	-43.46	122.7	865730.14	482776.01	46266.71
203	1760	002274	华昌化工	56.1	0.22	3.99	4.89	0.91	4.15	59.14	3.46	9.16	0.01	-31.25	75.9	654451.16	580617.18	14313.19
204	1769	300716	国立科技	56	0.35	5.67	5.26	0.89	1.48	40.41	7.46	44.13	7.05	-34.01	119.19	141887	109202.23	5156.65
205	1778	300321	同大股份	55.9	0.32	4.26	4.14	0.64	1.28	16.1	685.33	7.43	3.96	-48.22	135.43	73462.13	46921.38	2879.82
206	1781	000782	美达股份	55.9	0.07	3.08	2.61	1.38	2.48	48.88	2.04	7.15	19.53	-46.3	118.26	289344.73	381328.98	3821.12
207	1782	002455	百川股份	55.8	0.2	5.6	7.79	1.11	1.92	52.69	4.99	22.83	1.24	-47.88	160.75	283507.78	302727.59	10581.53

续表

行业排名	全部上市公司排名	股票代码	股票简称	综合得分（100分）	每股收益（元）	总资产报酬率（%）	净资产收益率（%）	总资产周转率（次）	流动资产周转率（次）	资产负债率（%）	已获利息倍数	营业收入增长率（%）	资本扩张率（%）	市场投资回报率（%）	股价波动率（%）	年末资产总额（万元）	营业收入（万元）	净利润（万元）
208	1801	603879	永悦科技	55.7	0.26	7.42	5.53	1.04	1.2	10.55	26.38	8.78	3.34	-52.17	170.66	60026.79	60821.93	3740.25
209	1821	300041	回天新材	55.4	0.28	6.18	5.33	0.75	1.18	26.77	16.43	14.81	-6.18	-32.14	95.41	240847.6	173967.39	11869.01
210	1845	601500	通用股份	55.2	0.2	4.35	5.06	0.91	1.8	39.74	13.5	2.16	2.76	-32.73	88.54	442648.07	384688.18	14817.13
211	1856	002224	三力士	55.1	0.13	5.24	5.22	0.4	0.74	25.82	6.04	1.89	13.35	-39.4	113.52	264200.68	91908.98	7902.31
212	1872	300054	鼎龙股份	54.9	0.31	8.21	7.07	0.34	0.62	5.94	0	-21.33	2.35	-46.06	150.73	396055.65	133759.66	27127.12
213	1888	603970	中农立华	54.7	0.72	6.46	11.61	1.39	1.5	62.97	11.35	6.6	10.47	-39.98	119.91	258486.09	373462.72	11514.99
214	1897	002909	集泰股份	54.7	0.11	3.68	1.73	1.1	1.58	47.45	5.81	16.26	-4.87	-26.8	125.16	87757.63	93262	1874.2
215	1899	603078	江化微	54.6	0.48	4.86	4.32	0.41	0.7	23.72	28	8.3	2.9	-44.15	134.85	100880.93	38367.74	3965.46
216	1900	600339	中油工程	54.6	0.17	2	3.67	0.63	0.7	74.92	18.19	5.89	3.28	-39.66	93.64	9375399.66	5862287.7	95747.85
217	1913	600691	阳煤化工	54.5	0.07	4.26	-0.33	0.52	1.45	81.55	1.22	7.47	34.76	-36.61	88.42	4151056.75	2177461.52	12508.62
218	1920	002125	湘潭电化	54.5	0.2	5.5	6.41	0.38	1.24	63.23	3.02	45.66	2.53	-34.84	88.73	317575.14	107901.98	7496.82
219	1928	600583	海油工程	54.4	0.02	0.44	-0.65	0.38	0.85	24.03	147.79	7.8	-0.97	-24.76	71.45	3014920.06	1105212.12	7983.89
220	1941	002539	云图控股	54.3	0.17	4.92	2.1	0.8	1.88	69.32	1.76	1.64	0.66	-34.54	82.7	1037212.45	786829.84	16821.76
221	1944	000677	恒天海龙	54.3	0	3.28	1.06	0.82	2.36	24.69	5.38	27.51	0.98	-37.35	93.07	87271.27	70681.98	640.37
222	1950	002453	华软科技	54.3	0.04	3.6	-0.05	0.85	1.94	62.38	2.02	39.93	5.98	-33.24	123.78	265113.69	206072.81	3252.88
223	1977	002211	宏达新材	54	0.03	1.02	-1.35	0.91	1.17	32.82	0	14.3	-3.86	-37.41	93.67	118249.85	108012.73	1273.99
224	1980	002250	联化科技	54	0.04	2	2.17	0.48	1.19	33.61	2.14	0.16	1.55	-14.17	80.49	862437.59	411412.79	4701.43
225	1991	300320	海达股份	53.9	0.29	10.66	13.99	0.99	1.41	42.19	11.39	64.91	63.71	-67.6	225.29	265081.79	213006.9	17596.73
226	1994	603822	嘉澳环保	53.8	0.73	5.98	7.12	0.75	1.41	46.1	3.05	17.78	4.8	-34.62	132.86	144234.37	103948.86	5624.94
227	2001	300218	安利股份	53.7	0.11	2.27	2.26	0.83	1.93	49.1	1.69	12.49	1.89	-32.2	80.8	208754.24	167943.09	2165.89
228	2003	000859	国风塑业	53.7	0.14	4.57	-3.06	0.58	1.35	24.7	40.65	5.21	5.26	-34.8	88.23	210953.13	123422.63	8682.4
229	2015	300535	达威股份	53.6	0.4	6.43	4.95	0.47	0.79	9.25	0	7.05	6.77	-42.09	122.47	77966.84	35613.58	4123.83
230	2019	002497	雅化集团	53.5	0.19	7.92	5.42	0.68	1.96	36.92	5.49	30.03	5.66	-50.76	161.91	474046.71	306665	22885.98

续表

行业排名	全部上市公司排名	股票代码	股票简称	综合得分（100分）	每股收益（元）	总资产报酬率（%）	净资产收益率（%）	总资产周转率（次）	流动资产周转率（次）	资产负债率（%）	已获利息倍数	营业收入增长率（%）	资本扩张率（%）	市场投资回报率（%）	股价波动率（%）	年末资产总额（万元）	营业收入（万元）	净利润（万元）
231	2023	603991	至正股份	53.5	0.51	7.57	7.84	0.79	1.23	39.83	4.85	33.3	6.62	-35.04	112.52	81741.49	56977.76	3800.5
232	2041	603010	万盛股份	53.3	0.43	8.41	3.71	0.89	1.97	45.36	9.14	17.63	3.2	-48.1	177.54	207728.87	173289.36	10351.4
233	2057	600096	云天化	53.1	0.09	4.46	-0.39	0.81	1.55	90.77	1.21	-5.35	24.48	-33.01	110.27	6782083.11	5297895.86	25145.68
234	2059	002246	北化股份	53.1	0.23	4.03	3.42	0.67	1.08	27.32	0	8.24	5.47	-48.12	132.51	362008.91	236337.19	12434.55
235	2064	600301	ST南化	53.1	0.23	10.43	-8.4	0.48	0.7	23.28	3.97	28.62	65.4	-23.3	99.04	39514.61	27544.16	4487.66
236	2076	603378	亚士创能	53	0.3	4.38	2.81	0.72	1.07	48.4	4.99	22.64	1.84	-40.68	159.57	254312.24	166225.62	5873.21
237	2083	600759	洲际油气	52.8	0.03	6.41	2.88	0.21	1.09	62.72	1.75	16.67	-4.27	-48.81	105.94	1470193.27	332631.42	20649.74
238	2089	000420	吉林化纤	52.7	0.07	4.32	4.87	0.38	1.61	59.12	1.94	16.59	5.01	-40.42	121.12	714025.81	256240.17	14078.03
239	2099	002015	霞客环保	52.6	0.01	1.36	1.4	0.96	1.22	5.74	23.27	15.1	93.71	-33.88	69.62	64399.07	47181.36	593.26
240	2129	000973	佛塑科技	52.2	0.12	3.93	4.12	0.49	1.05	56.33	3.16	12.38	4.62	-47.85	139.41	584052.14	282284.17	12093.32
241	2130	603110	东方材料	52.2	0.23	5.41	4	0.53	0.74	14.03	17.05	-0.69	1.29	-41.24	137.41	73696.08	39241.98	3279.83
242	2131	600589	广东榕泰	52.2	0.22	4.59	3.66	0.3	0.51	41.02	3.21	3.45	3.66	-33.7	99.24	540492.15	170010.64	15358.53
243	2133	002915	中欣氟材	52.1	0.32	6.58	6.33	0.63	1.13	33.18	8.03	9.6	4.27	-37.52	148.74	70801.32	43904.59	3615.67
244	2139	000545	金浦钛业	52	0.1	4.8	4.41	0.63	1.48	34.33	4.87	6.53	2.46	-38.47	74.06	312661.69	185462.15	10204.49
245	2153	002136	安纳达	51.9	0.21	5.08	6.28	1.09	2.93	22.37	24.45	-9.36	3.09	-43.22	169.75	91409.45	103572.43	4279.68
246	2165	000698	沈阳化工	51.7	0.14	3.34	1.32	1.14	3.12	50.73	2.04	-9.38	2.7	-41.96	108.19	914370.7	1079078.09	11860.58
247	2174	002748	世龙实业	51.5	0.24	4.9	4.24	1.03	2.41	22.88	17.28	23.58	0.54	-52.88	169.58	151229.17	148484.7	5690.78
248	2176	000589	黔轮胎A	51.5	0.11	2.84	1.54	0.68	1.39	67.42	1.59	-1.93	2.27	-29.62	80.27	1048130.54	682532.49	8817.31
249	2200	300641	正丹股份	51.3	0.12	4.7	3.39	0.77	1.12	18.57	14.84	3.38	-0.45	-42.67	145.91	160244.94	120951	6033.68
250	2202	300135	宝利国际	51.3	0.05	4.29	0.04	0.68	0.99	58.19	1.75	13.89	2.74	-30.28	81.74	295726.05	204984.33	4059.63
251	2213	300191	潜能恒信	51.1	0.09	6.46	3.63	0.08	0.13	9.9	10521.57	32.94	5.85	-40.55	88.52	140004.43	10915.88	7002.7
252	2217	603299	苏盐井神	51.1	0.26	5.79	6.93	0.6	1.86	52.78	3.15	6.28	4.34	-51.49	177.56	471387.4	276351.86	14608.26
253	2218	002407	多氟多	51.1	0.1	3.73	1.55	0.52	1.07	50.74	2.28	4.74	25.65	-45.86	144.62	815858.19	391276.59	13169.55

续表

行业排名	全部上市公司排名	股票代码	股票简称	综合得分（100分）	每股收益（元）	总资产报酬率（%）	净资产收益率（%）	总资产周转率（次）	流动资产周转率（次）	资产负债率（%）	已获利息倍数	营业收入增长率（%）	资本扩张率（%）	市场投资回报率（%）	股价波动率（%）	年末资产总额（万元）	营业收入（万元）	净利润（万元）
254	2225	000985	大庆华科	51	-0.02	-0.38	-2.94	2.43	6.31	24.01	0	10.44	-4.95	-40.44	107.21	69251.41	169016.9	-288
255	2228	002470	金正大	51	0.13	3.32	3.5	0.73	1.19	44.72	9.91	-21.94	6.39	-30.19	110.76	2260957.5	1548157.41	48318.03
256	2232	300721	怡达股份	51	0.44	4.12	2.67	0.85	1.5	33.3	4.28	-7.05	3.85	-47.31	143.53	138651.77	112723.16	3584.75
257	2274	000635	英力特	50.5	0.09	1.07	0.77	0.6	1.51	15.66	0	1.12	-11.41	-44.65	117.3	313596.14	198715.27	2684.64
258	2281	002053	云南能投	50.5	0.21	4.34	4.02	0.36	1.21	38.09	16.55	-1.16	2.88	-41.91	120.2	413105.09	143021.85	12036.07
259	2288	300537	广信材料	50.4	0.29	4.01	1.67	0.38	0.96	29.06	9.04	42.4	2.99	-40.66	156.35	179673.24	63938.6	5445.7
260	2289	002666	德联集团	50.4	0.19	5.55	5.22	1.02	1.5	21.13	11.23	18.57	3.92	-30.4	180.1	377394.19	372923.56	14550.26
261	2295	600527	江南高纤	50.4	0.06	3.88	3.51	0.54	0.8	2.89	247.16	-4.05	-2.28	-36.02	111.47	250082.14	137155.66	8841.73
262	2306	002778	高科石化	50.2	0.2	3.35	2.81	0.91	1.42	18.52	4.72	19.9	1.92	-30.72	90.9	77392.16	68892.26	1813.08
263	2337	300644	南京聚隆	49.8	0.38	3.61	1.14	1.12	1.5	30.86	4.44	-0.54	60.16	-33.02	135.96	98539.34	101819.33	2245.68
264	2341	002324	普利特	49.8	0.18	3.65	2.22	0.95	1.46	40.51	2.23	7.89	3.3	-36.15	126.48	391790.52	366552.41	7083.45
265	2358	300236	上海新阳	49.6	0.03	0.23	0.07	0.37	0.67	16.77	4.58	18.5	-2.15	-26.49	136.52	153310.48	55962.78	613.84
266	2362	002002	鸿达兴业	49.5	0.24	7.73	9.9	0.42	1.19	56.55	3.17	-7.58	5.14	-59.85	236.26	1414194.64	604470.03	61194.64
267	2366	002809	红墙股份	49.4	0.57	6.71	5.77	0.7	0.79	27.07	195.84	47.66	8.54	-54.43	176.45	142040.73	93173.51	6831.14
268	2369	002556	辉隆股份	49.3	0.19	3.83	5.52	2.12	2.81	68.71	2.65	17.43	5.6	-32.74	124.88	824730.21	1682714.08	15947.43
269	2379	000949	新乡化纤	49.2	0.09	3.22	2.71	0.63	1.92	53.46	2.34	9.42	2.83	-40.65	118.84	787794.66	449418.47	11344.36
270	2400	002588	史丹利	48.9	0.17	3.45	3.67	0.77	1.45	39.52	6.03	8.07	2.72	-43.48	155.49	734572.41	568623.4	19008.1
271	2408	300539	横河模具	48.8	0.05	2.96	2.11	0.65	1.26	57.46	1.83	12.64	7.14	-27.02	94.58	95446.37	55419.9	996.53
272	2412	002165	红宝丽	48.7	0.05	2.09	1.23	0.75	1.67	58.53	2.15	13.63	-5.14	-43.96	114.28	363589.78	246715.41	3099.31
273	2416	002361	神剑股份	48.7	0.09	3.51	3.66	0.59	0.92	45.3	4.24	6.01	-5.3	-36.01	86.47	338535.76	193786.91	7953.97
274	2417	002919	名臣健康	48.7	0.36	4.93	3.62	0.79	0.89	21.15	0	-14.86	2.49	-50.3	126.54	69866.44	54627.65	2966.07
275	2436	002709	天赐材料	48.4	1.35	13.29	0.03	0.48	0.97	39.89	14.05	1.1	12.14	-56.15	210.18	493489.2	207984.67	44708.37
276	2447	603133	碳元科技	48.2	0.26	4.88	4.05	0.46	0.75	28.25	182.67	8.44	7.67	-53.92	174.67	133731.02	54210.73	5092.29

续表

行业排名	全部上市公司排名	股票代码	股票简称	综合得分（100分）	每股收益（元）	总资产报酬率（%）	净资产收益率（%）	总资产周转率（次）	流动资产周转率（次）	资产负债率（%）	已获利息倍数	营业收入增长率（%）	资本扩张率（%）	市场投资回报率（%）	股价波动率（%）	年末资产总额（万元）	营业收入（万元）	净利润（万元）
277	2448	600714	金瑞矿业	48.2	0.08	4.06	3.54	0.24	0.32	7.79	226.02	72.55	3.87	-37.74	89.36	67749.97	15716.09	2273.81
278	2451	603683	晶华新材	48.1	0.18	2.83	2.69	0.71	1.37	38.96	4.01	21.08	3.06	-30.77	151.23	132645.21	88089.41	2536.27
279	2475	002886	沃特股份	47.9	0.3	5.09	4.3	0.79	1.07	38.71	3.69	5.65	4.22	-27.8	101.24	106519.93	80816.77	3504.77
280	2477	603003	龙宇燃油	47.9	0.15	3.01	0.77	2.69	3.55	26.71	2.71	-4.73	-4.78	-44.86	133.95	562737.41	1603587.2	9248.65
281	2495	600844	丹化科技	47.6	0	1.26	-0.19	0.4	2.22	18.72	2.13	7.66	0.41	-48.69	116.19	339213.65	143323.48	867.21
282	2517	601208	东材科技	47.3	0.05	1.7	0.43	0.53	1.42	25.56	2.73	-5.16	1.01	-40.63	134.91	317799.56	164454.74	3273.5
283	2524	002108	沧州明珠	47.2	0.21	9.02	3.55	0.77	1.59	31.96	10.14	-5.66	2.57	-53.58	171.2	484652.95	332509.94	29272.41
284	2538	300665	飞鹿股份	46.9	0.21	5.06	5.06	0.53	0.72	45.8	5.59	35.2	4.31	-44.64	149.55	85081.66	38339.8	2646.9
285	2545	000554	泰山石油	46.8	0	0.41	-0.55	2.53	12.94	28.78	2.18	13.19	-1.95	-40.37	104.11	126871.71	307752.29	205.33
286	2563	300169	天晟新材	46.5	0.05	3.39	0.3	0.44	0.79	42.08	1.87	17.12	1.56	-20.34	106.71	206886.88	90454.98	1576.2
287	2642	600746	江苏索普	44.9	0.01	0.72	-0.7	0.8	1.32	11.37	0	-38.98	-6.59	-30.44	110.64	53048.28	47433.18	358.32
288	2649	300109	新开源	44.8	0.41	6.52	6.94	0.33	1.06	44.59	4.13	42.92	-2.01	-61.26	198.47	230309.96	69828.32	9058.16
289	2651	002669	康达新材	44.8	0.34	4.85	4.26	0.46	0.72	15.31	18.05	68.8	16.91	-57.53	205.8	225977.53	92832.58	7974.81
290	2657	002094	青岛金王	44.7	0.15	6.18	4.48	1.03	1.76	42.97	3.63	16.67	17.72	-53.42	227.12	591659.03	545608.77	15506.21
291	2667	000159	国际实业	44.6	0.12	3.43	-1.64	0.19	0.32	21.85	4.06	55.01	2.23	-22.87	82.28	274006.5	55060.53	4983.36
292	2671	002895	川恒股份	44.5	0.19	4.24	3.75	0.51	1.45	26.95	11.47	9	1.25	-54.08	204.25	261622.42	129027.66	7665.15
293	2680	002201	九鼎新材	44.4	0.06	3.14	0.75	0.42	1.38	61.26	1.35	7.73	2.11	-40.24	141.47	231981.41	107104.24	1860.38
294	2694	600078	澄星股份	44	0.03	4.01	0.71	0.39	0.72	73.67	1.41	5.37	1.39	-41.82	122.38	812150.96	314647.4	7786.39
295	2695	000565	渝三峡 A	44	0.1	4.35	3.45	0.42	0.82	26.54	4.32	-82.51	3.18	-43.94	124.21	146872.54	63123.82	4522.16
296	2697	300478	杭州高新	44	0.17	3.54	-3.72	0.69	1.22	47.16	1.75	30.95	4.51	-37	58.29	111138.6	85319.82	2061.96
297	2718	000422	ST 宜化	43.5	0.23	4.84	-29.46	0.45	1.84	91.86	1.35	7.17	24.16	-32.32	125.94	2392735.4	1281226.53	31395.63
298	2739	600871	石化油服	42.9	0.01	1.92	2.07	0.95	1.83	90.51	1.78	20.47	0	-37.53	94.72	6090471.5	5840907.8	14205.6
299	2789	000523	广州浪奇	42	0.05	1.98	1.18	2.02	2.36	73.21	1.53	1.38	2.86	-42.9	138.18	706510.39	1197421.69	3308.52

续表

行业排名	全部上市公司排名	股票代码	股票简称	综合得分（100 分）	每股收益（元）	总资产报酬率（%）	净资产收益率（%）	总资产周转率（次）	流动资产周转率（次）	资产负债率（%）	已获利息倍数	营业收入增长率（%）	资本扩张率（%）	市场投资回报率（%）	股价波动率（%）	年末资产总额（万元）	营业收入（万元）	净利润（万元）
300	2805	600469	风神股份	41.6	0.03	2.57	−1.1	0.85	1.95	71.88	1.47	−14.86	5.13	−37.96	117.27	717487.46	621863.95	1827.09
301	2817	002805	丰元股份	41.3	0.17	2.98	1.92	0.35	0.76	25.84	4.96	−17.48	1.72	−50.62	153.51	78261.49	26481.09	1630.89
302	2863	600889	南京化纤	39.9	0.02	1.71	−7.13	0.5	1.02	27.31	0	−38.36	32.85	−47.11	134.75	210089.78	99054.19	655.93
303	2870	002054	德美化工	39.8	0.12	4.04	2.74	0.56	1.18	30.67	3.35	−32.38	1.67	−57.39	279.87	293193.51	166043.82	6327.14
304	2874	002096	南岭民爆	39.6	0.06	2.19	0.13	0.57	1.13	45.45	1.66	−17.16	−1.13	−37.49	90.93	372466.4	217385.83	2339.73
305	2881	002562	兄弟科技	39.4	0.03	2.72	−0.48	0.4	0.84	36.94	3.12	−9.56	−1.17	−60.17	204.4	358198.67	141501.67	2181.73
306	2885	002450	ST 康得新	39.2	0.08	3.04	1.62	0.27	0.39	47	1.49	−22.38	0.7	−66.46	148.62	3425370.74	915028.84	28370.84
307	2896	603188	亚邦股份	38.8	0.28	3.71	4.5	0.45	1.19	34.51	4.54	−14.77	−17.23	−55.77	160.38	476481.19	207582.03	11812.41
308	2897	002584	西陇科学	38.8	0.12	4.13	2.04	1.15	1.79	48.22	2.36	4.22	5.5	−67.78	334.03	350920.89	344484.96	6568.73
309	2925	000737	ST 南风	37.8	0.49	17.88	−452.8	0.87	1.77	74.91	4.13	−2.42	0	−42.71	139.12	157231.32	182727.07	26056.72
310	2938	600319	亚星化学	37.4	0.01	4.13	−0.72	1.44	3.81	97.12	1.06	3.1	12.72	−55.02	201.87	127752.24	201016.38	310.75
311	2939	600249	两面针	37.3	0.04	1.64	−5.15	0.48	1.54	33.69	1.59	−15.45	−4.49	−44.81	130.35	253150.3	124472.84	789.27
312	2957	002170	芭田股份	36.7	0.01	1.99	−2.19	0.56	1.65	45.84	1.22	10.17	−0.19	−55.88	207.28	353288.45	229083.76	780.37
313	2970	000599	青岛双星	36.4	0.03	1.79	−12.25	0.43	0.85	57.04	1.15	−6.31	37.23	−43.1	126.71	896547.96	374541.45	2888.05
314	2975	002172	澳洋健康	36.2	0.01	1.36	−7.98	0.78	1.81	68.97	0.93	−12.22	19.55	−38.46	114.42	651974.52	471067.29	−4629.12
315	2982	002319	乐通股份	36	−0.17	0.78	−7.38	0.48	1.68	54.82	0.29	−8.38	−11.87	−4.42	33.57	95788.63	48743.81	−3374.6
316	3007	300225	金力泰	34.8	0.02	0.95	0.49	0.69	1.05	21.47	0	1.38	−1.3	−72.86	314.16	114992.37	80874.05	939.78
317	3011	603619	中曼石油	34.6	0.07	3.24	0.13	0.35	0.71	45.04	3.33	−21.59	−5.65	−63.96	189.13	431587.04	138973.85	2996.75
318	3012	300157	恒泰艾普	34.5	0.04	2.55	0.65	0.25	0.62	34.96	1.66	−49.26	1.75	−57.44	167.9	553639.26	148845.03	4782.59
319	3041	002476	宝莫股份	32.8	−0.43	−23.04	−16.82	0.39	0.68	31.78	−52.12	9.78	−27.34	−23.34	80.37	105275.86	44989.07	−26408.61
320	3065	600458	时代新材	31.6	−0.53	−2.08	−10.43	0.84	1.37	66.44	−2.72	5.23	−4.45	−33.88	73.07	1427706.51	1199604.67	−43459.1
321	3092	000707	ST 双环	30.1	0.29	6.17	−330.17	0.54	1.19	95.94	1.26	−11.95	−62.08	−52.54	184.44	432970.02	376994.56	7867.19
322	3103	000953	*ST 河化	29.4	−0.93	−41.28	247.12	0.30	1.33	104.52	−10	4.83	−1172.05	−51.62	209.46	38718.18	23110.93	−27379.37

续表

行业排名	全部上市公司排名	股票代码	股票简称	综合得分（100分）	每股收益（元）	总资产报酬率（%）	净资产收益率（%）	总资产周转率（次）	流动资产周转率（次）	资产负债率（%）	已获利息倍数	营业收入增长率（%）	资本扩张率（%）	市场投资回报率（%）	股价波动率（%）	年末资产总额（万元）	营业收入（万元）	净利润（万元）
323	3104	600091	ST 明科	29.3	0.01	0.37	-6.75	0.05	0.07	24.29	13.4	-14.09	0.45	-34.69	112.42	118742.98	5624.9	406.6
324	3115	603727	博迈科	28.8	0.03	0.43	-1.92	0.14	0.23	13.92	0	-18.91	-1.04	-48.73	144.04	279149.62	39662.63	715.28
325	3127	300325	德威新材	28.4	-0.1	0.64	-6.85	0.5	0.75	61.12	0.26	22.74	-5.26	-50.18	205.83	425052.86	219399.21	-8912.06
326	3159	300405	科隆股份	26.6	-0.66	-3.63	-14.88	0.67	0.98	52.03	-1.62	6.04	-11.46	-41.11	128.67	175257.59	119490.43	-10158.61
327	3213	002554	惠博普	23.7	-0.47	-9.23	-18.2	0.39	0.6	55.2	-6.26	11.89	-20.82	-45.62	117.61	389301.97	166178.13	-49774.96
328	3217	002513	蓝丰生化	23.6	-2.57	-22.82	-41.79	0.39	1.22	53.01	-14.63	-19.95	-34.58	-37.02	134.28	352687	148139.21	-87495.13
329	3220	600470	六国化工	23.4	-1.16	-7.79	-28.15	0.74	2.21	76.01	-4.17	-12.6	-28.98	-35.95	113.04	576543.81	416529.76	-52590.61
330	3221	000792	盐湖股份	23.4	-1.24	-1.65	-18.82	0.23	1.26	74.95	-0.63	52.91	-15.51	-52.42	168.27	7499735.7	1788973.57	-360055.89
331	3227	002256	兆新股份	23.1	-0.11	-2.27	-9.98	0.17	0.66	36.84	-0.57	-7.72	-15.48	-30.97	125.57	310308.58	60362.89	-21784.3
332	3271	002629	仁智股份	20.8	-1.5	-112.76	-27.37	4.65	7.23	92.31	-140.52	-21	-96.17	-46.23	130.6	32640.49	254661.55	-62305.04
333	3283	300163	先锋新材	20.1	-0.43	-22.04	-38.04	0.62	1.5	45.23	-87.46	-14.78	-30.95	-45.27	154.6	87565.58	58696.72	-21491.84
334	3317	300221	银禧科技	18.1	-1.6	-26.48	-74.59	0.79	1.32	41.54	-17.82	-11.73	-40.02	-68.11	248.63	231216.36	226276.03	-81336.97
335	3345	002207	ST 准油	16.2	-1.42	-56.55	-170.44	0.45	1	95.31	-24.6	26.17	-94.58	-48.94	194.28	40520.36	26041.13	-34010.87
336	3373	002496	辉丰股份	14.5	-0.36	-7.37	-13.69	0.36	0.78	42.84	-5.45	-36.25	-18.93	-65.66	271.6	596062.08	251911.26	-58733
337	3434	002427	*ST 尤夫	8.5	-2.63	-11.27	-84.13	0.54	1.05	88.22	-2.3	-24.07	-58.43	-59.52	396.42	634915.89	386046.08	-104414.24

第八章　机械行业上市公司业绩评价

机械行业与国民经济密切相关，是资本、技术及劳动力密集型受内需和固定投资拉动的周期性行业，具有子行业众多、产品覆盖范围广泛、内部竞争激烈、地区发展不平衡等主要特点。2018 年，机械行业上市公司实现营业收入 2.30 万亿元，比 2017 年机械行业上市公司实现的营业收入增加了 0.21 万亿元；实现净利润 781.92 亿元，比 2017 年机械行业上市公司实现的净利润减少了 463.58 亿元，总体呈现收入增长但净利润减少的状态。2018 年上证 A 指全年跌幅为 24.6%，机械行业作为国民经济的重要支柱，其与整体经济走势高度相关，申万机械行业指数全年跌幅达到 35.11%。

2019 年的宏观经济稳中有“变”，仍然存在下行压力。国家持续稳步增速、调整结构、推进改革、降低风险，并在第一季度逐步显现效果。经济转型淘汰不符合现代经济高效和“绿色发展”的企业，取而代之的是对创新产业的强力支持。国际和国家层面的长期战略“一带一路”“雄安新区”和国防军工发展带来的巨量需求增长，将为机械行业带来新的发展机会。

一、机械行业上市公司业绩评价

截至 2018 年末，机械行业细分为机械设备、电气设备和国防军工三个子行业。A 股机械行业上市公司共计 567 家（含 2018 年上市的 20 家），其中盈利 479 家，亏损 88 家，即有 84% 的公司实现盈利，比 2017 年降低了 11 个百分点。

2018 年末，机械行业上市公司总资产共计 4.73 万亿元，占全部上市公司（全部上市公司是指：不包括金融和 B 股，本文以下如无特指按此口径）总资产的 7.73%，机械行业资产规模与 2017 年末基本持平；归属于母公司的所有者权益 1.98 万亿元，比 2017 年末略有增加，占全部上市公司归属于母公司的所有者权益的 9.52%。

2018 年，机械行业上市公司实现营业收入 2.30 万亿元，占全部上市公司营业收入的 6.06%，比 2017 年机械行业上市公司实现的营业收入增加了 0.21 万亿元；机械行业上市公司实现净利润 781.92 亿元，占全部上市公司实现净利润的 4.08%（比 2017 年减少了 4.92

个百分点），比2017年机械行业上市公司实现的净利润减少了463.58亿元，总体呈现收入增长但净利润减少的情况，主要原因是材料涨价、人力成本增加及计提资产减值。准备近年来，机械行业的资产减值准备逐年增加，2018年已达到564亿元。

2018年，机械行业整体评价结果均为C，行业业绩综合得分52.7分，比全市场的61.2分低13.89%。剔除了2018年新上市的公司后，机械行业上市公司中有四家进入2018年上市公司业绩评价综合得分的百强名单，行业排名第一为三一重工。业绩为AAA有1家，AA有2家，A有8家，BBB有26家，BB有31家，B有64家，CCC有80家，CC有85家，C有250家。

表8-1 2018年度机械行业十强排行榜

名次	股票代码	股票简称	在全部上市公司中排名
1	600031	三一重工	14
2	600406	国电南瑞	54
3	603338	浙江鼎力	84
4	601100	恒立液压	90
5	601877	正泰电器	125
6	002833	弘亚数控	206
7	002757	南兴装备	221
8	002690	美亚光电	245
9	300450	先导智能	246
10	603298	杭叉集团	251

机械行业上市公司中排名第三的浙江鼎力发展潜力较大。2018年浙江鼎力实现营业收入17.08亿元，同比增长49.89%；归母净利润4.80亿元，同比增长69.69%，业绩大幅增长。浙江鼎力产品竞争力突出，需求旺盛。2018年7月年产1.5万台小剪叉项目投产，产能提升。2018年实现国内、外收入分别为7.16亿元、9.25亿元，同比分别增长84.23%、30.18%。国内与中国龙头租赁商上海宏信签订战略合作协议；产品已成功进入美国、德国、日本三大高端主流市场，且保持持续拓展。浙江鼎力未来的盈利能力稳定，“年产3200台臂式大型智能高空作业平台建设项目”厂房主体已基本完工，预计2020年5月达产，后续随生产效率提高+产品结构优化+规模化效应将带动产能和产品毛利率稳步提升。

基于对机械行业上市公司的整体评价，下面分别从财务效益状况、资产质量状况、偿债风险状况、发展能力状况、市场表现状况五个方面对机械行业上市公司进行具体分析。

（一）财务效益

表 8–2 列示了 2018 年机械行业上市公司财务效益状况评价结果。

从综合得分来看，机械行业上市公司 2018 年的财务效益状况低于全部上市公司平均水平，且与 2017 年相比也有所下降，扣除非经常性损益净资产收益率、总资产报酬率和总股本收益率指标明显变差，营业利润率和盈利现金保障倍数指标与同行业 2017 年相比有明显的增长。原因主要有以下两个方面，一是机械行业的企业自身的研发和创新能力较弱，低价竞争普遍存在；二是机械行业的企业的材料、人力成本上升及计提资产减值准备增加。

在机械行业上市公司财务效益状况指标中，工程机械制造厂商三一重工财务效益排名第一。三一重工 2018 年实现营业收入 558.22 亿元，同比增长 45.61%，归母净利润 61.16 亿元，同比增长 192%。受益于下游基建需求拉动、环境保护力度加强、设备更新需求增长及人工替代效应，工程机械行业景气度较高。2018 年，三一重工抓住“一带一路”机遇，坚定推进国际化战略，海外市场地位提升明显，主导产品挖掘机海外销售高速增长，市场份额大幅提升。海外业务合计实现收入 136.3 亿元，同比增长 17.3%。

通用机械基础件制造厂商宁波东力是机械行业因资产减值导致经营业绩大幅下降的案例。2018 年宁波东力实现营业收入 117.61 亿元，资产质量处于上市公司前列。但由于宁波东力持有的年富供应链经营亏损，资不抵债，宁波东力对长期股权投资 23.6 亿元全额计提了减值准备，并预提了担保损失 3.31 亿元等原因导致经营业绩大幅下降。除宁波东力以外，上市公司康尼机电、中集集团和金盾股份 2018 年也计提了超过 15 亿元的减值准备，另有 13 家机械行业上市公司计提了超过 5 亿元的减值准备。

表 8 – 2 机械行业财务效益状况比较表

分析指标		2018 年上市公司平均值	2018 年行业值	2017 年行业值	增长率（%）
基本指标	扣除非经常性损益净资产收益率（%）	7.16	2.3	4.3	–46.51
	总资产报酬率（%）	5.61	3.28	4.53	–27.59
	得分	20.59	15.37	16.52	–6.96
修正指标	营业利润率（%）	6.73	4.53	6.89	–34.25
	盈利现金保障倍数	1.69	1.64	0.74	121.62
	总股本收益率（%）	38.49	14.51	25.22	–42.47
综合得分		22.01	16.91	18.07	–6.42

（二）资产质量

从综合得分来看，机械行业上市公司 2018 年资产质量状况明显高于 2017 年的行业平均水平，资产质量分析指标与 2017 年相比都有不同程度的增长。表 8–3 列示了机械行业上市公司资产质量状况评价结果。

表 8 – 3 机械行业资产质量状况比较表

分析指标		2018 年上市公司平均值	2018 年行业值	2017 年行业值	增长率（%）
基本指标	总资产周转率（次）	0.65	0.5	0.5	—
	流动资产周转率（次）	1.23	0.78	0.78	—
	得分	9.43	7.72	7.63	1.18
修正指标	应收账款周转率（次）	8.18	2.82	2.8	0.71
	存货周转率（次）	2.78	2.61	2.58	1.16
综合得分		9.17	7.5	7.26	3.31

机械行业上市公司 2018 年总资产及流动资产周转率分别为 0.5 次及 0.78 次，与 2017 年持平。机械上市公司应收账款周转率远远低于上市公司平均水平，这主要与机械行业上市公司交易结算方式有关。机械行业存货水平在 2018 年攀升至 3577 亿元，同比增长 15.82%，近三年保持增长加快态势；应收账款为 3805 亿元，同比增长 5.93%，增速较上年有所下降。

在机械行业上市公司资产质量状况指标中，建筑机械制造厂商杭叉集团资产质量名列前茅。2018 年杭叉集团实现营收 84.43 亿元，同比增长 20.54%，实现归母净利润 5.47 亿元，同比增长 15.18%。杭叉集团总资产周转率 1.57 次，流动资产周转率 2.14 次，应收账款周转率 17.59 次，存货周转率 6.98 次，均远超全部上市公司平均值和行业值。

（三）偿债风险

从综合得分来看，2018 年机械行业上市公司偿债风险状况好于全部上市公司平均水平，与同行业 2017 年相比略有下降。表 8–4 列示了机械行业上市公司偿债风险状况评价结果。与 2017 年相比较，2018 年机械行业上市公司偿债风险状况平均得分略有下降，但好于全部上市公司平均水平，说明在机械行业公司在行业持续回暖的情况下，虽然企业的利润空间增长有限，但资产质量提高，现金流动负债比率和带息负债比率有所改善，相应偿债风险也随之有所降低。

在机械行业上市公司偿债风险状况指标中迪贝电气和大元泵业两家公司得分并列第一，资产负债率、获利倍数、速动比率、现金流动负债比率和带息负债比率等指标均好于全部上市公司及行业平均水平，与这些公司的产品优势、经营状况有很大关系。

表 8-4　机械行业偿债风险状况比较表

分析指标		2018 年上市公司平均值	2018 年行业值	2017 年行业值	增长率（%）
基本指标	资产负债率（%）	60.9	54.67	54.25	0.77
	获利倍数	4.41	3.34	4.81	–30.56
	得分	8.94	8.7	9.28	–6.25
修正指标	速动比率（%）	78.76	109.03	111.67	–2.36
	现金流动负债比率（%）	12.06	6.11	4.73	29.18
	带息负债比率（%）	48.41	41.03	46.74	–12.22
综合得分		8.79	8.83	8.95	–1.34

（四）发展能力

从综合得分来看，2018 年机械行业上市公司发展能力状况略低于全部上市公司的平均水平，与同行业 2017 年相比也略有降低。

表 8–5 列示了机械行业上市公司发展能力状况评价结果。近年来，改革和创新一直是我国经济的主旋律，机械行业在多重政策影响下，整体资产和营业收入都呈现高速增长趋势。但进入 2018 年，随着行业结构优化和市场环境建设的日益完善，机械行业增速下调，进入发展趋于平稳的状态。

表 8 – 5　机械行业发展能力状况比较表

分析指标		2018 年上市公司平均值	2018 年行业值	2017 年行业值	增长率（%）
基本指标	营业收入增长率（%）	13.68	12.76	17.65	–27.71
	资本扩张率（%）	9.66	6.31	18	–64.94
	得分	12.2	11.43	12.37	–7.60
修正指标	累计保留盈余率（%）	40.89	28.93	30.48	–5.09
	三年营业收入增长率（%）	15.02	12.43	12.7	–2.13
	总资产增长率（%）	11.63	7	15.03	–53.43
	营业利润增长率（%）	4.93	–25.27	76.83	–132.89
综合得分		12.19	10.8	12.69	–14.89

在机械行业上市公司发展能力状况指标中，电气部件与设备制造商国电南瑞得分名列前茅。2018 年国电南瑞实现营业收入 285.40 亿元，归母净利润 41.62 亿元。国电南瑞在特高压、配网二次设备和电力信息化方面实力雄厚，持续受益于三型两网建设，增长确定性高，属于国网体系优质资产。电力自动化信息通信业务因调度信息化、新产品网络安全管理平台和监测装置取得突破，收入快速增长，毛利率提升 7.68 个百分点。2019 年一季度，公司实现收入 37.51 亿元，归母净利润 0.77 亿元，毛利率为 24.11%。

（五）市场表现

机械行业与国民经济密切相关，属于内需和固定投资拉动型的周期性行业，是处于成熟期的资本、技术及劳动力密集型产业。上证 A 指全年跌幅为 24.6%，机械行业作为国民经济的重要支柱，其与整体经济走势高度相关，申万机械行业指数全年跌幅达到 35.11%。具体情况见图 8–1。

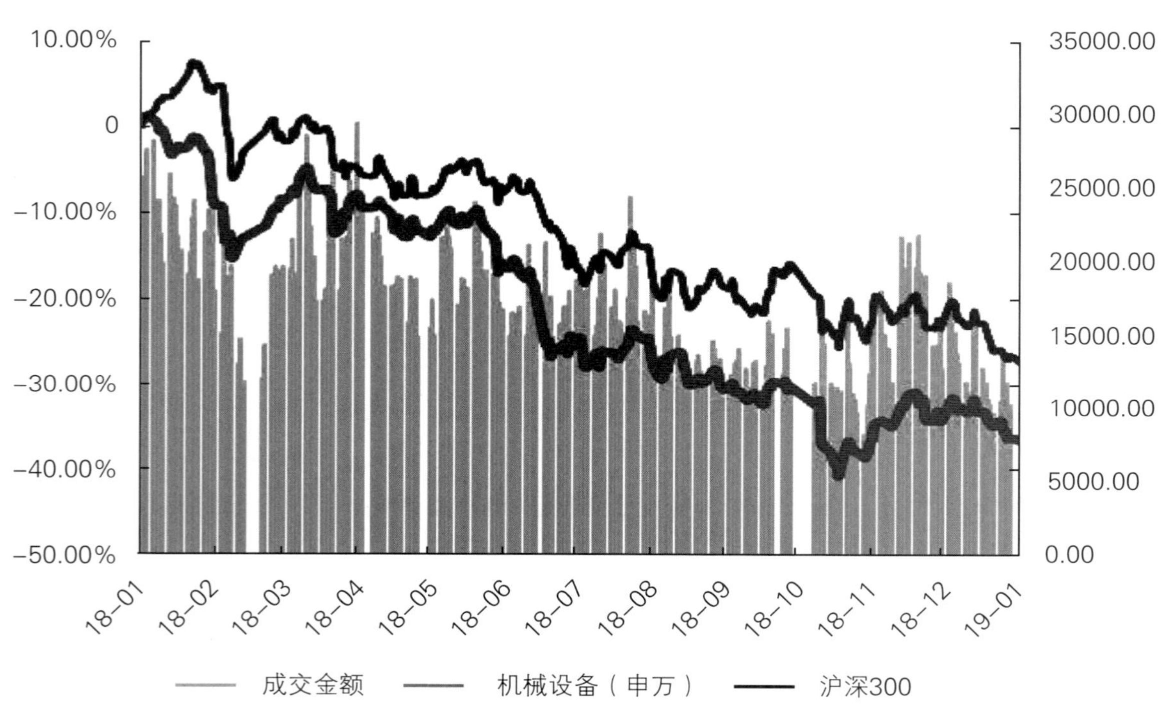

图 8 – 1　机械指数与大盘指数波动

数据来源：Wind 资讯。

从综合得分来看，机械行业上市公司市场表现状况略低于全部上市公司的平均水平。表 8–6 列示了机械行业上市公司市场表现状况评价结果。2018 年机械行业上市公司市场投资回报率为 –34.84%，低于全部上市公司 –33.09% 的水平，比 2017 年机械行业 –20.31% 的水平大幅降低。机械行业上市公司有 25 家市场投资回报率为正值，其中最高的为中压电气设备制造厂商大烨智能，市场投资回报率达到 34.04%。市场表现得分最高的为国电南瑞、浙江鼎力和正泰电器等 22 家企业。

表 8－6 机械行业公司市场表现状况比较表

分析指标	2018 年上市公司平均值	2018 年行业值	2017 年行业值	增长率（%）
市场投资回报率（%）	−33.09	−34.84	−20.31	71.54
股价波动率（%）	127.11	129.01	97.89	31.79
得分	9	8.68	8.34	4.08

二、2018 年度影响机械行业上市公司业绩的因素分析

2018 年，我国经济增长结构优化，持续推进供给侧改革“三去一降一补”；国内金融监管叠加严控地方债，金融风险整体降低，基建投资增速下降 15.2 个百分点；受国外需求放缓及国内金融监管等因素影响，净出口较上年下滑 1.1 个百分点；我国经济增长正在稳步由投资转向消费驱动。中美贸易摩擦升级，影响汽车等大件商品消费；高技术产业投资同比增长 14.9%，较整体投资增速高 9 个百分点。

虽然国内外宏观经济环境处于不确定的环境中，并且总体经济仍有下行压力，机械行业上市公司仍然维持了 2016 年以来的增长态势，但增速明显放缓。2018 年，机械行业上市公司实现营业收入 2.30 万亿元，占全部上市公司营业收入的 6.06%，比 2017 年机械行业上市公司实现的营业收入增加了 0.21 万亿元；机械行业上市公司实现净利润 781.92 亿元，占全部上市公司实现净利润的 4.08%，比 2017 年减少了 4.92 个百分点，比 2017 年机械行业上市公司实现的净利润减少了463.58 亿元，总体呈现收入增长但净利润减少的情况。影响机械板块盈利状况的主要原因如下：

（一）固定资产投资低位增长是机械行业上市公司收入增速放缓的主要因素

机械行业作为典型的周期性行业，固定资产投资是决定机械行业发展的主要因素。2018 年，全社会固定资产投资 645675 亿元，总量比上年增长 5.9%，但增速相比上年却下降 1.30 个百分点，其中，基建、房地产、制造业、采矿业投资同比增长 1.79%、8.30%、4.10%、9.50%，持续保持恢复性增长。

2018 年，机械行业上市公司实现营业收入 2.30 万亿元，占上市公司全部营业收入的 6.06%，比 2017 年增加了 0.21 万亿元。机械行业上市公司的营业收入增长率为 12.76%，比 2017 年降低 27.71%，总体呈现收入增长但增速放缓的状态。以固定资产投资为主要驱动力的机械行业，在 2018 年虽然保持良好的发展势头，但随着固定资产投资增速降低，机械行业的收入增速也随之放缓。

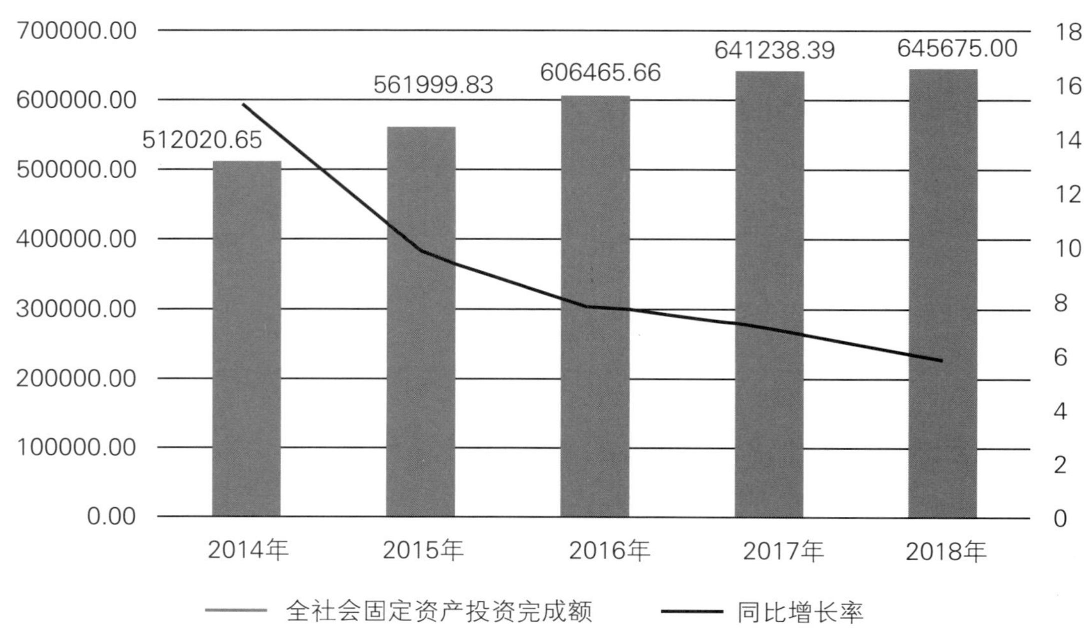

图 8－2　2014—2018 年全社会固定资产投资完成额及同比增长率

数据来源：Wind 资讯。

（二）竞争激烈，成本增加和资产减值增高导致机械行业利润低速增长

2018 年机械行业主营收入 2.30 万亿元，增长率 12.76%；营业利润 1039 亿元，增长率 −25.27%。成本高企和多家企业计提资产减值准备是造成营业利润负增长的主要原因。

机械行业的市场竞争加剧和生产经营压力上升导致 2018 年以来企业累计订货增速呈现波动下行的趋势，截至年底累计订货同比仅增长 0.84%，较上年同期的 13.75% 回落近 13 个百分点。

影响机械行业成本的主要因素有上游金属原材料价格和劳动力成本等。2018 年生产资料价格同比上涨 4.6%。工业生产者购进价格同比上涨 4.1%，全年工业生产者出厂价格指数上涨 3.5%。企业商品价格同比上涨 3.0%。2018 年，全年全员劳动生产率为 107327 元 / 人，比上年提高 6.6%。机械行业整体的产品议价能力低，原材料价格和人工上涨导致的成本上升只能在行业内消化。

多家机械行业企业计提资产减值准备，也是造成营业利润负增长的重要原因。2012—2018 年，机械行业资产减值准备连年增长，2018 年达到 564 亿元，同比增加 73.8%。

2018 年全年 PMI 指数（中国制造业采购经理指数）

数据来源：Wind 资讯。

月份	1 月	2 月	3 月	4 月	5 月	6 月	7 月	8 月	9 月	10 月	11 月	12 月
PMI（%）	51.3	50.3	51.5	51.4	51.9	51.5	51.2	51.3	50.8	50.2	50.0	49.4

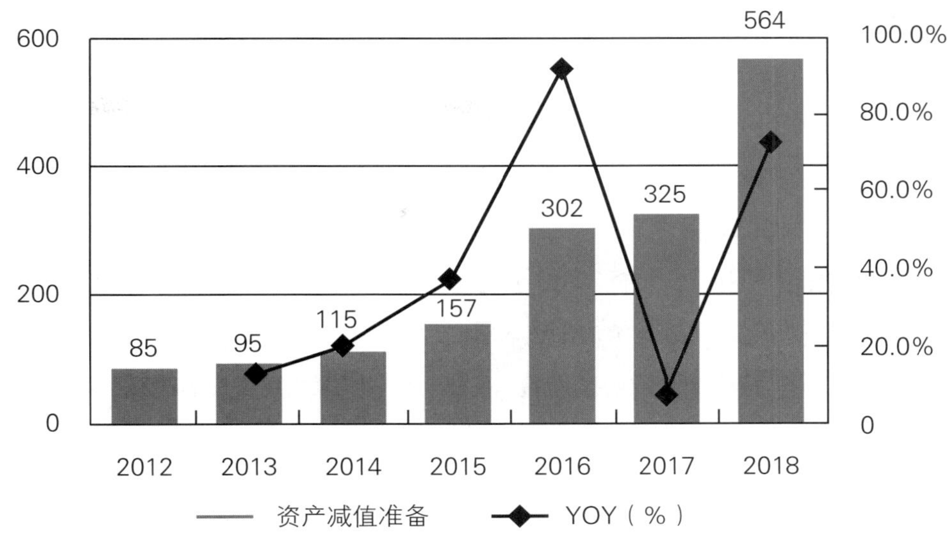

图 8－3　2012—2018 年机械行业资产减值准备

数据来源：Wind 天风证券研究所

（三）国际需求增加，机械行业对外贸易表现坚挺

根据牛津经济研究院的报告《全球建筑 2030》，2016—2030 年全球建筑业累计产值有望达到 212 万亿美元。近五年，中国企业在海外铁路建设、一般建筑、石油化工、电力工程等基础设施建设领域，整体的市场占有率从 2014 年的 14.53% 快速提升至 2018 年的 23.63%。对"一带一路"国家的投资为中国带来了大量工程订单。截至 2018 年，中国企业在"一带一路"国家的新签订单为 1257.8 亿美元，营业额达到 893.3 亿美元，同比增长 4.4%。2018 年全国机械设备出口 4294 亿美元。

2018 年全年机械行业的重要核心产品挖掘机总销量超过 20 万台，出口销量占比为 9.39%，并且随着出口销量增速持续高于国内销量增速，出口占比有望继续提升，从而平抑挖掘机行业整体销量波动。上市公司三一重工、柳工和徐工机械及合资公司卡特比勒和山河智能等前五大主机厂占据 87.86% 的出口份额，并贡献出口总增量的 91.47%。上市公司恒立液压的小挖泵阀已批量配套国产主机厂商。上市公司艾迪精密在 2018 年也实现国内知名主机厂前装配套。液压泵阀的国产化突破，不仅能够帮助国产主机厂商突破供应链制约，同时将显著降低国产主机厂商液压件的成本，提升国产挖掘机在国际市场上的竞争力。

（四）增值税改革促进机械行业上市公司利润增长

国务院总理李克强 2018 年 3 月 28 日主持召开国务院常务会议，确定深化增值税改革措施。机械行业作为中游行业，上承原材料波动，下对各行业需求变化。增值税率降低，有利于机械行业上市公司改善经营现金流，提升盈利能力。如果增值税率从 17% 降至 16%，机械行业上市公司整体净利率水平提升约 1%，经营性现金流提升 4.98%。增值税降低的意义在于改善行业公司经营性现金流，降低财务费用，以提高营业利润率。

三、2019 年机械行业前景展望

2019 年的宏观经济稳中有“变”，仍然存在下行压力。国家持续稳步增速、调整结构、推进改革、降低风险，并在第一季度逐步显现效果。2019 年第一季度，机械行业上涨 31.3%，跑赢大盘 7.4 个百分点。其中，工程机械上涨 39.1%。机械行业毛利率保持平稳态势，第一季度的涨幅位列申万所有一级子行业第 12 位，行业整体市盈率为 29.10，位居申万 28 个一级子行业第 7 位，处于阶段性较高位置。国际和国家层面的长期战略“一带一路”“雄安新区”、国防军工投入、税收改革、科创板和其他相关领域带来的巨量需求增长，将为机械行业带来新崛起和新突破的宝贵发展机会。

（一）“一带一路”倡议实施，带动国际工程业务增长，工程机械和轨道交通等领域期待增长

第二届“一带一路”高峰论坛于 2019 年 4 月在北京举行。中国已经与 126 个国家和 29 个国际组织签署了 176 份合作文件，累计投资 185.5 亿美元，入区企业 1082 家，总产值 506.9 亿美元，存量投资已达 1300 亿美元。基础设施的互联互通依然是首要任务，“一带一路”沿线国家基建投资潜力大。

预计“一带一路”沿线国家未来 5 年合计基建规模达 31790 亿元，沿线国家基建规模占 GDP 比值为 5.4%，高于全球平均水平的 3.5%。未来 5 年工程机械需求总量 1710 亿美元。上市公司三一重工、徐工机械、柳工和中联重科等整机厂商，以及恒立液压和艾迪精密等配件厂商竞争力强劲。

根据国际铁路联盟统计，长期来看全球高铁总里程数将达到 98102 公里，而中国高铁的总里程数将达到 39132 公里。“一带一路”沿线国家铁路建设密度低，未来需求潜力大。国内方面铁路投资企稳，继续强调通车端设备投资机会。2019 年一季度铁路固定资产投资累计完成额 1011.91 亿元，同比增长 10%。2019—2020 年地铁、高铁领域均有望迎来通车高峰期。2019 年一季度，轨道交通上市公司龙头中国中车实现营业收入 396.7 亿元，同比增长 20.49%，海外实现收入 46.8 亿元，同比增长 30%，占总收入的 11.8%。

（二）伴随雄安新区建设的逐步实施，机械行业面临巨大的增长机会

2017 年 4 月中央决定设立河北雄安新区，是继深圳特区、浦东新区之后又一具有全国意义的新区。预计 2020 年雄安新区固定资产投资达 4143 亿元，拉动全国投资 0.19 个百分点；2020 年 GDP 达 1868 亿元，拉动全国 GDP 的 0.049 个百分点。长期视角看雄安新区未来发展前景，建成后人口可达 900 亿—1200 万人，固定资产投资可达 3000 亿—4000 亿元，GDP 可达 1.4 万亿—1.9 万亿元。

2019 年 1 月 2 日，《国务院关于河北雄安新区总体规划（2018—2035 年）的批复》明确了雄安新区的发展蓝图，是我国新经济改革过程中的又一重大决策部署，将重点促进中国经济从高增长向高质量转型。新区建设必然会带来基建与环保的需求增量，将进一步推动机械行业的工程机械、清洁能源设备、轨道交通三大领域的未来增长。

（三）随着军备需求增加和军企改革深化，国防军工行业将持续向好

从2010年到2018年，整体国防支出预算年均增长率为8.81%，军费与GDP比重一直保持相对平稳的2%。2019年我国国防预算增长率有望继续维持在8%以上，未来的增长趋势主要取决于中美关系、朝鲜半岛和中印边境等潜在国外干扰因素，以及军队改革推进、武器升级换代和军工企业内部改革等国内需求因素。我国空军“20”系列，海军“052D”“055”大型驱逐舰、国产航空母舰和陆军“99A主战坦克”均已进入放量阶段，随着新一代主战武器的定型投产，军工行业还将进入新的列装高峰。

军民融合、重点领域技术加快发展及军工企业兼并重组是我国军工行业的重点发展方向。军民融合是军事引导下的科技创新，为实现国防和军队现代化提供可持续发展的资源；加快自主可控、无人机、航空装备和卫星导航等重点领域技术发展；推动军工企业兼并重组是实现军工企业快速做大做强的有效渠道，也能够在解决历史遗留问题的同时，形成“1+1>2”的合力。军工企业资产证券化是兼并重组的重要手段，不但可以拓宽融资渠道，减轻政府的财政负担、解决制约军工产业发展的资金瓶颈，还是混改的主要手段，有助于实现打破封闭体制，提升资产效率，改善企业治理结构。

（四）国家税收改革和综合保险费率下降，持续推动机械行业业绩提升

2019年3月21日，财政部、税务总局、海关总署三部门联合发布《关于深化增值税改革有关政策的公告》，2019年4月1日起，增值税一般纳税人发生增值税应税销售行为或者进口货物，原税率16%调整为13%，原税率10%调整为9%。预计此次减税规模为6000亿—7000亿元，可达GDP的0.7%左右。相比于扩张性逆周期政策，减税副作用较小，有效稳定经济增长。本轮增值税减税的配套政策丰富，保证所有行业只减不增。预期对机械行业的销售价格产生一定的负向作用，但是对利润产生一定的正向作用。

（五）科创板上市公司促进机械行业同业务上市公司发展

国家主席习近平于2018年11月5日在首届中国国际进口博览会开幕式上宣布设立科创板。科创板独立于现有主板市场的新设板块，并在该板块内进行注册制试点。

高端装备行业将成为科创板的主要组成部分。中国已经出现一大批科技创新能力突出、具备国际竞争力的高端制造企业。但由于科技企业风险高、投入大、变现周期长，融资难度高、质量差长期以来一直是行业痛点。科创板适合高端制造企业的成长发展。智能机器人、芯片制造、航天航空制造等行业将成为科创板行业的重要组成部分。科创板上市高端制造企业有望带动A股同业务企业的股价和业绩提升，将带动市场重新审视相关业务领域，证明行业前景广阔，促进机械行业相关业务上市公司的未来成长和发展。

附表 2018年度机械行业上市公司业绩评价结果排序表

行业排名	全部上市公司排名	股票代码	股票简称	综合得分（100分）	每股收益（元）	总资产报酬率（%）	净资产收益率（%）	总资产周转率（次）	流动资产周转率（次）	资产负债率（%）	获利倍数	营业收入增长率（%）	资本扩张率（%）	市场投资回报率（%）	股价波动率（%）	年末资产总额（万元）	营业收入（万元）	净利润（万元）
1	14	600031	三一重工	87.50	0.79	11.77	21.41	0.85	1.27	55.94	14.40	45.61	23.24	-11.48	39.45	7377472.30	5582150.40	630348.70
2	54	600406	国电南瑞	82.10	0.93	10.12	17.61	0.58	0.74	43.86	113.78	17.95	38.96	4.53	42.59	5233985.98	2854037.08	444988.41
3	84	603338	浙江鼎力	80.30	1.94	17.23	20.00	0.53	0.72	28.41	433.26	49.89	18.11	1.82	51.53	363358.47	170753.83	48046.85
4	90	601100	恒立液压	79.90	0.95	14.74	19.81	0.63	1.09	37.08	18.19	50.65	18.12	-13.84	48.17	727134.46	421097.54	83695.15
5	125	601877	正泰电器	78.90	1.68	10.04	17.57	0.60	1.22	53.24	8.87	17.10	8.16	-5.74	54.73	4758256.42	2742083.27	376175.71
6	206	002833	弘亚数控	76.40	2.00	24.58	25.41	0.91	1.20	19.74	935.00	45.59	25.42	-46.16	133.80	149020.05	119448.78	27306.35
7	221	002757	南兴装备	76.00	1.35	12.60	12.94	0.74	1.59	15.13	46.89	44.12	89.33	-21.15	59.90	194950.61	112586.77	16359.57
8	245	002690	美亚光电	75.20	0.66	18.87	19.87	0.45	0.52	14.84	1542.94	13.33	5.13	14.95	66.94	271162.98	123971.82	44769.42
9	246	300450	先导智能	75.20	1.06	11.27	23.85	0.52	0.67	59.14	36.16	78.70	23.72	-7.20	99.47	842561.20	389003.50	74244.13
10	251	603298	杭叉集团	75.10	0.88	13.34	15.30	1.57	2.14	25.32	117.05	20.54	10.47	-25.91	71.44	562563.54	844262.16	61214.24
11	253	600761	安徽合力	75.10	0.79	11.44	14.63	1.33	1.93	33.64	69.54	15.22	2.97	-15.39	37.19	743792.44	966747.93	71176.47
12	275	300349	金卡智能	74.80	1.17	13.40	15.13	0.47	0.83	22.97	342.59	20.88	15.73	-28.75	92.95	456396.48	203990.43	49593.03
13	284	603337	杰克股份	74.60	1.49	13.59	19.51	1.10	1.67	36.21	224.89	48.98	19.07	12.56	69.40	397820.42	415150.07	45533.16
14	290	300470	日机密封	74.40	0.89	14.00	16.09	0.51	0.70	25.81	54.44	42.09	14.38	-2.70	58.90	152811.46	70457.96	17092.02
15	309	300400	劲拓股份	74.00	0.38	12.50	16.65	0.71	1.03	35.75	—	23.68	21.77	8.86	53.63	93895.12	59089.73	9146.03
16	329	300567	精测电子	73.60	1.80	18.73	29.25	0.71	0.87	53.90	14.52	55.24	39.92	-17.05	108.03	262192.20	138950.93	30308.27
17	333	603638	艾迪精密	73.60	0.86	20.14	24.16	0.77	1.90	39.41	33.25	59.15	21.58	12.36	88.53	168765.34	102065.29	22517.41
18	338	603806	福斯特	73.60	1.44	14.09	14.17	0.79	1.01	13.94	114.68	4.90	10.48	1.78	71.81	645591.78	480973.61	75005.51
19	353	002595	豪迈科技	73.40	0.92	17.28	17.91	0.73	1.37	21.92	39.72	24.36	11.37	-14.06	66.53	556746.95	372440.57	73886.37
20	360	601717	郑煤机	73.20	0.48	6.27	7.87	1.11	1.80	55.61	6.48	244.63	6.18	-21.63	49.28	2769085.48	2601172.99	93890.74
21	368	002444	巨星科技	73.00	0.67	10.16	11.39	0.69	1.18	26.50	33.31	38.64	11.94	-32.90	88.84	928139.73	593467.37	73546.65
22	370	300124	汇川技术	73.00	0.71	13.00	19.72	0.61	0.80	36.74	81.02	22.96	14.14	-28.18	103.88	1032935.32	587435.78	120872.08
23	382	300457	赢合科技	72.80	0.92	9.81	15.52	0.50	0.73	41.55	10.69	31.58	140.00	3.91	52.73	514249.64	208728.51	33049.21

续表

行业排名	全部上市公司排名	股票代码	股票简称	综合得分（100分）	每股收益（元）	总资产报酬率（%）	净资产收益率（%）	总资产周转率（次）	流动资产周转率（次）	资产负债率（%）	获利倍数	营业收入增长率（%）	资本扩张率（%）	市场投资回报率（%）	股价波动率（%）	年末资产总额（万元）	营业收入（万元）	净利润（万元）
24	390	000528	柳工	72.70	0.54	4.74	8.75	0.76	1.12	61.48	6.69	60.55	10.75	-8.31	77.04	2621197.36	1808483.69	84096.64
25	436	601012	隆基股份	71.90	0.93	8.68	16.52	0.61	1.05	57.58	8.01	34.38	18.12	-35.71	183.80	3965924.41	2198761.49	256662.41
26	449	002168	惠程科技	71.70	0.43	13.68	23.29	0.55	1.39	44.39	19.92	408.65	47.23	-28.13	102.73	370146.05	189815.84	40246.74
27	469	300718	长盛轴承	71.20	0.74	14.80	13.81	0.56	0.81	9.01	—	16.96	11.27	-25.82	113.11	125384.42	66256.91	14962.87
28	478	603203	快克股份	71.00	1.01	18.57	19.72	0.45	0.53	16.24	—	19.50	20.54	-35.11	108.94	103945.67	43240.81	15709.57
29	499	000425	徐工机械	70.80	0.26	3.98	7.56	0.80	1.09	50.46	7.41	52.45	26.13	-31.35	71.23	6124988.23	4441000.56	205565.12
30	510	002884	凌霄泵业	70.60	1.80	18.68	17.63	0.81	0.89	7.41	—	12.27	10.15	-36.33	147.61	143315.53	110442.09	22317.15
31	513	300423	鲁亿通	70.50	1.65	14.15	26.75	0.80	1.10	57.91	19.90	1048.13	494.53	8.79	76.56	685151.42	303110.96	45053.77
32	523	002871	伟隆股份	70.40	0.67	12.25	13.37	0.48	0.72	22.23	—	21.04	10.64	-3.73	98.83	78508.65	34670.48	7768.04
33	524	600885	宏发股份	70.40	0.94	14.06	17.07	0.83	1.49	32.75	19.94	14.28	13.36	-28.62	112.32	889151.93	687977.40	96033.33
34	531	002851	麦格米特	70.30	0.72	9.75	16.57	0.87	1.10	47.07	226.50	60.17	18.14	-6.69	82.26	318214.10	239365.47	25757.47
35	539	000922	佳电股份	70.30	0.57	9.48	16.46	0.65	0.86	43.32	3986.40	22.66	17.93	-20.68	66.44	323338.58	194803.79	27868.91
36	541	300572	安车检测	70.20	1.04	12.71	19.92	0.48	0.53	37.83	—	28.17	24.51	24.83	86.99	111985.56	52776.74	12500.68
37	544	603960	克来机电	70.20	0.48	11.10	14.95	0.72	1.07	38.39	38.55	131.51	24.83	23.72	111.85	94063.35	58321.81	7801.15
38	562	300722	新余国科	69.90	0.93	15.68	18.08	0.39	0.69	16.56	—	6.77	13.27	-10.95	98.84	52282.42	21355.87	7425.37
39	568	002430	杭氧股份	69.80	0.77	9.33	14.82	0.70	1.30	49.66	10.15	22.47	13.99	-42.81	117.18	1134682.12	790121.75	79470.24
40	576	603416	信捷电气	69.70	1.06	14.90	14.93	0.51	0.61	12.12	95.32	22.09	13.85	-36.80	114.48	120643.09	59038.02	14862.95
41	581	603611	诺力股份	69.60	0.71	7.38	11.78	0.79	1.18	50.08	47.95	20.43	8.84	-16.90	70.39	353617.98	255263.50	19958.56
42	603	603606	东方电缆	69.30	0.34	7.27	10.34	0.95	1.20	49.19	5.75	46.67	9.68	1.98	54.72	341285.80	302422.17	17143.42
43	605	300280	紫天科技	69.20	0.57	9.20	11.53	0.41	1.06	39.13	62.71	84.89	109.77	-10.43	25.39	219417.34	66855.19	11366.02
44	622	603025	大豪科技	69.00	0.40	20.68	19.70	0.52	0.68	7.22	1023.82	1.67	-4.57	-22.69	76.08	197934.65	107471.36	37053.46
45	636	002150	通润装备	68.80	0.44	12.39	11.63	0.89	1.20	18.88	321.82	10.55	9.90	-29.27	87.22	157255.62	134572.44	14172.65
46	639	300720	海川智能	68.80	0.65	11.53	10.63	0.34	0.48	7.99	—	7.61	7.98	-16.36	101.26	49509.56	16206.19	4664.09

续表

行业排名	全部上市公司排名	股票代码	股票简称	综合得分（100分）	每股收益（元）	总资产报酬率（%）	净资产收益率（%）	总资产周转率（次）	流动资产周转率（次）	资产负债率（%）	获利倍数	营业收入增长率（%）	资本扩张率（%）	市场投资回报率（%）	股价波动率（%）	年末资产总额（万元）	营业收入（万元）	净利润（万元）
47	641	002706	良信电器	68.80	0.28	11.91	12.87	0.75	1.17	18.77	—	8.38	4.18	-28.32	70.64	216640.03	157378.67	22196.52
48	648	002892	科力尔	68.60	0.83	11.17	11.66	1.01	1.37	16.32	53.24	21.85	10.41	-31.41	97.33	74791.89	72092.07	6955.71
49	697	300286	安科瑞	68.00	0.45	12.14	13.76	0.50	0.72	21.58	—	12.94	9.63	-30.54	105.27	94124.43	45783.38	9709.19
50	698	000547	航天发展	68.00	0.31	6.70	7.87	0.41	0.76	22.52	17.84	49.61	27.30	-30.19	116.50	932766.62	351579.75	50768.28
51	701	603278	大业股份	68.00	0.99	8.31	14.21	0.81	1.20	52.35	12.07	29.41	12.01	-33.59	91.13	320399.33	243935.24	20536.08
52	706	002353	杰瑞股份	67.90	0.64	6.74	7.56	0.41	0.56	27.28	35.74	44.23	5.86	2.75	96.69	1191694.85	459677.12	63667.79
53	713	600967	内蒙一机	67.80	0.32	2.20	6.55	0.64	0.86	58.12	92.82	2.50	8.21	-13.78	60.00	2032927.44	1226691.85	53691.87
54	720	300193	佳士科技	67.70	0.38	7.45	8.30	0.33	0.39	12.15	—	10.76	6.37	-3.88	63.14	276549.32	89330.48	19572.28
55	762	300371	汇中股份	67.20	0.69	13.86	13.34	0.41	0.65	12.37	—	13.42	3.14	-36.59	104.85	70846.30	27976.54	8156.65
56	766	300445	康斯特	67.10	0.45	13.52	14.75	0.42	0.62	9.89	705.58	18.53	13.85	-39.47	107.17	59300.80	24049.95	7401.02
57	773	300276	三丰智能	67.00	0.45	5.62	7.86	0.38	0.84	29.51	105.08	186.56	48.46	-11.96	77.14	503166.61	179191.19	23332.95
58	785	002849	威星智能	66.80	0.48	8.66	13.14	0.73	0.86	50.29	40.29	57.24	13.88	-25.40	93.80	127224.12	78854.74	7805.13
59	795	603218	日月股份	66.70	0.70	8.14	9.78	0.61	0.82	26.60	—	28.35	7.33	-26.74	102.76	404522.85	235058.93	28055.45
60	804	600262	北方股份	66.60	0.67	7.68	20.63	0.58	0.80	43.85	10.88	34.28	21.09	-13.72	96.89	205219.78	119559.17	21698.98
61	820	600577	精达股份	66.40	0.22	13.03	14.48	2.09	3.02	34.42	7.03	4.88	7.64	-21.44	86.78	562402.11	1189779.61	51498.90
62	829	603339	四方科技	66.20	0.88	10.24	11.71	0.64	0.88	19.79	—	21.99	12.08	-36.28	95.11	205122.35	123053.72	18222.34
63	830	603985	恒润股份	66.20	1.33	9.87	11.75	0.79	1.27	34.70	77.35	60.03	15.35	-26.13	115.90	177466.03	118532.38	12714.75
64	841	300488	恒锋工具	66.00	0.67	8.44	7.66	0.34	0.82	15.99	34.25	11.87	6.09	-21.96	67.86	111188.21	36253.25	6945.69
65	845	300316	晶盛机电	65.90	0.46	10.50	14.33	0.41	0.55	33.22	72.64	30.11	14.35	-34.75	146.63	633504.27	253571.15	56839.54
66	854	603912	佳力图	65.80	0.51	12.26	16.11	0.54	0.63	36.01	207.42	16.20	12.65	-27.70	128.36	109654.75	53472.45	10667.18
67	861	002796	世嘉科技	65.80	0.48	4.20	5.30	0.94	1.79	28.61	20.44	121.94	192.63	5.94	97.26	201434.66	127990.78	5111.72
68	902	002896	中大力德	65.40	0.91	10.37	12.99	0.70	1.27	37.00	14.92	20.26	10.99	-25.33	110.43	93666.05	59905.15	7282.97
69	923	603131	上海沪工	65.00	0.37	7.13	9.03	0.76	1.16	24.21	530.65	21.22	54.54	-24.22	102.43	135265.29	86379.57	7626.59

续表

行业排名	全部上市公司排名	股票代码	股票简称	综合得分（100分）	每股收益（元）	总资产报酬率（%）	净资产收益率（%）	总资产周转率（次）	流动资产周转率（次）	资产负债率（%）	获利倍数	营业收入增长率（%）	资本扩张率（%）	市场投资回报率（%）	股价波动率（%）	年末资产总额（万元）	营业收入（万元）	净利润（万元）
70	926	600482	中国动力	65.00	0.78	3.63	5.27	0.59	0.80	45.92	6.24	28.14	9.73	−10.52	86.69	5720818.40	2966152.81	155948.98
71	938	002526	山东矿机	64.80	0.09	7.06	7.14	0.60	0.99	21.43	29.91	35.60	6.81	−16.37	85.21	317471.86	187412.26	17246.04
72	956	603012	创力集团	64.70	0.33	6.40	7.33	0.38	0.52	36.26	13.24	28.23	10.67	8.17	54.05	453220.68	160759.03	20141.76
73	958	603617	君禾股份	64.70	0.68	10.34	13.84	0.80	1.12	37.84	19.44	10.25	11.69	−31.53	112.01	84411.68	63728.54	6879.34
74	973	300416	苏试试验	64.50	0.55	8.52	11.56	0.50	0.76	39.90	11.56	28.11	46.64	−23.63	99.23	147126.65	62889.65	8595.35
75	984	600481	双良节能	64.30	0.15	8.16	11.75	0.65	0.86	41.48	19.37	45.78	9.09	−19.55	64.91	388864.21	250507.22	25619.09
76	996	002801	微光股份	64.10	0.83	11.28	11.28	0.62	0.75	17.23	61.71	13.70	8.43	−39.56	126.10	109882.67	64665.32	9859.63
77	1001	600580	卧龙电驱	64.10	0.49	5.69	10.99	0.63	1.17	64.95	3.99	9.82	6.98	−24.86	71.36	1845465.35	1107603.28	68802.24
78	1003	002097	山河智能	64.00	0.41	5.27	9.49	0.43	0.72	65.45	3.52	45.85	3.58	−26.90	65.07	1428739.91	575552.05	46061.98
79	1011	002793	东音股份	64.00	0.56	11.29	13.38	0.81	1.45	35.09	31.82	12.97	20.64	−41.59	116.91	140173.24	93544.58	11134.56
80	1018	300427	红相股份	63.80	0.65	9.41	12.22	0.38	0.75	38.74	12.02	76.31	10.82	−26.60	94.46	365501.45	131149.35	26015.17
81	1019	002013	中航机电	63.80	0.23	5.19	8.12	0.48	0.76	55.78	5.56	26.05	11.72	−8.80	66.05	2667122.53	1163718.00	90736.80
82	1029	002645	华宏科技	63.70	0.44	7.69	9.10	0.80	1.51	28.20	—	47.38	8.57	−34.04	127.11	255206.84	191591.81	16009.41
83	1053	603277	银都股份	63.50	0.62	14.09	14.97	0.71	0.88	23.50	762.92	9.26	12.56	−51.98	153.86	229717.53	148551.68	24834.95
84	1054	300606	金太阳	63.50	0.60	11.27	11.66	0.59	0.86	17.67	—	46.64	16.40	−46.06	136.98	70204.93	37820.28	6262.93
85	1064	600835	上海机电	63.30	1.24	6.47	16.71	0.63	0.75	61.00	1446.90	9.05	5.62	−41.95	113.37	3366158.82	2123374.25	213571.72
86	1080	603728	鸣志电器	63.10	0.43	8.07	9.43	0.82	1.09	25.03	34.99	16.31	9.33	−29.95	81.31	246481.94	189404.81	16676.02
87	1087	600388	龙净环保	63.00	0.75	6.08	16.68	0.56	0.67	73.01	10.11	15.90	11.45	−39.01	129.38	1885391.62	940229.84	80540.29
88	1089	600760	中航沈飞	63.00	0.53	2.76	9.61	0.74	0.96	71.15	228.98	3.55	12.27	−23.07	79.05	2843925.12	2015086.46	74550.47
89	1091	300600	瑞特股份	63.00	0.67	10.27	10.90	0.41	0.61	15.08	467.81	17.68	24.01	−39.27	137.57	129534.53	48880.65	10832.19
90	1099	300667	必创科技	62.90	0.46	10.47	12.46	0.44	0.52	20.97	53.34	21.42	11.47	1.45	151.53	50675.29	21039.28	4732.98
91	1108	300607	拓斯达	62.80	1.32	14.19	20.29	0.83	1.10	46.56	25.26	56.73	18.95	−51.80	184.06	170799.88	119809.81	17042.54
92	1117	000519	中兵红箭	62.70	0.25	3.96	4.52	0.49	0.77	24.57	56.64	3.73	4.44	−37.41	95.80	1042252.19	495368.00	34766.32

续表

行业排名	全部上市公司排名	股票代码	股票简称	综合得分（100分）	每股收益（元）	总资产报酬率（%）	净资产收益率（%）	总资产周转率（次）	流动资产周转率（次）	资产负债率（%）	获利倍数	营业收入增长率（%）	资本扩张率（%）	市场投资回报率（%）	股价波动率（%）	年末资产总额（万元）	营业收入（万元）	净利润（万元）
93	1123	603100	川仪股份	62.60	0.98	9.37	18.03	0.73	0.98	54.73	10.36	13.75	13.33	-24.81	67.61	504758.12	355703.05	38787.72
94	1125	300669	沪宁股份	62.60	0.45	8.42	8.35	0.55	0.75	10.48	418.90	7.42	5.14	-24.25	77.42	52021.16	27863.31	3793.86
95	1135	300034	钢研高纳	62.50	0.25	6.11	7.25	0.40	0.65	26.58	109.37	32.25	33.45	-29.89	67.59	258430.46	89258.79	12034.39
96	1136	002882	金龙羽	62.50	0.57	17.41	16.27	1.67	1.97	30.54	17.18	40.28	15.02	-28.43	89.92	229878.87	331838.01	24289.16
97	1141	603159	上海亚虹	62.50	0.43	9.09	10.48	1.14	2.03	25.27	24.35	11.07	7.06	-30.64	75.85	56666.18	63733.63	4292.60
98	1142	300510	金冠股份	62.50	0.39	5.82	6.00	0.30	0.76	20.52	12.66	67.53	83.21	-36.87	67.46	538171.16	124196.06	19825.13
99	1155	600118	中国卫星	62.40	0.35	5.03	7.24	0.75	1.00	36.40	60.22	2.68	4.94	-31.85	94.62	1043183.53	758301.79	46908.16
100	1163	601766	中国中车	62.30	0.39	4.42	8.92	0.60	0.91	58.13	10.46	3.82	5.51	-27.46	95.23	35752305.00	21908264.10	1299850.70
101	1167	002202	金风科技	62.20	0.88	5.88	13.14	0.37	0.87	67.46	4.33	14.33	12.78	-45.79	151.47	8136405.29	2873060.73	328259.79
102	1169	000157	中联重科	62.20	0.26	4.49	5.08	0.32	0.43	58.52	2.82	23.30	1.42	-18.14	48.12	9345665.18	2869654.29	195663.08
103	1170	002843	泰嘉股份	62.20	0.40	9.05	8.73	0.47	0.82	17.56	144.40	17.61	9.17	-43.47	118.13	80836.59	35312.39	5571.88
104	1178	603656	泰禾光电	62.10	0.54	9.19	9.37	0.42	0.49	11.83	—	5.76	7.34	-35.90	100.43	100772.82	40734.77	8039.14
105	1186	300514	友讯达	61.90	0.26	7.00	10.34	0.84	0.87	40.78	26.74	16.05	8.75	-8.66	140.40	89271.30	69749.11	5248.93
106	1187	002698	博实股份	61.90	0.27	6.14	7.90	0.30	0.39	38.06	74.35	16.18	6.05	-12.01	82.35	344348.25	91557.49	16379.22
107	1196	002532	新界泵业	61.90	0.26	8.10	9.16	0.76	1.88	28.19	23.54	-0.55	-2.23	-19.54	72.13	198017.96	149871.24	13171.04
108	1207	600582	天地科技	61.70	0.23	4.58	6.66	0.49	0.66	44.28	11.93	16.65	5.49	-29.54	73.56	3739213.34	1793946.57	135099.84
109	1212	300341	麦克奥迪	61.70	0.29	12.79	14.75	0.72	1.10	36.36	44.38	23.04	-17.62	-30.87	126.16	143816.12	97879.99	14943.01
110	1218	603320	迪贝电气	61.50	0.43	7.00	7.06	0.88	1.25	12.98	45.93	-2.86	4.59	-30.81	113.04	71259.22	63485.80	4283.28
111	1221	600089	特变电工	61.50	0.49	3.87	6.94	0.45	0.82	57.90	3.80	3.59	14.59	-30.18	94.01	9259458.42	3965552.78	253417.72
112	1232	000039	中集集团	61.40	1.11	5.54	8.51	0.65	1.33	67.02	3.57	22.54	21.20	-51.54	171.77	15888396.30	9349762.20	406845.50
113	1235	300151	昌红科技	61.40	0.11	5.48	6.40	0.69	1.10	14.06	150233.00	15.84	5.22	-28.77	99.58	103656.10	69365.48	5561.85
114	1236	603800	道森股份	61.40	0.43	7.49	8.97	0.78	1.03	36.67	10.41	40.80	7.37	-31.67	111.42	158863.17	116930.49	8712.40
115	1243	002819	东方中科	61.30	0.41	9.47	11.76	1.27	1.35	46.02	29.50	25.22	14.37	-18.61	82.83	93452.85	92597.98	5559.76

续表

行业排名	全部上市公司排名	股票代码	股票简称	综合得分（100分）	每股收益（元）	总资产报酬率（%）	净资产收益率（%）	总资产周转率（次）	流动资产周转率（次）	资产负债率（%）	获利倍数	营业收入增长率（%）	资本扩张率（%）	市场投资回报率（%）	股价波动率（%）	年末资产总额（万元）	营业收入（万元）	净利润（万元）
116	1244	002598	山东章鼓	61.30	0.27	7.65	10.33	0.76	1.06	38.51	31.80	34.52	12.38	-32.00	84.15	138547.70	94297.57	8316.83
117	1246	002520	日发精机	61.30	0.27	6.82	7.92	0.47	0.89	48.66	5.71	95.84	64.25	-29.26	135.48	574069.11	196887.56	18767.79
118	1268	601727	上海电气	61.20	0.20	3.40	7.59	0.48	0.68	66.30	6.34	27.17	4.12	-27.38	67.05	21852186.50	10115752.50	547862.20
119	1269	300391	康跃科技	61.20	0.44	6.64	8.42	0.43	0.90	31.31	7.05	18.39	53.30	-30.14	117.29	208424.39	88102.24	9962.51
120	1285	300222	科大智能	61.00	0.55	6.81	9.33	0.52	0.88	41.98	22.57	40.42	10.20	-23.41	96.17	787580.09	359383.08	40647.90
121	1291	603283	赛腾股份	60.80	0.75	11.01	17.51	0.76	1.04	45.28	19.43	32.38	18.65	-16.25	146.62	137370.61	90438.64	12126.76
122	1293	002877	智能自控	60.80	0.30	8.77	10.29	0.41	0.58	35.73	15.66	22.32	9.25	5.80	156.23	99492.30	37605.11	6304.38
123	1300	300120	经纬辉开	60.70	0.35	6.47	7.04	0.74	1.65	30.32	10.02	132.12	6.38	-36.03	121.61	286759.66	206264.23	13653.38
124	1305	300589	江龙船艇	60.70	0.15	5.02	9.60	0.58	0.94	63.32	7.58	10.97	8.94	-16.73	115.52	92167.30	46935.23	3113.10
125	1308	603969	银龙股份	60.70	0.18	8.36	8.99	0.97	1.27	35.35	13.67	7.30	5.94	-31.72	108.61	268801.08	233752.58	15176.60
126	1321	300179	四方达	60.50	0.13	6.91	7.84	0.36	0.58	22.22	89.10	19.78	4.98	-34.77	117.68	108668.02	37669.80	6467.18
127	1322	603016	新宏泰	60.50	0.41	7.31	7.59	0.43	0.53	11.77	411.99	9.65	2.09	-37.34	80.65	96448.05	41590.63	6389.58
128	1326	603500	祥和实业	60.50	0.47	10.72	10.12	0.38	0.48	8.23	167.92	13.43	7.28	-41.85	145.90	91817.38	33993.13	8237.47
129	1339	603331	百达精工	60.30	0.55	9.59	10.12	0.73	1.21	33.84	6.27	6.45	5.45	-24.08	72.45	108552.61	77454.21	7080.33
130	1344	002212	南洋股份	60.30	0.42	6.27	5.99	0.64	1.80	17.43	14.00	22.74	2.23	-43.87	143.07	994749.34	630033.74	48700.23
131	1358	600579	天华院	60.10	0.22	4.85	5.58	1.30	2.97	63.94	2.84	2432.66	390.56	-35.43	91.32	1573477.56	1130409.40	19071.36
132	1360	300474	景嘉微	60.10	0.53	7.55	8.87	0.22	0.28	8.21	—	29.71	121.61	-32.89	100.45	240909.22	39721.79	14228.71
133	1364	300114	中航电测	60.00	0.26	8.75	11.52	0.65	0.97	26.79	—	11.87	-3.63	-31.68	84.59	206310.66	138833.90	17726.73
134	1365	002823	凯中精密	60.00	0.39	6.69	9.25	0.70	1.58	53.73	4.51	20.64	16.05	-33.96	102.39	284845.27	166972.71	11344.38
135	1368	000768	中航飞机	60.00	0.20	1.37	2.75	0.76	0.93	59.68	9.87	7.69	9.43	-22.28	64.30	4789748.20	3346832.08	50791.43
136	1386	603396	金辰股份	59.80	1.12	6.82	10.41	0.48	0.56	47.12	27.74	32.50	8.40	-35.55	119.21	170591.11	75632.80	9026.07
137	1387	603289	泰瑞机器	59.80	0.38	8.22	10.88	0.61	0.74	26.66	11866.08	12.68	8.48	-43.15	142.00	131174.26	79234.23	10057.25
138	1399	002129	中环股份	59.70	0.23	4.08	5.49	0.37	1.09	63.17	2.23	42.63	20.96	-37.72	142.60	4269731.15	1375571.64	78902.27

续表

行业排名	全部上市公司排名	股票代码	股票简称	综合得分（100分）	每股收益（元）	总资产报酬率（%）	净资产收益率（%）	总资产周转率（次）	流动资产周转率（次）	资产负债率（%）	获利倍数	营业收入增长率（%）	资本扩张率（%）	市场投资回报率（%）	股价波动率（%）	年末资产总额（万元）	营业收入（万元）	净利润（万元）
139	1401	603859	能科股份	59.70	0.45	7.11	8.47	0.46	0.58	18.94	131.99	78.12	14.22	-23.06	93.95	97809.36	40795.42	6300.45
140	1410	300444	双杰电气	59.60	0.32	6.52	10.87	0.58	0.88	56.57	6.76	36.09	31.73	-30.14	92.56	395810.59	190514.68	16436.41
141	1420	300420	五洋停车	59.50	0.18	7.11	8.50	0.48	0.84	28.49	27.53	32.80	7.30	-2.35	65.16	220263.18	100207.64	12928.29
142	1424	600984	建设机械	59.40	0.19	2.84	4.65	0.31	0.75	57.44	4.10	21.77	4.76	-1.73	36.51	792935.82	222729.50	15329.50
143	1433	603757	大元泵业	59.30	1.43	15.50	17.62	0.91	1.22	21.02	662.62	-0.86	12.64	-55.93	196.12	127566.64	111359.72	16751.86
144	1436	300619	金银河	59.20	0.62	7.06	10.58	0.70	1.04	55.55	5.71	31.03	9.69	-39.51	124.80	102872.87	64183.27	4624.86
145	1461	002837	英维克	59.00	0.52	7.32	12.33	0.63	0.83	49.71	11.66	36.01	59.43	-24.10	111.39	215094.77	107035.33	10849.87
146	1463	002514	宝馨科技	59.00	0.17	7.69	10.45	0.47	0.95	49.51	6.29	47.20	9.79	-30.61	80.34	187160.53	80711.95	9431.19
147	1469	603090	宏盛股份	58.90	0.33	6.08	7.17	0.66	1.18	26.38	—	12.83	5.07	-34.71	99.59	66382.96	41514.29	3418.28
148	1474	002490	山东墨龙	58.90	0.12	4.01	5.19	0.69	1.55	69.52	1.30	50.14	4.29	-15.26	61.67	660753.66	445201.48	10240.65
149	1475	603855	华荣股份	58.90	0.46	6.95	10.54	0.66	0.87	41.98	225.25	10.26	3.43	-30.70	81.63	253313.86	163127.89	15241.31
150	1479	002111	威海广泰	58.90	0.62	6.37	8.56	0.48	0.75	38.36	10.21	21.23	5.64	-33.55	88.26	457730.61	218719.66	23500.83
151	1480	600038	中直股份	58.80	0.87	2.46	6.57	0.56	0.66	66.64	31.61	8.44	6.63	-20.29	70.45	2403512.45	1306551.36	51034.43
152	1485	002559	亚威股份	58.70	0.30	5.22	6.97	0.65	1.01	30.14	318.78	6.52	1.97	-27.97	77.95	238866.49	153288.44	11511.56
153	1487	600475	华光股份	58.70	0.75	5.22	9.68	0.69	1.17	54.55	31.93	27.42	7.64	-43.08	108.93	1155461.16	745352.72	49048.06
154	1488	603819	神力股份	58.70	0.40	5.84	6.33	0.89	1.14	37.33	7.94	32.78	4.84	-3.31	54.24	124409.80	95329.88	4819.14
155	1493	300515	三德科技	58.60	0.18	6.63	7.52	0.44	0.58	21.88	3183.69	23.25	4.91	-29.19	101.11	60637.18	25408.57	3478.99
156	1495	601369	陕鼓动力	58.60	0.21	3.19	5.84	0.30	0.37	64.25	18.76	27.31	1.90	-18.48	77.86	1809101.89	503883.56	37430.08
157	1499	002438	江苏神通	58.60	0.21	4.25	5.87	0.35	0.55	45.29	7.54	43.91	4.80	-21.37	74.80	329640.62	108746.40	10334.42
158	1504	300604	长川科技	58.50	0.25	5.03	8.20	0.35	0.45	30.64	252.30	20.20	12.23	3.15	131.23	67838.78	21612.15	3647.11
159	1506	002026	山东威达	58.50	0.37	5.89	6.38	0.55	0.88	18.98	—	13.10	6.03	-32.59	101.44	307451.44	166199.66	15435.41
160	1516	000682	东方电子	58.40	0.14	4.59	6.94	0.61	0.75	36.35	33.33	12.33	4.06	-30.02	90.80	515461.35	304235.37	22322.10
161	1523	002857	三晖电气	58.30	0.29	6.89	8.33	0.39	0.44	26.72	—	13.33	7.51	-31.68	92.55	62433.61	23142.08	3677.17

续表

行业排名	全部上市公司排名	股票代码	股票简称	综合得分（100分）	每股收益（元）	总资产报酬率（%）	净资产收益率（%）	总资产周转率（次）	流动资产周转率（次）	资产负债率（%）	获利倍数	营业收入增长率（%）	资本扩张率（%）	市场投资回报率（%）	股价波动率（%）	年末资产总额（万元）	营业收入（万元）	净利润（万元）
162	1531	300660	江苏雷利	58.30	1.10	7.60	9.77	0.77	0.86	29.64	73.18	11.18	6.61	48.09	171.98	301611.58	224893.32	20087.97
163	1532	300593	新雷能	58.20	0.31	4.45	5.77	0.45	0.68	44.95	4.42	37.65	33.01	−22.98	105.96	134370.36	47656.89	3737.98
164	1535	300490	华自科技	58.20	0.43	4.64	6.68	0.54	1.03	38.32	14.39	122.18	36.92	−7.07	155.68	276911.94	137996.67	9872.45
165	1539	300499	高澜股份	58.10	0.48	5.37	8.80	0.55	0.77	46.56	10.35	16.89	9.50	−31.62	97.81	127788.01	65331.35	5748.79
166	1540	002537	海联金汇	58.10	0.11	1.08	2.04	0.35	0.49	29.79	14.75	25.40	−5.42	−1.49	45.77	943359.06	501123.91	13875.25
167	1544	603966	法兰泰克	58.10	0.32	5.07	7.74	0.51	0.75	52.02	19.54	19.97	7.43	−32.58	99.97	183966.45	76373.18	6592.67
168	1556	300259	新天科技	58.00	0.13	7.34	7.98	0.36	0.51	19.39	163.40	14.82	2.35	−36.86	131.46	246867.28	85525.54	15696.06
169	1562	000551	创元科技	57.90	0.22	4.53	7.29	0.69	1.09	50.80	7.48	15.18	1.51	−29.07	91.23	437978.90	298372.63	15601.97
170	1563	300066	三川智慧	57.90	0.09	5.71	6.17	0.37	0.61	10.59	—	12.59	4.72	−30.21	82.39	189359.83	68718.81	10204.02
171	1567	300554	三超新材	57.90	0.40	6.16	7.63	0.52	0.81	30.27	55.32	17.45	5.62	−45.03	244.21	71723.61	33344.73	3713.16
172	1569	603699	纽威股份	57.80	0.37	7.74	10.10	0.60	0.77	44.29	17.35	16.10	6.59	−38.75	163.85	497769.67	278089.69	27150.63
173	1577	300553	集智股份	57.80	0.34	3.85	3.69	0.39	0.54	10.98	—	21.75	—	−19.24	73.58	36437.28	14022.22	1198.52
174	1579	000811	冰轮环境	57.80	0.43	6.30	10.37	0.62	1.14	50.95	10.13	4.47	4.06	−34.69	130.66	605096.08	360644.26	30190.51
175	1585	002364	中恒电气	57.70	0.14	2.58	3.09	0.38	0.47	12.44	—	13.62	−5.98	10.46	72.79	254700.24	98408.25	7105.39
176	1593	300154	瑞凌股份	57.60	0.24	5.25	6.57	0.31	0.33	15.65	—	−10.88	2.93	−24.69	61.27	190732.93	57756.88	10411.22
177	1600	601882	海天精工	57.50	0.19	5.76	8.50	0.60	1.00	41.80	19.44	−0.67	6.12	−43.55	134.53	212815.23	127230.17	10218.77
178	1601	300486	东杰智能	57.50	0.41	4.91	7.18	0.45	0.85	44.05	14.03	37.51	66.73	−36.01	119.26	196972.23	69810.49	6327.32
179	1606	603311	金海环境	57.50	0.31	8.48	8.84	0.59	0.94	25.48	18.88	8.26	4.97	−36.59	94.72	101113.39	56520.11	6504.30
180	1608	002498	汉缆股份	57.50	0.07	4.39	4.74	0.87	1.09	29.23	13.15	17.35	1.43	−40.25	121.77	664339.25	556818.38	22106.85
181	1609	603861	白云电器	57.50	0.38	5.47	7.71	0.60	0.98	50.92	7.72	70.17	23.48	−33.45	132.92	520495.70	257581.17	17832.22
182	1610	600990	四创电子	57.40	1.62	4.70	11.42	0.75	1.14	67.62	5.24	3.75	11.08	−41.51	123.79	744745.62	524638.56	26173.29
183	1625	600973	宝胜股份	57.30	0.10	4.29	3.23	2.05	2.96	71.78	1.37	55.55	7.23	−27.70	72.02	1666011.03	3218440.41	14668.87
184	1626	002621	美吉姆	57.30	0.09	2.13	2.72	0.10	0.34	58.80	22.73	49.78	49.84	2.67	75.98	417589.23	26535.64	3903.34

续表

行业排名	全部上市公司排名	股票代码	股票简称	综合得分（100分）	每股收益（元）	总资产报酬率（%）	净资产收益率（%）	总资产周转率（次）	流动资产周转率（次）	资产负债率（%）	获利倍数	营业收入增长率（%）	资本扩张率（%）	市场投资回报率（%）	股价波动率（%）	年末资产总额（万元）	营业收入（万元）	净利润（万元）
185	1631	600545	卓郎智能	57.20	0.43	8.61	13.72	0.64	0.85	58.46	10.75	5.82	-7.96	-29.11	77.59	1441570.60	922075.90	85705.00
186	1634	603901	永创智能	57.20	0.18	3.92	6.37	0.63	0.86	55.29	4.86	19.92	36.83	-25.45	85.62	291761.95	165090.29	7194.54
187	1635	600893	航发动力	57.20	0.47	3.27	3.59	0.44	0.78	42.92	3.64	2.43	2.32	-17.78	51.54	5350404.21	2310202.48	108355.11
188	1640	300024	机器人	57.10	0.29	6.25	7.39	0.34	0.48	33.73	8.92	26.05	4.91	-31.10	89.65	951683.53	309472.69	45498.72
189	1656	300512	中亚股份	56.80	0.69	10.07	13.56	0.35	0.45	33.37	12378.60	4.69	-5.21	-28.58	97.41	199695.80	71818.68	18541.62
190	1669	300617	安靠智电	56.60	0.75	8.75	9.08	0.31	0.40	19.25	36.86	-11.01	5.22	-35.52	122.87	106054.54	32007.07	7582.94
191	1670	002533	金杯电工	56.60	0.24	4.09	5.49	1.23	1.86	38.70	15.39	19.63	1.65	-34.48	90.05	417483.96	473893.93	13928.34
192	1682	601567	三星医疗	56.50	0.36	4.87	6.75	0.43	0.97	47.61	13.65	9.35	-1.09	-40.17	114.24	1431844.58	587047.15	50929.52
193	1685	601126	四方股份	56.50	0.27	4.80	5.08	0.63	0.83	29.78	19.51	10.88	-0.02	-33.98	108.39	562867.25	352868.86	20081.62
194	1687	300360	炬华科技	56.50	0.33	5.22	6.45	0.34	0.39	17.71	2969.74	-10.41	5.01	-39.00	103.21	262355.09	87190.24	13598.90
195	1701	002350	北京科锐	56.40	0.21	4.11	6.84	0.79	1.11	48.82	8.34	15.14	40.76	-33.41	92.27	357010.15	255058.25	10685.21
196	1729	600372	中航电子	56.00	0.27	4.01	6.29	0.36	0.48	63.45	2.70	8.83	6.38	-7.57	56.93	2165117.10	764343.01	48252.24
197	1741	300509	新美星	55.90	0.28	3.60	7.52	0.42	0.58	53.98	—	11.19	5.24	-9.83	103.70	138026.47	55648.87	4659.82
198	1750	600312	平高电气	55.80	0.21	2.30	2.81	0.52	0.69	58.99	3.43	20.72	0.40	-17.46	137.05	2246899.99	1081630.13	25829.62
199	1756	601002	晋亿实业	55.80	0.22	6.21	6.96	0.76	1.12	40.52	7.83	17.00	4.19	-48.67	142.92	474322.63	347127.77	19240.83
200	1761	300581	晨曦航空	55.70	0.38	10.54	10.90	0.24	0.28	18.19	1443.83	-2.21	11.90	-24.98	101.16	76465.36	17400.46	6458.94
201	1762	600379	宝光股份	55.70	0.16	5.83	7.57	1.13	1.65	34.20	17.29	5.52	4.85	-40.60	123.37	79047.54	84934.61	3846.55
202	1768	603050	科林电气	55.70	0.54	5.45	8.50	0.67	0.88	45.90	105.12	25.91	7.28	-41.27	166.74	194166.48	122065.38	8630.33
203	1772	300693	盛弘股份	55.60	0.35	6.60	8.12	0.63	0.67	31.31	25.52	17.72	4.28	-37.13	147.62	88776.48	53125.71	4848.16
204	1774	002158	汉钟精机	55.60	0.38	7.76	11.11	0.54	0.77	42.67	12.07	7.92	4.44	-42.17	132.49	325275.11	173163.02	20275.54
205	1783	002531	天顺风能	55.50	0.26	6.03	9.34	0.32	0.71	58.16	4.10	16.79	7.64	-43.64	186.60	1276654.21	370190.46	48095.75
206	1792	002774	快意电梯	55.40	0.21	5.64	6.97	0.59	0.72	31.08	—	17.05	5.71	-19.45	57.49	153537.04	87671.43	7172.86
207	1795	300007	汉威科技	55.40	0.21	4.41	5.50	0.32	0.66	60.17	3.75	4.72	5.87	-28.00	109.51	506843.24	151233.06	10804.98

续表

行业排名	全部上市公司排名	股票代码	股票简称	综合得分（100分）	每股收益（元）	总资产报酬率（%）	净资产收益率（%）	总资产周转率（次）	流动资产周转率（次）	资产负债率（%）	获利倍数	营业收入增长率（%）	资本扩张率（%）	市场投资回报率（%）	股价波动率（%）	年末资产总额（万元）	营业收入（万元）	净利润（万元）
208	1797	000821	京山轻机	55.30	0.27	5.07	6.36	0.55	0.96	43.38	7.23	46.36	52.91	-38.81	114.15	521612.39	224888.42	15529.13
209	1805	000777	中核科技	55.30	0.27	4.82	7.79	0.57	0.85	39.83	29.53	40.33	5.46	-36.64	114.19	225560.47	122631.05	10298.63
210	1808	300354	东华测试	55.20	0.13	5.00	5.00	0.34	0.56	8.13	309.97	3.64	2.84	-36.57	102.73	38944.39	13419.70	1762.47
211	1811	300382	斯莱克	55.20	0.24	10.73	12.30	0.49	0.66	36.14	17.30	34.78	-3.62	-31.78	77.06	163322.00	73936.61	13071.53
212	1825	300274	阳光电源	55.10	0.56	5.50	11.03	0.60	0.75	57.85	12.15	16.69	10.99	-50.45	285.70	1849265.01	1036893.20	81729.13
213	1829	000880	潍柴重机	55.00	0.15	0.85	3.07	0.63	1.46	64.69	37.99	19.82	2.79	-24.02	83.61	388696.71	236801.91	4158.06
214	1832	603829	洛凯股份	55.00	0.38	7.83	9.54	0.62	0.84	30.24	31.46	15.22	7.22	-45.75	155.86	94120.27	56012.86	6054.41
215	1833	300435	中泰股份	55.00	0.27	5.74	8.17	0.44	0.57	42.57	10.82	22.48	6.37	-37.46	107.83	141773.47	59473.23	6452.15
216	1836	300421	力星股份	54.90	0.55	5.88	6.34	0.47	0.84	24.30	12.18	6.47	-3.11	-34.24	87.96	149888.43	70627.80	7306.49
217	1843	002338	奥普光电	54.90	0.17	4.73	5.04	0.39	0.57	9.92	166.10	4.43	3.93	-25.07	81.93	98831.74	38476.54	4405.31
218	1845	300112	万讯自控	54.90	0.20	5.00	5.90	0.49	0.93	19.08	425.37	7.54	2.22	-38.89	108.16	121586.90	59354.85	5740.67
219	1847	600677	航天通信	54.80	0.40	4.11	8.17	0.78	1.03	71.24	2.64	22.66	7.88	-16.69	88.80	1676671.06	1250558.24	37938.59
220	1852	002546	新联电子	54.80	0.19	4.70	5.25	0.21	0.25	12.63	47.96	13.79	0.30	-25.07	72.39	340422.18	70671.50	15584.38
221	1855	002270	华明装备	54.70	0.22	6.50	7.56	0.32	0.42	42.02	4.31	-35.90	7.66	-26.54	120.63	404969.95	115947.47	17124.28
222	1864	300035	中科电气	54.70	0.25	9.39	11.00	0.36	0.76	35.41	12.12	47.22	10.77	-40.71	97.79	192933.05	61932.01	13036.19
223	1868	600875	东方电气	54.60	0.37	1.37	4.33	0.35	0.42	66.39	35.07	-3.57	34.81	-29.91	105.82	9132332.94	2972965.56	115826.57
224	1876	002028	思源电气	54.60	0.39	4.21	6.38	0.67	0.85	37.90	151.79	6.94	4.36	-39.32	132.60	757916.57	480661.68	29398.21
225	1879	600841	上柴股份	54.50	0.15	1.08	3.54	0.60	0.84	47.00	—	12.36	2.60	-47.00	166.51	702159.87	412070.29	13005.49
226	1881	603333	尚纬股份	54.50	0.11	3.94	4.09	0.78	1.20	36.98	3.42	72.29	-0.31	-21.08	47.56	224619.53	157521.01	5797.68
227	1887	000901	航天科技	54.50	0.26	3.89	4.24	0.91	1.55	35.76	17.04	-0.01	4.80	-44.87	125.01	649551.77	580115.63	17283.07
228	1889	002322	理工环科	54.50	0.66	7.84	8.46	0.28	0.74	17.15	26.81	18.08	-6.65	-50.81	150.83	352940.05	99406.66	25623.95
229	1899	002282	博深工具	54.40	0.20	4.36	4.43	0.42	1.11	19.35	12.46	78.04	21.32	-45.37	120.75	264356.87	105403.86	8617.22
230	1902	002747	埃斯顿	54.40	0.12	4.71	6.81	0.43	0.75	52.61	3.83	35.72	5.35	-23.38	116.56	362101.73	146102.46	11393.01

续表

行业排名	全部上市公司排名	股票代码	股票简称	综合得分（100分）	每股收益（元）	总资产报酬率（%）	净资产收益率（%）	总资产周转率（次）	流动资产周转率（次）	资产负债率（%）	获利倍数	营业收入增长率（%）	资本扩张率（%）	市场投资回报率（%）	股价波动率（%）	年末资产总额（万元）	营业收入（万元）	净利润（万元）
231	1903	600590	泰豪科技	54.30	0.34	4.26	6.64	0.52	0.77	66.66	2.78	20.13	12.94	−34.83	106.15	1314593.27	612738.51	27416.41
232	1905	600843	上工申贝	54.30	0.26	5.45	6.38	0.82	1.29	39.39	15.43	4.42	2.26	−39.08	110.88	414412.72	320052.77	15844.96
233	1918	002722	金轮股份	54.20	0.69	7.01	6.62	0.85	1.52	34.93	5.91	8.86	6.19	−48.50	139.04	282543.78	228061.40	11808.94
234	1926	600879	航天电子	54.20	0.17	3.32	4.15	0.56	0.73	51.80	3.98	3.65	7.51	−31.95	82.39	2585306.81	1353014.98	49866.24
235	1928	300417	南华仪器	54.20	0.34	6.76	6.91	0.34	0.53	14.05	—	−17.99	−0.51	−34.78	99.80	46804.17	15260.33	2788.30
236	1934	002339	积成电子	54.10	0.19	3.83	4.59	0.53	0.71	46.00	3.21	21.22	4.39	−33.03	92.67	375157.19	196188.62	9099.24
237	1942	000680	山推股份	54.00	0.06	2.11	2.33	0.85	1.36	60.81	1.84	26.00	1.59	−36.51	94.63	937185.20	800172.62	8503.53
238	1946	300430	诚益通	53.90	0.38	5.93	6.55	0.34	0.58	22.78	42.61	24.14	6.89	−39.93	150.10	212348.41	68913.69	10390.16
239	1949	300215	电科院	53.90	0.17	5.26	6.35	0.19	1.07	44.50	3.46	10.27	2.64	−43.49	122.28	369020.36	70866.85	12845.72
240	1951	300099	精准信息	53.90	0.15	5.04	4.85	0.23	0.44	6.88	72.22	5.50	1.47	−33.05	112.58	192827.13	44615.60	8642.11
241	1963	600468	百利电气	53.70	0.06	2.61	2.85	0.49	0.71	31.14	7.02	11.09	−3.18	−19.90	75.37	272854.17	135703.84	5443.36
242	1989	300480	光力科技	53.40	0.22	6.10	6.03	0.33	0.51	12.24	98.96	31.77	5.78	−44.64	125.26	80772.80	25364.38	4156.40
243	2001	300441	鲍斯股份	53.30	0.18	8.00	9.20	0.55	1.49	38.66	7.63	35.06	10.32	−49.04	193.97	290954.79	150530.26	15653.63
244	2002	300260	新莱应材	53.30	0.19	4.54	5.41	0.76	1.26	62.17	2.17	84.19	6.45	−38.11	167.23	193081.98	117467.08	3831.46
245	2003	002870	香山股份	53.30	0.35	4.16	4.17	0.90	1.28	23.43	11.84	0.95	3.99	−42.49	151.73	109511.17	93798.83	3431.07
246	2007	300443	金雷股份	53.30	0.49	6.87	6.93	0.44	0.72	5.47	145.16	32.43	7.18	−34.78	160.44	183796.43	78963.99	11634.37
247	2017	000738	航发控制	53.20	0.23	4.29	4.63	0.38	0.64	21.92	10.98	7.56	4.10	−22.96	77.71	725798.46	274640.77	25737.49
248	2030	300092	科新机电	53.10	0.03	1.17	1.25	0.63	0.89	33.03	9.54	42.53	0.56	−29.17	81.63	82084.23	47553.86	683.88
249	2032	002733	雄韬股份	53.10	0.27	3.83	3.77	0.77	1.08	41.39	2.79	11.28	12.45	−41.84	148.85	419675.81	295616.48	8768.76
250	2034	600444	国机通用	53.00	0.32	4.14	8.84	0.72	0.89	33.51	105.51	−2.62	9.36	−36.12	108.13	83889.57	59582.34	4719.70
251	2048	300001	特锐德	52.80	0.18	3.17	5.50	0.46	0.69	73.56	1.60	15.64	7.19	27.35	87.84	1336290.55	590362.32	18774.88
252	2050	300456	耐威科技	52.80	0.34	4.34	5.48	0.22	0.46	42.39	8.48	18.65	8.47	−28.55	80.52	328826.78	71249.73	9976.26
253	2064	002276	万马股份	52.50	0.11	2.71	2.87	1.21	1.55	45.08	2.43	17.97	1.17	−44.32	132.65	734377.74	873983.46	11519.82

续表

行业排名	全部上市公司排名	股票代码	股票简称	综合得分（100分）	每股收益（元）	总资产报酬率（%）	净资产收益率（%）	总资产周转率（次）	流动资产周转率（次）	资产负债率（%）	获利倍数	营业收入增长率（%）	资本扩张率（%）	市场投资回报率（%）	股价波动率（%）	年末资产总额（万元）	营业收入（万元）	净利润（万元）
254	2077	300283	温州宏丰	52.40	0.05	3.60	3.08	0.82	1.70	58.06	1.60	16.72	2.77	−22.62	64.06	140465.67	117329.24	1790.59
255	2087	600992	贵绳股份	52.20	0.10	1.60	1.85	0.89	1.30	42.66	2.97	14.50	1.33	−35.89	116.65	242838.00	207579.37	2561.04
256	2089	300670	大烨智能	52.20	0.18	3.86	6.16	0.46	0.55	26.09	1330.00	4.58	2.47	34.04	152.05	79526.85	35536.67	3579.62
257	2090	002685	华东重机	52.20	0.31	6.81	7.05	1.68	3.12	20.34	26.70	98.88	6.67	−54.62	142.51	593391.57	994759.40	32295.53
258	2097	300068	南都电源	52.10	0.28	2.02	1.98	0.68	1.20	51.47	1.59	−6.64	−0.17	−11.01	77.15	1268098.37	806313.48	12182.68
259	2099	601222	林洋能源	52.10	0.43	6.27	7.88	0.23	0.57	43.01	3.77	11.94	5.18	−49.99	185.58	1746856.45	401673.96	76508.09
260	2103	600558	大西洋	52.00	0.07	3.30	3.54	0.89	1.89	27.96	5.82	21.98	1.29	−47.68	127.20	291862.80	257405.74	7388.91
261	2104	600435	北方导航	52.00	0.03	3.23	4.70	0.40	0.58	44.16	12.75	2.22	3.85	−40.55	123.24	496649.14	199901.05	12788.55
262	2105	603488	展鹏科技	52.00	0.37	9.42	9.05	0.35	0.42	10.62	—	12.63	4.53	−58.22	278.28	93482.49	31447.09	7400.82
263	2106	300257	开山股份	52.00	0.14	2.53	3.44	0.38	0.87	53.71	6.49	17.04	3.83	−27.94	151.85	758485.00	259980.51	11857.14
264	2108	600894	广日股份	52.00	0.16	1.33	1.94	0.58	1.22	26.12	33.17	13.61	1.72	−42.08	138.74	967849.11	546300.96	13777.42
265	2113	300293	蓝英装备	51.90	0.06	2.95	2.46	0.71	1.15	60.17	1.82	28.09	5.10	−39.67	119.64	237256.37	172745.70	2271.24
266	2115	002610	爱康科技	51.90	0.03	3.99	2.35	0.31	0.78	57.72	1.30	−0.28	2.68	−35.13	98.58	1405667.73	484270.73	13792.88
267	2118	002441	众业达	51.80	0.38	5.87	5.11	1.62	2.11	27.73	9.79	12.55	1.77	−33.44	95.23	532847.41	855483.80	19519.66
268	2121	603015	弘讯科技	51.80	0.14	3.37	4.06	0.43	0.59	23.58	25.05	−6.44	1.52	−29.13	80.79	159453.62	68562.25	4910.57
269	2142	300549	优德精密	51.50	0.37	7.86	9.66	0.50	0.68	31.27	14.92	−17.33	3.06	−46.14	143.85	74916.46	38094.31	4901.37
270	2151	300376	易事特	51.40	0.24	6.90	12.37	0.41	0.76	58.33	4.74	−36.43	13.31	−43.96	150.64	1195401.61	465205.40	57979.57
271	2165	603667	五洲新春	51.30	0.38	5.59	6.68	0.59	1.18	39.93	10.97	19.88	41.03	−51.89	202.82	297871.80	137358.62	10207.63
272	2177	002779	中坚科技	51.10	0.09	1.09	1.86	0.50	0.81	22.11	—	−5.65	1.11	−20.10	82.38	81911.76	41602.72	1177.47
273	2182	002298	中电兴发	51.10	0.25	3.83	4.24	0.41	0.74	29.21	7.96	21.25	−1.26	−34.60	96.33	624013.21	245595.85	18836.55
274	2185	002879	长缆科技	51.00	0.66	7.01	8.85	0.40	0.47	17.37	—	12.62	7.71	−68.90	277.37	182011.30	69474.49	12831.52
275	2190	603076	乐惠国际	51.00	0.52	4.28	5.02	0.55	0.65	59.81	3.88	16.76	2.37	−34.29	113.04	196939.53	97088.13	3930.82
276	2192	300185	通裕重工	51.00	0.07	4.83	4.48	0.35	0.70	48.55	2.40	11.49	−1.45	−29.93	87.58	1036598.33	353502.66	24052.06

续表

行业排名	全部上市公司排名	股票代码	股票简称	综合得分（100分）	每股收益（元）	总资产报酬率（%）	净资产收益率（%）	总资产周转率（次）	流动资产周转率（次）	资产负债率（%）	获利倍数	营业收入增长率（%）	资本扩张率（%）	市场投资回报率（%）	股价波动率（%）	年末资产总额（万元）	营业收入（万元）	净利润（万元）
277	2194	300145	中金环境	51.00	0.22	6.51	9.31	0.44	1.07	50.33	5.51	14.36	4.12	−56.74	184.85	988253.16	436256.70	44818.00
278	2195	000591	太阳能	51.00	0.29	5.09	6.81	0.15	0.67	62.38	2.20	−3.22	5.10	−47.61	153.82	3421938.74	503697.40	85538.63
279	2196	300503	昊志机电	51.00	0.20	5.68	6.97	0.35	0.58	43.24	6.85	3.57	5.79	−31.30	116.25	146498.36	46156.68	5634.44
280	2197	300265	通光线缆	50.90	0.11	3.80	4.10	0.73	1.07	54.96	2.23	5.97	4.16	−12.27	107.78	228522.49	160694.19	4138.07
281	2206	601179	中国西电	50.80	0.11	2.05	2.62	0.40	0.54	40.14	15.24	−3.23	1.39	−24.75	66.85	3454232.85	1368987.58	53880.05
282	2207	300569	天能重工	50.80	0.68	4.83	6.53	0.49	0.76	43.89	7.04	88.83	7.06	−44.14	186.21	326516.01	139356.69	11576.56
283	2214	002487	大金重工	50.70	0.11	2.51	3.53	0.34	0.50	38.47	82.24	−5.02	4.32	−32.35	81.38	294816.01	96978.16	6274.59
284	2218	603036	如通股份	50.70	0.19	3.94	3.83	0.22	0.26	9.50	—	22.27	3.40	−37.20	107.33	112994.76	24061.08	3850.06
285	2219	300201	海伦哲	50.70	0.10	5.33	5.87	0.60	0.95	51.33	4.07	16.21	3.19	−43.34	129.80	330984.97	180971.42	9307.45
286	2220	002046	轴研科技	50.70	0.04	2.69	2.05	0.50	1.01	38.77	2.75	38.28	26.33	−33.76	92.58	457918.22	206597.03	5139.81
287	2222	300385	雪浪环境	50.60	0.33	3.28	3.13	0.40	0.60	52.89	2.55	17.32	4.88	−43.55	136.64	264508.40	95972.56	3811.36
288	2229	601616	广电电气	50.60	0.13	4.39	5.08	0.21	0.33	10.42	—	−7.66	4.44	−19.40	60.54	282823.36	59579.66	12601.67
289	2239	600495	晋西车轴	50.50	0.03	1.16	1.14	0.36	0.61	19.27	73.62	1.81	0.75	−38.68	104.93	389471.08	137453.54	3572.47
290	2247	002031	巨轮智能	50.40	0.02	4.27	4.09	0.20	0.34	50.66	2.54	21.41	3.35	−32.85	94.52	710431.30	140202.55	14088.24
291	2254	002009	天奇股份	50.40	0.37	4.07	5.97	0.62	0.90	58.54	3.76	42.49	12.74	−55.59	191.82	603887.52	350276.25	14093.85
292	2258	300521	爱司凯	50.30	0.18	4.64	5.03	0.31	0.44	11.51	142.89	−3.49	4.58	−47.44	140.79	58412.50	17390.03	2543.99
293	2260	603088	宁波精达	50.30	0.36	5.91	7.98	0.45	0.73	33.59	—	11.68	6.80	−60.93	237.76	79317.75	34393.90	4070.61
294	2269	600869	智慧能源	50.20	0.07	3.26	3.40	0.94	1.43	72.89	1.75	1.46	−17.11	−16.09	64.78	1837022.74	1751156.02	18694.24
295	2271	002534	杭锅股份	50.20	0.33	4.28	6.91	0.43	0.61	60.39	25.02	2.02	2.26	−50.37	155.29	833957.06	357185.68	22563.47
296	2277	300551	古鳌科技	50.10	0.12	2.34	2.39	0.36	0.43	30.91	11.98	10.10	1.57	−35.91	102.62	77109.60	26275.28	1265.02
297	2278	300123	亚光科技	50.10	0.28	3.67	3.55	0.20	0.54	33.46	4.15	34.82	3.33	−25.23	112.27	726133.44	141132.85	16877.88
298	2288	002523	天桥起重	50.00	0.08	3.90	5.13	0.40	0.56	39.53	10.31	12.85	0.91	−19.36	80.17	361005.90	140607.81	11141.74
299	2294	603321	梅轮电梯	49.90	0.16	3.65	4.94	0.48	0.64	33.10	—	0.78	2.16	−41.04	141.25	153335.98	73761.88	5014.20

续表

行业排名	全部上市公司排名	股票代码	股票简称	综合得分（100分）	每股收益（元）	总资产报酬率（%）	净资产收益率（%）	总资产周转率（次）	流动资产周转率（次）	资产负债率（%）	获利倍数	营业收入增长率（%）	资本扩张率（%）	市场投资回报率（%）	股价波动率（%）	年末资产总额（万元）	营业收入（万元）	净利润（万元）
300	2297	002300	太阳电缆	49.80	0.21	6.84	8.69	1.45	2.74	62.95	3.00	24.67	1.33	−38.54	109.55	381580.21	510461.21	12201.60
301	2301	603686	龙马环卫	49.80	0.80	6.80	10.94	0.86	1.02	41.07	176.93	11.63	7.88	−57.71	181.25	413250.11	344358.02	25662.45
302	2313	000584	哈工智能	49.60	0.20	5.42	6.85	0.58	0.98	59.98	7.57	51.60	6.76	−55.44	196.07	449480.57	238259.96	11935.64
303	2315	300527	中国应急	49.60	0.33	7.62	11.65	0.72	0.93	49.00	60.08	20.39	8.11	−50.57	203.03	419351.97	265328.02	23969.53
304	2326	603988	中电电机	49.40	0.21	5.46	7.20	0.46	0.56	29.99	5035.72	39.34	0.72	−60.75	207.76	95974.54	42853.81	4822.91
305	2332	002483	润邦股份	49.30	0.10	3.53	3.11	0.44	0.88	34.86	4.71	6.38	2.97	−33.98	76.76	454527.08	196050.31	9065.15
306	2333	300101	振芯科技	49.30	0.03	2.00	1.96	0.31	0.44	28.76	4.61	0.54	15.59	−26.23	118.50	154571.57	44356.30	2008.53
307	2341	002335	科华恒盛	49.20	0.27	2.83	2.52	0.50	1.14	52.98	2.61	42.47	−3.85	−49.62	190.02	754215.26	343692.77	9099.99
308	2346	601908	京运通	49.10	0.23	4.87	6.41	0.14	0.60	54.32	2.74	6.09	6.16	−41.66	119.40	1530523.11	203404.31	43549.31
309	2348	600150	中国船舶	49.10	0.35	1.27	3.41	0.35	0.54	54.45	3.34	1.31	37.51	−46.78	260.07	4527024.34	1691030.74	60674.59
310	2354	300153	科泰电源	49.00	0.06	1.44	1.81	0.84	1.30	41.15	4.86	22.17	−1.32	−43.87	127.98	163478.15	131117.91	1751.20
311	2356	600184	光电股份	49.00	0.11	1.57	2.51	0.66	0.97	34.66	12.41	28.43	1.40	−47.23	137.25	355326.37	242231.45	5785.32
312	2358	603690	至纯科技	48.90	0.16	4.77	7.35	0.55	0.75	69.47	2.68	82.64	7.29	−23.33	113.96	145384.99	67409.07	3149.60
313	2360	002760	凤形股份	48.90	0.35	3.55	6.12	0.52	1.09	43.17	13.97	27.52	6.31	−63.27	311.67	90235.01	46873.67	3046.20
314	2361	000923	河北宣工	48.90	0.21	2.59	2.46	0.38	0.86	32.46	4.67	−7.95	−5.64	−45.39	165.52	1238336.07	497197.61	21228.94
315	2364	600765	中航重机	48.90	0.43	3.82	5.33	0.44	0.65	61.79	2.52	−3.86	16.06	−39.78	116.17	1206995.38	544403.07	22884.06
316	2365	600592	龙溪股份	48.80	0.22	3.74	4.45	0.37	0.70	29.98	8.14	15.20	−3.53	−46.35	140.97	266291.37	102581.79	8453.82
317	2369	002358	森源电气	48.80	0.30	4.71	5.58	0.30	0.40	45.72	3.91	−23.95	3.00	20.82	61.20	929340.81	270074.37	27723.76
318	2372	002767	先锋电子	48.70	0.17	3.12	3.66	0.35	0.40	14.44	755.43	−6.71	2.84	−30.87	129.19	83543.17	28902.26	2582.05
319	2373	300483	沃施股份	48.70	0.09	1.52	2.09	0.10	0.56	47.58	4.16	−12.03	748.32	−6.88	111.50	645540.38	33862.28	3954.66
320	2376	300472	新元科技	48.70	0.55	6.04	7.19	0.34	0.76	26.77	11.96	76.89	34.08	−51.29	167.14	155979.82	53572.40	7168.20
321	2381	601177	杭齿前进	48.60	0.04	2.61	1.74	0.43	0.95	53.52	1.51	−1.42	2.25	4.56	94.16	382139.35	163497.48	3061.01
322	2383	300557	理工光科	48.60	0.32	2.50	3.66	0.33	0.39	23.11	25.15	−8.55	3.90	−40.73	126.99	65923.70	20511.38	1820.25

续表

行业排名	全部上市公司排名	股票代码	股票简称	综合得分（100分）	每股收益（元）	总资产报酬率（%）	净资产收益率（%）	总资产周转率（次）	流动资产周转率（次）	资产负债率（%）	获利倍数	营业收入增长率（%）	资本扩张率（%）	市场投资回报率（%）	股价波动率（%）	年末资产总额（万元）	营业收入（万元）	净利润（万元）
323	2384	300415	伊之密	48.60	0.41	9.41	15.95	0.81	1.36	55.92	7.72	0.33	6.10	-64.33	264.79	263704.39	201496.98	18004.59
324	2385	600218	全柴动力	48.60	0.11	0.52	1.75	0.95	1.40	44.95	19.32	8.87	1.52	-37.28	91.59	360232.40	347708.34	3441.52
325	2391	002266	浙富控股	48.50	0.06	3.37	3.14	0.14	0.38	47.13	3.13	0.70	10.56	-6.18	35.59	840917.84	110364.24	13295.25
326	2392	002651	利君股份	48.50	0.12	5.13	5.92	0.21	0.29	18.49	—	-1.71	3.48	-43.22	144.67	251071.98	51660.39	11906.20
327	2397	002816	和科达	48.40	0.06	1.05	1.22	0.50	0.61	19.28	9.31	-0.86	0.73	-28.82	84.83	65330.59	34465.39	643.34
328	2398	000400	许继电气	48.40	0.20	2.44	3.32	0.55	0.65	42.70	8.21	-20.46	2.81	-33.55	120.19	1457690.87	821655.87	27370.97
329	2400	600537	亿晶光电	48.30	0.06	1.31	1.89	0.53	1.15	45.35	4.17	-14.20	1.48	-42.86	128.37	667950.25	355021.13	6860.14
330	2409	300626	华瑞股份	48.20	0.24	6.85	8.78	0.87	1.39	50.16	4.06	1.83	7.03	-44.44	169.23	104142.94	84958.37	4408.41
331	2413	002730	电光科技	48.10	0.18	5.83	6.40	0.57	0.92	41.93	4.97	15.69	5.12	-47.63	141.37	172990.80	93897.02	6270.80
332	2415	000570	苏常柴A	48.10	0.11	2.08	2.87	0.59	0.97	41.76	17.63	-11.97	-8.98	-34.88	87.07	354201.92	213290.27	6216.67
333	2419	002413	雷科防务	48.00	0.12	3.93	3.87	0.23	0.47	12.22	22.35	29.57	8.34	-46.85	162.65	454282.72	99400.55	14847.19
334	2420	002169	智光电气	48.00	0.10	3.27	2.65	0.57	0.90	41.83	2.99	47.59	1.22	-33.91	82.60	525552.13	270289.36	8060.81
335	2427	300084	海默科技	47.90	0.17	3.72	3.36	0.22	0.44	38.86	2.88	37.17	-2.02	-35.21	98.30	308042.76	70181.48	6401.09
336	2428	002576	通达动力	47.90	0.12	1.94	1.78	1.06	1.44	23.02	38.00	6.50	1.60	-51.07	154.18	112432.38	115527.77	1530.94
337	2429	601608	中信重工	47.90	0.02	1.88	2.06	0.26	0.47	62.60	1.61	12.55	0.59	-38.35	112.67	1965897.41	520053.74	15107.69
338	2432	600562	国睿科技	47.90	0.06	1.35	2.12	0.38	0.40	38.04	19.15	-9.63	-0.75	-30.79	100.34	286543.42	104329.67	3780.38
339	2437	600268	国电南自	47.80	0.08	3.89	6.69	0.53	0.75	66.99	3.03	-18.88	5.63	-22.49	87.40	916307.23	493107.31	19710.43
340	2438	600862	中航高科	47.80	0.22	6.44	9.83	0.36	0.54	50.13	44.69	-12.86	8.86	-43.21	137.76	768171.93	265281.55	36117.77
341	2442	000976	华铁股份	47.80	0.09	4.18	3.18	0.34	0.78	15.68	9.33	-0.40	4.81	-45.35	213.10	508358.12	173129.34	13335.44
342	2446	603626	科森科技	47.70	0.30	4.42	6.71	0.57	1.11	60.67	3.66	11.24	10.99	-60.87	187.73	496108.01	240832.01	12445.98
343	2449	002633	申科股份	47.70	0.03	0.63	0.78	0.26	0.49	15.37	12.67	-7.05	0.78	-30.66	98.92	62016.41	16187.38	406.49
344	2453	600764	中国海防	47.60	0.17	5.06	6.09	0.23	0.30	27.72	15.19	-3.36	-7.64	-14.97	84.77	147312.41	35055.86	6749.32
345	2456	600560	金自天正	47.50	0.09	1.53	2.99	0.34	0.40	52.51	—	4.05	2.02	-22.35	118.95	166036.36	55993.71	2332.04

续表

行业排名	全部上市公司排名	股票代码	股票简称	综合得分（100分）	每股收益（元）	总资产报酬率（%）	净资产收益率（%）	总资产周转率（次）	流动资产周转率（次）	资产负债率（%）	获利倍数	营业收入增长率（%）	资本扩张率（%）	市场投资回报率（%）	股价波动率（%）	年末资产总额（万元）	营业收入（万元）	净利润（万元）
346	2473	603507	振江股份	47.30	0.48	3.77	4.21	0.40	0.61	50.14	3.49	3.95	8.48	-43.15	193.28	298994.60	97993.47	6029.90
347	2475	002334	英威腾	47.30	0.30	6.45	8.97	0.67	0.98	41.02	16.19	4.98	2.81	-48.84	165.96	341075.35	222806.11	17787.84
348	2488	002506	协鑫集成	47.10	0.01	2.19	1.33	0.57	0.77	77.22	1.12	-22.54	2.01	17.95	55.88	1882375.94	1119113.65	5648.70
349	2500	300307	慈星股份	46.80	0.17	2.69	3.13	0.32	0.53	25.94	9.97	20.32	-0.18	-40.15	118.51	548964.05	168967.58	12737.57
350	2510	300719	安达维尔	46.70	0.22	5.29	5.81	0.44	0.49	18.66	19054.31	13.54	-1.61	-37.86	142.11	116335.94	49937.50	5544.07
351	2521	002074	国轩高科	46.50	0.51	4.02	6.92	0.27	0.43	58.47	4.38	5.97	3.57	-47.94	160.95	2058700.27	512699.52	58168.53
352	2541	600343	航天动力	46.10	0.04	0.81	1.26	0.43	0.58	39.81	3.71	2.57	1.24	-43.07	125.68	449714.65	188777.34	3385.00
353	2546	002023	海特高新	46.00	0.08	1.90	1.11	0.08	0.26	36.48	1.59	21.02	-0.84	-1.14	109.65	619328.94	51562.27	4403.19
354	2547	300165	天瑞仪器	46.00	0.08	2.86	2.99	0.46	0.75	24.97	25.81	29.30	-0.75	-39.66	130.78	222918.89	102412.12	5021.90
355	2548	300062	中能电气	46.00	0.05	3.26	2.38	0.47	0.73	62.63	1.48	23.54	-7.16	-31.19	80.00	217256.69	99564.45	2009.89
356	2549	603618	杭电股份	45.90	0.15	4.05	5.16	0.83	1.20	59.64	2.43	5.20	10.49	-41.80	128.30	568719.04	437730.93	11274.08
357	2557	603308	应流股份	45.70	0.17	2.95	2.13	0.23	0.53	56.91	1.58	22.29	20.21	-50.67	142.66	806799.31	168121.57	6794.99
358	2559	002058	威尔泰	45.60	0.03	2.72	2.41	0.53	0.64	13.13	—	4.56	1.67	-38.85	190.25	21953.55	11708.14	456.65
359	2563	603556	海兴电力	45.50	0.68	5.10	6.89	0.40	0.47	23.57	13.38	-15.62	4.62	-52.34	209.82	640896.63	255290.13	33011.00
360	2565	300410	正业科技	45.50	0.09	2.13	0.93	0.47	0.84	36.45	3.84	12.93	0.32	-35.35	146.80	320789.72	142898.56	1891.80
361	2569	002890	弘宇股份	45.50	0.42	5.33	5.43	0.39	0.55	16.95	32.54	-15.58	4.97	-44.61	179.71	63837.72	23934.15	2812.56
362	2578	002518	科士达	45.40	0.40	6.82	9.87	0.74	0.99	31.53	101.51	-0.55	6.88	-57.22	250.82	354173.60	271461.95	23155.68
363	2579	002552	宝鼎科技	45.40	0.09	4.00	4.78	0.37	1.10	22.17	7.11	30.31	2.30	-46.50	226.91	77924.92	31084.71	2868.70
364	2580	300424	航新科技	45.40	0.21	3.41	5.34	0.45	0.77	55.79	3.23	59.40	5.70	-40.51	118.11	215979.70	75458.97	4958.96
365	2582	002691	冀凯股份	45.30	0.04	1.83	1.73	0.42	0.61	13.65	9.47	3.67	1.81	-48.08	210.74	101536.61	41662.99	1506.69
366	2583	002367	康力电梯	45.30	0.02	0.20	0.42	0.56	0.84	42.17	—	-5.73	-15.85	-27.00	149.01	550765.11	309183.58	1471.25
367	2584	603029	天鹅股份	45.30	0.16	2.63	3.35	0.32	0.52	32.93	253.38	8.19	7.86	-36.62	115.92	114657.58	33229.67	2482.21
368	2586	300464	星徽精密	45.30	0.01	1.12	0.68	0.36	0.86	82.05	1.26	35.21	2.53	-27.13	83.53	290458.14	71114.78	349.01

续表

行业排名	全部上市公司排名	股票代码	股票简称	综合得分（100分）	每股收益（元）	总资产报酬率（%）	净资产收益率（%）	总资产周转率（次）	流动资产周转率（次）	资产负债率（%）	获利倍数	营业收入增长率（%）	资本扩张率（%）	市场投资回报率（%）	股价波动率（%）	年末资产总额（万元）	营业收入（万元）	净利润（万元）
369	2589	002639	雪人股份	45.20	0.02	1.74	0.64	0.35	0.83	41.23	1.25	39.18	1.68	-35.30	97.06	393609.84	130341.55	1456.83
370	2596	300402	宝色股份	45.10	0.07	2.02	2.39	0.51	0.84	58.74	1.91	62.21	2.05	-40.22	93.08	149820.64	71383.45	1463.77
371	2599	300407	凯发电气	45.00	0.05	1.84	1.43	0.74	0.86	53.87	1.88	11.23	11.84	-44.50	172.18	239350.05	162231.21	1491.56
372	2602	002347	泰尔股份	44.90	0.04	2.20	2.10	0.35	0.47	48.33	2.76	70.28	1.33	-43.20	117.66	222390.92	74625.32	2394.07
373	2605	002471	中超控股	44.90	0.07	4.58	3.94	0.88	1.15	70.01	1.51	2.96	-14.53	-35.37	90.07	816330.84	763417.54	10459.68
374	2606	600320	振华重工	44.90	0.08	2.62	2.29	0.32	0.62	75.05	1.33	-0.21	4.66	-36.57	108.78	7059836.46	2181238.96	39384.24
375	2607	002560	通达股份	44.90	-0.03	0.04	-1.31	0.90	1.54	43.30	0.22	46.20	0.06	-26.05	163.76	288913.75	239842.03	-2142.20
376	2609	002689	远大智能	44.80	0.01	0.45	0.59	0.50	0.81	42.48	—	4.71	-6.77	-35.05	85.96	237537.92	123481.07	838.48
377	2612	002204	大连重工	44.80	0.01	0.34	0.04	0.43	0.56	57.75	1.32	2.13	-0.27	-30.95	87.37	1549683.01	657148.65	231.46
378	2614	300195	长荣股份	44.70	0.23	2.52	2.13	0.23	0.46	35.33	4.15	16.05	-4.46	-40.78	136.11	588462.93	131114.24	8287.83
379	2618	002090	金智科技	44.70	0.39	4.17	6.87	0.43	0.61	65.36	2.10	-27.32	4.74	-24.24	109.02	386864.96	167590.52	9004.62
380	2619	002686	亿利达	44.70	0.06	1.79	0.22	0.48	1.01	50.56	1.04	10.61	9.42	-43.74	176.72	372209.17	151144.00	391.16
381	2623	002786	银宝山新	44.70	0.11	2.79	3.58	0.76	1.13	70.70	1.64	3.62	3.07	-37.67	111.69	408040.39	301001.82	4217.82
382	2628	000856	冀东装备	44.60	0.10	1.89	3.46	1.04	1.37	78.91	2.04	15.09	20.14	-40.18	166.27	207173.36	203161.22	1384.13
383	2632	601989	中国重工	44.50	0.03	-0.52	-0.22	0.23	0.33	54.78	0.99	14.72	1.01	-30.18	111.30	18619822.50	4448352.83	-18025.22
384	2636	300696	爱乐达	44.50	0.58	9.95	9.46	0.16	0.23	9.45	179.80	-5.76	7.17	-47.05	161.83	82688.73	12814.60	6847.99
385	2641	002667	鞍重股份	44.40	0.05	1.39	1.48	0.20	0.28	17.30	206.19	2.51	1.25	-32.98	107.18	93152.26	18499.97	1133.40
386	2643	002151	北斗星通	44.30	0.21	3.09	2.97	0.46	0.89	35.10	4.28	38.41	-7.54	-34.06	110.17	654949.96	305103.54	13145.93
387	2645	002272	川润股份	44.30	0.11	5.55	3.68	0.39	0.56	31.12	21.86	9.04	4.81	-31.73	77.74	178625.44	65940.41	4428.10
388	2655	603577	汇金通	44.00	0.18	3.64	3.52	0.53	0.70	54.89	1.99	19.38	1.20	-32.99	122.19	198820.90	95824.10	3134.77
389	2667	603269	海鸥股份	43.70	0.36	4.05	5.20	0.45	0.56	53.80	7.48	6.80	3.19	-42.29	224.30	142011.21	60374.63	3356.28
390	2668	300281	金明精机	43.60	0.05	1.66	1.65	0.25	0.42	17.24	5.52	-9.90	1.17	-48.39	139.45	146281.49	37344.91	1986.39
391	2675	002613	北玻股份	43.60	0.04	2.13	2.04	0.50	0.78	20.12	68.63	-10.46	-3.10	-29.07	70.01	195996.29	101536.48	3237.30

续表

行业排名	全部上市公司排名	股票代码	股票简称	综合得分（100分）	每股收益（元）	总资产报酬率（%）	净资产收益率（%）	总资产周转率（次）	流动资产周转率（次）	资产负债率（%）	获利倍数	营业收入增长率（%）	资本扩张率（%）	市场投资回报率（%）	股价波动率（%）	年末资产总额（万元）	营业收入（万元）	净利润（万元）
392	2681	603063	禾望电气	43.40	0.13	3.16	4.34	0.36	0.41	32.90	682.63	34.53	3.02	-64.19	249.80	366136.37	118141.07	10503.96
393	2682	603028	赛福天	43.30	0.08	2.76	2.44	0.57	1.03	27.62	3.35	-1.33	1.62	-30.91	104.21	96595.44	54736.19	1691.13
394	2687	600375	华菱星马	43.20	0.11	1.85	2.15	0.63	1.17	76.88	1.44	21.72	2.03	-38.48	91.61	1248517.19	729233.86	6131.50
395	2688	600302	标准股份	43.20	0.08	1.85	2.33	0.44	0.57	22.51	37.38	6.12	2.34	-28.77	95.71	169909.01	74715.85	3028.54
396	2689	601106	中国一重	43.20	0.02	1.73	0.60	0.31	0.46	67.57	1.22	2.53	1.16	-30.85	86.80	3404732.56	1051138.35	6601.00
397	2702	300356	光一科技	42.90	0.06	3.11	2.05	0.24	0.48	42.05	1.88	-19.31	1.62	-17.30	105.89	182378.82	43593.14	2149.07
398	2710	002480	新筑股份	42.80	0.02	2.47	1.14	0.31	0.53	64.93	1.19	18.07	1.18	-33.79	113.13	707065.88	196021.06	2810.43
399	2718	300097	智云股份	42.60	0.43	5.93	6.11	0.38	0.69	25.12	17.43	6.89	-0.94	-60.91	210.96	262427.19	97590.01	12072.80
400	2720	002564	天沃科技	42.60	0.09	2.06	4.94	0.32	0.41	83.15	· 1.67	-25.99	37.90	-39.67	107.21	2586475.18	770016.35	18548.81
401	2721	300141	和顺电气	42.60	0.03	1.34	1.33	0.54	0.61	53.90	2.13	39.06	2.96	-43.18	136.61	158281.63	75469.69	959.03
402	2723	603628	清源股份	42.60	0.09	2.25	3.04	0.38	0.56	63.55	1.70	22.84	2.68	-49.48	146.91	272532.01	96139.21	2976.12
403	2726	002209	达意隆	42.50	0.05	1.32	1.62	0.63	0.91	55.86	1.94	2.48	1.45	-38.14	120.17	145771.04	98550.96	1034.60
404	2731	002829	星网宇达	42.30	0.12	2.95	4.66	0.24	0.42	40.30	6.17	-1.77	9.23	-33.94	126.72	163887.56	40232.04	4365.41
405	2734	603315	福鞍股份	42.30	0.04	1.42	0.88	0.24	0.39	29.00	1.72	6.92	0.54	-18.19	43.98	138984.52	33536.00	862.85
406	2736	600520	文一科技	42.30	0.03	1.57	1.40	0.33	0.73	48.54	1.93	-1.73	1.41	-45.06	123.20	96731.19	30762.58	693.35
407	2737	002580	圣阳股份	42.30	0.05	1.61	1.47	0.93	1.34	37.02	2.25	7.56	1.43	-39.55	145.88	191264.15	183555.96	1759.56
408	2739	300040	九洲电气	42.20	0.13	3.29	2.40	0.27	0.54	48.48	1.57	-28.32	2.97	-48.96	132.93	372879.84	102378.67	4538.93
409	2743	600192	长城电工	42.10	0.03	1.32	0.97	0.38	0.52	55.83	1.52	-6.31	-0.65	-36.97	92.60	466188.82	178413.67	2011.11
410	2756	002342	巨力索具	41.80	0.02	1.64	0.74	0.42	0.74	39.56	1.42	19.01	0.75	-50.45	176.56	399562.92	168514.01	1781.66
411	2759	300091	金通灵	41.80	0.09	3.46	4.74	0.41	0.64	57.77	2.89	32.92	74.37	-62.45	209.43	593424.93	194525.68	9346.60
412	2760	300126	锐奇股份	41.70	-0.15	-3.98	-4.49	0.47	0.66	20.25	—	6.20	-6.90	-28.09	91.68	121150.25	58319.66	-4496.33
413	2762	601028	玉龙股份	41.70	0.03	-0.57	0.41	0.56	0.68	14.96	—	9.98	19.00	-49.18	138.17	283411.31	152292.96	918.05
414	2770	002337	赛象科技	41.50	0.01	0.64	0.70	0.28	0.37	14.56	31.41	-20.62	-2.25	-31.09	146.84	152663.07	45008.02	918.48

续表

行业排名	全部上市公司排名	股票代码	股票简称	综合得分（100分）	每股收益（元）	总资产报酬率（%）	净资产收益率（%）	总资产周转率（次）	流动资产周转率（次）	资产负债率（%）	获利倍数	营业收入增长率（%）	资本扩张率（%）	市场投资回报率（%）	股价波动率（%）	年末资产总额（万元）	营业收入（万元）	净利润（万元）
415	2771	002006	精功科技	41.50	0.01	0.79	0.65	0.54	0.81	46.12	1.58	5.68	0.88	-26.00	88.12	192294.32	100435.52	668.80
416	2772	000530	大冷股份	41.40	0.13	2.42	3.22	0.35	0.86	37.89	7.32	-5.46	-1.04	-41.63	129.95	556827.95	196606.46	11201.84
417	2777	300477	合纵科技	41.20	0.09	2.63	2.60	0.47	0.78	58.54	2.30	-4.83	0.81	-30.19	155.74	468041.77	200751.49	5024.96
418	2784	300159	新研股份	41.00	0.20	4.59	4.48	0.20	0.61	33.09	5.04	1.39	3.29	-55.48	159.27	977138.33	187956.88	28804.50
419	2785	002903	宇环数控	41.00	0.23	5.25	5.61	0.27	0.33	14.43	—	-20.18	-2.33	-32.78	183.73	71992.19	19974.67	3499.43
420	2788	300105	龙源技术	40.90	0.02	-0.08	0.37	0.20	0.22	15.85	—	-22.17	0.40	-33.93	95.53	231066.73	46383.80	716.37
421	2798	300118	东方日升	40.60	0.26	2.15	2.86	0.55	0.99	55.26	2.18	-14.84	11.52	-53.79	193.27	1878154.09	975217.11	22830.23
422	2801	600316	洪都航空	40.50	0.21	2.43	3.04	0.25	0.47	49.46	3.11	-4.44	-0.71	-31.85	119.65	967229.83	241779.97	14926.86
423	2802	300648	星云股份	40.40	0.15	2.76	3.81	0.45	0.60	24.42	5858.91	-1.89	2.94	-52.30	162.01	70400.65	30275.73	2000.62
424	2806	002278	神开股份	40.40	0.08	2.39	2.98	0.44	0.65	28.44	62.79	35.43	3.31	-54.79	196.22	164239.16	70206.96	3450.70
425	2810	600847	万里股份	40.30	-1.02	-18.54	-22.92	0.72	1.70	10.15	-19.31	28.32	-0.12	-21.41	75.32	75910.39	58090.95	-15640.00
426	2816	002459	天业通联	40.10	0.01	-0.01	0.39	0.24	0.39	14.40	—	-0.95	0.94	-30.62	60.83	148512.84	35352.44	492.33
427	2818	600202	哈空调	40.10	0.05	2.71	3.44	0.46	0.75	63.24	2.18	181.14	3.49	-47.71	282.08	167698.16	76880.91	2083.97
428	2820	002366	台海核电	39.90	0.39	8.13	10.97	0.19	0.34	54.89	3.17	-44.14	8.07	-64.11	295.83	713576.79	137966.41	33980.82
429	2826	000925	众合科技	39.80	0.05	2.27	1.09	0.33	0.70	62.29	1.30	0.13	1.60	-47.29	176.55	646569.29	208914.88	2642.70
430	2846	603318	派思股份	39.10	0.01	2.02	0.43	0.21	0.38	51.80	1.20	-25.07	0.08	-15.52	51.07	212140.43	42262.99	438.20
431	2849	300208	青岛中程	38.90	0.25	6.29	9.22	0.29	0.39	58.34	5.16	-14.62	10.31	-52.68	181.36	508890.82	129978.26	18635.70
432	2852	000008	神州高铁	38.80	0.12	4.66	4.69	0.24	0.42	29.25	7.86	10.04	3.03	-54.04	193.94	1046636.48	256490.13	34188.97
433	2858	002227	奥特迅	38.60	0.05	0.42	1.28	0.32	0.55	27.73	2.24	-3.79	0.73	-44.81	147.84	112620.45	35263.68	1038.25
434	2861	300484	蓝海华腾	38.50	0.12	2.57	3.47	0.37	0.43	33.44	10.18	-30.60	-0.23	-48.23	160.09	105916.10	40183.68	2451.95
435	2862	000852	石化机械	38.50	0.02	1.80	1.67	0.66	0.84	75.51	1.57	23.16	1.09	-31.67	96.91	783665.27	491885.18	3194.59
436	2865	002622	融钰集团	38.40	0.04	5.21	2.76	0.23	0.90	28.16	2.74	116.70	7.14	-78.23	445.28	187123.44	42240.56	3580.98
437	2869	002192	融捷股份	38.20	-0.03	-0.63	-0.52	0.36	1.23	23.90	-6.79	37.19	-2.18	-46.85	183.11	107777.84	38286.67	-434.39

续表

行业排名	全部上市公司排名	股票代码	股票简称	综合得分（100分）	每股收益（元）	总资产报酬率（%）	净资产收益率（%）	总资产周转率（次）	流动资产周转率（次）	资产负债率（%）	获利倍数	营业收入增长率（%）	资本扩张率（%）	市场投资回报率（%）	股价波动率（%）	年末资产总额（万元）	营业收入（万元）	净利润（万元）
438	2875	600517	置信电气	38.00	0.01	0.99	0.22	0.55	0.70	59.78	1.29	-13.98	4.77	-49.82	145.25	890473.80	492902.40	820.82
439	2884	002297	博云新材	37.70	0.06	2.09	1.76	0.23	0.44	28.61	2.50	-6.48	-0.91	-47.16	161.53	219152.03	50939.28	2769.28
440	2887	002451	摩恩电气	37.60	0.02	2.94	1.29	0.36	0.86	58.39	1.63	25.14	1.30	-58.86	401.22	159379.97	58501.31	850.68
441	2891	300103	达刚路机	37.50	0.06	1.62	2.08	0.23	0.28	11.92	148.70	-20.31	3.49	-37.36	131.99	104165.42	23398.15	1877.60
442	2892	300393	中来股份	37.50	0.53	3.60	5.00	0.44	0.77	57.21	2.55	-16.99	-3.16	-57.50	276.16	600150.03	269183.79	13056.53
443	2894	300278	华昌达	37.40	0.04	2.99	1.45	0.60	0.97	62.26	1.76	-8.11	4.60	-66.64	288.50	454884.80	272547.62	2434.92
444	2905	600169	太原重工	37.10	0.01	2.73	0.96	0.21	0.29	86.68	1.07	-10.43	0.96	-36.83	102.87	3156340.04	642817.57	3996.45
445	2906	002535	林州重机	37.00	-0.18	-0.43	-5.12	0.27	0.47	62.62	-	24.86	-4.51	-33.22	80.32	751144.32	206257.62	-14720.40
446	2917	300129	泰胜风能	36.60	0.01	0.36	0.41	0.44	0.66	36.15	9.95	-7.39	-2.10	-59.58	207.96	346136.24	147252.62	916.98
447	2918	002309	中利集团	36.60	-0.33	1.85	-2.28	0.58	0.73	65.02	0.75	-13.85	-3.39	-43.10	126.47	2557999.39	1672629.66	-20753.54
448	2919	300713	英可瑞	36.60	0.13	0.55	2.11	0.32	0.37	23.36	16.44	-19.27	6.16	-53.40	164.30	98468.60	30719.12	1548.02
449	2925	603789	星光农机	36.40	-0.22	-2.75	-3.87	0.39	0.71	32.06	-5.40	-6.67	-3.15	-16.21	29.16	161584.90	59580.67	-4316.69
450	2927	601700	风范股份	36.40	0.03	1.42	1.04	0.43	0.66	38.90	1.68	-9.66	-4.05	-52.41	291.39	467630.84	199383.44	3022.32
451	2928	600072	中船科技	36.20	0.09	2.08	0.49	0.30	0.56	59.97	1.25	-23.44	3.74	-47.68	158.23	1052762.54	326437.31	2013.08
452	2936	603011	合锻智能	36.00	0.11	2.87	2.99	0.36	0.68	23.08	8.82	9.53	2.00	-61.79	229.11	225111.20	79881.26	5132.50
453	2939	300700	岱勒新材	35.90	0.41	5.28	6.32	0.33	0.55	46.16	2.97	-24.22	1.74	-63.30	262.68	100771.27	32999.08	3400.94
454	2947	002218	拓日新能	35.60	0.07	2.97	3.11	0.19	0.52	54.47	1.76	-26.02	1.75	-48.65	146.99	633274.61	112074.46	8891.24
455	2948	601890	亚星锚链	35.50	-0.02	-0.84	-0.79	0.27	0.36	20.61	-1.26	1.80	-1.42	-46.41	152.04	377584.06	103751.24	-2384.48
456	2950	600151	航天机电	35.50	0.03	1.35	0.51	0.55	1.11	41.59	1.33	0.66	14.54	-49.22	158.83	1146686.77	670088.86	3192.46
457	2957	002255	海陆重工	35.00	-0.20	0.33	-3.98	0.32	0.46	47.31	0.75	94.38	16.29	-42.84	137.07	758052.30	227728.67	-14796.89
458	2980	300080	易成新能	33.90	-0.59	-0.68	-11.18	0.48	0.89	61.51	-0.17	52.61	-25.03	-33.70	92.17	501283.99	278629.62	-25183.28
459	2991	600207	安彩高科	33.00	-0.39	-14.69	-18.53	0.99	2.18	18.95	-179.96	7.56	-17.54	-34.91	185.24	197305.37	213393.13	-32786.45
460	3000	300491	通合科技	32.70	-0.10	-3.76	-3.35	0.29	0.45	19.82	-55.65	-25.31	-4.04	-14.51	110.30	51601.51	16198.74	-1416.52

续表

行业排名	全部上市公司排名	股票代码	股票简称	综合得分（100分）	每股收益（元）	总资产报酬率（%）	净资产收益率（%）	总资产周转率（次）	流动资产周转率（次）	资产负债率（%）	获利倍数	营业收入增长率（%）	资本扩张率（%）	市场投资回报率（%）	股价波动率（%）	年末资产总额（万元）	营业收入（万元）	净利润（万元）
461	3007	600112	天成控股	32.30	0.03	3.76	1.45	0.19	0.54	50.55	1.32	-9.79	6.12	-21.56	114.58	246482.91	50966.29	1716.36
462	3015	601798	ST蓝科	32.00	0.18	3.59	3.12	0.26	0.46	42.33	3.50	6.91	3.12	-50.00	209.26	313137.44	80427.17	5553.53
463	3018	002190	*ST集成	31.80	-0.57	-7.46	-14.42	0.23	0.48	48.16	-7.33	10.45	16.65	-26.34	101.51	930253.36	214541.77	-64589.05
464	3024	601558	ST锐电	31.60	0.03	2.73	13.78	0.09	0.12	77.93	6.93	305.08	6.44	-32.72	85.58	625714.21	56991.04	18455.72
465	3026	300161	华中数控	31.50	0.10	1.09	0.77	0.34	0.48	43.64	1.34	-16.81	1.66	-39.96	136.35	247432.20	81957.58	1066.01
466	3031	601218	吉鑫科技	31.30	-0.06	-1.23	-2.59	0.30	0.48	43.36	-1.45	-5.95	-2.94	-38.24	96.28	444922.50	126866.98	-6627.82
467	3041	300629	新劲刚	30.50	0.08	1.96	2.34	0.44	0.60	26.78	4.82	-15.62	0.44	-54.46	189.26	47954.17	21128.44	818.91
468	3050	300228	富瑞特装	29.80	0.03	1.54	0.78	0.36	0.59	53.16	1.35	-17.19	-0.81	-54.46	214.57	391719.54	144541.87	1433.91
469	3052	600401	*ST海润	29.70	-0.79	-31.72	532.93	0.08	0.26	135.19	-12.60	-73.03	-320.69	—	45.75	729844.65	87832.07	-374223.32
470	3053	002021	中捷资源	29.60	-0.34	-13.61	-28.76	0.74	1.13	48.09	-11.03	13.85	-26.03	-31.67	125.85	134685.87	114126.95	-23647.41
471	3058	002527	新时达	29.40	-0.42	-2.39	-9.52	0.55	0.84	51.20	-1.22	3.27	8.79	-46.55	139.60	663697.29	351499.46	-29570.74
472	3064	300540	深冷股份	29.10	-0.96	-13.46	-19.18	0.34	0.37	46.99	-53.35	43.11	-16.64	-26.08	110.83	103570.03	34282.94	-11581.22
473	3068	000585	*ST东电	28.80	0.02	3.72	-16.34	0.08	0.19	95.62	31.41	-2.04	—	-61.25	233.74	50511.35	3231.15	1409.82
474	3077	600172	黄河旋风	28.50	-0.16	0.60	-5.36	0.29	0.81	59.35	0.22	7.03	-5.26	-66.60	269.72	1114339.32	316589.89	-24963.86
475	3087	300351	永贵电器	28.00	-1.19	-15.24	-18.31	0.42	0.76	17.10	-113.77	3.29	-17.65	-43.58	145.72	288939.09	131026.82	-48551.98
476	3095	002692	远程股份	27.50	-0.51	-10.04	-28.20	0.99	1.25	61.93	-4.80	16.61	-25.13	-59.52	287.65	294366.59	300000.39	-36899.12
477	3097	600165	新日恒力	27.40	0.01	1.75	1.15	0.25	0.40	54.45	1.44	-55.76	-2.65	-69.68	390.11	218070.50	55208.79	1157.28
478	3101	300018	中元股份	27.20	-0.93	-30.78	-33.45	0.25	0.39	12.46	-606.15	-6.88	-32.17	-30.76	125.28	121132.95	37622.31	-43875.14
479	3103	000837	秦川机床	27.20	-0.40	-2.24	-8.11	0.36	0.59	63.54	-2.21	6.28	-8.17	-37.51	95.23	905579.45	318824.06	-27968.90
480	3116	000816	*ST慧业	26.60	0.03	0.96	0.07	0.26	0.57	38.90	1.66	-12.21	-0.37	-55.14	302.43	557297.27	152783.98	240.72
481	3117	300095	华伍股份	26.50	-0.26	-1.37	-6.72	0.37	0.68	46.70	-0.68	36.09	-7.09	-43.05	111.59	241430.11	92529.08	-8978.40
482	3118	600860	京城股份	26.50	-0.22	-5.46	-14.05	0.61	1.29	51.38	-3.90	-6.81	-15.72	-33.84	96.99	177548.58	112156.42	-13264.46
483	3122	300447	全信股份	26.40	-0.81	-10.32	-17.89	0.39	0.61	18.66	-38.82	14.33	-16.85	-51.17	155.62	154933.10	64799.15	-24829.21

续表

行业排名	全部上市公司排名	股票代码	股票简称	综合得分（100分）	每股收益（元）	总资产报酬率（%）	净资产收益率（%）	总资产周转率（次）	流动资产周转率（次）	资产负债率（%）	获利倍数	营业收入增长率（%）	资本扩张率（%）	市场投资回报率（%）	股价波动率（%）	年末资产总额（万元）	营业收入（万元）	净利润（万元）
484	3123	002606	大连电瓷	26.40	-0.05	-1.35	-2.28	0.43	0.72	33.20	-1.87	-27.49	-1.41	-42.85	235.80	132335.63	60389.17	-2029.44
485	3125	002112	三变科技	26.30	0.03	2.48	1.65	0.53	0.77	61.65	1.28	6.47	1.66	-61.81	274.64	100258.75	57067.41	628.60
486	3128	002073	软控股份	26.00	-0.33	-3.55	-7.23	0.32	0.46	48.46	-3.24	1.00	-6.72	-43.45	142.87	878659.85	276099.91	-33926.99
487	3136	002196	方正电机	25.30	-1.01	-13.41	-20.01	0.44	0.97	31.34	-28.16	3.45	-20.41	-45.12	140.13	286923.09	136361.83	-44465.71
488	3138	300064	豫金刚石	25.20	0.08	2.31	1.33	0.13	0.24	27.50	2.23	-19.09	0.97	-68.27	279.27	959363.50	124018.08	9235.69
489	3139	002132	恒星科技	25.20	-0.11	-2.55	-7.29	0.51	0.92	48.70	-1.81	-1.05	-9.14	-48.85	141.93	548855.04	301433.20	-21564.10
490	3140	002423	中原特钢	25.20	-0.22	-1.90	-7.45	0.31	0.92	55.02	-1.09	5.41	-7.45	-39.11	149.77	323427.31	102555.91	-11270.48
491	3151	600501	航天晨光	24.60	-0.39	-2.63	-6.18	0.57	0.88	49.92	-6.64	-0.14	-6.47	-51.43	147.69	451178.53	263224.93	-14451.73
492	3161	002184	海得控制	24.00	-0.67	-5.52	-13.81	0.79	1.08	49.29	-3.90	-17.57	-15.34	-24.90	171.03	212283.02	169051.23	-16218.43
493	3179	002249	大洋电机	23.30	-1.00	-14.14	-29.33	0.55	1.01	54.10	-17.41	0.38	-30.82	-51.63	165.32	1456288.22	863757.57	-239684.44
494	3182	600525	长园集团	23.10	0.09	3.84	-0.20	0.37	0.81	69.19	1.52	-3.98	-32.28	-72.01	283.88	1805783.46	713687.92	-1398.13
495	3185	300011	鼎汉技术	23.10	-1.03	-13.23	-26.33	0.36	0.69	45.96	-9.28	9.75	-23.50	-45.77	155.84	351683.94	135712.88	-57728.06
496	3193	002426	胜利精密	22.90	-0.21	-2.33	-8.57	0.94	1.67	55.91	-1.23	9.28	-9.56	-61.94	194.16	1847686.99	1738989.55	-73489.91
497	3196	300048	合康新能	22.50	-0.22	-4.73	-11.25	0.27	0.49	43.59	-4.01	-10.71	-11.43	-39.39	111.88	415312.70	120629.72	-28066.90
498	3197	600290	华仪电气	22.50	-0.11	-0.99	-1.94	0.21	0.30	42.89	-0.80	-28.07	-2.28	-64.54	314.96	722405.77	156671.55	-8108.49
499	3204	000410	沈阳机床	22.30	-1.03	0.17	-147.56	0.24	0.31	99.26	0.10	19.71	-85.29	-39.80	137.77	2039238.25	501489.15	-86409.33
500	3214	300461	田中精机	21.40	-0.71	-2.43	-21.64	0.60	0.94	75.54	-1.77	59.30	-22.82	-48.49	115.63	139472.21	80332.79	-8474.80
501	3223	002164	宁波东力	21.10	-4.00	-27.56	-140.12	1.30	1.63	66.05	-9.45	-8.62	-83.13	-69.35	282.66	170063.65	1176064.46	-280250.02
502	3235	300275	梅安森	20.50	-0.36	-5.90	-8.00	0.23	0.47	34.17	-7.34	-18.76	-7.78	-46.87	179.21	99334.70	23427.85	-5450.24
503	3240	600685	中船防务	20.00	-1.32	-5.08	-18.81	0.42	0.66	69.76	-5.64	-13.89	20.18	-64.14	279.05	4747534.41	1921359.64	-247415.02
504	3245	000595	宝塔实业	19.90	-0.13	-2.98	-13.21	0.23	0.48	61.70	-1.84	-0.79	-9.07	-52.99	130.62	182860.09	43231.77	-9712.82
505	3247	600391	航发科技	19.80	-0.92	-3.50	-15.06	0.40	0.63	69.68	-2.76	4.67	-14.15	-46.77	141.86	587867.73	236427.29	-29059.47
506	3248	002176	江特电机	19.80	-1.13	-16.48	-42.34	0.32	0.58	62.29	-8.92	-10.36	-11.26	-48.55	156.96	989292.58	301679.65	-167966.98

续表

行业排名	全部上市公司排名	股票代码	股票简称	综合得分（100分）	每股收益（元）	总资产报酬率（%）	净资产收益率（%）	总资产周转率（次）	流动资产周转率（次）	资产负债率（%）	获利倍数	营业收入增长率（%）	资本扩张率（%）	市场投资回报率（%）	股价波动率（%）	年末资产总额（万元）	营业收入（万元）	净利润（万元）
507	3250	300210	森远股份	19.60	-0.20	-3.59	-7.68	0.16	0.29	46.47	-2.48	-8.20	-8.07	-31.91	105.45	224294.13	37331.61	-9630.76
508	3254	601038	一拖股份	19.50	-1.32	-8.76	-27.04	0.41	0.69	64.57	-7.34	-23.25	-14.39	-42.42	121.30	1314074.18	554099.84	-136497.22
509	3255	603111	康尼机电	19.20	-3.22	-52.00	-111.63	0.57	0.84	63.17	-148.52	41.26	-55.93	-71.71	290.71	474647.51	341542.07	-318938.50
510	3260	600405	动力源	18.90	-0.50	-8.55	-22.56	0.33	0.61	58.32	-5.15	-25.56	-22.53	-38.70	117.85	258251.17	90955.71	-27807.53
511	3264	600243	青海华鼎	18.60	-0.47	-8.69	-14.04	0.28	0.44	36.72	-7.14	-16.84	-17.64	-44.67	124.37	244615.86	76351.33	-24059.30
512	3265	600499	科达洁能	18.50	-0.37	-3.46	-9.65	0.50	0.91	59.05	-2.56	5.98	-11.95	-65.37	213.67	1218812.14	607083.82	-51435.81
513	3268	300442	普丽盛	18.40	-2.41	-15.63	-30.30	0.37	0.59	52.23	-30.04	-16.52	-27.31	-41.17	107.24	150855.33	57955.00	-25937.81
514	3277	300004	南风股份	17.90	-2.04	-30.24	-40.05	0.28	0.54	28.86	-73.91	8.70	-34.57	-65.38	349.70	288598.59	95167.01	-103932.74
515	3281	002452	长高集团	17.80	-0.47	-9.00	-19.38	0.40	0.56	53.27	-7.28	-25.60	-18.27	-43.76	142.74	243722.86	105332.23	-24542.43
516	3286	000890	法尔胜	17.10	-0.38	0.34	-18.16	0.20	0.22	91.29	0.39	-15.28	-30.79	-35.49	136.31	751563.45	169808.92	-14522.85
517	3295	300306	远方信息	16.50	-1.69	-24.31	-27.95	0.22	0.43	11.06	-2955.28	-24.37	-29.91	-55.49	239.70	160371.59	42172.08	-48372.51
518	3299	600550	保变电气	16.40	-0.49	-7.47	-99.76	0.39	0.57	86.62	-2.50	-27.04	37.21	-49.51	168.79	727853.22	318684.71	-84002.15
519	3303	002630	华西能源	16.10	-0.12	0.56	-4.36	0.25	0.40	77.62	0.33	-11.77	-1.93	-57.96	223.35	1469107.43	364764.87	-14485.25
520	3308	300466	赛摩电气	15.50	-0.38	-12.63	-16.69	0.25	0.55	27.20	-28.56	-5.90	-15.81	-54.48	184.29	162102.55	42983.26	-21540.34
521	3309	600815	厦工股份	15.50	-0.76	-0.86	-201.85	0.49	0.67	100.74	-0.29	-36.21	-105.29	-33.26	87.95	510211.37	283789.72	-68232.68
522	3310	300411	金盾股份	15.50	-3.70	-59.10	-69.22	0.19	0.36	21.12	-268.62	19.05	-51.71	-61.36	284.29	208849.07	55344.65	-175096.22
523	3311	002617	露笑科技	15.40	-0.88	-13.91	-47.01	0.52	0.91	69.68	-6.25	-6.93	-38.36	-63.19	157.26	520792.38	302002.88	-97349.49
524	3313	300370	安控科技	15.30	-0.57	-10.85	-42.80	0.32	0.54	76.20	-4.23	-22.38	-35.33	-31.91	102.62	428980.83	137104.50	-55635.40
525	3314	600421	ST 仰帆	15.20	-0.05	-23.05	-74.70	0.02	0.11	74.27	—	-96.51	-32.75	-34.33	142.49	4646.46	100.27	-1110.43
526	3319	002248	华东数控	15.00	-1.87	-50.04	-166.76	0.07	0.17	90.79	-24.11	-25.09	-89.10	-0.45	66.68	77196.29	8308.41	-60328.89
527	3322	002121	科陆电子	15.00	-0.87	-5.86	-28.45	0.26	0.53	72.76	-1.87	-13.36	-25.40	-48.17	158.88	1341436.99	379132.13	-121663.64
528	3328	300029	天龙光电	14.50	-0.68	-40.96	-77.32	0.03	0.04	40.20	-77.69	-97.13	-60.14	-40.53	129.91	17977.22	957.66	-14581.82
529	3333	300397	天和防务	14.30	-0.71	-13.41	-14.04	0.18	0.33	20.11	-254.47	-25.45	-13.81	-52.30	170.45	140052.57	26398.72	-16963.94

续表

行业排名	全部上市公司排名	股票代码	股票简称	综合得分（100分）	每股收益（元）	总资产报酬率（%）	净资产收益率（%）	总资产周转率（次）	流动资产周转率（次）	资产负债率（%）	获利倍数	营业收入增长率（%）	资本扩张率（%）	市场投资回报率（%）	股价波动率（%）	年末资产总额（万元）	营业收入（万元）	净利润（万元）
530	3336	300111	向日葵	14.10	−1.02	−53.33	−156.46	0.32	0.67	87.84	−30.25	−57.04	−86.51	−44.80	113.44	145637.55	65737.18	−116572.31
531	3345	300345	红宇新材	13.30	−0.65	−36.10	−48.44	0.13	0.24	27.77	−41.48	−30.81	−41.62	−48.22	136.80	62829.69	10457.48	−29820.95
532	3352	300173	智慧松德	12.70	−1.42	−35.66	−65.89	0.15	0.24	55.92	−34.58	−44.06	−49.93	−42.44	146.85	191625.97	35063.98	−83399.99
533	3369	002122	*ST 天马	11.10	−0.53	−5.91	−17.02	0.23	0.32	56.31	−1.82	−26.25	−15.88	−80.56	507.37	778760.95	187128.75	−63397.45
534	3371	600526	*ST 菲达	11.00	−0.77	−3.37	−19.61	0.43	0.58	75.50	−1.98	−7.47	−16.43	−55.96	173.89	809338.20	352094.83	−42706.10
535	3372	002509	天广中茂	10.90	−0.18	−3.78	−9.16	0.24	0.33	48.53	−3.87	−39.95	−9.79	−74.09	391.40	893590.97	211299.35	−44423.73
536	3373	300069	金利华电	10.70	−1.53	−21.60	−38.49	0.25	0.44	38.64	−22.50	−29.14	−32.66	−71.76	366.89	58865.79	18428.39	−17271.03
537	3375	300317	珈伟新能	10.50	−2.37	−22.74	−50.11	0.21	0.45	56.22	−11.46	−50.84	−39.30	−70.05	261.47	686916.12	168952.95	−199467.47
538	3376	002665	首航节能	10.30	−0.25	−9.17	−10.39	0.06	0.11	20.10	−18.07	−56.84	−10.23	−56.96	141.31	852877.36	57502.81	−74838.92
539	3378	000806	ST 银河	10.10	−0.64	−21.64	−41.23	0.26	0.40	43.79	−9.76	−27.20	−35.91	−63.94	246.28	248208.42	76125.97	−73634.27
540	3383	300008	天海防务	9.30	−1.96	−54.96	−110.37	0.30	0.54	67.98	−233.05	−30.68	−71.51	−63.66	235.18	235970.93	102862.73	−188060.30
541	3389	300471	厚普股份	8.80	−1.30	−18.75	−32.71	0.15	0.28	39.32	−40.22	−49.87	−28.06	−56.49	142.16	204133.42	37038.96	−48419.63
542	3398	002529	海源复材	7.80	−0.67	−9.89	−11.83	0.13	0.28	27.50	−9.69	−11.63	−11.13	−56.89	227.86	192153.46	24057.21	−17509.91
543	3400	603169	兰石重装	7.30	−1.44	−11.14	−55.37	0.23	0.33	82.96	−4.83	−14.68	−43.59	−52.23	175.18	1134491.52	254674.76	−148425.63
544	3405	600416	湘电股份	6.30	−2.02	−8.04	−32.75	0.29	0.41	75.21	−4.85	−36.13	−28.68	−57.40	173.60	2039185.86	619903.91	−198885.65
545	3417	300362	天翔环境	3.40	−4.18	−26.97	−173.21	0.07	0.11	96.66	−3.68	−62.68	−90.87	−63.12	109.33	510505.94	35083.00	−176467.24
546	3423	300116	坚瑞沃能	—	−1.61	−12.12	−183.74	0.17	0.23	98.86	−4.34	−58.62	−95.10	−82.16	442.00	1760056.14	399739.21	−394519.16
547	3426	002499	*ST 科林	—	−2.85	−36.07	−114.77	0.06	0.07	84.11	−13.68	−90.68	−73.07	−63.48	239.31	125757.13	8256.39	−54057.47
548		300750	宁德时代	—	1.64	6.35	12.12	0.48	0.68	52.36	15.54	48.08	32.98	−33.02	53.38	7388370.40	2961126.54	373589.65
549		603583	捷昌驱动	—	2.59	22.61	24.20	0.85	1.18	17.41	—	60.64	207.25	−33.02	31.49	191723.93	111597.31	25392.99
550		603666	亿嘉和	—	2.06	26.12	28.43	0.61	0.70	13.12	138.45	35.10	217.79	−33.02	99.95	113346.77	50510.87	18403.22
551		002943	宇晶股份	—	1.28	15.16	18.54	0.52	0.66	24.12	73.98	14.82	179.61	−33.02	30.37	102666.18	40513.41	9807.02
552		603187	海容冷链	—	2.26	10.55	14.97	0.81	1.07	31.80	196.85	25.58	127.98	−33.02	15.76	189625.11	121176.77	13929.78

续表

行业排名	全部上市公司排名	股票代码	股票简称	综合得分（100分）	每股收益（元）	总资产报酬率（%）	净资产收益率（%）	总资产周转率（次）	流动资产周转率（次）	资产负债率（%）	获利倍数	营业收入增长率（%）	资本扩张率（%）	市场投资回报率（%）	股价波动率（%）	年末资产总额（万元）	营业收入（万元）	净利润（万元）
553		002933	新兴装备	—	1.45	13.60	12.79	0.31	0.34	6.98	-	23.42	89.01	−33.02	72.57	155360.18	37842.59	14133.14
554		002935	天奥电子	—	1.09	9.09	10.85	0.72	0.75	19.86	31.90	5.35	94.84	−33.02	52.21	147608.01	86400.67	9707.80
555		603486	科沃斯	—	1.27	15.97	25.80	1.65	2.09	40.66	220.59	25.11	97.58	−33.02	109.18	420812.01	569365.61	48515.17
556		603185	上机数控	—	2.13	18.03	19.86	0.52	0.61	11.66	102.79	8.07	221.57	−33.02	—	174600.32	68412.46	20081.14
557		300751	迈为股份	—	4.26	10.63	23.49	0.41	0.43	58.01	30.63	65.55	268.22	−33.02	33.51	271800.04	78786.14	17043.39
558		300724	捷佳伟创	—	1.15	10.01	19.37	0.43	0.47	49.88	303.39	20.11	138.58	−33.02	68.73	444401.79	149274.05	30619.17
559		300756	中山金马	—	3.27	8.01	14.00	0.38	0.46	42.69	-	4.48	129.22	−33.02	—	170110.37	52046.16	9804.38
560		002927	泰永长征	—	0.62	13.03	13.26	0.54	0.63	10.93	-	5.72	99.38	−33.02	149.87	82514.35	34736.43	7314.42
561		603897	长城科技	—	1.11	15.02	14.59	3.11	3.60	10.78	10.05	8.63	110.96	−33.02	153.06	188411.89	497947.18	18079.96
562		603680	今创集团	—	0.76	8.22	15.06	0.48	0.65	49.67	7.10	10.11	75.61	−33.02	183.74	758082.99	322821.67	45078.39
563		603356	华菱精工	—	0.46	10.14	11.72	1.26	1.87	30.32	27.17	43.16	106.54	−33.02	135.78	100999.11	97583.39	6120.28
564		300745	欣锐科技	—	0.80	6.05	9.27	0.50	0.56	38.08	377.63	46.14	54.22	−33.02	159.41	174351.65	71706.16	8245.73
565		603895	天永智能	—	0.34	3.59	7.82	0.56	0.60	42.90	-	19.37	116.36	−33.02	99.71	110273.39	50606.48	3597.74
566		601606	长城军工	—	0.15	3.73	5.01	0.43	0.75	37.84	5.85	−4.00	32.60	−33.02	111.48	357390.53	143047.59	9754.14
567		603105	芯能科技	—	0.15	3.84	5.34	0.16	0.42	43.03	2.93	−58.97	43.21	−33.02	122.62	256160.65	38417.28	6616.27

第九章　汽车行业上市公司业绩评价

汽车行业是国民经济的支柱产业之一，具有产业链长、带动性强等特征，如对钢铁、石化、橡胶、玻璃、电子等上下游相关产业均有着强劲的直接带动作用，也对物流、金融、保险旅游等产业起着促进作用。2018年受中国GDP增速下滑、中美贸易摩擦、居民消费结构性调整和各地限购与限行等因素的影响，中国汽车销量自28年以来首次全年同比增速为负，同比下降2.76%。行业股票指数与行业业绩基本正相关，汽车行业指数（申万）下跌34.34%。但是，2018年中国新能源汽车销售数量125万辆，同比增幅61.74%，创近三年增幅巅峰，汽车行业存量市场博弈和结构化调整日趋显著。2019年车市预计将面临不少挑战。一方面，国内汽车市场进入长期低增长阶段。根据中汽协预计，2019年汽车销量将与2018年销量保持持平态势。另一方面，在合资股比放开的大背景下，有限的增长空间或使自主品牌的销量弱于合资品牌。

一、汽车行业上市公司业绩评价结果

截至2018年末，汽车行业包括汽车整车、汽车零部件、汽车服务、其他交运设备等企业的全部上市公司共171家，其中150家盈利。

汽车行业的综合评价分值为52.38分，略低于同年全部上市公司的综合评价分值54.03分；有2家汽车行业上市公司进入2018年上市公司业绩评价综合得分的百强名单，分别为潍柴动力和上汽集团，对应排名57和67。

在纳入评价的161家汽车行业中（剔除了其中10家当年上市或借壳上市的公司），业绩为AA的有2家；业绩为A的有4家；业绩为BBB的有6家；业绩为BB的有19家；业绩为B的有24家；业绩为CCC的有24家；业绩为CC的有21家，业绩为C的有61家。

2018年全部上市公司（不包括金融和B股，本文以下如无特指按此口径）为3473家，其资产总额总计为61.13万亿，同比增加11.63%，其中汽车行业上市公司2018年末资产总额合计为2.96万亿元，占全部上市公司同期资产总额的4.84%；2018年全部上市公司实现营业收入37.87万亿元，汽车行业上市公司实现营业收入共2.62万亿元，同期占比 6.92%；2018 年全部上市公司实现利润总额 2.51 万亿元，汽车行业上市公司实现利润总额 0.13 万亿元，同期占比 5.25%；2018 年全部上市公司实现净利润 1.92 万亿元，汽车行业上市公司实现净利润 0.11 万亿元，同期占比 5.78%。汽车行业上市公司 2018 年度市场投资回报率平均值为 −35.86%，低于全部上市公司的市场投资回报率平均值 −33.09%；汽车行业上市公司股价波动率平均值为 131.63%，略高于全部上市公司股价波动率平均值 127.11%。

2018 年汽车行业上市公司整体毛利率和净利润率水平为 15.27% 和 4.23%，均低于全部上市公司的平均水平 19.83% 和 5.06%，说明汽车行业在 2018 年的经营收益水平低于全部上市公司平均水平，但其 2018 年平均每股收益水平为 0.35，基本与全部上市公司平均每股收益水平 0.32 持平。

2018 年，汽车行业按评价体系，行业综合排名十强见表 9–1。

表 9 – 1　2018 年度汽车行业中联十强排行榜

行业排名	股票代码	股票简称	全部上市公司排名
1	000338	潍柴动力	57
2	600104	上汽集团	67
3	600660	福耀玻璃	109
4	600741	华域汽车	128
5	601799	星宇股份	235
6	603305	旭升股份	255
7	000581	威孚高科	277
8	600699	均胜电子	403
9	601238	广汽集团	404
10	601965	中国汽研	435

资料链接：

广汽集团产销逆势增长 创新发展持续加速

2018 年，全球经济增速放缓，中国经济受到中美贸易争端、金融去杠杆、信贷收紧和流动性放缓背景的影响，经济增速放缓。汽车行业销量更是出现了 28 年来首次负增长。广汽集团本着质量效益为中心的前提，总体经营实现逆势平稳持续增长，各大板块协同发展。

在产销业绩创新高的同时，广汽集团发展质量也进一步提升，旗下三大板块整车企业集体向上，研发、整车、零部件、金融、商贸五大产业协同发展持续深化，“电动化、国际化、网联化”创新突破全面加速。

广汽集团2018年全年汽车产销量达到219.40万辆和214.79万辆，同比增长8.77%和7.34%，销量增幅领先行业平均水平约10%，市场占有率进一步提升至约7.65%。其中，自主品牌“广汽传祺”销量连续两年超50万辆。广汽丰田增长超过30%，广汽三菱增长超过25%。商用车板块广汽日野700臻值系完成开发，销量大幅增长65.44%。

广汽集团连续6年入围《财富》世界500强，排名第202名，并入围《财富》未来50强名单，位列第23位。

资料来源：广汽集团年报

下面分别从财务效益、资产质量、偿债风险、发展能力及市场表现五个方面对汽车行业上市公司进行具体分析。

（一）财务效益

从综合得分来看，2018年汽车行业上市公司财务效益略低于全部上市公司平均水平，但高于同行业上年水平。表9–2列示了2018年汽车行业上市公司财务效益状况评价结果。与2017年的情况相比较，2018年上市公司财务效益得益于盈利现金保障倍数的显著增加，综合得分相较上年略有增加。从财务效益指标分析中可以看到，汽车行业受到宏观经济增速下行、中美贸易摩擦、主要原材料价格升高等影响，汽车行业的各项指标均出现了不同程度的下降，而净利润的下降也可能是导致盈利现金保障倍数增加的原因之一。

在汽车行业上市公司财务效益状况指标中，排名前五的分别为福耀玻璃、潍柴动力、华域汽车、上汽集团和威孚高科，其中福耀玻璃以34.41分的得分在汽车行业排名第一。

福耀玻璃以技术和创新的文化和人才，加强对玻璃集成趋势的研究，为汽车厂和Aftermarket Replacement Glass（ARG）用户提供更全面的产品解决方案和服务。当前中国汽车市场进入需求多元、结构优化的新发展阶段，总体上汽车消费由实用型向质量化转变。新能源、智能、节能汽车推广，推动经济转型升级；随着应用技术的发展，汽车玻璃朝着“安全舒适、节能环保、造型美观、智能集成”方向发展，其附加值在不断地提升。福耀玻璃在该行业处于技术领导地位，将为其汽车玻璃销售带来结构性的机会。福耀玻璃在2018年业绩实现逆势增长，扣除非经常性损益后的加权平均净资产收益率为21.03%，总资产报酬率为15.42%，营业利润率为24.59%，盈利现金保障倍数为1.41，总股本收益率为164.25%。

表 9－2　汽车行业财务效益状况比较表

分析指标		2018 年上市公司平均值	2018 年行业值	2017 年行业值	增长率（%）
基本指标	净资产收益率（%）	0.97	-4.77	7.90	-265.62
	总资产报酬率（%）	4.54	4.43	7.82	-76.52
	得分	20.59	20.01	21.74	-8.65
修正指标	营业利润率（%）	6.73	4.74	10.03	-111.60
	盈利现金保障倍数	1.69	0.83	-0.13	115.66
	股本收益率（%）	38.49	52.66	77.63	-47.42
综合得分		22.01	21.13	19.15	9.37

（二）资产质量

从综合得分来看，汽车行业上市公司资产质量略高于全部上市公司平均水平。同比来看，资产质量状况分析指标中除应收账款周转率略低于去年同期，其他指标均有不同程度的提升。表 9-3 列示了汽车行业上市公司资产质量状况评价结果。在汽车行业上市公司资产质量状况指标中，总资产周转率、流动资产周转率、应收账款周转率、存货周转率均优于上市公司平均水平。与 2017 年相比，汽车行业上市公司 2018 年资产质量表现除了应收账款周转率有所下降，其余指标均优于去年同期，行业的资产质量表现有所回升。

在汽车行业上市公司资产质量指标中，排名前五的分别为新日股份、上汽集团、长城汽车、一汽轿车和江淮汽车，其中新日股份以总资产周转率 1.6 次，流动资产周转率 2.16 次，应收账款周转率 44.65 次，存货周转率 16.16 次，资产质量得分 14.92 分在汽车行业资产质量排名中位于第一。

新日股份在“提高产品质量稳定性、加强核心技术创新、大力推进服务营销”的三大核心思想指导下，面对复杂多变的行业环境，严格执行以迅速提升市场份额为目的的经营方针，通过加快优化经销渠道结构、努力巩固原有直销渠道优势，资产质量得以体现。

表 9－3　汽车行业资产质量状况比较表

分析指标		2018 年上市公司平均值	2018 年行业值	2017 年行业值	增长率（%）
基本指标	总资产周转率（次）	0.65	0.91	0.74	18.68
	流动资产周转率（次）	1.23	1.59	1.28	19.50
	得分	9.43	11.1	9.58	13.69
修正指标	应收账款周转率（次）	8.18	8.31	11.11	-33.69
	存货周转率（次）	2.78	8.25	6.25	24.24
综合得分		9.17	10.56	8.82	16.48

（三）偿债风险

从综合得分来看，2018 年汽车行业上市公司偿债风险状况好于全部上市公司平均水平，高于同行业上年水平。

表 9–4 列示了汽车行业上市公司偿债风险状况评价结果。从指标平均得分来看，汽车行业资产负债比率略有增加，但依然低于全部上市公司的平均水平。在已获利息倍数指标上，汽车行业平均水平高于全上市公司平均水平，但由于行业景气度下降，大部分汽车行业公司净利润水平有所下降，也导致其 2018 年平均分值低于 2017 年水平。从速动比率上来看，汽车行业 2018 年和 2017 年的比率基本持平，但略有下降，但依然优于全部上市公司平均水平，说明汽车行业的流动资产中可以立即变现用于偿还流动负债的能力要优于全部上市公司的平均水平。2018 年汽车行业上市公司现金流动负债比率水平保持在 2017 年的基础上略有增加，显示出其现金净流量覆盖流动负债的比率有所增加，但其表现依然低于全部上市公司同期水平。带息负债比率有可能受到行业内龙头公司偿还债务行为的影响，如上汽集团 2018 年偿还债务支付的现金达到约 412 亿元，高出去年同期的约 191 亿元 116% 以上，导致汽车行业的带息负债比率平均值较去年有所下降，同时也低于 2018 年全部上市公司的平均值。

在汽车行业上市公司偿债风险状况指标中，排名前五的分别为爱柯迪、新坐标、凯众股份、川环科技、华懋科技，其中爱柯迪以资产负债率 20.08%、已获利息倍数 412.64、速动比率 439.74%、现金流动负债比率 86.9%、带息负债比率 0.72%、综合得分 15 分在汽车行业偿债能力中排名第一。

2018 年爱柯迪合并层面的资产负债表显示其并无短期借款、长期借款和应付债券，主要的负债应付票据及应付账款和递延收益，上述两项金额合计占总负债约 80% 左右，因此爱柯迪主要依赖自身资金和资产状况进行运营，偿债风险较小。

表 9 – 4　汽车行业偿债风险状况比较表

分析指标		2018 年上市公司平均值	2018 年行业值	2017 年行业值	增长率（%）
基本指标	资产负债率（%）	60.90	58.97	58.45	0.88
	已获利息倍数	4.41	6.59	9.68	–46.89
	得分	8.94	9.37	9.54	–1.81
修正指标	速动比率（%）	78.76	98.86	99.01	–0.15
	现金流动负债比率（%）	12.06	6.45	6.18	4.19
	带息负债比率（%）	48.41	36.37	45.5	–25.10
综合得分		8.79	9.22	9.07	1.63

（四）发展能力

从综合得分来看，2018 年汽车行业上市公司发展能力状况受行业整体发展下行影响，全面低于全部上市公司的平均水平，同样也低于去年同期水平。

表 9–5 列示了汽车行业上市公司发展能力状况评价结果。2018 年，受到国内宏观经济增速下行、中美贸易摩擦等因素影响，汽车行业产销量 28 年以来首次出现负增长，大量汽车行业上市公司均未能幸免，出现业绩滑坡的现象。

汽车行业发展能力中排名前五的上市公司分别为均胜电子、旭升股份、正裕工业、科华控股、渤海汽车，其中均胜电子以营业收入增长率 111.16%、资本扩张率 32.7%、累计保留盈余率 19.91%、三年收入增长率 90.84%、总资产增长率 67.78%、营业利润增长率 −18.32%、发展能力 17.76 分排名第一。

2018 年汽车行业发展趋势继续围绕“电动化、智能化、网联化、共享化”四大主流方向发展，而均胜电子面对复杂而激烈的行业竞争，持续围绕“更安全、更智能、更环保”三个主题，深耕汽车安全和汽车电子领域，成了全球第二大汽车安全产品的供应商。其 2018 汽车安全系统营业收入在中国汽车产销量出现负增长的情况下同比增加 210.84%，营业收入的增加并未降低其该项业务的盈利能力，相反，其汽车安全系统业务毛利率同比增加 2.05%。同时，在汽车电器业务领域，全年实现营收 95.3 亿元，同比增加 1.84%。根据其年报披露，其电子业务领域，包括智能座舱系统业务、智能车辆业务和新能源电子业务，获新订单超 170 亿元（全生命周期），未来增长值得期待。

表 9 – 5　汽车行业发展能力状况表

分析指标		2018 年上市公司平均值	2018 年行业值	2017 年行业值	增长率（%）
基本指标	营业收入增长率（%）	13.68	2.58	16.31	–532.17
	资本扩张率（%）	9.66	4.64	19.46	–319.40
	得分	12.2	9.57	12.43	–29.89
修正指标	累计保留盈余率（%）	40.89	46.75	49.62	–6.14
	三年营业收入增长率（%）	15.02	12.19	15.4	–26.33
	总资产增长率（%）	11.63	6.00	17.73	–195.50
	营业利润率增长率（%）	4.93	–22.19	18.6	–183.82
综合得分		12.19	10.34	12.79	–23.69

（五）市场表现

2018 年受汽车行业整体下行的影响，汽车行业上市公司整体表现略低于大盘的表现。从综合得分来看，汽车行业上市公司的平均得分也低于全部上市公司的平均得分。

综合来看，汽车行业上市公司市场表现排名前五的为潍柴动力、星宇股份、腾龙集团、上汽集团、德尔股份，其中潍柴动力以市值增长率 –4.42% 和股价波动率 33.24%，得分 15 分，排名第一。

潍柴动力 2018 年实现营业收入约 1592.56 亿元人民币，较 2017 年同期增长 5.1%，同时其盈利能力有所增强，实现归属于上市公司股东的净利润约为 86.58 亿元人民币，较 2017 年同期提高 27.2%，基本每股收益为 1.08 元人民币，较 2017 年同期提高 27.2%。除业绩表现悖逆汽车行业车辆产销量下行的状况实现增长以外，潍柴动力也积极响应国家号召，深耕“一带一路”，备受中白两国领导人关注的潍柴马兹项目在 2018 年实现当年建设、当年投产；也与俄罗斯卡玛斯集团签署了战略合作框架协议，预期未来将实现潍柴发动机当地化制造与销售。同时，在新能源方面，潍柴动力也牵头承担国家燃料电池产业化重大专项，并与英国锡里斯公司和加拿大巴拉德公司开展战略合作，搭建新业务的全新平台和生态。上述成果给予了潍柴动力投资者充分的信心，在证券市场大盘低迷之时较好地稳定了自身股价。

表 9 – 6　汽车行业公司市场表现比较表

分析指标	2018 年上市公司平均值	2018 年行业值	2017 年行业值	增长率（%）
市值增长率（%）	–33.09	–35.86	–14.83	–58.64
股价波动率（%）	127.11	131.63	90.1	31.55
得分	9	8.45	9.19	–8.76

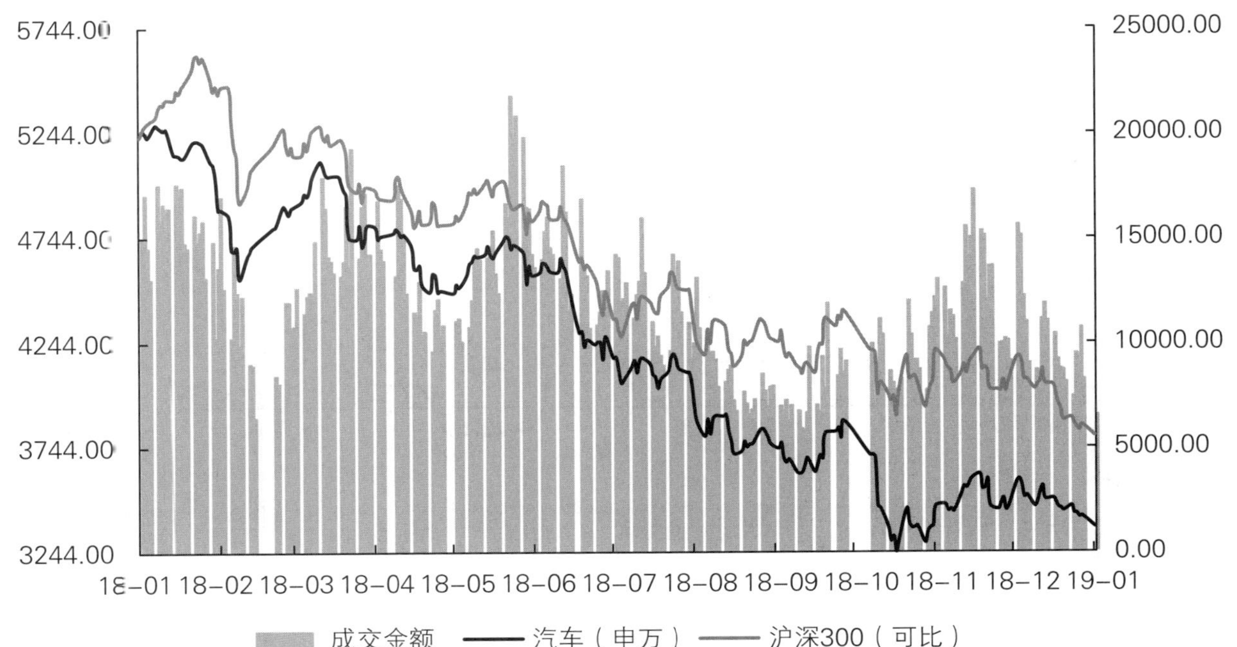

图 9 – 1　2018 年申万汽车行业指数与沪深 300 指数比较

数据来源：Wind 资讯。

二、2018 年度汽车行业上市公司业绩影响因素分析

根据中国汽车工业协会统计，2018 年中国汽车销量为 2808.06 万辆，其中乘用车销量 2370.98 万辆，占比 84.43%；商用车销量 437.08 万辆，占比 15.57%。28 年以来汽车销量首次出现负增长，遭遇业绩与估值双杀。乘用车销量占总销量的比例连续两年出现下降，2017 年和 2018 年下降幅度分别为 3.14% 和 1.07%。但国内新能源汽车板块增长亮眼，2018 年国内销量达到 125 万辆，同比增幅 61.74%，国内新能源汽车销量占全球总销量的 55%。其中国内新能源乘用车的市场，比亚迪、北汽新能源和上汽集团分别以 23%、16% 和 14% 的市场份额位列前三甲。汽车行业上市公司作为汽车行业领头羊，依然有 109 家营业收入较上年有所增长，但行业总体利润下行较为明显。2018 年汽车行业上市公司营业收入总合计 261949479.2 万元，同比增长 2.58%，净利润 11073385.53 万元，同比减少 -20.12%。主要影响业绩的因素如下：

（一）宏观经济增速稳中有降，汽车行业销量显露疲态

汽车行业多年来首次呈现负增长，从宏观环境来看，M2 指数、房地产销售、股市和信贷渗透率均会对汽车销量产生一定影响。

从历史期的 M2 增速和汽车销量增速比较显示，2009 年开始 M2 增速开始下降，同期汽车销量增速也显示出下行趋势，随后 M2 增速不断震荡下行，在震荡过程中，汽车销量增速的变动方向与 M2 变化趋势保持高度一致，M2 增速领先乘用车销量增速约几个月左右。

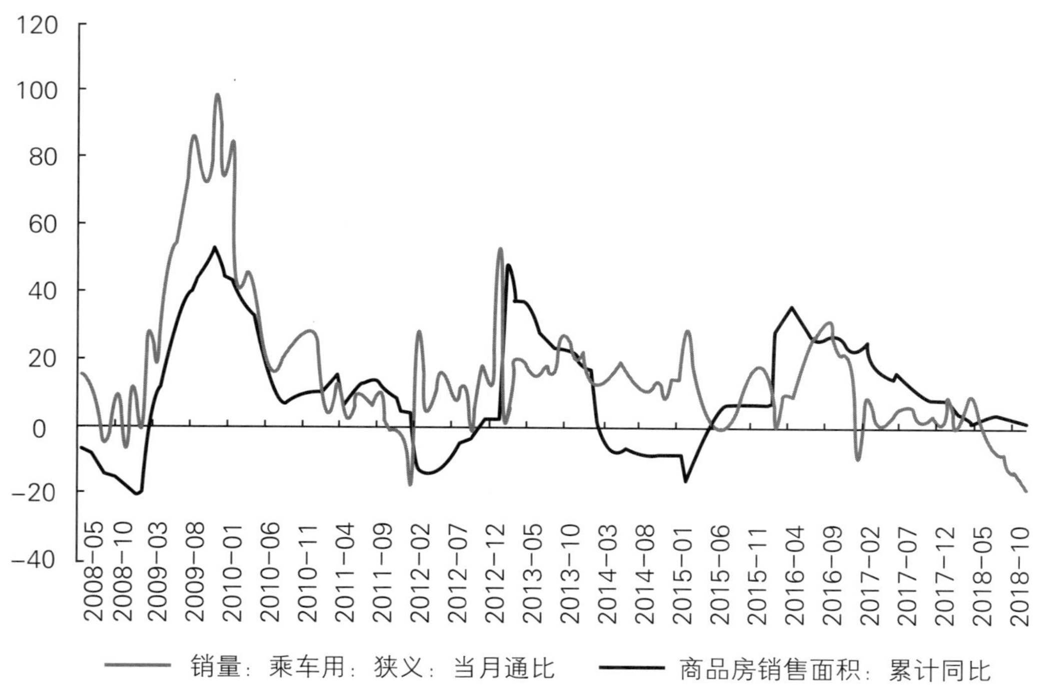

图 1

数据来源：Wind，广证恒生

股市的涨跌也将较为明显地影响汽车销量，其主要原因可能是通过财务效应影响消费者的意欲和需求。2018 年中国股市整体来看处于下行趋势，上证综指从 2018 年第一个交易日的 3348.33 下降到年底的 2493.90。从过往股市的季度涨跌幅对比乘用车季度销量增速来看，整体趋势上股市涨跌幅领先汽车销量增速半年至一年，该趋势在股市上涨时更为明显。主要因素可能是股市上涨时形成的财富效应会拉升居民的消费能力，但财富效应的释放存在一定的滞后性，尤其是对汽车这类单价较高的产品滞后性更为明显。但股市处于下行阶段时，将会蒸发一部分投资者的财富，从而延后甚至取消其购车计划，减少汽车需求量，拉低汽车销量。

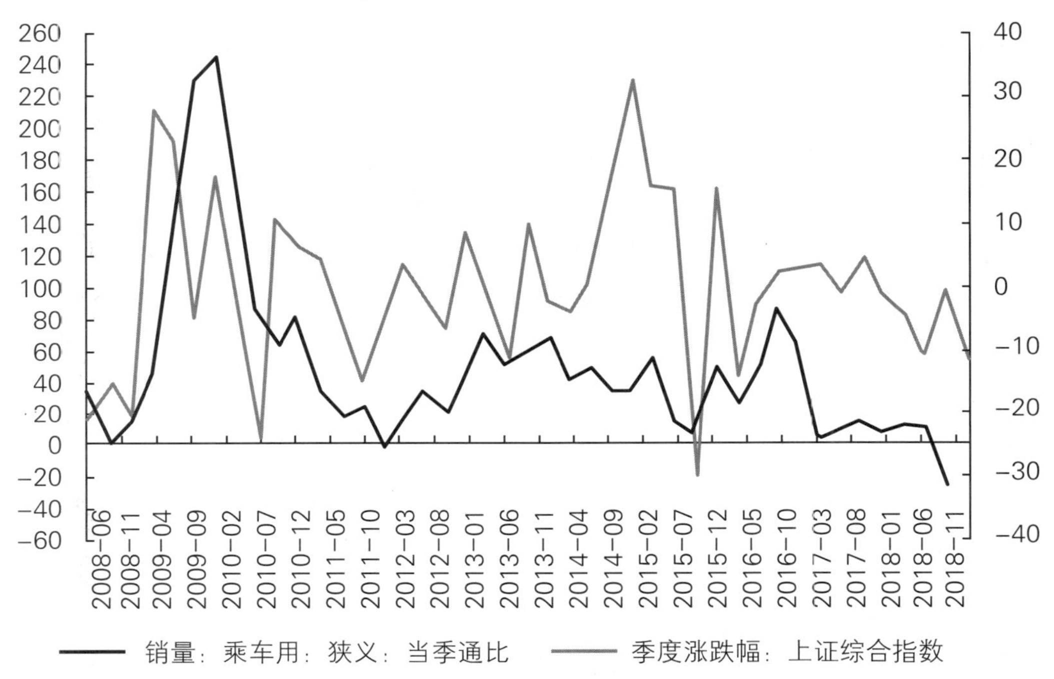

图 2

数据来源：Wind，广证恒生

案例：长城汽车（601633.SH）

	2018 年	2017 年	2016 年
产量（辆）	1053174	1041025	1094360
销量（辆）	1053039	1070161	1074471

数据来源：Wind。

长城汽车是全球知名的 SUV 制造企业，拥有较为先进的企业文化和管理团队，创建了其独具特色的经营和管理模式，经营质量在国内汽车行业处于一定领先地位。其主要从事汽车整车及汽车零部件、配件的生产制造、开发、设计等业务。从其产销数据看，2018 年产量同比增长 1.17%，但是销量同比下降 1.6%，反映出传统车企销量下滑的现象。

长安汽车（000625.SZ）

	2018 年	2017 年	2016 年
产量（辆）	2062396	2814792	3042098
销量（辆）	2137785	2872456	3063403

数据来源：Wind。

长安汽车是中国汽车四大集团阵营企业、中国品牌领先汽车企业，两度入选央视“国家品牌计划”，品牌在国内有较强的知名度。其主要业务涵盖整车研发、制造和销售及发动机的研发、生产。2018 年长安汽车各子品牌销量全线下滑，主要原因可能是受到行业及自身产品周期影响，产量与销量均同比下降 26.73% 与 25.58%。

（二）全国各地政策频出，坚决扶持汽车行业健康良性发展

2018 年全国各地均颁布相关政策，支持汽车行业健康良性发展。传统汽车行业方面，海南省人民政府 2018 年 5 月公布文件实行小客车保有量调控管理，于 2018 年 8 月至 12 月增量配额 5 万个指标，且新能源车享有排号优先配置权。国务院关税税则委员会则于 2018 年 5 月 22 日颁布了《国务院关税税则委员会关于降低汽车整车及零部件进口关税的公告》，平均降税幅度达 46%，从而显著降低了汽车整车及零部件进口关税，推动供给侧结构性改革，促进汽车产业转型升级。

新能源汽车方面，据统计，2018 年各地共出台了 12 项政策文件，除全国性政策以外，主要集中在北京市、上海市和天津市，特别是北京市共发布 4 项政策文件支持新能源汽车行业发展，占全国政策性文件的比重达到 1/3。上述 12 项文件中主要涉及的内容有新能源汽车应用推广、支持建设新能源汽车技术创新中心、充电设施的建设运营管理、税务减免优惠等。

智能汽车方面，2018 年主要以国家单位牵头，共颁布了 12 份政策文件。由于智能汽车行业尚属于发展的前期阶段，政策文件多以战略规划、方向指导为主。如国家制造强国建设领导小组设立工业互联网专项工作组、工业和信息化部独自或联合其他国家单位颁布的《智能网联汽车道路测试管理规范（试行）》《国家车联网产业标注体系建设指南》《车联网（智能网联汽车）产业发展行动计划》等。

案例：比亚迪（002594.SZ）

销量	2018 年	2017 年	2016 年
新能源汽车（万辆）	24.78	11.00	9.60
传统燃油车（万辆）	27.29	24.50	32.60

数据来源：Wind。

比亚迪自2003年拓展汽车业务以来，凭借领先的技术、成本优势及满足国际标准的产品品质，较为快速地成长为中国自主品牌汽车领军厂商之一。比亚迪深耕全球新能源汽车研发和推广，于新能源汽车领域拥有了较为雄厚的技术积累、领先的市场份额。受新能源相关政策的影响，比亚迪的新能源车系列2018年销量达到24.78万辆，同比增速125.27%。

上述所有政策文件，请见附表1、附表2和附表3。

（三）整车上游行业原材料价格调整，影响整个行业

从2018年7月开始，各种类型的原材料价格就开始暴涨。焦煤涨价40%、玻璃涨价40%、塑料涨价30%、铝材涨价30%、钢铁涨价30%、不锈钢涨价40%等，多种大宗原材料交易价格一直处在高位。9月中旬，原材料市场迎来第一个涨价高潮：据商务部数据，9月17日至23日，全国生产资料市场价格全体上涨0.5%。受上游原材料价格上涨影响，统计局数据显示，2019年一季度汽车制造业利润同比下降4.7%。一汽轿车发布的一季报显示，2019年1—3月其营业收入同比增长1.03%，达到71.46亿元，汽车整车行业平均营业收入增长率为13.84%；归属于上市公司股东的净利润5222.20万元，同比下降67.71%。在业绩下滑原因中，一汽轿车称，原材料价格波动在一定程度上影响了公司盈利。汽车制造行业常用的冷轧钢材价格在过去一年也不断上浮，受材料价格影响，去年重卡行业已经有部分企业宣布上调价格。受整体竞争环境影响，一季度上市乘用车公司毛利率同比出现下滑。申万宏源的研报数据显示，一季度上市公司乘用车营收同比增加16.7%，表现较好，但毛利率下滑了0.9个百分点；另外，影响上市公司净利润的还包括利率升高带来的财务费用上升。全国乘联会的数据显示，今年一季度汽车行业的销售利润率达到7.3%，较2017年下降了0.5个百分点。2017年的销售利润率较2016年已下降0.4个百分点，从整体上看，汽车行业近两年来利润率都处于下滑之中。

案例：一汽夏利（000927.SZ）

单位：元

营业成本构成		2018年	占营业成本比重	2017年	占营业成本比重	同比增减
汽车制造	直接材料	961165902.86	65.15%	1351100972.30	62.82%	2.33%
	人工工资	151107574.96	10.24%	249539110.58	11.60%	-1.36%
	制造费用	308598271.26	20.92%	477203719.84	22.19%	-1.27%
	能源和动力	54435428.71	3.69%	72804486.62	3.39%	0.30%

数据来源：一汽夏利2018年年度报告。

一汽夏利是中国第一汽车集团公司控股的经济型轿车制造企业，是一家集整车制造、发动机、变速器生产、销售及科研开发于一体的上市公司。2018年由于原材料价格的上涨，其直接材料费用占营业成本比重达到 65.15%，同比增加 2.33%。

（四）乘用车各类车型销量下跌，商用车销量略有增长

2018 年乘用车中轿车、MPV、SUV 车型销量均表现出下跌趋势，SUV 销量更是第一次出现下滑，其对应下降比例分别为：2.80%、17.5% 和 2.87%。各类车型近年来的销量及同比增速如下表所示。

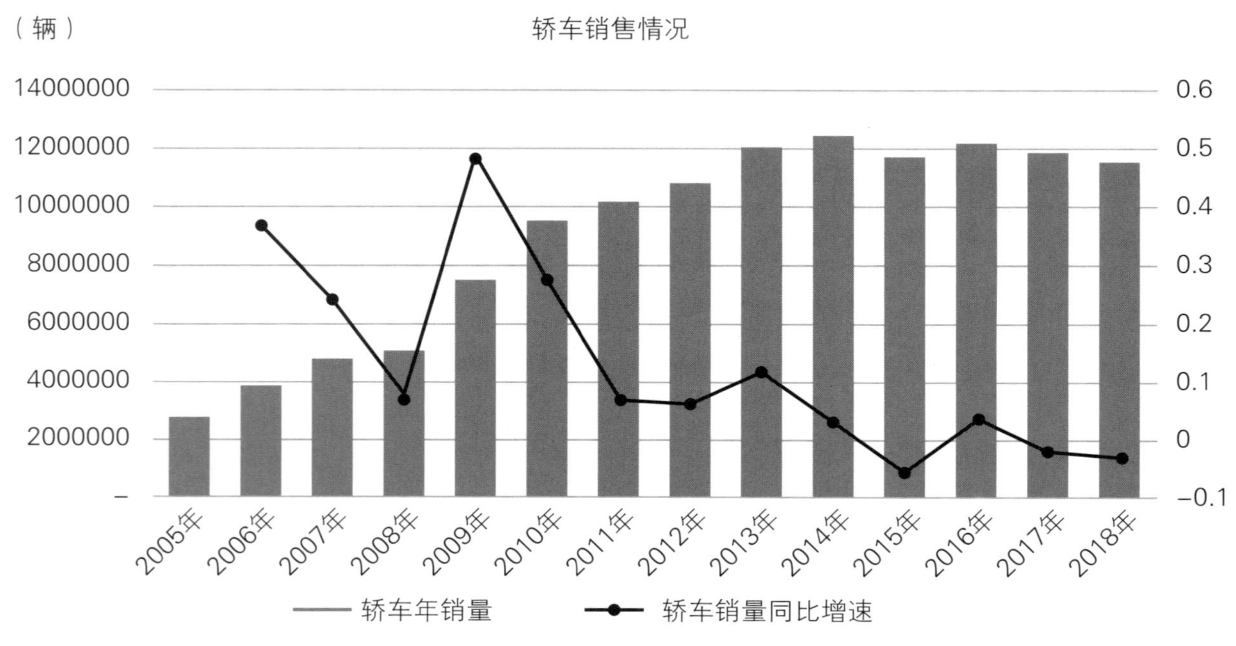

图 3

数据来源：中国汽车工业协会，中联智库

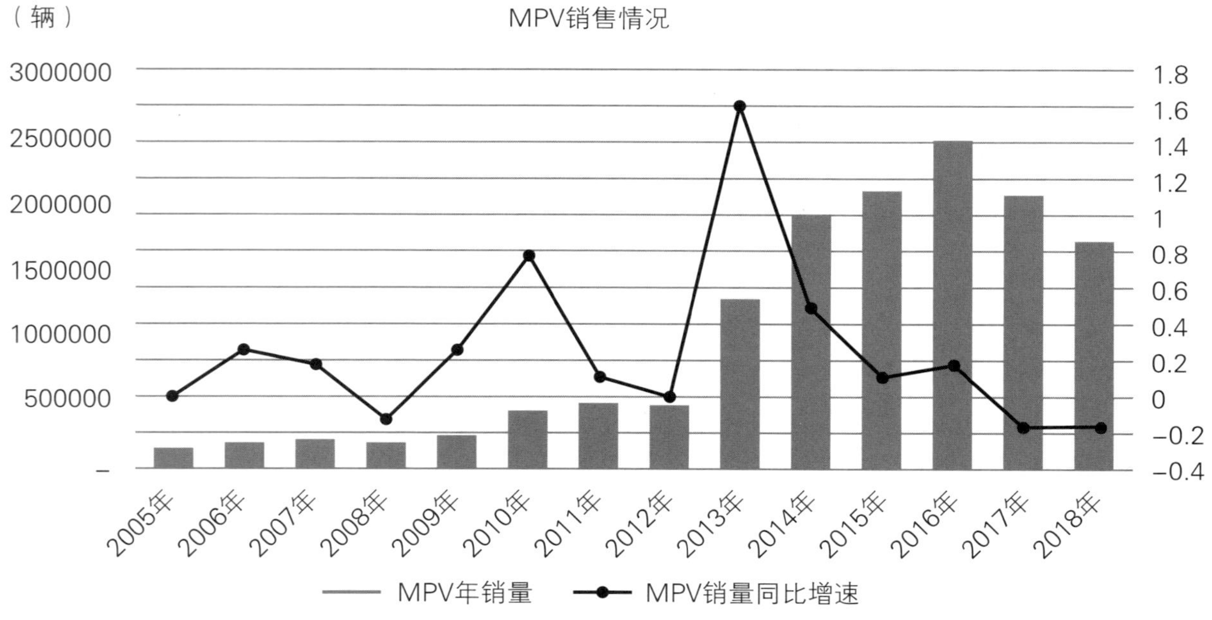

图 4

数据来源：中国汽车工业协会，中联智库

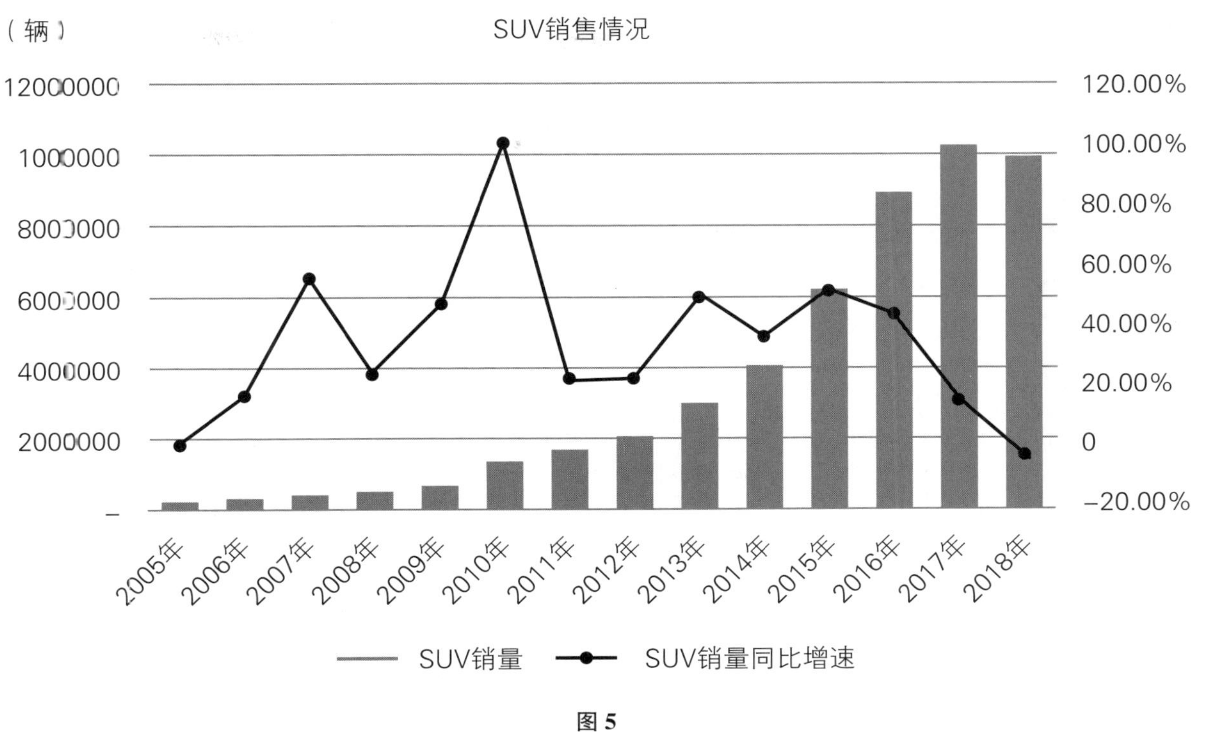

图 5

数据来源：中国汽车工业协会，中联智库

相对而言，商用车在 2018 年销量增速虽不及 2017 年高，但依然保持了上升趋势，同比增速为 4.05%。其中主要的增长点来自货车，其 2018 年产销量分别完成 379.1 万辆和 388.6 万辆，比上年同期分别增长 2.9% 和 6.9%。

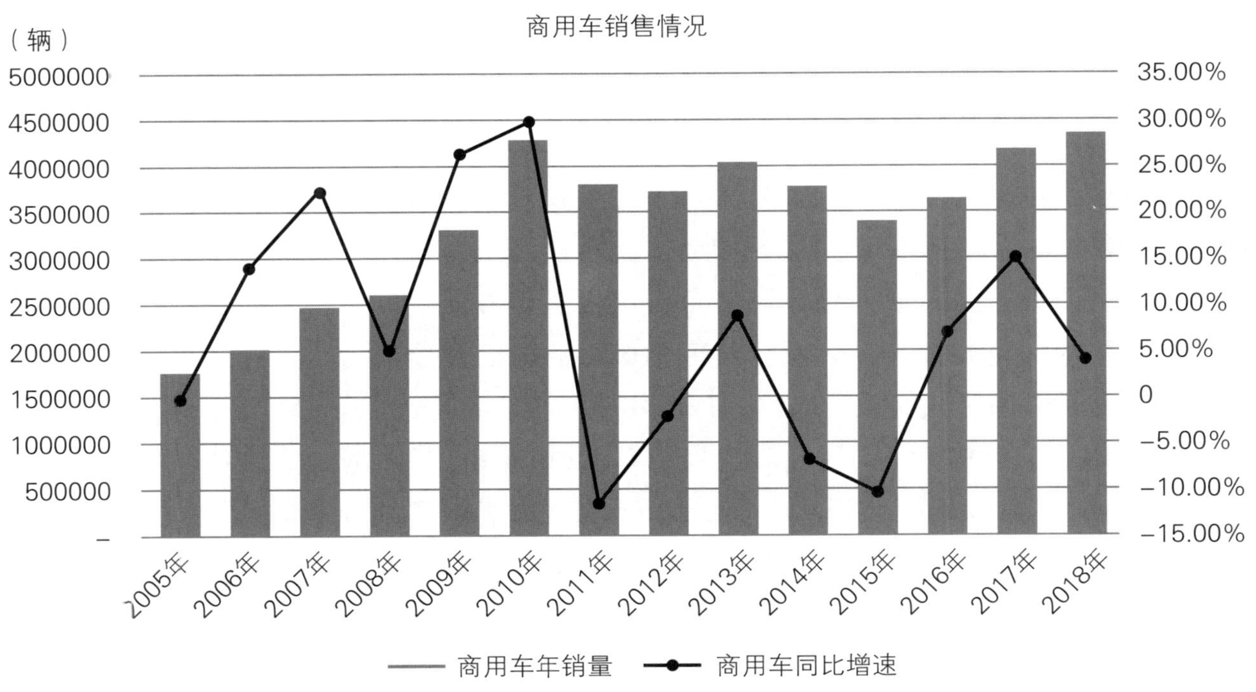

图 6

案例：广汽集团（601238.SH）

	2018年	2017年	2016年
产量			
乘用车（辆）	2184910	2013006	1657755
商用车（辆）	9100	4089	1851
销量			
乘用车（辆）	2138543	1996868	1647383
商用车（辆）	9349	4168	2712

数据来源：Wind。

广汽集团主要业务包括乘用车、商用车、摩托车、汽车零部件的研发、制造、销售及售后服务。是国内产业链最为完整、产业布局最为优化的汽车集团之一。根据数据显示，其乘用车的产销量远远高于商用车，但是从增长情况来看，商用车的增长速度明显，产销量增长率分别为122.55%与124.3%。

（五）新能源汽车、零部件行业并购事件频发，加速行业转型

2018年行业并购典型案例中有北汽蓝谷新能源科技股份有限公司借壳上市和继峰股份拟收购德国汽车零部件厂商Grammer。

其中，北汽蓝谷新能源科技股份有限公司借壳SST前锋上市成功。北汽蓝谷新能源科技股份有限公司总估值达到288亿。在新能源汽车领域，北汽新能源推出了包括新平台车型和合作车型在内的LITE、EC、EH、EU、EX、EV等多个系列纯电动乘用车，与国际及国内领先的核心零部件供应商建立了稳定的合作关系，具有一套完整的核心零部件采购体系并拥有全面的新能源汽车相关技术，公司整体同时具备了完善的营销团队及网络，是目前中国新能源市场上产品谱系最长的新能源车企之一，规模优势明显。未来，北汽蓝谷计划继续加大研发产品、研发技术、固定资产投资等方面投入，持续构建在产品研发、核心零部件（电池、电机和电控）及全价值链核心业务的竞争能力，进一步巩固和强化北汽新能源在国内新能源领域的领先地位，打造其持续核心竞争力。

继峰股份拟以389271.57万元对价收购Grammer 84.23%股份。本次交易继峰股份拟将Grammer注入上市公司，并凭借Grammer的优质平台实现进军德系车和美系车的战略筹划，以此进一步实现对于德系车市场及美系车市场的整体渗透。Grammer在商用车产品条线具有较强的竞争力，其产品质量与性能等一直处于行业领先地位。其主要客户为大众、戴姆勒和宝马等一系列商用车龙头企业。上市公司通过此次交易，可以依托Grammer的技术优势与市场份额，推动国内细分行业实现趋同于欧美领先水平的产业升级，并提高自身市场占有率。

链接：行业重大事件

➢ 北汽新能源与滴滴旗下小桔车服成立合资公司

2019年1月28日，北汽新能源（北汽蓝谷600733）宣布与滴滴旗下小桔车服共同出资成立“京桔新能源汽车科技有限公司”（以下简称：京桔新能源），合资公司将整合双方优势资源，在新能源汽车运营、大数据应用、出行服务、网约定制车、充换电等领域深入探索布局。2018年3月，北汽集团与滴滴出行签署了战略合作框架协议，双方规划将发挥各自优势，深入开展在新能源汽车产业链的业务合作，共同推进新能源汽车的发展与应用，提高新能源汽车产业整体技术水平。京桔新能源成立后，通过构建“车联网＋大数据＋电动化＋定制化”的智慧出行模式，提升网约车用户和司机的体验，提升北汽新能源在共享出行领域的竞争力。（中国经济网）

➢ 广汽集团拟与腾讯等共同设立移动出行项目平台公司

2019年1月31日，广汽将与腾讯、广州市公共交通集团有限公司及其他投资者成立移动出行项目，移动出行项目平台公司的投资总额为10亿元人民币（或等值美元），此外，广汽拟与广州公交集团（或其子公司）、移动出行项目平台公司（或其子公司）共同出资设立汽车服务公司，2017年9月，广汽集团曾与腾讯在广州签订战略合作协议。根据协议，双方将在车联网服务、智能驾驶、云平台、大数据、汽车生态圈、智能网联汽车营销和宣传等领域开展业务合作，同时探讨在汽车电商平台、汽车保险业务及移动出行和新能源汽车领域开展资本合作。（太平洋汽车网）

资料来源：中化新网讯

三、2019年汽车行业前景展望

2018年汽车销量28年来首次出现负增长，国家和各地区在2018年和2019年上半年均出台相关政策促进汽车行业健康良好发展。宏观经济层面，经过2017年和2018年的去杠杆工作，2019年中国经济有望正式进入稳杠杆阶段，各项货币和融资增速都有望逐渐见底企稳，国家层面的减税让利政策等都将为中国居民经济带来正面影响。考虑到以上层面的发展方向　汽车行业在2019年有望产生结构性调整，触底反弹。

（一）减税降费力度较大，有望拉动汽车消费

2018年9月20日，国家税务总局印发《关于进一步落实好简政减税降负措施更好服务经济社会发展有关工作的通知》。

1. 未来将实施更大规模的减税。普惠性减税与结构性减税并举，重点降低制造业和小微企业税收负担。深化增值税改革，将制造业等行业现行16%的税率降至13%，将交通运

输业、建筑业等行业现行10%的税率降至9%，确保主要行业税负明显降低；保持6%一档的税率不变，但通过采取对生产、生活性服务业增加税收抵扣等配套措施，确保所有行业税负只减不增，继续向推进税率三档并两档、税制简化方向迈进。抓好年初出台的小微企业普惠性减税政策落实。如根据证券时报记者调研，由于增值税的下调，比亚迪财务团队测算后预计2019年整个比亚迪集团预计将减免税款5.5亿元，其中增值税实际缴纳税款预计将减免2亿元。

2. 促进新兴产业加快发展。深化大数据、人工智能等研发应用，培育新一代信息技术、高端装备、生物医药、新能源汽车、新材料等新兴产业集群，壮大数字经济。坚持包容审慎监管，支持新业态新模式发展，促进平台经济、共享经济健康成长。

3. 推动消费稳定增长。多措并举促进城乡居民增收，增强消费能力。稳定汽车消费，继续执行新能源汽车购置优惠政策。

4. 持续推进污染防治。巩固扩大蓝天保卫战成果，今年二氧化硫、氮氧化物排放量要下降3%，重点地区细颗粒物（PM2.5）浓度继续下降。持续开展京津冀及周边、长三角、汾渭平原大气污染治理攻坚，加强工业、燃煤、机动车三大污染源治理。

（二）宏观政策频出，促进汽车良性消费

2018年5月22日国务院关税税则委员会印发公告，经国务院批准，自2018年7月1日起，将税率分别为25%、20%的汽车整车关税降至15%，降税幅度分别为40%、25%；将税率分别为8%、10%、15%、20%、25%的汽车零部件关税降至6%，平均降税幅度为46%。我国维护多边贸易体制，此次降低汽车进口关税是我国进一步扩大改革开放的重大举措。降税后，我国汽车整车平均税率13.8%，零部件平均税率6%，符合我国汽车产业实际。降低汽车进口关税，将有利于推动供给侧结构性改革，促进汽车产业结构调整和转型升级，引导汽车产品提质增效，丰富国内市场供给，满足人民群众多样化需求，给国内消费者带来更丰富更实惠的消费体验。国务院关税税则委员会及时研究拟订汽车降税方案。主要考虑了以下几个方面因素：第一，我国进一步扩大改革开放的需要；第二，汽车产业推进供给侧结构性改革和转型升级的需要；第三，满足消费升级的需求。

汽车市场有望迎来结构性改善。2019年1月28日，国家发改委等10部委联合发布《进一步优化供给推动消费平稳增长促进形成强大国内市场的实施方案（2019年）》，当时提出了六大举措促进汽车消费，包括有序推进老旧汽车报废更新，持续优化新能源汽车补贴结构，促进农村汽车更新换代，稳步推进放宽皮卡车进城限制范围，全面放开二手车限迁，优化地方政府机动车管理。政策的核心是从单一追求短期销量上涨变为多举措、多维度促进行业技术进步、优化结构并促进销量增长，推动行业长期良性发展，相关细则包括政策幅度、推出时间及各地方政府补贴细则有望于后期逐步出台，需要后续密切跟踪落地情况。

（三）新能源方向不改，电动汽车加速进场

新能源汽车作为汽车行业未来发展的重点方向之一，相关政策频出，虽然补贴有所下滑，但新能源汽车市场依然稳步发展。2019年1月10日国家发改委发布并施行《汽车产业投资管理规定》，其中规定新建纯电动乘用车生产企业（含现有汽车企业跨类生产纯电动乘用车）项目不再实行国家发改委核准管理，调整由省级发改委实施备案管理。可见未来新造车势力获得生产资质的速度大为提升，但同时对项目所在省份、进入标准提出更严格的要求，并需建设新建纯电动汽车产品质量保障、市场销售、售后服务及车用动力电池回收利用管理体系，新能源汽车产业未来发展趋势仍是扶优扶强。

在公共出行方面，交通运输部此前下发的《关于全面加强生态环境保护坚决打好污染防治攻坚战的实施意见》中也指出要构建清洁低碳、安全高效的能源体系，随着新能源汽车性能提升和痛点逐步改善，运营市场的新能源化已全面提上日程。目前国内一二线城市的纯电动公交车替换柴油公交车的工作已经部分完成，并逐步向三四线城市延伸。根据交通运输部计划，到 2020 年底前，重点区域的直辖市、省会城市、计划单列市建成区公交车将全部更换为新能源汽车，而根据交通部发布的《交通运输行业发展统计公报》，2017 年我国新能源公交车替换率已接近 40%，这意味着 2018—2020 年将实现 60% 的新能源公交车替换，预计还将带来 40—60 万辆的增量需求。根据整理，部分省市的新能源公交车推广目标如下表所示：以下表格作为简单举例不要写这么多

省市	新能源公交车推广目标
北京	在目前 1000 余部的基础上，力争到 2020 年达到 1 万部，纯电动公交车比重由现在的 10% 提升到约 60%
广东	广州、珠海市 2018 年底实现公交电动化，珠三角其余各市到 2020 年前全部实现公交电动化（其中纯电动公交占比超 85%），粤东西北各市市区到 2020 年电动公交占比超 80%
上海	目前上海累计推广各类新能源公交车 3849 辆，约占全市公交车总量的 23%。至 2020 年崇明岛域内公交车将全部实现纯电动
天津	2020 年底前，建成区公交车全部更换为新能源汽车
江苏	到 2020 年，新增或更新的公交车中新能源公交车比重达到 80% 以上，南京市基本实现全市主城区、新城新区公交车新能源化
浙江	2020 年底前，杭州市、宁波市建成区公交车全部更换为新能源汽车

数据来源：中国汽车工业协会，中联智库

网约车作为公共出行不可或缺的力量之一，其新能源发展路径亦愈演愈烈。当前网约车的监管政策愈发严格，使得网约车运营商愈加注重规范化运营，加速推动行业由 C2C 向 B2C 模式进行转变。而在采用自营车辆的 B2C 模式下，新能源车辆的采购和运营成本相对较低的优势凸显。且部分省市已经制定发布了相关管理办法，如深圳市 2018 年修订的《深圳市网络预约出租汽车经营服务管理暂行办法》规定，2018 年 8 月 1 日起禁止非纯电动车辆新注册为网络预约出租车。从而新能源汽车由于政策导向和巨大的经济效益，让其成了网约车平台公司采购的首选。部分省市发布的网约车新能源化政策如下：

城市	网约车电动化政策计划
深圳	2018 年 8 月 1 日起禁止非纯电动车辆新注册为网络预约出租车；截至 2020 年底前，网约车必须全部更换为轴距 2650 毫米以上的纯电动汽车
佛山	2018 年 11 月 1 日起，佛山市更新或新增的网约车须全部使用新能源汽车
东莞	2018 年 10 月 15 日起，东莞市新增或更新出租车、网约车全部使用纯电动汽车
南京	网约服务车必须是 3 年以下新车，且将优先选用新能源汽车
大连	2020 年起，全市新接入平台的网约车将全部使用新能源汽车，并在 2025 年前，实现全市网约车都采用新能源汽车的目标
惠州	只有轴距大于 2650 毫米的新能源汽车才能加入网约车行列

数据来源：中国汽车工业协会，中联智库

（四）整车细分市场竞争激烈，豪华车机会凸显

2018 年汽车产销量均出现下滑，整车市场竞争进一步加剧，而豪华车则有望在中国市场进一步平稳增长。受到消费结构调整和关税调整政策影响，2018 年豪华车整体表现明显优于行业。从下表中的相关数据可以看出，2018 年 1–11 月，轿车、SUV 和 MPV 豪华车的零售同比增速均明显优于合资和自主。

	豪华	合资	自主
轿车	19%	–8%	9%
MPV	36%	19%	–22%
SUV	3%	–2%	–5%
合计	13%	–6%	–5%

数据来源：乘联会，山西证券研究所，中联智库

从整车厂角度来看，随着中国汽车市场的不断扩大，豪华车品牌越来越重视中国汽车市场，车型投放量明显增加。

从消费者角度来看，汽车金融规模扩大及豪华车品牌入门级车型的推出，导致豪华品牌购车门槛降低，而年轻一代消费者在汽车选购过程中对品牌需求明显提升，刺激豪华车需求进一步释放。

从政策环境来看，2018 年 7 月 1 日起部分汽车整车及零部件进口关税降低，财政部网站 12 月 14 日发布《国务院关税税则委员会关于对原产于美国的汽车及零部件暂停加征关税的公告》，决定从 2019 年 1 月 1 日起，对原产于美国的汽车及零部件暂停加征关税 3 个月，涉及 211 个税目，该政策有望推动部分豪华车品牌降价，从价格端进一步增加豪华车

的市场竞争力。

因此，消费结构调整结合市场政策推动，豪华车市场市占率有望有进一步提升，2019年继续维持高速增长。

（五）行业变革加深，零部件行业迎来机遇与挑战

纵观全球，欧洲、美国及日本汽车工业起步早，在百余年的发展历程中，汽车零部件产业也同步发展起来，形成了德尔福、博世、麦格纳等系列国际零部件巨头。而中国汽车工业起步较晚，海外零部件企业得以获得先发优势，进入了国内市场。导致国内自主零部件企业在初期发展过程中多以二级代工起步，从而造成了国内零部件行业规模小、产品简单、格局分散的状况。

但国内零部件企业经过多年深耕，并依靠成本和规模优势，逐渐在内外饰、汽车玻璃、轮毂、空调系统、车灯和内燃机等子行业崭露头角，逐步替代外资企业，并通过海外建厂或资本并购，在汽车行业占据不可忽视的市场份额。

与此同时，新能源化、智能化的新趋势也将为汽车行业带来变革。在汽车新能源化趋势下，大三电（电池、电机和电控）将逐渐取代传统动力总成，小三电（电动空调、电动转向和电动刹车）的价值量较燃油车也将有明显提升。而智能化浪潮下，ADAS产业链，包含感知层、芯片算法到执行端（刹车和转向）等细分行业都将获得快速增长。

其中，特斯拉在中国能够产生的零部件带动效应也值得关注。2018年10月，特斯拉正式取得上海临港装备产业区的工业用地，据悉，该项目总投资高达500亿元人民币，第一期投资160亿元，初期将先建成组装产线，以最快地实现特斯拉“国产”。按照规划，这座超级工厂将集研发、制造、销售等功能于一体，预计建设完成之后，将达成50万辆纯电动整车的年产能。

同时，特斯拉新车型Model Y于2019年3月发布会上正式亮相，根据马斯克表示，该车型将美国工厂和上海超级工厂同步投产。根据新浪新闻、澎湃新闻等媒体跟踪采访报道，上海工厂预计将于2019年第四季度投产，预计2020年Model 3产能达到3千辆/周，同时Model Y正式投产，预计2021年Model 3/Model Y的产能将达到5千辆/周。

同时由于上海工厂地块属临港重装备产业区，不在洋山保税港区（自贸区7个区域之一），上海工厂建成后国产特斯拉向中国市场销售也就无须缴纳关税。特斯拉Model 3销量快速爬升，媲美BBA豪华品牌，短期给供应链带来高增长弹性，长期给电动智能车起示范效应，有望提供类苹果产业链的机会。

附表 1 传统汽车

序号	发布时间	发布机构	政策文件名称
1	2018/5/15	海南省人民政府	实行小客车保有量调控管理
2	2018/5/22	国务院关税税则委员会	国务院关税税则委员会关于降低汽车整车及零部件进口关税的公告

附表 2 新能源汽车

序号	发布时间	发布机构	政策文件名称
1	2018/1/1	北京市科学技术委员会 北京市经济和信息化委员会 北京市财政局 北京市城市管理委员会 北京市交通委员会	《北京市推广应用新能源汽车管理办法》
2	2018/1/11	科技部	科技部关于支持建设国家新能源汽车技术创新中心的函
3	2018/1/31	上海市人民政府办公厅	《上海市鼓励购买和使用新能源汽车实施办法》已经市政府同意
4	2018/1/26	工业和信息化部 科学技术部 环境保护部 交通运输部 商务部 国家质量监督检验检疫总局 国家能源局	《新能源汽车动力蓄电池回收利用管理暂行办法》
5	2018/2/12	财政部 工业和信息化部 科技部 发展改革委	关于调整完善新能源汽车推广应用财政补贴政策的通知
6	2018/4/11	工业和信息化部 住房和城乡建设部 交通运输部 农业农村部 国家能源局 国务院扶贫办	《智能光伏产业发展行动计划（2018—2020 年）》
7	2018/6/29	北京市财政局 北京市科学技术委员会 北京市经济和信息化委员会	北京市推广应用新能源汽车财政补助政策
8	2018/8/9	北京市城市管理委员会 北京市交通委员会	加强停车场内充电设施建设和管理
9	2018/8/10	财政部 税务总局 工业和信息化部 交通运输部	节能、新能源车船享受车船税优惠政策

续表

序号	发布时间	发布机构	政策文件名称
10	2018/9/28	北京市城市管理委员会 北京市财政局	《2018—2019 年度北京市电动汽车社会公用充电设施运营考核奖励实施细则》 《北京市电动汽车社会公用充电设施运营考核奖励暂行办法》
11	2018/10/22	天津市人民政府办公厅	天津市新能源产业发展三年行动计划（2018—2020 年）
12	2018/11/26	工业和信息化部 国家税务总局	《享受车船税减免优惠的节约能源 使用新能源汽车车型目录》（第五批）予以公告

附表 3 智能汽车

序号	发布时间	发布机构	政策文件名称
1	2018/2/14	国家制造强国建设领导小组	国家制造强国建设领导小组关于设立工业互联网专项工作组的通知
2	2018/2/22	上海市经济和信息化委员会 上海市公安局 上海市交通委员会	《上海市智能网联汽车道路测试管理办法（试行）》
3	2018/3/29	广州市人民政府办公厅	《广州市汽车产业 2025 战略规划》
4	2018/4/2	工业和信息化部	关于开展 2018 年人工智能与实体经济深度融合创新项目申报工作的通知
5	2018/4/3	工业和信息化部 公安部 交通运输部	《智能网联汽车道路测试管理规范（试行）》
6	2018/4/27	工业和信息化部	《工业互联网 APP 培育工程实施方案（2018—2020 年）》
7	2018/5/31	工业和信息化部	《工业互联网发展行动计划（2018—2020 年）》 《工业互联网专项工作组 2018 年工作计划》
8	2018/6/8	工业和信息化部 国家标准化管理委员会	《国家车联网产业标准体系建设指南（智能网联汽车）》（工信部联科〔2017〕332 号） 《国家车联网产业标准体系建设指南（总体要求）》 《国家车联网产业标准体系建设指南（信息通信）》 《国家车联网产业标准体系建设指南（电子产品与服务）》
9	2018/7/9	工业和信息化部	《工业互联网平台建设及推广指南》 《工业互联网平台评价方法》
10	2018/10/25	工业和信息化部	《车联网（智能网联汽车）直连通信使用 5905-5925MHz 频段管理规定（暂行）》
11	2018/12/27	工业和信息化部	《车联网（智能网联汽车）产业发展行动计划》
12	2018/12/29	工业和信息化部	《工业互联网网络建设及推广指南》

附表　2018年度汽车行业上市公司业绩评价结果排序表

行业排名	全部上市公司排名	股票代码	股票简称	综合得分（100分）	每股收益（元）	总资产报酬率(%)	净资产收益率（%）	总资产周转率（次）	流动资产周转率（次）	资产负债率（%）	获利倍数	营业收入增长率（%）	资本扩张率（%）	市场投资回报率（%）	股价波动率（%）	年末资产额（万元）	营业收入净额（万元）	净利润（万元）
1	57	000338	潍柴动力	82	1.08	7.06	23.23	0.81	1.53	69.67	13.04	5.07	10.48	-4.42	33.24	20527636.52	15925583.23	1162573.35
2	67	600104	上汽集团	81.5	3.08	7.25	15.67	1.18	2.11	63.63	28.8	3.46	4.64	-11.84	66.79	78276984.98	88762620.73	4840466.34
3	109	600660	福耀玻璃	79.2	1.64	15.42	21.03	0.61	1.32	41.46	14.19	8.06	6.23	-18.71	46.91	3449043.87	2022498.57	410717.26
4	128	600741	华域汽车	78.7	2.55	8.87	18.53	1.22	1.97	59.14	26.31	11.88	9.4	-29.81	90.36	13368685.65	15717023.5	1044550.97
5	235	601799	星宇股份	75.4	2.21	10.47	14.55	0.74	0.95	39.72	42.32	19.24	8.55	-7.32	62.24	724851.84	507406.73	60827.02
6	255	603305	旭升股份	75.1	0.73	17.69	22.65	0.57	1.11	40.03	109.16	48.27	25.81	-19.33	109.99	240966.05	109559.41	29371.74
7	277	000581	威孚高科	74.7	2.37	12.58	15.58	0.42	0.73	21.25	145.76	-3.28	7.17	-24.04	66.97	2089204.15	872167.47	246629.47
8	403	600699	均胜电子	72.5	1.43	7.86	10.49	1.19	2.53	69.35	3.69	111.16	32.7	-31.25	85.64	5932018.34	5618093	212673.83
9	404	601238	广汽集团	72.4	1.07	9.34	14.94	0.57	1.09	41.02	28.08	0.52	10.66	-40.33	127.15	13211973.47	7151451.89	1094632.43
10	435	601965	中国汽研	71.9	0.42	8.2	9.26	0.51	1.02	21.51	2667.75	14.88	4.99	-15.11	83.53	570666.49	275800.92	40431
11	483	300258	精锻科技	71	0.64	12.51	14.6	0.49	1.46	32.61	15.8	12.1	12.6	-18.52	51.99	278495.14	126542.75	25868.47
12	501	603037	凯众股份	70.7	1.21	15.2	15.94	0.59	0.77	13.29	1711.06	21.97	9.43	-29.87	97.99	96308.46	54898.13	12678.89
13	583	000951	中国重汽	69.6	1.35	7.16	15.46	1.65	1.8	68.86	8.54	8.22	7.43	-33.4	95.79	2205653.21	4037787.94	121324.14
14	591	603997	继峰股份	69.4	0.48	15.86	16.83	0.91	1.28	24.57	262.47	13.11	8.58	-30.15	91.45	253367.04	215134.71	31575.08
15	618	600742	一汽富维	69	0.97	7.46	10.52	1.5	2.86	40.99	46.91	6.87	6.81	-28.12	96.74	935583.13	1360758.32	60855.66
16	630	002406	远东传动	68.9	0.48	10.87	11.34	0.62	1.05	13.06	0	12.94	3.92	-23.18	59.29	280592.87	171961.51	27143.96
17	646	603730	岱美股份	68.7	1.36	14.36	17.41	0.95	1.45	35.36	30.71	31.61	7.37	-39.82	158.36	513917.97	427337.92	55760.11
18	666	000030	富奥股份	68.4	0.49	8.01	14.54	0.71	1.39	38.98	142.91	9.17	12.7	-34.38	91.15	1168212.87	785253.64	87366.86
19	676	603306	华懋科技	68.3	0.9	12.34	12.38	0.39	0.53	10.32	5488.85	-0.62	8.13	-34.17	77.83	258617.23	98326.28	27643.77
20	733	603766	隆鑫通用	67.5	0.44	9.86	14.12	0.96	2.1	41.12	52.34	5.98	-2.38	-36.95	105.01	1198262.32	1120379.34	99927.02
21	735	603089	正裕工业	67.4	0.94	9.29	13.52	0.82	1.36	43.86	48.88	28.41	26.1	-31.97	103.26	159642.1	108267.43	10694.47
22	737	603179	新泉股份	67.4	1.37	9.81	19.1	0.97	1.42	58.74	13.87	10.01	20.26	-37.73	132.94	390833.82	340500.4	28204.39

续表

行业排名	全部上市公司排名	股票代码	股票简称	综合得分（100分）	每股收益（元）	总资产报酬率(%)	净资产收益率（%）	总资产周转率（次）	流动资产周转率（次）	资产负债率（%）	获利倍数	营业收入增长率（%）	资本扩张率（%）	市场投资回报率（%）	股价波动率（%）	年末资产额（万元）	营业收入净额（万元）	净利润（万元）
23	754	603129	春风动力	67.2	0.9	6	12.9	1.35	1.77	51.82	1901.53	40.03	11.5	-38.7	128.8	208256.17	254546.26	11878.93
24	765	300547	川环科技	67.1	1.14	16.01	18.42	0.65	0.84	18.75	0	-5.77	12.71	-32.46	140.33	97121.58	61036.62	13713.82
25	809	603701	德宏股份	66.5	0.78	14.55	17.21	0.52	0.8	23.55	159.34	-9.84	17.44	-27.71	92.33	91002.5	45895.65	11052.63
26	834	601311	骆驼股份	66.1	0.66	7.31	9.95	0.91	1.8	41.96	5.32	21.08	7.69	-33.54	72.94	1070224.92	922377.12	57382.24
27	848	600933	爱柯迪	65.8	0.55	12.68	12.76	0.54	0.88	20.08	412.64	15.31	8.24	-47.33	162	485573.52	250746.72	47465.84
28	863	603158	腾龙股份	65.7	0.54	10.14	11.83	0.65	1.13	33.92	16.17	12.65	1.49	-9.73	20.88	161390.53	101836.23	12519.23
29	885	603040	新坐标	65.6	1.31	17.02	16.25	0.42	0.63	10.97	0	11.11	16.31	-49.43	178.83	77463.06	30085.46	10383.37
30	891	601689	拓普集团	65.5	1.04	8.25	11.01	0.55	0.97	33.53	35.05	17.56	11.62	-40.89	104.9	1090069.5	598401.77	75532.17
31	905	300580	贝斯特	65.3	0.79	11.37	12.04	0.47	0.91	18.38	0	11.04	10.44	-39.62	132.72	169605.71	74475.71	15877.86
32	924	603035	常熟汽饰	65	1.21	10.71	14.32	0.38	1.17	44.92	11.81	9.29	11.89	-24.24	53.22	456618.49	146386.55	33675.57
33	943	601633	长城汽车	64.8	0.57	5.24	10.24	0.88	1.44	52.87	13.78	-2.68	6.96	-54.17	180.07	11180041.13	9779985.92	524763.91
34	949	001696	宗申动力	64.7	0.33	7.55	9.51	0.76	1.4	44.89	5.78	15.24	8.83	-31.57	79.43	826192.66	578833.62	41554.52
35	952	300473	德尔股份	64.7	1.31	6.2	7.5	0.85	2.04	58.93	2.7	50.37	15.75	-12.65	59.98	471919.1	382084.18	13496.84
36	954	002328	新朋股份	64.7	0.22	5.64	4.11	1.03	2.3	25.25	409.11	3.36	3.67	-17.61	74.73	394437.25	408112.15	18093.61
37	960	601127	小康股份	64.7	0.12	3.47	2.14	0.81	1.47	72.92	4.42	-7.72	23.53	-14.22	42.01	2656388.41	2023978.48	50783.73
38	971	000887	中鼎股份	64.5	0.92	9.09	14.06	0.79	1.53	47.63	14.76	5.08	8.39	-44.32	140.82	1607405.35	1236783.82	113791.22
39	982	002126	银轮股份	64.3	0.44	7.25	10.01	0.69	1.26	47.87	7.82	16.1	11.07	-22.98	77.39	785882.32	501924.15	39833.52
40	1021	603319	湘油泵	63.8	1.2	10.01	13.43	0.73	1.43	44.42	8.83	11.14	7.83	-30.38	99.04	135102.71	90436.38	9707.8
41	1044	603787	新日股份	63.6	0.43	5.08	9.73	1.6	2.16	50.32	0	13.14	7.37	-31.96	164.43	189965.61	305049.87	8865.44
42	1052	603809	豪能股份	63.5	1.08	8.5	10.64	0.4	0.69	31.97	44.55	10.44	6.17	-39.12	116.21	244089.59	93024.13	17372.11
43	1072	603788	宁波高发	63.2	1.09	10.98	11.46	0.57	0.65	14.1	352.13	6.71	3.47	-40.72	163.91	225398.96	128902.44	21764.06
44	1078	002725	跃岭股份	63.2	0.18	4.7	5.01	0.83	1.92	20.51	13.06	23.61	5.11	-10.61	94.57	120206.59	96730.46	4669.45
45	1084	300707	威唐工业	63.1	0.53	12.33	13.6	0.63	0.9	22.99	44.31	16.49	6.02	-28.6	155.85	82665.22	50886.55	8453.04

续表

行业排名	全部上市公司排名	股票代码	股票简称	综合得分（100分）	每股收益（元）	总资产报酬率(%)	净资产收益率（%）	总资产周转率（次）	流动资产周转率（次）	资产负债率（%）	获利倍数	营业收入增长率（%）	资本扩张率（%）	市场投资回报率（%）	股价波动率（%）	年末资产额（万元）	营业收入净额（万元）	净利润（万元）
46	1106	600081	东风科技	62.8	0.47	5.99	11.55	1.18	1.82	67.89	25.23	9.36	4.77	-40.47	117.58	585879.51	667307.85	28761.69
47	1174	002594	比亚迪	62.2	0.93	3.93	5.05	0.7	1.19	68.81	2.31	22.79	1.23	-20.53	98.87	19457107.7	13005470.7	355619.3
48	1209	603358	华达科技	61.7	0.66	5.35	8.04	0.94	1.48	41.66	159.24	27.74	8.34	-39.87	123.95	470245.4	405242.85	21357.04
49	1263	002536	西泵股份	61.2	0.74	8.27	11.57	0.82	1.69	40.8	10.46	5.8	6.95	-35.52	101.97	372359.65	282056.91	24228.84
50	1266	002101	广东鸿图	61.2	0.63	6.32	7.55	0.74	1.63	42.37	8.5	21.14	6.57	-40.3	148.41	848887.96	606010.25	41255.99
51	1274	300507	苏奥传感	61.1	0.72	9.54	9.56	0.6	0.77	16.32	0	10.82	10.02	-36.61	128.83	117274.26	66709.12	9516.05
52	1290	603655	朗博科技	60.9	0.28	6.88	6.41	0.34	0.52	6.49	0	-7.02	4.25	15.05	123.76	51419.02	17431.24	3020.81
53	1309	002553	南方轴承	60.6	0.26	13.41	12.66	0.5	0.93	10.04	0	0.95	2.93	-41.78	108.58	80300.51	39306.28	9016.09
54	1342	600066	宇通客车	60.3	1.01	8.22	14.32	0.87	1.15	54.47	6.14	-4.44	7.37	-50.01	171.15	3679901.83	3174584.46	232838.02
55	1347	603917	合力科技	60.2	0.62	10.06	11.23	0.52	0.8	26.39	47.46	13	9.83	-38.13	102.48	123781.51	60957.59	9775.77
56	1367	002085	万丰奥威	60	0.44	11.67	15.54	0.94	1.86	48.93	11.15	8.13	4.68	-52.64	192.26	1339289.59	1100506.97	100316.1
57	1371	603239	浙江仙通	60	0.45	11.81	12.4	0.6	0.87	15.58	0	-3.77	-1.3	-48.4	124.56	116161.86	70448.88	12241.41
58	1453	600676	交运股份	59.1	0.32	5.28	5.7	1.07	1.85	32.05	13.26	3.8	4.43	-34.03	80.94	917348.9	966944.66	37397.82
59	1460	002283	天润曲轴	59	0.3	7.2	8.43	0.54	1.21	33.92	8.73	12.71	6.26	-42.51	126.86	639405.97	340535.47	34448.97
60	1545	300643	万通智控	58.1	0.16	6.84	7.77	0.63	0.84	18.29	108.58	-2.06	2.36	-17.7	120.8	51766.99	31359.08	3165.63
61	1558	600327	大东方	58	0.4	8.8	10.65	1.84	3.95	40.46	13.93	-0.15	-4.31	-27.72	69.44	469872.42	915356.83	30054.01
62	1564	600148	长春一东	57.9	0.25	6.13	8.79	0.85	1.12	51.28	172.98	15.48	8.09	-43.73	91.68	106441.35	88723.09	5863.35
63	1580	603006	联明股份	57.7	0.53	8.15	10.32	0.55	1.12	36.66	10.83	0.98	18.55	-41.77	125.54	204757.52	102550.55	10386.02
64	1587	300652	雷迪克	57.7	0.94	8.27	11.96	0.4	0.49	48.55	107.05	-7.47	11.29	-30.98	91.09	141944.78	45844.05	8289.68
65	1592	000903	云内动力	57.6	0.12	2.84	4.22	0.57	0.96	54.88	2.89	10.55	2.19	-32.8	74.52	1232914.89	653330.1	22961.63
66	1603	000757	浩物股份	57.5	0.18	8.58	12	0.54	1.06	43.27	43.48	3.07	13	-25.17	107.71	123498.42	63019.83	7908.58
67	1604	300695	兆丰股份	57.5	2.94	10.22	11.69	0.25	0.29	14.14	0	-18.26	5.93	-35.36	108.25	200858.73	49738.7	19594.08
68	1623	002664	长鹰信质	57.3	0.65	9.5	12.73	0.76	1.17	33.51	19.68	8.77	11.61	-54.12	199	344086.52	263079.68	28489.92

续表

行业排名	全部上市公司排名	股票代码	股票简称	综合得分（100分）	每股收益（元）	总资产报酬率(%)	净资产收益率（%）	总资产周转率（次）	流动资产周转率（次）	资产负债率（%）	获利倍数	营业收入增长率（%）	资本扩张率（%）	市场投资回报率（%）	股价波动率（%）	年末资产额（万元）	营业收入净额（万元）	净利润（万元）
69	1624	002448	中原内配	57.3	0.46	9.11	11.04	0.4	0.98	33.84	10.24	6.15	12.3	-40.33	132.48	414390.85	159658.16	27990.75
70	1663	002921	联诚精密	56.7	0.56	5.57	6.79	0.56	1.1	45.03	4.55	9.14	2.92	-11.71	93.65	122421.07	66538.43	4457.35
71	1668	603926	铁流股份	56.6	0.69	6.26	7.29	0.63	0.95	31.28	64.69	13.4	-3.92	-46.41	151.84	164190.88	96608.36	8328.34
72	1699	300681	英搏尔	56.4	0.7	5.82	8.21	0.61	0.8	46.96	10.39	22.09	1.2	-31.86	119.51	122629.4	65468.34	5307.61
73	1706	000559	万向钱潮	56.3	0.26	7.55	14.08	0.96	1.61	54.66	8.79	1.86	1.3	-47.3	146.37	1204838.34	1136207.68	74850.31
74	1710	002048	宁波华翔	56.2	1.17	7.56	9.19	0.92	1.7	42.53	21.42	0.81	5.03	-57.04	209.44	1626219.06	1492708.15	101857.12
75	1715	600297	广汇汽车	56.2	0.39	5.62	9	1.2	1.98	67.36	2.92	3.4	4.4	-48.81	132.13	14149256.11	16617299.2	397392.32
76	1732	600480	凌云股份	56	0.6	6.45	7.01	0.98	1.7	56.45	5.72	3.44	8.07	-52.61	175.13	1327389.77	1225182.81	55433.73
77	1749	603528	多伦科技	55.8	0.22	7.11	9.52	0.27	0.32	28.7	0	8.13	9.69	-31.7	110.69	210200.23	55010.36	13321.92
78	1770	603197	保隆科技	55.6	0.94	10.26	13.64	0.83	1.2	67.22	10.82	10.77	-29.87	-46.51	159.71	311031.53	230478.32	20260.7
79	1798	603023	威帝股份	55.3	0.18	10.67	10.74	0.28	0.33	22.95	14.31	1.35	15.82	-42.09	112.33	84536.49	20199.8	6516.58
80	1840	000800	一汽轿车	54.9	0.1	1.26	1.93	1.41	2.56	56.21	0	-5.94	2.06	-37.99	152.6	1862819.4	2624417.1	22716.22
81	1862	000025	特力A	54.7	0.29	6.32	8.63	0.27	0.71	33.71	10.44	19.3	10.15	-33.34	99.55	165829.55	41423.88	8614
82	1886	600733	北汽蓝谷	54.5	0.05	1.02	1.89	0.75	0.98	62.49	2.29	42903.62	6826.4	-36.55	104.2	4329845.36	1643796.04	14426.4
83	1898	300375	鹏翎股份	54.4	0.33	6.23	7.4	0.63	1.12	35.54	223.06	27.6	11.04	-47.4	125.14	274760.92	145821.9	12715.32
84	1913	600523	贵航股份	54.3	0.29	4.33	5.18	0.82	1.24	22.56	40.25	-17.48	0.07	-19.42	87.38	318104.33	279849.87	13419.62
85	1925	600609	金杯汽车	54.2	0.07	7.07	25.63	1.06	1.44	85.5	6.16	6.5	-4.84	-49.51	134.11	569370.64	614569.08	27957
86	1947	603166	福达股份	53.9	0.19	4.6	5.32	0.44	1.12	34.28	4.17	5.35	-0.13	-36.37	93.85	320485.67	140480.98	11211.98
87	1964	002593	日上集团	53.7	0.11	3.21	4.4	0.75	1.05	51.76	3.03	45.75	2.62	-30.83	75.67	393822.45	290215.33	7996.17
88	1969	002434	万里扬	53.6	0.26	5.38	5.81	0.46	1.13	38.24	5.7	-13.11	-1.45	-33.77	107.09	984472.37	437075.14	35248.91
89	1970	002363	隆基机械	53.6	0.19	2.69	3.57	0.56	0.91	31.06	0	10.2	3	-45.5	128.09	344499.63	190051.19	7750.52
90	2031	600335	国机汽车	53.1	0.58	4.72	7.72	1.74	2.27	68.02	2.77	-11.92	4.77	-46.02	120.63	2486667.7	4425275.84	55038.52
91	2040	300304	云意电气	53	0.16	7.16	7.54	0.31	0.46	12.43	144.39	2.67	7.8	-53.05	182.33	222287.42	65876.25	13189.85

续表

行业排名	全部上市公司排名	股票代码	股票简称	综合得分（100分）	每股收益（元）	总资产报酬率(%)	净资产收益率（%）	总资产周转率（次）	流动资产周转率（次）	资产负债率（%）	获利倍数	营业收入增长率（%）	资本扩张率（%）	市场投资回报率（%）	股价波动率（%）	年末资产额（万元）	营业收入净额（万元）	净利润（万元）
92	2147	000753	漳州发展	51.4	0.09	2.96	4.17	0.61	0.9	52.72	3	12.04	7.83	-25.17	72.37	505666.02	306776.9	8284.58
93	2162	603335	迪生力	51.3	0.04	2.95	2.43	0.95	1.31	24.94	3.41	1.89	0.27	-28.27	117.65	79986.75	79581.33	1697.88
94	2184	002863	今飞凯达	51	0.17	4.62	6.95	0.73	1.46	76.39	1.49	11.54	4.77	-15	136	408582.01	287799.95	6571.15
95	2228	603767	中马传动	50.6	0.19	3.02	3.95	0.49	0.84	23.08	29.93	0.39	-0.56	-37.71	120.35	183714.96	88404.35	5604.78
96	2234	002472	双环传动	50.5	0.29	4.35	5.62	0.41	0.87	53.53	2.68	19.39	7.93	-41.64	118.03	792374.57	315070.2	19500.03
97	2238	300611	美力科技	50.5	0.11	3.11	2.98	0.58	1.17	35.4	3.66	35.76	-2.21	-41.68	125.46	101795.38	54508.88	1839.89
98	2263	002510	天汽模	50.3	0.24	5.68	8.52	0.42	0.81	54.33	4.42	15.29	8.7	-42.78	114.48	576419.31	222650.88	21740.12
99	2272	000622	恒立实业	50.2	0.01	1.33	1.67	0.53	0.56	40.29	0	232.7	2.57	57.43	251	34197.16	19540.71	911.63
100	2276	603768	常青股份	50.1	0.38	4.48	4.67	0.69	1.3	41.97	4.14	-2.19	2.38	-40.75	108.44	292408.58	187435.43	7826.94
101	2298	603922	金鸿顺	49.8	0.44	4.58	5	0.64	0.9	30.64	5.4	2.62	2.18	-40.97	138.67	164080.26	106973.65	5623.74
102	2323	600653	申华控股	49.4	0.18	7.19	17.23	0.78	1.42	68.43	2.4	23.16	9.97	-32.26	78.76	834871	714614.89	35673.59
103	2329	002454	松芝股份	49.3	0.28	4.05	5.49	0.61	0.89	39.3	27	-11.62	6.34	-48.38	179.82	590127.42	368781.31	19643.48
104	2351	300585	奥联电子	49	0.28	6.99	9.86	0.49	0.81	40.49	35.17	-11.65	2.12	-51.21	169.28	77558.96	34891.88	4580.83
105	2380	603009	北特科技	48.6	0.16	3.11	3.64	0.5	1.06	40.96	3.05	36.75	29.59	-44.99	200.6	297150.66	124845.3	5241.49
106	2386	600006	东风汽车	48.6	0.28	2.47	8	0.77	0.99	61.99	52.85	-21.2	6.22	-38.07	110.28	1962971.34	1442063.14	54892.46
107	2411	000550	江铃汽车	48.1	0.11	-0.52	0.8	1.13	1.71	55.62	183.42	-9.88	-17.4	-10.72	117.32	2339652.95	2824933.97	9183.33
108	2414	600099	林海股份	48.1	0.01	0.09	0.56	0.92	1.34	19.91	0	16.32	0.56	-41.78	122.34	59088.8	52609.14	264.78
109	2424	600960	渤海汽车	48	0.15	2.69	2.99	0.48	0.92	44.9	3.48	55.21	10.93	-51.87	145.46	948222.47	387797.86	12420.93
110	2439	002865	钧达股份	47.8	0.35	3.36	4.74	0.49	0.82	52.58	4.95	-21.71	8.94	-12.58	94.23	194124.56	90243.4	4183.17
111	2469	603178	圣龙股份	47.3	0.19	3.61	4.59	0.62	1.5	57.66	2.44	-16.81	2.49	-32.07	69.1	209631.83	131075.93	3603.5
112	2499	603776	永安行	46.9	0.89	6.01	7.22	0.33	0.59	34.61	51.07	-19.87	1.6	-53.55	205.55	255085.32	84499.29	11899.68
113	2509	002715	登云股份	46.7	0.11	2.59	2.13	0.48	0.85	37.64	2.35	3.72	2.33	-40.24	159.72	78209.07	35447.12	1026.62
114	2518	603586	金麒麟	46.6	0.41	4.37	4.15	0.49	0.73	25.21	11.91	-6.68	1.26	-47.23	151.78	286667.15	139941.39	8828.2

续表

行业排名	全部上市公司排名	股票代码	股票简称	综合得分（100分）	每股收益（元）	总资产报酬率(%)	净资产收益率（%）	总资产周转率（次）	流动资产周转率（次）	资产负债率（%）	获利倍数	营业收入增长率（%）	资本扩张率（%）	市场投资回报率（%）	股价波动率（%）	年末资产额（万元）	营业收入净额（万元）	净利润（万元）
115	2536	002488	金固股份	46.2	0.16	3.66	4.05	0.37	0.67	44.79	4.82	-9.75	-3.14	-15.41	114.75	727858.11	270871.33	16222.61
116	2575	002213	特尔佳	45.5	0.01	0.28	0.29	0.29	0.36	13.69	0	4.8	0.9	-45.19	142.05	42784.54	12397.72	109.27
117	2625	603286	日盈电子	44.6	0.25	4.34	5.15	0.59	1.13	31.22	10.3	12.14	2.76	-62.31	253.09	63211.16	35617.99	2208.77
118	2627	603377	东方时尚	44.6	0.38	9.57	12.81	0.29	0.87	48.49	8.49	-10.41	-5.79	-48.34	238.8	401087.2	105091.87	22658.12
119	2663	002592	八菱科技	43.8	0.03	0.35	0.36	0.29	0.76	22.36	2.09	-8.33	-12.89	6.8	194.2	239707.06	71008.35	720.73
120	2700	002765	蓝黛传动	42.9	0.01	0.86	0.22	0.35	0.69	50.45	1.65	-28.63	0.33	-31.98	114.03	250139.05	86722.08	288.76
121	2707	002239	奥特佳	42.8	0.01	1.32	0.77	0.48	0.99	37.97	3.13	-21.09	-0.12	-50.72	152.98	835875.07	409083.1	3468.7
122	2753	002625	光启技术	41.9	0.03	-0.08	0.93	0.06	0.06	7.4	6.63	22.14	0.91	-39.95	166.35	819973.48	46375.47	7058.16
123	2767	002284	亚太股份	41.6	0.01	1.31	0.28	0.64	1.12	51.7	1.29	-1.49	-2.65	-52.41	159.35	585651.41	390448.63	1268.15
124	2768	300680	隆盛科技	41.5	0.05	1.74	0.89	0.34	0.68	36.85	2.1	50.57	63.73	-53.36	204.36	88004.76	22656.12	592.2
125	2786	600686	金龙汽车	41	0.21	1.38	4.07	0.72	0.83	80.78	2.16	3.13	-6.33	-47.02	141.51	2582422.23	1829051.51	20558.14
126	2825	000996	中国中期	39.8	0.04	1.83	2.82	0.11	0.33	12.82	125.36	9.22	3.11	-46.62	160.8	62614.2	6654.89	1518.47
127	2837	300100	双林股份	39.5	-0.1	1.35	-1.74	0.79	1.57	63.72	1.11	29.93	-3.79	-36.88	171.53	752936.59	555987.43	-10398.77
128	2851	600178	东安动力	38.9	0.01	0.54	0.3	0.36	0.89	45.87	1.38	-28.62	-0.27	-37.68	103.49	345746.62	129301.01	556.97
129	2866	000913	钱江摩托	38.4	0.14	1.35	2.56	0.75	1.3	42.37	8.04	13.72	-0.31	-54.68	196.27	436642.76	308851.94	3679.76
130	2885	600679	上海凤凰	37.7	0.05	0.5	1.51	0.42	1.16	20.4	3.73	-46.68	0.55	-49.3	131.58	176831.34	76152.14	1296.45
131	2889	002105	信隆健康	37.6	0.03	1.93	2.11	0.97	1.63	65.63	1	-13.88	-0.46	-39.61	127.58	165671.84	150341.89	-778.19
132	2900	002703	浙江世宝	37.3	0.01	0	0.49	0.55	0.96	27.12	2.03	-1.83	0.1	-50.3	171.96	204507.73	113309.77	196.58
133	2903	002590	万安科技	37.2	-0.07	0.14	-1.78	0.65	1.06	47.19	0.45	-0.87	-3.16	-51.53	158.18	347112.24	225522.34	-3488.65
134	2907	002662	京威股份	37	0.06	5.55	1.78	0.56	1.59	40.08	2.86	-4.87	-1.06	-47.47	160.97	856529.51	541097.05	9122.68
135	2908	603085	天成自控	36.9	0.13	2.67	3.7	0.5	0.99	57.14	3.07	22.33	1.47	-60.78	256.7	232408.48	95796.76	3654.6
136	2910	000625	长安汽车	36.9	0.14	0.19	1.45	0.66	1.25	50.63	57.26	-17.14	-2.76	-46.12	168.78	9348885.41	6629827.04	72335.94
137	2914	601777	力帆股份	36.7	0.19	5.57	3.46	0.38	0.75	72.94	1.22	-12.6	3.59	47.05	101.08	2790487.38	1101301.45	24687.94

续表

行业排名	全部上市公司排名	股票代码	股票简称	综合得分（100分）	每股收益（元）	总资产报酬率(%)	净资产收益率（%）	总资产周转率（次）	流动资产周转率（次）	资产负债率（%）	获利倍数	营业收入增长率（%）	资本扩张率（%）	市场投资回报率（%）	股价波动率（%）	年末资产额（万元）	营业收入净额（万元）	净利润（万元）
138	2942	600213	亚星客车	35.8	0.06	2.57	7.21	0.49	0.53	94.73	1.22	2.97	6.31	-45.05	133.87	523018.28	245758.64	1560.95
139	2961	002906	华阳集团	34.8	0.04	-0.31	0.48	0.75	1.01	25.15	-75.46	-16.73	-2.67	-56.6	190.52	454690.06	346878.05	1802.33
140	2985	000927	一汽夏利	33.5	0.02	2.93	49.31	0.24	0.48	97.34	1.35	-22.5	36.06	-30.46	86.01	451453.23	112483.86	3659.82
141	2996	002708	光洋股份	32.8	-0.19	-2.93	-6.19	0.6	1.25	35.24	-2.52	-7.24	-6.53	9.17	184.47	217787.67	135480.94	-9040.36
142	2999	002355	兴民智通	32.8	-0.44	-4.39	-10.67	0.41	0.7	40.38	-2.34	1.15	32.98	-27.27	107.94	490474.92	188969.18	-25032.13
143	3010	000700	模塑科技	32.2	0.01	2.17	0.44	0.67	1.76	68.53	1.42	14.41	-13.43	-47.51	135.22	739756.09	496564.74	1018.87
144	3023	000017	深中华A	31.6	0	-3.4	-10.54	1.63	1.8	76.82	0	-12.79	-9.97	-32.37	106.54	7324.3	11990.7	-188.05
145	3028	000678	襄阳轴承	31.4	-0.13	-1.15	-4.9	0.54	1.34	54.36	-1.42	-2.07	-4.9	-37.97	100.49	275575.37	149077.87	-5602
146	3057	600877	*ST嘉陵	29.5	-0.28	-13.82	0	0.28	0.64	121.27	-9.65	-38.46	-19038.36	-25.97	117.97	95645.21	36163.45	-19741.38
147	3070	600418	江淮汽车	28.8	-0.42	-3.2	-5.88	1.09	2.07	71.1	-2.5	1.92	-10	-48.1	153.25	4749150.49	5009174.75	-142061.99
148	3085	000980	众泰汽车	28.4	0.39	2.57	4.64	0.45	0.83	45.88	3.84	-29.03	3.84	-63.86	224	3247910.92	1476443.95	80076.49
149	3121	002265	西仪股份	26.5	-0.21	-4.61	-7.28	0.54	1.04	34.88	-12.48	-15.19	-6.8	-39.53	130.21	139399.07	76679.04	-6888.7
150	3130	000957	中通客车	25.9	0.06	1.74	1.33	0.49	0.57	77.86	1.24	-22.58	-2.65	-59.43	198.89	1224721.11	607859.06	3657.13
151	3131	603758	秦安股份	25.9	-0.15	-3.79	-2.65	0.26	0.52	6.36	-615.39	-44.71	-4.91	-55.87	209.64	249639.22	67625.21	-6365.01
152	3142	002611	东方精工	25.1	-2.11	-35.88	-66.27	0.62	0.98	55.13	-81.22	41.34	-47.72	-55.94	179.4	898697.37	662134.96	-386903.66
153	3146	600303	曙光股份	24.9	-0.19	-0.66	-4.29	0.41	0.91	52.55	-0.67	-23.47	-7.07	-57.38	176.84	639962.06	291505.23	-13179.41
154	3232	000760	斯太尔	20.6	-1.7	-79.63	-111.29	0.14	0.37	32.77	-62.81	43.72	-70.43	-45.8	142.51	79820.75	21753.33	-130839.74
155	3267	600698	*ST天雁	18.4	-0.09	-7.1	-16.69	0.38	0.49	57.87	-8.32	-19.47	-15.41	-49.33	130.84	115916.17	46917.39	-8894.08
156	3279	600166	福田汽车	17.9	-0.54	-4.95	-20.94	0.68	1.3	74.17	-3.03	-20.61	-20.1	-36.28	118.44	5890988.14	4105380.51	-363890.98
157	3305	000572	*ST海马	15.7	-1	-16.93	-28.64	0.37	1.12	49.58	-100.2	-47.88	-30.13	-53.99	163.95	1145832.88	504715.49	-227334.77
158	3312	601258	庞大集团	15.3	-0.93	-9.6	-62.48	0.87	1.31	80.28	-2.31	-40.37	-51.59	-45.96	128.2	3287067.4	4203357.8	-617240.7
159	3366	300432	富临精工	11.6	-4.61	-50.96	-81.92	0.34	0.67	49.42	-72.93	-36.49	-59.09	-67.52	265.97	326147.53	147855.49	-232842.38
160	3393	000868	*ST安凯	8.2	-1.25	-8.73	-120.86	0.42	0.53	93.63	-7.2	-42.25	-60.17	-57.62	180.91	713147.5	314679.92	-87570.88

续表

行业排名	全部上市公司排名	股票代码	股票简称	综合得分（100分）	每股收益（元）	总资产报酬率(%)	净资产收益率（%）	总资产周转率（次）	流动资产周转率（次）	资产负债率（%）	获利倍数	营业收入增长率（%）	资本扩张率（%）	市场投资回报率（%）	股价波动率（%）	年末资产额（万元）	营业收入净额（万元）	净利润（万元）
161	3425	002684	猛狮科技	0	-4.88	-26.14	-211.4	0.12	0.23	100.87	-7.46	-71.83	-102.44	-63.84	267.31	775596.11	110020.75	-285929.55
162		002607	中公教育		0.22	22	47.39	1.05	2.3	58.98	104.78	-6.41	52.4	77.69	271.45	720207.15	623698.78	115288.74
163		603596	伯特利		0.6	11.29	15.79	0.82	1.09	42.45	21.55	7.58	69.75	-33.02	178.99	359159.62	260248.81	30173.57
164		603013	亚普股份		0.69	7.74	12.96	1.35	2.38	49.38	6.4	10.94	42.65	-33.02	184.14	615991.65	784914.44	35702.63
165		002931	锋龙股份		0.55	10.92	12.75	0.66	0.95	19.21	47.56	0.56	123.97	-33.02	141.34	61426.94	31516.57	4575.77
166		300694	蠡湖股份		0.47	7.43	9.26	0.67	1.16	43.67	5.19	23.95	86.72	-33.02	38.38	200037.56	111994.78	8007.59
167		603348	文灿股份		0.62	6.52	7.91	0.62	1.84	29.19	5.65	4.05	81.21	-33.02	170.14	288104.32	162016.28	12523.66
168		603161	科华控股		0.8	5.56	10.98	0.51	1.05	62.27	4.78	50.09	89.5	-34.33	160.17	330429.7	137626.91	10458.44
169		300733	西菱动力		0.43	6.15	7.57	0.41	0.79	20.98	15.62	-15.41	82.8	-33.02	144.63	144055.22	52104.77	6668.76
170		300742	越博动力		0.3	2.54	2.33	0.23	0.29	54.9	2.03	-45.19	64.22	-33.02	164.75	250796	49331.32	2121.18

第十章　电子和计算机行业上市公司业绩评价

近年来，电子和计算机行业以其高技术含量、高附加值特点越来越受到国家和市场的青睐，伴随着行业领域前沿的不断突破创新和与不同行业的广泛融合应用，已在世界上成为众多发达国家保持经济持续增长的最重要的手段和拉动国民经济发展的强大动力，以及国民经济的基础性、战略性产业。信息化成为全球经济社会发展的显著特征，数字经济将成为未来的经济社会新形态。电子和计算机行业的创新和发展更关系到我国网络安全、经济安全、国家安全，也是中国由网络大国向网络强国转变的必经之路。

2018年是我国实施“十三五”规划承上启下的关键一年，在“十三五”规划纲要、《中国制造2025》《国家信息化发展战略纲要》等国家战略和政策的支持下，为行业发展提供了重大机遇。整体来看，受错综复杂的国内外经济环境影响，2018年我国电子和计算机行业正在进行结构调整和转型升级，行业运行呈现总体平稳态势，在经济社会发展中的支撑引领作用进一步增强。2018年计算机行业股票指数表现与市场趋势变动差异不大，行业指数全年跌幅约25.41%，表现为全年震荡下跌的过程；而电子行业则在下半年持续跑输大盘，行业指数全年总跌幅超过40%。2019年，随着5G、汽车电子、物联网、人工智能、医疗信息化、云计算等新兴技术的全面应用，我国电子和计算机行业将引领与其他各行业的融合创新，成为我国驱动经济持续增长的新引擎。

一、电子和计算机行业上市公司业绩评价结果

截至2018年末，电子和计算机行业A股上市公司共计431家，其中盈利374家，亏损57家，即有86.77%的公司实现盈利，比2017年下降了6.43%；电子和计算机行业上市公司总资产共计34370.43亿元，占全部上市公司（全部上市公司是指：不包括金融和B股，本文以下如无特指按此口径）总资产的5.62%。

2018年全国3473家上市公司共计完成营业收入378658.70亿元，其中431家电子和计算机行业上市公司完成营业收入26889.26亿元，占全部上市公司营业收入的7.10%；

全部上市公司共计实现净利润 19162.13 亿元，电子和计算机行业上市公司实现净利润 907.14 亿元，占全部上市公司实现净利润的 4.73%。

2018 年电子行业整体评价结果略低于市场平均水平，其行业的综合评价分值为 60.5 分，比同年全部上市公司的综合评价分值 61.2 分低 1.14%；计算机行业评价结果同样低于市场平均水平，其行业的综合评价分值为 56.5 分，比同年全部上市公司的综合评价分值 61.2 分低 7.68%。431 家电子和计算机行业上市公司中有 9 家进入 2018 年上市公司业绩评价综合得分的百强名单，分别为视源股份、航天信息、鹏鼎控股、立讯精密、工业富联、海康威视、风华高科、景旺电子、恒生电子，排名分别为第 17 位、第 37 位、第 41 位、第 45 位、第 64 位、第 70 位、第 95 位、第 97 位、第 100 位。在 431 家电子和计算机行业上市公司中（在业绩排名时，剔除了其中 15 家当年上市或借壳上市的公司），业绩为 A 的有 1 家；业绩为 B+ 的有 5 家；业绩为 B 的有 19 家；业绩为 B− 的有 40 家；业绩为 C 的有 106 家；业绩为 C− 的有 119 家；业绩为 D 的有 67 家；业绩为 E 的有 74 家。

表 10 – 1　2018 年度电子和计算机行业中联十强排行榜

名次	股票代码	股票简称	在全部上市公司中排名
1	002841	视源股份	17
2	600271	航天信息	37
3	002938	鹏鼎控股	41
4	002475	立讯精密	45
5	601138	工业富联	64
6	002415	海康威视	70
7	000636	风华高科	95
8	603228	景旺电子	97
9	600570	恒生电子	100
10	300747	锐科激光	129

基于对电子和计算机行业上市公司的整体评价，下面分别从财务效益状况、资产质量状况、偿债风险状况、发展能力状况、市场表现状况五个方面对电子和计算机行业上市公司进行具体分析。

资料链接：

视源股份盈利能力显著提升高研发投入实现良性发展

视源股份是全球领先的液晶显示主控板卡供应商和国内领先的交互智能平板供应商。2018年，公司凭借产品和技术创新优势、供应链整合管理能力和规模优势及市场渠道的进一步拓展完善，继续保持了液晶显示主控板卡和交互智能平板的市场领先地位，盈利能力显著提升。公司2018年实现营业收入1698368.98万元，同比增长56.28%，实现归属于上市公司股东的净利润为100427.41万元，同比增长45.32%，实现归属于上市公司股东的扣除非经常性损益的净利润为94097.30万元，同比增长36.13%。

较高的市场占有率使得视源股份通过规模优势提高了盈利能力。2018年，公司液晶电视主控板卡销量为7877.55万片，占全球液晶电视主控板卡出货量的比例为35.02%；交互智能平板销量全年56.15万台，位居国内交互智能平板市场前列。

公司通过技术创新和研发投入，实现交互智能领域的持续和良性发展。2018年，公司研发投入78764.81万元，占当年营业收入的比重为4.64%，与前年占比基本持平，说明公司在2018年收入大幅增长的同时保持了研发的持续投入。截至2018年12月31日，公司拥有专利超过3000项（其中发明专利405项），拥有计算机软件著作权、作品著作权超过900项，技术优势明显。

资料来源：公司年报

（一）财务效益

从综合得分来看，2018年电子和计算机行业上市公司中财务效益状况低于全部上市公司平均水平。

表10-2和10-3分别列示了2018年电子和计算机行业上市公司财务效益状况评价结果。从基本指标来看，电子行业上市公司财务效益状况略低于全部上市公司平均水平，平均得分为18.87分，比全部上市公司平均分20.59分低1.72分；计算机行业上市公司财务效益状况低于全部上市公司平均水平，平均得分为15.29分，比全部上市公司平均分20.59分低5.30分。有198家公司超过全国平均水平，其中得分为满分35分的有海康威视、鹏鼎控股、航天信息等25家公司。以海康威视为例，2018年公司实现营业总收入498.37亿元，比上年同期增长18.93%；实现归属于上市公司股东的净利润113.53亿元，比上年同期增长20.64%，继续保持稳健发展。这主要得益于公司继续保持研发投入，通过重新规划事业群实现根据客户差异有针对性地形成市场覆盖，进一步拓展海外市场，以及创新业务中萤石业务、海康机器人业务盈利等因素，共同推进了财务效益的提升。

从修正指标来看，电子行业得分为20.38分，略低于上市公司平均得分22.01分。除盈利现金保障倍数外，扣除非经常性损益净资产收益率、总资产报酬率、营业利润率和股本收益率等指标均低于上市公司平均水平。计算机行业得分为 16.77 分，低于上市公司平均得分 22.01 分。扣除非经常性损益净资产收益率、总资产报酬率、营业利润率、盈利现金保障倍数和股本收益率等指标均低于上市公司平均水平。

表 10－2 电子行业财务效益状况比较表

分析指标		2018 年上市公司平均值	2018 年行业值	2017 年行业值	增长率
基本指标	扣除非经常性损益净资产收益率（%）	7.16	4.94	6.32	−21.84%
	总资产报酬率（%）	5.61	5.1	5.92	−13.85%
	得分	20.59	18.87	19.96	−5.46%
修正指标	营业利润率（%）	6.73	4.08	7.07	−42.29%
	盈利现金保障倍数	1.69	2.15	1.37	56.93%
	股本收益率（%）	38.49	29.11	33.14	−12.16%
综合得分		22.01	20.38	21.1	−3.41%

表 10－3 计算机行业财务效益状况比较表

分析指标		2018 年上市公司平均值	2018 年行业值	2017 年行业值	增长率
基本指标	扣除非经常性损益净资产收益率（%）	7.16	1.46	5.87	−75.13%
	总资产报酬率（%）	5.61	3.57	6.31	−43.42%
	得分	20.59	15.29	19.94	−23.32%
修正指标	营业利润率（%）	6.73	4.14	8.44	−50.95%
	盈利现金保障倍数	1.69	1.77	0.53	233.96%
	股本收益率（%）	38.49	12.58	31.43	−59.97%
综合得分		22.01	16.77	20.28	−17.31%

与 2017 年的情况相比较，2018 年电子和计算机行业上市公司除盈利现金保障倍数外，扣除非经常性损益净资产收益率、总资产报酬率、营业利润率和股本收益率等指标均低于 2017 年行业值，其中电子行业中营业利润率跌幅最大，为 42.29%，计算机行业中扣除非经常性损益净资产收益率跌幅最大，为 75.13%。这一方面是由于我国高端电子设备缺乏核心技术，产品多依靠进口，2018 年受中美贸易摩擦影响，导致对行业的盈利能力产生负面

影响。另一方面，财务效益的下滑与我国2018年计算机、智能手机等电子设备市场出现饱和状态也有着密切联系。

（二）资产质量

从综合得分来看，电子行业上市公司资产质量状况平均得分为9.44分，略高于上市公司平均得分，计算机行业上市公司资产质量状况平均得分为8.47分，低于上市公司平均得分。

表10-4和10-5列示了电子和计算机行业上市公司资产质量状况评价结果。在电子和计算机行业上市公司资产质量状况指标中，百邦科技得分为满分15分。其总资产周转率1.69，流动资产周转率2.25%，应收账款周转率18.3次，存货周转率34.98次，公司依托强大的信息化系统和管理手段，采用基于销售预测的动态补货模型，可以支持多品牌多SKU的供应链动态协同，有效提高商品和配附件的供应能力，同时提高库存周转率，减少资金占用，在行业经营中保持了较高的水平。

表10－4　电子行业资产质量状况比较表

分析指标		2018年上市公司平均值	2018年行业值	2017年行业值	增长率
基本指标	总资产周转率（次）	0.65	0.92	0.67	37.31%
	流动资产周转率（次）	1.23	1.63	1.23	32.52%
	得分	9.43	11.21	9.42	19.00%
修正指标	应收账款周转率（次）	8.18	4.87	4.45	9.44%
	存货周转率（次）	2.78	6.45	5.00	29.00%
综合得分		9.17	9.44	8.72	8.26%

表10－5　计算机行业资产质量状况比较表

分析指标		2018年上市公司平均值	2018年行业值	2017年行业值	增长率
基本指标	总资产周转率（次）	0.65	0.65	0.64	1.56%
	流动资产周转率（次）	1.23	1.06	1.02	3.92%
	得分	9.43	9.11	8.85	2.94%
修正指标	应收账款周转率（次）	8.18	3.82	3.93	-2.80%
	存货周转率（次）	2.78	4.42	4.31	2.55%
综合得分		9.17	8.47	8.36	1.32%

与2017年相比较，2018年电子和计算机行业上市公司总体上资产质量略有上升，但整体来看变化不大。与上市公司平均水平相比，行业存货周转率远远高于上市公司平均水平，这与电子和计算机行业公司主要经营方式和特点有关。

（三）偿债风险

从综合得分来看，2018年电子和计算机行业上市公司偿债风险状况优于全部上市公司平均水平。

表10-6和10-7列示了电子和计算机行业上市公司偿债风险状况评价结果。在电子和计算机行业上市公司偿债风险状况指标中，汇顶科技获得了满分15分，朗科科技等20家上市公司取得接近满分的14.99分。基于电子和计算机行业的经营模式，行业在运营中保持了较高的速动比率，其中朗科科技和森霸传感2018年速动比率分别为1716.47和1725.24，大大高于行业平均水平。

表10－6　电子行业偿债风险状况比较表

分析指标		2018年上市公司平均值	2018年行业值	2017年行业值	增长率
基本指标	资产负债率（%）	60.90	56.60	50.26	12.61%
	获利倍数	4.41	4.28	5.58	–23.30%
	得分	8.94	9.21	9.55	–3.56%
修正指标	速动比率（%）	78.76	105.20	125.30	–16.04%
	现金流动负债比率（%）	12.06	15.14	15.08	0.40%
	带息负债比率（%）	48.41	44.43	54.05	–17.80%
综合得分		8.79	9.43	9.25	1.95%

表10－7　计算机行业偿债风险状况比较表

分析指标		2018年上市公司平均值	2018年行业值	2017年行业值	增长率
基本指标	资产负债率（%）	60.90	43.36	41.39	4.76%
	获利倍数	4.41	3.82	8.86	–56.88%
	得分	8.94	9.61	10.3	–6.70%
修正指标	速动比率（%）	78.76	139.33	144.39	–3.50%
	现金流动负债比率（%）	12.06	9.58	6.64	44.28%
	带息负债比率（%）	48.41	36.34	41.92	–13.31%
综合得分		8.79	9.72	9.69	0.31%

与2017年相比较，2018年电子和计算机行业上市公司偿债风险状况平均得分基本持平，说明在电子和计算机行业在扩展业务的过程中，各个公司对于营运资金的需求规模与公司经营业绩情况较为匹配。以汇顶科技为例，公司整体财务状况良好，2018年销售及盈利能力保持持续稳定的增长趋势，截至2018年12月31日的流动比率为3.77，展现公司良好的偿债能力。整体来看，行业的偿债风险状况优于上市公司平均水平。

（四）发展能力

从综合得分来看，2018年电子行业上市公司发展能力状况优于全部上市公司的平均水平，计算机行业上市公司发展能力状况与全部上市公司的平均水平基本持平。

表10－8和10－9列示了电子和计算机行业上市公司发展能力状况评价结果。在电子和计算机行业上市公司发展能力状况指标中，立讯精密得分排名第一，得分为19.45分，主要原因是公司基于在消费电子产品和客户的完整规划，通信、工业及汽车电子产品和客户的多年提前布局，以及内部经营管理与智能制造水平的不断提升，有效降低了个别市场客户销售波动。2018年，公司实现销售收入358.50亿元，较上年同期增长57.06%；实现利润总额32.82亿元，较上年同期增长60.99%；实现归属于母公司所有者的净利润27.23亿元，较上年同期增长61.05%，实现了在各业务领域的稳步发展。

与2017年相比，2018年电子行业上市公司的营业收入增长率、资本扩张率、累计保留盈余率、三年营业收入增长率、总资产增长率和营业利润增长率均呈下降趋势，整体综合得分较2017年略有下降；计算机行业上市公司的各项指标则除资本扩张率、累计保留盈余率、总资产增长率和营业利润率外，其余指标呈现上升的趋势，整体综合得分较2017年略有下降。主要原因之一为行业上市公司受国内计算机、智能手机等电子设备出现饱和状态影响，部分公司营收增速放缓，同时出现更大比例的公司存在利润大幅下降的情况，导致经营业绩情况的两极分化加大。

表10－8　电子行业发展能力状况比较表

分析指标		2018年上市公司平均值	2018年行业值	2017年行业值	增长率
基本指标	营业收入增长率（%）	13.68	14.66	35.63	-58.85%
	资本扩张率（%）	9.66	14.54	21.23	-31.51%
	得分	12.20	13.31	15.01	-11.33%
修正指标	累计保留盈余率（%）	40.89	29.17	29.38	-0.71%
	三年营业收入增长率（%）	15.02	29.91	30.04	-0.43%
	总资产增长率（%）	11.63	17.60	24.85	-29.18%
	营业利润增长率（%）	4.93	-17.63	32.86	-153.65%
综合得分		12.19	12.88	13.76	-6.40%

表 10-9　计算机行业发展能力状况比较表

分析指标		2018 年上市公司平均值	2018 年行业值	2017 年行业值	增长率
基本指标	营业收入增长率（%）	13.68	17.24	9.81	75.74%
	资本扩张率（%）	9.66	8.98	17.99	-50.08%
	得分	12.20	12.71	11.35	11.98%
修正指标	累计保留盈余率（%）	40.89	29.03	31.62	-8.19%
	三年营业收入增长率（%）	15.02	17.50	15.51	12.83%
	总资产增长率（%）	11.63	12.10	19.26	-37.18%
	营业利润增长率（%）	4.93	-43.53	29.82	-245.98%
综合得分		12.19	11.46	11.87	-3.45%

（五）市场表现

2018 年，我国经济总体平稳发展，保持稳中有进态势。回顾过去一年，A 股市场整体表现不佳，呈现为全年持续震荡下跌的过程。计算机行业上市公司表现与市场趋势变动差异不大，而电子行业则在下半年持续跑输大盘，全年总跌幅超过 40%。同期电子和计算机行业市场走势具体情况见图 10-1。

从综合得分来看，电子行业上市公司市场表现状况低于全部上市公司的平均水平，计算机行业上市公司市场表现状况优于全部上市公司的平均水平。

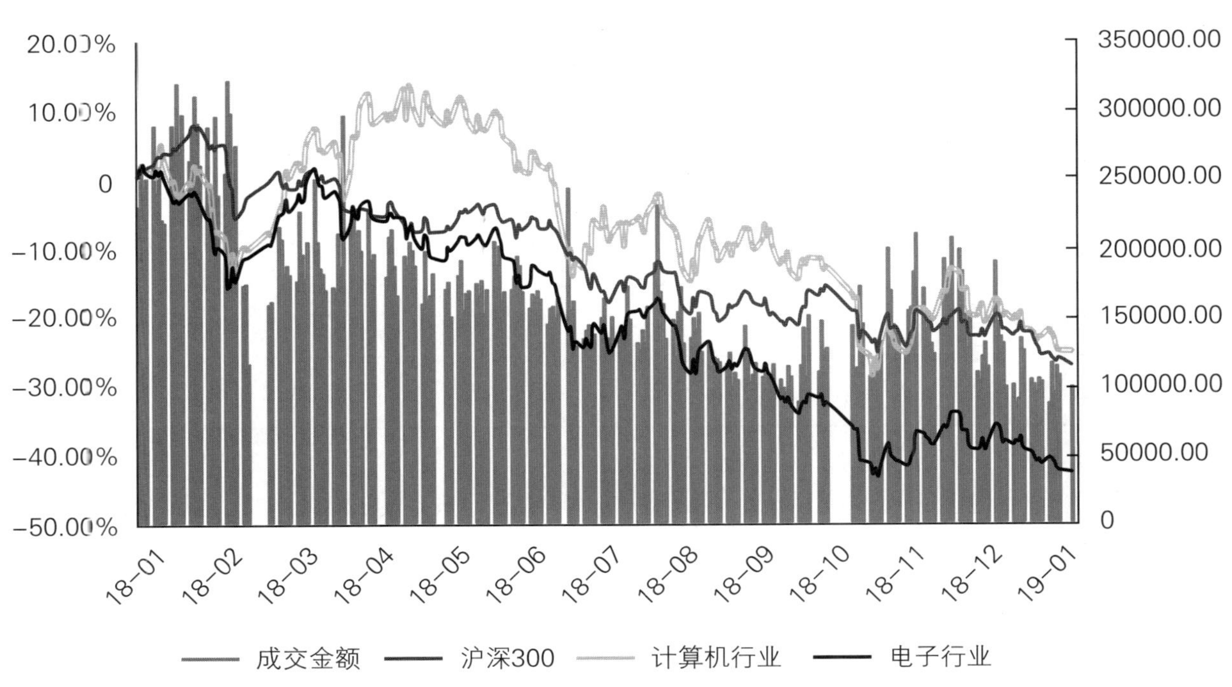

图 10-1　电子和计算机行业指数与大盘指数波动

数据来源：Wind。

表10−10和10−11分别列示了电子和计算机行业上市公司市场表现状况评价结果。在电子和计算机行业上市公司市场表现状况指标中南威软件、景旺电子、恒为科技等10家公司获得15分满分。以南威软件为例，该公司是国内“互联网+政务”领域的龙头企业、城市公共安全管理与智慧城市建设运营领军企业、行业大数据应用与服务提供商。2018年，公司坚持以互联网+政务、城市公共安全管理与智慧城市业务为主线，加大分享经济业务的推广力度，深耕行业技术与应用，创新行业运营服务模式，呈现了优秀的市场表现。公司2018年实现营业收入97904.39万元，同比增长21.27%；实现归属于上市股东的净利润为17252.33万元，较去年增长67.46%。其中公司互联网+政务服务和智慧城市业务收入快速增长，对公司业绩的贡献不断提升。2018年公司互联网+政务业务收入增长42.99%，智慧城市业务实现增长457.11%。在未来，公司将持续推进行业布局。坚持传统主营业务发展为主，聚焦五大行业集团，包括政务、公安、物联网、互联网、大数据等行业，通过集团化运作，形成行业领域的领先地位优势，实现公司持久发展。

表10－10 电子行业公司市场表现状况比较表

分析指标	2018年上市公司平均值	2018年行业值	2017年行业值	增长率
市场投资回报率（%）	−33.09	−35.57	−4.92	622.97%
股价波动率（%）	127.11	136.05	92.97	46.34%
得分	9.00	8.38	10.19	−17.76%

表10－11 计算机行业公司市场表现状况比较表

分析指标	2018年上市公司平均值	2018年行业值	2017年行业值	增长率
市场投资回报率（%）	−33.09	−26.53	−20.77	27.73%
股价波动率（%）	127.11	126.52	102.22	23.77%
得分	9.00	10.04	8.16	23.04%

2018年电子行业上市公司市场投资回报率为−35.57%，虽然与全部上市公司−33.09%的水平较为接近，但较2017年电子行业−4.92%的水平还是出现明显下降。2018年计算机行业上市公司市场投资回报率为−26.53%，高于全部上市公司−33.09%的水平，且较2017年计算机行业−20.77%的水平有所下降。2018年，电子和计算机行业上市公司有197家公司的市场投资回报率高于全部上市公司平均水平，其中最高的为卫宁健康的82.3%和佳发教育的70.55%。

二、2018年度电子和计算机行业上市公司业绩影响因素分析

2018年我国电子和计算机行业在相关政策和规划的推动下，通过加快结构调整和转型升级，行业运行呈现总体平稳态势，在经济社会发展中的支撑引领作用进一步增强。但受错综复杂的国内外经济环境影响，导致行业盈利状况较去年有所下滑。影响电子和计算机行业业绩的主要因素表现在以下几个方面：

（一）受宏观经济增速放缓及中美贸易摩擦等影响，硬件行业利润总额同比下滑

2018年，全球经济增长相较于上年明显放缓，而我国2018年国内生产总值90.03万亿，比上年增长6.6%。该增长率较2017年下滑0.2个百分点，也创下自1990年以来，28年来的低水平。除地方政府和企业的债务削减外，与美国的贸易战也构成影响。我国电子信息制造业在2018年通过加快结构调整和转型升级，行业运行呈现总体平稳态势。但受错综复杂的国内外经济环境影响，市场对于硬件设备的新增需求和更新换代的需求均减少，导致行业收入及利润增速均较去年有所下滑。据工信部统计，2018年规模以上电子信息制造业增加值同比增长13.1%，增速比2017年降低0.7个百分点；实现主营业务收入同比增长9.0%，增速比2017年降低4.2个百分点；实现利润总额同比下降3.1%。根据达实智能2018年年报，因国内经济环境和中美贸易争端的冲击，公司净利润出现了上市9年来的首次下滑，资产的周转效率降低。但从整体来看，我国电子信息制造业在生产和投资增速方面依然保持领先，在经济社会发展中的支撑引领作用进一步增强。

（二）行业支持政策不断出台，推动软件行业高质量发展，盈利能力稳步提升

2018年，在行业支持政策的推动下，我国软件和信息技术服务业运行态势良好，收入和效益保持较快增长，吸纳就业人数稳步增加；产业向高质量方向发展步伐加快，结构持续调整优化，新的增长点不断涌现，服务和支撑两个强国建设能力显著增强，正在成为数字经济发展、智慧社会演进的重要驱动力量。根据工信部统计数据，2018年我国软件业务收入保持较快增长，全国软件和信息技术服务业规模以上企业3.78万家，累计完成软件业务收入63061亿元，同比增长14.2%；软件和信息技术服务业实现利润总额8079亿元，同比增长9.7%，盈利能力稳步提升。在行业政策重点支持的细分领域中，信息安全和工业软件产品实现收入1698亿元和1477亿元，分别增长14.8%和14.2%，为支撑信息系统安全和工业领域的自主可控发展发挥重要作用；云计算相关的运营服务（包括在线软件运营服务、平台运营服务、基础设施运营服务等在内的信息技术服务）收入10419亿元，同比增长21.4%，占信息技术服务收入比重达30.0%；2018年，全行业实现嵌入式系统软件收入8952亿元，同比增长6.8%，占全行业收入比重为14.2%。嵌入式系统软件已成为产品和装备数字化改造、各领域智能化增值的关键性带动技术。

以东华软件为例，公司通过紧贴国家政策指导和公司战略发展需求，在坚持对行业客户深耕细作的基础上，加大对云计算、人工智能、大数据、物联网等政策支撑的新兴技术的研发投入与人才引进，继续巩固并增强在智慧医疗、智慧金融、智慧城市等领域的市场

竞争力，不断提升公司的创新能力和服务质量，加速转型升级。公司 2018 年实现营业收入 847059.11 万元，比上年同期增长 16.19%；归属于上市公司股东的净利润为 80640.96 万元，比上年同期增长 21.48%，盈利能力稳步提升。

链接：电子和计算机行业主要政策梳理

➢ **工信部出台《工业互联网发展行动计划（2018—2020 年）》**

2018 年 6 月 7 日，工信部印发《工业互联网发展行动计划（2018—2020 年）》，提出到 2020 年底我国将实现"初步建成工业互联网基础设施和产业体系"的发展目标，具体包括建成 5 个左右标识解析国家顶级节点、遴选 10 个左右跨行业跨领域平台、推动 30 万家以上工业企业上云、培育超过 30 万个工业 APP 等内容。

➢ **工信部、发改委出台《扩大和升级信息消费三年行动计划（2018—2020 年）》**

2018 年 7 月 27 日，工信部、发改委两部门印发《扩大和升级信息消费三年行动计划（2018—2020 年）》，提出目标到 2020 年我国信息消费规模达到 6 万亿元，年均增长 11% 以上。同时要求信息技术在消费领域的带动作用显著增强，拉动相关领域产出达到 15 万亿元，并以消费电子产品、新型显示产品、智能网联汽车、行业级垂直电商平台、企业上云服务为重点发展领域。

➢ **李克强总理在国务院常务会议上提出，"打造大众创业、万众创新升级版"，要突出重点拓展两大空间：一是工业互联网，二是"互联网 + 公共服务"。**

2018 年 9 月 6 日，李克强总理在今年的政府工作报告中首次提出要打造"双创"升级版，一是明确肯定了双创在带动就业、促进科技创新、增强综合国力方面的积极作用，二是在新的国内国际形势下更大范围、更高层次的科技创新是产业升级的核心驱动力，也与我国追求高质量发展的目标相吻合。国常会中也确定了六项支持举措以推进"双创"升级。此次对于工业互联网和"互联网 + 公共服务"给予了高度重视。这两个领域此前都有相应的政策文件进行支持，也是政府长期以来的推动方向之一。

资料来源：工信部、中国政府网

（三）信息安全市场规模持续扩大，行业营业收入水平呈现高速增长

根据工信部统计，2018 年我国信息安全产品实现收入 1698 亿元，较去年同期增长 14.8%。驱动行业营业收入水平的高速发展的因素包含需求和政策两方面。从需求方面来看，随着通讯及信息承载架构的转变，市场对信息安全提出了新的要求。特别是对于企业

采用新型技术进行技术革新时，IT 架构发生改变，信息安全往往是企业考虑是否推进新技术的重要因素。信息安全水平的提升能够减少企业的顾虑，加速推进新型技术的使用。在政策方面，自 2017 年 6 月 1 日网络安全法正式施行以来，网络安全领域相关细则陆续出台并逐渐细化到不同行业中，这给网络安全领域的治理及网络安全能力提升提供了具体的发展路径。另外，我国等保 2.0 政策的落地，将监管范围上从体制内扩展到具有社会影响力的互联网厂商，乃至全社会主体；监管内容上从企业 IT 系统延伸到了云计算、物联网、车联网、工业控制与移动互联网。从长期来看，工信部在《软件和信息技术服务业发展规划（2016—2020 年）》中首次明确提出信息安全产品收入目标，即到“十三五”末达到 2000 亿元，年均增长 20% 以上。

资料链接：

启明星辰专注信息安全领域 公司业绩稳健增长

启明星辰长期以来始终专注于信息安全领域，以安全产品和安全服务两条主线，较为完备地覆盖客户的网络安全需求。公司近些年在安全管理平台（SOC）、统一威胁管理平台（UTM）、入侵检测 / 入侵防御（IDS/IPS）、防火墙、VPN 等主流信息安全产品的市场占有率保持领先，综合实力突出。公司一直以来注重研发及技术储备，研发投入占营收的比重始终保持在行业内的较高水平。同时公司拥有代表国内最高水准的技术团队，包括积极防御实验室（ADLab）、安全咨询专家团（VF 专家团）等，在漏洞挖掘与分析、恶意代码检测与对抗等领域拥有领先的核心技术积累。公司业绩稳健增长，2018 年全年完成营业收入 25.2 亿元，营业利润 5.59 亿元，归属于上市公司股东的净利润为 5.69 亿元，分别比去年同期增长 10.68%、56.24% 和 25.90%。

资料来源：信达证券、公司年报

（四）计算机行业商誉占总资产比重处于较高水平，商誉存在潜在的减值风险

计算机行业是过去几年并购重组的热点行业，由并购带来的商誉也大幅增加，2013—2016 年商誉增速均超过 50%，2012—2016 年商誉总额的复合增长率为 94.62%。由于业绩承诺期大多为三年，因此 2018—2019 年将会是大部分并购标的业绩对赌到期后的第一年，如果被并购标的与上市公司存在协同整合风险，在业绩对赌到期后，协同整合不达预期的被并购标的可能会存在业绩变脸风险，进而影响上市公司的业绩表现。从监管及政策方面来看，商誉监管愈发严格，减值、摊销压力可能并存。2018 年 11 月 16 日，证监会发布了《会计监管风险提示第 8 号——商誉减值》，规定中对商誉的监管更加严格。2019 年 1 月 4 日会计准则委员会发布的《企业会计准则动态（2018 年第 9 期）》中提到：“大部分咨询委员认为，相较于商誉减值，商誉摊销能够更好地实现将商誉账面价值减记至零的目标，

因为商誉摊销能够更加及时、恰当地反映商誉的消耗过程，并且该方法成本低，便于操作，有利于投资者理解，可增强企业之间会计信息的可比性。”这使得商誉比重较高的计算机行业的未来净利润可能会受到商誉摊销的影响。以久其软件为例，公司自 2014 年至 2018 年先后收购亿起联科技、华夏电通、瑞意恒动和上海移通。2018 年，公司数字传播板块的业务融合效应未达预期，整体业绩出现下滑，公司对收购亿起联科技、瑞意恒动和上海移通形成的商誉合计计提 107739.49 万元的商誉减值准备，导致 2018 年度公司归属于上市公司股东的净利润亏损 84146.43 万元。

三、2019 年电子和计算机行业前景展望

2019 年，随着 5G（第五代移动通信网络）、汽车电子、物联网、人工智能、医疗信息化、云计算等新兴技术的全面应用，在政策的持续推动下，我国电子和计算机行业将引领着与医疗、政务等其他各行业的融合创新，成为我国驱动经济持续增长的新引擎。

（一）制造业减税降费有利于电子和计算机行业盈利能力改善

2019 年 3 月 5 日，国务院总理李克强在十三届全国人大二次会议上做政府工作报告。报告提及深化增值税改革，包括在今年将制造业等行业现行 16% 的税率降至 13%，将交通运输业、建筑业等行业现行 10% 的税率降至 9%；保持 6% 一档的税率不变，但通过采取对生产、生活性服务业增加税收抵扣等配套措施，确保所有行业税负只减不增。政府工作报告中还提出，将深化电力市场化改革，清理电价附加收费，降低制造业用电成本，一般工商业平均电价再降低 10%。此外，2018 年全年为企业和个人减税降费约 1.3 万亿元。2019 年减轻企业税收和社保缴费负担近 2 万亿元。电子和计算机行业作为上游制造业将受益于减税降费，特别是净利率较低企业的盈利能力有望得到明显改善。

（二）政策频出，医疗信息化迎来新一轮发展阶段

自 2009 年新医改方案推出以来，我国医疗领域进行了一系列改革。在“十二五”期间，我国医院信息化建设主要以医院信息系统（HIS）为核心，开展各个环节信息化建设。目前，我国的三级医院基本实现医院信息系统（HIS）全覆盖，二级医院实现 80% 的覆盖。近几年来，我国的大中型医院已逐步转向以临床信息系统和电子病历为重要内容的信息化建设，努力实现诊疗环节的全覆盖，实现各诊疗环节的互联互通。2018 年，我国医疗领域再次政策频出，迎来了新一轮的改革期。医疗信息化建设领域，医疗信息化系统、电子病历、“互联网 +”、医联体、医保控费等成为政策关注的重点之一。信息化建设方面，未来两年继续加强人口健康信息化建设，到 2020 年，实现全员人口信息、电子健康档案和电子病历三大数据库基本覆盖全国人口并信息动态更新。全面建成互联互通的国家、省、市、县四级人口健康信息平台，实现公共卫生、计划生育、医疗服务、医疗保障、药品供应、综合管理六大业务应用系统的互联互通和业务协同。

链接：医疗信息化相关政策梳理

➢ **国务院发布《关于促进“互联网＋医疗健康”发展的意见》**

2018年4月，国务院发布《关于促进“互联网＋医疗健康”发展的意见》，提出发展“互联网＋”医疗服务，创新“互联网＋”公共卫生服务。完善全员人口、电子健康档案、电子病历等数据库。二级以上医院要健全医院信息平台功能；三级医院要在2020年前实现院内医疗服务信息互通共享。

➢ **国家卫健委发布《全国医院信息化建设标准与规范（试行）》**

2018年4月，国家卫健委发布《全国医院信息化建设标准与规范（试行）》，提出了三甲医院、三乙医院和二级医院临床业务、医院管理的信息化建设业务和要求。标准立足“互联网＋医疗健康”的“服务便民”“资源下沉”“信息互通”三大核心优势，从业务应用、信息平台、基础设施、安全防护、新兴技术5大方面，对不同等级医院的信息化体系构建的细则侧重做了具体规定。

➢ **卫健委、国家中医药管理局发布《关于深入开展“互联网＋医疗健康”便民惠民活动的通知》**

2018年7月，卫健委、国家中医药管理局发布《关于深入开展“互联网＋医疗健康”便民惠民活动的通知》，提出到2020年，二级以上医疗机构普遍提供分时段预约诊疗、智能导医分诊、候诊提醒、检验检查结果查询等线上服务。三级医院要进一步增加预约诊疗服务比例；到2020年，预约时段精确到1小时以内，并优先向医疗联合体内基层医疗卫生机构预留预约诊疗号源；到2020年，实现电子健康档案数据库与电子病历数据库互联对接，全方位记录、管理居民健康信息。

➢ **医政医管局发布《进一步推进以电子病历为核心的医疗机构信息化建设工作》**

2018年8月，医政医管局发布《进一步推进以电子病历为核心的医疗机构信息化建设工作》，提出到2020年，三级医院要实现电子病历信息化诊疗服务环节全覆盖；到2020年，三级医院要实现院内各诊疗环节信息互联互通，达到医院信息互联互通标准化成熟度测评4级水平；到2019年，辖区内所有三级医院要达到电子病历应用水平分级评价3级以上；到2020年，要达到分级评价4级以上，即医院内实现全院信息共享，并具备医疗决策支持功能。

资料来源：中国政府网

卫宁健康是国内第一家专注于医疗健康信息化的上市公司，致力于提供医疗健康卫生信息化解决方案。公司服务的医疗机构数量超过6000家，其中包括400多家三级医院，是同行业客户覆盖最广的公司之一，同时在技术、服务、规模、品牌、人才、管理等方面形成了较强的核心竞争力。除了全面覆盖医疗卫生传统基础业务，公司也在积极拓展医疗健康服务等互联网医疗领域，已经形成有覆盖诊疗全流程的互联网医院产品和面向单体医院、医疗体、医疗集团的互联网解决方案。

（三）中美贸易摩擦背景下，高端化发展受阻，自主可控核心领域需求迫切

中美贸易对于我国电子和计算机行业发展具有重要的影响。当前中国电子和计算机产品的部分关键零部件依赖于美国，特别是在集成电路领域，电子技术产品的贸易逆差近年持续扩大，对美国存在严重依赖。限制出口对于中国电子和计算机行业的经营将造成直接性的破坏，中兴通讯就是典型案例。2018年11月，美国商务部工业安全署再次出台了一份针对关键技术和产品的出口管制草案，提及的关键技术领域包括生物技术、人工智能、定位导航技术、微处理器等14项。可见，美国一方面对中国增加惩罚性关税，推升了产品成本，导致我国电子和计算机行业对美国出口压力加大。另一方面限制出口以封锁中国电子科技技术，目标是打击中国高科技行业，为“中国制造2025”战略制造障碍。在当前中美贸易摩擦的背景下，未来的技术封锁和科技遏制会更加明显，发展我国自主可控产业升级成为必经之路。

（四）政策推动企业上云，经济放缓凸显云计算成本优势

我国高度重视云计算产业的发展并制定了多项政策给予支持。其中，工信部2017年印发了《云计算发展三年行动计划（2017—2019年）》，提出目标到2019年我国云计算产业规模要达到4300亿元。2018年8月工信部发布《推动企业上云实施指南（2018—2020年）》，提出到2020年新增上云企业100万家。在政策的大力推动下，我国云计算技术与市场日益成熟，企业的上云意识也在不断增强。云计算以减少基础设施投资成本节约IT成本的天然属性，具有弱周期性。特别是对于大量中小企业，云计算的高效及低成本对于传统IT架构是很好的替代。中国信息通信研究院调查发现，使用公有云的原因中首要的两个原因是出于减少基础设施投资目的和资源扩展速度快，分别占比达到56.4%和52.6%。在经济放缓的环境下，云计算的成本优势凸显，未来可以预见减少基础设施投资的占比会进一步上升。随着信息化的高速发展，越来越多的中国企业通过信息化技术寻求新的解决方案以适应不断变化发展的新业务及资源扩展速度，云计算包括公有云是目前高效数字化解决方案。

（五）2019年成为5G商用元年，为行业开启更广阔的空间

5G（第五代移动通信网络）是移动通信技术的重大变革，与传统主流通信网络3G/4G网络相比，5G网络预计在提升12.8倍带宽速度的同时，也能保持100%有效率和覆盖率，并将时延降低90%以上。在网络安全、网络互联、网络抗压及网络拓展等领域5G也将全面超越3G/4G。凭借无处不在的高速连接，5G将引领新一轮颠覆性创新浪潮。5G具有

资料链接：

用友网络云计算发展迅速为业绩增长奠定基础

用友网络是国内提供企业级软件服务的领先企业之一。目前，公司形成了以用友云为核心，云服务、软件、金融服务融合发展的新战略布局。2017 年，公司发布了用友工业互联网平台“精智”，提供支撑智能制造的软件和 SaaS 服务、提供智能制造应用组件和最佳实践库，并签约鞍钢、深圳特发、大亚圣象、江铜集团、中国振华电子集团等大型集团客户。近年来，在传统企业级应用软件市场保持占有率第一的同时，公司云服务发展迅速，2017 年用友云凭借 5.7% 的品牌市场占比位列公有云 SaaS 市场占有率第一。2018 年，用友云服务收入达到 20.94 亿元，占公司营业收入的 27%，其中 PaaS 等云服务收入同比增长 108%。云服务的快速发展为公司业绩的持续增长奠定基础。

资料来源：信达证券、公司年报

三大应用场景：1. 增强移动宽带（eMBB）；2. 高可靠低时延连接（uRLLC）；3. 海量物联（mMTC）。增强移动宽带（eMBB）为密集城市、农村、高流动性环境及室内环境提供极高的吞吐量。用户将能够在几秒钟内下载 3D 视频等数千兆字节的数据，并且 AR/VR 将成为日常应用。高可靠低时延连接（uRLLC）应用主要有无人驾驶、公共和大众交通系统、无人驾驶飞行器、工业自动化、远程医疗及智能电网监控等。海量物联（mMTC）是为智能城市、家居、电网、楼宇、制造、物流、农业、矿业等海量设备提供连接。在这基础之上，AR/VR、物联网、车联网、8K、智慧城市等应用将兴起。

三大运营商已经获得全国范围 5G 中低频段试验频率使用许可。虽然正式的 5G 商用牌照还没有下发，但三大运营商各自频谱确定的意义仍然十分重大，最直接的影响就是运营商可以联合产业链伙伴进行 5G 网络建设。这为产业界释放了明确信号，将加快我国 5G 网络建设和产业链的发展。5G 建设将带动基站、终端等硬件需求的增长，技术变革也将带来新的市场机会。天线、PCB、射频前端、电磁屏蔽等元器件及产业链相关公司将获得新的增长动力。在 5G 网络逐步完善之后，相应的应用如车联网、AR/VR 等将会逐渐开发并渗透，这将开启电子和计算机行业更广阔的空间。

附表　2018 年电子和计算机行业上市公司业绩评价结果排序表

行业排名	全部上市公司排名	股票代码	股票简称	综合得分（100 分）	每股收益（元）	总资产报酬率（%）	净资产收益率（%）	总资产周转率（次）	流动资产周转率（次）	资产负债率（%）	获利倍数	营业收入增长率（%）	资本扩张率（%）	市场投资回报率（%）	股价波动率（%）	年末资产额（万元）	营业收入（万元）	净利润（万元）
1	17	002841	视源股份	86.40	1.55	19.64	33.01	2.84	3.58	49.66	78.04	56.28	39.75	26.83	86.80	699918.12	1698368.98	106104.31
2	37	600271	航天信息	83.40	0.87	16.87	21.23	1.36	1.76	36.58	33.57	-6.10	10.79	6.36	81.44	2146310.23	2794008.32	277236.65
3	41	002938	鹏鼎控股	82.90	1.30	13.54	17.29	1.02	1.67	34.61	51.45	8.08	45.63	-33.02	43.90	2735347.01	2585478.03	277122.15
4	45	002475	立讯精密	82.70	0.66	11.03	17.29	1.13	1.77	54.24	16.53	57.06	19.75	-23.19	62.48	3644144.12	3584996.42	281334.04
5	64	601138	工业富联	81.50	0.90	11.89	33.28	2.38	2.54	63.94	30.40	17.16	156.70	-33.02	104.72	20060332.40	41537769.70	1690755.70
6	70	002415	海康威视	81.40	1.24	21.93	32.12	0.87	1.01	40.20	71.58	18.93	24.05	-34.46	122.88	6348435.22	4983713.25	1138169.29
7	95	000636	风华高科	79.60	1.14	18.44	18.93	0.69	1.50	21.51	137.91	36.51	20.67	-17.91	134.28	704334.21	458020.06	102882.09
8	97	603228	景旺电子	79.60	1.97	14.83	19.34	0.80	1.27	42.55	0.00	18.93	34.50	-0.83	47.55	767010.95	498555.91	79517.73
9	100	600570	恒生电子	79.50	1.04	11.67	16.38	0.54	1.10	45.07	158.81	22.38	3.91	8.65	64.95	621634.61	326287.92	67836.02
10	129	300747	锐科激光	78.70	3.86	32.27	31.21	0.93	1.07	13.96	0.00	53.60	290.18	-33.02	85.80	238688.87	146202.66	43993.21
11	135	603160	汇顶科技	78.40	1.65	15.39	17.70	0.76	0.86	23.16	140.63	1.08	17.84	-18.17	78.82	534522.13	372129.17	74249.86
12	142	300454	深信服	78.20	1.55	15.37	21.31	0.80	1.26	33.03	0.00	30.41	97.49	-33.02	97.01	513239.82	322445.05	60327.57
13	146	300525	博思软件	78.10	0.69	11.44	15.92	0.60	1.04	37.11	74.57	80.26	32.59	2.40	88.83	106869.74	55859.47	9784.87
14	160	300559	佳发教育	77.80	0.89	16.14	17.40	0.44	0.58	19.03	0.00	103.13	18.63	70.55	148.35	99744.15	39048.08	13053.04
15	168	300408	三环集团	77.40	0.76	19.57	19.89	0.47	0.73	17.25	341.30	19.82	18.32	-21.96	82.71	848697.94	375007.29	132362.41
16	184	002859	洁美科技	77.00	1.08	17.83	18.55	0.71	1.36	26.39	58.02	31.58	15.58	-13.84	64.17	211429.08	131110.40	27529.83
17	186	002815	崇达技术	77.00	0.68	14.60	19.75	0.74	1.63	41.40	12.35	17.84	15.11	-4.27	64.58	495958.83	365609.07	56056.96
18	188	600845	宝信软件	76.90	0.80	8.50	11.09	0.61	0.81	28.31	693.22	14.56	37.92	8.11	88.12	944541.82	547110.29	71295.44
19	190	603515	欧普照明	76.90	1.19	15.32	14.97	1.17	1.54	40.85	348.11	15.05	19.35	-17.06	104.25	733344.53	800386.97	89956.10
20	207	002916	深南电路	76.40	2.49	10.60	18.82	0.95	1.89	56.32	12.36	33.68	17.54	-13.02	73.63	852540.99	760214.17	69831.62
21	223	300752	隆利科技	75.90	2.89	16.68	28.38	1.40	1.61	47.30	68.98	70.66	178.48	-33.02	53.92	151492.41	155022.98	16172.40
22	234	601360	三六零	75.50	0.53	16.62	16.71	0.52	0.82	17.27	3551.82	7.28	48.81	-63.25	252.88	2934827.90	1312926.30	350829.80
23	238	300389	艾比森	75.40	0.76	13.96	19.45	1.02	1.48	39.88	0.00	28.39	21.38	29.88	89.74	211539.93	198673.14	23520.80

续表

行业排名	全部上市公司排名	股票代码	股票简称	综合得分（100分）	每股收益（元）	总资产报酬率（%）	净资产收益率（%）	总资产周转率（次）	流动资产周转率（次）	资产负债率（%）	获利倍数	营业收入增长率（%）	资本扩张率（%）	市场投资回报率（%）	股价波动率（%）	年末资产额（万元）	营业收入（万元）	净利润（万元）
24	242	300476	胜宏科技	75.30	0.49	8.95	15.53	0.70	1.27	44.87	274.64	35.29	10.32	-12.34	75.24	539825.90	330394.93	38049.18
25	259	002373	千方科技	75.10	0.54	9.83	12.39	0.72	1.09	37.51	30.53	189.56	121.51	-24.65	78.01	1360133.79	725129.53	88948.94
26	265	603039	泛微网络	75.00	1.16	7.96	12.85	0.69	0.88	53.49	67.49	42.51	20.02	60.41	144.97	160764.27	100360.08	10818.54
27	270	300735	光弘科技	74.90	0.77	15.74	13.93	0.80	1.28	14.61	280.74	25.43	12.78	-23.35	130.47	212854.63	159808.75	27380.89
28	280	002179	中航光电	74.70	1.22	10.13	15.68	0.67	0.84	50.54	18.51	22.86	21.05	-14.48	48.34	1328598.78	781601.87	100952.01
29	281	600563	法拉电子	74.60	2.01	18.71	18.60	0.61	0.87	16.73	928.62	1.40	7.77	-15.82	65.27	300344.13	172142.20	46007.11
30	297	603297	永新光学	74.30	1.79	16.52	14.13	0.65	1.03	11.25	92.52	9.22	133.69	-33.02	38.15	116000.77	56128.63	12184.26
31	298	300624	万兴科技	74.30	1.06	15.66	12.90	1.08	1.98	15.90	0.00	16.91	143.55	-33.02	233.94	70398.40	54625.32	7181.99
32	305	002912	中新赛克	74.10	1.92	11.84	16.23	0.37	0.42	39.37	0.00	38.85	13.58	11.52	88.03	213412.24	69120.80	20475.48
33	309	603496	恒为科技	74.10	0.75	13.56	13.39	0.51	0.62	17.57	145.61	38.18	14.58	1.40	63.68	91364.08	43139.82	10301.24
34	312	600588	用友网络	74.00	0.32	7.87	10.15	0.53	0.99	49.73	5.72	21.44	13.51	28.66	98.98	1522089.66	770349.50	81018.71
35	318	603659	璞泰来	73.90	1.37	13.17	17.66	0.60	0.80	53.14	12.79	47.20	22.25	-11.74	113.63	666046.11	331102.53	60071.58
36	320	300602	飞荣达	73.80	0.80	11.39	14.42	0.80	1.07	38.10	0.00	27.92	19.69	25.49	105.99	187339.48	132576.28	16602.67
37	340	002153	石基信息	73.60	0.43	7.23	6.88	0.36	0.56	13.06	73.62	4.60	64.65	-3.51	77.53	1022825.55	309751.94	54266.10
38	350	300632	光莆股份	73.50	0.79	14.88	21.73	0.82	1.12	47.95	40.55	56.34	22.25	-16.07	86.91	120787.71	77450.60	12017.82
39	351	300207	欣旺达	73.50	0.48	6.34	14.60	1.28	1.89	71.12	4.28	44.81	74.84	-16.69	84.17	1867681.77	2033830.19	70585.94
40	365	603773	沃格光电	73.10	1.82	13.93	12.02	0.50	0.86	9.32	89.97	7.03	122.17	-33.02	129.32	179733.17	69979.74	15804.69
41	368	002913	奥士康	73.10	1.66	9.24	10.43	0.74	1.07	30.34	94.79	28.71	10.76	-11.47	64.99	312077.08	223486.53	23888.54
42	370	300448	浩云科技	73.10	0.36	12.26	11.86	0.52	0.76	17.67	378.76	34.31	13.75	-15.98	78.67	160998.21	76530.21	15811.29
43	380	000977	浪潮信息	72.90	0.51	5.56	7.30	2.16	2.39	63.63	2.89	84.17	27.85	-18.96	113.19	2559927.22	4694082.03	65134.71
44	381	300661	圣邦股份	72.90	1.31	11.11	11.13	0.57	0.64	17.49	0.00	7.69	15.13	-1.63	128.86	106230.60	57239.27	10369.41
45	383	002376	新北洋	72.80	0.58	11.26	12.61	0.60	1.22	25.76	19.18	41.64	20.67	32.79	77.31	468579.80	263519.56	41494.87
46	386	002410	广联达	72.80	0.39	10.11	12.48	0.55	1.08	41.45	10.85	22.30	3.32	0.65	91.67	500575.20	288155.53	43268.58

续表

行业排名	全部上市公司排名	股票代码	股票简称	综合得分（100分）	每股收益（元）	总资产报酬率（%）	净资产收益率（%）	总资产周转率（次）	流动资产周转率（次）	资产负债率（%）	获利倍数	营业收入增长率（%）	资本扩张率（%）	市场投资回报率（%）	股价波动率（%）	年末资产额（万元）	营业收入（万元）	净利润（万元）
47	403	002439	启明星辰	72.50	0.63	13.10	12.56	0.55	0.93	26.05	457.48	10.68	14.06	-7.27	91.86	490022.23	252180.58	56012.55
48	416	300271	华宇软件	72.30	0.67	9.72	11.05	0.49	0.91	25.96	271.10	15.84	14.50	-3.80	91.15	583078.20	270849.62	48875.72
49	422	300014	亿纬锂能	72.20	0.67	8.27	14.74	0.50	1.16	63.10	6.13	45.90	15.79	-18.59	94.19	1003192.03	435119.06	58293.84
50	424	300546	雄帝科技	72.10	0.81	12.28	14.83	0.59	0.64	32.55	51.37	57.97	15.81	22.83	78.32	109166.55	60045.77	10784.17
51	429	000938	紫光股份	72.10	1.17	7.36	8.56	1.06	2.05	37.21	21.24	23.64	5.53	-37.90	100.83	4855957.83	4830578.59	293323.48
52	432	002138	顺络电子	72.00	0.59	11.13	8.96	0.47	1.27	16.80	290.98	18.84	7.58	-19.23	64.59	523735.87	236204.28	48297.00
53	467	600183	生益科技	71.50	0.47	10.83	14.92	0.93	1.49	46.91	8.15	11.44	6.59	-17.22	65.61	1288592.49	1198108.17	106496.17
54	473	300232	洲明科技	71.30	0.54	9.32	17.87	0.80	1.28	59.14	12.39	49.29	28.15	-24.99	113.08	641753.63	452433.73	42636.32
55	479	002463	沪电股份	71.10	0.34	10.89	13.79	0.87	1.69	39.23	41.75	18.81	14.94	37.37	175.57	659804.61	549688.52	57044.80
56	482	300523	辰安科技	71.10	0.94	11.37	14.33	0.60	0.72	34.92	89.19	61.64	47.26	26.04	93.29	212760.15	103212.93	17804.15
57	502	300687	赛意信息	70.80	0.79	12.80	12.62	0.89	1.00	21.27	819.63	28.30	18.71	-23.34	145.62	115263.32	90949.69	11951.90
58	512	002025	航天电器	70.70	0.84	9.81	12.34	0.62	0.75	32.52	279.97	8.50	12.58	-9.55	58.08	472170.81	283408.42	40390.46
59	515	300701	森霸传感	70.60	0.88	17.06	12.32	0.38	0.44	5.12	0.00	3.31	9.23	-13.38	122.27	50311.57	18329.67	7032.07
60	523	600756	浪潮软件	70.50	0.97	10.43	13.45	0.40	0.66	22.62	421.41	-6.88	13.31	-15.17	70.58	315031.77	121252.84	31389.44
61	539	300365	恒华科技	70.30	0.68	13.45	15.63	0.53	0.60	26.77	77.80	38.35	17.20	38.36	79.22	248585.66	118392.21	27240.69
62	542	603019	中科曙光	70.30	0.67	6.07	8.24	0.78	1.19	69.24	4.18	43.89	17.92	-15.60	82.58	1316730.48	905687.95	46754.08
63	555	300327	中颖电子	70.20	0.73	17.13	18.34	0.75	0.80	15.84	0.00	10.50	9.59	-35.88	81.98	103246.58	75771.05	16133.95
64	559	300623	捷捷微电	70.10	0.93	13.35	11.88	0.37	0.56	13.48	482.07	24.76	10.62	-34.18	112.80	156056.59	53747.09	16566.87
65	560	300033	同花顺	70.10	1.18	16.37	18.10	0.33	0.38	19.15	0.00	-1.62	5.39	-24.12	107.27	413073.23	138688.70	63393.42
66	570	603328	依顿电子	69.90	0.66	14.04	13.56	0.61	0.74	17.38	0.00	1.30	-3.57	-28.03	87.50	540856.15	332861.62	65401.03
67	579	300736	百邦科技	69.70	0.34	8.74	6.10	1.69	2.25	14.50	1516.76	-6.60	98.78	-33.02	105.05	47141.90	63055.67	2702.89
68	580	002777	久远银海	69.70	0.69	9.55	13.31	0.53	0.63	43.05	83.46	25.16	92.85	-30.95	111.67	195672.10	86413.88	13246.78
69	585	002189	利达光电	69.60	0.68	11.05	5.92	1.47	2.24	63.60	11.37	183.01	55.56	-31.05	130.75	259882.62	258350.91	16664.11

续表

行业排名	全部上市公司排名	股票代码	股票简称	综合得分（100分）	每股收益（元）	总资产报酬率（%）	净资产收益率（%）	总资产周转率（次）	流动资产周转率（次）	资产负债率（%）	获利倍数	营业收入增长率（%）	资本扩张率（%）	市场投资回报率（%）	股价波动率（%）	年末资产额（万元）	营业收入（万元）	净利润（万元）
70	597	300170	汉得信息	69.50	0.44	12.69	10.09	0.82	1.09	23.02	37.76	23.24	19.76	-21.55	123.50	381846.29	286532.75	38818.63
71	609	002195	二三四五	69.30	0.32	15.79	15.64	0.36	0.57	20.77	28.30	17.93	19.82	-21.58	70.47	1177575.29	377391.84	137218.12
72	610	002236	大华股份	69.30	0.87	12.11	21.79	0.99	1.22	51.03	25.25	25.58	21.81	-51.85	196.72	2635059.98	2366568.81	259459.27
73	611	300739	明阳电路	69.30	0.67	10.27	10.60	0.82	1.36	28.50	59.32	7.35	137.90	-33.02	118.58	175313.33	113140.28	12125.77
74	618	300579	数字认证	69.20	0.72	9.62	13.09	0.65	0.70	45.59	0.00	28.45	12.26	-24.60	107.62	112540.83	66772.02	8645.54
75	624	603516	淳中科技	69.10	0.66	15.14	14.11	0.48	0.65	6.45	0.00	10.08	159.09	-33.02	161.08	80870.08	27555.71	8481.99
76	625	603380	易德龙	69.10	0.63	11.72	12.71	0.97	1.26	25.59	103.05	10.24	10.05	-23.29	100.25	102995.85	95118.18	10198.59
77	626	002925	盈趣科技	69.10	1.81	25.36	26.72	0.76	0.91	20.71	0.00	-14.95	122.75	-33.02	207.72	472739.35	277872.95	81195.22
78	640	300451	创业慧康	68.90	0.45	8.89	9.35	0.45	1.17	23.41	23.69	11.91	13.81	62.75	92.09	307854.83	129028.84	22008.86
79	651	603986	兆易创新	68.80	1.44	16.45	19.70	0.83	1.40	33.68	40.55	10.65	7.96	-46.39	150.98	286083.05	224578.63	40397.76
80	657	603989	艾华集团	68.70	0.77	13.30	13.37	0.77	1.13	36.71	15.69	20.81	12.13	-30.16	91.33	331378.47	216557.39	29935.09
81	669	300609	汇纳科技	68.60	0.65	12.72	11.77	0.43	0.53	13.59	0.00	22.67	11.71	-23.92	102.47	61045.46	24916.61	6657.41
82	674	300296	利亚德	68.50	0.50	11.59	17.92	0.57	0.86	46.75	16.38	19.01	37.94	-45.11	178.11	1459372.26	770062.15	126385.20
83	675	002180	纳思达	68.50	0.90	4.43	11.47	0.61	2.12	76.28	1.92	2.83	19.74	-10.78	75.80	3611349.95	2192647.23	121798.82
84	696	000062	深圳华强	68.30	0.95	11.91	15.02	1.25	2.15	50.05	8.54	42.20	14.99	-29.39	57.86	1030189.44	1179971.66	76956.90
85	707	300166	东方国信	68.10	0.50	10.60	10.31	0.35	0.63	16.43	58.35	32.55	13.62	-20.43	102.79	610626.21	199617.79	53046.48
86	718	002008	大族激光	68.00	1.61	12.36	18.40	0.67	1.02	54.63	11.04	-4.59	18.02	-40.89	133.77	1894501.70	1102948.57	172512.46
87	725	603660	苏州科达	67.80	0.91	14.56	18.71	1.08	1.25	32.00	8410.72	34.41	26.53	-32.60	122.62	258285.98	245363.85	32138.31
88	727	002449	国星光电	67.80	0.72	8.60	11.43	0.59	0.98	43.45	24.52	4.44	8.87	-25.07	71.04	610833.75	362679.99	43372.70
89	739	603383	顶点软件	67.60	1.01	10.54	9.36	0.25	0.27	16.04	0.00	21.23	10.50	-4.78	109.63	123766.70	29552.22	11708.69
90	741	300231	银信科技	67.60	0.27	9.19	10.46	0.76	1.12	24.95	12.79	30.66	89.57	-36.72	111.11	184686.93	121976.45	11251.47
91	743	000997	新大陆	67.60	0.58	7.24	10.70	0.59	0.81	50.57	18.56	18.61	10.25	-21.86	89.13	1105666.61	575968.20	60578.66
92	752	300188	美亚柏科	67.40	0.38	10.01	8.68	0.49	0.80	25.29	2315.71	19.75	9.48	1.51	99.83	344414.05	180058.44	30209.63

续表

行业排名	全部上市公司排名	股票代码	股票简称	综合得分（100分）	每股收益（元）	总资产报酬率（%）	净资产收益率（%）	总资产周转率（次）	流动资产周转率（次）	资产负债率（%）	获利倍数	营业收入增长率（%）	资本扩张率（%）	市场投资回报率（%）	股价波动率（%）	年末资产额（万元）	营业收入（万元）	净利润（万元）
93	760	600850	华东电脑	67.30	0.72	6.30	13.59	1.22	1.25	59.97	71.07	10.69	12.24	−19.87	61.74	625977.20	730341.90	32398.14
94	768	603881	数据港	67.30	0.68	8.92	14.32	0.42	1.48	62.11	6.92	74.86	12.52	−46.81	137.41	265857.51	90967.89	14323.89
95	799	002587	奥拓电子	66.90	0.29	10.47	14.13	0.77	1.00	42.98	32.92	51.12	11.40	−28.56	96.55	226911.31	157337.24	18429.28
96	809	300036	超图软件	66.80	0.37	6.43	6.75	0.56	0.99	31.52	26.66	21.45	6.49	19.97	104.02	282279.34	151778.82	15620.25
97	821	002579	中京电子	66.70	0.22	6.56	7.55	0.79	1.74	57.10	3.79	63.61	21.94	−14.80	53.07	278995.64	176133.72	9356.59
98	823	603636	南威软件	66.60	0.35	9.37	10.84	0.39	0.71	41.01	16.72	21.27	75.51	−4.33	68.51	299725.32	97904.39	16984.24
99	824	300136	信维通信	66.60	1.01	18.31	29.63	0.75	1.25	48.66	55.36	37.04	33.26	−57.65	130.08	721687.15	470690.94	98989.74
100	828	300130	新国都	66.60	0.52	8.18	9.07	0.58	0.94	49.02	4.83	87.51	4.98	−12.73	85.97	416040.06	231932.73	24800.64
101	871	002152	广电运通	65.90	0.28	6.91	6.86	0.42	0.60	29.25	279.52	24.53	0.27	−23.30	79.59	1344021.85	545898.18	78400.53
102	873	300605	恒锋信息	65.80	0.49	8.07	10.77	0.71	0.76	40.20	101.74	29.93	11.52	−28.21	103.94	82935.82	52485.71	5357.38
103	897	300634	彩讯股份	65.70	0.41	13.72	14.15	0.57	0.91	23.65	45.92	24.18	46.97	−33.02	212.12	168530.71	76532.45	16777.16
104	907	000049	德赛电池	65.60	1.96	10.13	24.88	2.10	2.44	74.33	5.32	38.15	24.76	−31.31	96.02	882202.53	1724923.38	52561.54
105	921	000034	神州数码	65.40	0.78	4.66	13.21	3.26	4.16	85.20	2.30	31.57	14.55	−37.61	143.07	2598545.20	8185805.45	51602.65
106	925	603138	海量数据	65.40	0.36	10.25	11.42	0.85	0.96	34.22	7467.40	3.62	13.88	−43.41	141.65	65906.66	53680.74	5373.27
107	926	002402	和而泰	65.40	0.26	9.24	14.99	0.93	1.51	53.61	16.82	35.00	24.93	−35.43	115.09	361947.19	267111.11	23569.66
108	928	002937	兴瑞科技	65.30	0.73	15.24	17.58	1.20	1.61	21.72	55.00	15.93	123.86	−33.02	47.53	106711.63	101790.24	10969.99
109	933	603303	得邦照明	65.30	0.61	7.91	7.51	1.09	1.36	32.83	52.14	−0.89	8.65	−15.37	66.76	383780.32	399539.01	24741.97
110	937	603990	麦迪科技	65.20	0.69	9.55	8.63	0.42	0.67	34.03	17.29	5.80	9.08	−11.05	60.32	71721.26	28427.69	5506.24
111	945	300556	丝路视觉	65.20	0.49	7.79	1.91	1.05	1.28	40.92	35.05	40.89	10.45	−26.24	114.23	79654.44	72295.69	4823.58
112	948	002368	太极股份	65.00	0.78	4.02	8.32	0.67	0.89	67.50	22.18	13.52	8.01	−8.78	99.75	934551.41	601609.84	31491.38
113	957	300674	宇信科技	64.90	0.53	8.00	12.11	0.73	1.08	46.87	8.92	31.79	39.16	−33.02	59.75	324380.49	214056.07	19736.11
114	968	300253	卫宁健康	64.80	0.19	8.03	9.52	0.36	0.76	22.72	32.50	19.52	23.15	82.30	128.43	423731.81	143876.13	30682.90
115	997	600703	三安光电	64.50	0.69	11.98	10.96	0.30	0.68	30.99	31.39	−0.35	7.47	−56.15	147.44	3078932.87	836437.42	283004.47

续表

行业排名	全部上市公司排名	股票代码	股票简称	综合得分（100分）	每股收益（元）	总资产报酬率（%）	净资产收益率（%）	总资产周转率（次）	流动资产周转率（次）	资产负债率（%）	获利倍数	营业收入增长率（%）	资本扩张率（%）	市场投资回报率（%）	股价波动率（%）	年末资产额（万元）	营业收入（万元）	净利润（万元）
116	1006	300513	恒实科技	64.40	0.74	6.78	8.37	0.54	0.90	25.76	23.83	99.97	270.57	-33.01	111.66	314072.23	109092.44	12109.04
117	1007	300657	弘信电子	64.40	1.13	7.90	8.88	1.10	1.93	75.69	4.37	52.21	14.19	-34.91	111.08	241361.19	224887.25	10632.35
118	1013	603920	世运电路	64.20	0.56	9.04	9.51	0.72	0.97	24.74	98.63	10.73	2.10	-34.71	98.72	317903.49	216729.37	22578.80
119	1014	002724	海洋王	64.20	0.26	10.44	8.48	0.59	0.78	13.35	0.00	14.24	7.64	-33.72	85.81	219110.41	125319.65	18995.06
120	1020	601231	环旭电子	64.20	0.54	7.58	13.24	1.79	2.02	53.30	48.36	12.94	9.00	-40.57	123.98	2015139.38	3355027.50	117996.76
121	1031	603508	思维列控	64.00	1.17	7.46	5.18	0.19	0.30	5.95	0.00	17.68	5.09	2.67	57.49	286643.41	54142.44	19125.92
122	1032	002881	美格智能	64.00	0.26	5.99	6.90	1.16	1.30	41.04	15.27	54.07	7.33	6.41	87.75	89769.37	98982.79	4665.56
123	1034	603685	晨丰科技	64.00	0.80	10.42	9.64	0.75	1.02	26.96	106.13	12.91	10.70	-43.71	141.14	136558.91	87707.44	10566.32
124	1040	000948	南天信息	63.90	0.30	5.66	2.36	0.95	1.28	42.72	6.32	20.04	21.58	-9.24	63.63	309693.08	277980.32	9877.53
125	1041	002222	福晶科技	63.90	0.35	18.50	17.83	0.52	1.10	9.90	0.00	8.29	13.58	-46.99	138.38	99455.39	49132.07	15343.12
126	1056	002056	横店东磁	63.70	0.42	12.06	12.34	0.97	1.61	30.28	38.90	7.96	3.77	-47.92	154.05	679684.44	648852.74	68939.70
127	1077	300496	中科创达	63.50	0.41	7.13	7.40	0.56	0.89	40.40	10.28	26.00	18.75	-32.23	107.01	260367.36	146458.37	16686.06
128	1091	300659	中孚信息	63.40	0.32	8.95	6.27	0.62	0.72	23.89	0.00	26.64	9.93	-20.79	98.68	59330.20	35602.64	4243.52
129	1093	002331	皖通科技	63.30	0.27	5.21	5.29	0.51	0.74	26.10	114.03	25.46	46.00	-15.87	101.89	283702.38	124937.02	10331.95
130	1103	603679	华体科技	63.20	0.71	10.87	11.31	0.66	0.88	31.36	97.26	9.62	12.89	-10.93	56.37	85086.66	52649.08	7054.65
131	1104	300379	东方通	63.20	0.44	7.18	7.38	0.21	0.43	30.01	50.64	27.07	-1.74	8.98	66.06	203222.74	37205.23	12216.86
132	1125	300046	台基股份	62.90	0.40	9.24	6.77	0.40	0.72	14.73	0.00	50.05	6.84	-23.90	84.79	105038.98	41810.88	8577.12
133	1126	300550	和仁科技	62.90	0.50	5.61	6.16	0.48	0.65	40.90	16.85	41.69	8.42	65.95	133.63	94382.04	39142.10	3859.43
134	1132	300650	太龙照明	62.80	0.53	9.97	10.53	0.69	0.93	32.85	94.86	44.16	10.00	-40.46	161.17	77589.89	48689.85	5971.71
135	1151	300184	力源信息	62.60	0.54	7.86	7.23	1.71	2.98	29.23	14.24	31.06	8.85	-35.04	110.86	646616.17	1079702.19	35739.92
136	1153	002649	博彦科技	62.60	0.42	8.56	7.31	0.93	1.53	27.10	13.46	28.10	15.53	-39.69	135.89	334959.79	288296.32	22538.21
137	1156	600667	太极实业	62.60	0.27	5.72	8.44	0.90	1.52	59.97	4.43	30.07	-1.84	-42.48	105.63	1787126.23	1565196.58	67466.29
138	1157	300339	润和软件	62.60	0.40	6.90	6.82	0.36	0.86	26.00	5.00	20.41	24.44	-14.12	73.31	635545.48	203771.39	30791.06

续表

行业排名	全部上市公司排名	股票代码	股票简称	综合得分（100分）	每股收益（元）	总资产报酬率（%）	净资产收益率（%）	总资产周转率（次）	流动资产周转率（次）	资产负债率（%）	获利倍数	营业收入增长率（%）	资本扩张率（%）	市场投资回报率（%）	股价波动率（%）	年末资产额（万元）	营业收入（万元）	净利润（万元）
139	1169	002049	紫光国微	62.50	0.57	7.10	5.34	0.45	0.80	33.62	25.52	34.41	7.54	-39.99	126.30	572602.25	245842.35	34855.30
140	1174	002273	水晶光电	62.50	0.55	10.93	8.25	0.43	0.87	29.47	10.75	8.39	12.80	-46.92	138.06	567528.17	232579.06	47930.37
141	1178	300177	中海达	62.50	0.22	6.41	5.18	0.49	0.79	24.31	22.42	26.26	10.33	-3.69	99.53	278900.19	128880.79	14420.29
142	1185	002063	远光软件	62.40	0.23	7.63	7.29	0.49	0.67	13.05	59.58	8.41	11.79	-29.00	110.16	269367.05	127838.17	18764.30
143	1191	002888	惠威科技	62.30	0.23	6.31	3.33	0.55	0.76	9.00	0.00	1.05	2.68	4.32	109.42	48927.88	26661.96	2822.61
144	1203	002230	科大讯飞	62.10	0.27	5.00	4.23	0.55	1.06	46.34	12.61	45.41	3.26	-40.24	129.03	1530258.37	791722.19	61797.11
145	1208	300627	华测导航	62.00	0.44	9.47	8.82	0.75	0.83	36.65	82.68	40.39	12.05	-23.96	112.04	138665.41	95204.53	10787.00
146	1211	603678	火炬电子	62.00	0.74	12.54	11.50	0.57	0.85	24.67	17.05	7.21	10.78	-42.72	123.24	375576.84	202434.69	33573.57
147	1217	300390	天华超净	61.90	0.15	5.82	5.56	0.72	1.64	21.92	82.18	5.71	4.90	6.69	147.51	113421.28	77836.00	5322.59
148	1220	002484	江海股份	61.90	0.30	7.26	6.33	0.50	0.77	15.26	108.07	17.63	6.46	-31.75	125.22	405694.37	196069.90	25785.02
149	1228	600855	航天长峰	61.80	0.22	6.25	8.50	0.96	1.13	45.55	26.22	40.31	39.79	-41.00	112.87	247798.61	211026.45	11195.21
150	1232	600884	杉杉股份	61.80	0.99	8.12	3.68	0.39	0.90	46.60	5.89	7.05	12.51	-34.83	107.61	2344882.10	885342.28	124753.73
151	1245	300542	新晨科技	61.60	0.25	5.88	6.16	0.82	1.02	46.06	9.79	35.08	10.54	-21.60	130.88	121955.21	81918.98	4868.91
152	1259	002782	可立克	61.40	0.20	9.30	8.81	0.98	1.43	23.81	71.15	18.33	-0.02	-20.85	106.09	109225.12	109355.91	8499.92
153	1276	002885	京泉华	61.30	0.80	6.36	8.66	0.84	1.09	49.29	30.48	2.32	11.48	-14.06	99.71	145520.41	116630.82	7746.56
154	1277	300682	朗新科技	61.30	0.33	6.75	7.00	0.54	0.59	36.32	63.16	29.70	15.74	-9.50	141.42	212845.53	101547.55	11196.63
155	1278	300608	思特奇	61.30	0.80	9.75	11.99	0.73	0.82	39.92	10.63	6.44	9.92	-29.69	122.58	119599.90	78769.62	8631.54
156	1286	000050	深天马A	61.30	0.46	4.14	0.07	0.64	2.24	56.69	2.22	106.33	79.66	-50.09	141.48	6003699.01	2891154.40	98387.94
157	1306	603936	博敏电子	61.00	0.68	5.11	6.78	0.63	1.50	40.60	6.52	10.75	129.58	-42.92	128.76	382746.93	194905.18	12473.77
158	1309	002371	北方华创	61.00	0.51	4.44	3.47	0.37	0.66	62.49	6.98	49.53	7.79	-5.66	114.73	1000149.07	332385.10	28284.87
159	1310	300088	长信科技	61.00	0.31	11.71	9.14	1.14	2.67	47.43	8.72	-11.66	11.55	-47.68	112.46	932456.50	961487.51	72578.28
160	1311	002384	东山精密	61.00	0.50	5.04	6.30	0.74	1.34	72.91	3.00	28.82	8.25	-46.00	121.26	3113565.70	1982542.00	81104.57
161	1313	300047	天源迪科	61.00	0.54	7.11	7.20	0.86	1.38	32.99	6.73	27.13	7.63	-1.24	88.77	467893.13	376682.64	24443.82

续表

行业排名	全部上市公司排名	股票代码	股票简称	综合得分（100分）	每股收益（元）	总资产报酬率（%）	净资产收益率（%）	总资产周转率（次）	流动资产周转率（次）	资产负债率（%）	获利倍数	营业收入增长率（%）	资本扩张率（%）	市场投资回报率（%）	股价波动率（%）	年末资产额（万元）	营业收入（万元）	净利润（万元）
162	1329	300645	正元智慧	60.80	0.76	6.14	7.93	0.62	0.75	37.59	8.35	26.27	13.30	-23.31	86.36	101334.50	56683.65	5013.31
163	1333	002745	木林森	60.70	0.60	5.05	2.85	0.70	1.27	69.98	3.37	119.76	62.32	-52.53	127.65	3204088.94	1795185.57	72790.42
164	1334	002065	东华软件	60.70	0.26	6.02	5.09	0.56	0.66	42.08	11.14	16.19	2.77	-16.55	65.54	1600565.09	847059.11	79780.87
165	1341	600261	阳光照明	60.60	0.26	7.05	9.48	0.86	1.25	43.43	50.35	11.47	7.02	-37.01	109.45	660296.72	561619.13	39636.98
166	1344	600602	云赛智联	60.60	0.20	6.18	4.61	0.81	1.15	25.01	959.62	6.07	4.98	-30.23	97.41	553823.38	446556.00	29913.13
167	1346	300656	民德电子	60.60	0.59	12.63	9.13	0.52	0.62	24.61	20.60	124.09	9.33	-45.10	173.47	61830.86	27457.28	5486.41
168	1347	300541	先进数通	60.60	0.28	5.87	6.77	1.05	1.23	41.17	4.62	37.42	5.29	-18.31	89.95	131870.42	139034.85	5118.81
169	1352	603232	格尔软件	60.50	0.84	10.82	9.52	0.45	0.55	14.07	0.00	13.60	8.35	-33.28	110.92	72484.38	30858.54	7192.62
170	1387	002401	中远海科	60.20	0.27	5.00	7.33	0.48	0.53	58.95	0.00	6.88	9.22	-28.14	80.10	216214.79	98005.40	9005.23
171	1396	300465	高伟达	60.00	0.23	5.94	5.74	0.69	1.40	49.11	5.99	20.61	11.15	-36.96	132.23	238849.83	159191.96	11052.29
172	1402	000541	佛山照明	60.00	0.27	8.02	7.79	0.68	1.13	22.31	1214.86	0.05	-9.55	-35.59	102.11	558816.67	380195.59	37915.03
173	1408	300042	朗科科技	59.90	0.48	7.89	4.84	0.99	1.32	4.38	0.00	4.10	5.11	-59.19	154.91	99875.92	96690.95	6449.66
174	1418	002436	兴森科技	59.80	0.14	7.23	7.73	0.76	1.63	43.94	6.01	5.80	7.12	-21.43	98.91	473008.86	347325.86	24104.44
175	1435	300227	光韵达	59.70	0.31	7.93	7.17	0.52	1.39	33.26	7.23	13.04	8.48	-34.36	111.00	115446.06	58034.78	6797.21
176	1438	002106	莱宝高科	59.70	0.32	5.45	5.31	0.93	1.40	20.67	312.62	10.70	1.34	-38.93	131.24	484503.52	441608.41	22751.85
177	1451	000823	超声电子	59.60	0.50	7.50	8.92	0.94	1.55	31.55	16.99	14.03	6.19	-43.40	157.95	543168.23	494124.46	33012.85
178	1461	300380	安硕信息	59.40	0.21	4.62	5.42	0.87	1.05	30.45	18.89	6.54	6.00	-27.65	83.45	66075.04	54713.65	2689.20
179	1474	600728	佳都科技	59.20	0.16	4.52	6.11	0.68	0.85	51.46	10.33	8.54	12.22	-19.44	102.75	751368.52	468014.72	26204.01
180	1480	300455	康拓红外	59.20	0.15	10.14	9.80	0.37	0.46	13.41	0.00	5.92	6.30	-27.28	92.14	86250.45	31234.68	7565.73
181	1483	603386	广东骏亚	59.10	0.34	6.20	9.14	0.83	1.66	56.45	7.85	13.32	6.36	-2.67	129.32	150415.41	112007.30	6899.42
182	1489	000100	TCL 集团	59.10	0.26	3.81	3.80	0.64	1.41	68.42	3.77	1.60	12.43	-35.46	97.39	19276394.30	11336007.60	406519.80
183	1498	603629	利通电子	59.00	1.23	7.43	12.90	0.94	1.17	50.84	6.12	-4.51	117.37	-33.02	0.00	192601.24	159459.50	9244.65
184	1500	300438	鹏辉能源	59.00	0.95	7.62	9.20	0.59	0.89	53.13	19.57	22.41	17.25	-47.27	139.57	504270.00	250870.56	27290.44

续表

行业排名	全部上市公司排名	股票代码	股票简称	综合得分（100分）	每股收益（元）	总资产报酬率（%）	净资产收益率（%）	总资产周转率（次）	流动资产周转率（次）	资产负债率（%）	获利倍数	营业收入增长率（%）	资本扩张率（%）	市场投资回报率（%）	股价波动率（%）	年末资产额（万元）	营业收入（万元）	净利润（万元）
185	1508	300303	聚飞光电	58.90	0.13	5.66	6.65	0.71	1.07	40.27	538.73	14.11	4.77	-33.76	87.79	325175.97	234502.43	15290.82
186	1512	002866	传艺科技	58.90	0.39	8.71	9.60	0.85	1.22	39.45	21.71	70.95	8.87	-51.11	142.74	160325.22	114302.78	9630.14
187	1537	300045	华力创通	58.60	0.20	6.60	7.09	0.32	0.52	19.69	41.28	18.94	38.34	-32.13	138.19	234776.48	67907.74	11940.50
188	1544	002079	苏州固锝	58.50	0.13	7.46	8.94	0.93	1.39	14.92	106.14	1.66	7.47	-48.72	140.64	205437.25	188532.55	13221.12
189	1547	300219	鸿利智汇	58.50	0.29	5.80	1.45	0.82	1.83	38.13	9.70	8.22	5.05	-34.90	102.11	474513.55	400316.10	18702.88
190	1549	300319	麦捷科技	58.40	0.19	5.84	6.07	0.53	0.89	34.14	6.92	15.98	7.25	-12.56	110.71	315483.42	167164.09	14225.83
191	1554	300738	奥飞数据	58.40	0.91	9.85	9.70	0.56	1.00	47.15	17.21	8.53	120.45	-33.02	145.13	108131.26	41102.49	5792.83
192	1555	300378	鼎捷软件	58.40	0.30	5.22	5.02	0.61	1.11	45.04	62.39	10.32	7.98	-33.79	126.73	242962.85	134152.15	8044.46
193	1557	600363	联创光电	58.30	0.51	6.39	9.09	0.73	1.27	46.37	7.69	14.50	9.23	-36.25	118.86	513382.50	344556.25	25375.43
194	1560	300369	绿盟科技	58.30	0.21	5.12	4.07	0.35	0.47	18.88	23.74	7.17	8.46	-5.61	113.68	383193.05	134504.08	16747.05
195	1583	002139	拓邦股份	58.10	0.22	8.07	10.32	0.95	1.61	42.61	16.89	26.99	9.25	-49.57	158.90	394903.72	340669.75	23675.51
196	1594	300726	宏达电子	58.00	0.56	16.35	14.18	0.40	0.47	5.80	2147.19	21.35	13.16	-39.22	147.46	167923.75	63631.46	21898.10
197	1624	300288	朗玛信息	57.60	0.31	7.23	6.63	0.28	1.16	20.25	18.43	11.26	8.19	-47.15	183.50	172236.67	45810.91	10066.31
198	1630	000988	华工科技	57.60	0.28	4.36	3.30	0.60	0.81	33.86	10.27	16.79	9.06	-29.66	83.00	877142.19	523283.89	27036.88
199	1633	300469	信息发展	57.60	0.37	4.70	6.10	0.55	0.75	64.96	5.76	25.28	10.75	-13.87	92.88	137504.30	70694.01	5135.17
200	1642	300212	易华录	57.50	0.73	6.17	8.69	0.29	0.40	65.57	3.08	-1.23	17.76	-10.98	69.33	1111110.24	295644.81	35775.86
201	1651	603595	东尼电子	57.40	0.81	11.92	4.67	0.65	1.20	39.05	6.23	20.10	20.66	-44.32	232.47	144380.28	87240.35	11538.53
202	1654	603918	金桥信息	57.40	0.29	5.81	8.79	0.79	1.00	50.45	19.28	23.82	11.30	-34.95	94.34	115619.81	83294.57	5122.84
203	1657	000413	东旭光电	57.30	0.38	5.63	6.57	0.40	0.61	53.95	3.26	62.73	4.26	-52.45	160.10	7257612.29	2821170.00	226882.81
204	1659	300373	扬杰科技	57.30	0.40	6.91	8.33	0.55	0.95	27.82	14.39	26.01	9.81	-49.16	133.63	345874.45	185178.35	18846.54
205	1664	300348	长亮科技	57.30	0.18	2.94	4.01	0.66	1.00	31.96	3.98	23.63	14.12	8.64	152.15	182305.26	108749.68	5813.98
206	1669	002861	瀛通通讯	57.20	0.53	5.67	5.34	0.68	1.00	30.42	372.64	24.22	-4.43	-29.34	106.59	143174.35	89644.84	6332.40
207	1673	603501	韦尔股份	57.10	0.32	4.80	7.72	1.07	1.59	64.25	3.22	64.74	38.11	-32.98	74.49	459987.23	396350.94	11568.15

续表

行业排名	全部上市公司排名	股票代码	股票简称	综合得分（100分）	每股收益（元）	总资产报酬率（%）	净资产收益率（%）	总资产周转率（次）	流动资产周转率（次）	资产负债率（%）	获利倍数	营业收入增长率（%）	资本扩张率（%）	市场投资回报率（%）	股价波动率（%）	年末资产额（万元）	营业收入（万元）	净利润（万元）
208	1674	600288	大恒科技	57.10	0.12	4.17	2.93	1.06	1.54	38.60	8.44	12.68	1.59	−22.62	75.53	317704.25	334227.97	7151.73
209	1683	300679	电连技术	57.10	1.11	7.44	5.96	0.37	0.45	10.35	0.00	−5.75	9.69	−46.26	195.01	381778.18	134131.40	23967.83
210	1689	300545	联得装备	56.80	0.60	9.76	14.01	0.60	0.72	49.08	8.27	42.32	16.06	−36.32	148.76	116270.78	66359.17	8527.04
211	1690	300458	全志科技	56.80	0.36	4.41	2.03	0.56	0.66	12.81	0.00	13.63	4.38	−27.46	83.75	248428.90	136468.97	10774.48
212	1710	002119	康强电子	56.60	0.28	8.48	10.37	0.89	1.64	51.81	3.81	13.75	0.14	−36.50	111.67	168007.47	148289.70	9235.50
213	1719	002253	川大智胜	56.50	0.24	3.77	2.31	0.22	0.53	12.74	165.87	27.48	3.28	−36.13	102.49	160427.16	33979.91	5423.43
214	1725	300468	四方精创	56.50	0.35	5.89	6.59	0.40	0.65	14.51	0.00	−3.94	11.05	−51.51	151.87	123319.29	48781.66	6880.44
215	1738	300582	英飞特	56.30	0.36	6.12	6.92	0.64	1.81	38.70	9.55	26.47	3.37	−43.95	136.95	156219.67	96530.62	7028.17
216	1757	002636	金安国纪	56.10	0.40	8.49	11.19	0.89	1.16	38.87	695.85	0.20	14.76	−56.34	193.38	416979.60	368321.90	30352.41
217	1798	000532	华金资本	55.70	0.16	6.46	7.22	0.22	0.90	63.67	2.26	10.70	8.14	−7.63	120.18	258103.43	53043.20	6461.51
218	1800	000733	振华科技	55.70	0.55	4.04	3.86	0.56	0.78	50.98	4.78	−33.43	15.65	−26.19	60.63	1013709.41	533757.15	25711.20
219	1812	300290	荣科科技	55.50	0.06	2.54	1.32	0.50	0.82	39.43	4.13	49.70	25.41	−31.93	87.72	146936.74	62671.04	2150.72
220	1818	002217	合力泰	55.50	0.43	7.80	8.76	0.69	1.11	59.17	4.54	11.87	11.41	−53.75	190.41	2743342.23	1690435.33	130468.57
221	1819	002528	英飞拓	55.50	0.12	3.77	2.76	0.87	1.38	32.73	5.14	46.99	25.11	−29.84	85.03	545505.15	427082.88	13965.09
222	1826	002414	高德红外	55.40	0.21	3.94	2.65	0.25	0.44	23.47	7.07	6.61	2.12	25.03	88.49	440309.70	108362.57	13207.14
223	1830	002808	恒久科技	55.40	0.18	6.12	5.91	0.49	0.67	17.56	29.96	11.33	4.74	−2.27	72.97	68733.95	31881.36	3465.97
224	1847	002232	启明信息	55.20	0.18	4.80	6.00	0.84	1.07	38.75	0.00	−7.25	5.09	−36.81	102.76	197654.75	158804.87	7903.95
225	1849	300367	东方网力	55.20	0.37	6.81	10.62	0.31	0.46	51.36	4.72	21.17	8.73	−40.30	167.96	821808.68	224733.63	31352.24
226	1853	300078	思创医惠	55.20	0.18	5.89	5.87	0.41	0.84	34.38	7.75	16.40	6.37	−8.17	80.54	342409.57	129463.36	14096.47
227	1857	000021	深科技	55.10	0.36	5.57	−0.42	1.00	1.51	58.90	4.56	13.03	7.72	−41.06	140.39	1553937.89	1606100.60	56537.20
228	1858	000066	中国长城	55.10	0.34	8.98	5.58	0.64	1.15	58.44	17.35	5.29	−12.01	−33.52	118.48	1600222.33	1000948.35	105636.56
229	1876	300671	富满电子	54.90	0.38	7.80	7.70	0.63	0.87	36.68	13.38	12.95	10.94	−37.85	136.16	87458.76	49668.87	5328.42
230	1887	000606	顺利办	54.80	0.12	3.89	4.15	0.18	0.76	31.88	70.01	42.40	−3.09	−34.10	88.21	416637.53	73514.00	11104.87

续表

行业排名	全部上市公司排名	股票代码	股票简称	综合得分（100分）	每股收益（元）	总资产报酬率（%）	净资产收益率（%）	总资产周转率（次）	流动资产周转率（次）	资产负债率（%）	获利倍数	营业收入增长率（%）	资本扩张率（%）	市场投资回报率（%）	股价波动率（%）	年末资产额（万元）	营业收入（万元）	净利润（万元）
231	1906	300377	赢时胜	54.60	0.24	6.47	5.70	0.21	0.41	11.69	34.80	19.01	2.72	-11.66	84.14	320991.43	63910.05	18136.11
232	1907	002920	德赛西威	54.60	0.76	7.14	9.32	0.91	1.10	30.02	174.04	-10.01	6.95	-59.89	195.42	567732.17	540874.01	41615.12
233	1910	300386	飞天诚信	54.60	0.32	7.70	5.58	0.54	0.60	12.46	0.00	-2.83	6.12	-40.21	141.71	201262.55	107178.24	13404.74
234	1917	300516	久之洋	54.50	0.38	3.44	3.72	0.35	0.43	12.74	0.00	50.08	2.78	-39.01	119.06	137544.26	46699.12	4577.20
235	1919	300333	兆日科技	54.50	0.04	4.89	2.55	0.24	0.38	6.62	0.00	-6.60	-3.24	-22.79	115.31	89121.58	21584.37	3166.62
236	1939	300322	硕贝德	54.30	0.15	5.36	8.57	0.89	1.54	63.84	3.24	-16.70	-6.52	-18.62	64.45	183755.90	172236.20	7111.67
237	1942	300075	数字政通	54.30	0.28	4.35	5.28	0.42	0.59	29.40	17.17	7.14	6.10	-34.59	119.68	308902.39	128881.55	11337.06
238	1945	603633	徕木股份	54.30	0.28	5.86	5.51	0.37	0.67	41.84	3.54	16.10	4.03	-27.14	89.00	125742.61	43435.61	4336.81
239	1947	600171	上海贝岭	54.30	0.15	3.89	3.41	0.29	0.47	9.23	71.08	39.59	1.51	-43.48	130.71	270777.41	78434.44	10334.53
240	1949	002855	捷荣技术	54.30	0.12	1.85	2.11	0.98	1.46	53.45	2.96	44.97	-2.53	-34.05	94.31	251469.27	220295.17	2553.56
241	1963	002185	华天科技	54.20	0.18	5.11	5.61	0.65	1.55	48.77	7.23	1.60	6.33	-50.92	167.50	1244268.24	712170.63	42923.71
242	1970	300520	科大国创	54.10	0.24	3.18	3.73	0.58	0.87	38.47	8.69	61.58	130.83	-45.04	128.33	212544.61	98214.70	5122.95
243	1974	603186	华正新材	54.00	0.58	5.60	9.06	0.86	1.44	68.10	3.21	10.85	10.22	-40.07	151.97	213627.42	167763.41	7534.56
244	1976	002389	航天彩虹	54.00	0.26	4.18	3.77	0.35	0.91	19.77	14.42	87.93	3.93	-41.75	131.23	793800.74	271884.90	26366.83
245	1988	300053	欧比特	53.90	0.14	3.53	2.25	0.26	0.52	21.85	10.84	22.62	55.13	-43.98	139.77	410006.10	90599.27	9484.76
246	1992	300248	新开普	53.90	0.20	5.96	6.05	0.40	0.66	30.64	8.61	8.84	5.98	-25.10	139.65	210923.63	83762.76	9732.72
247	2002	600797	浙大网新	53.70	0.17	4.46	2.49	0.54	1.21	30.03	7.44	9.36	0.63	-39.83	132.48	673433.90	355761.82	20708.03
248	2008	600360	华微电子	53.60	0.14	4.39	4.48	0.40	0.64	49.01	2.81	4.55	6.09	-35.40	105.77	438506.51	170926.23	10700.63
249	2026	600536	中国软件	53.40	0.22	2.56	2.12	0.84	1.08	54.54	7.64	-6.67	2.51	24.81	175.52	569042.21	461316.14	12086.11
250	2028	002845	同兴达	53.40	0.49	3.84	4.96	1.07	1.25	74.73	4.38	11.78	15.06	-37.53	141.62	453651.10	409539.03	9808.64
251	2044	300462	华铭智能	53.30	0.38	6.93	4.13	0.31	0.35	29.10	0.00	9.58	6.57	-34.66	180.20	88578.89	26394.29	5218.41
252	2050	300065	海兰信	53.20	0.29	7.57	6.59	0.35	0.53	21.51	31.74	-4.41	-0.60	-42.07	114.16	216816.56	76960.36	13732.15
253	2080	300691	联合光电	52.90	0.53	6.68	6.65	0.89	1.17	40.61	25.33	25.08	9.39	-54.76	190.47	142115.73	116866.96	7231.81

续表

行业排名	全部上市公司排名	股票代码	股票简称	综合得分（100分）	每股收益（元）	总资产报酬率（%）	净资产收益率（%）	总资产周转率（次）	流动资产周转率（次）	资产负债率（%）	获利倍数	营业收入增长率（%）	资本扩张率（%）	市场投资回报率（%）	股价波动率（%）	年末资产额（万元）	营业收入（万元）	净利润（万元）
254	2081	002635	安洁科技	52.90	0.73	7.34	-3.42	0.41	1.00	20.98	99.53	30.93	2.61	-55.45	169.06	879572.26	355425.90	54483.51
255	2088	603738	泰晶科技	52.70	0.23	5.75	5.80	0.50	1.02	38.88	5.47	13.21	4.45	-27.14	117.38	119619.66	61129.96	4410.98
256	2094	002530	金财互联	52.70	0.37	7.24	7.05	0.25	0.54	16.45	25.07	26.70	7.25	-55.31	194.87	518798.27	126408.98	31483.31
257	2110	300229	拓尔思	52.50	0.13	3.84	3.32	0.35	0.66	28.35	87.89	2.92	2.24	-41.11	163.96	265506.48	84530.31	7376.38
258	2111	300150	世纪瑞尔	52.50	0.15	4.77	-1.57	0.27	0.43	13.64	24.99	28.82	2.16	-25.32	71.22	237547.85	67349.65	8987.38
259	2114	300346	南大光电	52.40	0.19	4.44	3.36	0.16	0.23	17.51	585.00	28.76	-1.78	-43.52	132.02	147369.11	22817.49	5547.82
260	2116	002036	联创电子	52.40	0.44	6.22	6.34	0.82	1.50	66.60	3.94	-4.99	9.95	-47.41	155.60	684966.77	480226.42	24166.25
261	2118	300297	蓝盾股份	52.30	0.34	7.07	8.53	0.25	0.45	53.75	4.16	2.95	11.85	-47.33	152.67	988917.06	228193.56	42184.16
262	2120	002380	科远股份	52.30	0.47	5.22	3.98	0.25	0.31	14.80	0.00	3.03	0.82	-37.88	135.45	244765.37	60887.28	11534.25
263	2123	300625	三雄极光	52.30	0.64	7.25	5.29	0.87	1.07	24.30	922.83	7.37	-7.51	-42.48	135.83	276053.27	243250.48	18026.74
264	2124	300168	万达信息	52.30	0.22	5.58	4.77	0.28	0.49	53.26	2.39	-8.73	29.92	-10.32	160.80	782019.20	220468.18	22524.47
265	2126	300300	汉鼎宇佑	52.20	0.18	4.44	1.24	0.18	0.41	32.90	6.11	49.11	8.57	0.68	53.62	347039.73	60298.41	11601.06
266	2140	603933	睿能科技	52.00	0.79	9.94	9.54	1.28	1.40	30.38	11.85	-2.96	8.63	-49.91	164.13	151700.99	185298.38	11200.28
267	2160	300399	京天利	51.70	0.13	6.11	1.63	0.66	0.76	14.69	0.00	7.56	6.01	-43.62	123.53	51977.92	34664.31	2632.26
268	2162	300678	中科信息	51.70	0.26	7.36	5.38	0.49	0.60	22.57	0.00	18.50	7.87	-42.32	147.60	73102.99	34446.75	4628.87
269	2163	300245	天玑科技	51.70	0.19	4.10	1.75	0.25	0.34	9.70	0.00	7.80	1.95	-36.19	131.55	154822.07	38757.58	5663.50
270	2168	300730	科创信息	51.60	0.22	6.75	8.33	0.54	0.69	32.84	28.40	8.19	6.71	-34.18	125.44	61579.86	33260.44	3530.25
271	2170	300613	富瀚微	51.60	1.23	4.62	2.86	0.36	0.44	13.04	0.00	-8.28	9.25	-55.60	160.77	119004.31	41200.41	4626.44
272	2172	300223	北京君正	51.60	0.07	1.17	-1.83	0.22	0.29	4.68	0.00	40.77	1.52	-38.12	95.91	119798.02	25967.01	1351.54
273	2196	300479	神思电子	51.30	0.06	4.50	2.54	0.58	0.88	28.89	4.61	14.00	36.38	-38.90	125.76	84163.13	40549.23	2292.30
274	2205	603005	晶方科技	51.30	0.31	3.65	1.34	0.26	0.54	17.11	0.00	-9.95	5.08	-49.21	177.17	227219.85	56623.37	7112.48
275	2208	300079	数码科技	51.20	0.06	2.02	2.09	0.35	0.55	20.09	21.18	16.00	5.12	-24.17	77.40	461839.86	156624.08	8401.60
276	2212	002214	大立科技	51.20	0.12	5.15	3.85	0.29	0.38	28.39	5.63	40.46	4.49	-32.68	93.82	145361.14	42362.31	5567.20

续表

行业排名	全部上市公司排名	股票代码	股票简称	综合得分（100分）	每股收益（元）	总资产报酬率（%）	净资产收益率（%）	总资产周转率（次）	流动资产周转率（次）	资产负债率（%）	获利倍数	营业收入增长率（%）	资本扩张率（%）	市场投资回报率（%）	股价波动率（%）	年末资产额（万元）	营业收入（万元）	净利润（万元）
277	2214	002156	通富微电	51.10	0.11	2.14	1.08	0.55	1.56	53.45	1.79	10.79	3.90	-45.61	126.64	1396837.73	722286.30	15303.14
278	2219	600353	旭光股份	51.10	0.11	4.26	4.88	0.62	0.81	29.98	30.77	-0.27	-3.73	-38.29	112.00	169328.37	105885.43	6151.90
279	2244	300686	智动力	50.80	0.03	1.23	0.13	0.68	1.32	43.81	1.25	14.59	0.58	-19.06	141.70	110578.66	65092.83	682.88
280	2248	000725	京东方A	50.70	0.10	3.10	0.86	0.35	0.97	60.41	1.90	3.53	15.41	-52.17	198.97	30402849.14	9710886.49	287987.41
281	2252	300663	科蓝软件	50.70	0.21	4.86	5.28	0.59	0.65	47.57	2.88	12.36	8.72	-3.62	126.71	140641.11	75322.13	4208.35
282	2271	601519	大智慧	50.60	0.05	5.97	-0.43	0.29	0.53	28.97	205.41	-6.99	5.91	-33.20	78.51	203138.16	59363.81	10831.40
283	2276	002922	伊戈尔	50.50	0.32	3.50	2.99	0.81	1.19	33.17	9.71	-5.27	1.96	-33.28	134.87	134216.19	108826.97	3984.45
284	2291	600745	闻泰科技	50.40	0.10	1.59	1.42	1.24	1.79	77.98	1.40	2.48	1.78	-34.29	57.52	1694219.15	1733510.82	7213.97
285	2293	000555	神州信息	50.40	0.04	1.45	-2.51	0.85	1.19	53.03	2.02	10.87	1.37	-24.38	120.50	1069630.62	907734.49	4726.99
286	2297	300241	瑞丰光电	50.40	0.16	4.50	1.01	0.65	1.18	44.53	12.40	-1.37	9.17	-47.61	153.83	241233.40	156200.82	8503.34
287	2304	002351	漫步者	50.30	0.09	3.08	0.54	0.44	0.59	9.76	516.19	-2.21	0.67	-42.42	122.39	198930.25	88086.63	4597.09
288	2305	300647	超频三	50.20	0.04	3.75	3.14	0.43	0.83	53.95	2.25	24.89	7.44	35.86	210.83	128080.58	51345.16	2775.99
289	2310	300096	易联众	50.20	0.03	3.29	3.73	0.38	0.56	56.48	3.09	16.67	8.52	-24.29	152.72	191495.71	72980.58	3813.20
290	2321	300220	金运激光	50.10	0.06	2.96	2.42	0.60	1.02	27.49	20.86	15.05	2.90	-51.12	129.91	35530.70	21278.76	784.69
291	2336	300131	英唐智控	49.80	0.13	7.94	9.81	2.20	2.82	67.32	2.50	63.71	-6.93	-40.60	96.83	587221.59	1211410.67	19856.25
292	2353	002547	春兴精工	49.60	0.04	3.73	2.23	0.58	1.09	66.67	1.68	29.66	2.90	-34.04	271.09	875482.08	493283.10	7954.66
293	2372	002288	超华科技	49.30	0.04	2.79	3.67	0.51	1.03	43.85	1.41	-3.14	3.04	-22.10	138.35	276896.97	139342.91	3439.31
294	2380	300331	苏大维格	49.20	0.27	4.11	0.03	0.58	1.09	30.81	6.93	20.22	2.74	-35.77	126.77	208152.04	113501.40	5651.32
295	2384	300155	安居宝	49.10	0.05	2.18	2.06	0.59	0.87	24.39	9.49	8.74	1.94	-28.51	87.90	158030.63	91890.03	2892.20
296	2393	603890	春秋电子	49.00	0.57	6.44	7.13	0.75	0.98	44.53	10.95	2.01	6.11	-59.06	176.39	254324.47	177460.71	10861.92
297	2405	300449	汉邦高科	48.90	0.07	1.53	0.56	0.26	0.44	36.04	2.02	-23.82	22.45	-22.48	67.56	228967.94	52608.58	1098.65
298	2430	600460	士兰微	48.50	0.13	2.27	-0.18	0.42	0.94	48.40	1.96	10.36	32.01	-51.08	148.36	812636.83	302585.71	7425.61
299	2432	002268	卫士通	48.50	0.14	2.15	2.38	0.32	0.46	28.38	0.00	-9.64	1.52	-23.63	138.93	622027.89	193099.84	12448.23

续表

行业排名	全部上市公司排名	股票代码	股票简称	综合得分（100分）	每股收益（元）	总资产报酬率（%）	净资产收益率（%）	总资产周转率（次）	流动资产周转率（次）	资产负债率（%）	获利倍数	营业收入增长率（%）	资本扩张率（%）	市场投资回报率（%）	股价波动率（%）	年末资产额（万元）	营业收入（万元）	净利润（万元）
300	2466	002241	歌尔股份	48.00	0.27	4.36	4.54	0.84	1.75	48.93	5.23	-6.99	1.83	-59.91	198.53	2974245.53	2375058.78	84447.26
301	2471	600800	天津磁卡	47.90	0.12	12.89	-88.86	0.26	0.51	80.51	169.72	2.58	406.83	-25.00	52.90	59950.58	14529.20	7177.38
302	2476	300085	银之杰	47.90	0.05	2.76	-0.95	0.59	1.01	36.60	2.18	13.21	1.04	-41.81	150.99	215455.40	129925.12	2167.38
303	2484	002055	得润电子	47.70	0.55	4.40	-0.16	0.75	1.11	69.63	2.32	27.40	9.33	-52.05	173.23	1016295.24	745410.56	24597.33
304	2485	002850	科达利	47.70	0.39	3.84	2.66	0.61	1.16	32.93	4.41	37.80	2.03	-56.36	196.24	353768.46	200034.30	8042.88
305	2500	300324	旋极信息	47.50	0.03	2.28	1.24	0.48	0.75	38.99	6.80	16.92	-8.74	-40.59	97.94	816540.01	385514.34	7750.88
306	2511	300433	蓝思科技	47.30	0.16	3.87	-2.58	0.70	1.93	60.39	2.55	16.94	1.73	-67.77	204.82	4314002.42	2771749.68	60060.33
307	2513	002405	四维图新	47.30	0.38	5.53	-16.24	0.22	0.54	19.67	27.39	-1.06	7.69	-46.24	132.98	921510.53	213365.91	37741.82
308	2515	002421	达实智能	47.30	0.11	4.67	6.59	0.41	0.62	50.83	9.55	-1.75	1.89	-35.62	118.28	676500.09	252741.53	21381.26
309	2522	300323	华灿光电	47.20	0.24	3.11	0.60	0.24	0.65	54.19	4.75	3.87	50.56	-55.24	189.92	1289853.06	273158.81	24386.03
310	2523	300311	任子行	47.20	0.21	7.46	-6.41	0.51	1.13	40.18	13.39	11.68	11.03	-38.29	120.17	238509.13	120271.43	13811.42
311	2532	600718	东软集团	47.00	0.09	-0.14	-2.24	0.54	1.14	33.60	-0.56	0.55	-0.57	-22.15	83.05	1357990.77	717052.01	-10328.94
312	2533	002771	真视通	47.00	0.26	4.00	5.39	0.74	0.86	44.95	80.79	6.79	4.21	-41.95	139.24	122006.10	87418.96	4208.52
313	2534	300352	北信源	46.90	0.06	3.91	3.22	0.23	0.29	11.14	98.07	11.18	3.44	-19.19	113.28	258006.83	57240.04	9346.82
314	2536	300277	海联讯	46.90	0.02	1.64	1.57	0.37	0.39	35.71	0.00	-11.30	1.32	-28.42	157.99	76576.74	26413.22	1096.35
315	2554	300598	诚迈科技	46.60	0.20	2.34	0.87	0.94	1.18	22.60	23.94	9.86	2.33	-26.33	175.17	59621.84	53401.38	1462.24
316	2556	002308	威创股份	46.60	0.17	4.91	3.44	0.27	0.64	19.64	15.44	2.82	3.28	-62.65	185.08	446213.03	116951.31	16977.80
317	2558	002729	好利来	46.60	0.31	5.31	4.21	0.38	0.79	10.35	36.91	4.30	3.55	-66.62	302.14	48355.35	17685.96	2062.65
318	2561	300235	方直科技	46.50	0.07	2.50	-0.50	0.17	0.25	4.74	0.00	6.70	2.08	-32.54	101.04	62426.61	10724.51	1211.01
319	2568	300182	捷成股份	46.30	0.04	2.31	0.69	0.32	0.68	38.59	1.73	15.17	-0.15	-52.17	196.31	1597664.53	502822.95	9104.24
320	2572	300543	朗科智能	46.20	0.37	4.46	5.30	1.12	1.43	36.70	0.00	1.44	1.31	-46.07	169.37	104678.75	120184.85	4457.46
321	2573	300493	润欣科技	46.20	0.05	3.05	2.49	1.47	1.66	39.55	2.29	-7.45	45.58	-33.84	108.36	120975.57	169319.06	1620.63
322	2575	002474	榕基软件	46.20	0.06	2.16	-0.25	0.32	0.41	42.09	2.54	9.50	2.03	-28.24	101.45	252739.58	81240.04	3114.58

续表

行业排名	全部上市公司排名	股票代码	股票简称	综合得分（100分）	每股收益（元）	总资产报酬率（%）	净资产收益率（%）	总资产周转率（次）	流动资产周转率（次）	资产负债率（%）	获利倍数	营业收入增长率（%）	资本扩张率（%）	市场投资回报率（%）	股价波动率（%）	年末资产额（万元）	营业收入（万元）	净利润（万元）
323	2578	002618	丹邦科技	46.10	0.05	2.63	1.01	0.14	0.82	29.07	1.65	8.33	1.37	−1.84	148.21	241919.29	34358.66	2541.52
324	2580	300102	乾照光电	46.10	0.26	4.23	1.17	0.18	0.34	54.75	6.45	−8.91	6.49	−40.83	102.05	638112.79	102956.20	17998.70
325	2593	300561	汇金科技	45.90	0.16	2.87	0.80	0.31	0.34	13.34	408.31	1.06	0.56	−22.25	126.33	79068.06	24458.04	2593.58
326	2595	300282	三盛教育	45.80	0.46	5.04	3.34	0.29	0.60	14.39	27.53	−38.98	4.87	−35.73	143.66	291173.26	79257.19	11704.80
327	2596	000158	常山北明	45.80	0.11	3.97	−2.33	0.72	1.20	56.92	2.06	−14.20	1.33	−35.52	149.42	1414274.50	965610.92	18293.59
328	2602	603106	恒银金融	45.60	0.26	3.66	2.98	0.42	0.48	28.56	3640.01	−34.35	4.62	−53.20	189.72	231840.82	97430.77	8018.87
329	2626	002362	汉王科技	45.30	0.07	1.75	1.60	0.67	0.95	23.60	31.14	23.64	4.40	−47.67	142.00	115942.29	74728.20	1601.94
330	2639	300440	运达科技	45.00	0.23	6.22	6.14	0.28	0.32	35.76	617.46	−12.68	−7.39	−45.03	144.35	187152.55	51958.96	10376.63
331	2656	300020	银江股份	44.70	0.04	1.80	3.75	0.41	0.56	46.11	1.72	24.25	5.07	−44.55	153.20	607844.56	241327.78	2307.16
332	2658	300302	同有科技	44.70	0.05	2.33	1.74	0.41	0.79	9.48	0.00	−0.56	6.13	−37.20	136.78	90220.97	37748.11	2021.94
333	2661	002383	合众思壮	44.70	0.26	3.68	4.12	0.26	0.41	59.06	2.17	0.54	4.71	−42.85	116.05	965718.38	229999.14	19042.23
334	2670	002835	同为股份	44.60	0.02	0.45	−0.77	0.74	1.07	24.40	93.45	16.77	−0.39	−36.30	111.12	85743.42	60980.05	396.93
335	2683	002296	辉煌科技	44.30	0.07	3.36	1.37	0.25	0.33	28.77	3.34	−3.33	3.32	−33.43	83.52	204900.01	52870.82	3445.45
336	2688	300532	今天国际	44.10	0.07	1.18	1.53	0.30	0.37	49.15	0.00	−26.94	−2.08	−26.78	144.94	151131.54	41614.73	1737.06
337	2699	300709	精研科技	43.90	0.42	2.17	2.63	0.55	0.93	23.47	122.19	−4.33	−0.50	−62.42	231.14	165216.41	88231.35	3718.57
338	2701	002655	共达电声	43.90	0.06	3.47	−4.24	0.73	1.49	55.63	2.27	2.27	4.55	−36.43	148.54	110108.00	80476.56	2135.05
339	2715	600476	湘邮科技	43.60	0.01	1.77	−1.10	0.66	0.83	56.75	1.25	13.62	15.71	−30.75	102.82	53558.82	31036.38	161.89
340	2732	300368	汇金股份	43.20	0.09	2.04	−1.10	0.52	0.96	42.73	2.76	33.13	−17.32	−35.43	108.24	157461.48	82726.62	3512.89
341	2738	603189	网达软件	42.90	0.04	0.09	−0.39	0.23	0.30	11.89	3.75	2.64	−1.30	−31.13	135.44	90159.29	20180.98	799.41
342	2740	300672	国科微	42.90	0.50	4.25	−0.93	0.29	0.47	38.20	9.60	−2.83	4.75	−41.07	132.08	162711.09	40010.77	4487.13
343	2745	002902	铭普光磁	42.90	0.18	1.71	1.33	0.92	1.16	40.95	4.86	6.26	1.68	−40.50	171.29	179864.22	160469.75	2539.91
344	2753	600237	铜峰电子	42.70	0.02	1.31	−0.60	0.45	0.86	32.77	1.69	8.85	0.82	−39.63	105.47	190602.68	88537.72	1041.33
345	2757	002388	新亚制程	42.70	0.06	2.59	0.83	0.45	0.56	35.25	2.15	3.08	2.29	−33.90	122.00	197278.88	83764.78	2185.94

续表

行业排名	全部上市公司排名	股票代码	股票简称	综合得分（100分）	每股收益（元）	总资产报酬率（%）	净资产收益率（%）	总资产周转率（次）	流动资产周转率（次）	资产负债率（%）	获利倍数	营业收入增长率（%）	资本扩张率（%）	市场投资回报率（%）	股价波动率（%）	年末资产额（万元）	营业收入（万元）	净利润（万元）
346	2763	300139	晓程科技	42.60	0.02	1.14	0.13	0.11	0.27	21.70	0.85	19.18	2.45	-6.23	140.60	145832.93	16447.68	271.53
347	2765	600152	维科技术	42.50	0.12	3.32	-11.62	0.62	1.01	44.38	4.38	0.34	-1.58	-28.89	89.00	247125.78	160267.89	5640.55
348	2779	600601	方正科技	42.20	0.03	3.07	-9.50	0.51	1.02	70.59	1.37	11.81	5.51	-31.71	73.43	1103143.74	570105.18	5622.08
349	2781	300076	GQY视讯	42.20	0.04	2.54	-5.26	0.18	0.26	8.47	0.00	47.15	1.89	-36.90	100.16	110276.88	20044.26	1876.56
350	2787	300044	赛为智能	42.00	0.10	2.66	2.39	0.28	0.53	49.79	2.46	-15.39	2.58	-28.49	132.20	476708.70	126780.61	7395.09
351	2790	300002	神州泰岳	42.00	0.04	1.61	1.18	0.30	0.78	21.17	2.68	-0.35	1.75	-46.65	202.88	663498.01	201945.57	7884.31
352	2807	300264	佳创视讯	41.60	0.03	2.02	-1.76	0.37	0.60	31.37	2.15	31.83	1.48	-41.57	120.12	80528.03	32060.15	882.81
353	2821	002657	中科金财	41.20	0.02	0.37	-2.73	0.36	0.51	33.30	0.61	21.17	-0.51	-46.34	147.41	380952.27	148562.53	-1295.01
354	2830	000701	厦门信达	40.90	-0.23	3.46	-5.79	4.07	5.54	69.11	1.21	29.81	-7.48	-40.55	117.14	1639329.42	6493071.15	4739.91
355	2832	300340	科恒股份	40.80	0.27	3.31	3.54	0.62	0.96	60.09	1.92	6.88	1.42	-54.69	188.98	361558.20	220228.78	5822.91
356	2837	000020	深华发A	40.70	0.01	2.79	0.48	1.02	1.91	47.50	1.36	-25.76	1.03	-30.92	112.85	61709.02	63704.67	329.50
357	2854	600751	海航科技	40.20	0.02	2.80	0.94	2.67	3.57	86.12	1.25	6.66	0.09	-56.51	185.06	12894041.40	33647200.40	20847.60
358	2866	002876	三利谱	39.90	0.35	3.28	0.77	0.48	0.69	55.83	1.89	7.99	0.37	-45.68	179.26	200507.07	88296.04	2727.10
359	2871	600110	诺德股份	39.70	0.08	5.81	3.63	0.34	0.72	66.28	1.74	-8.52	4.03	-56.52	199.49	728264.66	232143.68	12591.99
360	2872	300508	维宏股份	39.70	-0.30	-6.13	5.51	0.42	0.58	12.96	-93.25	15.43	-8.03	-45.87	173.62	54012.11	22928.73	-2742.24
361	2877	002141	贤丰控股	39.50	0.01	1.34	-0.60	0.58	1.70	25.51	1.91	-13.71	-1.89	-45.61	170.09	184104.81	100407.37	551.08
362	2880	002577	雷柏科技	39.50	0.03	0.24	-2.19	0.36	0.54	11.08	0.00	-5.04	0.03	-43.25	128.52	131180.07	47460.41	781.54
363	2883	300566	激智科技	39.30	0.27	4.05	4.81	0.52	0.95	66.57	3.05	23.05	-4.26	-56.14	171.72	189889.79	90844.40	4165.08
364	2888	300162	雷曼光电	39.10	-0.10	-2.66	-4.12	0.54	1.04	22.60	0.00	13.81	-5.49	-37.23	163.43	136499.15	73352.22	-3743.41
365	2890	600478	科力远	39.00	0.02	1.54	-4.68	0.29	0.76	45.57	1.21	20.93	0.48	-47.86	137.35	634900.81	189263.24	531.67
366	2902	300588	熙菱信息	38.60	0.14	2.75	3.34	0.62	0.74	63.59	4.51	-18.46	3.71	-40.73	162.77	108314.66	65093.66	2036.22
367	2903	002600	领益智造	38.50	-0.10	-1.90	-0.84	1.22	2.07	55.15	-1.24	41.28	49.02	-71.02	279.78	2212216.92	2249966.45	-74565.83
368	2906	000662	天夏智慧	38.50	0.14	3.83	3.67	0.15	0.42	20.35	6.92	-34.49	1.62	16.76	162.00	710541.50	109119.92	15086.75

续表

行业排名	全部上市公司排名	股票代码	股票简称	综合得分（100分）	每股收益（元）	总资产报酬率（%）	净资产收益率（%）	总资产周转率（次）	流动资产周转率（次）	资产负债率（%）	获利倍数	营业收入增长率（%）	资本扩张率（%）	市场投资回报率（%）	股价波动率（%）	年末资产额（万元）	营业收入（万元）	净利润（万元）
369	2907	600707	彩虹股份	38.50	0.02	0.57	-4.42	0.05	0.16	48.69	1.28	326.06	0.23	-44.89	161.91	4010798.88	192925.62	4820.08
370	2910	300552	万集科技	38.30	0.06	0.33	-0.35	0.58	0.73	39.14	0.65	10.13	0.52	-45.07	150.01	125098.61	69226.15	618.88
371	2911	600552	凯盛科技	38.20	0.06	2.88	-2.62	0.54	0.87	57.00	1.77	-14.06	2.34	-50.67	193.00	602074.08	304821.40	5730.83
372	2913	002869	金溢科技	38.10	0.18	1.17	-0.18	0.44	0.53	27.69	0.00	-2.99	-1.84	-49.19	170.44	138225.38	60405.81	1660.99
373	2915	300209	天泽信息	38.10	0.08	0.83	0.57	0.33	0.60	25.22	2.59	-9.98	-5.07	-42.17	135.32	266022.34	89583.95	1534.83
374	2920	300115	长盈精密	38.00	0.04	1.83	-1.97	0.87	1.60	53.55	1.29	2.30	-2.09	-60.32	218.98	981148.17	862557.20	884.16
375	2923	002609	捷顺科技	37.90	0.14	4.42	3.56	0.35	0.47	19.83	15.22	-4.84	-9.61	-60.35	236.02	255806.92	90358.69	9657.05
376	2936	600203	福日电子	37.40	0.09	1.23	-5.16	1.69	2.27	72.41	1.26	33.96	-0.90	-51.62	222.90	763549.64	1098897.21	2916.54
377	2976	002387	维信诺	36.10	0.03	3.09	-12.23	0.08	0.31	48.07	1.02	5504.45	2390.88	-55.36	172.72	3687349.92	177815.22	3051.42
378	2978	002369	卓翼科技	36.10	-0.18	-3.03	-6.63	0.83	1.62	42.87	-3.96	13.80	-6.62	-21.32	61.13	346955.05	314461.62	-10790.45
379	2981	600571	信雅达	36.00	0.06	1.24	-14.24	0.65	1.07	29.39	4.91	-7.51	-29.67	-42.20	131.64	161207.70	122284.99	-459.87
380	3019	600584	长电科技	34.10	-0.65	0.29	-11.85	0.73	2.46	64.29	0.10	0.00	28.37	-60.88	182.41	3442740.10	2385648.74	-92664.05
381	3023	300074	华平股份	34.00	0.03	0.55	0.43	0.29	0.54	21.75	9.86	-1.48	0.56	-53.35	269.17	155248.33	44878.86	1050.66
382	3031	300330	华虹计通	33.40	-0.11	-4.13	-5.39	0.40	0.50	31.16	0.00	-7.39	-4.98	-35.56	103.16	53546.20	20720.58	-1930.59
383	3039	002279	久其软件	32.80	-1.18	-18.62	-43.49	0.68	1.20	64.40	-14.10	36.55	-57.79	-32.73	134.08	327705.82	272023.56	-82714.95
384	3056	000045	深纺织 A	32.10	-0.04	-0.89	-3.00	0.29	0.43	25.11	-2.77	-13.77	-1.80	-42.97	121.82	461920.34	127235.68	-6230.27
385	3057	002177	御银股份	32.00	-0.12	-4.86	-2.73	0.21	0.50	9.68	-17.83	-30.81	-6.28	-37.84	130.08	175407.09	39421.39	-9481.76
386	3091	600410	华胜天成	30.20	-0.21	-0.50	-7.99	0.47	0.84	48.10	-0.29	-3.81	-3.90	-43.15	160.37	1013467.56	522412.47	-28824.29
387	3093	600446	金证股份	29.90	-0.14	-0.84	-12.41	1.17	1.63	52.50	-0.68	15.68	-19.82	-39.19	167.55	384270.15	489061.25	-12707.65
388	3099	600100	同方股份	29.50	-1.31	-3.39	-17.14	0.39	0.78	68.73	-1.67	-4.45	-19.68	-1.01	50.56	6360964.04	2483297.60	-349594.29
389	3109	300250	初灵信息	29.00	-1.32	-16.14	-33.11	0.25	0.46	14.44	-555.36	-6.75	-21.33	-27.06	89.74	154957.19	41979.37	-30457.37
390	3116	002456	欧菲光	28.70	-0.19	0.16	-9.86	1.25	2.26	77.08	0.10	27.38	-5.30	-55.42	145.33	3796310.99	4304280.99	-53003.84
391	3120	002134	天津普林	28.60	-0.24	-9.52	-15.38	0.64	1.30	35.37	-52.66	-9.08	-13.54	-33.63	98.02	58544.11	39236.39	-5925.92

续表

行业排名	全部上市公司排名	股票代码	股票简称	综合得分（100分）	每股收益（元）	总资产报酬率（%）	净资产收益率（%）	总资产周转率（次）	流动资产周转率（次）	资产负债率（%）	获利倍数	营业收入增长率（%）	资本扩张率（%）	市场投资回报率（%）	股价波动率（%）	年末资产额（万元）	营业收入（万元）	净利润（万元）
392	3124	600071	凤凰光学	28.50	-0.03	-0.50	-3.49	0.81	1.37	49.17	-1.31	-2.11	4.23	-56.71	204.30	99249.00	77775.96	-882.72
393	3143	300460	惠伦晶体	27.30	-0.13	-1.88	-15.13	0.30	0.79	33.85	-5.81	-12.19	-4.00	-39.84	116.34	99217.60	31898.70	-2229.44
394	3153	300301	长方集团	26.90	-0.20	-2.66	-5.11	0.43	1.01	53.64	-2.27	-10.06	-34.39	-40.42	119.44	349442.59	157438.77	-10823.21
395	3154	002280	联络互动	26.90	-0.31	-6.41	-26.91	0.96	1.90	57.48	-5.20	13.32	-28.98	-50.70	143.58	1399192.08	1398914.24	-97762.19
396	3156	300270	中威电子	26.80	-0.11	-2.07	-4.45	0.24	0.43	30.81	-2.32	-24.39	52.08	-49.89	219.18	148883.48	30680.41	-3276.00
397	3157	002642	*ST 荣联	26.80	-2.06	-24.14	-39.08	0.50	0.82	42.91	-31.54	44.76	-33.24	-50.42	157.85	489476.11	273420.62	-136233.64
398	3164	300419	浩丰科技	26.50	-1.74	-41.90	-55.27	0.36	0.60	31.72	-79109.48	0.97	-43.49	-46.21	123.64	124049.98	55341.93	-63895.26
399	3197	300366	创意信息	24.50	-0.74	-10.30	-16.41	0.44	0.73	33.38	-19.34	-0.27	-20.44	-39.20	143.81	355788.89	160509.72	-42035.98
400	3201	000727	华东科技	24.40	-0.22	-3.09	-12.60	0.17	0.95	48.02	-1.68	-4.87	-8.85	-41.23	131.62	3219363.51	570278.15	-162982.99
401	3209	002199	东晶电子	23.90	-0.32	-14.81	-19.05	0.33	0.69	20.17	-7628.58	-23.63	-17.08	-39.79	190.23	47819.33	17727.96	-7862.88
402	3211	002005	德豪润达	23.80	-0.33	-3.47	-10.92	0.33	0.80	43.99	-2.51	-4.80	-8.51	-50.23	163.07	1053660.91	400123.22	-59472.34
403	3224	300708	聚灿光电	23.20	0.08	2.13	-16.89	0.26	0.54	73.36	1.24	-10.02	2.41	-64.11	251.58	274185.60	55871.89	2037.16
404	3236	002045	国光电器	23.00	-0.49	-4.27	-16.48	0.90	1.81	64.34	-2.49	-0.17	14.44	-74.79	330.95	480582.43	404190.21	-22060.07
405	3245	300010	立思辰	22.40	-1.60	-18.33	-30.74	0.25	0.64	53.13	-18.25	-9.66	-38.91	-35.00	148.35	735402.61	195237.78	-139369.05
406	3263	300077	国民技术	21.30	-2.26	-49.67	-78.89	0.19	0.32	56.29	-75.73	-13.37	-44.82	-28.88	87.06	321491.54	60205.97	-143735.43
407	3295	300032	金龙机电	19.60	-2.99	-51.72	-90.45	0.71	1.27	41.71	-35.79	-9.06	-65.09	-79.19	434.96	240885.31	336930.97	-254620.44
408	3297	002660	茂硕电源	19.50	-0.93	-13.38	-37.44	0.71	1.22	67.35	-12.01	-19.02	-38.32	-43.44	161.01	170494.89	133777.51	-27313.67
409	3301	000670	*ST 盈方	19.10	-0.22	-36.98	-71.04	0.29	1.00	22.01	0.00	-57.45	-47.15	-55.02	173.59	25295.98	10257.73	-17970.19
410	3313	002161	远望谷	18.30	-0.24	-7.31	-17.92	0.20	0.48	34.65	-5.03	-17.50	-13.20	-40.25	115.71	215920.28	43789.17	-19547.01
411	3319	002197	证通电子	18.00	-0.47	-3.63	-10.94	0.25	0.49	53.59	-1.95	-20.81	-13.67	-43.06	123.30	522534.87	133239.85	-25439.10
412	3334	002312	三泰控股	16.90	-0.16	-7.48	-5.81	0.20	0.33	8.12	-33.93	-11.00	-4.05	-53.90	242.07	355080.88	71689.56	-21747.69
413	3335	002077	大港股份	16.90	-0.98	-6.97	-16.40	0.23	0.43	54.04	-4.63	28.94	-14.73	-74.68	308.05	722094.69	168994.40	-57010.50
414	3346	002289	*ST 宇顺	16.10	-0.55	-20.95	-39.08	0.49	1.23	47.17	-9.69	-19.10	-32.76	-58.34	167.82	59959.86	32431.79	-15432.05

续表

行业排名	全部上市公司排名	股票代码	股票简称	综合得分（100分）	每股收益（元）	总资产报酬率（%）	净资产收益率（%）	总资产周转率（次）	流动资产周转率（次）	资产负债率（%）	获利倍数	营业收入增长率（%）	资本扩张率（%）	市场投资回报率（%）	股价波动率（%）	年末资产额（万元）	营业收入（万元）	净利润（万元）
415	3360	300287	飞利信	15.20	-1.37	-30.53	-41.43	0.22	0.36	33.85	-132.89	-35.80	-35.33	-49.54	190.33	572026.60	142558.67	-196476.22
416	3362	300167	迪威迅	15.10	-0.54	-13.37	-23.35	0.22	0.39	42.06	-7.58	-53.47	-21.73	-47.73	183.12	103045.28	25939.64	-16668.47
417	3367	600654	ST 中安	15.00	-1.54	-23.66	-148.70	0.49	0.99	96.17	-8.88	22.14	-90.10	-62.19	203.68	560202.67	362649.07	-198067.20
418	3378	300202	聚龙股份	14.20	-0.24	-4.46	-8.08	0.25	0.34	30.97	-3.56	-8.84	-10.77	-63.94	300.94	235127.09	62274.24	-13600.16
419	3379	300128	锦富技术	14.10	-0.75	-25.62	-50.84	0.74	1.42	58.29	-16.93	-15.13	-41.63	-55.06	237.07	301927.12	256424.89	-87746.53
420	3383	300279	和晶科技	13.80	-1.59	-27.47	-63.94	0.45	0.95	63.88	-16.96	-11.02	-49.19	-62.74	251.56	245681.43	127196.08	-83548.39
421	3387	002076	雪莱特	13.50	-1.09	-42.13	-121.22	0.30	0.46	71.94	-14.16	-44.80	-57.54	-42.38	158.06	158981.95	56606.77	-87046.12
422	3393	300256	星星科技	12.90	-1.76	-17.66	-73.49	0.45	0.90	79.57	-6.40	-32.37	-51.57	-48.88	137.50	814738.58	381883.74	-175867.21
423	3398	000536	华映科技	12.70	-1.80	-21.30	-49.31	0.23	0.57	60.51	-14.03	-7.59	-41.27	-60.04	196.53	1908987.96	451778.91	-498605.91
424	3400	002766	索菱股份	12.50	-0.74	-5.39	-19.76	0.39	0.58	66.77	-1.34	-4.52	-29.25	-61.84	226.26	404661.59	143045.89	-31364.07
425	3405	600074	*ST 保千	11.90	-0.69	-104.26	40.11	0.11	0.16	800.92	-3.92	-94.85	0.00	-85.07	483.27	70875.80	14644.80	-178983.01
426	3406	002072	凯瑞德	11.90	-1.42	-40.67	388.44	0.04	0.06	143.64	-9.80	-67.91	-397.67	-78.68	439.28	43433.17	2503.56	-25179.53
427	3414	300083	劲胜智能	11.00	-2.01	-27.61	-68.03	0.56	0.92	67.16	-25.94	-14.25	-50.75	-69.39	256.34	841580.53	550654.38	-286792.39
428	3436	002512	达华智能	8.20	-1.59	-23.22	-82.69	0.42	1.13	78.48	-6.38	-16.35	-60.27	-70.49	227.15	579800.31	286865.43	-181360.35
429	3454	600666	奥瑞德	5.50	-2.27	-26.46	-210.72	0.19	0.46	84.03	-5.66	-5.44	-71.48	-82.59	527.54	435209.17	111965.85	-174236.26
430	3460	600651	飞乐音响	3.80	-3.35	-21.48	-172.69	0.24	0.42	97.60	-10.93	-39.35	-91.89	-65.82	302.90	1208704.98	330214.40	-333022.86
431	3464	600701	*ST 工新	0.00	-4.20	-47.95	-162.75	0.04	0.11	99.66	-9.25	-90.09	-99.48	-76.60	307.83	679185.10	33209.94	-439235.89

第十一章　电力行业上市公司业绩评价

电力行业作为传统公共事业产业，是国民经济发展的支柱之一，而宏观经济运行状态、气候环境等自然因素很大程度影响着电力行业的供需。2018 年用电需求超出预期，全社会用电总量 68449 亿千瓦时，较去年同期增长 8.5%，发电利用小时数同比增长 100 小时，是发电小时数自 2012 年以来的首次增长。2018 年末电力（申万）行业股票指数 2239.86，较 2018 年初 2695.92 下降了 16.92%。2018 年 6 月起大盘受中美贸易战等诸多因素影响，震荡下挫，电力行业指数虽然走低，但表现好于上证指数及沪深 300 等大盘指数。2019 年迎来“十三五”规划的中后期，虽然近几年电力行业的深化改革的成效显著，且市场上不断释放供需逐步平衡、电力消费结构优化、减税改革等利好消息，但整体来看，电力总量过剩仍是常态。

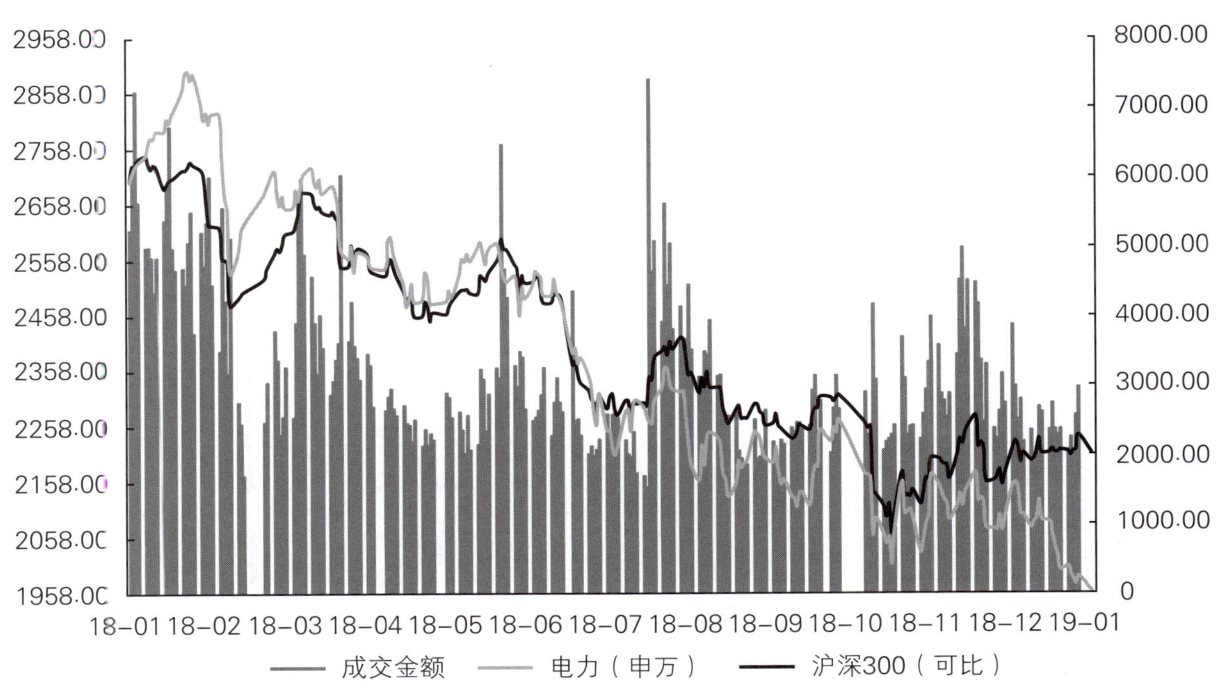

图 11-1　沪深 300 与电力行业指数走势图

数据来源：Wind。

一、电力行业上市公司业绩评价结果

截至2018年末，电力行业A股上市公司共计68家，剔除2018年借壳上市的东方盛虹及首发上市的江苏新能，最终66家企业参与业绩评价。其中，盈利61家，亏损5家，有92.42%的公司实现盈利，比2017年上升6.71个百分点；电力行业上市公司总资产共计35367.14亿元，占全部上市公司（不包括金融和B股，本文以下如无特指按此口径）总资产的5.79%。2018年，全部上市公司共计完成营业收入378658.70亿元，电力行业66家上市公司完成营业收入10008.04亿元，较2017年同期收入增长14.17%，占全部上市公司营业收入的2.64%，相比较去年略有提升；全部上市公司共计实现营业利润25482.11亿元，电力行业上市公司实现营业利润1040.47亿元，较2017年同期利润提升18.83%，占全部上市公司营业利润的4.08%，相比2017年下降0.50个百分点。2018年电力行业整体评价结果为中，行业业绩综合得分64.2分，较全市场综合得分61.2分高3.0分。66家电力行业上市公司中仅长江电力及国投电力两家公司进入2018年上市公司业绩评价综合得分的百强名单。电力行业上市公司业绩为AA的仅有1家；业绩为A的有5家；业绩为B的共31家（其中BBB的5家；BB的13家；B的13家）；业绩为C的有29家（其中CCC的7家；CC的8家；C的14家）。

表11－1　2018年度电力行业中联十强排行榜

名次	股票代码	单位名称	综合得分	在全部上市公司中排名
1	600900	长江电力	81.5	66
2	600886	国投电力	80	89
3	600483	福能股份	77.9	156
4	600236	桂冠电力	77.4	167
5	002608	江苏国信	76.7	198
6	600167	联美控股	75.5	231
7	600021	上海电力	74	308
8	600452	涪陵电力	73.9	315
9	600995	文山电力	73.8	319
10	600023	浙能电力	72.6	393

基于对电力行业上市公司的整体评价，下面分别从财务效益状况、资产质量状况、偿债风险状况、发展能力状况、市场表现状况五个方面对电力行业上市公司进行具体分析。

（一）财务效益

表 11–2 列示了电力行业上市公司财务效益状况评价结果。从综合得分来看，2018 年电力行业上市公司财务效益略高于全部上市公司平均水平。根据财务效益状况指标具体分析：与全部上市公司平均值比较，除扣除非经常性损益净资产收益率、总资产报酬率和股本收益率外，2018 年电力行业上市公司财务效益指标均高于上市公司平均水平；与 2017 年行业情况相比较，除盈利现金保障倍数外，各指标均出现不同幅度的上升。从总体情况来看，电力行业上市公司财务效益状况较去年小幅上升。就电力行业具体上市公司的财务效益得分情况而言，有 23 家上市公司财务效益超过全部上市公司平均水平。其中，长江电力 1 家电力行业上市公司在财务效益方面获得满分 35 分。长江电力扣除非经常性损益净资产收益率、总资产报酬率、营业利润率、盈利现金保障倍数和股本收益率分别达到 15.88%、11.07%、53.49%、1.75 倍和 102.78%，与全体上市公司和电力行业上市公司相比表现较为突出。

表 11 – 2　电力行业财务效益状况比较表

分析指标		2018 年上市公司平均值	2018 年行业值	2017 年行业值	增长率（%）
基本指标	扣除非经常性损益净资产收益率（%）	7.16	6.23	5.98	4.18
	总资产报酬率（%）	5.61	5.37	4.91	9.37
	得分	20.59	19.84	18.24	8.77
修正指标	营业利润率（%）	6.73	10.34	10.16	1.77
	盈利现金保障倍数	1.69	3.14	3.41	–7.92
	股本收益率（%）	38.49	28.13	24.75	13.66
综合得分		22.01	23.19	22.20	4.46

（二）资产质量

表 11–3 列示了电力行业上市公司资产质量状况评价结果。从综合得分来看，2018 年电力行业上市公司资产质量状况优于全部上市公司平均水平。从资产质量状况指标来看，流动资产周转率、应收账款周转率和存货周转率高于上市公司平均值，总资产周转率指标低于上市公司平均水平。与 2017 年行业情况相比，除总资产周转率指标外，其他指标均显示电力行业上市公司的资产周转性较上年呈现下降趋势，流动资产周转率、应收账款周转率和存货周转率分别较去年下降了 2.55%、4.08% 和 6.43%。电力行业中有 46 家上市公司超过全部上市公司平均水平，其中涪陵电力、文山电力、申能股份、岷江水电、广州发展、通宝能源、明星电力、乐山电力和桂东电力 9 家电力行业上市公司在资产质量方面获得满分 15 分。

表 11 – 3 电力行业资产质量状况比较表

分析指标		2018 年上市公司平均值	2018 年行业值	2017 年行业值	增长率（%）
基本指标	总资产周转率（次）	0.65	0.29	0.27	7.41
	流动资产周转率（次）	1.23	2.29	2.35	-2.55
	得分	9.43	9.55	9.02	5.88
修正指标	应收账款周转率（次）	2.78	12.68	13.22	-4.08
	存货周转率（次）	8.18	8.29	8.86	-6.43
综合得分		9.17	13.03	12.78	1.96

（三）偿债风险

表 11–4 列示了电力行业上市公司偿债风险状况评价结果。电力行业公司一直是资产负债率较高的行业，从综合得分来看，电力行业得分值低于全部上市公司平均值，偿债风险状况仍然高于上市公司平均水平。与 2017 年的情况相比，除资产负债率和带利息负债比率略有下降，获利倍数、速动比率和现金流动负债比率分别较去年上升 2.67%、9.53% 和 4.47%。从行业内具体公司来看，电力行业上市公司中有 12 家企业大于等于上市公司平均水平。其中该指标得分较高的公司有梅雁吉祥、联美控股、滨海能源等，梅雁吉祥现金流动负债比率为 215.78%，明显高于行业平均水平。

表 11 – 4 电力行业偿债风险状况比较表

分析指标		2018 年上市公司平均值	2018 年行业值	2017 年行业值	增长率 (%)
基本指标	资产负债率（%）	60.90	65.97	66.86	-1.33
	获利倍数	4.41	2.31	2.25	2.67
	得分	8.94	6.09	5.00	21.80
修正指标	速动比率（%）	78.76	42.19	38.52	9.53
	现金流动负债比率（%）	12.06	27.79	26.60	4.47
	带息负债比率（%）	48.41	77.49	77.64	-0.19
综合得分		8.79	5.13	4.60	11.52

（四）发展能力

表 11–5 列示了电力行业上市公司发展能力状况评价结果。从综合得分来看，2018 年电力行业上市公司发展能力低于全部上市公司平均水平。从具体指标来看，除营业收入增

长率和营业利润增长率外，其他全部平均指标均低于全部上市公司平均水平。与2017年电力行业上市公司发展能力状况相比，除资本扩张率和三年营业收入增长率较去年有大幅回升外，其他指标均出现下滑。其主要原因是上游煤炭去产能导致，供需不均、煤炭价格迅速上升，电煤价格指数从2017年三季度开始迅速攀升，火电行业成本急剧增加，导致电力行业整体盈利水平下滑。电力行业上市公司中，有21家企业在发展能力方面得分超过全部上市公司平均水平，大唐发电、上海电力、江苏国信在发展能力方面得分较高。其中，江苏国信表现较为突出，三年营业收入平均增长率高达175.47%，明显高于行业平均水平。

表11－5 电力行业发展能力状况比较表

分析指标		2018年上市公司平均值	2018年行业值	2017年行业值	增长率(%)
基本指标	营业收入增长率（%）	13.68	16.11	17.22	-6.45
	资本扩张率（%）	9.66	8.35	3.59	132.59
	得分	12.20	12.38	9.96	24.30
修正指标	累计保留盈余率（%）	40.89	32.46	32.81	-1.07
	三年营业收入增长率（%）	15.02	11.56	4.71	145.44
	总资产增长率（%）	11.63	6.29	7.32	-14.07
	营业利润增长率（%）	4.93	19.70	-24.42	-180.67
综合得分		12.19	11.74	9.50	23.58

（五）市场表现

2018年，受中美贸易战、经济基本面严峻等因素影响，A股上证综指从年初的3500点一度跌至2400点，全年累计跌幅超过31%。电力行业虽然走低，但作为公共事业板块抗压性好于平均，整体来看电力行业指数高于上证指数及沪深300等大盘指数，下半年优势更为明显，具体如图11–1所示。表11–6列示了电力行业上市公司市场表现状况评价结果。从综合得分来看，电力行业上市公司市场表现得分略高于全部上市公司平均水平。从市场表现情况指标具体来看，电力行业市场投资回报率高于上市公司平均水平，股价波动率低于上市公司平均水平。从公司来看，电力行业有46家上市公司在市场表现方面高于全部上市公司平均得分，华能国际、华电国际、福能股份等在市场表现方面得分较高，其市场投资回报率分别为25.59%、18.75%、14.29%，高于市场及行业内其他公司投资回报率平均水平。

表 11－6 电力行业市场表现状况比较表

分析指标		2018 年上市公司平均值	2018 年行业值	2017 年行业值	增长率（%）
基本指标	市场投资回报率（%）	−33.09	−25.27	−19.63	28.73
	股价波动率（%）	127.11	92.38	76.42	20.88
	得分	9.00	11.15	9.09	22.66

二、2018 年度电力行业上市公司业绩影响因素分析

电力行业上市公司 2018 年整体业绩表现优于 2017 年，特别是火电板块，包括新能泰山等八家上市公司实现扭亏为盈。据国家能源局发布的数据显示，全社会用电量同比增长 8.5%，超出预期 3 个百分点，发电利用小时数回升，火电板块发电小时数增加 143 小时。各产业方面，电力消费结构也得到进一步优化，在高技术及装备制药业引领下，第二产业增长率为 7.2%，较前值提高 1.7 个百分点；信息传输、软件和信息技术服务业用电量增长 23.5%，拉动第三产业用电量同比增长 12.7%。另外，电力行业市场化进程成果显著，据发展改革委数据显示，2018 年电力市场化交易电量约 2.1 万亿千瓦时，占售电量比重近 40%。2018 年“一般工商业电价下降 10%”目标，“5.31 新政”等行业热点政策相继推出更是明确了去补贴，平价上网，推动市场化的新格局。影响电力行业业绩的因素主要如下：

（一）电煤高位运行，煤电盈利仍待修复

伴随着 2018 年煤价逐步回落，发电利用小时超预期等多重利好因素叠加，火电企业摆脱 2017 年大面积亏损的局势。叠加了标杆上网电价同比上调、发电量超预期增长、历史业绩见底三个因素，部分火电企业的业绩开始修复。28 家火电企业（申万）2018 年净利润共计 290 亿元，同比增长 56.99%，漳泽电力、华银电力、新能泰山、吉电股份、长源电力五家企业 2018 年实现扭亏为盈。据国家能源局发布的全国电力工业数据显示，2018 年火电发电利用小时数比去年增长 143 小时。

以江苏国信为例，从上一年的 376 位跃居到 198 位，其中能源业务营业总收入 210.05 亿元、归母净利润 25.56 亿元，较上年同期分别增长 9.45% 和 17.27%，业绩大幅增长主要受益于重点项目建设和燃料成本控制。然而另一方面，虽然 2018 年底煤价开始回落，但全年煤价仍处于高位，均值高于 2017 年，这使得火电板块仍承受着巨大的压力。

（二）来水好于上年，水电业绩稳中有升

截至 2018 年，水电总装机容量 3.5 亿千瓦、水电新增装机 854 万千瓦，较去年同期少投产 433 万千瓦，下降 33.7%。目前“十三五”规划中，2020 年达成 3.8 亿千瓦的目标并未调整，目前完成情况略滞后于规划进度，按照已有的装机容量水平，每年需新增装机

1500万千瓦，增长空间较大。整体来看，水电板块2018年整体经营良好，22家水电企业2018年营业收入同比增长11.62%，营业利润同比增长11.34%。以国投电力为例，2018年火电板块大幅减亏，当年火电净利润亏损1.06亿元，比2017年减亏7亿元。同时，国投电力下属的雅砻江水电板块运营良好，2018年净利润72.85亿元，同比增长5.72%，叠加增值税返还的政策因素，业绩超出市场预期，业绩评价排名从上一年的500位跃居到89位。

（三）政府消减新能源电价补贴，电力行业向市场化转轨

2018年，我国进一步深化电力体制改革，逐步取消发电上网电价补贴政策和净电量结算政策在英国、德国、澳大利亚等发达国家早有先例。“5·31光伏新政”出台后，光伏发电增速放缓，全年新增太阳能发电装机容量比上年下降16.2%，预示着光伏电力行业将摆脱跃进式的增长，向市场化转轨。《国家能源局关于2018年度风电建设管理有关要求的通知》提出为促进风电产业高质量发展，降低度电补贴强度，推行2020年“风火同价”政策。此外，2018年8月31日南方电力作为我国首个投入试运行的电力现货市场已经开始试启动运行，现货交易能够更准确地反映电力商品的市场属性，进一步推动电价市场化。

（四）核电央企重组，行业话语权变强

2018年核电板块利好消息诸多，AP1000全球首堆三门一号实现并网发电，标志着三代技术不断成熟；国家能源局印发《2018年能源工作指导意见》，核电审批时隔两年多将重启，核电行业迎来复苏。据中国核能行业协会消息，2018年，我国共投产7台核电机组，在运核电机组达到44台，装机容量4464.5万千瓦，在建13台，装机容量1403万千瓦。在运机组数量首次超过日本，进入世界前三位。此外，2018年中核集团吸收合并中国核建集团经国务院批准。中核集团是国内投运核电和在建核电的主要投资方，而中国核建致力于核军工、核电等领域。两者业务互补，被视为能源行业第三例央企重组，重组整合后中国核电在全球行业的竞争力势必会有所提高。

链接：行业重大事件

➢ 光伏行业“5·31新政”

2018年6月1日，国家发改委、财政部、国家能源局联合发布《关于2018年光伏发电有关事项的通知》，自5月31日起，普通地面电站与“自发自用、余电上网”的分布式电站电价双双下调0.05元/千瓦时，年度普通光伏电站建设规模不新增。标志着补贴时代即将成为历史，新能源市场化进程加快。

➢ 国家发展改革委印发《关于创新和完善促进绿色发展价格机制的意见》

2018年7月2日，国家发展改革委印发《关于创新和完善促进绿色发展价格机制的意见》。提出完善差别化电价政策、完善峰谷电价形成机制、完善部分环保行业用电

支持政策三项措施，主张健全促进节能环保的电价机制，充分发挥电力价格的杠杆作用，推动高耗能行业节能减排，引导电力资源优化配置，促进产业结构、能源结构优化升级。

➢ 中核与中核建确认重组

2018年1月31日，国务院国有资产监督管理委员会对外正式发布公告，中国核工业集团有限公司与中国核工业建设集团有限公司实施重组，中国核工业建设集团有限公司整体无偿划转进入中国核工业集团有限公司，不再作为国资委直接监管企业。经过此次重组，央企数量由目前的98家减少至97家。

资料来源：万得咨讯

三、2019年电力行业前景展望

（一）煤炭上行空间有限，火电亏损有望改善

由于国家发改委鼓励煤炭企业继续释放先进产能，而需求端受经济下滑影响，未来短期煤炭上行空间有限，在下游需求放缓、优质煤炭产能释放带动燃料成本下行的预期下，预计2019年火电企业的盈利能力有望得到进一步修复。此外，目前火电比例过高状况未得到明显改善。国家仍鼓励30万千瓦及以上循环流化床、增压流化床、整体煤气化联合循环发电等洁净煤发电，并淘汰单机容量在10万千瓦以下的常规燃煤火电机组、单机容量5万千瓦及以下的常规小火电机组。因此，行业龙头企业的优势将逐步显现。

（二）随着环保及碳排放权限体制的完善，火电行业长期来看将面临优胜劣汰

目前中国的电力结构仍以火电为主，据统计，2018年全国火电装机和发电量占比分别为60.2%和73.32%，使得电力行业成为中国温室气体排放第一大户，其排放量约占中国总排放量的40%。对于应对全球变暖减少温室气体排放的呼声越来越高，德国计划最迟在2038年之前关闭所有的燃煤电厂，作为国内碳排放量最大的电力行业势必要为减少碳排放做出贡献。近日，生态环境部发布《碳排放权交易管理暂行条例（征求意见稿）》，并公开征求意见。全国碳排放市场建设迈出新的重要一步。电力行业是首个纳入全国碳市场的行业，碳市场的进一步发展势必将对电力行业的发展产生重要影响。

碳交易体系持续扩展，主要体系不断改革，碳价反弹上涨，新兴国家的碳排放交易市场与成熟市场联动，碳成本战略意义增强等趋势。随着电力体制改革持续进行和碳排放权交易机制的完善，电力行业和企业将面临两个竞争市场，即售电市场和碳排放权交易市场。

（三）非化石能源装机比重进一步提高，新能源的发展趋势仍呈增速状态

中电联发布的《2018—2019年度全国电力供需形势分析预测报告》预测“2019年全国基建新增发电装机容量1.1亿千瓦左右。其中，新增非化石能源发电装机6200万千瓦左

右，非化石能源装机比重进一步提高”。预计2019年全社会用电量增速将平稳回落，在平水年、没有大范围极端气温影响的情况下，预计全年全社会用电量增长5.5%左右。

近日，中电联发布《电力发展“十三五”规划中期评估及滚动优化研究专题调研报告》，对“十三五”中后期电力发展规划提出了五大调整建议，其中最值得关注的两点是建议将2020年太阳能装机目标由1亿千瓦调整为2亿千瓦。由此可见，虽然新能源行业面临补贴下降，向市场化转轨，但整体市场需求仍在。

（四）电网信息技术升级，泛在电力物联网颠覆行业传统生态

国家电网目前面临着三个亟待解决的问题。其一是随着接入设备类型和数量不断增多，电网变得越来越复杂，形态也发生巨大变化，这就对供电系统的可靠性要求更高。其二是在电力行业向市场化转变的大背景下，电网业务竞争日趋激烈。其三是传统供电产业在互联网经济、数字经济的影响下，已发生重大变革，通过平台对接供需双方、打造多边市场，给传统电力行业带来多重挑战。在这样的大背景下，国家电网有限公司提出建设“三型两网”，世界一流能源互联网企业的战略目标，加快推进泛在电力物联网建设。

2019年2月岷江水电公告拟进行重大资产置换，拟将其传统的配售电及发电业务转变为更富有成长性的“云网融合”业务，披露的预案显示拟注入资产40亿—47亿元。自2019年2月预案公告以来，岷江水电市值增长近三倍，证明市场投资者极为看好新业态下的泛在电力物联网业务。虽然2019年电力行业仍面临着很多挑战，但泛在电力物联网或将在近期给电力行业资本市场带来新的变革。

（五）减税叠加降电价，利好及挑战并行

两会期间提出的增值税改革，将制造业等行业实行的16%的税率降至13%。由于电力行业各环节大部分处于原16%的税率档，由此推断此次减税将为电力行业带来超过650亿元的政策红利。2018年通过电网及输配电环节一般工业企业电价降低10%，但2019年政府工作报告提出一般工商业电价再降10%的要求，预计降价任务约735亿元。由此可见，减税带来的降本利好可能不足以中和电价下降对电力板块业绩的影响，但针对不同电力板块的影响差异显著。

对于面临高煤价的火电企业此次增值税率降低有望明显改善火电业绩。同样，核电企业自核电机组正式商业投产次月起15个年度内，统一实行增值税先征后退、逐级递减的政策，核电企业将从此次减税中获利。但另一方面，由于水电行业不同规模装机容量电站已施行减税政策，此次减税对水电行业影响有限。此外光伏电站前期投资大，投资回报期长，通常光伏电站的进项税额要5至6年才能抵扣完，届时才需缴纳增值税。但我国光伏发电从2013年起才开始发展，2014年到2018年是发展的高速期。由此看来，只有极少数经营很好的企业，才会享受到减税优惠政策。

附表　2018年度电力行业上市公司业绩评价结果排序表

行业排名	全部上市公司排名	证券代码	单位名称	评价等级	综合得分	净资产收益率（%）	总资产报酬率（%）	总资产周转率（次）	流动资产周转率（次）	资产负债率（%）	已获利息倍数	营业收入增长率（%）	资本扩张率（%）	市场投资回报率（%）	股价波动率（%）	年末资产总额（万元）	营业收入（万元）	净利润（万元）
1	66	600900	长江电力	AA	81.50	16.31	11.07	0.17	5.21	51.71	5.56	2.13	5.29	3.16	27.81	29549698.86	5121396.57	2264355.13
2	89	600886	国投电力	A	80.00	12.79	6.88	0.19	2.77	68.2	2.94	29.6	15.61	9.33	34.29	22070824.40	4101137.27	837685.22
3	156	600483	福能股份	A	77.90	9.44	7.49	0.4	1.46	51.41	4.03	37.57	18.95	14.29	48.94	2720694.05	935392.00	108220.57
4	167	600236	桂冠电力	A	77.40	16.47	10.44	0.22	2.61	63.88	3.77	8.42	−1.28	3.05	38.59	4595194.03	951434.34	271124.55
5	198	002608	江苏国信	A	76.70	12.24	9.56	0.42	2.52	42.84	6.19	9.45	35.65	−26.25	90.39	5365012.81	2100496.29	327731.40
6	231	600167	联美控股	A	75.50	19.93	15.42	0.27	0.5	43.72	2031.54	27.8	−13.5	−19.64	101.09	1100244.94	303702.37	134904.78
7	308	600021	上海电力	BBB	74.00	19.33	7.09	0.25	2.03	73.32	2.7	19.82	36.9	−10.41	54.59	9866964.15	2257877.79	341300.53
8	315	600452	涪陵电力	BBB	73.90	26.82	9.6	0.55	4.55	69.01	7.66	18.81	29.26	−36.02	123.36	473120.90	244780.40	34872.01
9	319	600995	文山电力	BBB	73.80	16.22	13.6	0.75	5.32	29	19.3	−0.46	14.59	−29.17	67.99	274678.79	202533.32	29614.64
10	393	600023	浙能电力	BBB	72.60	6.62	5.76	0.51	2.41	36.96	4.58	10.63	0.52	−9.47	49.09	10969634.39	5663363.65	432817.63
11	452	600642	申能股份	BBB	71.60	7.1	5.92	0.64	2.78	42.54	5.82	11.78	2.52	−15.08	39.65	5966230.74	3622125.46	236744.91
12	577	002039	黔源电力	BB	69.70	14.74	7.15	0.14	2.37	71.47	2.21	−1.27	7.44	−17.2	41.62	1670965.91	238866.50	55068.46
13	580	600027	华电国际	BB	69.60	3.62	4.08	0.4	3.49	70.4	1.54	11.84	20.17	25.59	65.25	22502583.60	8836506.90	227177.20
14	632	600863	内蒙华电	BB	68.90	6.62	5.7	0.32	4.03	61.71	2.44	16.64	19.58	−22.31	74.31	4296471.33	1374306.12	109350.30
15	688	601991	大唐发电	BB	68.10	2.7	4.8	0.36	3.32	75.63	1.5	44.55	17.09	−23.49	68.59	28791638.80	9338962.50	279008.80
16	759	600131	岷江水电	BB	67.20	8.68	6.37	0.47	5.83	48.92	3.43	36.47	7.16	−13.25	159.29	239804.51	112123.74	10170.40
17	777	000720	新能泰山	BB	66.90	65.15	18.2	0.36	0.55	56.7	27.52	−5.17	59.13	−22.56	77.31	523286.75	260278.35	108280.23
18	781	000543	皖能电力	BB	66.90	5.58	4.16	0.48	3.79	50.19	2.62	9.9	4.43	−6.77	49.92	2889988.72	1341645.69	63966.37
19	815	600674	川投能源	BB	66.50	15.09	12.92	0.03	0.66	21.12	12.96	8	10.36	−14.48	41.08	3204391.71	86355.19	360551.87
20	869	000883	湖北能源	BB	65.70	7	5.53	0.26	2.93	39.08	6.86	6.23	4.17	−21.43	53.23	4820781.82	1228819.83	190589.17
21	874	600098	广州发展	BB	65.70	4.34	4.39	0.67	2.58	49.2	2.6	5.39	1.49	−20.02	57.97	3846236.63	2598168.71	79396.84
22	877	000966	长源电力	BB	65.60	6.29	5.54	0.7	5.01	61.92	2.35	20.1	4.49	−12.25	84.38	936256.93	656253.74	21563.57
23	881	600780	通宝能源	BB	65.60	4.52	3.19	0.5	2.06	57.59	4.61	18.25	5.84	−33.13	80.05	1197507.88	602709.68	21992.77

续表

行业排名	全部上市公司排名	证券代码	单位名称	评价等级	综合得分	净资产收益率（%）	总资产报酬率（%）	总资产周转率（次）	流动资产周转率（次）	资产负债率（%）	已获利息倍数	营业收入增长率（%）	资本扩张率（%）	市场投资回报率（%）	股价波动率（%）	年末资产总额（万元）	营业收入（万元）	净利润（万元）
24	909	000539	粤电力 A	BB	65.30	1.98	3.74	0.38	2.31	57.02	1.86	2.87	6.11	−3.71	38.59	7332966.23	2740851.42	91009.74
25	939	600116	三峡水利	B	64.80	7.63	5.52	0.26	1.23	45.81	6.04	6.64	2.82	−16.83	65.01	514918.20	129846.61	20186.36
26	967	000690	宝新能源	B	64.60	5.34	4.84	0.2	0.77	58.97	3.48	52.46	4.41	−24.15	66.64	2159316.76	383429.16	46227.95
27	988	000600	建投能源	B	64.20	3.99	4.63	0.44	2.44	57.76	2.53	32.63	3.55	−40.82	126.23	3185204.69	1397628.68	66164.40
28	998	600101	明星电力	B	64.10	4.72	3.84	0.52	2.52	29.26	366.98	5.73	7.01	−29.5	71.59	316055.06	159993.31	9641.49
29	1023	600011	华能国际	B	63.80	1.81	3.7	0.43	3.08	74.77	1.31	11.41	10.39	18.75	56.4	40344145.68	16986116.48	240740.76
30	1027	601985	中国核电	B	63.70	10.54	4.83	0.13	1.17	74.17	2.95	17.02	7.66	−27.56	79.19	32348104.15	3930540.23	853641.02
31	1046	000027	深圳能源	B	63.60	3.04	4.09	0.23	0.96	67.69	1.58	19.18	11.17	−13.5	43.03	8507389.52	1852739.55	71638.66
32	1118	600979	广安爱众	B	62.70	6.97	5.06	0.28	1.41	51.23	4.69	5.38	5.4	−25.27	74.49	794915.66	217840.60	24819.40
33	1159	600025	华能水电	B	62.40	13.87	6.55	0.09	1.75	72.81	2.66	20.77	11.65	−38.7	135.11	16836544.64	1551647.90	605034.22
34	1215	000695	滨海能源	B	61.60	10.41	7.06	0.81	1.47	37.7	3.88	3.95	9.47	−23.27	64.4	85653.65	104649.49	5625.33
35	1222	000791	甘肃电投	B	61.50	8.32	6.08	0.12	1.2	67.62	2	21.16	6.88	−37.25	133.42	1914037.31	230594.19	50803.88
36	1328	601016	节能风电	B	60.50	7.55	5.61	0.11	0.64	64.17	2.57	26.96	4.07	−29.94	79.53	2148430.94	237606.74	59706.35
37	1355	600795	国电电力	B	60.10	2.68	3.85	0.24	3.57	73.84	1.41	9.45	−1.89	−16.49	56.06	27251136.37	6548965.20	180879.65
38	1380	600505	西昌电力	CCC	59.80	5.79	4.01	0.34	2	56.44	5.11	2.79	4.64	−37.48	119.21	303481.20	94537.49	7068.33
39	1470	600578	京能电力	CCC	58.90	3.93	2.94	0.2	1.44	59.98	1.76	3.88	3.48	−21.23	43.2	6848984.93	1269516.90	80792.54
40	1548	000899	赣能股份	CCC	58.10	4.13	4.24	0.34	1.48	38.56	2.77	20.76	4.22	−27.25	82.37	757988.92	256763.85	18850.33
41	1555	600982	宁波热电	CCC	58.00	6.11	5.7	0.38	0.63	41.1	6.78	11.76	4.48	−23.66	71.73	482228.96	174100.14	17149.96
42	1568	000958	东方能源	CCC	57.90	5.3	3.78	0.32	1.96	66.65	1.85	17.22	30.94	−40.39	114.79	1081135.54	295882.57	13015.28
43	1681	600644	乐山电力	CCC	56.50	6.15	4.82	0.69	3.92	53.24	6.06	5.41	5.98	−37.38	101.52	335058.46	217033.79	8476.88
44	1748	601619	嘉泽新能	CCC	55.80	10.61	6.08	0.12	0.7	69.88	2.09	28.54	8.86	−40.89	179.93	878873.91	106908.77	26931.20
45	1848	000531	穗恒运 A	CC	54.80	2.09	5.46	0.32	1.1	58.85	2.43	5.18	0.6	−36.4	129.53	1030398.42	311894.28	10245.30
46	1948	000875	吉电股份	CC	53.90	1.56	3.86	0.19	1.57	73.98	1.29	43.09	22.1	−39.12	81.92	3975301.20	730110.73	25179.49

续表

行业排名	全部上市公司排名	证券代码	单位名称	评价等级	综合得分	净资产收益率(%)	总资产报酬率(%)	总资产周转率(次)	流动资产周转率(次)	资产负债率(%)	已获利息倍数	营业收入增长率(%)	资本扩张率(%)	市场投资回报率(%)	股价波动率(%)	年末资产总额(万元)	营业收入(万元)	净利润(万元)
47	1968	600163	中闽能源	CC	53.60	7.25	6.46	0.14	0.71	50.91	3.69	3.43	7.6	-25.87	87.51	397852.23	52410.36	14469.30
48	2011	000601	韶能股份	CC	53.30	6.75	6.17	0.36	2.26	51.95	3.5	-4.61	1.55	-47.06	160.66	1001891.19	342831.01	31684.60
49	2022	002893	华通热力	CC	53.10	7.01	4.29	0.54	1.02	65.48	3.43	5.56	4.58	-41.97	157.2	184752.22	96601.85	3825.22
50	2148	600969	郴电国际	CC	51.40	1.12	2.05	0.21	0.7	71.15	2.7	8.79	-1.31	-33.83	93.96	1291629.61	274382.80	11075.56
51	2155	000037	深南电A	CC	51.40	0.98	2.59	0.61	1.29	38.41	1.55	-7.86	0.62	-33.62	104.09	330714.83	188493.71	1245.28
52	2188	600310	桂东电力	CC	51.00	3.49	3.57	0.88	2.65	83.42	1.42	16.48	-5.23	-32.55	126.81	1440496.76	1193318.02	10137.75
53	2377	600509	天富能源	C	48.60	0.76	2.61	0.24	1.2	69.28	1.15	16.94	-0.51	-48.01	143.71	2143723.48	495588.40	3729.60
54	2379	600868	梅雁吉祥	C	48.60	0.95	1.26	0.09	0.95	1.67	0	-8.19	-0.49	-32.93	141.26	234898.10	22280.59	2667.12
55	2570	000722	湖南发展	C	45.50	3.36	3.69	0.08	0.26	7.03	16.19	9.09	1.74	-33.97	141.86	320014.79	26671.14	7406.72
56	2588	000862	银星能源	C	45.20	2.05	4.05	0.13	0.69	72.96	1.19	27.79	-3.41	-42.19	101.05	975029.83	119489.00	5241.62
57	2664	600744	华银电力	C	43.70	1.95	3.51	0.53	2.41	83.59	1.07	30.68	0.72	-33.04	89.27	1764572.29	958950.08	5695.45
58	2671	000767	漳泽电力	C	43.60	4.32	3.21	0.23	0.87	84	1.02	17.96	0.61	-18.22	36.2	5038852.78	1123004.41	4932.89
59	2693	600719	大连热电	C	43.10	0.37	0.82	0.4	1.36	64.72	1.44	-6.55	0.21	-39.83	108.56	206457.96	73081.08	270.69
60	2822	300125	易世达	C	39.90	4.8	4.51	0.11	0.22	38.53	2.58	35.12	-3.31	-27.99	76.8	125419.91	15225.66	3619.46
61	2983	600726	华电能源	C	33.70	-39.26	-0.36	0.39	2.36	92.64	-0.11	7.98	-32.14	-30.81	68.4	2513311.69	980652.95	-88130.97
62	3017	000692	惠天热电	C	31.90	0.44	2.38	0.33	0.86	75.95	1.18	8.05	7.47	-51.14	131.89	609414.72	190842.86	2296.40
63	3102	600396	金山股份	C	27.20	-31.26	-1.05	0.35	3.58	87.55	-0.32	3.34	-26.32	-39.7	102.87	2010604.49	713751.41	-88896.83
64	3162	001896	豫能控股	C	24	-10.96	-2.59	0.38	1.66	69.66	-1.15	-7.75	-11.86	-45.84	147.54	2131087.32	808151.88	-87229.69
65	3325	000993	闽东电力	C	14.9	-19.14	-7.85	0.13	0.46	49.82	-5.25	-38.11	-17.14	-43.48	133	383343.51	55786.88	-39780.01
66	3428	000939	*ST 凯迪	C	0	-82.56	-8.08	0.07	0.26	94.13	-1.44	-55.85	-82	-75.75	397.43	3262867.48	240411.97	-486738.39

第十二章 建筑行业上市公司业绩评价

建筑业作为国民经济的支柱产业，改革开放以来，我国建筑业快速发展，建造能力不断增强，产业规模不断扩大，吸纳了大量农村转移劳动力，带动了大量关联产业，对经济社会发展、城乡建设和民生改善做出了重要贡献。“十三五”时期，我国经济发展进入新常态，增速放缓，结构优化升级，驱动力由投资驱动转向创新驱动。随着“一带一路”各项工作加快推进，国际合作范围和领域不断扩大，国内推进机制不断完善，重点方向及重点领域建设取得积极进展和显著成效。根据国家统计局 2019 年 2 月 28 日发布的 2018 年国民经济和社会发展统计公报，2018 年全社会建筑业增加值 61808 亿元，占国内生产总值 GDP（900309 亿元）的 6.87%，比上年增长了 4.5%。建筑业行业指数（申万）整体呈下降趋势，并且时有震荡，全年跌幅达 29.27%，收于 2134.25。主要由于国家对 PPP 项目的调控力度加大，使得 PPP 项目带来的增长逐渐回归理性。

2019 年，新型城镇化、京津冀协调发展、长江经济带发展和“一带一路”建设，形成建筑业未来发展的重要推动力和宝贵机遇。

一、建筑行业上市公司业绩评价结果

截至 2018 年末，建筑行业（装饰）在 A 股上市公司共 125 家，其中 117 家盈利。2018 年建筑行业（装饰）营业收入 4.84 万亿元，净利润 0.18 万亿元；较 2017 年营业收入 4.40 万亿元、净利润 0.16 万亿元，分别增长 10.28%、11.72%。建筑行业（装饰）的综合评价分值为 56.4 分，低于同年全部上市公司（全部上市公司是指：不包括金融和 B 股，本文以下如无特指按此口径）的综合评价分值 61.2 分。在 125 家建筑行业（装饰）上市公司中，业绩为 A 的 3 家，业绩为 BBB 的 8 家，业绩为 BB 的 20 家，业绩为 B 的 24 家，业绩为 CCC 的 21 家，业绩为 CC 的 18 家，业绩为 C 的 27 家。

2018 年全部上市公司为 3473 家，其资产总额总计为 61.13 万亿元，建筑行业（装饰）全部上市公司资产总额合计 6.70 万亿元，占上市公司资产总额的 12.73%；全年实现营业收入 37.87 万亿元，建筑行业（装饰）120 家上市公司实现营业收入 4.86 万亿元，占上市公司营业收入的 12.84%；全部上市公司共实现利润总额 2.51 万亿元，建筑行业（装饰）上市公司实现利润总额 0.23 万亿元，占上市公司全部实现利润总额的 9.00%，全部上市公司共计实现净利润 1.92 万亿元，建筑行业（装饰）上市公司实现净利润 0.18 万亿元，占上市公司全部实现净利润的 9.23%；该行业上市公司 2018 年度市场投资回报率 –35.62%，低于全部上市公司 –33.09% 的市场投资回报率；建筑行业（装饰）上市公司股价波动率为 123.62%，低于全部上市公司 127.11% 的股价波动率。

建筑行业（装饰）扣除非经常性损益净资产收益率平均值为 9.39%，高于全部上市公司 7.16% 的平均水平；营业利润率平均值为 4.65%，低于全部上市公司 18.48% 的平均水平；总资产报酬率 4.31%，低于全部上市公司的 5.61%，说明 2018 年建筑行业上市公司资产收益水平低于全部上市公司水平。2018 年，建筑行业（装饰）按评价体系，行业综合排名十强见表 12–1。

表 12 – 1　2018 年度建筑行业中联十强排行榜

名次	股票代码	股票简称	全部上市公司排名
1	601668	中国建筑	160
2	603357	设计总院	162
3	603018	中设集团	239
4	002717	岭南股份	351
5	002081	金螳螂	437
6	002061	浙江交科	447
7	600326	西藏天路	453
8	601117	中国化学	527
9	300284	苏交科	537
10	300649	杭州园林	545

下面分别从财务效益、资产质量、偿债风险、发展能力及市场表现五个方面对建筑行业上市公司进行具体分析。

（一）财务效益

表 12–2 列示了建筑行业（装饰）上市公司财务效益状况评价结果。从结果上看，建筑行业（装饰）上市公司财务效益状况平均得分与全部上市公司的平均水平基本持平。该行业净资产收益率和股本收益率财务指标高于全部上市公司平均值，总资产报酬率、营业利润及盈利现金保障倍数等财务指标低于全部上市公司平均水平。

与上年的财务效益情况相比较，2018 年行业财务效益上升 0.09%。净资产收益率和营业利润率指标高于 2017 年指标值，总资产报酬率、盈利现金保障倍数和股本收益率低于

2017 年指标值。该行业实现净利润为 1768.13 亿元，比 2017 年的 1582.62 亿元净利润增加了 11.72%。

建筑行业（装饰）上市公司财务效益指标净资产报酬率和营业利润率较去年有所提高，总资产报酬率、盈利现金保障倍数和股本收益率较去年下降，但整体变化幅度不大。其中中国建筑、金螳螂、中工国际、浙江交科和岭南股份分别排在前五名。如排名第一的中国建筑，面对复杂多变的市场环境，积极践行高质量发展要求，近年来新签合同额保持较高增速，全年新签合同额 2.63 万亿元，同比增长 7.1%；完成营业收入近 1.20 万亿元，同比增长 13.8%。主要得益于中国建筑雄厚的资本实力，在国内先后投资建设了一大批国家和地方重点工程，在 BT、BOT、PPP 等融投资建造模式领域备受信赖。

表 12－2　建筑行业财务效益状况比较表

评价指标		2018 年上市公司平均值	2018 年行业值	2017 年行业值	增长率（%）
基本指标	净资产收益率（%）	8.39	10.15	9.77	3.89
	总资产报酬率（%）	5.61	4.31	4.41	–2.27
	得分	20.59	20.77	20.35	2.06
修正指标	营业利润率（%）	6.73	4.65	4.61	0.87
	盈利现金保障倍数	1.69	0.57	0.61	–6.56
	股本收益率（%）	38.49	64.35	65.74	–2.11
综合得分		22.01	22.1	22.08	0.09

（二）资产质量

从表 12–3 中可以看出，建筑行业（装饰）上市公司资产质量状况指标平均得分低于全部上市公司的平均水平，2018 年，除总资产周转率外，流动资产周转率、存货周转率、应收账款周转率都低于全部上市公司平均值。建筑行业资金占用量较大，且项目周期较长，是资产周转速度低于全部上市公司的主要原因。

与 2017 年相比较，建筑行业（装饰）2018 年资产质量各项指标除总资产周转率比上年同比下降 2.90% 外，其他资产质量指标基较上年持平或有所上升，其中存货周转率较 2017 年同比增长 11.47%。上市公司资产质量最佳排名前五的为东易日盛、名雕股份、ST 创兴、高新发展、中国海诚，这五家公司在资产质量上得分优良。如排名第一的东易日盛 2018 年存货周转率为 15.61，应收账款周转率高达 185.91。主要得益于东易日盛对行业的深度洞察力，投资完成后拥有专业的投后管理事业部负责实施对投后企业的管理和支持，依靠上市公司成熟的管理体系、行业经验、供应链优势，对被投公司进行赋能，有力地推动了被投公司的成长与发展。

表 12－3　建筑行业资产质量状况表

评价指标		2018 年上市公司平均值	2018 年行业值	2017 年行业值	增长率（%）
基本指标	总资产周转率（次）	0.65	0.67	0.69	-2.90
	流动资产周转率（次）	1.23	0.98	0.96	2.08
	得分	9.43	9.00	9.00	0.00
修正指标	应收账款周转率（次）	8.18	5.04	4.69	7.46
	存货周转率（次）	2.78	2.43	2.18	11.47
综合得分		9.17	8.26	8.06	2.48

（三）偿债风险

从表 12–4 中建筑行业（装饰）指标的分析可知，2018 年该行业上市公司偿债风险状况平均得分低于全部上市公司的平均水平，该行业的资产负债率 75.72% 高于全部上市公司的 60.90% 的平均值，获利倍数低于全部上市公司平均值，这是行业特性所致。

2018 年建筑行业（装饰）的偿债风险能力略高于 2017 年水平，偿债风险指标中速动比率和带息负债比率分别增长 6.70% 和 10.70%，其他指标都低于去年，其中现金流动负债比率较去年降低 10.57%。2018 年建筑行业偿债风险最佳排名前 5 名的分别是中公高科、杰恩设计、镇海股份、山鼎设计和设计总院。如排名第一的中公高科，2018 年获利倍数和速动比率高达 1053.6% 和 653.74%。得益于中公高科拥有公路养护科学决策所必需的核心技术，并具有自主创新能力，以及生产与研发一体化、单元产品与成套设备一体化和快速开发大型成套设备及服务的能力，有效地抵御风险，保证业绩持续稳定增长，从而也降低了偿债风险。

表 12－4　建筑行业偿债风险状况表

评价指标		2018 年上市公司平均值	2018 年行业值	2017 年行业值	增长率（%）
基本指标	资产负债率（%）	60.90	75.72	76.27	-0.72
	获利倍数	4.41	3.61	3.67	-1.63
	得分	8.94	3.79	3.40	11.47
修正指标	速动比率（%）	78.76	77.68	72.80	6.70
	现金流动负债比率（%）	12.06	2.20	2.46	-10.57
	带息负债比率（%）	48.41	40.34	36.44	10.70
综合得分		8.79	4.90	4.48	9.38

（四）发展能力

从表 12–5 可知，建筑行业（装饰）上市公司发展能力状况指标平均得分高于全部上市公司的平均水平。行业的营业增长率、三年营业收入增长率低于全部上市公司平均值，其中三年营业收入增长率 8.87% 大幅低于全部上市公司平均值 15.02%。行业的资本扩张率、累计保留盈余率、总资产增长率和营业利润增长率高于全部上市公司平均值，其中资本扩张率和营业利润增长率分别为 18.33% 和 11.67%，大幅高于全部上市公司平均值 9.66% 和 4.93%。

2018 年行业发展能力指标营业增长率、三年营业收入增长率和总资产增长率均高于上年，其中三年营业收入增长率和总资产增长率分别为 8.87% 和 15.2%，较去年有大幅增长，分别增长 25.11% 和 30.14%。其余指标较去年均有所下降，其中营业利润增长率为 11.67%，较去年下降 51.01%。受益于一带一路、国家减税降费等国家政策，行业发展能力呈现良好发展态势；该行业发展能力排名前五名的为岭南股份、山东路桥、中国建筑、浙江交科和延长化建。如排名第一的岭南股份自提出“二次创业”战略目标以来，紧紧围绕“生态环境 + 文化旅游”两大产业发展方向，着力优化产业结构，通过抓住生态文明建设的时代机遇，布局水务水环境等领域，增强了发展实力和能力。

表 12 – 5　建筑行业发展能力状况表

评价指标		2018 年上市公司平均值	2018 年行业值	2017 年行业值	增长率（%）
基本指标	营业增长率（%）	13.68	10.28	9.92	3.63
	资本扩张率（%）	9.66	18.33	18.46	–0.70
	得分	12.2	13.33	11.44	16.52
修正指标	累计保留盈余率（%）	40.89	43.39	43.85	–1.05
	三年营业收入增长率（%）	15.02	8.87	7.09	25.11
	总资产增长率（%）	11.63	15.2	11.68	30.14
	营业利润增长率（%）	4.93	11.67	23.82	–51.01
综合得分		12.19	12.48	11.62	7.40

（五）市场表现

图 12–1 列示了建筑行业上市公司市场表现评价结果。2018 年沪深 300 市场表现全年呈下行趋势，建筑行业市场表现在 2018 年全年与沪深 300 一致，年初有小幅上涨后下跌，5—10 月份相对平稳，11—12 月又呈下跌趋势，年底有小幅上扬。建筑行业市场表现弱于沪深 300（见图 12–1）。

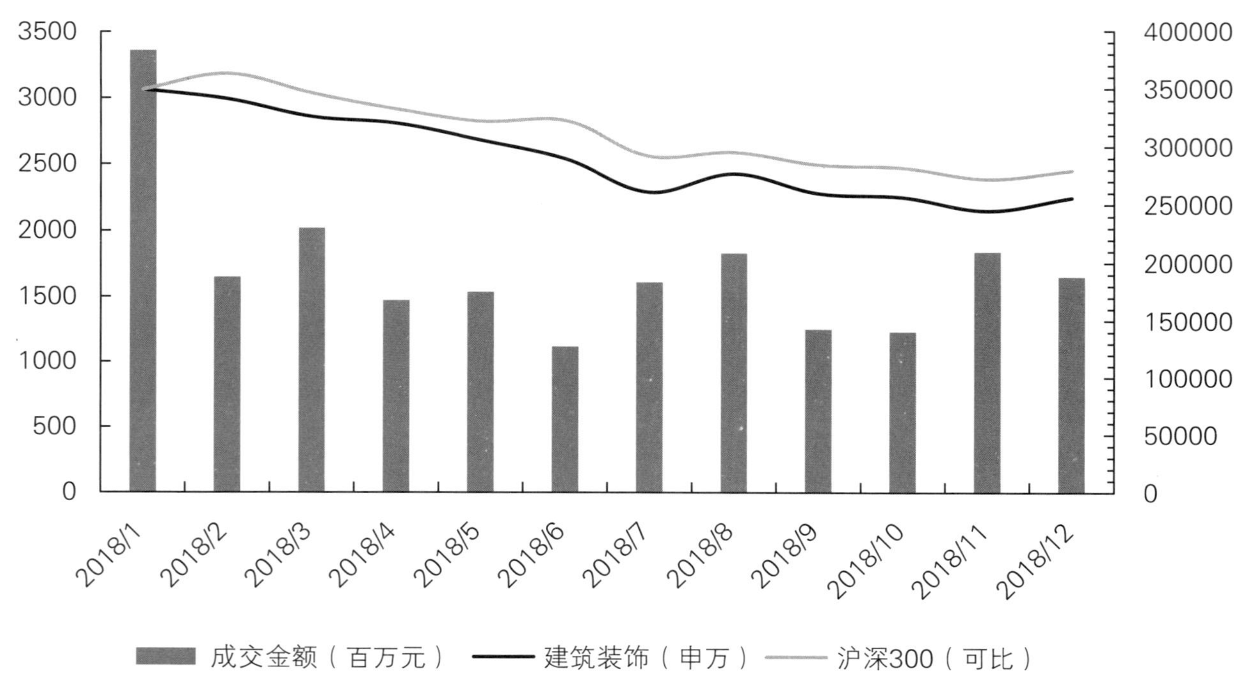

图 12－1　沪深 300 指数与建筑装饰指数叠加图

数据来源：Wind 资讯。

从表 12–6 可知，2018 年建筑行业（装饰）市场表现的得分略低于同年全部上市公司平均值。2018 年建筑行业的股价波动率为 123.62%，低于全部上市公司 127.11% 的平均值，但高于行业 2017 年的 87.50%；投资回报率为 –35.62%，低于全部上市公司 –33.09% 的投资回报率，同比低于 2017 年的 –13.90%。行业的市场回报率比 2017 年有较大的降幅，下降 156.26%。该行业市场表现排名前五位的是中设集团、中国铁建、高新发展、宝鹰股份和柯利达。如排名第一的中设集团，股价波动率为 51.81%。其正在开展两座跨径超千米跨江大桥的设计工作，建成后将创造三项世界第一，已完成的四座跨径千米以上跨江大桥的设计，同样创造了多项世界第一，使得其在股价波动较大的建筑业中保持相对稳定。

表 12–6　建筑行业公司市场表现表

评价指标	2018 年上市公司平均值	2018 年行业值	2017 年行业值	增长率（%）
市场投资回报率（%）	–33.09	–35.62	–13.90	156.26
股价波动率（%）	127.11	123.62	87.50	41.28
得分	9	8.7	9.37	–7.15

二、2018 年度建筑行业上市公司业绩影响因素分析

建筑行业是典型的投资驱动行业，受国内外宏观经济政策影响很大。随着《国务院办

公厅关于促进建筑业持续健康发展的意见》的出台，对进一步深化建筑业“放管服”改革，完善监管体制机制，优化市场环境，提升工程质量安全水平，强化队伍建设，增强企业核心竞争力，促进建筑业持续健康发展起到了积极的作用，在打造“中国建造”品牌方面，国家也给予了多方面扶持。

2018年，全国建筑行业总产值为235086亿元，同比增长9.88%，增速有所下降。相较于去年的10.5%，增速有所放缓。全国建筑业房屋施工面积140.9亿平方米，同比增长6.9%。经济新常态下，国家出台了一系列稳增长的措施，为建筑业发展提供了广阔的舞台。其中:“一带一路”、PPP项目得到进一步深化，这对拉动建筑业总产值起到至关重要的作用。尽管行业整体呈下降趋势，聚焦了龙头企业的上市公司，但是仍然保持相对稳定的增长。2018年建筑业行业上市公司产生重要影响的主要原因如下:

（一）“一带一路”继续拓展海外市场为建筑业增加营收

在基础设施硬联通方面，六大经济走廊框架下的互联互通建设加快推进，一些关键性项目建设取得重大进展。中蒙俄经济走廊方向，中俄首座跨界河铁路大桥中方段主体工程完成，中俄原油管道二线工程正式投入运营。中巴经济走廊方向，历时36小时拉合尔直达喀什的中巴跨境大巴开通运行，中企承建巴基斯坦拉合尔橙线轨道项目试运行，中巴首条陆地直达光缆建成开通。孟中印缅经济走廊方向，中缅国际通道铁路全线铺通。中南半岛经济走廊方向，重点工程跨湄公河特大桥主桥基础施工全面完成，境内段玉磨铁路元江特大桥再次提速、正式进入钢桁梁安装阶段。海上丝绸之路方向，招商局港口控股有限公司完成收购巴西第二大集装箱港口巴拉那瓜港（TCP）和澳大利亚东岸最大港口纽卡斯尔港，海外港口布局实现了六大洲全覆盖。国际陆海贸易新通道方面，兰渝铁路复兴号动车组即将全线开通，钦州港—昆明班列实现双向首发，广西最大的铁路物流中心南宁中心正式运营、钦州港东站集装箱办理站一期工程开工，广东湛江港30万吨级航道改扩建获批。

在投资方面，我国对沿线国家的投资在经历了连续几年的下降之后，本年度呈现出明显的增长态势。据商务部统计，2018年1—9月，我国企业在“一带一路”沿线对55个国家非金融类直接投资107.8亿美元，同比增长12.3%，占同期总额的13.1%，主要投向新加坡、老挝、马来西亚、巴基斯坦、印度尼西亚、越南、泰国和柬埔寨等国家，东南亚仍是我国对外投资的主要目的地。在对外工程承包方面，与2017年相比，新签合同额大幅度下降，但完成营业额明显上升。据商务部统计，2018年1—9月，我国企业在“一带一路”沿线国家新签对外承包工程项目合同2916份，新签合同额732.9亿美元，占同期我国对外承包工程新签合同额的47.4%，同比下降24.4%；完成营业额584.9亿美元，占同期总额的53.7%，同比增长18.4%，比2017年高10.5个百分点。

（二）政策调控下建筑业持续健康发展保障行业盈利能力

2018年5月2日，国务院总理主持召开国务院常务会议，确定了在北京、天津、上海、重庆等16个地区开展试点，改革精简房屋建筑、城市基础设施等工程建设项目审批全过程和所有类型审批事项，推动流程优化和标准化。根据国办正式颁布的《关于开展工程建设项目审批制度改革试点的通知》(国办发〔2018〕33号)及住建部连发的文件：关于修改《房屋建筑和市政基础设施工程施工招标投标管理办法》的决定、关于修改《建筑工程施工许可管理办法》的决定，明确了将进一步简化施工许可管理，减少了施工许可相应的证明事项、前置条件等事项，同时也提出将压缩审批时限，将施工许可审批时间由15个工作日压缩至7个工作日，标志着建筑业项目整体进度得到有效的提升。

2018年4月国家总理主持召开国务院常务会议，进一步减少涉企收费，降低实体经济成本。住建部官网于2018年7月发布《关于加快推进实施工程担保制度的指导意见（征求意见稿)》，意见对投标保证金、履约保证金、工程质量保证金、农民工工资保证金做出的新规定，要求全面推行工程包含替代保证金，同时最低价中标的工程应当推行高保额履约保函制度，大幅保障了施工企业的利益。3月28日，国务院总理李克强主持召开国务院常务会议，会议指出将制造业等行业增值税税率从17%降至16%，将交通运输、建筑、基础电信服务等行业及农产品等货物的增值税税率从11%降至10%。2018年建筑行业（装饰）营业收入4.84万亿元，净利润0.18万亿元，较2017年营业收入4.40万亿元、净利润0.16万亿元，分别增长10.28%、11.72%。

（三）PPP项目逐渐回暖加大行业利润空间

根据财政部和发改委发布的PPP指导意见，PPP项目主要投向城市基础设施和公共服务领域，项目需要具备透明的定价机制、稳定的现金流。自92号文发布，截至2018年末，财政部PPP综合信息平台项目管理库共减少项目2137项，储备清单减少4217项。2018年PPP市场共成交2513个项目，总投资规模达到3.16万亿元。纵观全年，受PPP清库整顿工作影响，第二季度PPP市场成交规模大幅下降，至清库整顿工作结束后于第四季度逐渐升温。

19个一级行业包括能源、交通运输、水利建设、生态建设和环境保护、市政工程、城镇综合开发、农业、林业、科技、保障性安居工程、旅游、医疗卫生、养老、教育、文化、体育、社会保障、政府基础设施等。截至2018年7月底，交通运输行业累计成交1096个PPP项目，累计金额为34507.3亿元，排名第一的交通运输行业包括了公路、铁路、航道航运、交通枢纽、港口码头、机场、隧道、桥梁等12个二级行业。市政工程行业累计成交3292个PPP项目，累计金额为34450.9亿元，市政工程包括了供水排水、污水处理、供电供气、供热供冷、公园、停车场、地下综合管廊、垃圾处理、市政道路等18个二级行业。城镇综合开发行业累计成交3554个PPP项目，累计金额为16376.2亿元，城镇综合开发包括了园区开发、城镇化建设、土地储备、厂房建设等5个二级行业。

建筑央企在PPP订单获取及资金成本方面具有较大优势。截至2018年5月底，七大建筑央企累计中标PPP订单合计超3.9万亿元。民营企业也积极参与到PPP建设中来，华夏幸福、东方园林、碧水源、龙元建设、蒙草生态、铁汉生态等民营企业PPP订单较为饱满。资金成本的变化对PPP的落地影响较大。民营建筑工程施工企业股价的表现对资金成本的变化敏感度较高。今年以来信用趋紧，未来企业的资金实力和融资能力将成为PPP竞争的关键。如中国建筑，2018 年全年中国建筑集团全年中标 PPP 投资项目 3805 亿元，累计中标 133 个项目，中建集团及其旗下共有 22 个单位（为统计方便把中建集团算作一个独立的公司进行统计）中标 PPP 项目，其中中建八局、中建股份和中建七局为全口径（包括牵头中标和联合中标）统计中标合同额前三名，其中中建八局以 685 亿元高居榜首，中建股份总部名义中标 640 亿元，中建七局中标 502 亿元。

（四）固定资产投资增速虽有所下降但仍具备发展能力

中央经济工作会议指出，我国发展现阶段投资需求潜力仍然巨大，要发挥投资关键作用，加大制造业技术改造和设备更新，加快 5G 商用步伐，加强人工智能、工业物联网、物联网等新型基础设施建设，加大城际交通、物流、市政基础设施等投资力度，补齐农村基础设施和公共服务设施建设短板，加强自然灾害防治能力建设，维持对于放松基础建设的顺序“先中央后地方，先铁路后公路”的判断。2018 年下半年，国家发改委已经加快审批基建项目。12 月，重庆、上海等四座城市的 10 多条城轨获得审批。2018 年全国铁路固定资产投资完成 8028 亿元，其中国家铁路完成 7603 亿元，新开工项目 26 个，新增投资规模 3382 亿元，投产新线 4683 公里，其中高铁 4100 公里。

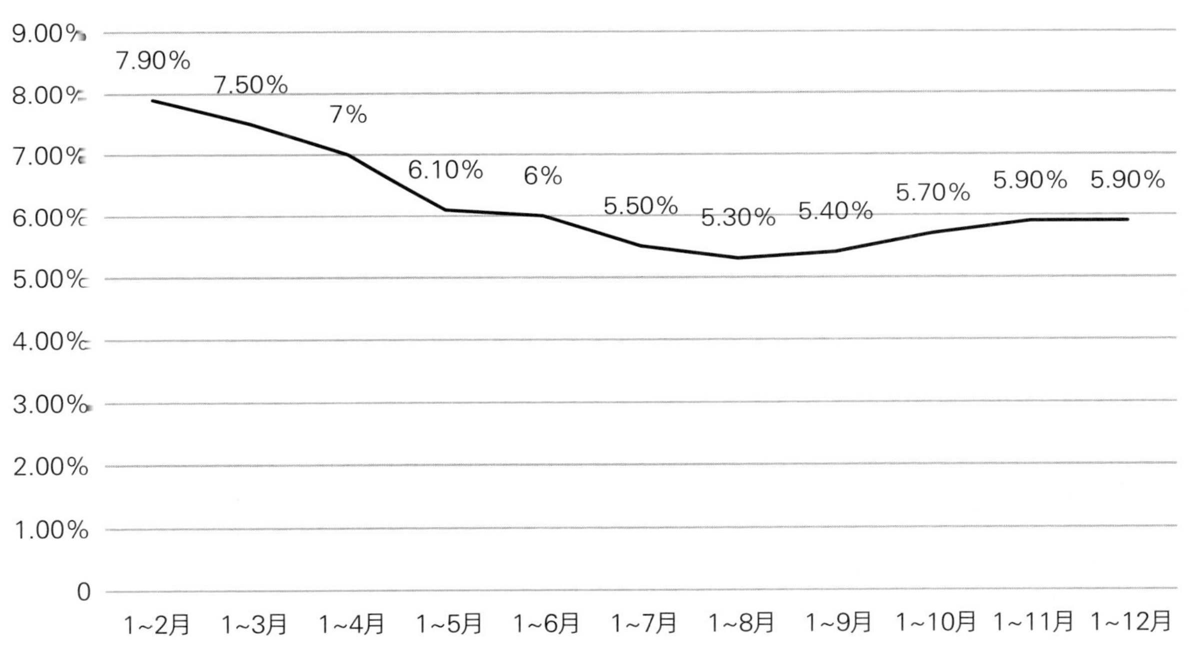

图 12－2　2018 年固定资产投资同比增速

数据来源：国家统计局。

2018 年，民间投资、制造业投资都加快增长。民间固定资产投资 394051 亿元，比上年增长 8.7%，增速比上年提高 2.7 个百分点，比整体投资快 2.8 个百分点。分产业看，第一产业投资增长 12.9%，比上年加快 1.1 个百分点；第二产业投资增长 6.2%，加快 3.0 个百分点，其中制造业投资增长 9.5%，加快 4.7 个百分点；第三产业投资增长 5.5%，其中基础设施投资增长 3.8%。高技术制造业、装备制造业投资比上年分别增长 16.1% 和 11.1%，分别比制造业投资快6.6和1.6个百分点。12月份，固定资产投资环比增长0.42%。全年全国房地产开发投资120264亿元，比上年增长9.5%。全国商品房销售面积171654万平方米，增长1.3%，其中住宅销售面积增长2.2%。全国商品房销售额149973亿元，增长12.2%，其中住宅销售额增长14.7%。

2018年1—12月，全国固定资产投资（不含农户）635636亿元，比上年增长5.9%，增速与1—11月份持平，比上年同期回落1.3个百分点。从环比速度看，12月份固定资产投资（不含农户）增长0.42%。固定资产投资同比增速在反弹回升。数据显示，2018年1—8月增速达到全年低点5.3%后，1—9月、1—10月、1—11月和1—12月，分别为5.4%、5.7%、5.9%和5.9%。

（五）建筑业成本持续上升

根据国家统计局公布数据显示，2018年全年全国居民人均可支配工资性收入（累计值）为28228元，较去年上涨8.7%。2018年从事建筑业的农民工比重为18.6%，比上年下降0.3个百分点。2012—2018年，建筑行业农民工人均年收入分别为3.18万元/人、3.56万元/人、3.95万元/人、4.21万元/人、4.42万元/人、4.70万元/人和5.05万元/人，收入规模逐年提高。2013—2018年收入增速分别为11.72%、7.76%、6.56%、5.10%、6.37%、7.43%，虽然增速有所下降，但是相比建筑行业人均创收和人均创利，依旧处于相对高的增速。

原材料方面，钢铁协会中国钢材价格指数全年1—10月呈上升趋势，于10月达到121.72，11月骤降至106.39，年末收于107.12。全年平均指数为114.75，同比上升7.01，升幅6.51%。水泥价格受多重因素影响，经过1—8月的平稳趋势后于9月价格开始上升，于12月末达到465元/吨，全年平均价格431元/吨。

三、2019年建筑行业前景展望

2019年随着供给侧结构性改革的不断深入，市场环境的进一步优化将促进建筑业发展，预计2019年建筑业将保持较好的发展。

（一）高质量发展政策导向为建筑业带来全新机遇

党的十九大以来，以习近平同志为核心的党中央指出，中国特色社会主义进入了新时代，要更加注重解决好发展不平衡不充分问题，大力提升发展质量和效益，更好地满足人民在经济、政治、文化、社会、生态等方面日益增长的需要，更好推动人的全面发展、社会全面进步。这给建筑业发展带来了新的历史机遇：一是工业化、信息化、城镇化、农业现代化和绿色化的“新五化”结合发展对建筑业发展的新要求，二是经济、政治、文化、社会和生态文明建设“五位一体”对建筑业的全面影响，三是新型城镇化以年均增长1.02%的速度稳步提高，并进入以提升质量为主的转型发展新阶段，四是国家“一带一路”走出去倡议有力带动沿线投资建设，有望成为新的经济增长点，沿线建设将有助于培育遗留建设领域跨国企业，五是雄安新区等国家战略要求工程建设要展望未来、面向国际一流、实现更高品质，对建筑业升级提质提出了迫切需求。由此可见，我国建筑业开始迈向以高质量发展为特征的新时代。

（二）基础设施建设方兴未艾

2018年1月2日，《国务院关于实施乡村振兴战略的意见》出台，《意见》明确指出，将深入推进农村基础设施建设，明显改善农村人居环境，扎实推进美丽宜居乡村建设；从而使农村生态环境根本好转，基本实现美丽宜居乡村目标，把基础设施建设重点放在农村，加快农村公路、供水、供气、环保、电网、物流、信息、广播电视等基础设施建设，推动城乡基础设施互联互通。同年10月国务院办公厅印发《关于保持基础设施领域补短板力度的指导意见》，指出要保持基础设施领域补短板力度，进一步完善基础设施和公共服务，提升基础设施供给质量，更好发挥有效投资对优化供给结构的关键性作用，保持经济平稳健康发展。

2019年1月15日，中共中央政治局常委、国务院总理李克强主持召开座谈会，听取专家学者和企业界人士对《政府工作报告（征求意见稿）》的意见建议。李克强指出，要抓住时机合理增加公共服务、基础设施包括信息基础设施等方面的有效投资，鼓励扩大国内消费，更好发挥强大国内市场优势。近期公布的公路、铁路、民航建设目标显示2019年各个基建投资仍会平稳。2019年新改建农村公路20万公里，新增内河高等级航道达标里程400公里，完成公路水路固定资产投资1.8亿元左右。铁路方面确保投产新线6800公里，其中高铁3200公里。相比2018年预计4000公里，2019年投产新线目标增长了70%，创2016年以来新高。民航方面2019年将加强基础设施供给，固定资产投资力争850亿元，构建“四型机场”标杆体系，进一步放宽民航建设市场准入。

（三）“走出去”将迎来黄金发展期

2019年是“一带一路”倡议提出六周年，我国必将继续推动沿线国家开展更大范围、更高水平、更深层次的国际合作，为我国建筑企业“走出去”谋划新篇章。

深入发展重点领域、重点工程建设，加强技术指标对接。借鉴中巴经济走廊项目经验，大力推动中尼经济走廊和中缅经济走廊建设；围绕中尼跨境铁路、中吉乌铁路、中吉塔阿伊五国铁路、马新高铁、中印铁路等重大基础设施项目建设，推动各国达成合作共识并加强技术标准对接，为建筑企业走出去奠定技术基础。以中俄东线天然气管道建设、中国－中亚天然气管道D线建设及中土天然气领域谈判工作为依托，进一步与俄罗斯、土库曼斯坦等国建立能源合作机制。根据亚洲开发银行最新报告显示，2016年到2030年间，亚洲地区基建需求预计将超过22.6万亿美元（不考虑气候变化），年均基建需求超过1.5万亿美元。各国将继续保持对基础设施的投入，基建发展会延续稳步上升的趋势，“一带一路”沿线国家市场将继续成为对外承包工程行业发展的增长点和驱动力。

根据商务部统计数据，2018年1—7月，我国企业与“一带一路”沿线的61个国家新签对外承包工程项目合同2240份，新签合同额571.1亿美元，占同期我国对外承包工程新签合同额的45.6%，同比下降26.9%，完成营业额450.8亿美元，占同期总额的53.8%，同比增长17.9%。我国对外承包工程行业已经成为国际"一带一路"沿线国家基础设施建设领域的一支重要力量。

（四）新技术创新应用助推建筑业向现代化迈进

中共中央、国务院《关于进一步加强城市规划建设管理工作的若干意见》明确指出要大力推广装配式建筑，缩短建造工期，提升工程质量，减少建筑垃圾和扬尘污染。《装配式建筑评价标准》作为国家标准于2018年2月正式实施，标志着装配式建筑走向全面推广阶段，在未来将加速发展。建筑设计标准化、构件部品生产工厂化、建造施工装配化和生产经营信息化已成为新型建筑工业化之路，是建筑业未来的发展方向。

2016年《2016—2020年建筑业信息化发展纲要》提出要全面发展建筑业信息化建设，将BIM管理方法放在了主要的位置。同时强调全面发展建筑业信息化，提升BIM等信息技术的应用水平，改善总承包单位施工过程中BIM信息化管理。政府部门对BIM信息化技术的信心充分带动了建筑行业对BIM技术的应用，这对推动我国建筑行业的发展起到了关键的作用。建筑业信息化、大数据、区块链、人工智能、3D打印、云计算和物联网等互联网时代信息技术和数字技术的创新与应用对建筑业及建筑本身产生广泛的影响，成为推动建筑业科技进步和转型升级的重要力量，并且将大幅提高工程项目的管理水平和效率效益。

根据2018年国务院发布的《关于进一步加强城市规划建设管理工作的若干意见》和《关于促进建筑业持续健康发展的意见》，以及住房和城乡建设部印发《"十三五"装配式建筑行动方案》《装配式建筑示范城市管理办法》《装配式建筑产业基地管理办法》，均明确提出要大力推广装配式建筑，建设国家级装配式建筑生产基地，加大政策支持力度，力争用10年左右时间，使装配式建筑占新建建筑的比例达到30%。根据住建部已批准的《装配式建筑评价标准》等国家标准，对装配式建筑的术语、基本规定、装配率计算等做出了明确规定，对于"必须""严禁""应"等词汇所对应的不同严格程度进行了详细说明。强调装配式建筑要满足主体结构部分的评价分值不低于20分，从住建部最新发布的《装配式建筑工程消耗量定额》来看，装配式混凝土结构低层住宅建造成本约为2150元/平方米，高层住宅2420元/平方米；装配式钢结构高层住宅建造单价约为2776元/平方米。根据住房和城乡建设部住宅产业化促进中心的测算，现浇混凝土房屋建造成本约为2000元/平方米，从造价角度来看，装配式建筑成本已经接近传统现浇模式。随着装配式建筑规模化，成本将会降低，利润空间将会凸显，产业市场空间巨大，缓解了人力成本上升带来的成本影响。装配式建筑与现浇混凝土成本比较详见图12-3。

（五）减税降费政策保障建筑业提升利润空间

2019年4月1日起，制造业等行业增值税税率从16%降至13%；交通运输、建筑、基础电信服务等行业及农产品等货物的增值税税率从10%降至9%，上海国家会计学院税务专家宫映华估算，增值税税率从16%、10%分别降为13%、9%的部分，约占到2019

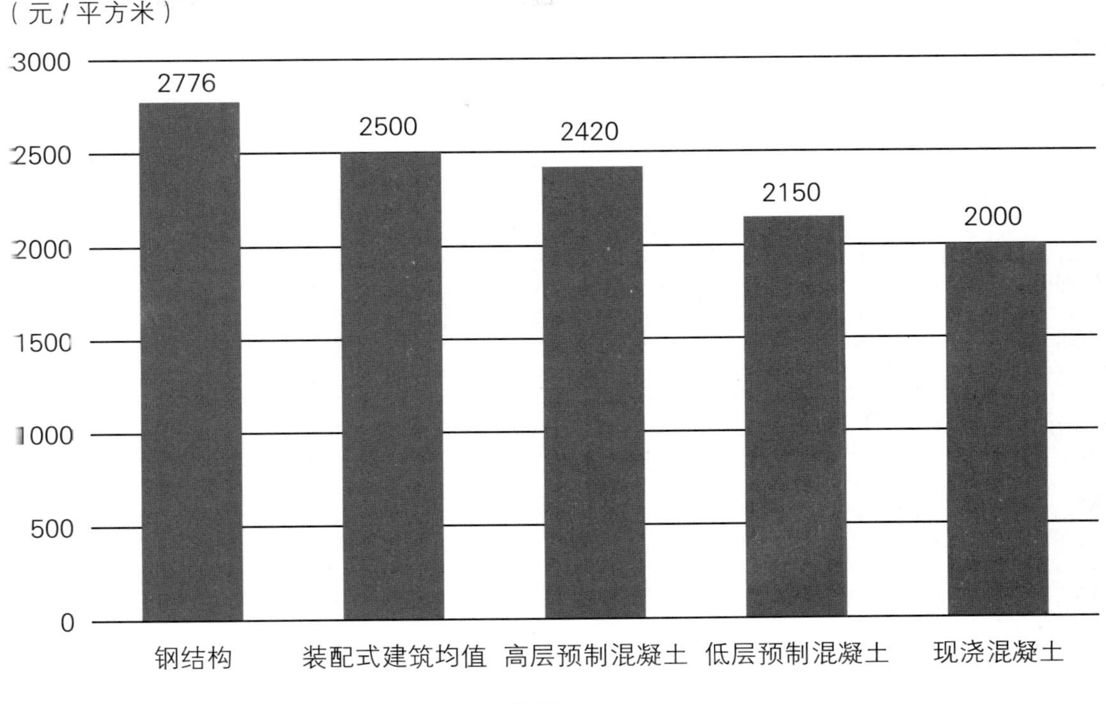

图 12－3

数据来源：公干资料整理。

年减税降费总目标 2 万亿元中的 8000 万元左右。对建筑业来说，税率降低将会给企业减轻资金压力，让企业现金流得以释放，促进建筑企业能更好更快发展。

同时 2018 年 7 月 20 日，中办、国办印发《国税地税征管体制改革方案》，明确从 2019 年 1 月 1 日起，将基本养老保险费、基本医疗保险费、失业保险费、工伤保险费、生育保险费等各项社会保险费交由税务部门统一征收，进一步降低企业成本，提高利润空间。

附表 2018年度建筑装饰行业上市公司业绩评价结果排序表

行业排名	上市公司排名	证券代码	单位名称	年末资产总额	营业收入	净利润	市场投资回报率	总股本收益率（%）	总资产报酬率（%）	流动资产周转率（次）	总资产增长率（%）	三年营业收入平均增长率（%）	综合得分	资产负债率（%）	资本扩张率（%）	股价波动率（%）	净资产收益率（测算标准值用）	已获利息倍数
1	160	601668	中国建筑	186184029.80	119932452.50	5535020.00	-13.55	106.25	5.33	0.96	20.04	10.85	77.60	76.94	25.62	64.49	14.36	4.74
2	162	603357	设计总院	310604.45	164884.26	43660.25	-10.87	134.53	17.87	0.63	16.03	24.68	77.50	30.66	19.43	65.32	22.07	1093.98
3	239	603018	中设集团	675857.73	419849.49	40582.95	-8.67	150.83	8.19	0.85	28.26	44.30	75.30	62.59	16.04	51.81	17.24	23.44
4	351	002717	岭南股份	1638483.24	884290.20	79940.59	-17.81	106.64	8.39	1.00	49.96	67.29	73.40	71.74	24.19	98.11	19.13	5.30
5	437	002081	金螳螂	3330350.40	2508859.61	217155.70	-48.81	79.83	8.51	0.94	18.16	10.38	71.90	59.15	15.79	153.52	17.13	35.40
6	447	002061	浙江交科	3017088.45	2637707.44	125166.39	-37.05	90.48	6.46	1.28	18.02	119.92	71.70	75.12	35.57	138.85	19.19	7.34
7	453	600326	西藏天路	856421.47	502139.32	85807.03	-36.12	51.95	12.24	1.07	1.37	34.00	71.60	49.83	17.90	104.17	21.61	12.62
8	527	601117	中国化学	9702267.08	8144547.71	208004.79	-24.39	39.16	3.41	1.11	10.91	8.63	70.40	63.91	14.60	70.24	6.34	8.38
9	537	300284	苏交科	1225397.94	703013.33	64380.57	-12.01	89.83	7.64	0.86	12.18	39.99	70.30	62.90	14.11	76.01	15.10	6.55
10	545	300649	杭州园林	52723.54	52319.25	5232.14	-35.22	40.88	13.35	2.09	44.67	69.12	70.20	32.48	13.41	131.78	15.62	301.30
11	546	601186	中国铁建	91767058.20	73012304.50	1983840.80	-4.49	132.08	3.99	1.12	11.65	6.73	70.20	77.41	16.06	69.62	10.28	3.61
12	609	000065	北方国际	1144797.42	998140.98	61780.46	-38.21	91.88	7.53	1.10	-0.14	32.55	69.20	59.74	11.74	101.11	14.15	12.71
13	616	603929	亚翔集成	193459.54	225586.82	16158.14	-47.32	75.50	10.56	1.29	16.34	26.79	69.10	42.22	12.14	120.35	15.28	0.00
14	629	002541	鸿路钢构	1042060.24	787449.39	41605.51	-25.47	95.33	7.06	1.22	22.21	35.11	68.90	57.55	9.76	80.36	9.84	5.07
15	634	002051	中工国际	1812023.25	1015038.33	117878.17	-40.16	107.88	8.03	0.67	-2.37	7.72	68.80	48.51	7.71	98.96	13.10	15.78
16	638	600248	延长化建	829336.91	757202.82	34804.01	-35.02	36.69	6.05	1.27	49.56	25.65	68.80	66.92	33.77	76.33	14.52	75.48
17	640	601390	中国中铁	94267610.10	73771385.10	1743627.80	-17.85	75.28	3.49	1.12	11.68	5.90	68.80	76.43	30.89	35.94	8.90	3.69
18	649	300668	杰恩设计	47909.80	34173.21	8360.65	-36.02	113.32	21.20	0.98	11.27	32.04	68.60	14.78	6.39	177.95	21.11	2186.54
19	668	603098	森特股份	360429.08	293119.70	21985.42	-8.51	50.02	8.95	1.05	29.46	39.83	68.40	48.51	10.36	101.77	12.43	9.16
20	741	002713	东易日盛	330343.28	420339.24	30787.38	-35.70	96.14	11.74	2.25	-6.89	23.03	67.40	60.55	-9.77	126.47	22.41	62.25
21	744	600528	中铁工业	3388753.81	1789786.37	151083.49	-14.68	66.66	5.40	0.73	7.12	-32.34	67.30	52.64	8.51	52.21	9.80	51.49
22	748	601800	中国交建	96047608.56	49087212.83	2029375.51	-14.82	121.67	4.27	1.05	12.97	6.67	67.30	75.05	16.38	44.04	9.11	2.92
23	756	000498	山东路桥	2389151.77	1476838.27	67709.96	-27.47	38.77	5.70	0.92	35.54	25.80	67.20	73.38	56.45	117.43	12.99	4.21

续表

行业排名	上市公司排名	证券代码	单位名称	年末资产总额	营业收入	净利润	市场投资回报率	总股本收益率（%）	总资产报酬率（%）	流动资产周转率（次）	总资产增长率（%）	三年营业收入平均增长率（%）	综合得分	资产负债率（%）	资本扩张率（%）	股价波动率（%）	净资产收益率（测算标准值用）	已获利息倍数
24	764	603909	合诚股份	134066.55	63020.16	6802.85	−19.38	67.06	9.19	0.83	82.21	31.98	67.10	44.83	16.63	63.01	9.90	10.92
25	825	601886	江河集团	2728872.25	1603726.17	73860.59	−13.77	52.74	4.41	0.79	13.20	−0.25	66.30	67.45	16.53	64.72	8.95	4.28
26	832	300500	启迪设计	226465.51	109372.81	12726.42	−43.57	86.85	9.93	1.06	121.46	48.75	66.20	41.19	65.67	141.69	11.92	9.43
27	851	600170	上海建工	21591766.39	17054578.31	342944.85	−17.76	31.22	2.99	1.02	10.34	10.78	65.80	83.65	16.31	62.16	10.45	3.43
28	853	300732	设研院	405972.78	113827.44	30180.26	−27.37	288.57	11.17	0.44	70.07	41.15	65.80	46.38	41.77	108.96	16.26	34.01
29	880	600820	隧道股份	7797005.16	3726624.10	199750.99	−25.21	62.94	4.27	0.91	14.80	11.61	65.60	72.39	7.13	83.85	9.60	5.68
30	912	002830	名雕股份	120851.27	76394.96	4836.57	−34.88	34.45	5.16	0.83	9.32	4.29	65.20	46.02	6.41	95.93	7.64	0.00
31	915	603637	镇海股份	101870.34	63390.65	5367.43	−21.62	34.96	6.35	0.73	10.48	4.55	65.20	25.89	5.05	100.35	7.28	0.00
32	935	600970	中材国际	3104128.57	2150142.00	140331.36	−43.58	78.28	6.25	0.99	4.46	−1.64	64.90	70.54	15.10	147.83	16.42	9.50
33	951	002116	中国海诚	430283.76	522535.01	21219.88	−36.30	50.81	6.07	1.39	9.45	3.65	64.70	66.70	8.68	90.34	15.43	913.08
34	957	603959	百利科技	269641.46	118270.26	15117.34	−36.92	55.83	8.68	0.62	20.76	37.96	64.70	58.95	15.49	142.48	14.64	5.78
35	974	300506	名家汇	341809.44	130669.57	34401.33	−37.09	97.95	17.47	0.79	112.18	74.12	64.40	42.58	166.89	111.02	25.50	11.66
36	1002	603017	中衡设计	311141.05	186612.53	17906.87	−36.49	61.11	6.98	1.10	8.06	43.15	64.00	41.22	4.10	124.82	9.99	1153.18
37	1015	300495	美尚生态	820229.35	229886.85	38675.31	−12.52	64.37	7.69	0.47	18.58	58.23	63.90	60.37	12.19	62.50	12.58	4.77
38	1025	603698	航天工程	367530.83	161950.70	22673.58	−27.82	54.99	6.85	0.62	−4.01	1.47	63.70	27.57	6.85	76.08	8.80	0.00
39	1041	300621	维业股份	244047.79	239494.49	6712.90	−26.31	39.66	6.48	1.19	18.20	21.41	63.60	63.36	13.27	97.25	7.97	5.97
40	1042	600629	华建集团	848484.97	595891.99	30645.41	−26.93	448.02	5.04	1.05	14.61	11.77	63.60	66.13	8.38	71.23	11.09	15.32
41	1045	000055	方大集团	1065885.41	304868.02	224616.46	−35.80	192.05	33.51	0.69	39.78	6.13	63.60	51.26	60.40	160.14	53.26	32.77
42	1049	603359	东珠生态	472286.79	159379.41	32529.31	−32.58	119.29	8.88	0.45	22.04	21.95	63.50	43.62	9.91	120.29	12.79	1494.17
43	1050	600039	四川路桥	8609376.27	4001922.14	120690.70	−20.06	32.45	4.09	1.05	17.90	9.15	63.50	82.02	7.51	49.21	8.08	1.84
44	1069	300635	达安股份	100027.17	49563.27	6533.61	−2.47	40.39	10.04	0.69	40.13	7.78	63.20	32.72	12.82	121.09	10.29	24.14
45	1076	002811	亚泰国际	277499.56	230054.58	11422.27	−7.46	63.47	5.80	0.99	6.99	8.41	63.20	49.51	7.09	73.46	8.43	7.13
46	1085	002775	文科园林	381892.51	284920.49	24955.11	−50.89	65.64	11.48	1.14	41.23	39.66	63.10	34.54	66.98	152.20	12.49	4.56

续表

行业排名	上市公司排名	证券代码	单位名称	年末资产总额	营业收入	净利润	市场投资回报率	总股本收益率（%）	总资产报酬率（%）	流动资产周转率（次）	总资产增长率（%）	三年营业收入平均增长率（%）	综合得分	资产负债率（%）	资本扩张率（%）	股价波动率（%）	净资产收益率（测算标准值用）	已获利息倍数
47	1095	603030	全筑股份	811815.68	652102.45	28722.80	-39.44	48.37	6.38	1.14	52.96	43.98	62.90	76.13	13.54	114.53	15.76	6.34
48	1115	603388	元成股份	261552.07	124433.20	13538.53	-42.69	65.67	8.79	0.77	60.46	41.04	62.70	64.01	21.57	143.57	15.78	6.21
49	1132	603860	中公高科	70313.44	20869.39	4795.04	-34.09	71.75	7.96	0.48	1.59	10.98	62.50	14.22	6.83	108.06	8.21	1053.60
50	1173	600068	葛洲坝	21820926.59	10062566.98	595989.36	-25.64	101.15	5.10	0.80	16.74	6.94	62.20	74.76	7.81	80.90	11.23	3.99
51	1259	002062	宏润建设	1452902.32	988825.83	19800.07	-29.24	27.25	3.69	0.93	11.62	5.14	61.20	78.89	1.62	77.00	6.51	2.42
52	1260	601669	中国电建	71325314.38	29467794.45	992362.97	-33.91	50.30	3.51	0.94	23.84	11.79	61.20	79.97	20.30	108.11	7.59	2.29
53	1267	603466	风语筑	343716.58	170836.13	21095.64	-41.87	96.78	7.91	0.62	24.72	18.80	61.20	59.19	8.72	193.72	15.67	0.00
54	1296	600284	浦东建设	1181134.18	367237.81	46154.86	-27.10	54.46	5.16	0.40	5.67	5.10	60.80	48.76	4.73	79.53	7.80	19.41
55	1345	000628	高新发展	352271.22	95324.09	8041.45	14.52	17.58	3.02	0.33	17.97	-18.65	60.20	75.24	11.89	65.49	9.74	10.15
56	1370	603887	城地股份	168384.85	126036.40	7217.99	-23.04	58.40	6.60	0.96	36.82	31.40	60.00	48.90	14.10	123.88	8.94	14.47
57	1384	601618	中国中冶	43891584.30	28953452.30	757060.70	-34.78	30.75	3.66	0.88	5.87	10.04	59.80	76.61	5.50	81.74	7.57	2.56
58	1448	000928	中钢国际	1556810.46	836682.62	42628.48	-34.24	35.09	4.71	0.68	14.91	-4.98	59.20	70.59	-2.27	94.29	9.20	11.38
59	1467	002047	宝鹰股份	925203.03	685582.03	27234.75	-9.25	76.78	5.89	0.82	10.45	0.01	59.00	56.65	4.29	70.57	6.93	3.03
60	1483	600491	龙元建设	5148447.44	2021276.47	94292.00	-30.61	66.06	3.15	0.68	38.06	8.04	58.80	79.30	71.48	114.77	11.18	10.23
61	1498	600846	同济科技	1233279.03	328379.92	37772.67	-29.60	48.22	4.49	0.37	34.28	0.17	58.60	75.56	4.04	91.47	12.78	19.14
62	1500	002545	东方铁塔	1136374.94	219745.87	44313.54	-31.92	34.97	5.86	0.83	3.53	22.80	58.60	34.14	6.08	121.34	6.10	10.27
63	1542	600477	杭萧钢构	790574.07	618436.73	57454.11	-57.17	35.90	9.79	1.16	13.79	17.77	58.10	57.09	12.32	160.29	17.92	14.48
64	1551	002060	粤水电	2025055.37	830838.51	20396.49	-29.42	16.70	3.49	1.07	15.62	7.51	58.00	84.23	9.33	70.30	6.67	1.62
65	1574	603828	柯利达	399179.13	238525.26	6812.56	0.78	15.45	3.25	0.89	12.25	13.58	57.80	71.57	4.97	71.48	6.15	3.19
66	1643	300712	永福股份	142060.06	68596.42	7353.33	-38.02	52.49	7.06	0.66	18.16	21.05	57.10	34.54	6.84	130.77	8.17	14.52
67	1653	601789	宁波建工	1459052.05	1554186.40	21981.15	-32.00	22.49	3.94	1.28	4.86	5.39	56.90	79.21	11.62	69.85	7.64	2.35
68	1688	002482	广田集团	2096669.63	1439763.71	31820.70	-29.89	22.66	3.12	0.94	32.16	21.59	56.50	65.98	3.70	124.53	4.54	2.83
69	1695	002789	建艺集团	401051.09	296361.26	9107.98	-32.04	84.13	5.27	1.07	10.68	16.94	56.40	69.01	6.97	95.70	7.58	2.14

续表

行业排名	上市公司排名	证券代码	单位名称	年末资产总额	营业收入	净利润	市场投资回报率	总股本收益率（%）	总资产报酬率（%）	流动资产周转率（次）	总资产增长率（%）	三年营业收入平均增长率（%）	综合得分	资产负债率（%）	资本扩张率（%）	股价波动率（%）	净资产收益率（测算标准值用）	已获利息倍数
70	1704	600193	ST 创兴	34083.48	22914.60	3101.67	−43.74	7.29	12.32	2.32	22.11	131.16	56.30	37.39	17.49	196.71	15.70	158.59
71	1713	002781	奇信股份	494002.80	499937.05	15961.46	−39.83	74.90	7.06	1.17	13.80	14.39	56.20	60.26	7.59	106.17	8.43	3.69
72	1734	603007	花王股份	343667.80	126434.09	11317.18	−37.98	29.63	5.61	0.88	31.65	32.89	56.00	65.85	9.99	127.92	10.10	4.48
73	1751	002883	中设股份	52055.48	27039.43	5929.44	−49.59	81.21	14.31	0.64	15.86	21.63	55.80	15.06	12.17	148.11	14.18	0.00
74	1773	601611	中国核建	9450600.48	5135505.78	112209.18	−40.02	36.60	2.61	0.78	21.09	7.82	55.60	86.83	11.49	98.90	9.50	2.86
75	1801	002586	围海股份	1112313.67	353978.02	26149.77	−49.90	23.14	4.70	0.65	27.90	23.12	55.30	50.26	27.05	159.87	5.29	3.79
76	1826	002822	中装建设	474229.80	414569.53	16507.83	−36.10	27.85	7.24	1.03	14.83	16.84	55.10	54.22	6.68	110.47	7.85	4.24
77	1827	002620	瑞和股份	527211.62	361386.23	17125.28	−38.78	40.75	4.93	1.06	26.82	25.69	55.00	53.69	5.47	113.48	7.20	6.70
78	1869	600496	精工钢构	1331403.21	863058.94	18115.45	−39.87	10.94	2.92	0.93	15.24	6.20	54.60	63.19	23.45	95.64	4.08	2.25
79	1888	300492	山鼎设计	40363.35	21594.67	2668.52	−58.00	32.15	8.39	0.70	4.03	5.20	54.50	21.98	0.22	219.53	8.48	20.77
80	1901	600502	安徽水利	7554600.33	3882799.39	81983.45	−39.42	50.70	3.01	0.72	18.96	61.90	54.40	84.30	34.18	117.67	7.92	2.26
81	1911	601226	华电重工	807496.80	583538.32	5835.84	−33.10	4.94	1.16	0.87	2.76	4.31	54.30	55.55	1.34	88.49	1.64	4.61
82	1916	002135	东南网架	1032660.47	869464.05	18122.51	−32.78	16.50	2.77	1.10	2.40	18.72	54.30	60.82	3.29	85.54	4.55	3.17
83	1922	600853	龙建股份	1537197.73	1050517.68	14758.06	−29.62	24.77	3.25	0.97	20.30	16.08	54.20	88.24	81.77	91.03	10.53	1.90
84	1976	300675	建科院	84742.95	39700.79	3303.12	−31.21	23.61	5.53	0.84	22.53	12.28	53.60	47.60	5.63	150.26	7.64	11.90
85	1981	603458	勘设股份	397288.79	215157.62	35288.63	−59.63	281.99	11.31	0.69	14.71	12.00	53.50	43.90	13.81	209.76	16.86	106.13
86	2059	002307	北新路桥	2285792.16	1025271.80	6389.49	−28.90	7.28	1.80	0.90	17.10	26.09	52.60	83.51	16.45	77.69	1.82	1.52
87	2063	002375	亚厦股份	2091602.47	919947.30	37337.77	−34.54	27.53	2.59	0.53	4.92	0.85	52.50	61.17	4.31	97.31	4.69	7.46
88	2069	002140	东华科技	593161.60	403404.66	14916.33	−48.48	33.24	2.89	0.86	−3.73	3.55	52.50	64.05	7.69	134.49	7.25	51.95
89	2127	603843	正平股份	554584.16	281226.67	9449.79	−47.07	17.44	4.64	0.80	44.09	5.31	51.70	72.48	18.94	143.03	6.73	2.23
90	2168	600939	重庆建工	6900908.81	4661984.01	44669.78	−38.36	21.73	1.79	0.87	2.62	0.38	51.20	87.48	23.80	104.81	5.72	1.86
91	2187	603081	大丰实业	328923.53	179522.92	22973.63	−57.79	57.24	9.28	0.74	20.35	8.75	51.00	47.74	11.95	247.54	14.12	24.84
92	2204	002542	中化岩土	850149.35	356381.71	22119.74	−48.48	12.31	4.98	0.70	24.12	22.67	50.90	54.29	11.80	165.59	6.01	3.12

续表

行业排名	上市公司排名	证券代码	单位名称	年末资产总额	营业收入	净利润	市场投资回报率	总股本收益率（%）	总资产报酬率（%）	流动资产周转率（次）	总资产增长率（%）	三年营业收入平均增长率（%）	综合得分	资产负债率（%）	资本扩张率（%）	股价波动率（%）	净资产收益率（测算标准值用）	已获利息倍数
93	2256	300517	海波重科	126218.57	50446.26	2424.29	-32.26	23.17	2.89	0.56	18.15	10.32	50.40	47.76	6.81	165.01	3.80	7.38
94	2279	600133	东湖高新	2364414.38	869250.24	42304.65	-34.20	46.58	4.37	0.52	3.59	11.93	50.10	78.42	19.35	178.13	9.02	2.26
95	2283	300536	农尚环境	121575.56	46026.95	5224.68	-58.63	31.17	5.90	0.43	23.56	9.18	50.00	53.09	7.65	180.56	9.50	16.05
96	2334	002743	富煌钢构	708102.93	353167.18	9011.79	-47.44	24.45	3.84	0.78	18.30	33.19	49.30	69.84	5.60	149.47	4.33	1.65
97	2389	002628	成都路桥	593700.20	272561.05	2095.99	-40.96	2.89	0.82	0.68	6.01	23.56	48.50	54.40	1.15	115.72	0.78	3.27
98	2408	002310	东方园林	4209262.92	1329315.92	159097.32	-65.37	59.46	6.38	0.52	19.87	35.19	48.20	69.33	13.53	207.88	13.11	4.02
99	2441	300197	铁汉生态	2468964.02	774882.95	29967.34	-50.98	16.02	3.99	0.63	21.65	43.66	47.80	72.39	7.23	105.47	4.55	1.59
100	2489	002469	三维工程	169448.55	52338.25	5148.19	-41.34	7.95	3.76	0.36	1.17	-5.82	47.00	22.35	2.06	118.86	3.95	345.82
101	2512	603316	诚邦股份	164782.69	77136.37	5610.39	-45.90	27.60	5.35	0.63	27.11	24.71	46.60	48.87	5.32	144.78	6.83	4.56
102	2543	600769	祥龙电业	14272.11	3732.34	509.42	-35.12	1.36	3.76	0.71	1.07	21.58	46.00	63.76	3.93	101.17	10.04	0.00
103	2591	603955	大千生态	292181.83	80176.25	9032.63	-57.13	90.08	5.05	0.52	35.44	15.07	45.20	56.25	12.04	183.98	7.47	7.93
104	2604	300237	美晨生态	924176.27	349054.35	37910.08	-59.89	32.92	7.27	0.52	14.00	24.63	44.90	60.28	9.38	148.24	10.79	3.42
105	2727	603717	天域生态	309514.61	104772.27	9162.12	-53.65	44.23	5.32	0.49	29.23	8.50	42.40	55.51	6.49	198.68	6.86	3.82
106	2755	002856	美芝股份	144711.14	95651.32	2652.27	-45.57	23.79	2.76	0.70	3.27	-3.45	41.80	54.27	1.39	161.08	4.04	8.74
107	2778	002887	绿茵生态	220599.04	51091.79	15536.11	-57.13	127.21	8.30	0.25	2.59	-4.50	41.20	19.52	8.35	216.56	9.10	2077.09
108	2833	300592	华凯创意	107992.85	44849.31	1569.18	-47.34	12.82	2.31	0.52	3.09	-2.34	39.60	53.23	1.93	148.15	3.14	3.14
109	2878	002663	普邦股份	898528.80	380556.90	4829.00	-55.30	2.38	1.59	0.55	-10.02	16.09	37.90	41.61	0.87	219.54	0.92	1.40
110	2953	002504	弘高创意	460194.70	144372.19	726.61	-30.08	9.96	0.65	0.32	-6.45	-24.00	35.40	78.99	1.48	123.48	0.76	3.43
111	2960	002431	棕榈股份	1763942.20	532880.59	5072.34	-59.72	3.38	2.78	0.47	12.52	6.59	34.80	67.49	-0.67	171.57	0.88	1.24
112	2970	300355	蒙草生态	1452105.55	382053.45	23988.12	-70.00	12.70	4.61	0.47	16.39	29.28	34.50	71.23	6.48	281.07	5.92	2.23
113	3063	600512	腾达建设	1123788.91	351325.12	-13477.24	-53.49	1.60	0.74	0.44	2.11	6.35	29.20	60.75	-11.61	194.42	-2.87	0.39
114	3067	002325	洪涛股份	1188347.19	392576.68	-41881.39	-41.12	-33.78	-1.55	0.47	6.20	9.30	28.80	68.51	-0.91	119.80	-11.14	-0.79
115	3135	600209	*ST 罗顿	83908.87	15984.20	206.89	-63.24	1.88	0.82	0.52	-1.08	13.35	25.40	19.17	-1.16	344.61	0.30	35.64

续表

行业排名	上市公司排名	证券代码	单位名称	年末资产总额	营业收入	净利润	市场投资回报率	总股本收益率（%）	总资产报酬率（%）	流动资产周转率（次）	总资产增长率（%）	三年营业收入平均增长率（%）	综合得分	资产负债率（%）	资本扩张率（%）	股价波动率（%）	净资产收益率（测算标准值用）	已获利息倍数
116	3150	603778	乾景园林	181056.11	35259.77	−2195.00	−42.63	−1.25	−1.06	0.22	0.35	−16.59	24.60	42.66	1.94	133.42	−2.13	−8.41
117	3270	002178	延华智能	200575.52	113591.70	−29973.15	−74.63	−40.01	−14.24	0.72	−10.06	0.57	18.30	48.64	−20.03	337.85	−25.86	−42.06
118	3283	002374	丽鹏股份	563530.64	124788.94	−78805.29	−44.72	−90.02	−11.03	0.47	−11.56	−2.77	17.30	55.25	−21.45	103.08	−27.50	−5.50
119	3380	002200	*ST 云投	355990.31	75963.82	−22775.74	−56.97	−138.70	−1.78	0.30	7.11	−3.42	10.00	90.24	−39.17	171.06	−49.57	−0.41
120	3391	000010	*ST 美丽	327327.83	34541.04	−72651.26	−42.19	−89.22	−20.58	0.13	5.41	−28.81	8.40	81.95	−49.91	96.54	−82.07	−9.69
121	3419	000018	神州长城	960345.59	242698.77	−171976.44	−65.98	−100.38	−9.35	0.27	−17.69	−15.41	3.00	97.23	−88.25	274.03	−136.18	−1.38
122		002755	奥赛康	295825.45	393188.17	66890.37	−20.09	130.17	39.50	2.80	241.37	141.79	79.10	37.77	214.68	118.78	55.14	1612.04
123		002941	新疆交建	1013512.53	535139.99	36457.25	−33.02	57.68	5.86	0.69	13.00	34.04	54.20	75.35	58.89	41.55	17.91	5.24
124		601068	中铝国际	4903098.34	3357211.13	51020.16	−33.02	10.87	2.85	0.86	8.06	17.00	51.30	73.11	8.72	78.70	4.03	1.95
125		300746	汉嘉设计	117578.98	94460.59	7587.19	−33.02	41.09	9.57	1.20	40.45	24.05	69.60	21.22	51.22	160.27	9.86	0.00

第十三章　银行业上市公司业绩评价

2018年，在中美贸易争端等复杂且多变的国际政治经济环境下，中国经济增长面临的压力有所加大。我国通过施行稳健中性的货币政策、大规模减税降费、调整优化财政支出、全力推进各地政府债券发行等为经济稳固增长建立了良好的基本条件，同时相关货币政策工具确保流动性充裕合理，增强金融服务实体经济的能力。银行业作为金融行业的重要组成部分，银行业的发展趋势和我国的宏观经济发展趋势息息相关。纵观2018年，尽管中国经济承受着较大的下行压力，但由于政策及时对冲与改革，抵挡住了下行压力，银行业仍然达到了稳定适当的增长。

2018年上市公司银行业指数从年初的6476点波动下跌至年末的5470.49点，跌幅为15.52%。截至2019年4月底，我国A股市场总计有32家上市银行，其中包含2018年和2019年1—4月新上市的长沙银行、郑州银行、成都银行、青农商行、西安银行、青岛银行和紫金银行共7家银行。由于当年上市的银行不进行指标评价，故本次业绩评价的分析对象未包含上述新增银行，纳入评价银行业上市公司共25家。

展望2019年，全球经济政治形势依然复杂多变，全球金融市场或许面临无法预测的波动格局。中国经济在宏观政策等因素的调整下有望保持在合理区间。政府进一步推进更大规模的减税降费和优化财政支出结构，实行稳健的货币政策在保持流动性合理的同时，优化结构，为提升实体经济做好基础。

一、2018年银行业上市公司业绩评价结果

截至2018年，银行业的A股上市公司共25家，其中：沪市21家，占84.00%，深市4家，占16.00%。25家银行上市公司资产总额1480171.96亿元，所有者权益合计123899.02亿元，2018年实现营业收入41862.08亿元，实现净利润14869.75亿元。

在25家银行上市公司中，业绩为AA的有3家；业绩为A的有8家；业绩为BBB的有10家；业绩为BB的有3家；业绩为B的有1家。

表 13－1　2018 年 A 股上市银行汇总表

证券简称	上市日期	证券简称	上市日期
平安银行	1991-04-03	建设银行	2007-09-25
浦发银行	1999-11-10	农业银行	2010-07-15
民生银行	2000-12-19	光大银行	2010-08-18
招商银行	2002-04-09	江苏银行	2016-08-02
华夏银行	2003-09-12	贵阳银行	2016-08-16
中国银行	2006-07-05	江阴银行	2016-09-02
工商银行	2006-10-27	无锡银行	2016-09-23
兴业银行	2007-02-05	常熟银行	2016-09-30
中信银行	2007-04-27	杭州银行	2016-10-27
交通银行	2007-05-15	上海银行	2016-11-16
宁波银行	2007-07-19	苏农银行	2016-11-29
南京银行	2007-07-19	张家港行	2017-01-24
北京银行	2007-09-19		

根据 2018 年银行业整体评价结果，进入业绩评价综合得分百强名单的有 4 家：宁波银行、招商银行、建设银行、农业银行。宁波银行列全部上市公司第 31 位，居银行业之首；招商银行列全部上市公司第 33 位。

表 13－2　2018 年度银行业十强排行榜

名次	股票代码	股票简称	在全部上市公司中排名
1	002142.SZ	宁波银行	31
2	600036.SH	招商银行	33
3	601939.SH	建设银行	72
4	601288.SH	农业银行	92
5	601128.SH	常熟银行	102
6	601988.SH	中国银行	129
7	601398.SH	工商银行	135
8	601997.SH	贵阳银行	165
9	601229.SH	上海银行	170
10	601166.SH	兴业银行	179

基于对银行业上市公司的整体评价，下面分别从安全性状况、流动性状况、盈利能力状况、发展能力状况及市场表现状况五个方面对上市银行公司进行具体分析。

（一）安全性状况

1. 资本充足率

由于全行业积极推进银保监会颁布的新资本管理办法的实施工作，2018 年各行纷纷完善了资本规划，在继续保持利润增长的情况下，有效补充了核心资本，各家上市银行的资本充足率均高于监管指标。与 2017 年相比，25 家 A 股上市银行的资本充足率平均增长幅度为 3.61%。上市银行资本充足率排名前三位的是：无锡银行（16.81%）、建设银行（16.37%）、招商银行（15.68%）；资本充足率排名后三位的分别为：北京银行（12.07%）、民生银行（11.71%）、平安银行（11.50%）。25 家 A 股上市银行的资本充足率均值，较银保监会《商业银行资本管理办法（试行）》中资本充足率最低要求 10.50% 高出 31.28%，资本市场对于银行核心资本的保障作用不容小觑。其中平安银行在 2018 年末资本充足率为 11.50%，较 2017 年上升了 0.03%，但是仍在 A 股上市银行中排名垫底。目前平安银行已完成 260 亿元 A 股可转债的发行及 300 亿元的二级资本债，有效地补充了资本。无锡银行资本充足率近年来持续上升，在上市银行中排名第一，年初发行的 30 亿元可转债慢慢开始转股，核心一级资本充足率有望得到缓解。

2. 不良贷款率

中国商业银行的不良贷款率自 2012 年以来持续上升，在历经了 2014—2015 年不良爆发的高峰期后，于 2016 年升至峰值。2018 年各银行资产质量有所改善，从行业平均不良贷款率来看，与 2017 年相比，2018 年上市银行的不良贷款率均值下降幅度为 3.29%，但各行间分化加剧。部分行的不良贷款率略有上升，主要由于不良资产的确认更加严格，90 天以上逾期贷款全部纳入不良的规定。同时，银行加强不良资产处置力度，不良贷款率在大幅度地下降。

在 25 家 A 股上市银行中不良贷款率较低的前三位分别为：常熟银行（0.99%）、南京银行（0.89%）、宁波银行（0.78%）；不良贷款率较高的三家分别为：江阴银行（2.15%）、浦发银行（1.92%），华夏银行（1.85%）。江阴银行虽然是所有上市银行中不良贷款率最高的，但是与 2017 年相比下降了 0.24%，主要是由于核销转出增多。华夏银行不良暴露增加，不良率 1.85%，环比上升 0.09%。

不良贷款剪刀差消化。2018 年 3 月银监会印发了《关于调整商业银行贷款损失准备监管要求的通知》，根据贷款分类准确性等标准将拨备覆盖率、拨贷比监管要求分别由 150% 调整为 120%—150%、由 2.5% 调整为 1.5%—2.5%，鼓励银行加速不良贷款确认。大部分银行已将不良贷款率降至 100% 以下，仅有华夏银行逾期 90 天以上贷款余额 / 不良贷款余额为 147%。由于逾期贷款确认为不良贷款的标准更严格，导致了部分银行的不良贷款率上升，如平安银行（上升 0.05%）、北京银行（上升 0.22%）、民生银行（上升 0.05%）、中信银行（上升 0.09%），但这有利于银行尽早减轻资产质量包袱。

根据银保监会披露的监管数据，2018 年上市商业银行核销不良贷款合计 9880.00 亿元，相比 2017 年增长 36%。虽然不良贷款余额有回升，但是加大了处置不良资产的速度，银行资产质量处于向好的状态。这有利于银行可以更好地为中小实体企业服务，使得信贷投放量增加。

表 13－3　行业安全性状况表

分析指标	2017 年行业平均值（%）	2018 年行业平均值（%）	增长率幅度（%）
资本充足率	13.30	13.78	3.61
不良贷款率	1.52	1.47	-3.29

（二）流动性状况

1. 短期资产流动性比率

与 2017 年相比，2018 年 25 家 A 股上市银行的短期资产流动性比率增幅为 18.55%。大部分上市银行的短期流动性比率较高，还款能力较强。在上市银行短期资产流动性比率排名中名列前三位分别为：无锡银行（88.06%）、江阴银行（86.49%）、贵阳银行（85.84%）。名列后三位的分别为：招商银行（44.94%）、上海银行（44.17%）、工商银行（43.80%）。

2. 流动性覆盖率

与 2017 年相比，2018 年 25 家 A 股上市银行的流动性覆盖率增幅为 1.71%。上市银行流动性覆盖率较高的前三家分别为：平安银行（220.29%）、无锡银行（206.57%）、建设银行（149.64%）。流动性覆盖率较低的前三家分别为：张家港银行（114.33%）、农业银行（112.03%）、杭州银行（107.14%）。

表 13－4　行业流动性状况表

分析指标	2017 年行业平均值（%）	2018 年行业平均值（%）	增长率幅度（%）
短期资产流动性比率	49.50	58.68	18.55
流动性覆盖率	113.45	115.39	1.71

（三）盈利能力

1. 净资产收益率

近年银行业净资产收益率继续下滑，主要受杠杆倍数缩小影响，上市银行 2018 年资产增速较 2017 年降低；另外 2017 年以来银行业上市、定向增资、可转债发行相对比较活跃，银行股本增加降低了杠杆倍数。

与2017年相比，2018年25家A股上市银行的净资产收益率降幅为44.76%，上市银行净资产收益率排名中位居前三位的分别是：贵阳银行（17.01%）、宁波银行（16.21%）、招商银行（15.74%）；后三位分别是：苏农银行（9.01%）、张家港银行（8.89%）、江阴银行（7.80%）。

2. 总资产收益率

2018年上市银行总资产收益率呈下降趋势。与2017年相比，2018年25家A股上市银行的总资产收益率降幅为15.84%，上市银行总资产收益率排名中的前三位分别为：招商银行（1.24%）、建设银行（1.13%）、工商银行（1.11%）；排名后三位分别为：江苏银行（0.72%）、江阴银行（0.70%）、杭州银行（0.62%）。

表13－5 行业盈利状况表

分析指标	2017年行业平均值（%）	2018年行业平均值（%）	增长率幅度（%）
净资产收益率	12.78	7.06	-44.76
总资产收益率	1.05	0.88	-15.84

（四）发展能力

1. 资本扩张率

2018年，我国上市银行资产规模持续增长，资产质量总体保持稳定。与2017年相比，2018年25家A股上市银行的资本扩张率降幅为13.81%。其中，宁波银行的发展思路是在实现规模快速增长的同时，保持存款结构的合理性，控制付息成本，负债结构显著优化，成本优势进一步增强受益于资产规模的增长，按其规模系数调整后资本扩张率（42.00%）在25家上市银行排名中位居第一，其后两位分别为贵阳银行（39.85%）、华夏银行（29.04%）；排名后三位的分别为：平安银行（8.10%）、光大银行（5.58%）、交通银行（4.29%）。近年中小型股份制银行和城市商业银行在资本扩张方面进行多方面调整，加快了资本扩张速度。

2. 营业收入增长率

在严监管的金融环境下，银行对资产配置进行调整，通过削减低收益同业资产和高成本的同业负债，生息资产收益率提升，计息负债成本率趋于平稳，使得营业收入增加。与2017年相比，2018年25家A股上市银行的营业收入增长率涨幅为85.49%。在25家上市银行按规模系数调整后营业收入增长率的排名中，位于前三位的分别为：上海银行（32.49%）、江阴银行（27.09%）、张家港银行（24.24%）。而后三位分别为：江苏银行（4.09%）、浦发银行（1.73%）、贵阳银行（1.35%）。其中上海银行营业收入高速增长的原因是资产规模扩张快，净息差大幅上升。

表 13－6　行业发展能力状况表

分析指标	2017 年行业平均值（%）	2018 年行业平均值（%）	增长率幅度（%）
资本扩张率	10.57	9.11	–13.81
营业收入增长率	3.86	7.16	85.49

（五）市场表现

2018 年银行业指数和沪深 300 指数保持较大相关性，总体来看，银行走势低于沪深 300，如图 13–1 所示。

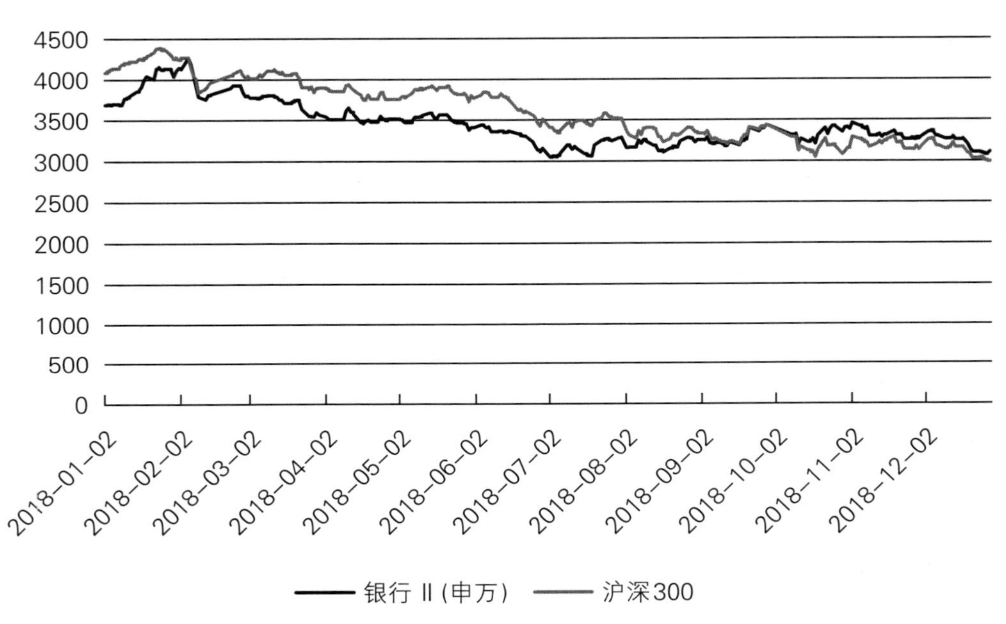

图 13－1　银行指数和沪深 300 趋势

数据来源：Wind。

1. 市场投资回报率

2018 年，从市场投资回报率看，在 25 家上市银行中，位于前三位的分别为：上海银行（17.63%）、交通银行（4.71%）、农业银行（1.22%）；而后三位分别为：无锡银行（–25.47%）、江阴银行（–34.17%）、张家港银行（–47.15%）。后三家银行均是在 2016 年末前后上市的小型商业银行，在上市初期受市场追捧有过较大幅度的上涨，之后一直处于价值回归中。

2. 股价波动率

从波动性指标看，股价波动最大的前三家分别为张家港银行（54.95%）、苏农银行（36.65%）、江阴银行（36.15%）；排名后三家的分别为中国银行（18.43%）、交通银行（18.32%）、北京银行（17.24%）。

表 13 – 7　行业市场表现状况表

分析指标	2017 年行业平均值（%）	2018 年行业平均值（%）	增长率幅度（%）
市场投资回报率	9.94	–27.55	136.08%
股价波动率	24.60	38.25	55.49

二、2018 年银行业上市公司业绩影响因素分析

截至 2018 年，我国 A 股纳入评价的上市银行一共有 25 家，包括 5 家大型商业银行：工行、建行、农行、中行和交行；8 家股份制商业银行：招行、民生、兴业、平安、中信、光大、华夏和浦发银行；7 家城市商业银行：南京、宁波、北京、江苏、贵阳、杭州和上海；5 家农村商业银行：江阴、无锡、常熟、苏农和张家港。

2018 年 A 股 25 家上市银行总资产合计为 1480171.96 亿元，较上一年度增长 0.07%，总资产增长率连续 4 年呈上升态势；所有者权益合计为 123899.02 亿元，较上一年度增长 11.20%，所有者权益合计增长率呈上升趋势；营业收入为 41862.08 亿元，较上一年度增长 8.21%；净利润为 14869.75 亿元，较上一年度增长 5.40%。综合 2018 年业绩评价情况，主要影响上市银行业绩的因素有以下几方面：

（一）收入指标稳健，业绩增速放缓

从业绩评价各项指标结果来看，上市银行经营稳健，主要是由于下列因素的影响。

1. 净利润企稳回升，净资产收益率下降趋势仍未改变，总资产收益率有升有降

截至 2018 年，大型商业银行实现净利润为 10235.80 亿元，增速较 2017 年提升 4.46%，主要是由于净息差上升和生息资产规模增大，使得利息净收入增长；股份制商业银行实现净利润为 3738.10 亿元，增速较 2017 年提升 6.22%，主要是由于投资收益上升及利息净收入增长；城市商业银行实现净利润为 845.16 亿元，增速较 2017 年提升 13.46%，由于地域的优势，导致规模扩张较快；农村商业银行实现净利润为 50.69 亿元，增速较 2017 年提升 11.00%。大型商业银行和股份制商业银行在盈利增速低于净资产增速的情况下，大部分银行的净资产收益率同比下降的趋势仍未改变，总资产收益率除了农业银行、招商银行、华夏银行和中信银行上升之外，其余都在下降；城市商业银行和农商行净资产收益率与 2017 年相比，呈下降的趋势，但是由于资产规模的扩大，总资产收益率基本呈上升的趋势。

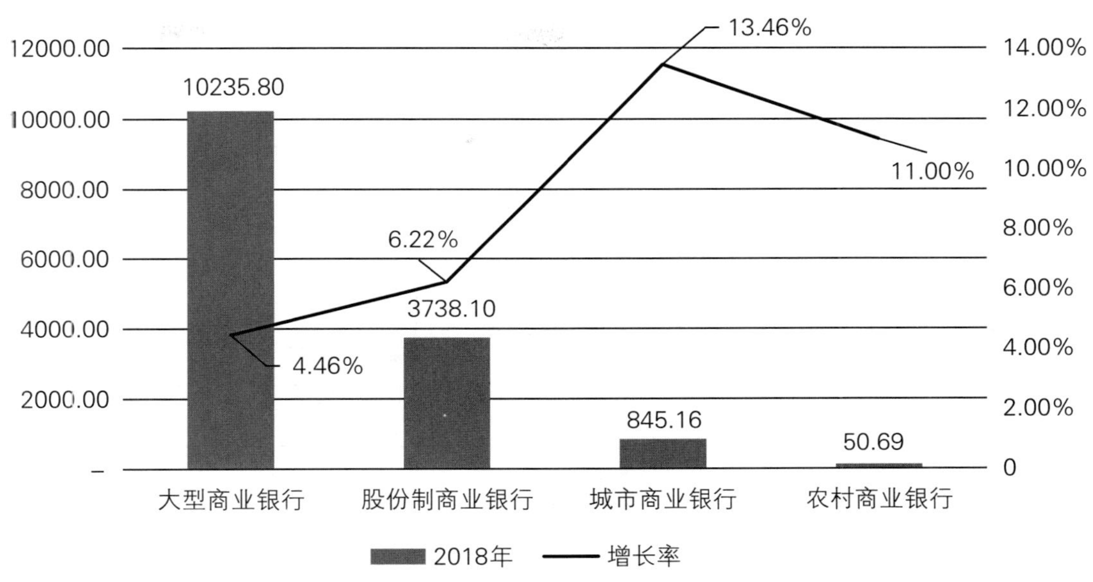

图 13－2　2018 年上市银行净利润增速

数据来源：Wind。

2. 利息收入保持增长，中间业务收入下滑

2018 年大型商业银行生息资产规模扩大，使得利息净收入逐渐增长，实现总额 20271.70 亿元，增速与 2017 年相比增加了 6.86%；股份制商业银行实现总额 7366.63 亿元，增速与 2017 年相比增加了 3.41%；城市商业银行实现总额 1666.82 亿元，增速与 2017 年相比增加了 14.82%；农村商业银行实现总额 158.34 亿元，增速与 2017 年相比增加了 15.08%。近年来，上市银行履行社会责任，减少了中间业务收费性项目，大力拓展电子银行、银行卡、托管等业务，大型商业银行实现手续费及佣金净收入 4749.22 亿元，增速与 2017 年相比增加了 3.34%；股份制商业银行实现手续费及佣金净收入 3276.95 亿元，增速与 2017 年相比增加了 1.99%；城市商业银行实现手续费及佣金净收入 318.65 亿元，增速与 2017 年相比下降 9.95%；农村商业银行实现手续费及佣金净收入 6.23 亿元，增速与 2017 年相比下降 21.26%。

从营业收入结构来看，利息净收入占营业收入的比重不断上升，中间业务收入占比下降。2017 年以来，受严监管的金融环境及金融市场利率快速回升的影响，利息收入的增长遭到一定的阻力，其中对股份制商业银行和城市商业银行的影响最为明显，2018 年银行逐步调整其资产结构及金融市场利率相对较低的环境。从营业收入来看，净利息收入保持相对稳定，非利息收入有微小的改善 2018 年上市银行营业收入相比 2017 年增长 8.21%；支出方面，2018 年上市银行营业成本比 2017 年增长 11.55%。2018 年手续费增长动力主要来源于银行信用卡业务的快速增长。国有银行手续费趋势更为显著，股份制银行由于基数比较大的原因增速略微下降。为了应对逐渐加强的金融监管力度和资管新规的落地，很多上市银行也相继成立理财公司发展理财业务。2018 年银行行业非保本理财余额先降低后上升。同业理财下降 62.6%，占比仅为全部理财余额的 3.8%。

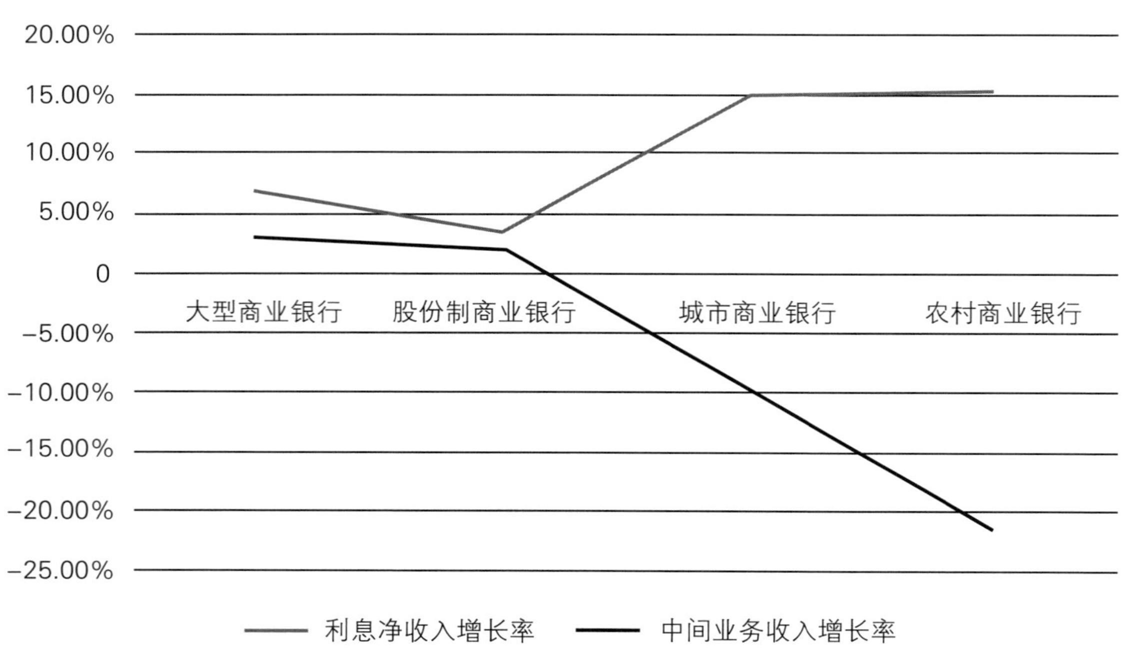

图 13－3 2018 年上市银行利息净收入和中间业务收入增速

数据来源：Wind。

3. 减税降费政策，带来双赢的局面

国家实行减税降费政策以来，给银行和小微企业带来了双赢的局面，银行在给小微企业放贷中获减税利好，小微企业获贷款利率降低优惠。受到国家减税降费政策影响，银行向小型企业、微型企业和个体工商户发放小额贷款取得的利息收入，免征增值税，将这部分利好让利给小微企业，降低了小微企业的贷款利率，一定程度上解决了小微企业融资贵、融资难的困境，同时由于税费的减免，也会提升银行的净利润水平。

（二）资产端继续向贷款集中，净息差回升

25 家上市银行 2018 年贷款增速为 10.5%，资产增速为 6.46%，贷款增速整体超过资产增速，资产端进一步向贷款集中。截至 2018 年，大型商业银行贷款占总资产的比重为 53.80%，环比提升 0.84%；股份制商业银行贷款占总资产的比重为 53.11%，环比提升 8.58%；城市商业银行贷款占总资产的比重为 41.46%，环比提升 10.75%；农村商业银行贷款占总资产的比重为 50.64%，环比提升 4.06%。

其中股份制商业银行和城市商业行仍处于去同业资产的结构调整过程中，发放贷款及垫款占比增速相对较高，边际变化最显著。

从息差表现来看，2018 年，25 家上市银行净息差均值环比回升 3.58%，大型商业银行、股份制商业银行、城市商业银行和农村商业银行 2018 年净息差较 2017 年分别提升 1.83%、6.28%、6.26% 和 3.15%，其中股份制商业银行、城市商业银行净息差的大幅增长，由于生息资产收益率的增速较快，上市银行净息差均有回升，回升幅度与资产结构中贷款占比具有正相关性。

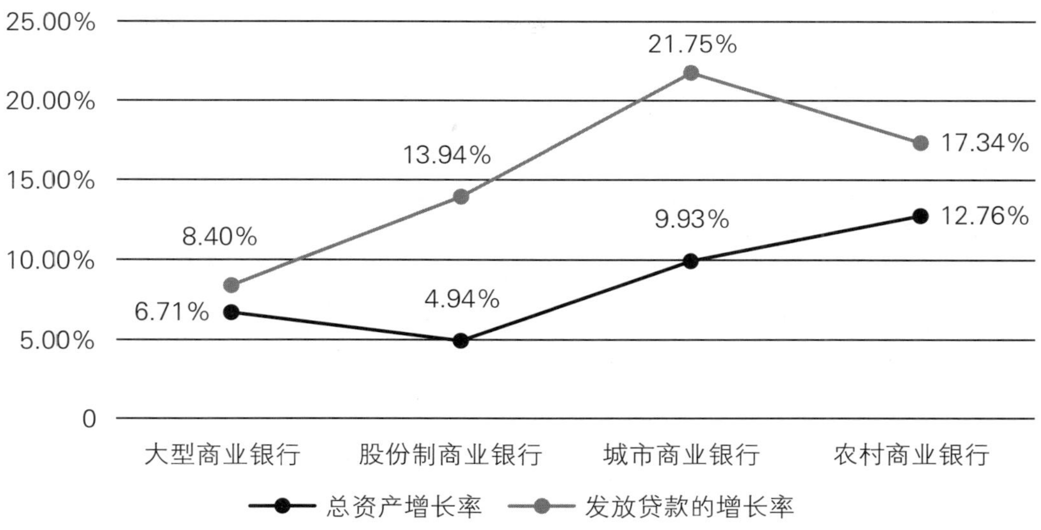

图 13－4　2018 年总资产和贷款增速

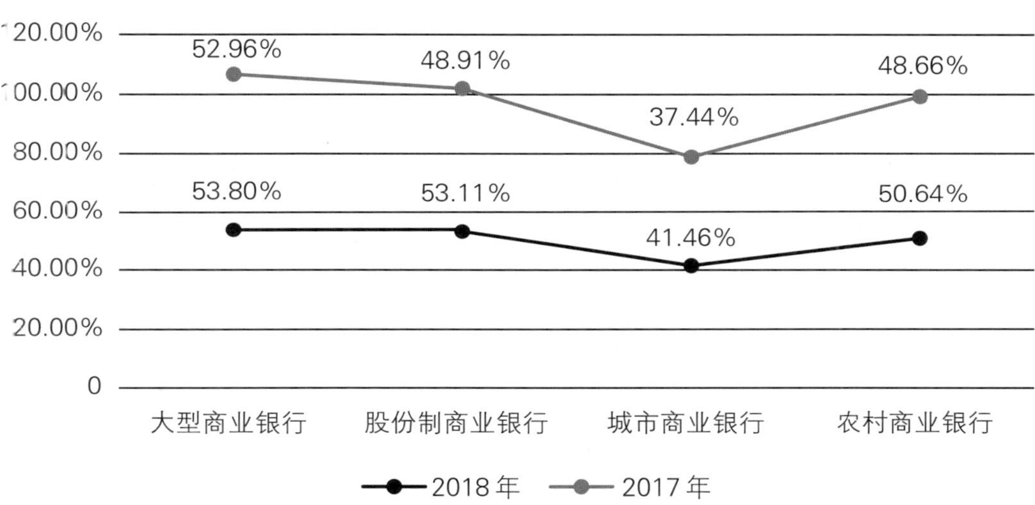

图 13－5　2018 年贷款与总资产的比重

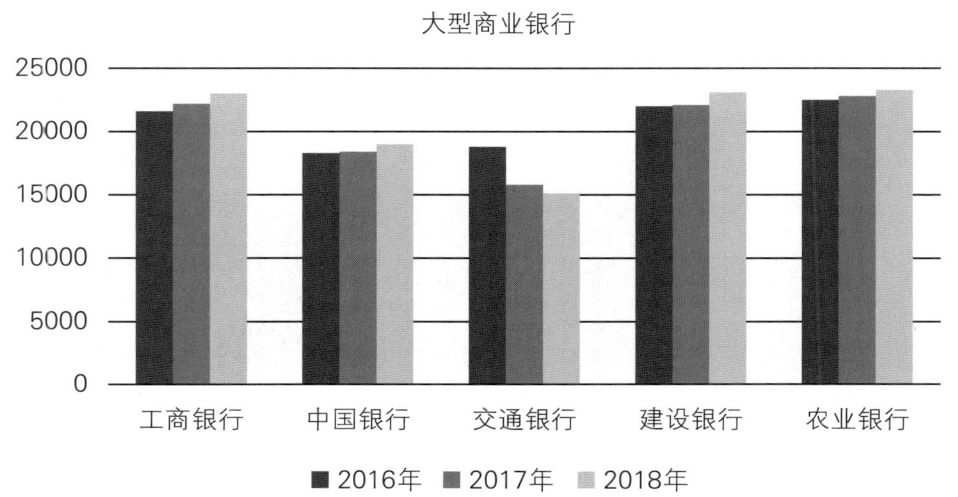

图 13－6　2018 年大型商业银行净息差

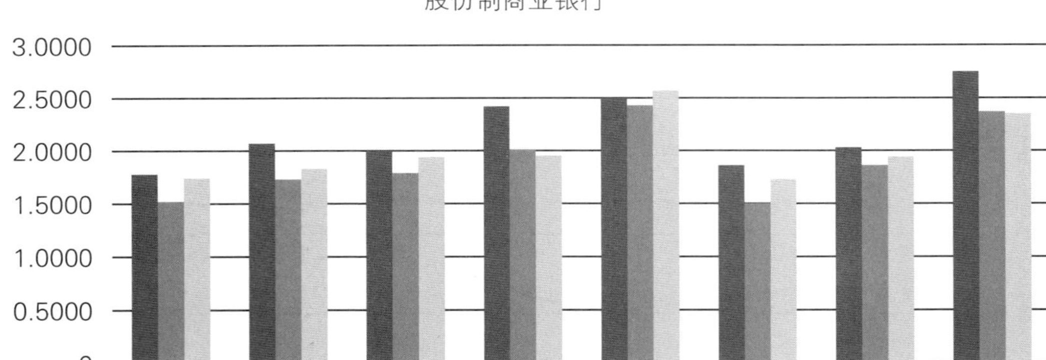

图 13-7 2018 年股份制商业银行净息差

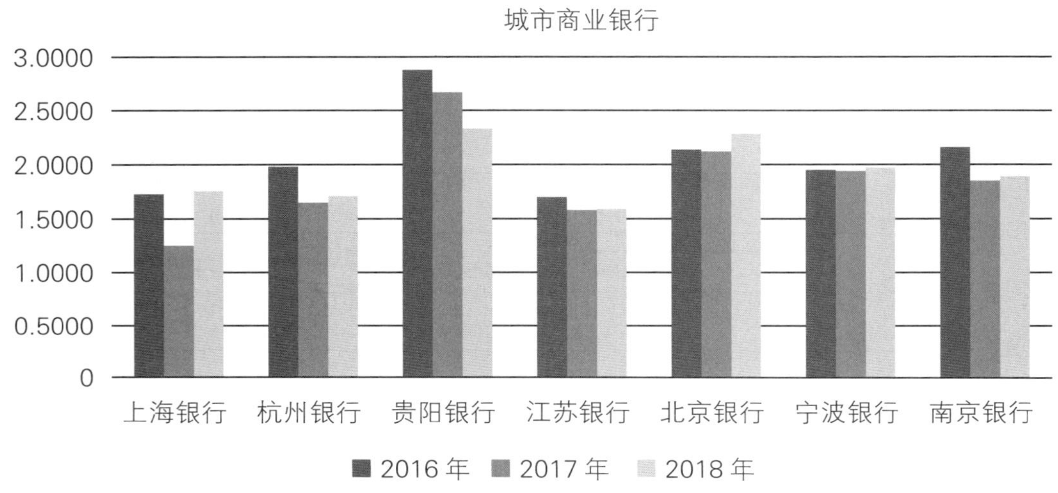

图 13-8 2018 年城市商业银行净息差

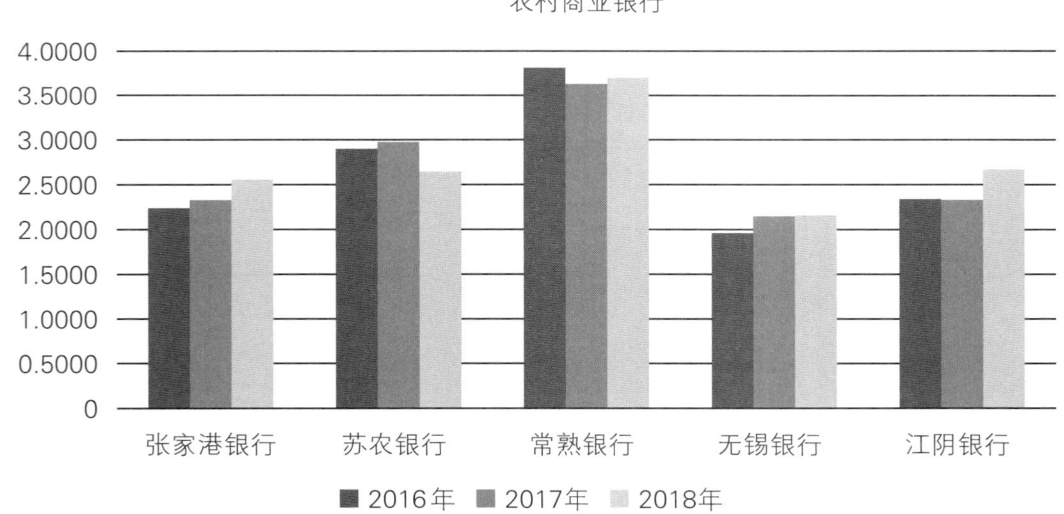

图 13-9 2018 年农村商业银行净息差

（三）生息资产增速下降，计息负债增速小幅提升

2018年，生息资产规模增速下降，生息资产规模整体增速相比2017年下降11.18%，大型商业银行规模增速下降约16.21%，股份制商业银行规模增速小幅下降2.90%，城市商业银行规模增速上升11.95%，农村商业银行规模增速上升14.82%。在目前所有上市银行中，全年生息规模增长最快的三家银行分别是苏农银行（23.15%）、常熟银行（19.97%）和江苏银行（15.39%）。从资产端分析，信贷增速季节性下降。受较宽松的流动性环境影响债券配置幅度加大，大部分投资集中在标准化债券，中小行表内的非标准资产有所下降。从信贷的结构角度来分析，零售贷款是各个银行信贷的最主要组成部分，零售贷款占比持续增长，增长动力主要来源于信用卡业务和消费贷款业务的增加。从负债角度来分析，计息负债为1410839.78亿元，相比2017年上升7.01%。其中，全年行业存款继续平稳增长，存款总额为1067211.19亿元，相比2017年增长8.56%，从存款结构角度分析，定期存款占比逐年增长，增长率为1.45%，活期存款的占比继续下降。

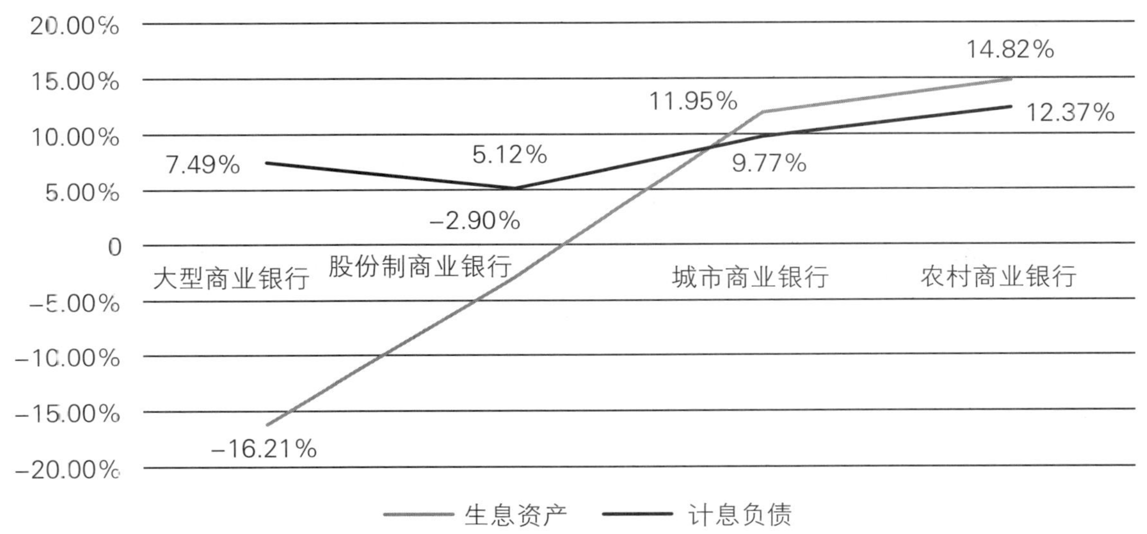

图13－10　上市银行生息资产和计息负债的增长率

数据来源：Wind。

（四）不良贷款额上升，不良贷款率下降

资产质量在逐步改善过程中，大型商业银行盈利补提拨备、城市商业银行拨备反哺利润的发展趋势，股份制商业银行加强了拨备计提力度，改善资产质量，对于部分股份制商业银行和城市商业银行不良资产额上升的压力。2018年上市商业银行不良贷款余额为13147.39亿元，较2017年上升6.58%，不良贷款率平均为1.46%，同比下降5.16%。大型商业银行不良贷款余额为8654.20亿元，较2017年上升3.93%，不良贷款率平均为1.50%，环比下降4%；股份制商业银行不良贷款余额为3889.17亿元，较2017年上升10.46%，不良贷款率平均为1.70%，环比下降2%；城市商业银行不良贷款余额为555.31亿元，较2017年上升26.34%，不良贷款率平均为1.21%，环比持平；农村商业银行不

良贷款余额为48.72亿元，较2017年上升1.23%，不良贷款率平均为1.43%，环比下降17%。25家上市银行2018年与2017年相比不良贷款金额有所上升，不良贷款率均有所下降。上市银行资产质量受宏观政策调节和结构性改革影响，资产质量有望维持稳定。

上市银行不良率整体稳中向好，2018年上半年，监管要求逾期90天以上贷款应全部纳入不良，以充分暴露资产质量真实情况，受不良认定趋严影响，部分银行不良率出现反弹压力，如平安银行、民生银行、华夏银行、中信银行、南京银行、北京银行和贵阳银行不良率环比分别上升3%、3%、5%、5%、3%、18%和1%。

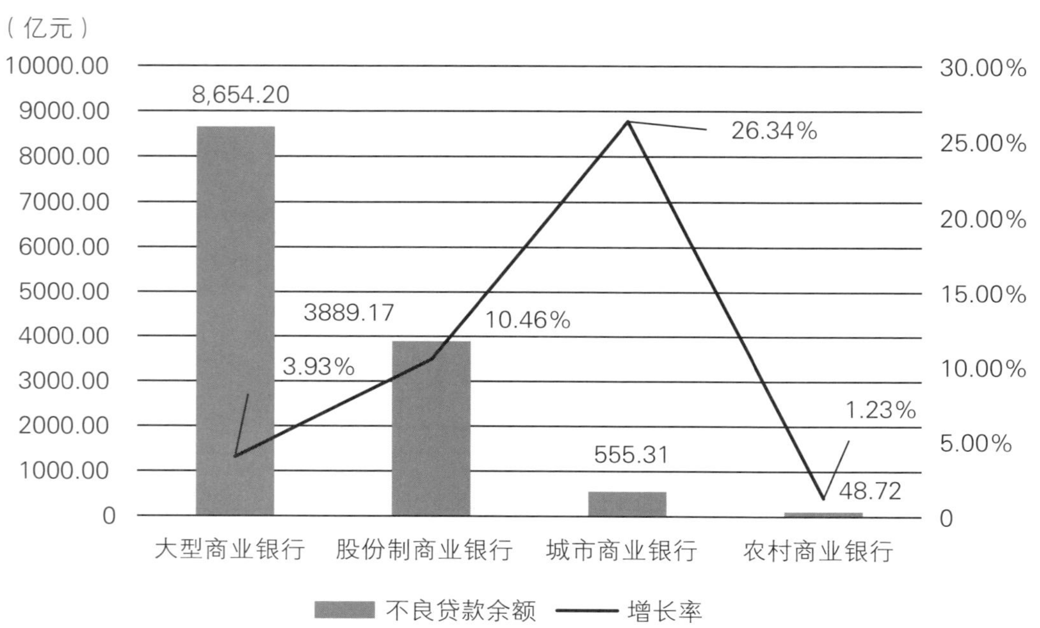

图13－11　上市银行不良贷款余额

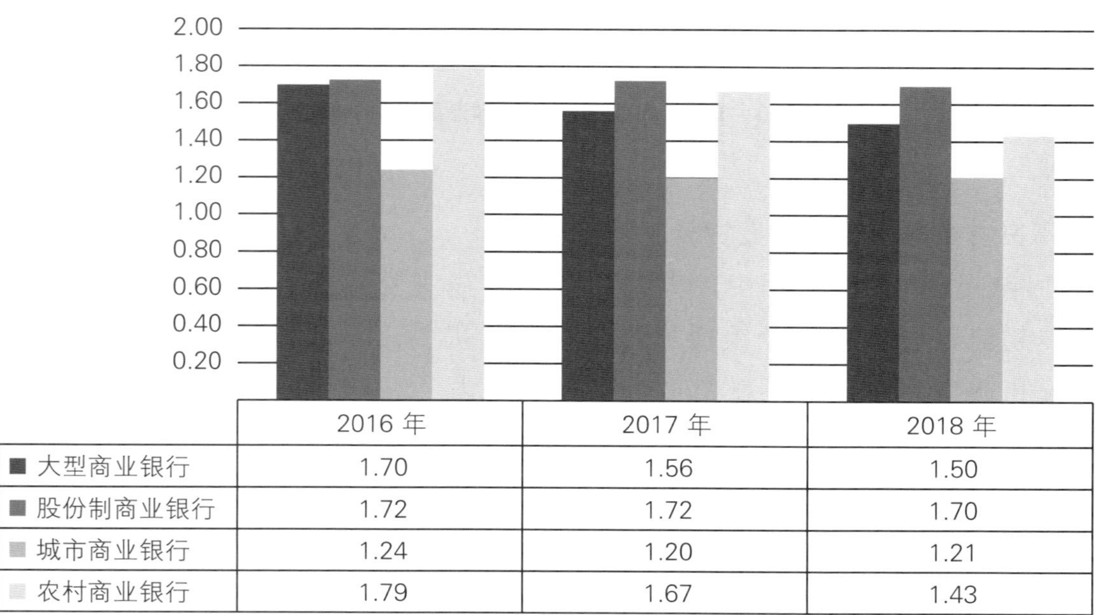

	2016年	2017年	2018年
大型商业银行	1.70	1.56	1.50
股份制商业银行	1.72	1.72	1.70
城市商业银行	1.24	1.20	1.21
农村商业银行	1.79	1.67	1.43

图13－12　上市银行不良贷款率

（五）拨备覆盖率和拨贷比双升

2018年上市商业银行拨备覆盖率均值为245.61%，同比上升11.62%；贷款拨备率3.37%，同比提升6.47%，从拨备计提角度来分析，银行拨备力度有所加强，大型商业银行拨备覆盖率提升17.22%至198.28%，拨贷比提升至3.08%；股份制商业银行拨备覆盖率提升7.53%至187.80%，拨贷比提升至3.09%；大型商业银行拨备覆盖率提升4.72%至322.98%，拨贷比提升至3.62%；大型商业银行拨备覆盖率提升26.08%至277.10%，拨贷比提升至3.77%，其中宁波银行（521.83%）、南京银行（462.68%）、招商银行（358.18%）和上海银行（332.95%）的拨备水平较高，风险承受能力相对较强。

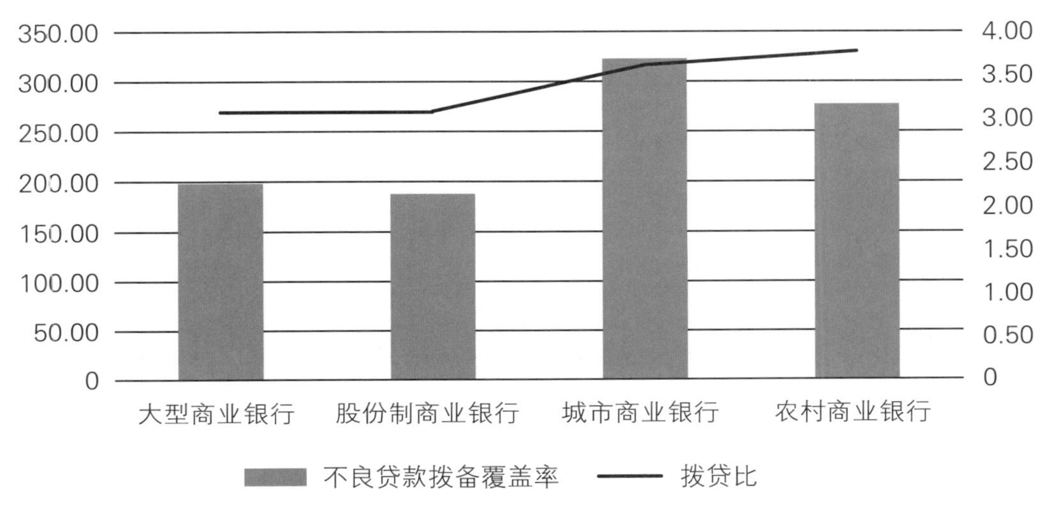

图13－13　上市银行生拨备覆盖率和拨贷比

（六）资本水平提升，中小银行加快补充进程

2018年25家上市银行核心一级资本充足率均值为10.30%，一级资本充足率均值为11.11%，资本充足率均值为13.99%，与2017年相比，都有所上升。大型商业银行核心一级资本充足率均值为12.19%，一级资本充足率均值为12.90%，资本充足率均值为15.41%；股份制商业银行核心一级资本充足率均值为9.49%，一级资本充足率均值为10.22%，资本充足率均值为12.93%；城市商业银行核心一级资本充足率均值为8.97%，一级资本充足率均值为10.49%，资本充足率均值为13.08%；农村商业银行核心一级资本充足率均值为11.58%，一级资本充足率均值为11.59%，资本充足率均值为15.54%。

上市银行的资本金补充速度有所提升。从资本结构分析，25家上市银行，无锡银行的资本充足水平最高；根据年报的银行来看，核心一级资本充足率低于9%的银行包含中信银行、民生银行、华夏银行、平安银行、北京银行、南京银行、江苏银行和杭州银行。其中，中信银行、民生银行、华夏银行、平安银行已经开展融资计划，且华夏银行的定增已完成，中信银行、平安银行和江苏银行的可转债已完成发行，将进入转股阶段。

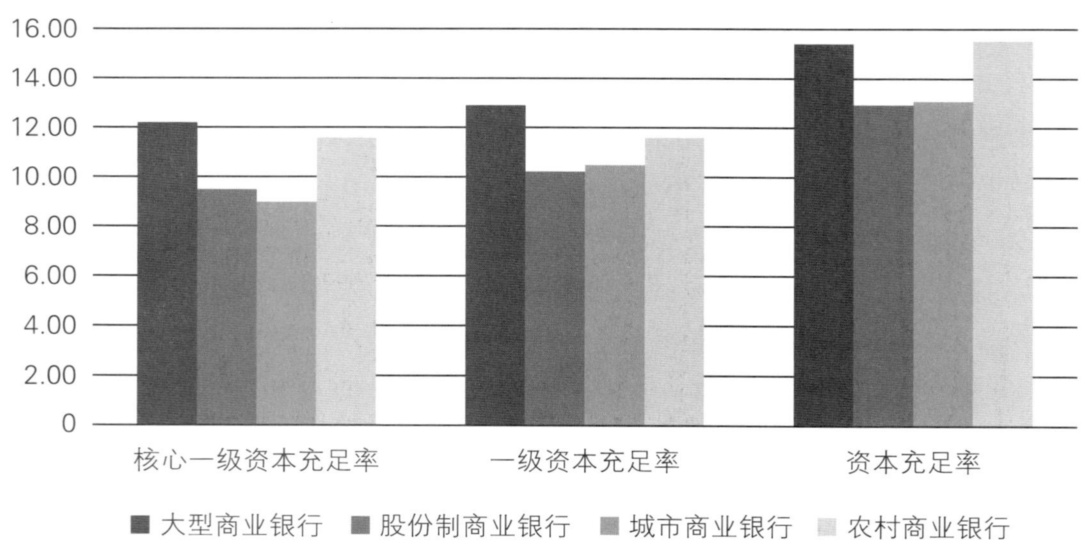

图 13－14　上市银行生资本充足率

三、2019 年银行业前景展望

展望 2019 年上市银行盈利水平保持稳定，利润增速放缓；资产质量保持平稳，不良贷款率持续下降，加强不良资产的处置力度；贷款规模扩大，存款压力有所缓解；中美贸易战产生新机遇；外资银行在中国发展限制逐渐被取消，机遇大于挑战；资管新规落地，银行理财产品转型；金融供给侧结构性改革，增强金融服务实体经济能力，化解不良风险；新税制改革，提升利润；金融科技助力于银行架构改革。

（一）盈利水平维持稳定，利润增速略有放缓

2018 年由于贷款利率上升，同时净息差也在上升。银行优化资产结构，加大存贷占比，加强不良资产处置力度。2019 年由于世界政治局势和经济形势复杂多变，宏观经济面临下降的压力，银行业经营也会受到影响带来一定的波动。按照以往的长期规律，银行业经营指标和宏观经济呈现正相关趋势，但是实体经济下滑最终传导至银行业具有一定的延迟性。在国内货币政策积极应对的情况下，银行业业绩有望保持良好状况，盈利水平保持平稳，净利润增速逐渐放缓。

（二）风险化解力度加大，资产质量保持平稳

2019 年商业银行资产质量有望继续维持平稳，但部分领域仍然存在风险，比如房地产企业的债务率依然维持高水平；地方政府隐形债务的风险不容忽视；由于债券违约导致的风险；小微型企业存在的信用风险等。全面分析来看，在政府减税降费政策下，民营及小微型企业生存环境压力有所下降，商业银行资产质量逐步得到缓解。预计 2019 年商业银行资产质量将保持平稳，不良贷款率将持续下降。

（三）信贷占比升高，存款压力有所缓解

2019 年货币政策继续保持宽松，金融监管力度继续加大。银行信贷在总资产中的占比

受此影响需求下降，银行投资偏向占全，信贷占比预期继续维持高位。但是信贷占比由于企业信贷需求下降和企业盈利能力下降，违约风险增加的多重因素下很难继续上升。2019年新增居民户中长期贷款占比略微增加，民营和小微型企业贷款占比也将在强化民营经济和普惠金融政策下进一步提升。债券市场仍受各金融机构的投资偏好。商业银行预计配置债券类资产、利率相对较高的债券及流动性较高的信用债等。2019年政策导向大力支持绿色金融发展力度，绿色金融债券有望成为银行负债来源的亮点。

（四）贸易争端对银行业产生新的机遇

中美贸易争端继2018年中旬以来摩擦尚未停止，由于中美两国在各个领域存在根本性分歧，贸易谈判达成共识存在较大阻力，当前局势不能过于乐观。未来中美贸易争端存预计将长期持续并且形势复杂多变。中美贸易战对出口影响继续扩大，出口数量下滑趋势明显。如果加征关税继续维持现状，相关联的行业及上下游企业会受到巨大影响，民营和小微型企业运营压力继续攀升。受此影响，银行业信贷业务中贸易结算业务面临下行压力增大。股市波动和不确定性继续加大，股票质押业务风险有望下降。汇率市场波动也会扩大，人民币交易业务有望得到更多机会。银行外汇业务和资产管理业务受避险需求增加或得到发展新机遇。

（五）外资银行在中国发展限制逐渐被取消，机遇大于挑战

纵观2018年，银行业对外开放程度平稳发展，由于金融开放的宽度与深度的改善，银行业或将迎来新机遇。外资银行在国内业务扩张的限制被解除，中国金融市场对外资企业的吸引力增大。与此同时，外资银行的竞争优势同样值得国内竞争者关注。即使外资银行在国内业务发展限制被释放，外资行预期在发展时仍会面临同业竞争的压力，预计对国内市场份额影响有限。长期角度分析，加强对外开放力度有助于发展国内银行金融机构的各类产品的种类，有助于增强市场活力，增强市场资源配置效率。

（六）资管新规落地，银行理财产品转型

2018年金融监管力度持续加强，去杠杆进程进一步推进。从短期角度来分析，资管新规预计对信用体系产生紧缩效应，可能会导致资管市场竞争格局发生变化；从长期角度来看，实行资管新规意味着资管行业发展逐渐进入规制的竞争环境，新规会推动资管行业逐渐走向标准化，逐渐向着成熟市场发展。资管新规开始实行后，商业银行理财转型浮现效果，行业普遍向净值化产品逐渐转型；短期来看银行业理财收入有所下降，长期角度分析理财子公司专业化发展仍然面临压力。资管新规对融资难度的影响促使银行加大不良资产处置力度。2019年银行理财产品加快转型速度，行业间竞争的主要渠道是核心资管能力的建设，加快拓展资产证券化市场。

（七）金融供给侧结构性改革，化解不良风险

2019年加快银行业净息差收窄，中央银行和银保监会采取更多的措施降低民企、小微企业融资成本。预计贷款利率将逐步下降，加快息差收窄。从资产质量方面看，预计2019年会继续加大不良资产的确认和处置力度。银保监会要求合理控制对小微企业的资产质量的水平，但是容忍了普惠型小微企业贷款的不良，要求企业加大处置不良的力度，对风险的控制趋严。

（八）新税制对银行业务的影响

商业银行在新税制的影响下，净利润会进一步提升，由于投资项目税收减免，整体减少税收，利润会增加。然而中间业务是银行主要发展的业务之一，也是银行除了利息收入之外，最重要的收入之一。发展银行的中间业务可以改善银行传统业务的结构，从而使得银行抵御风险的能力增强，让银行可以更加稳定地发展。在新税制的政策下，中间业务的税收优惠将对净利润的增长产生直接影响。

（九）金融科技持续发展，新技术浮现新风险

2018 年商业银行金融科技发展迅猛，各个银行分别在战略运营、拓展业务渠道、产品创新等各个方面实现了显著的效果。金融科技是未来的发展战略，金融科技子公司逐渐出现在市场中，无人运营网点逐渐开展，金融科技发展有利于拓展业务渠道。预计 2019 年，金融科技发展将会持续分化，新技术有望应用在商业银行业务领域，金融科技助力于银行架构改革。金融科技快速发展的同时，新的风险也浮现出来，主要包括存在于底层架构的风险、相关政策合规的风险、数据运用的风险、在线信贷的风险、网络与技术面临的风险。

附表　2018年银行业上市公司业绩评价结果排序表

序号	全部上市公司排名	股票代码	股票名称	综合得分	资本充足率（%）	不良贷款率（%）	短期资产流动性比例（%）	净资产收益率（%）	总资产收益率（%）	资本扩张率（%）	营业收入增长率（%）	收益率	波动性	年末资产总额（亿元）	营业收入（亿元）	净利润（亿元）	流动性覆盖率（%）
1	31	002142.SZ	宁波银行	84.20	14.86	0.78	57.43	16.21	1.04	42.00	14.28	-3.66	26.02	10320.42	289.30	112.21	206.57
2	33	600036.SH	招商银行	83.65	15.68	1.36	44.94	15.74	1.24	12.46	12.52	-6.53	30.01	62976.38	2485.55	808.19	144.41
3	72	601939.SH	建设银行	81.37	16.37	1.46	47.69	13.50	1.13	10.90	5.99	-9.11	32.12	221243.83	6588.91	2556.26	140.78
4	92	601288.SH	农业银行	79.80	13.33	1.59	55.17	13.06	0.93	17.17	11.46	1.22	22.79	210533.82	5985.88	2026.31	126.60
5	102	601128.SH	常熟银行	79.52	15.12	0.99	54.21	12.86	1.01	21.85	16.55	-6.84	33.19	1458.25	58.24	15.85	146.14
6	129	601988.SH	中国银行	78.69	15.01	1.42	58.70	11.66	0.94	9.43	4.31	-3.02	18.43	194674.24	5041.07	1924.35	139.66
7	135	601398.SH	工商银行	78.37	14.11	1.52	43.80	13.32	1.11	9.52	6.51	-7.68	27.72	260870.43	7737.89	2987.23	126.66
8	165	601997.SH	贵阳银行	77.49	12.97	1.35	85.84	17.01	1.08	39.85	1.35	-15.21	27.06	4641.06	126.45	52.29	220.29
9	170	601229.SH	上海银行	77.36	13.00	1.14	44.17	11.69	0.94	9.72	32.49	17.63	23.79	18077.67	438.88	180.68	128.85
10	179	601166.SH	兴业银行	77.15	12.20	1.57	66.52	13.68	0.93	11.79	13.08	-6.86	18.91	64168.42	1582.87	612.45	142.07
11	234	601009.SH	南京银行	75.46	12.99	0.89	51.62	15.22	0.94	15.47	10.33	-9.00	29.83	11411.63	274.06	111.88	121.51
12	310	601818.SH	光大银行	74.05	13.01	1.59	64.26	10.74	0.80	5.58	20.03	-2.11	20.76	40882.43	1102.44	337.21	118.15
13	328	600015.SH	华夏银行	73.66	13.19	1.85	51.23	10.81	0.81	29.04	8.80	-14.90	19.69	25089.27	722.27	209.86	107.14
14	349	601328.SH	交通银行	73.53	13.09	1.49	67.28	10.74	0.80	4.29	8.49	4.71	18.32	90382.54	2126.54	741.65	112.03
15	378	600908.SH	无锡银行	72.92	16.81	1.24	88.06	10.61	0.74	16.86	11.95	-28.01	35.51	1371.25	31.92	10.76	—
16	384	600000.SH	浦发银行	72.84	13.67	1.92	55.43	12.43	0.91	11.00	1.73	-20.29	19.16	61372.40	1715.42	565.15	123.24
17	456	600016.SH	民生银行	71.58	11.71	1.76	51.64	12.26	0.85	10.57	8.66	-15.70	19.39	59020.86	1567.69	503.30	121.13
18	500	601169.SH	北京银行	70.77	12.07	1.46	55.93	10.86	0.82	9.86	10.20	-17.00	17.24	23298.05	554.88	201.37	123.52

续表

序号	全部上市公司排名	股票代码	股票名称	综合得分	资本充足率（%）	不良贷款率（%）	短期资产流动性比例（%）	净资产收益率（%）	总资产收益率（%）	资本扩张率（%）	营业收入增长率（%）	收益率	波动性	年末资产总额（亿元）	营业收入（亿元）	净利润（亿元）	流动性覆盖率（%）
19	506	601998.SH	中信银行	70.73	12.47	1.77	50.80	10.49	0.77	9.86	5.20	-6.13	22.31	56776.91	1648.54	453.76	114.33
20	518	603323.SH	苏农银行	70.48	14.89	1.31	67.53	9.01	0.76	12.38	15.54	-19.48	36.65	952.71	31.50	8.10	—
21	549	002807.SZ	江阴银行	70.16	15.21	2.15	86.49	7.80	0.70	13.74	27.09	-34.17	36.15	1094.03	31.86	7.80	—
22	566	600926.SH	杭州银行	69.88	13.15	1.45	55.43	9.93	0.62	10.29	20.77	-5.53	22.26	8333.39	170.54	54.12	149.64
23	604	600919.SH	江苏银行	69.32	12.55	1.39	52.23	11.18	0.72	10.35	4.09	-15.21	19.18	17705.51	352.24	132.63	132.75
24	681	000001.SZ	平安银行	68.27	11.50	1.75	59.23	10.74	0.74	8.10	10.33	-24.25	35.62	32484.74	1167.16	248.18	139.17
25	1017	002839.SZ	张家港行	63.93	15.65	1.47	51.38	8.89	0.76	19.33	24.24	-47.15	54.95	1031.73	29.99	8.18	—

第十四章　证券行业上市公司业绩评价

2018 年，在多重因素影响下，我国股票市场大幅下跌，股票市场成交额、IPO 融资额跌入近三年的低谷，股票质押爆仓、信用债违约和流动性等风险事件频发，导致证券行业板块指数及经营业绩都有较大幅度下降。行业指数方面，申万证券指数从 2018 年初的 5961.85 点下跌至 2018 年底的 4403.06 点，跌幅达 26.15%，超过上证综指全年跌幅 1.56 个百分点。行业业绩方面，根据中国证券业协会公布数据，131 家证券公司 2018 年度营业收入下滑 14.47%；净利润更是大幅降低，同比下滑 41.04%。展望 2019 年，全球经济政治形势依然复杂多变，但目前来看，证券行业政策预期有所改善、科创板快速推进、外资控股券商落地等有利因素将有助于证券行业的发展及业绩恢复。

一、证券行业上市公司总体分析

截至 2018 年，证券行业的 A 股上市公司共 29 家。其中，业绩为 A 的有 4 家；业绩为 BBB 的有 5 家；业绩为 BB 的有 2 家；业绩为 B 的有 4 家；业绩为 CCC 的有 10 家；业绩为 CC 的有 2 家；业绩为 C 的有 2 家。2018 年 12 月 31 日，29 家证券上市公司资产总额 52371.27 亿元，所有者权益合计 13278.18 亿元，2018 年实现营业收入 2431.98 亿元，实现净利润 557.14 亿元。

表 14－1　2018 年 A 股上市证券公司汇总表

证券简称	上市日期	证券简称	上市日期
海通证券	1994-02-24	方正证券	2011-08-10
东北证券	1997-02-27	东吴证券	2011-12-12
广发证券	1997-06-11	西部证券	2012-05-03
国元证券	1997-06-16	国信证券	2014-12-29
国海证券	1997-07-09	申万宏源	2015-01-26

续表

证券简称	上市日期	证券简称	上市日期
长江证券	1997-07-31	东兴证券	2015-02-26
国金证券	1997-08-07	东方证券	2015-03-23
西南证券	2001-01-09	国泰君安	2015-06-26
中信证券	2003-01-06	第一创业	2016-05-11
太平洋	2007-12-28	华安证券	2016-12-06
光大证券	2009-08-18	中原证券	2017-01-03
招商证券	2009-11-17	中国银河	2017-01-23
华泰证券	2010-02-26	浙商证券	2017-06-26
兴业证券	2010-10-13	财通证券	2017-10-24
山西证券	2010-11-15		

注：由于2018年上市的证券公司不进行指标评价，故本次业绩评价的分析对象未包含2018年新上市的5家和2019年新上市的1家证券公司。

根据综合评价结果，2018年度首次出现证券行业无上市公司进入业绩评价综合得分百强名单，居证券行业之首的国泰君安位列全部上市公司第121位。年度证券行业前十强见表14-2。

基于对证券行业上市公司的整体评价，下面分别从盈利能力、稳健性状况、发展能力及市场表现状况四个方面对证券行业上市公司进行具体分析。

表14－2　2018年度证券行业十强排行榜

名次	股票代码	股票简称	在全部上市公司中排名
1	601211	国泰君安	121
2	600030	中信证券	187
3	601688	华泰证券	200
4	600837	海通证券	249
5	600999	招商证券	264
6	000166	申万宏源	276
7	000776	广发证券	279
8	601881	中国银河	339
9	002736	国信证券	494
10	600958	东方证券	828

（一）盈利能力

表 14–3 列示了证券行业上市公司盈利能力评价结果。从基本指标来看，净资产收益率和总资产报酬率均大幅下降，主要是 2018 年股票市场低迷，严监管政策持续影响，导致上市证券公司的经纪业务、投行业务和自营业务等各板块收入均大幅下滑，造成行业整体盈利能力有所降低。

与 2017 年相比，2018 年 29 家 A 股上市证券公司的净资产收益率降幅为 53.27%，净资产收益率排名中位居前三位的分别是：申万宏源（6.63%）、国信证券（6.56%）、中信证券（6.37%）；后三位分别是：国海证券（0.79%）、光大证券（0.49%）、太平洋（–11.7%）。其中，太平洋证券是 2018 年度唯一亏损的上市证券公司，主要受 A 股市场大幅下跌、减持新规等诸多因素影响，公司股票质押式回购业务出现多只股票价格跌破平仓线，单项计提资产减值准备金额较大，导致信用业务大幅亏损。

表 14 – 3　证券行业上市公司盈利状况表

分析指标	2018 年行业平均值（%）	2017 年行业平均值（%）	增长率幅度（%）
净资产收益率	2.86	6.12	–53.27
总资产收益率	0.78	1.78	–56.18

（二）稳健性

2018 年 5 月证监会发布公告，对《证券公司风险控制指标管理办法》进行了新一轮修订，强调建立以净资本和流动性为核心的风险控制指标体系，加强证券公司风险监管，督促证券公司加强内部控制、提升风险管理水平、防范风险。

2018 年，上市证券公司的资本杠杆率均高于监管标准值。资本杠杆率名列前三位的分别是国金证券（47.39%）、西部证券（36.00%）、中国银河（29.31%）。2018 年，全部证券公司的流动性覆盖比率均高于监管标准值。流动性覆盖比率名列前三位的分别为：兴业证券（969.3%）、光大证券（894.8%）、财通证券（843.2%）。另外，纳入本次评价范围的上市证券公司的风险覆盖率、净稳定资金率指标均高于监管标准值。可见，上市证券公司风险控制水平均符合监管规定。

表 14 – 4　证券行业上市公司稳健性状况表

分析指标	行业标准	2018 年行业平均值（%）
资本杠杆率	≥ 8%	22.58
流动性覆盖率	≥ 100%	384.63
风险覆盖率	≥ 100%	257.69
净稳定资金率	≥ 100%	151.85

（三）发展能力

2018年，上市证券公司平均资本扩张率为0.53%，较2017年大幅下降。其中，有15家证券公司资本呈收缩态势；12家资本扩张率小于4%，2家资本扩张率达到两位数，分别是申万宏源（24.89%）、华泰证券（18.24%）。

而2018年营业收入增长率则与2017年基本持平，主要因证券行业集中度进一步提高，逐渐呈现分化趋势，2018年营业收入排名前十的证券公司营业收入之和占我国证券行业营业收入总额的67.47%，前十大证券公司均为上市公司，由此，证券上市公司的营业收入增长率未出现下滑趋势。其中，营业收入增长率名列前三位的分别为山西证券（55.96%）、东北证券（37.64%）、申万宏源（14.29%）；后三名分别为广发证券（–29.22%）、西部证券（–29.42%）、太平洋（–69.73%）。

表14－5　证券行业上市公司发展能力状况表

分析指标	2018年行业平均值（%）	2017年行业平均值（%）	增长率幅度（%）
资本扩张率	0.53	8.5	–93.82
营业收入增长率	7.13	7.1	0.42

（四）市场表现

2018年，沪深300指数全年下跌27.35%，申万证券指数全年下跌26.15%，跑赢沪深300指数，但板块整体表现不佳。2018年10月，证券指数下跌至全年最低点3818.17，之后随着整体监管口径出现边际缓和，在一系列纾困和稳定股市的政策出台后，证券行业指数开始有回暖迹象。具体情况见图14–1。

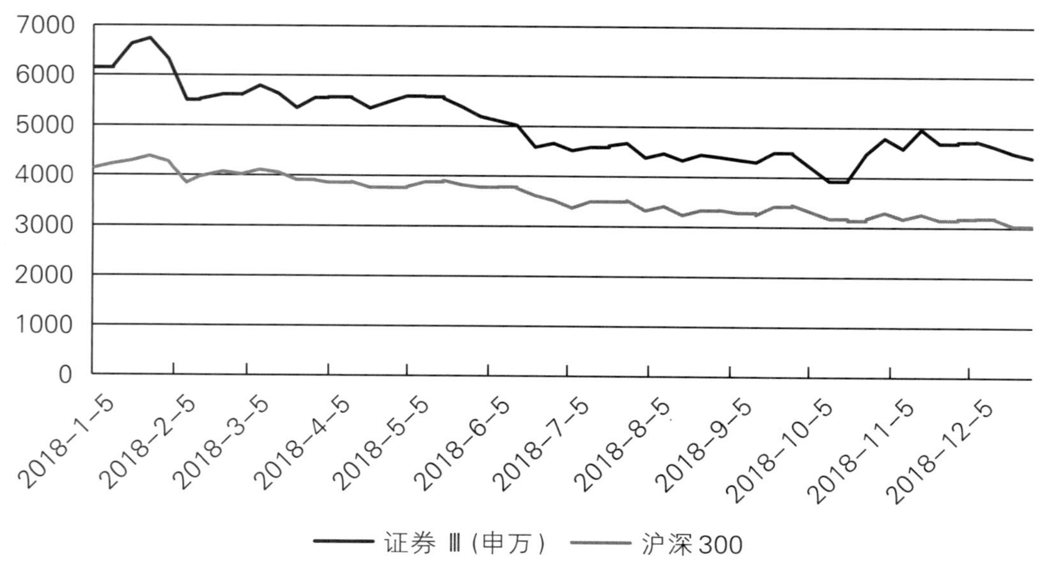

图14–1　证券指数与大盘指数波动

数据来源：Wind。

如上所述，由于 2018 年 A 股指数及证券指数持续震荡下跌，证券行业上市公司平均市场回报率跌至 –27.55%，股价波动率高达 38.25%，较 2017 年进一步恶化。表 14–6 列示了证券行业上市公司市场表现状况评价结果。

从市场投资回报率看，在 29 家上市证券公司中，仅有 2 家投资回报率为正，分别为国海证券（5.10%）、华泰证券（2.81%）；而后两位投资回报率低至 –50% 以下，分别为浙商证券（–50.83%）、财通证券（–55.86%）。

从波动性指标看，股价波动最大的前三家分别为国海证券（53.62%）、中原证券（50.59%）、浙商证券（49.68%）。

表 14 – 6　证券行业上市公司市场表现状况表

分析指标	2018 年行业平均值（%）	2017 年行业平均值（%）	增长率幅度（%）
市场投资回报率	–27.55	–17.3	–550.16
股价波动率	38.25	1.78	2048.88

二、2018 年度证券行业上市公司业绩影响因素分析

（一）股票市场及成交额跌入低谷，证券经纪业务进一步下滑

2018 年，受限于经济增速下滑、中美贸易摩擦等外部冲击，我国股市大幅回落，上证综指全年跌幅 24.59%，深证成指全年下跌 34.42%，创业板指数全年下跌 28.65%，A 股市场整体跑输全球主要经济体股市，指数跌幅居全球第一。投资者悲观情绪浓郁，避险情绪上升，市场交投清淡，两市全年成交额 90.3 万亿元，同比减少 19.9%，全年日均股基成交额为 4030.5 亿元，较上年下降 24.27%；日均换手率为 2.57%，较上年下降 0.73 个百分点。与此同时，佣金竞争持续白热化，行业佣金进一步下滑，2018 年全年平均佣金率为万分之 3.1，同比下滑 0.3bp。在量价均不利的情况下，2018 年全行业经纪业务（代理买卖证券业务）收入 623.42 亿元，同比下降 24.1%，远高于全行业营业收入的下滑速度，延续了近年下滑趋势。从上市公司来看，29 家证券公司代理买卖证券收入除太平洋证券实现增长，其他上市证券公司全部负增长，降幅超过 10% 的公司数量多达 26 家。

（二）受监管审批趋严和再融资新规[①]持续影响，股权融资业务大幅回落，投行业务继续下滑

2018 年，受监管审批趋严和再融资新规的影响，股权融资规模继续萎缩，一级市场股权融资 394 家，募集资金人民币 10479.75 亿元，股权融资家数较去年同期下降 60.04%，

① 2017 年 2 月 17 日，证监会对《上市公司非公开发行股票实施细则》进行修订，同时发布了《发行监管问答——关于引导规范上市公司融资行为的监管要求》，俗称“再融资新规”。

融资规模下降31.81%。其中，IPO发行节奏显著放缓，通过率降低，全年仅发行上市105家，较去年同期下降76.03%，募集资金人民币1378.15亿元，较去年同期下降40.11%；股权再融资方面，2017年发布的再融资新规从延长发行间隔期、修订定价基准日、控制发行规模等方面提高了再融资门槛，受该政策持续影响，作为再融资主要途径的上市公司定向增发融资持续降温，整体发行规模大幅缩减。全年再融资发行上市289家（含资产类定向增发），同比下降47.26%，募集资金人民币9101.60亿元，同比下降30.35%。

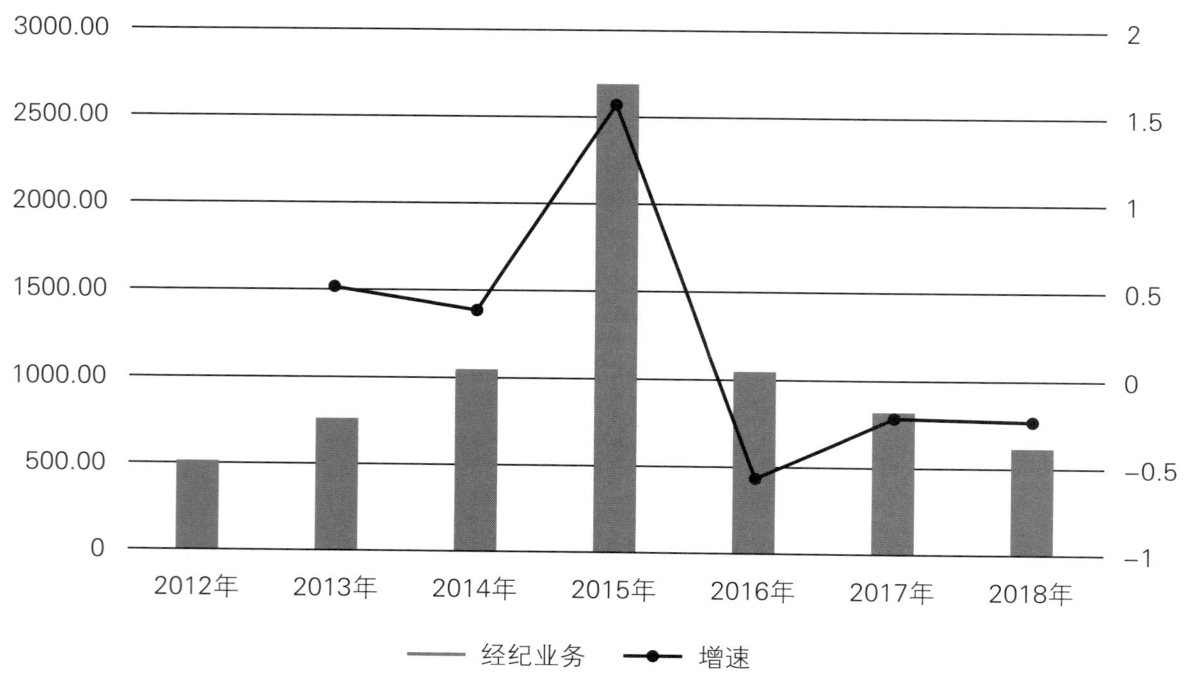

图14－2　证券行业经纪业务收入增长趋势图

数据来源：Wind。

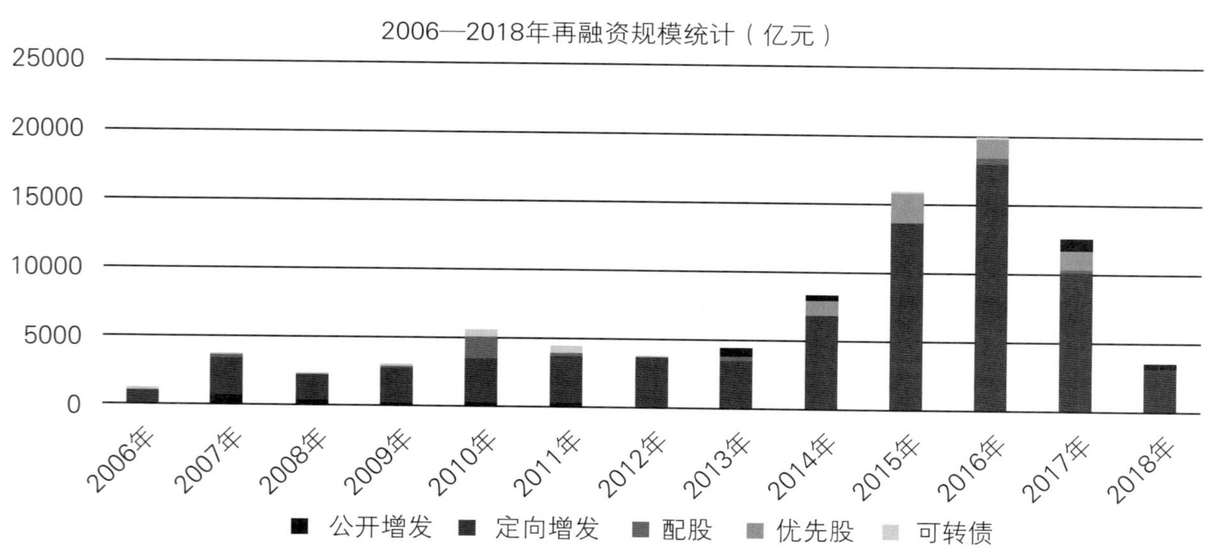

图14－3　证券行业再融资规模统计

数据来源：Wind。

债务融资方面，2018年以来，为对冲金融去杠杆带来的流动性压力和经济下行风险，央行货币政策向中性偏松方向调整，市场利率持续下行，受益于上述利好因素，相比于股权承销，2018年债券市场在波动中走牛市，发行规模增大，为证券公司投行业务带来了新的增长空间。2018年，证券公司债券承销量达到了56799.03亿元，同比增速为25.5%。

虽然债券承销业务表现良好，但受股权承销板块快速下滑的拖累，2018年投行业务（证券承销与保荐业务和财务顾问业务）继续下滑，实现净收入369.96亿元，同比下降27.4%。从上市公司来看，2018年证券承销业务净收入也全面下滑，其中，广发证券承销业务下降高达55.85%，主要因其过去以中小企业为主的业务模式在严监管政策下受到较大冲击，导致2018年股权融资业务出现较大幅度下滑。

（三）资管新规[①]及配套细则落地，券商资管业务承压，规模及收入双双下滑

2016年以来，资管业务监管趋严，监管层从去通道、去嵌套层面出台相关政策，对于以通道业务为主的证券公司资管业务造成很大压力。至2018年4月27日《关于规范金融机构资产管理业务的指导意见》正式发布，史上最严资管新规落地。在资管行业统一监管、严格限制通道业务的大环境下，2018年末证券行业受托管理资金本金总额下降为14.11万亿元，同比下降18.25%，管理规模缩水主要来自通道业务减少。由此，2018年全行业资管业务净收入275亿元，同比下降11.4%，出现有统计数据以来首次负增长。从上市公司来看，受托客户资产管理业务净收入呈现两极分化局面，12家上市公司降幅在10%以上，最高降幅46.99%；6家上市公司增速在10%以上，最高增幅37.71%。

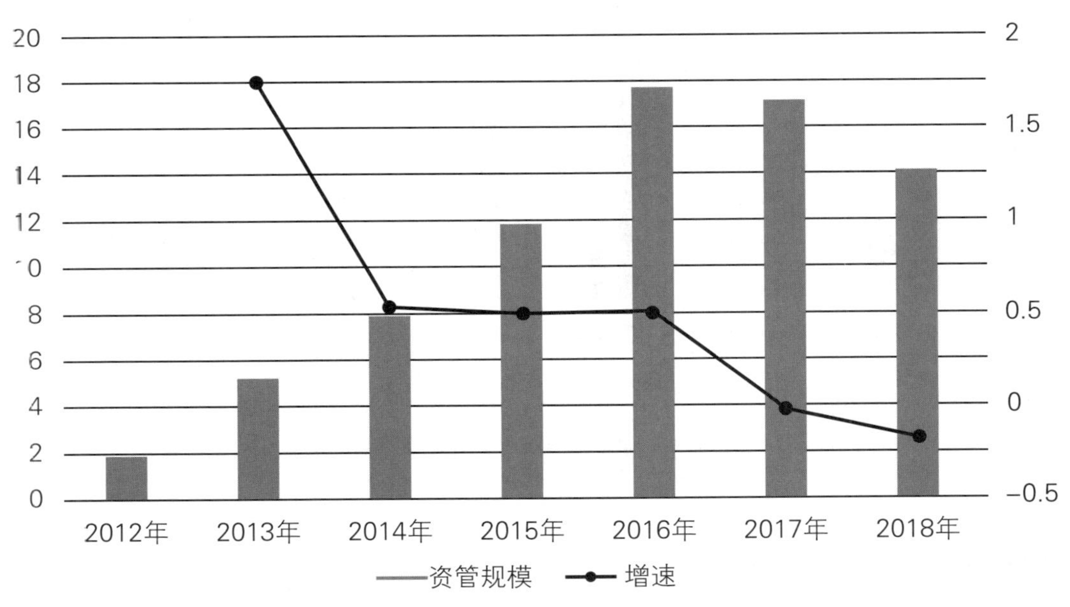

图14-4　证券行业资管业务规模增速情况

数据来源：Wind。

① 2018年4月27日，央行、银保监会、证监会、外汇局联合发布《关于规范金融机构资产管理业务的指导意见》，简称“资管新规”。

（四）两融规模被动收缩，股票质押主动压降，信用中介业务呈最大降幅

2018年股市的持续下跌和交易量的低迷，使随行就市的融资业务同步滑坡，两市融资融券余额由年初的10298亿元跌至2018年末的7557.80亿元，降幅达到26.60%；股权质押业务方面，券商前两年发力的股票质押业务逐步进入密集到期阶段，受到股市的大幅下滑及去杠杆所产生的信用紧缩，导致上市公司及控股股东出现了流动性风险和信用风险，股票质押业务面临较大的风险敞口，风险集中暴露，券商主动压降业务规模。由此，券商融资融券的利息收入跌破300亿元，降至214.85亿元，降幅为38.3%，降幅远大于各类业务的平均增速。

（五）证券公司重资本运营模式有所加快，自营投资业务占比扩大

2018年自营业务投资收益为800.27亿元，同比下降7.1%，低于营业收入降速。自2017年证券公司自营业务收入超过经纪业务收入，贡献率首次跃居榜首之后，2018年自营业务贡献率进一步提高，占营业收入比重达30.05%。重资本运营模式有所加快，总资产平稳增长，杠杆水平有所提高。

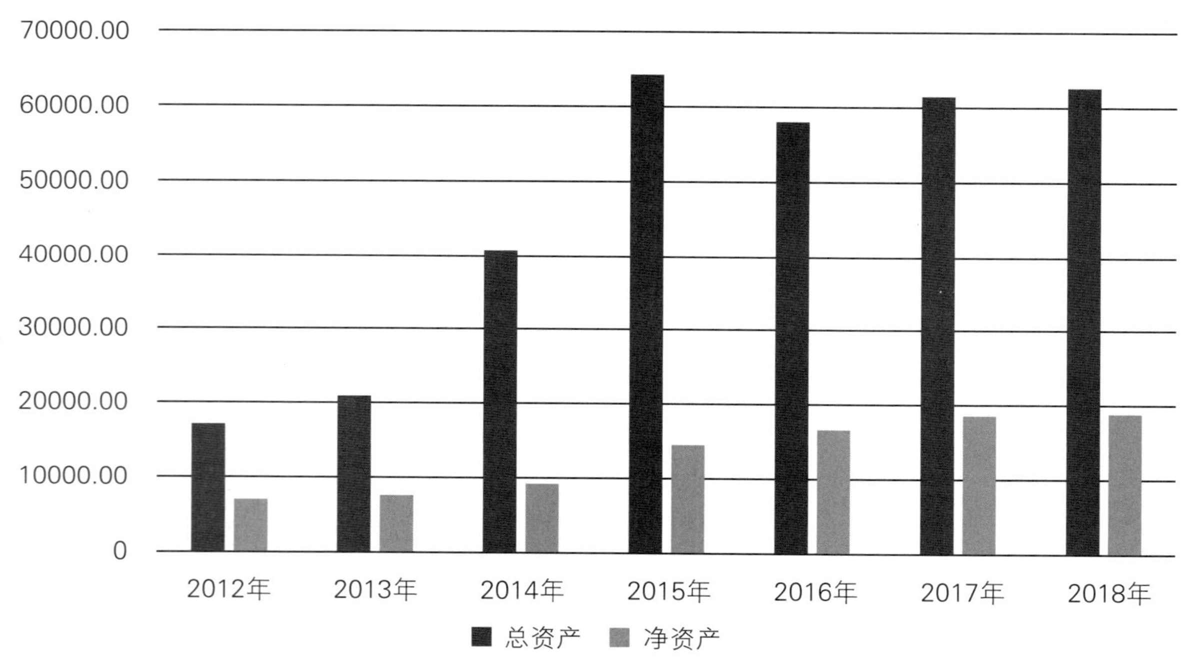

图14－5 证券公司总资产和净资产情况

数据来源：Wind。

三、2019年证券行业前景展望

（一）政策预期有所改善，有助于业绩提升

自2016年至2018年上半年，证券行业处于全面、从严的监管周期中，但2018年下半年以来，整体监管口径出现边际缓和，围绕并购重组、上市公司回购股份、股票质押风险化解、股指期货等出台了一系列政策，降低了对股市的不必要干预，支持境外展业、衍生品交易的有序发展，在一系列纾困和稳定股市的政策出台后，政策底显著，有利于投资者信心的恢复，有助于整个行业业绩提升。

（二）科创板快速推进，证券公司投行板块将迎来盈利增长点

科创板是我国推进资本市场改革、建设多元化资本市场的重要里程碑，具有跨时代的历史意义。自 2018 年科创板提出至 2019 年 3 月具体政策落地、发审系统上线，到 2019 年 4 月股票上市委员会成立及第一只科创基金发行，效率之高，表明其重要性。同时，投资者开户和拟上市企业申报已经正式开启，正式落地时间有望超预期，科创板作为资本市场增量改革，为股票市场注入新鲜血液，将直接为证券公司投行业务带来新的利润增长点；此外，科创板新增的市场交易量，也会为证券公司经纪业务贡献一定的利润。

（三）我国证券业对外开放提速，外资控股券商落地，将带来新一轮竞争

自证监会发布《外商投资证券公司管理办法》，允许外资控股合资证券公司后，多家外资机构向证监会提交申请材料。2018 年 11 月，证监会核准了瑞银证券有限责任公司变更实际控制人为瑞士联合银行集团，首家外资控股证券公司诞生；2019 年 3 月，证监会核准设立摩根大通证券中国有限公司和野村东方国际证券有限公司；至此我国已有 3 家外资控股券商落地。外资股东在机构业务和财富管理业务方面经验丰富，在衍生品不断丰富、经纪业务逐渐向财富管理转型的预期下，外资控股券商具有相当的竞争优势，将给整个行业带来更大的竞争压力。

（四）投资者机构化趋势明显，对证券公司服务与产品提出更高要求

2018 年 10 月，国务院金融稳定发展委员会会议强调稳定市场、鼓励长期资金入市等政策要快速扎实地落实到位；之后证监会发表声明，提出发挥保险、社保、各类证券投资基金和资管产品等机构投资者的作用，引导更多增量中长期资金进入市场。截至 2018 年底，机构投资者年末持股市值已达 61.53%。2019 年 1 月，经国务院批准，合格境外机构投资者（以下简称：QFII）总额度由 1500 亿美元增加至 3000 亿美元。此外，2019 年以来，国家外汇管理局分别批准 QFII 投资额度和人民币合格境外机构投资者（RQFII）投资额度 47.4 亿美元和 240 亿美元，远超 2018 年全年批准总额度；根据央行公布数据，2019 年一季度外资持股市值增长超 5000 亿元，创近年来最大季度涨幅，直逼公募基金持股市值。另随着投资品种复杂度和风险提升，资管机构的专业性优势得以凸显，未来普通个人投资者更多通过资管机构进行投资。以上均表明我国股市机构投资者正在逐步发展壮大。随着机构投资者数量和规模的快速增长，其投资需求也更加多元化和复杂化，为证券公司的经纪财富管理、资本中介等业务发展提供了更大的空间，同时对证券公司服务的专业度和多样性提出了更高的要求。

附表 2018年证券行业上市公司业绩评价结果排序表

序号	全部上市公司排名	股票代码	股票名称	综合得分	净资产收益率（%）	总资产收益率（%）	资本杠杆率（%）	流动性覆盖率（%）	风险覆盖率（%）	净稳定资金率（%）	资本扩张率（%）	营业收入增长率（%）	投资回报率（%）	波动性（%）	年末资产总额（亿元）	营业收入（亿元）	净利润（亿元）
1	121	601211.SH	国泰君安	78.99	5.29	1.63	21.54	372.53	343.15	151.12	-0.02	-4.55	-11.45	30.12	4367.29	227.19	70.70
2	187	600030.SH	中信证券	77.03	6.37	1.54	16.22	247.92	183.92	156.16	2.41	-14.02	-3.44	36.74	6531.33	372.21	98.76
3	200	601688.SH	华泰证券	76.69	5.34	1.38	24.57	648.34	281.9	140.95	18.24	-23.68	2.81	39.09	3686.66	161.08	51.61
4	249	600837.SH	海通证券	75.20	4.44	1.04	26.03	477.91	253.27	137.11	0.38	-15.79	-26.30	34.29	5746.24	237.65	57.71
5	264	600999.SH	招商证券	74.99	5.55	1.51	15.52	277.3	309.04	159.64	1.84	-15.21	-15.90	32.58	3049.31	113.22	44.46
6	276	000166.SZ	申万宏源	74.80	6.63	1.31	18.92	333.57	237.8	130.22	24.89	14.28	-21.05	26.55	3477.25	152.77	42.48
7	279	000776.SZ	广发证券	74.75	5.23	1.24	19.51	404.53	222.75	139.77	0.00	-29.22	-17.41	34.23	3891.06	152.70	46.32
8	339	601881.SH	中国银河	73.61	4.47	1.16	29.31	312.02	320.39	144.27	2.24	-12.50	-28.38	43.17	2513.63	99.25	29.32
9	494	002736.SZ	国信证券	70.95	6.56	1.67	20.21	301.43	220.78	136.46	0.74	-15.87	-14.11	44.30	2118.14	100.31	34.31
10	828	600958.SH	东方证券	66.31	2.42	0.56	16.31	290.43	289.74	151.97	-2.30	-2.16	-38.02	35.99	2268.70	103.03	12.81
11	903	601788.SH	光大证券	65.43	0.49	0.12	25.37	894.79	231.42	151.44	-2.53	-21.60	-29.60	36.28	2057.79	77.12	2.44
12	1063	601198.SH	东兴证券	63.40	5.18	1.32	26.85	207.03	240.97	177.01	2.20	-8.61	-26.93	42.57	750.17	33.15	10.08
13	1079	601901.SH	方正证券	63.16	1.77	0.46	16.24	479.01	186.6	122.07	1.23	-3.87	-18.24	35.98	1482.22	57.23	6.80
14	1166	601377.SH	兴业证券	62.26	1.62	0.37	20.47	969.27	241.3	140.75	-1.59	-26.30	-29.95	37.61	1551.38	64.99	5.75
15	1270	600109.SH	国金证券	61.22	5.32	2.31	47.39	157.84	392.29	176.22	3.57	-14.22	-18.14	39.78	466.67	37.66	10.23
16	1397	601555.SH	东吴证券	59.78	1.68	0.39	21.17	310.94	241.47	158.57	-2.99	0.42	-24.64	39.84	842.09	41.62	3.47
17	1503	000728.SZ	国元证券	58.63	2.68	0.85	29.28	167.32	263.88	127.83	-2.90	-27.70	-29.27	39.28	780.39	25.38	6.71
18	1513	000783.SZ	长江证券	58.49	0.85	0.21	27.48	330.7	238.68	135.28	0.12	-22.53	-28.47	37.19	994.95	43.69	2.27
19	1549	000750.SZ	国海证券	58.11	0.79	0.17	20.56	190.57	256.54	221.84	-1.22	-20.16	5.09	53.61	631.67	21.23	1.12
20	1629	600909.SH	华安证券	57.32	4.55	1.37	28.51	407.29	345.22	170.21	2.04	-8.15	-29.82	38.94	444.12	17.61	5.78
21	1651	002500.SZ	山西证券	57.00	1.67	0.40	16.08	181.25	210.59	158	-2.01	55.95	-29.58	42.74	572.45	68.51	2.19

续表

序号	全部上市公司排名	股票代码	股票名称	综合得分	净资产收益率（%）	总资产收益率（%）	资本杠杆率（%）	流动性覆盖率（%）	风险覆盖率（%）	净稳定资金率（%）	资本扩张率（%）	营业收入增长率（%）	投资回报率（%）	波动性（%）	年末资产总额（亿元）	营业收入（亿元）	净利润（亿元）
22	1726	000686.SZ	东北证券	56.13	1.89	0.50	16.45	177.51	174.06	145.57	-4.06	37.63	-22.93	37.29	650.23	67.80	3.12
23	1746	601108.SH	财通证券	55.86	4.02	1.40	23.27	843.15	350.51	141.31	-5.45	-21.02	-55.86	49.36	586.95	31.68	8.13
24	1784	601878.SH	浙商证券	55.50	5.42	1.34	22.49	283.3	300.39	133.21	1.11	-19.86	-50.82	49.68	569.75	36.95	7.37
25	1806	600369.SH	西南证券	55.26	1.10	0.34	20.7	367.97	242.39	145.12	-5.35	-10.34	-15.78	45.54	636.95	27.44	2.15
26	1936	002673.SZ	西部证券	54.09	1.15	0.39	36	317.96	300.48	178.63	-1.28	-29.42	-31.95	42.52	522.73	22.37	2.02
27	2109	601375.SH	中原证券	51.98	0.84	0.23	14.99	731.72	260.08	151.8	-1.55	-23.18	-21.24	50.58	421.55	16.50	0.96
28	2394	002797.SZ	第一创业	48.54	1.43	0.39	15.26	161.51	146.92	159.52	-0.28	-9.31	-39.08	46.21	335.64	17.70	1.32
29	2794	601099.SH	太平洋	40.84	-11.69	-2.96	18.16	309.11	186.54	161.49	-12.22	-69.73	-23.19	46.63	423.97	3.93	-13.25

第十五章 医药生物行业上市公司业绩评价

随着我国人口老龄化进程的进一步加快、政府卫生投入的加大、居民收入水平的提升及人们对健康的日益重视，医药行业市场需求强劲，一直维持较高的发展速度。但是医药生物行业受国家政策影响较为明显，2018 年，受带量采购、医保控费等政策影响，行业利润水平出现明显下降。市场表现方面，2018 年申万医药生物指数下跌 28%，指数大幅震荡，与 5 月最高时相比，指数下跌 38%。从行业整体看，在一致性评价、带量采购政策持续推进的大背景下，2019 年医药生物行业利润增速可能进一步下降。随着政策的推进和实施，医药生物行业相关药企将面临冲击。

一、医药生物行业上市公司业绩评价

2018 年医药生物行业的上市公司共有 288 家，其中盈利 262 家，亏损 26 家。医药生物行业综合评价分值为 64.69 分，低于同年全部上市公司（全部上市公司是指：不包括金融和 B 股，本文以下如无特指按此口径）的综合评价分值 61.16 分。288 家医药生物行业上市公司中共有恒瑞医药、爱尔眼科、白云山、通策医疗、天坛生物、华兰生物、济川药业、德展健康 8 家公司进入 2018 年上市公司业绩评价综合得分的百强名单，排名最高的恒瑞医药位列 2018 年全部上市公司业绩评价综合得分的第 11 位。288 家医药生物行业上市公司中业绩为 AAA 的有恒瑞医药 1 家，业绩为 AA 的有 6 家，业绩为 A 的有 24 家，业绩为 BBB 的有 32 家，业绩为 BB 的有 46 家，业绩为 B 的有 38 家，业绩为 CCC 的有 29 家，业绩为 CC 的有 41 家，业绩为 C 的有 62 家。

2018 年全部上市公司为 3473 家，其资产总额总计为 61.13 万亿元，其中，医药生物行业全部上市公司资产总额合计为 2.04 万亿元，占全部上市公司资产总额的 3.34%；全部上市公司实现营业收入 37.87 万亿元，医药生物行业 288 家上市公司实现营业收入 1.46 万亿元，占全部上市公司营业收入的 3.84%；全部上市公司共计实现利润总额 2.51 万亿元，医药生物行业上市公司实现利润总额达到 0.13 万亿元，占全部上市公司全部实现利润总额的 5.13%；全部上市公司共计实现净利润 1.92 万亿元，医药生物行业上市公司实现净利润

0.10 万亿元，占全部上市公司全部实现净利润的 5.48%；该行业上市公司 2018 年度市场投资回报率为 –29.17%，高于全部上市公司的市场投资回报率 –33.09%；医药生物行业上市公司股价波动率为 122.45%，低于全部上市公司的股价波动率 127.11%；医药生物行业扣除非经常性损益净资产收益率的平均值为 8.54%，高于全部上市公司的扣除非经常性损益净资产收益率 7.16%。

表 15 – 1　2018 年度医药生物行业中联十强排行榜

名次	股票代码	股票简称	在全部上市公司中排名
1	600276	恒瑞医药	11
2	300015	爱尔眼科	43
3	600332	白云山	56
4	600763	通策医疗	61
5	600161	天坛生物	66
6	002007	华兰生物	75
7	600566	济川药业	86
8	000813	德展健康	98
9	600436	片仔癀	109
10	000661	长春高新	113

基于对医药生物行业上市公司的整体评价，下面分别从财务效益状况、资产质量状况、偿债风险状况、发展能力状况、市场表现状况五个方面对医药生物行业上市公司进行具体分析。

资料链接：

爱尔眼科：业绩高速增长内生强劲

爱尔眼科业绩高速增长，符合预期。屈光业务引领高增长，量价齐升。内生增长依旧强劲。预测 2019—2021 年净利润 13.67 亿、18.24 亿、24.25 亿元，同比增速 36%、34%、33%，当前股价对应的 PE 为 62、47、35。公司是国内眼科领域的龙头公司，通过连锁复制模式迅速扩张，内生强劲增长，业绩增长确定性强。

资料来源：东方财富网

(一)财务效益

由表 15-2 可以看出，医药生物行业上市公司整体财务效益状况优于全部上市公司平均水平，除盈利现金保障倍数外，扣除非经常性损益净资产收益率、总资产报酬率、营业利润率和股本收益率指标均高于全部上市公司平均水平。

表 15 - 2　医药生物行业财务效益状况比较表

评价指标		2018 年上市公司平均值	2018 年行业值	2018 年行业值	增长率 (%)
基本指标	扣除非经常性损益净资产收益率（%）	7.16	8.54	10.17	-16.03
	总资产报酬率（%）	5.61	7.83	9.66	-18.94
	得分	20.59	23.32	25.58	-9.69
修正指标	营业利润率（%）	6.73	8.95	11.54	-22.44
	盈利现金保障倍数	1.69	1.05	0.63	66.67
	股本收益率（%）	38.49	47.99	56.75	-15.44
综合得分		22.01	23.2	24.63	-5.81

与 2017 年的情况相比较，2018 年医药生物行业上市公司大部分指标低于 2017 年行业值，仅有盈利现金保障倍数指标高于 2017 年行业值。其他指标均出现较大波动，反映了 2018 年医药生物行业的整体业绩出现一定波动。财务效益综合得分前五名上市公司为新和成、迈瑞医疗、恒瑞医药、云南白药和乐普医疗，盈利较好与政府对医药卫生事业投入加大、全民医保体系的不断完善、人口老龄化、单独二孩放开及大健康领域消费升级等利好因素的逐步释放息息相关。

资料链接：

迈瑞医疗：三大产业高速增长，盈利能力持续提升

公司公告 2018 年报，报告期内公司实现营收 137.53 亿元，同比增长 23.09%；归母净利润 37.19 亿元，同比增长 43.65%；扣非归母净利润 36.90 亿元，同比增长 43.05%，基本每股收益 3.34 元。公告利润分配预案，拟向全体股东每 10 股派发现金红利 10 元（含税）。

体外诊断：板块实现营业收入 46.56 亿元，同比增长 23.66%，占总营收的 33.63%。体外诊断设备和试剂的销量较上年分别提升 11.70% 和 22.73%，高端产品占比亦逐步提升。

医学影像板块实现营业收入35.97亿元，同比增长22.55%，占总营收26.15%，板块整体毛利率为71.00%，较上年同比增长0.54%。彩超销量较上年同比增长20.21%，较低于收入增速，主要系高端系列昆仑和女娲产品优化结构，带动单价和整体毛利提升。

行业景气度高，政策引领基层需求扩容：在县级医院层面，国家提出“大病不出县”，并明确提出到2020年，500家县医院和县中医医院分别达到“三级医院”和“三级中医医院”服务能力要求。在基层医疗层面，国家在全国范围内开展“优质服务基层行”活动，将推动3.7万家乡镇卫生院和3.5万家社区卫生服务中心升级成二级医院。县级、基层医疗机构的改革建设意在“筑巢引凤”，通过提升设备配置，吸引留住基层医疗人才，提升基层服务能力，利好平台型设备企业成长。

资料来源：Wind

（二）资产质量

由表15–3可以看出，医药生物行业上市公司资产质量状况中应收账款周转率明显低于全部上市公司平均水平，这与医药生物行业特殊的营销模式具有一定的关系，即医药生物行业上市公司对客户应收账款期限过长导致应收账款周转率偏低。医药生物行业上市公司资产质量状况中总资产周转率、流动资产周转率、存货周转率略高于全部上市公司平均水平，这与医药生物行业2018年药品流通两票制、“互联网+”等有利因素存在一定的关联性。资产质量综合得分前五家上市公司为爱尔眼科、通策医疗、ST运盛、ST冠福和金域医学，上述公司通过“互联网+”提高资产管理能力，在缩短药品流通环节，降低药品价格的两票制政策支持下，资产质量表现优异。

表15–3　医药生物行业资产质量状况比较表

评价指标		2018年上市公司平均值	2018年行业值	2017年行业值	增长率（%）
基本指标	总资产周转率（次）	0.65	0.76	0.76	—
	流动资产周转率（次）	1.23	1.29	1.29	—
	得分	9.43	9.97	10.01	–0.40
修正指标	应收账款周转率（次）	8.18	4.52	4.87	–7.74
	存货周转率（次）	2.78	3.55	3.91	–10.14
综合得分		9.17	8.78	8.81	–0.34

（三）偿债风险

由表 15−4 可以看出，2018 年医药生物行业上市公司资产负债率低于全部上市公司平均水平，获利倍数、速动比率、现金流动负债比率显著好于全部上市公司的平均水平，带息负债比率略低于全部上市公司，显示出医药生物行业上市公司较强的短期偿债能力。

表 15 – 4 医药生物行业偿债风险状况比较表

评价指标		2018 年上市公司平均值	2018 年行业值	2017 年行业值	增长率（%）
基本指标	资产负债率（%）	60.9	44.63	42.18	5.81
	获利倍数	4.41	7.42	11.03	–32.73
	得分	8.94	10.2	10.47	–2.58
修正指标	速动比率（%）	78.76	126.45	138.28	–8.56
	现金流动负债比率（%）	12.06	15.13	12.31	22.91
	带息负债比率（%）	48.41	43.33	47.29	–8.37
综合得分		8.79	9.9	9.83	0.71

与 2017 年相比较，除现金流动负债比率指标有所改善外，资产负债率、获利倍数、速动比率和带息负债比率指标略有恶化，2018 年医药生物行业上市公司偿债风险状况与 2017 年总体上差异不大，略有下降。偿债风险综合得分前五家上市公司为奇正藏药、仁和药业、江中药业、理邦仪器和金陵药业，上述公司财务政策相对稳健。

（四）发展能力

从表 15–5 可知，医药生物行业上市公司 2018 年度行业营业收入增长率明显高于全部上市公司平均水平，但营业利润增长率明显低于全部上市公司平均水平；其他发展能力指标均优于全部上市公司平均水平。医药行业作为典型的刚性消费行业，社会人口老龄化及农村人口城镇化等客观因素保证了医药需求的确定性增长。

2018 年医药生物行业上市公司发展能力指标营业收入增长率、三年营业收入增长率均优于 2017 年度水平，主要是医药生物行业上市公司受药品两票制影响，药品出厂价格存在一定上升。2018 年医药生物行业上市公司发展能力指标资本扩张率低于 2017 年度水平，主要是行业内资产资源整合机会减少。2018 年医药生物行业上市公司发展能力指标营业利润增长率低于 2017 年度水平，主要是受医药控费、带量采购等政策影响，行业利润水平出现一定下降。发展能力综合得分前五家上市公司为白云山、智飞生物、新和成、药明康德和迈瑞医疗。

表 15 – 5　医药生物行业发展能力状况比较表

评价指标		2018 年上市公司平均值	2018 年行业值	2017 年行业值	增长率（%）
基本指标	营业收入增长率（%）	13.68	20.45	19.05	7.35
	资本扩张率（%）	9.66	10.72	17.18	–37.6
	得分	12.2	13.61	12.43	9.49
修正指标	累计保留盈余率（%）	40.89	44.56	45.07	–1.13
	三年营业收入增长率（%）	15.02	19.11	16.88	13.21
	总资产增长率（%）	11.63	15.6	21.13	–26.17
	营业利润增长率（%）	4.93	–7.76	34.14	–122.73
综合得分		12.19	13.07	13	0.54

（五）市场表现

2018 年，全部上市公司市场投资回报率为 –33.09%，股价波动率为 127.11%，虽然作为重要的稳定增长型防御品种，但是医药生物上市公司市场表现并不乐观，全年市场回报率仅为 –29.17%。具体情况见表 15–6。

表 15 – 6　医药生物行业公司市场表现状况比较表

评价指标	2018 年上市公司平均值	2018 年行业值	2017 年行业值	增长率（%）
市场投资回报率（%）	–33.09	–29.17	–11.88	145.54
股价波动率（%）	127.11	122.45	83.9	45.95
得分	9	9.74	9.7	0.41

与 2017 年相比，2018 年医药生物行业上市公司的市场表现情况更差，股价波动率偏高，市场投资回报率偏低至 –29.17%。市场表现综合得分前五家上市公司为海思科、德展健康、凯利泰、鱼跃医疗和华润三九，上述公司资本管理能力较好，在二级市场股价表现优异。

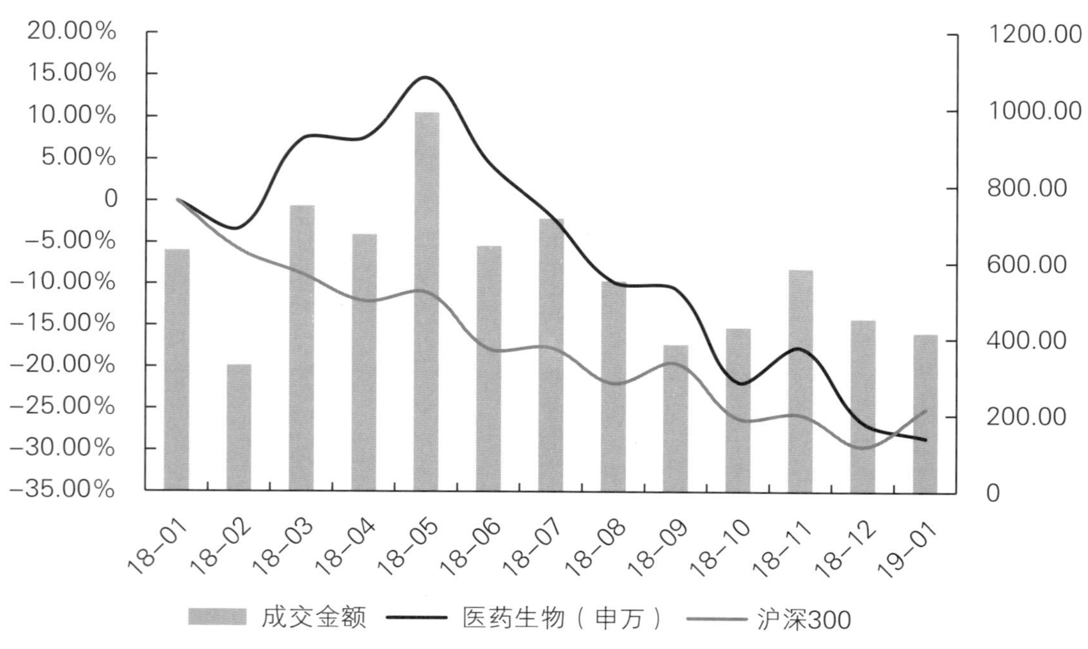

图 15－1 医药生物指数与大盘指数波动

数据来源：Wind。

二、2018 年医药生物行业上市公司业绩的影响因素分析

医药行业受到国家政策监管较多，相关政策影响超过预期。《4+7 城市药品集中采购文件》、国家卫健委发布《关于做好辅助用药临床应用管理有关工作的通知》等相关政策对医药行业上市公司业绩影响显著，在医药市场需求不断上升的同时，行业营业利润增长率为 –7.76%，出现负增长。2018 年 A 股医药生物行业上市公司全年表现惨淡，申万医药生物指数全年下跌 28%。

（一）营业利润负增长，行业盈利水平明显下降

2018 年医药生物行业实现营业收入同比增长 20.45%，行业需求强劲；在此基础上，行业营业利润同比下降 7.76%，行业利润水平明显下降。行业利润水平下降主要是由于在国家宏观层面提高医疗卫生支出同时降低药占比的大背景下，药品价格明显承压，价格下降趋势明显，制药企业利润空间受到挤压。而 A 股市场医药生物行业上市公司目前仍以制药企业为主，288 家医药生物行业上市公司中化学制药及中药企业共计 159 家，占行业全部上市数量的 55.21%。

案例：

康辰药业：2018 年营业收入同比增长 73.08%，归母净利润同比下降 44.88%，扣非后归母净利润同比上涨 11.05%，净利润增幅明显低于收入增长率，营业利润率水平明显下降。

资料来源：Wind

（二）行业政策陆续出台，药品价格下降趋势明显

2018年医药行业多项行业政策陆续出台。2018年4月12日，国务院常务会议决定自2018年5月1日起对进口抗癌药实施零关税；2018年10月，国家医疗保障局对外公布17种抗癌药纳入医保报销目录，谈判药品价格平均降幅过半；2018年11月份，经国家医保局同意，正式推出的4+7城市药品集中采购进一步促使药品价格下调；2018年12月12日国家卫健委发布《关于做好辅助用药临床应用管理有关工作的通知》，2018年12月27日国家药监局发布《加强药品集中采购和使用试点期间药品监管工作的通知》等，一系列行业政策出台，2018年宏观医药行业宏观政策集中要求“降药价”。

医保控费、药品降价已成为医药市场的新常态。受相关政策影响，医药生物行业毛利及净利润增速将进一步降低，行业内规模以上企业盈利水平将进一步分化。而A股二级市场反应已提前显现。

2018年12月7日，上海阳光医药采购网发布《4+7城市药品集中采购拟中选结果公示表》。12月6日午间“带量采购”预中选结果传出，医药股突然出现“闪崩”。数据显示，当日A股市场14只个股跌幅超过5%，申万医药生物板块市值蒸发近1300亿元。在12月7日，医药股继续下挫，仅仅两日，申万医药生物板块总市值蒸发超2300亿元。对于此次“带量采购”中标结果，降价幅度超出预期。从预中选情况来看，预中选价格较全国最低中标价降幅超过60%的有6家，部分品种降幅超过90%，引发市场担忧。

“带量采购”靴子落地，消息引发了市场对于现行药房运营模式的担忧，在“带量采购”后本被视为有利好消息的药房类股票在《办法》发布后普跌，其中一心堂大跌8.5%，老百姓跌6.6%，益丰药房跌5.3%。

链接：

齐鲁制药：带量采购，主动降价

2018年12月6日第一批带量采购时，易瑞沙以547元/盒的价格中选“4+7”带量采购，降幅达76%。而落标的齐鲁制药为了保住市场份额，快速向北京、辽宁、江苏、浙江、山东等十多个省市申请将伊瑞可价格下调到498元（0.25g*10片/盒），在带量采购中标价基础上再降9%。同时，该产品价格也被纳入上海市医保支付药品的协议采购价。此前，伊瑞可的上市价格为1600元，是原研药的三分之一。

资料来源：Wind

（三）民营医院并购及跨境并购崛起

从2014年以来，医药行业进行了大举并购，大量并购导致A股上市商誉大幅增加，业绩承诺面临较大压力，不少上市公司因此经营困难，导致控股权变更。整体来看，2018年，医药生物行业：国内医药并购清淡；公立医院改革十分缓慢，并购难以推进，而民营

医院并购成为一大热点；医疗健康跨境并购大幅增加。

1. 国内医药并购清淡

2018年国内医药行业并购清淡。据统计，除海普瑞（002399.SZ）24亿元并购控股股东的公司多普乐100%股权之外，并购规模整体较小。如宜华健康并购义乌市三溪堂国药馆连锁、义乌三溪堂中医保健院、义乌市三溪中医药研究所各65%股权，交易对价5.14亿元；康恩贝并购嘉和生物21.05%的股权，交易对价6.52亿元等已为2018年医药生物行业较大规模并购案例。

2. 民营医院并购成热点

2018年，上市公司布局民营医疗服务机构，药企收购民营医院交易数量大幅增加，希望通过产业链的延伸，带动药品的销售，形成发展闭环。民营医院并购成行业热点。

市场原预测，2018年至少有2000家国企医院需要在年底前完成剥离工作。事实上，公立医院的改革进程缓慢。备受市场关注的通化金马21.9亿元购买七台河七煤医院有限公司、双鸭山双矿医院有限公司、鸡西鸡矿医院有限公司、鹤岗鹤矿医院有限公司及鹤岗鹤康肿瘤医院有限公司各84.14%股权的并购一波三折，并以失败告终。

3. 跨境并购数量、价格再创新高

根据晨哨医药研究部数据统计，截至2018年12月21日，2018年中资医药领域跨境并购总计实现确定性交易（去除并购意向和并购传闻的交易）54笔，确定性交易披露的金额为150亿美元（约合1035亿元人民币），同比分别增长15%和33%。去年同期确定性交易宗数47宗，合计披露交易金额112亿美元。

哈药集团（600664.SH）20亿元并购美保健品公司GNC 40.1%的股权，2月14日出预案，9月14日收到了美国外国投资委员会的获批通知，交易推进神速。

部分医药行业跨境并购不被市场看好。上海莱士（002252.SZ）11月22日晚间公告，公司拟通过发行股份及/或支付现金方式，获取天诚德国和GDS 100%股权，天诚德国100%股权拟作价约5.89亿欧元，GDS 100%股权拟作价约50亿美元。这两项交易的金额折合人民币将近400亿元。12月7日上海莱士复牌，接连十个一字板跌停，市值跌幅超过50%。

链接：1. 并购案例

➢ 星普医科：并购民营医药四川友谊医院有限责任公司25%股权

在先后完成收购玛西普和出售蘑菇种植业务后，公司逐步完成了向医疗健康产业的转型，并制定了“高端放疗设备与优质医疗服务”双管齐下的战略方针。2017年，公司前期完成了对杭州中卫医院100%股权、友谊医院75%股权、重庆华健友方医院51%股权的收购，在医疗服务领域迈出了坚实一步。本次交易是公司转型战略的延续，符合公司整体的业务发展规划。

资料来源：Wind

外部链接：2. 行业大事件

➢（1）2018 年 1 月 25 日，国家食品药品监管总局发布公告，决定适用 5 个国际人用药品注册技术协调会（ICH）二级指导原则

即:《M4：人用药物注册申请通用技术文档（CTD）》《E2A：临床安全数据的管理：快速报告的定义和标准》《E2D：上市后安全数据的管理：快速报告的定义和标准》《M1：监管活动医学词典（MedDRA）》和《E2B（R3）：临床安全数据的管理：个例安全报告传输的数据元素》。

用于鼓励药品创新，推动我国药品注册技术标准与国际接轨，加快药品审评审批，加强对药品全生命周期的管理。

➢（2）2018 年 7 月 10 日，《接受药品境外临床试验数据的技术指导原则》正式对外发布

在确保数据真实、完整、准确、可溯源，生产过程符合国际人用药品注册技术协调会（ICH）药物临床试验质量管理规范（GCP）相关要求的前提下，药品的境内外同步研发在境外获得的创新药临床试验数据及在境外开展仿制药研发，具备完整可评价的生物等效性数据的，均可用于在中国的药品注册申报。

➢（3）2018 年 7 月 15 日，长春长生疫苗事件

7 月 15 日，国家药品监督管理局发布通告指出，长春长生生物科技有限公司冻干人用狂犬病疫苗生产存在记录造假等行为。3 个月后，该事件以国家药监局和吉林省食药监局分别对长春长生生物科技有限公司做出多项行政处罚，长春长生被处罚款 91 亿余元结案。

➢（4）2018 年 10 月 5 日，欧洲药品管理局（EMA）受理首个用于 β 地贫的基因疗法上市许可

用于治疗输血依赖性（TDT）非 β0/β0 基因型 β－地中海贫血的青少年和成年患者的 Lenti Globin 基因疗法进入 EMA 快速评审通道，或可缩短评审时间到 150 日。

➢（5）2018 年 11 月 26 日，世界首例基因编辑婴儿诞生

来自中国深圳的科研工作者贺建奎宣布，一对名为露露和娜娜的基因编辑婴儿在中国诞生，打破了 2015 年 12 月首届人类基因组编辑峰会世界各国科学家“禁止将基因编辑技术用于以生殖为目的的临床研究和应用”的共识。

➢（6）2018年11月30日，FDA批准了世界首个基于CRISPR的体内基因编辑治疗临床实验

美国基因编辑公司EDITAS宣布美国食品药物管理局（FDA）批准了EDIT-101的一期临床申请。EDIT-101是一种被FDA批准临床的基于CRISPR的体内（in vivo）基因组编辑疗法，研发用于治疗一种罕见遗传病：第10类莱伯氏先天性黑蒙。

➢（7）2018年12月17日，国家药品监督管理局有条件批准首个国产PD-1单抗上市

资料来源：健康界

三、2019年医药生物行业前景分析

2019年医药生物行业的热门词仍将是“一致性评价”“带量采购”等，中国仿制药质量提升、过期原研药降价亦提上了主要议程。在社会整体医疗服务需求继续上涨的大背景下，医改的深度和广度不断深入，受国家政策主导的“降药价”工作继续推进。2019年医药生物行业企业盈利情况或将面临进一步分化，行业变革或将加剧。

（一）国家层面继续推进深化医改

党的十八大以来，以习近平同志为核心的党中央坚持以人民为中心的发展理念，发出建设健康中国的伟大号召，对深化医改作出系统部署。党的十九大明确提出，要全面建立中国特色基本医疗卫生制度、医疗保障制度和优质高效的医疗卫生服务体系。我们认真贯彻落实党中央、国务院决策部署，以保障人民群众健康和生命安全作为出发点和落脚点，坚持保基本、强基层、建机制、补短板的基本原则，坚持统筹设计、突出重点、循序推进的基本路径，突出目标导向和问题导向，加强顶层设计和整体谋划，制定和推动出台医改重大政策文件，基本搭建起中国特色基本医疗卫生制度的主体框架，医改的整体性、系统性、协同性明显增强。同时，注重督察督办，狠抓落实见效，推动深化医改取得重大阶段性成效。

国家卫生健康委员会2018年11月27日在重庆市忠县就重庆等多地深化医改典型经验情况召开新闻发布会。会上指出对于目前医改工作的好经验、好做法要更大范围地推广，让更多的地方借鉴，惠及更多群众。会上总结了目前医改工作的成果和不足，并提出新的工作重点和要求。

总体来看，医药卫生领域关联性、标志性改革全面启动，普惠型、兜底型民生建设相继推开。世卫组织、世界银行等机构发布报告认为，中国在实现全民健康覆盖方面迅速迈进，基本医疗卫生服务可及性更加均衡。在全球著名医学杂志《柳叶刀》公布的195个国家和地区“医疗可及性和质量”排行榜中，中国被认为是医疗事业发展迅速，医疗质量不

断提升，全球进步最大的5个国家之一。

取得成效的同时，卫生健康领域深化改革仍然面临许多问题和挑战，仍然有一些政策没有完全落实到位，一些地方推进改革力度不够，与人民群众日益增长的卫生健康需要相比还有差距。在此背景下，2018年8月27日，国务院医改领导小组召开2018年全国医改工作电视电话会议。李克强总理对会议作出重要批示，充分肯定党的十八大以来深化医改取得重大阶段性成效，强调要敢触动利益，敢啃“硬骨头”，持续加大医疗、医保、医药联动改革力度，努力在降低虚高药价、深化公立医院改革、完善基本医保和分级诊疗制度、发展互联网＋医疗健康等方面取得新突破。会议对下一步医改重点任务进行全面部署，对组织实施和推动改革任务落实作出具体安排，明确要求坚持以大卫生大健康理念为统领，加强健康促进，坚持“三医”联动，推进基本医疗卫生制度建设，着力解决看病难、看病贵问题。2019年，“降药价”依然是政府医改工作重点。

（二）药品带量采购促进药品降价

国家医保局成立之后，国家级别的药品带量采购大幅提升了国家医保局的议价能力。从组织架构来看，国家医保局的话语权大幅增强。这意味着其在药品招标、支付等领域的议价能力大幅提升。区别于省级药品的招标采购及带量采购，进入国家药品带量采购市场，意味着两场范围的扩大，企业以价换量的动力更大。

11月15日发布的《4+7城市药品集中采购文件》不仅对试点城市做出了具体规定，还发布了31个药品的名单及采购情况。医保局牵头的超级采购，无疑可以增强药品采购的谈判能力，降低药价。但与此同时，对于药企面临的价格压力，以及对原研药市场的冲击也不容小觑，一场轰轰烈烈的价格战即将拉开帷幕。《4+7城市药品集中采购文件》显示，国家组织药品集中采购试点，试点地区范围为北京、天津、上海、重庆、沈阳、大连、厦门、广州、深圳、成都和西安11个城市。值得注意的是，该文件确定了31个采购品种和约定采购量。约定采购量则由各试点地区上报确定，各试点地区统一执行集中采购结果。集中采购结果执行周期中，医疗机构须优先使用集中采购中选品种。

4+7城市加起来大约占到全国1/3的市场，会对药品企业产生强大的吸引力，通过企业间市场化竞价，能充分起到以量换价的作用，能够有效降低药品采购价格，节省医疗开支，减轻患者负担。国家医保局成立之后，国家级别的药品带量采购引起市场关注。国家医保局成立后所承担的城镇职工和城镇居民基本医疗保险、生育保险职责，让最大的医疗和药品支付方手中握着钱去和药企谈判，大幅提升了国家医保局的议价能力。

带量采购促进药品降价，医保和患者拿到比较低廉的价格，企业则拿到市场份额。国家通过组织药品集中采购将产生多方共赢的效果；通过承诺采购数量，药企中标后能够节省大量流通环节费用，降低药企销售费用支出比重。

《4+7城市药品集中采购文件》提出，根据已批准通过的国家药品监督管理局仿制药质量和疗效一致性评价目录和按《国家食品药品监督管理总局关于发布化学药品注册分类改革工作方案的公告》化学药品新注册分类批准的仿制药品目录，经联采办会议通过及咨询专家，确定31个采购品种（指定规格）及约定采购量。

这一政策将对原研药厂家构成一定冲击，同时利好通过仿制药一致性评价的厂家。一旦原研药品种未能成功中标，则意味着其市场份额会迅速缩减。但原研药成功中标，则意味着预计最高50%的降价幅度，也就是单品利润的大幅度下降。而对于专利药、独家生产药品，国家级别的带量采购，可以打破卖方的垄断局面，有利于形成合理的采购价格。

（三）行业面临进一步分化，医药行业或将重新洗牌

由于带量采购将给药品市场带来重大影响，药企方面，大型药企面临利润压力，中小药企的日子将会越来越艰难，而具备研发能力或优质药品资源或渠道的企业或将迎来一轮快速增长。虽然多家上市药企表示"4+7"带量采购试点对公司经营没有重大影响，但公示期内，A股医药板块整体市值大幅下降，部分中标药企股价出现连续大幅下跌。

同时随着化药新药开发难度的加大，仿制药利润的摊薄，在抗体药物、RNA干扰、基因编辑、免疫肿瘤学、细胞治疗、大数据医疗AI等种种技术的推动下，很多药企也将目光投向火热的生物医药领域。近年来，生物医药成为资本市场的"宠儿"，国内并购交易数量快速上升。中国生物药市场尚处于发展初期，因此具备强劲的增长潜力。据中商产业研究院发布的《2019—2024年中国医药生物行业市场前景及投资机会研究报告》数据显示，中国生物医药市场从2013年占中国整体医药市场的8.7%增至2017年的15.3%。2017年中国生物医药行业市场规模为2185亿元，预计2019年中国生物医药行业市场规模将超3000亿元。

随着中国社会老龄化影响的进一步加深及人民生活水平的提高，社会医疗服务需求进一步上涨。同时受益于公立医院改革，国家鼓励社会资本创办专科医院等政策支持，且该领域受药品降价等负面政策影响较小，预计2019年将会迎来一轮发展机遇。除此之外，其他非药领域，包括医疗器械、医药商业，受到药品降价等负面政策影响同样较小，随着医疗、医药服务需求的上涨，预计2019年该领域行业盈利能力和市场表现将会进一步提升。

外部链接：

国家信息中心、中国经济信息网发布《2019年医药行业发展报告——展望篇：严控费、降药价，创新药、优质仿制药将脱颖而出》

资料来源：中国经济信息网

附表　2018 年度医药行业上市公司业绩评价结果排序表

序号	全部上市公司排名	股票代码	股票名称	综合得分（100 分）	每股收益（元）	总资产报酬率（%）	净资产收益率（%）	总资产周转率（次）	资产负债率（%）	已获利息倍数	营业收入增长率（%）	资本扩张率（%）	市场投资回报率（%）	股价波动率（%）	年末资产总额（万元）	营业收入（万元）	净利润（万元）
1	11	600276	恒瑞医药	87.70	1.10	22.30	21.25	0.86	11.46	943.14	25.89	24.18	-2.35	80.32	2236122.96	1741790.11	406118.43
2	44	300015	爱尔眼科	82.80	0.43	15.15	19.86	0.85	37.98	26.15	34.31	9.11	26.01	85.74	962658.03	800857.40	106584.91
3	56	600332	白云山	82.00	2.12	10.64	10.49	1.06	55.05	18.68	101.55	20.15	12.29	103.47	5148218.39	4223383.81	353371.62
4	61	600763	通策医疗	81.70	1.04	23.70	27.80	0.79	32.12	17.75	31.05	31.70	39.74	99.75	213269.17	154604.35	35920.14
5	65	600161	天坛生物	81.50	0.58	20.02	19.44	0.67	14.21	145.32	66.05	36.51	-6.47	53.03	506697.05	293105.87	73589.65
6	76	002007	华兰生物	81.20	1.23	23.83	20.20	0.55	11.10	246.88	35.84	19.22	15.76	83.96	649305.29	321689.87	120953.77
7	86	600566	济川药业	80.30	2.08	27.81	32.31	1.00	30.00	58.90	27.76	23.99	-14.50	91.94	779732.24	720820.58	168786.33
8	97	000813	德展健康	79.60	0.42	19.04	18.81	0.60	10.81	—	48.22	16.19	3.84	65.77	592163.83	329082.76	93052.57
9	108	600436	片仔癀	79.30	1.89	22.02	22.80	0.77	20.28	49.02	28.33	19.94	28.42	117.35	665775.79	476615.69	112872.70
10	112	000661	长春高新	79.20	5.92	20.78	25.29	0.64	32.80	195.16	31.03	21.65	-0.12	87.97	941304.57	537499.47	146281.74
11	117	002001	新和成	79.00	1.43	18.58	19.26	0.43	26.08	43.17	39.27	15.85	-37.39	122.44	2193488.86	868338.17	309843.85
12	119	000999	华润三九	79.00	1.46	10.20	12.18	0.78	38.06	67.53	20.75	10.31	-5.63	46.59	1802993.21	1342774.62	147487.17
13	127	300122	智飞生物	78.80	0.91	31.50	40.99	0.96	38.61	63.60	289.43	42.33	29.39	118.44	681017.72	522830.77	145136.65
14	130	300529	健帆生物	78.60	0.97	25.20	22.56	0.54	16.08	—	41.48	23.75	30.90	111.29	205195.82	101650.88	40094.55
15	138	300595	欧普康视	78.30	0.98	22.87	19.34	0.43	11.83	29627.84	47.10	33.25	45.05	97.83	122771.84	45841.98	20976.83
16	163	300630	普利制药	77.50	0.99	21.21	21.34	0.63	20.35	543.06	92.07	22.44	-8.56	127.59	110896.46	62390.42	18142.73
17	169	600750	江中药业	77.40	1.12	15.26	14.79	0.49	14.76	—	0.49	11.60	-8.52	46.83	381697.20	175522.90	47023.25
18	176	002821	凯莱英	77.20	1.88	15.87	14.87	0.63	21.18	340.07	28.94	16.50	11.36	105.56	318534.14	183487.76	40645.04
19	180	603658	安图生物	77.10	1.34	27.26	29.97	0.80	26.00	118.19	37.82	16.36	-3.18	132.59	265657.36	192967.60	57500.87
20	181	603127	昭衍新药	77.10	0.94	12.28	14.91	0.39	42.92	—	35.69	16.80	20.66	109.00	114140.97	40879.82	10818.72
21	183	000538	云南白药	77.00	3.18	13.84	15.24	0.92	34.42	20.69	9.84	9.81	-26.46	107.78	3037759.01	2670821.35	328974.60
22	192	300347	泰格医药	76.90	0.94	15.91	13.38	0.59	29.10	32.30	36.37	7.63	20.88	124.90	427978.85	230065.97	50679.72
23	195	300357	我武生物	76.80	0.80	28.64	24.92	0.53	5.91	—	29.87	24.23	36.57	114.58	105789.25	50074.47	23186.42

续表

序号	全部上市公司排名	股票代码	股票名称	综合得分（100分）	每股收益（元）	总资产报酬率（%）	净资产收益率（%）	总资产周转率（次）	资产负债率（%）	已获利息倍数	营业收入增长率（%）	资本扩张率（%）	市场投资回报率（%）	股价波动率（%）	年末资产总额（万元）	营业收入（万元）	净利润（万元）
24	197	002737	葵花药业	76.70	0.96	15.28	16.21	0.94	32.07	98.12	16.00	8.71	-6.22	105.01	505913.21	447175.63	60779.52
25	199	600085	同仁堂	76.70	0.83	11.73	12.20	0.73	29.05	53.73	6.23	10.34	-16.34	70.47	2047758.25	1420863.64	182253.40
26	214	000650	仁和药业	76.20	0.41	17.21	15.45	1.00	15.20	1430.95	14.56	12.74	3.29	109.41	461665.80	440342.35	58408.60
27	220	002223	鱼跃医疗	76.00	0.73	12.55	11.99	0.62	19.78	237.03	18.12	-0.47	-4.05	62.97	691140.00	418339.16	75088.50
28	222	300482	万孚生物	75.90	0.92	18.87	18.39	0.75	20.06	88.56	44.05	80.80	-35.13	94.27	269146.14	165005.94	34658.51
29	228	603811	诚意药业	75.70	0.81	15.26	15.07	0.73	17.46	155.33	60.10	12.34	-25.73	64.71	81598.74	54576.60	9739.50
30	237	300294	博雅生物	75.40	1.11	13.64	14.70	0.56	25.68	24.87	67.84	51.77	-13.04	54.65	507315.02	245130.48	48507.96
31	244	300725	药石科技	75.20	1.21	23.40	21.67	0.72	21.21	155.02	75.02	19.09	-34.71	105.87	76116.14	47825.43	13449.85
32	270	002044	美年健康	74.80	0.26	10.63	12.16	0.59	55.39	6.15	35.70	5.69	-18.42	122.65	1635456.92	845845.02	97278.66
33	272	002287	奇正藏药	74.80	0.79	15.61	13.92	0.53	11.57	38.04	15.20	8.00	-27.58	76.67	231277.32	121320.91	31744.13
34	296	300633	开立医疗	74.20	0.63	17.28	18.57	0.77	28.58	106.45	24.04	23.75	0.84	122.73	183565.89	122684.90	25262.38
35	301	600529	山东药玻	74.10	0.84	9.68	10.12	0.59	23.75	—	10.90	8.47	22.11	71.10	462371.35	258462.72	35821.00
36	302	002901	大博医疗	74.10	0.93	28.87	24.58	0.51	12.45	—	30.04	17.71	-18.71	85.54	166506.41	77246.95	37808.50
37	305	300685	艾德生物	74.00	0.88	18.89	15.38	0.58	7.57	236.02	32.89	16.56	-17.84	97.99	81874.68	43903.15	12673.79
38	318	002038	双鹭药业	73.80	0.83	14.03	12.38	0.45	9.42	—	74.50	5.10	-20.28	124.87	498827.44	216747.17	56339.38
39	322	000423	东阿阿胶	73.80	3.19	18.86	18.08	0.56	18.32	78.14	-0.46	14.76	-35.77	103.30	1386995.92	733831.62	208660.58
40	330	600511	国药股份	73.60	1.83	10.55	14.48	1.86	50.68	12.56	6.77	12.19	-15.99	49.33	2150976.84	3873982.71	159265.64
41	335	300601	康泰生物	73.60	0.70	18.50	28.48	0.73	45.07	21.44	73.69	71.13	14.82	182.52	333644.59	201690.28	43568.51
42	342	600420	现代制药	73.50	0.65	9.54	9.73	0.72	48.72	7.00	32.91	10.40	-26.73	62.28	1646386.46	1132078.14	106997.96
43	344	300401	花园生物	73.50	0.64	23.57	20.13	0.43	5.14	189.67	57.24	21.90	-33.79	139.99	164629.66	66021.68	30740.86
44	348	300003	乐普医疗	73.50	0.68	12.54	15.95	0.46	56.41	6.33	40.08	-6.25	-16.74	109.40	1511329.27	635630.48	125487.39
45	359	603939	益丰药房	73.20	1.14	9.34	11.07	1.09	47.00	60.85	43.79	31.14	-7.28	87.14	786814.26	691257.65	44156.92
46	369	300298	三诺生物	73.00	0.56	15.25	13.22	0.67	12.57	251.13	50.10	88.76	-38.63	137.92	300000.80	155051.34	31044.84

续表

序号	全部上市公司排名	股票代码	股票名称	综合得分（100分）	每股收益（元）	总资产报酬率（%）	净资产收益率（%）	总资产周转率（次）	资产负债率（%）	已获利息倍数	营业收入增长率（%）	资本扩张率（%）	市场投资回报率（%）	股价波动率（%）	年末资产总额（万元）	营业收入（万元）	净利润（万元）
47	373	300452	山河药辅	72.90	0.50	13.14	12.82	0.62	21.40	—	26.28	11.53	−30.65	83.08	70974.74	42855.65	7719.84
48	392	002275	桂林三金	72.70	0.70	15.10	14.20	0.48	17.60	92.77	−1.94	5.76	−20.12	49.27	340613.03	158467.34	41334.61
49	397	600062	华润双鹤	72.50	0.93	12.08	11.82	0.83	23.26	145.67	28.08	0.76	−39.86	111.12	1030617.09	822508.33	98945.25
50	422	600535	天士力	72.10	1.02	10.46	13.78	0.77	55.47	5.01	11.78	24.89	−24.58	108.97	2517184.24	1798953.62	159193.18
51	431	000963	华东医药	72.00	1.55	16.97	24.58	1.74	45.75	25.99	10.17	18.35	−28.72	108.70	1921735.73	3066337.43	239516.96
52	446	002626	金达威	71.70	1.11	21.79	23.49	0.73	34.15	31.00	37.80	21.27	−38.87	112.72	458697.74	287262.27	68616.47
53	458	603367	辰欣药业	71.50	1.11	11.37	12.20	0.76	20.83	—	28.54	11.56	−24.79	140.59	524839.05	380807.84	50305.43
54	463	603707	健友股份	71.50	0.77	15.64	18.38	0.56	28.84	52.96	52.81	17.97	−11.74	107.65	340232.33	170033.07	42454.91
55	470	603387	基蛋生物	71.20	1.35	20.25	16.91	0.48	11.92	—	40.45	20.51	−37.88	155.21	157040.69	68623.83	25064.44
56	488	300497	富祥股份	71.00	0.88	12.60	18.05	0.58	47.79	10.44	21.42	18.62	0.21	98.49	219648.38	116343.36	19236.19
57	492	002773	康弘药业	70.90	1.04	16.35	16.50	0.60	21.39	—	4.70	15.25	−42.51	117.71	519488.23	291744.51	69494.38
58	493	002422	科伦药业	70.90	0.85	6.85	9.36	0.57	55.85	3.12	43.00	8.19	−18.59	99.26	2936088.30	1635179.02	126748.40
59	498	300653	正海生物	70.80	1.07	17.65	16.48	0.39	9.42	—	17.92	9.48	37.10	177.26	58398.46	21554.36	8581.51
60	505	000710	贝瑞基因	70.70	0.76	15.65	14.01	0.72	10.82	354.50	22.93	24.47	−42.83	144.13	217799.66	143978.90	25977.09
61	509	300485	赛升药业	70.60	0.59	12.68	10.76	0.55	7.43	—	90.37	10.17	−32.07	117.85	276055.94	142775.09	28316.15
62	538	300584	海辰药业	70.30	0.69	14.02	14.85	1.00	26.85	24.67	56.45	12.22	10.82	183.84	79418.87	71190.78	8322.32
63	542	300244	迪安诊断	70.20	0.71	10.02	13.84	0.77	55.91	5.31	39.22	59.59	−36.60	100.60	1066540.09	696685.74	58846.19
64	559	000028	国药一致	70.00	2.83	7.31	11.02	1.68	51.93	9.60	4.50	40.07	−30.55	87.33	2893030.05	4312238.55	134843.11
65	567	300326	凯利泰	69.80	0.64	16.59	6.31	0.30	29.91	23.43	16.03	22.55	−2.78	67.77	356976.89	93090.68	46036.09
66	584	603858	步长制药	69.60	2.13	11.96	11.44	0.70	30.79	25.61	−1.44	4.84	−34.21	108.26	2002500.12	1366475.26	190749.21
67	585	601607	上海医药	69.60	1.37	5.92	7.50	1.44	63.40	5.44	21.58	17.03	−30.71	75.20	12687933.45	15908439.69	445626.09
68	586	000739	普洛药业	69.60	0.31	8.81	10.70	1.11	41.85	12.00	14.85	9.65	14.32	90.05	575076.63	637640.06	37056.68
69	587	002880	卫光生物	69.50	1.45	13.10	11.77	0.49	10.52	49.47	10.36	8.53	−26.73	69.54	145931.97	68794.92	15663.68

续表

序号	全部上市公司排名	股票代码	股票名称	综合得分（100分）	每股收益（元）	总资产报酬率（%）	净资产收益率（%）	总资产周转率（次）	资产负债率（%）	已获利息倍数	营业收入增长率（%）	资本扩张率（%）	市场投资回报率（%）	股价波动率（%）	年末资产总额（万元）	营业收入（万元）	净利润（万元）
70	610	600211	西藏药业	69.20	1.20	10.07	7.22	0.42	10.86	892.13	12.26	10.35	-12.94	98.23	253205.20	102787.92	21808.74
71	611	002727	一心堂	69.20	0.92	10.20	13.09	1.27	44.95	15.53	18.39	9.63	-11.58	122.04	735587.86	917626.97	51977.46
72	615	002099	海翔药业	69.10	0.38	10.20	11.49	0.37	23.38	17.37	17.74	4.83	-19.17	53.56	703537.33	271860.88	60500.38
73	619	603882	金域医学	69.00	0.51	9.78	11.49	1.24	50.58	10.10	19.35	12.12	-31.76	129.55	395734.23	452525.28	25539.38
74	621	002653	海思科	69.00	0.31	8.09	5.85	0.81	54.32	17.31	84.61	1.22	4.51	66.89	436585.52	342666.43	31754.16
75	626	002294	信立泰	68.90	1.39	23.19	21.50	0.63	13.08	272.16	11.99	11.57	-50.40	147.56	790480.44	465187.62	145458.09
76	633	603233	大参林	68.80	1.33	12.03	17.10	1.43	52.78	31.01	19.38	10.13	-23.44	137.93	653702.27	885927.37	52568.79
77	643	603987	康德莱	68.70	0.33	11.07	11.25	0.77	25.11	474.78	15.41	21.38	-25.03	104.53	217427.42	145005.83	18045.55
78	645	300016	北陆药业	68.70	0.30	13.57	11.87	0.50	6.43	—	16.37	12.77	-26.74	92.19	128871.92	60805.35	14776.19
79	661	600479	千金药业	68.40	0.61	10.45	11.06	0.98	30.02	472.43	4.58	8.42	-31.90	120.33	347248.92	332855.40	30255.66
80	662	002382	蓝帆医疗	68.40	0.47	5.97	8.59	0.37	38.58	5.73	68.35	446.09	23.29	97.32	1269848.77	265312.01	35533.77
81	663	600557	康缘药业	68.40	0.73	9.83	11.21	0.70	30.53	12.20	16.77	8.31	-24.71	92.06	560295.00	382380.47	43760.21
82	674	600993	马应龙	68.30	0.41	6.90	11.79	0.77	19.64	47.57	25.53	3.56	-35.62	97.55	292653.81	219750.75	16455.81
83	678	300009	安科生物	68.30	0.26	13.09	14.36	0.61	20.41	94.79	33.32	14.24	-31.06	91.56	252696.63	146155.02	26475.19
84	683	600572	康恩贝	68.20	0.30	11.05	13.08	0.67	45.93	11.69	28.20	-0.87	-15.16	45.32	1071340.47	678664.53	80833.94
85	684	002020	京新药业	68.20	0.51	8.50	8.42	0.59	28.41	82.89	32.66	-9.89	-22.94	69.85	499176.91	294380.20	37148.78
86	693	002262	恩华药业	68.10	0.52	16.97	18.19	1.05	26.67	45.30	13.69	20.08	-39.40	137.85	403016.53	385816.86	51916.15
87	708	300723	一品红	67.90	1.29	16.01	14.39	0.88	27.05	15.00	3.57	17.22	-23.90	125.38	178094.60	142955.43	20768.60
88	714	600781	辅仁药业	67.70	1.42	13.01	16.47	0.61	48.99	5.77	8.92	17.29	-43.64	101.03	1071737.27	631731.31	89324.52
89	717	300642	透景生命	67.70	1.57	16.23	12.56	0.36	7.13	236215.86	20.46	14.32	-37.65	139.51	110283.47	36484.64	14169.09
90	722	600329	中新药业	67.60	0.73	9.50	11.38	0.93	28.86	57.29	11.77	9.27	-16.73	114.37	710530.62	635862.23	56778.78
91	729	603976	正川股份	67.50	0.55	8.59	8.44	0.54	12.38	—	17.12	3.47	-13.67	101.26	112645.99	59578.13	8276.66
92	740	002900	哈三联	67.40	0.65	10.31	6.15	0.93	21.63	—	89.11	7.35	-36.87	155.05	251355.54	217251.64	20438.66

续表

序号	全部上市公司排名	股票代码	股票名称	综合得分（100分）	每股收益（元）	总资产报酬率（%）	净资产收益率（%）	总资产周转率（次）	资产负债率（%）	已获利息倍数	营业收入增长率（%）	资本扩张率（%）	市场投资回报率（%）	股价波动率（%）	年末资产总额（万元）	营业收入（万元）	净利润（万元）
93	767	002728	特一药业	67.10	0.78	10.91	13.36	0.44	46.26	5.34	28.83	6.56	−26.55	80.40	206759.81	88497.56	15554.65
94	771	603368	柳药股份	67.00	2.04	8.40	14.93	1.35	58.59	11.48	24.00	13.41	−22.39	69.18	977263.48	1171452.97	56817.33
95	774	600252	中恒集团	67.00	0.18	10.00	8.92	0.47	18.09	—	61.10	5.96	−38.12	113.51	723974.34	329876.53	61336.45
96	780	603669	灵康药业	66.90	0.50	11.10	8.17	0.90	33.37	93.05	66.10	6.06	−27.75	97.03	206792.67	166943.13	18270.37
97	794	002412	汉森制药	66.70	0.50	10.25	10.83	0.53	24.19	13.41	11.09	11.82	−14.92	35.15	179836.06	92194.98	14753.68
98	801	603883	老百姓	66.60	1.53	9.11	14.99	1.25	60.29	12.48	26.26	8.65	−25.29	98.34	848477.51	947108.93	50400.43
99	814	300439	美康生物	66.50	0.71	10.82	10.51	0.80	50.62	5.04	73.67	24.74	−30.23	135.37	459704.95	313512.29	24868.01
100	822	600285	羚锐制药	66.30	0.41	9.34	11.41	0.64	32.65	18.42	11.07	−4.97	−20.44	63.86	310996.38	205311.32	24576.57
101	842	300434	金石东方	66.00	0.37	6.05	5.56	0.31	15.93	78.04	37.88	5.04	−34.45	80.12	319077.06	97071.60	15331.39
102	860	000919	金陵药业	65.80	0.48	9.41	5.43	0.75	16.45	137.45	−9.17	6.29	−28.91	77.71	388493.54	289907.90	28887.82
103	867	002864	盘龙药业	65.70	0.75	9.59	8.05	0.62	25.22	—	29.90	10.08	0.95	199.08	81783.58	48944.78	6468.19
104	871	002370	亚太药业	65.70	0.39	8.50	8.19	0.43	23.45	17.01	20.94	6.54	18.26	112.84	329722.72	130970.92	20937.30
105	875	002675	东诚药业	65.70	0.37	8.52	9.81	0.38	33.83	10.05	46.20	40.19	−33.30	101.79	696734.97	233282.29	38879.26
106	887	600380	健康元	65.50	0.43	7.96	9.30	0.47	34.77	12.88	3.94	19.67	−36.56	101.34	2498575.65	1120396.40	145959.96
107	895	600196	复星医药	65.40	1.07	6.82	7.58	0.38	52.39	4.82	34.45	12.95	−45.16	136.33	7055136.14	2491827.36	301988.21
108	899	300463	迈克生物	65.40	0.80	15.83	17.30	0.66	37.12	13.58	36.31	9.64	−37.31	110.29	455648.11	268530.49	48291.96
109	916	300702	天宇股份	65.20	0.91	8.81	13.05	0.62	44.99	10.77	23.45	12.33	−18.57	148.81	262931.99	146695.64	16366.20
110	929	002022	科华生物	64.90	0.41	10.01	9.54	0.64	30.65	24.72	24.85	16.88	−33.16	94.00	350378.78	199021.36	24681.51
111	930	300705	九典制药	64.90	0.31	9.43	9.78	0.94	23.86	62.35	49.93	8.77	−16.45	209.43	94321.11	80137.53	7198.50
112	950	603538	美诺华	64.70	0.67	6.68	5.48	0.45	40.99	6.44	40.25	15.28	−11.40	93.04	227108.21	84896.15	10506.18
113	963	002393	力生制药	64.60	1.01	5.70	5.19	0.40	17.99	81.52	46.06	4.31	−31.37	95.21	391720.15	150360.74	18497.76
114	965	002365	永安药业	64.60	0.61	12.09	11.12	0.57	16.75	29050.48	7.79	19.43	−56.28	161.55	192904.94	100540.78	17890.34
115	968	002603	以岭药业	64.50	0.50	8.53	7.67	0.59	11.61	—	17.97	6.35	−31.80	102.67	855721.95	481455.78	59295.53

续表

序号	全部上市公司排名	股票代码	股票名称	综合得分（100分）	每股收益（元）	总资产报酬率（%）	净资产收益率（%）	总资产周转率（次）	资产负债率（%）	已获利息倍数	营业收入增长率（%）	资本扩张率（%）	市场投资回报率（%）	股价波动率（%）	年末资产总额（万元）	营业收入（万元）	净利润（万元）
116	999	002907	华森制药	64.10	0.34	16.39	14.34	0.71	24.21	129.21	18.80	15.14	-21.62	183.83	109363.00	70341.53	13737.18
117	1009	300406	九强生物	64.00	0.60	19.39	17.75	0.42	8.72	106.36	11.51	11.25	-34.42	145.82	186472.54	77417.82	30066.53
118	1020	000952	广济药业	63.80	0.68	14.26	20.31	0.51	47.97	7.75	5.27	15.12	-33.16	107.91	169328.80	84383.09	17340.99
119	1039	600789	鲁抗医药	63.60	0.25	4.01	4.56	0.57	53.23	5.40	28.10	46.35	-9.48	94.26	656744.85	332960.48	17343.21
120	1051	002317	众生药业	63.50	0.54	10.57	10.73	0.47	24.66	15.68	20.23	5.91	-33.34	87.99	524433.63	236150.64	43050.07
121	1058	300233	金城医药	63.40	0.67	7.56	6.71	0.59	22.67	25.53	7.89	3.82	-27.14	107.90	528659.49	300796.80	28231.38
122	1066	600867	通化东宝	63.30	0.41	19.39	17.57	0.53	13.34	77.30	5.80	4.34	-29.62	140.73	546332.71	269292.75	83892.44
123	1090	300519	新光药业	63.00	0.55	12.63	11.12	0.35	8.42	—	-11.13	6.72	-29.77	166.55	82250.00	27625.74	8799.58
124	1107	600056	中国医药	62.80	1.45	10.57	13.59	1.33	60.00	19.48	3.00	14.10	-50.18	132.12	2534409.04	3100603.64	182084.02
125	1111	000403	振兴生化	62.70	0.29	9.37	11.06	0.65	52.98	4.75	25.46	14.26	-15.96	77.54	131755.67	85984.33	7493.98
126	1114	300206	理邦仪器	62.70	0.16	5.95	2.55	0.69	12.75	—	17.72	0.49	-31.22	80.87	144161.55	99271.96	8621.38
127	1144	002332	仙琚制药	62.50	0.33	9.39	12.81	0.68	50.21	7.48	26.97	13.59	-27.30	100.27	544327.54	362175.47	34537.04
128	1146	600351	亚宝药业	62.50	0.35	8.00	9.00	0.63	37.58	9.69	14.05	3.37	-24.06	62.42	482624.81	291809.92	28401.97
129	1147	300396	迪瑞医疗	62.50	0.72	14.60	15.29	0.49	21.45	59.74	7.58	10.46	-52.93	155.40	198892.72	93341.86	23995.76
130	1148	603896	寿仙谷	62.50	0.76	10.49	9.74	0.48	17.35	114.60	38.24	13.22	-53.00	152.47	119152.69	51145.19	10765.29
131	1152	002399	海普瑞	62.40	0.49	6.93	5.69	0.36	54.27	4.66	80.32	-18.76	51.31	97.99	1365507.99	481496.51	59218.43
132	1184	300142	沃森生物	62.00	0.68	18.66	3.12	0.13	27.38	30.74	31.54	47.74	-4.45	76.23	723702.06	87904.47	106269.11
133	1204	002898	赛隆药业	61.80	0.38	9.55	8.09	0.59	12.21	320.79	19.78	7.26	-27.65	115.41	75584.24	43627.28	6090.49
134	1225	603520	司太立	61.50	0.78	7.23	10.81	0.35	69.90	2.83	25.25	5.79	-6.70	106.71	306677.31	89047.08	9553.92
135	1228	002435	长江润发	61.40	0.44	7.02	6.06	0.62	31.40	13.30	56.47	5.85	-46.57	139.85	824416.41	467375.70	39501.46
136	1233	600998	九州通	61.40	0.73	4.58	6.36	1.47	69.43	3.06	17.84	4.32	-23.50	66.41	6667425.34	8713635.86	138147.14
137	1238	300246	宝莱特	61.40	0.44	10.89	11.83	0.95	32.24	45.70	14.32	12.29	-47.03	151.42	91815.49	81338.54	7823.72
138	1242	603676	卫信康	61.30	0.17	6.95	5.59	0.66	27.32	149.51	77.54	4.61	-34.21	128.67	123497.32	74632.48	7343.59

续表

序号	全部上市公司排名	股票代码	股票名称	综合得分（100分）	每股收益（元）	总资产报酬率（%）	净资产收益率（%）	总资产周转率（次）	资产负债率（%）	已获利息倍数	营业收入增长率（%）	资本扩张率（%）	市场投资回报率（%）	股价波动率（%）	年末资产总额（万元）	营业收入（万元）	净利润（万元）
139	1257	600422	昆药集团	61.20	0.44	6.93	6.81	1.07	42.71	11.05	21.35	4.63	-34.46	95.39	689161.34	710197.77	34168.57
140	1272	002019	亿帆医药	61.10	0.61	10.21	9.87	0.50	29.54	15.31	5.91	1.55	-50.75	171.47	977488.45	463179.54	69367.55
141	1278	603456	九洲药业	61.00	0.20	6.10	6.54	0.58	15.94	49.33	8.43	3.63	-23.97	132.73	330490.97	186222.52	15592.17
142	1295	300039	上海凯宝	60.80	0.21	10.13	9.85	0.55	9.55	2275.07	-4.41	5.06	-36.26	111.81	274738.86	150067.65	22681.24
143	1297	000513	丽珠集团	60.80	1.51	8.60	9.11	0.53	32.62	85.46	3.86	4.60	-52.85	161.33	1743734.69	886065.57	118171.47
144	1304	000915	山大华特	60.70	0.55	9.55	11.37	0.54	19.27	224.36	-13.64	5.51	-52.01	167.58	289971.12	152623.13	23955.47
145	1319	300026	红日药业	60.50	0.07	4.50	2.70	0.57	12.13	30.11	25.19	1.04	-29.07	67.91	748363.77	422396.47	21591.20
146	1346	600771	广誉远	60.20	1.06	16.70	18.28	0.58	23.47	31.22	38.51	18.99	-33.11	152.27	307885.81	161876.40	39405.18
147	1353	600216	浙江医药	60.20	0.38	4.68	4.28	0.69	19.54	22.08	20.49	3.92	-40.17	157.80	1004791.67	685874.16	32720.59
148	1373	002589	瑞康医药	59.90	0.52	8.21	7.57	1.10	67.55	4.41	45.61	16.87	-47.88	144.96	3483604.30	3391853.43	127780.59
149	1377	603108	润达医疗	59.90	0.45	10.63	14.46	0.81	58.49	4.15	38.10	13.91	-42.61	161.19	754298.79	596433.92	43204.67
150	1408	300453	三鑫医疗	59.70	0.26	6.68	6.02	0.71	26.24	27.14	31.55	4.90	-33.20	139.09	82743.10	53130.24	4090.52
151	1411	002411	延安必康	59.60	0.26	4.27	3.47	0.42	53.50	3.39	57.35	2.94	-20.41	100.92	2061121.11	844680.73	42593.74
152	1415	300204	舒泰神	59.60	0.28	5.61	5.14	0.30	11.34	248.67	-41.92	11.25	-18.59	67.57	277214.43	80607.93	13405.84
153	1419	002349	精华制药	59.50	0.28	8.98	9.35	0.41	20.75	30.22	20.86	1.79	-25.88	103.54	339970.17	135470.59	26006.94
154	1441	600080	金花股份	59.20	0.11	2.97	2.52	0.44	10.30	6.14	-1.59	58.39	-17.72	79.51	197483.49	74516.13	3688.75
155	1443	603567	珍宝岛	59.20	0.54	8.14	7.70	0.37	39.09	9.74	-11.34	6.50	-18.01	47.97	818193.04	278090.99	46340.20
156	1445	600488	天药股份	59.20	0.14	5.57	6.08	0.53	31.63	11.33	23.13	4.89	-23.04	63.03	480047.13	242786.46	19696.34
157	1459	300583	赛托生物	59.00	1.19	7.37	5.80	0.46	28.24	8.22	33.95	9.06	-17.25	74.56	259447.91	105227.71	12694.95
158	1462	000623	吉林敖东	59.00	0.80	4.63	4.15	0.14	13.85	12.31	11.67	3.45	-34.67	95.01	2465854.23	332407.83	92465.61
159	1476	300639	凯普生物	58.90	0.63	11.16	8.99	0.51	9.10	—	21.14	11.25	-55.33	183.31	118825.86	58035.21	10674.33
160	1490	600090	同济堂	58.70	0.37	10.55	9.14	1.36	27.55	15.71	10.01	4.72	-30.82	119.45	871999.44	1084154.17	56461.81
161	1522	000756	新华制药	58.30	0.40	6.79	9.54	0.93	52.73	6.96	15.33	8.42	-47.50	151.65	591615.63	520786.88	27428.40

续表

序号	全部上市公司排名	股票代码	股票名称	综合得分（100分）	每股收益（元）	总资产报酬率（%）	净资产收益率（%）	总资产周转率（次）	资产负债率（%）	已获利息倍数	营业收入增长率（%）	资本扩张率（%）	市场投资回报率（%）	股价波动率（%）	年末资产总额（万元）	营业收入（万元）	净利润（万元）
162	1607	300677	英科医疗	57.50	0.92	10.82	14.18	0.93	47.49	15.45	8.12	17.06	−50.25	204.49	242460.24	189254.03	17933.87
163	1616	000597	东北制药	57.40	0.36	3.30	1.57	0.67	69.34	2.38	31.54	41.01	−13.77	81.13	1171874.42	746655.52	20136.91
164	1644	603716	塞力斯	57.10	0.49	9.01	8.90	0.63	37.06	6.10	43.12	61.95	−6.49	130.83	258281.24	131744.61	11642.78
165	1660	002873	新天药业	56.70	0.61	9.17	9.12	0.75	32.89	28.11	1.84	6.19	−31.53	154.33	98431.31	69425.94	7039.54
166	1661	002462	嘉事堂	56.70	1.31	9.62	16.35	1.79	65.60	5.08	26.13	16.75	−48.84	132.98	1085036.54	1795988.55	57061.22
167	1673	000908	景峰医药	56.60	0.21	6.51	6.52	0.51	45.25	3.88	0.08	10.08	−29.24	101.88	522711.34	258569.69	19853.61
168	1690	002107	沃华医药	56.50	0.13	4.90	5.35	0.87	24.57	—	6.57	6.10	−45.78	146.73	92237.51	77441.57	3999.60
169	1697	603139	康惠制药	56.40	0.56	6.42	4.65	0.35	11.79	155.69	2.33	7.37	−38.64	123.46	111018.85	37561.83	5776.48
170	1705	002788	鹭燕医药	56.30	0.94	6.77	11.22	2.05	72.76	3.18	37.93	5.57	−37.02	120.28	607051.66	1150089.10	18458.10
171	1711	002424	贵州百灵	56.20	0.40	12.73	15.25	0.58	34.33	32.22	21.03	13.20	−43.88	144.38	597630.05	313684.32	57176.73
172	1716	600767	ST 运盛	56.20	0.06	4.83	0.43	0.41	34.00	41.54	82.84	−1.33	−29.61	122.41	49477.54	20732.23	1717.16
173	1727	002550	千红制药	56.00	0.17	8.77	3.93	0.42	20.14	14.33	24.05	3.48	−30.55	111.91	317831.89	132167.86	21104.49
174	1776	300239	东宝生物	55.50	0.07	3.89	4.11	0.42	37.36	13.73	27.09	2.89	−31.33	97.17	119874.32	45274.83	3397.72
175	1796	600513	联环药业	55.40	0.26	7.14	8.09	0.79	33.34	20.86	47.91	7.79	−33.26	85.73	142003.49	101923.87	7416.98
176	1813	300314	戴维医疗	55.20	0.10	4.55	1.68	0.34	10.51	—	−1.19	1.85	−39.65	143.91	88584.78	30029.82	2881.26
177	1831	000153	丰原药业	55.00	0.19	4.30	3.44	1.04	57.05	4.00	16.88	5.84	−37.65	106.31	300799.78	301339.54	6070.74
178	1837	002817	黄山胶囊	54.90	0.41	5.29	3.74	0.39	10.70	58.93	3.06	4.58	−44.59	145.39	78003.48	29470.96	3406.73
179	1841	600812	华北制药	54.90	0.09	3.55	0.33	0.53	69.24	1.47	19.52	4.38	−21.52	48.62	1791681.74	921377.53	14581.67
180	1849	300363	博腾股份	54.80	0.26	5.42	2.72	0.33	34.09	3.12	0.07	98.95	−33.98	128.54	437444.09	118486.33	11144.13
181	1850	002826	易明医药	54.80	0.13	4.07	2.82	0.66	18.41	22.01	28.53	2.29	−32.01	138.77	75793.37	48877.42	2525.50
182	1857	603309	维力医疗	54.70	0.33	5.91	5.43	0.62	33.54	23.13	18.41	4.44	−47.27	181.10	141447.96	74583.46	5644.39
183	1859	600055	万东医疗	54.70	0.28	7.31	6.78	0.40	17.29	200.22	7.98	6.09	−47.72	179.59	243939.31	95452.97	14921.34
184	1867	300381	溢多利	54.60	0.28	6.03	3.84	0.41	49.87	3.18	17.94	15.14	−36.93	133.86	480112.06	176816.78	15058.29

续表

序号	全部上市公司排名	股票代码	股票名称	综合得分（100分）	每股收益（元）	总资产报酬率（%）	净资产收益率（%）	总资产周转率（次）	资产负债率（%）	已获利息倍数	营业收入增长率（%）	资本扩张率（%）	市场投资回报率（%）	股价波动率（%）	年末资产总额（万元）	营业收入（万元）	净利润（万元）
185	1873	002644	佛慈制药	54.60	0.15	3.64	3.48	0.22	42.82	138.15	8.67	6.08	-20.56	84.21	252139.18	54458.10	7427.86
186	1895	000790	泰合健康	54.40	0.06	3.87	3.38	0.53	22.93	14.21	7.19	-0.39	-27.72	147.00	108410.47	63341.77	3116.94
187	1929	000766	通化金马	54.20	0.34	7.70	4.43	0.36	20.83	10.67	37.67	7.45	-49.55	173.92	599706.99	209454.94	32922.02
188	1930	600613	神奇制药	54.20	0.20	4.36	3.47	0.60	16.88	12.86	6.75	2.70	-41.76	124.72	312649.13	185290.60	9844.16
189	1935	000150	宜华健康	54.10	0.28	4.28	6.55	0.28	69.52	2.36	4.15	6.22	-30.79	105.96	827417.03	220400.08	20068.01
190	1945	300676	华大基因	53.90	0.97	9.17	7.76	0.49	19.02	1756.05	21.04	-0.13	-71.01	307.71	525140.03	253640.61	40784.42
191	1954	300558	贝达药业	53.90	0.42	6.66	6.35	0.39	36.37	8.24	19.27	6.54	-47.98	175.07	346008.55	122417.18	16352.27
192	1978	600713	南京医药	53.60	0.26	4.51	8.92	1.76	78.99	2.47	13.94	28.95	-31.94	69.90	1955481.61	3130304.63	34583.20
193	1984	000788	北大医药	53.50	0.08	3.63	3.19	1.10	43.59	6.72	7.92	3.20	-41.06	114.31	214263.75	231579.64	4502.00
194	1991	300573	兴齐眼药	53.40	0.17	2.06	1.10	0.62	21.72	4.64	19.78	0.22	-30.76	113.86	70846.87	43120.47	900.83
195	1993	300436	广生堂	53.40	0.12	1.62	1.58	0.51	34.21	11.22	35.89	1.84	-21.72	73.02	85451.96	40240.02	1673.93
196	2015	000705	浙江震元	53.20	0.21	4.16	4.15	1.37	31.93	56.66	10.87	3.87	-27.59	71.42	212030.43	285805.86	7183.42
197	2020	603998	方盛制药	53.10	0.17	6.48	6.33	0.70	32.25	17.83	45.83	7.26	-59.52	193.31	164265.86	105107.74	7980.69
198	2025	300171	东富龙	53.10	0.11	2.40	1.30	0.42	33.51	831.80	11.13	1.01	-28.28	95.66	468808.90	191682.19	8716.79
199	2028	300289	利德曼	53.10	0.10	4.53	4.03	0.38	16.87	12.66	13.69	0.86	-29.46	128.26	172923.80	65480.42	6215.98
200	2029	300049	福瑞股份	53.10	0.13	5.22	2.86	0.37	29.14	24.61	2.04	-21.71	-23.49	105.40	213422.43	86702.93	4517.49
201	2053	600272	开开实业	52.70	0.14	4.52	3.80	0.85	50.75	—	-8.79	-0.23	-34.26	98.55	101729.34	87756.91	3514.21
202	2055	600587	新华医疗	52.70	0.06	3.49	0.82	0.83	66.38	2.28	3.01	0.88	-23.61	72.83	1237984.77	1028363.90	12221.36
203	2066	600664	哈药股份	52.50	0.14	4.77	4.38	0.84	47.22	26.31	-10.02	-16.05	-25.23	100.37	1190090.16	1081361.36	40363.50
204	2067	603229	奥翔药业	52.50	0.27	6.53	5.85	0.32	25.48	16.42	1.54	5.78	-31.81	113.34	80197.87	24388.51	4386.41
205	2074	300006	莱美药业	52.40	0.12	5.69	2.09	0.53	45.11	2.89	21.86	0.07	-42.62	128.83	314077.77	156236.70	9113.48
206	2098	600976	健民集团	52.10	0.53	4.86	5.53	1.19	33.51	152.85	-20.28	3.40	-39.31	130.81	172218.27	216147.66	8129.96
207	2111	603880	南卫股份	51.90	0.30	6.17	3.47	0.58	33.79	7.41	-1.82	4.18	-37.75	116.19	84581.40	47982.38	3680.60

续表

序号	全部上市公司排名	股票代码	股票名称	综合得分（100分）	每股收益（元）	总资产报酬率（%）	净资产收益率（%）	总资产周转率（次）	资产负债率（%）	已获利息倍数	营业收入增长率（%）	资本扩张率（%）	市场投资回报率（%）	股价波动率（%）	年末资产总额（万元）	营业收入（万元）	净利润（万元）
208	2112	000989	九芝堂	51.90	0.38	6.88	5.58	0.56	17.86	—	-18.61	-4.46	-47.32	163.23	524792.96	312275.57	32342.85
209	2119	603963	大理药业	51.80	0.08	2.18	0.50	0.67	21.93	23.22	47.20	0.15	-48.99	169.61	59451.03	40148.30	1070.05
210	2122	300267	尔康制药	51.70	0.11	4.60	4.66	0.40	6.77	211.24	-16.74	4.21	-41.32	170.11	604868.04	235448.56	21067.09
211	2149	300255	常山药业	51.40	0.15	5.79	5.16	0.45	34.38	5.08	16.37	3.60	-38.08	125.21	384483.70	165263.39	13221.16
212	2157	300108	吉药控股	51.40	0.33	8.42	2.28	0.24	53.67	6.32	34.52	15.38	-46.98	85.52	485281.80	94225.16	21940.98
213	2170	000078	海王生物	51.20	0.16	5.36	5.42	1.07	82.69	2.09	53.90	10.08	-49.98	165.06	4112674.34	3838090.73	69334.83
214	2202	002750	龙津药业	50.90	0.03	1.99	0.45	0.43	16.71	—	10.36	1.61	-42.32	131.14	78754.97	33598.49	1382.77
215	2211	600851	海欣股份	50.70	0.11	3.95	3.80	0.23	19.61	33.40	9.82	-8.22	-38.09	122.98	450944.54	109867.58	15601.32
216	2243	300636	同和药业	50.50	0.30	3.45	1.92	0.35	18.10	16454.31	-9.97	3.31	-41.43	140.04	80361.83	26712.40	2453.08
217	2252	300412	迦南科技	50.40	0.13	4.31	4.77	0.45	38.51	23.42	30.05	2.74	-40.65	121.07	136167.63	57875.64	4582.22
218	2293	002758	华通医药	49.90	0.16	4.62	4.43	1.12	57.77	2.90	11.22	10.12	-33.04	95.30	151120.65	152268.91	3106.32
219	2295	300404	博济医药	49.80	0.06	2.70	1.86	0.29	30.08	26.89	31.58	2.26	-46.47	177.02	60602.27	17204.28	1127.11
220	2306	600829	人民同泰	49.70	0.44	8.00	16.06	1.52	64.19	15.14	-11.91	-1.99	-50.14	179.23	441235.39	705522.09	25785.48
221	2309	002173	创新医疗	49.70	0.07	2.98	0.59	0.24	15.21	3.73	16.99	-1.08	-44.32	116.45	426528.26	105889.10	2994.28
222	2316	600645	中源协和	49.60	0.15	3.09	-11.08	0.35	32.84	10.84	51.62	82.60	-42.82	107.85	444342.72	132051.77	6585.31
223	2320	603222	济民制药	49.50	0.10	4.00	-8.98	0.38	50.74	3.50	15.75	12.74	-7.77	101.74	212483.85	69783.16	4304.33
224	2324	300358	楚天科技	49.40	0.09	1.48	0.75	0.40	42.59	3.57	27.44	3.01	-35.72	118.81	416049.36	163179.06	4133.60
225	2362	300143	星普医科	48.90	0.09	4.02	3.04	0.19	21.17	12.57	53.09	-15.02	-32.53	141.19	262242.98	50402.44	7107.03
226	2382	600227	圣济堂	48.60	0.12	4.52	4.66	0.36	27.09	4.28	43.58	4.84	-61.07	212.00	666895.32	243080.68	19823.52
227	2422	002198	嘉应制药	48.00	0.07	5.00	4.49	0.61	11.71	24.42	14.72	4.74	-57.76	206.03	88955.90	53698.36	3587.86
228	2461	300086	康芝药业	47.50	0.03	1.99	0.02	0.40	24.16	4.52	83.59	-13.91	-44.45	170.34	218045.74	88274.48	2101.99
229	2466	002433	太安堂	47.40	0.35	5.44	0.84	0.39	38.69	3.54	2.36	5.81	-45.15	154.56	867510.93	331529.77	27518.06
230	2467	000411	英特集团	47.40	0.45	5.13	11.07	2.27	76.83	2.95	8.38	9.35	-37.43	212.31	899251.11	2049214.09	22386.47

续表

序号	全部上市公司排名	股票代码	股票名称	综合得分（100 分）	每股收益（元）	总资产报酬率（%）	净资产收益率（%）	总资产周转率（次）	资产负债率（%）	已获利息倍数	营业收入增长率（%）	资本扩张率（%）	市场投资回报率（%）	股价波动率（%）	年末资产总额（万元）	营业收入（万元）	净利润（万元）
231	2477	300147	香雪制药	47.20	0.09	2.88	-0.37	0.28	53.40	1.77	14.49	3.31	-30.88	101.58	862560.91	250425.23	8797.08
232	2479	300562	乐心医疗	47.20	0.13	3.54	2.59	0.95	39.45	71.20	-10.56	3.44	-57.85	177.56	87850.61	77510.32	2203.49
233	2496	603079	圣达生物	46.90	0.40	5.24	4.76	0.44	33.87	9.42	-3.12	7.77	-56.64	187.48	125271.05	49270.99	4258.38
234	2516	002437	誉衡药业	46.60	0.06	3.62	0.09	0.59	53.64	2.14	80.20	3.32	-59.47	189.72	947717.33	548133.98	12877.24
235	2523	002566	益盛药业	46.40	0.21	4.72	3.77	0.37	23.01	5.42	-5.74	3.61	-35.20	103.60	255310.12	97508.82	8490.91
236	2530	600833	第一医药	46.20	0.21	5.33	2.70	1.06	37.97	—	-24.39	-6.23	-35.27	120.72	107946.64	117666.58	4718.63
237	2568	300254	仟源医药	45.50	0.03	1.88	-1.17	0.75	37.74	2.09	21.04	-4.11	-37.25	106.44	149571.02	113649.57	976.92
238	2581	600129	太极集团	45.30	0.13	3.19	-4.08	0.91	74.52	1.59	22.38	169.84	-47.72	130.00	1289008.47	1068938.43	6204.77
239	2592	300683	海特生物	45.10	0.91	5.18	3.83	0.29	20.68	663.80	-21.24	4.04	-50.63	174.43	215535.67	59087.35	9146.40
240	2708	300181	佐力药业	42.80	0.03	2.59	-	0.34	34.37	2.36	-8.02	-6.92	-32.40	135.71	211380.35	73026.26	2618.64
241	2717	300318	博晖创新	42.70	0.08	5.17	-4.23	0.23	54.14	4.14	40.19	-22.91	-28.63	95.82	271234.18	62209.38	7750.84
242	2730	002030	达安基因	42.40	0.13	3.86	1.31	0.36	39.93	2.75	-4.13	-16.70	-40.07	103.57	366332.73	147866.31	8651.11
243	2735	300534	陇神戎发	42.30	0.04	1.78	1.14	0.26	7.41	35.48	-24.64	1.21	-44.74	126.59	77851.45	20316.58	1227.78
244	2757	002551	尚荣医疗	41.80	0.15	3.91	3.45	0.39	32.33	14.36	-18.74	3.91	-50.71	149.43	410457.56	163043.21	13471.51
245	2769	300273	和佳股份	41.50	0.13	4.46	2.23	0.21	55.05	2.60	7.57	3.85	-50.10	163.77	587841.65	119601.61	10861.04
246	2787	300110	华仁药业	40.90	0.03	2.67	1.73	0.46	28.48	2.18	5.49	45.54	-75.08	358.21	315037.04	138385.93	3746.12
247	2803	000004	国农科技	40.40	-0.24	-8.42	-13.25	1.18	47.80	—	164.69	-0.42	-30.85	89.91	35117.75	36686.88	-2161.27
248	2834	002872	天圣制药	39.50	0.35	3.75	3.49	0.45	31.41	4.32	-3.98	2.15	-57.42	233.74	474980.57	217143.99	11750.69
249	2897	600671	天目药业	37.30	-0.07	2.08	-23.96	0.80	80.27	1.05	103.23	-5.83	-33.05	95.66	46407.30	35847.08	-567.02
250	2899	300238	冠昊生物	37.30	0.17	4.46	0.53	0.27	29.50	3.28	1.80	-4.73	-58.84	201.87	163906.22	45846.18	3511.38
251	2901	002166	莱茵生物	37.20	0.19	4.12	6.41	0.25	47.51	11.41	-22.68	5.97	-42.57	129.71	212202.99	61955.62	8155.24
252	2920	002102	ST 冠福	36.60	-1.03	-35.04	8.78	1.80	68.14	-55.59	46.81	-54.25	-64.07	218.76	766856.71	1429308.86	-276626.21
253	2921	600267	海正药业	36.50	-0.51	1.33	-4.67	0.47	66.24	0.72	-3.63	-6.31	-43.32	109.34	2185364.65	1018744.10	-23697.16

续表

序号	全部上市公司排名	股票代码	股票名称	综合得分（100分）	每股收益（元）	总资产报酬率（%）	净资产收益率（%）	总资产周转率（次）	资产负债率（%）	已获利息倍数	营业收入增长率（%）	资本扩张率（%）	市场投资回报率（%）	股价波动率（%）	年末资产总额（万元）	营业收入（万元）	净利润（万元）
254	2924	000566	海南海药	36.40	0.09	4.54	-0.36	0.24	53.32	1.43	35.47	-4.96	-59.70	239.64	1033640.65	247177.02	10230.86
255	2944	600521	华海药业	35.80	0.09	3.19	3.07	0.55	59.42	2.12	1.85	-16.78	-54.99	192.31	1036749.12	509459.62	13490.10
256	2954	002118	紫鑫药业	35.30	0.14	4.86	3.79	0.14	56.54	1.87	-0.17	4.31	-44.74	176.21	991919.91	132496.11	17398.80
257	2966	300194	福安药业	34.60	-0.30	-7.15	-9.73	0.59	13.95	-207.75	27.67	-11.43	-44.50	133.99	429260.92	266929.61	-35993.23
258	3004	600796	钱江生化	32.50	-0.15	-2.96	-9.37	0.44	35.21	-5.54	-5.31	-7.63	-30.65	52.49	94650.73	44273.31	-3908.84
259	3016	300158	振东制药	31.90	-0.14	-0.78	-3.33	0.46	25.65	-1.96	-8.36	-3.51	-46.08	188.87	721253.83	341975.04	-15052.75
260	3033	603168	莎普爱思	31.10	-0.39	-6.34	-9.95	0.35	10.16	—	-35.30	-10.63	-40.45	130.56	164859.40	60743.80	-12647.43
261	3039	002432	九安医疗	30.50	0.03	0.10	-10.65	0.28	20.01	0.29	-5.69	11.49	-46.13	153.26	190822.64	56388.03	-285.92
262	3046	600538	国发股份	30.30	-0.05	-2.74	-4.16	0.29	16.48	-242.27	-48.32	-3.28	-24.29	122.69	76338.17	22452.38	-2161.11
263	3061	600079	人福医药	29.30	-1.81	-2.13	-14.67	0.53	59.71	-1.04	20.64	-14.06	-44.29	110.51	3542342.11	1863382.64	-196116.23
264	3089	000518	四环生物	27.90	-0.03	-2.95	-4.63	0.43	30.57	-9.42	14.29	-4.85	-50.37	173.33	92587.61	39551.41	-2971.67
265	3092	600222	太龙药业	27.80	-0.20	-2.03	-8.28	0.42	50.93	-0.98	2.26	-7.76	-36.79	94.56	283534.24	119479.43	-11545.81
266	3093	600896	览海投资	27.80	0.13	5.61	-12.00	0.02	21.22	2.93	20.27	-8.27	-47.43	167.87	229772.66	5305.09	11788.10
267	3098	002693	双成药业	27.30	-0.17	-6.07	-14.45	0.27	40.22	-4.32	36.66	-12.08	-39.96	141.23	112024.58	33724.28	-9214.81
268	3106	002252	上海莱士	27.10	-0.31	-13.08	1.28	0.14	4.35	-25.59	-6.41	-12.72	-59.15	99.73	1138734.48	180423.54	-152319.87
269	3119	600594	益佰制药	26.50	-0.92	-10.43	-16.93	0.57	38.88	-9.75	1.98	-15.59	-47.33	151.30	647556.84	388286.32	-68448.68
270	3154	300030	阳普医疗	24.50	-0.44	-7.28	-17.00	0.34	46.04	-4.57	0.06	-15.38	-40.64	127.13	151114.22	54996.33	-14099.21
271	3178	600530	交大昂立	23.40	-0.65	-27.30	-41.67	0.13	31.43	-55.50	-7.75	-43.71	-32.59	79.29	143375.28	24903.70	-52552.93
272	3200	002390	信邦制药	22.40	-0.80	-9.31	-21.57	0.58	52.38	-7.08	9.63	-23.53	-50.09	176.85	1085431.41	658027.89	-128318.33
273	3202	000590	启迪古汉	22.40	-0.16	-4.07	-8.22	0.22	29.01	-23.07	-45.91	-0.62	-49.21	150.82	81659.88	18581.10	-3818.04
274	3208	300199	翰宇药业	21.90	-0.37	-5.40	-9.85	0.23	40.08	-7.83	1.46	-12.69	-44.99	131.82	566029.78	126444.45	-34077.93
275	3217	600721	百花村	21.40	-2.02	-48.20	-62.12	0.26	26.33	-797.16	-0.07	-46.94	-53.11	182.11	124833.07	41918.94	-81297.96
276	3278	002581	未名医药	17.90	-0.15	-0.12	-2.97	0.16	34.23	-0.06	-42.83	-3.17	-65.75	241.55	429845.32	66459.38	-9255.68

续表

序号	全部上市公司排名	股票代码	股票名称	综合得分（100分）	每股收益（元）	总资产报酬率（%）	净资产收益率（%）	总资产周转率（次）	资产负债率（%）	已获利息倍数	营业收入增长率（%）	资本扩张率（%）	市场投资回报率（%）	股价波动率（%）	年末资产总额（万元）	营业收入（万元）	净利润（万元）
277	3287	002219	恒康医疗	17.00	−0.70	−10.41	−37.91	0.40	67.37	−2.88	12.92	−34.27	−70.62	354.34	875898.38	383839.22	−138768.20
278	3346	300216	千山药机	13.00	−6.82	−62.18	455.90	0.06	168.53	−5.38	−34.78	−332.02	−75.99	339.18	254856.53	20083.10	−249568.75
279	3385	000503	国新健康	9.10	−0.21	−13.38	−14.15	0.07	4.90	-912489.50	−48.11	−12.58	−62.92	245.36	128035.13	9548.00	−18871.14
280		600518	康美药业	40.20	0.18	4.57	3.55	0.28	62.08	1.74	10.11	−0.76	−56.54	165.96	7462793.76	1935623.34	112260.06
281		300760	迈瑞医疗	85.40	3.34	23.74	33.87	0.76	29.82	100.72	23.09	128.10	−33.02	22.77	2162738.57	1375335.75	372574.19
282		603259	药明康德	82.40	2.23	15.17	13.10	0.55	19.86	28.93	23.80	169.59	−33.02	101.54	2266720.19	961368.36	233368.07
283		002923	润都股份	78.00	0.91	13.32	12.45	1.13	23.46	39.66	33.93	78.24	17.56	106.78	113841.99	104386.05	10684.44
284		300753	爱朋医疗	75.10	1.16	16.40	15.21	0.58	10.84	—	20.70	119.55	−33.02	35.26	68795.53	29803.38	7108.05
285		603590	康辰药业	74.70	1.98	13.07	9.81	0.44	15.05	—	73.08	83.04	−33.02	64.85	292019.25	102216.43	26392.98
286		002940	昂利康	70.70	1.53	11.75	14.54	1.06	33.96	59.47	43.74	146.20	−33.02	37.42	147020.12	125504.77	12166.91
287		002932	明德生物	69.30	1.08	16.30	12.12	0.40	3.98	193.27	6.82	143.93	−33.02	125.37	61714.70	17638.14	6246.79
288		603301	振德医疗	60.80	1.42	11.04	11.38	0.91	39.21	7.91	9.37	100.76	−33.02	173.03	184994.84	142885.67	12987.89

第十六章　农林牧渔行业上市公司业绩评价

我国人口多，基数大，人均耕地资源稀缺，粮食安全就是政治安全，不能过度依赖进口，决定了农林牧渔行业在国民经济中不可或缺的重要地位。2018年面临复杂严峻的国际形势，全国各地坚持以供给侧结构性改革为主线，按照推动高质量发展要求，认真贯彻落实中央关于农业发展的重大决策部署，积极推进农业供给侧结构性改革，农业种植结构继续调整优化，粮食生产再获好收成，主要畜禽生产基本稳定，农业生产在结构调整优化中保持平稳增长。根据国家统计局数据，2018年我国粮食总产量13158亿斤，比上年减产74亿斤，下降0.6%；2018年全国猪牛羊禽肉产量8517万吨，比上年减少22万吨，下降0.3%。2018年，乡村振兴战略开局良好，农业农村发展稳中有进，农业再获丰收，为经济社会发展大局提供了有力支撑。2018年农林牧渔行业指数大幅下跌，年初为2956.76点，10月份跌至谷底的2052.95点，最大跌幅为30.57%，年末有所反弹回升，全年下跌了23.26%。2018年初沪深300指数为2956.76点，全年下跌27.35%。全年农林牧渔指数变动趋势与沪深300指数较为一致，2018年底农林牧渔指数高于沪深300指数120.85点。2019年中央一号文件首次提出坚持农业农村优先发展的总方针，以实现农业农村现代化为总目标，以实施乡村振兴战略为总抓手，围绕“巩固、增强、提升、畅通”深化农业供给侧结构性改革，为农业高质量发展奠定了基础。

一、2018年农林牧渔行业上市公司业绩评价结果

截至2018年末，农林牧渔行业A股上市公司共计92家，其中盈利75家，亏损17家，81.52%的公司实现盈利，比2017年下降了4.19%；农林牧渔行业上市公司总资产共计6350.02亿元，占全部上市公司总资产的1.04%。2018年全国3473家全部上市公司共计完成营业收入378658.70亿元，92家农林牧渔行业上市公司完成营业收入5134.28亿元，占全部上市公司营业收入的1.36%；全部上市公司共计实现净利润19162.13亿元，农林牧渔行业上市公司实现净利润138.50亿元，占全部上市公司实现净利润的0.72%。

根据综合评价结果，2018 年农林牧渔行业上市公司有 4 家进入 2018 年上市公司业绩评价综合得分的百强名单，业绩评价综合得分均超过 80 分。2018 年农林牧渔行业整体评价业绩综合得分 61.8 分，高于全市场的 61.2 分，92 家上市公司中，业绩为 AA 的有 4 家；业绩为 A 的有 3 家；业绩为 BBB 的有 7 家；业绩为 BB 的有 10 家；业绩为 B 的有 8 家；业绩为 CCC 的有 14 家；业绩为 CC 的有 8 家；业绩为 C 的有 38 家。

表 16－1　2018 年度农林牧渔行业中联十强排行榜

名次	股票代码	股票简称	业绩得分	在全部上市公司中排名
1	002746	仙坛股份	83.3	40
2	300498	温氏股份	81.4	71
3	002299	圣农发展	81.3	73
4	002311	海大集团	81.3	74
5	000048	*ST 康达	79.3	107
6	600598	北大荒	78.3	136
7	002234	民和股份	76.1	215
8	603609	禾丰牧业	74.9	266
9	300673	佩蒂股份	74.4	291
10	000876	新希望	73.9	312

基于对农林牧渔行业上市公司的整体评价，下面分别从财务效益状况、资产质量状况、偿债风险状况、发展能力状况、市场表现状况五个方面对农林牧渔行业上市公司进行具体分析。

（一）财务效益

从综合得分来看，2018 年农林牧渔行业上市公司财务效益状况平均得分为 18.92 分，低于全部上市公司平均得分 22.01 分。

表 16–2 列示了 2018 年农林牧渔行业上市公司财务效益状况评价结果。从具体指标来看，2018 年农林牧渔行业上市公司除盈利现金保障倍数外，扣除非经常性损益净资产收益率、总资产报酬率、营业利润率和股本收益率等指标均出现不同幅度的下降，其中扣除非经常性损益净资产收益率下降幅度最大，为 –51.63%。下降原因主要是受猪周期、非洲猪瘟疫区封锁禁运等因素影响，全年生猪价格大幅下跌，生猪养殖企业严重亏损，拖累整个板块业绩。

表 16－2 农林牧渔行业财务效益状况比较表

分析指标		2018 年上市公司平均值	2018 年行业值	2017 年行业值	增长率（%）
基本指标	扣除非经常性损益净资产收益率（%）	7.16	3.26	6.74	-51.63
	总资产报酬率（%）	5.61	4.27	6.21	-31.24
	得分	20.59	17.03	20.45	-16.72
修正指标	营业利润率（%）	6.73	3.76	6.35	-40.79
	盈利现金保障倍数	1.69	2.77	1.48	87.16
	股本收益率（%）	38.49	13.26	24.65	-46.21
综合得分		22.01	18.92	20.63	-8.29

在农林牧渔行业上市公司财务效益状况指标中，圣农发展、温氏股份等 22 家公司超过全部上市公司平均水平，其中，圣农发展财务效益排名第一。圣农发展 2018 年营业收入 115.47 亿元，比 2017 年增长 13.67%；归属于上市公司股东的净利润 15.05 亿元，比上年增加 377.79%。公司主营业务为肉鸡饲养、肉鸡屠宰加工、食品深加工，主要产品是生鸡肉及深加工肉制品。受非洲猪瘟疫情影响，鸡肉替代性消费需求增长，2018 年鸡肉均价较上年同期明显上升，且公司通过强化内部管理、提高生产效率、降低生产成本，鸡肉产品毛利率同比上升 12.36%，对公司业绩贡献较为突出。

表 16－3 2018 年度农林牧渔行业财务效益中联五强排行榜

名次	股票代码	股票简称	财务效益得分
1	002299	圣农发展	30.35
2	300498	温氏股份	29.46
3	000048	*ST 康达	29.16
4	600598	北大荒	28.83
5	600438	通威股份	28.40

（二）资产质量

从综合得分来看，2018 年农林牧渔行业上市公司资产质量状况平均得分为 15 分，高于全部上市公司平均得分 9.17 分。与 2017 年相比，2018 年农林牧渔行业上市公司资产质量状况总体较为平稳，除了流动资产周转率指标，其他各项周转率指标均略低于 2017 年水平，综合得分与 2017 年持平。近年来，我国农林牧渔行业规模化、集中度不断提升，行业内企业不断扩张，各项资产的增长幅度超过了营业收入的增长幅度。以温氏股份为例，

2018年公司扩展山东、西南、贵州、安徽、湖南等区域内的商品肉猪生产布局，重启屠宰加工项目，推动家庭农场升级改造，经营规模不断扩大。2018年公司实现营业收入572.36亿元，同比增长2.84%；资产总额539.30亿元，同比增长10.01%，总资产周转率同比下降6.12%。

表16–4列示了农林牧渔行业上市公司资产质量状况评价结果。在农林牧渔行业上市公司资产质量状况指标中，圣农发展、温氏股份、益生股份、民和股份、仙坛股份等9家上市公司得分均为15分。农林牧渔行业各项周转率指标均高于全部上市公司平均值，根据行业特点，随着人们消费结构、消费观念和生活质量的提高，对农产品的流通效率要求越来越高，流通环节越多，时间越长，对农产品的耗损越大，因此相比其他行业，农林牧渔行业的流通环节相对较少，周转率相对较高。以仙坛股份为例，公司打造了涵盖父母代肉种鸡养殖、雏鸡孵化、饲料生产、商品代肉鸡养殖、肉鸡屠宰与加工的完整产业链模式。公司饲料厂购进饲料原料进行加工，种鸡与商品代肉鸡正常养殖所需饲料由公司自主研制配方、自主生产，成品饲料全部供应给公司自养场和合作养殖场，养殖场育成合格商品鸡，由公司屠宰、加工制成产品，直供食品加工厂、快餐企业，通过经销商或直接销往客户终端。这种业务经营模式有效确保了各个环节的生产供应，大幅提高了经营效率。

表16－4 农林牧渔行业资产质量状况比较表

分析指标		2018年上市公司平均值	2018年行业值	2017年行业值	增长率（%）
基本指标	总资产周转率（次）	0.65	0.86	0.87	–1.15
	流动资产周转率（次）	1.23	1.97	1.95	1.03
	得分	9.43	11.6	11.75	–1.28
修正指标	应收账款周转率（次）	8.18	19.26	20.06	–3.99
	存货周转率（次）	2.78	4.47	4.60	–2.83
综合得分		9.17	15.00	15.00	0.00

表16－5 2018年度农林牧渔行业资产质量中联五强排行榜

名次	股票代码	股票简称	资产质量得分
1	002299	圣农发展	15.00
2	300498	温氏股份	15.00
3	002458	益生股份	15.00
4	002234	民和股份	15.00
5	002746	仙坛股份	15.00

（三）偿债风险

从综合得分来看，2018 年农林牧渔行业上市公司偿债风险状况平均得分为 7.74 分，低于全部上市公司平均得分 8.79 分。

表 16–6 列示了农林牧渔行业上市公司偿债风险状况评价结果。与 2017 年相比，2018 年农林牧渔行业上市公司偿债风险状况平均得分下降 13.71%。从具体指标来看，获利倍数、速动比率、现金流动负债比率和带息负债比率较 2017 年下降 38.32%、18.06%、12.38% 和 6.00%，资产负债率有小幅度增长，增幅为 8.62%，但仍低于全部上市公司平均水平。

表 16 – 6　农林牧渔行业偿债风险状况比较表

分析指标		2018 年上市公司平均值	2018 年行业值	2017 年行业值	增长率（%）
基本指标	资产负债率（%）	60.90	48.64	44.78	8.62
	获利倍数	4.41	3.01	4.88	–38.32
	得分	8.94	8.78	9.76	–10.04
修正指标	速动比率（%）	78.76	67.38	82.23	–18.06
	现金流动负债比率（%）	12.06	15.29	17.45	–12.38
	带息负债比率（%）	48.41	55.45	58.99	–6.00
综合得分		8.79	7.74	8.97	–13.71

表 16 – 7　2018 年度农林牧渔行业偿债风险中联五强排行榜

名次	股票代码	股票简称	偿债风险得分
1	002868	绿康生化	14.99
2	603566	普莱柯	14.99
3	600506	香梨股份	14.99
4	300673	佩蒂股份	14.96
5	600201	生物股份	14.75

（四）发展能力

从综合得分来看，2018 年农林牧渔行业上市公司发展能力状况平均得分为 10.74 分，比 2017 年有所上升，但低于 2018 年全部上市公司的平均得分 12.19 分。

表 16–8 列示了农林牧渔行业上市公司发展能力状况评价结果。2018 年农林牧渔行业上市公司各项指标中除总资产增长率略高于全部上市公司平均水平外，行业营业收入增长率、资本扩张率、累计保留盈余率、三年营业收入增长率、营业利润增长率均大幅低于全部上市公司。2018 年行业发展能力指标中仅三年营业收入增长率指标高于 2017 年，增长率为 36.17%。主要原因为畜禽养殖周期下行叠加非洲猪瘟疫情影响，全年商品猪销售价格同比下降 14.42%，生猪养殖企业业绩下滑，且 2018 年中美贸易摩擦走势不断影响饲料大宗原料价格，饲料产业销量承压。受上述因素影响，2018 年农林牧渔板块业绩呈下滑状况。以温氏股份为例，2018 年公司养猪业务规模持续增长，商品猪销售 2229.70 万头，同比增长 17.1%，但受上述因素影响商品猪盈利水平同比下降，2018 年公司实现营业利润 43.78 亿元，同比下降 39.41%。

表 16 – 8　农林牧渔行业发展能力状况比较表

分析指标		2018 年上市公司平均值	2018 年行业值	2017 年行业值	增长率（%）
基本指标	营业收入增长率（%）	13.68	11.14	11.96	–6.86
	资本扩张率（%）	9.66	5.89	9.64	–38.90
	得分	12.20	11.10	10.27	8.08
修正指标	累计保留盈余率（%）	40.89	30.64	32.07	–4.46
	三年营业收入增长率（%）	15.02	11.67	8.57	36.17
	总资产增长率（%）	11.63	12.48	15.84	–21.21
	营业利润增长率（%）	4.93	–34.91	–13.47	159.17
综合得分		12.19	10.74	10.45	2.78

表 16 – 9　2018 年度农林牧渔行业发展能力中联五强排行榜

名次	股票代码	股票简称	发展能力得分
1	000930	中粮生化	18.00
2	000048	*ST 康达	17.50
3	002311	海大集团	16.84
4	300149	量子生物	16.38
5	000639	西王食品	15.22

（五）市场表现

2018年，受去杠杆下“社融同比大幅回落、信用利差大幅飙升”和中美贸易战影响，沪深300指数全年下跌27.35%，农林牧渔指数全年下跌23.26%，跑赢沪深300指数，但板块整体表现不佳。2018年10月，农林牧渔指数下跌至全年最低点2052.95，最大跌幅30.57%，之后随着非洲猪瘟疫区禁运政策调整及季节性需求影响，农林牧渔行业指数开始回暖。具体情况见图16–1。

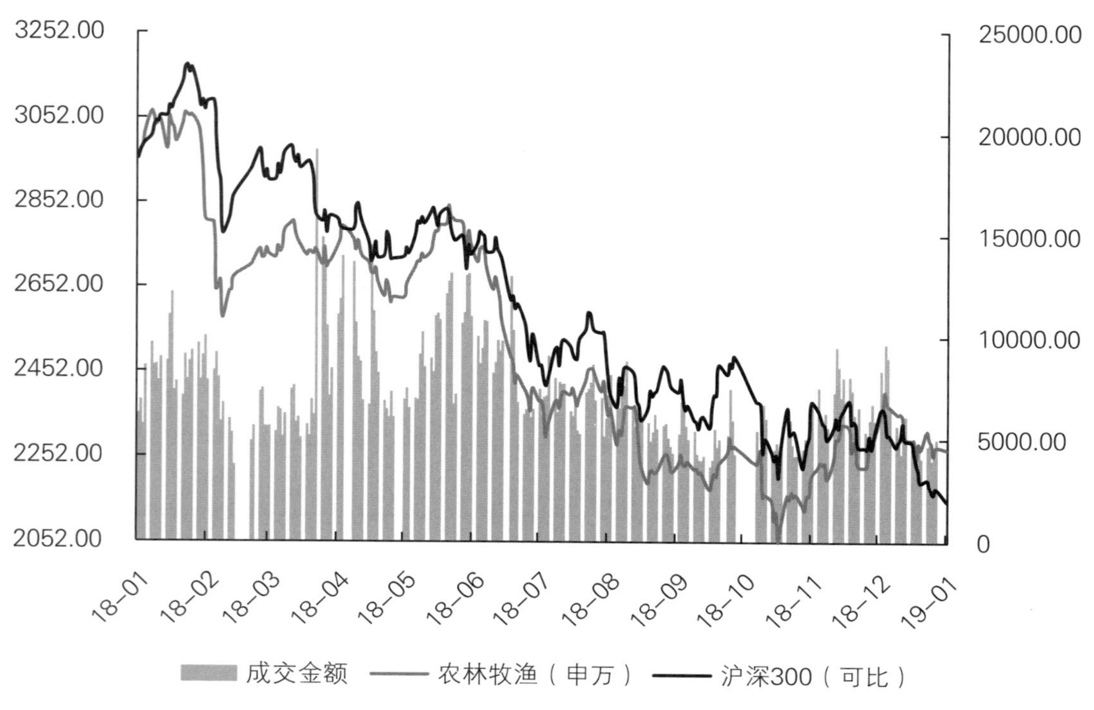

图16–1 农林牧渔指数与大盘指数波动

从综合得分来看，农林牧渔行业上市公司市场表现状况平均得分为9.44分，高于全部上市公司9分的平均水平。

表16–10列示了农林牧渔行业上市公司市场表现状况评价结果。2018年农林牧渔行业市场投资回报率为–30.00%，高于全部上市公司市场投资回报率平均水平–33.09%，农林牧渔行业股价波动率为128.63%，高于全部上市公司股价波动率平均水平127.11%。

表16–10 农林牧渔行业公司市场表现状况比较表

分析指标	2018年上市公司平均值	2018年行业值	2017年行业值	增长率（%）
市场投资回报率（%）	–33.09	–30.00	–19.76	51.82
股价波动率（%）	127.11	128.63	96.01	33.98
得分	9.00	9.44	8.46	11.58

在农林牧渔行业上市公司市场表现状况指标中，共有7家上市公司市场表现得分为15分。

表16-11　2018年度农林牧渔行业市场表现中联五强排行榜

名次	股票代码	股票简称	市场表现得分
1	300498	温氏股份	15.00
2	002299	圣农发展	15.00
3	002311	海大集团	15.00
4	000876	新希望	15.00
5	600965	福成股份	15.00

二、2018年度农林牧渔行业业绩影响因素分析

（一）乡村振兴战略推动农林牧渔行业提质降本增效

2018年1月2日，中共中央、国务院发布了《中共中央国务院关于实施乡村振兴战略的意见》，以农业供给侧改革为主线，坚持质量兴农、绿色兴农，加快构建现代化农业产业体系、生产体系、经营体系，着力解决农产品阶段性供过于求和供给不足并存、供给质量不高、市场竞争能力不足、基础设施欠账较多等问题，提高农业创新力、竞争力和全要素生产率。

一是坚持质量第一，推进质量兴农、品牌强农。大力推进农业标准化，推进现代种业提档升级。2018年划定粮食生产功能区和重要农产品生产保护区9.3亿亩，新建高标准农田8200万亩，高效节水灌溉面积超过2000万亩，农机深松深翻整地超过1.5亿亩，种植业向着标准化、规模化稳步发展。

二是坚持效益优先，促进农业竞争力不断提升。实施新型经营主体培育工程，促进多种形式适度规模经营发展，促进小农户与现代农业发展有机衔接。以生猪养殖行业为例，“公司+农户”“公司+养殖场”等多种规模经营进一步显现优势。2018年我国共出栏生猪69382万头，其中温氏、牧原等前九名生猪养殖上市公司共出栏4476.3万头，占据了6.45%的市场份额，比2017年提高了1.55个百分点，规模化集中度有所提升。

三是坚持市场导向，着力调整优化农业结构。以控水稻、增大豆、粮改饲为重点推进种植业结构调整，2018年稻谷减产11亿斤，下降0.3%，小麦减产58亿斤，下降2.2%，玉米减产35亿斤，下降0.7%，豆类增产15亿斤，增长3.9%；以调生猪、提奶业为重点推进畜牧业结构调整，2018年生猪出栏量减少820万头，下降1.2%，猪肉产量减少48万吨，下降0.9%，牛奶产量增加36万吨，增长1.2%；以提质减量、改善养殖生态环境为重

点推进渔业结构调整，2018 年水产品产量 6469 万吨，比上年增长 0.4%，其中养殖水产品产量 5018 万吨，增长 2.3%，捕捞水产品产量 1451 万吨，下降 5.7%。

四是坚持改革创新，加快培育农业农村发展新动能。全面完成农村承包地确权登记颁证，推进农村承包地“三权分置”，深化农村集体产权制度改革，加大推进农垦改革工作力度。以北大荒为例，实行以统一经营管理为主导，家庭农场承包经营为基础的统分结合的双层经营体制。公司作为耕地资源经营主体，对权属内耕地资源享有使用权、经营权、收益权，通过对权属内耕地发包经营和生产服务，统一组织、指导、管理农业生产经营活动。家庭农场、联户农场及其他经济组织是双层经营的生产经营主体，通过承包方式取得耕地资源的经营权，直接从事农业生产经营活动，自主经营，自负盈亏。这种经营模式既有利于调动家庭农场的生产积极性，分散生产经营风险，又有利于发挥机械化、规模化、科技化等优势。

（二）生猪养殖周期下行叠加非洲猪瘟疫情影响，生猪养殖行业内企业业绩大幅下滑

我国生猪价格具有周期性波动的特征，大致遵循“肉价上涨——母猪存栏量增加——生猪供应量增加——肉价下跌——母猪存栏量减少——生猪供应量减少——肉价上涨”的逻辑。2000 年以来，我国生猪养殖主要经历了如下几个周期：2000—2002 年、2002—2006 年、2006—2010 年、2011—2014 年，2015 年及 2016 年上半年是新一轮周期的上行阶段，2017 年、2018 年生猪价格整体处于周期的下降阶段。2018 年猪肉价格总体呈现“上半年下跌、下半年季节性回升，非洲猪瘟后产销区分化”的特征。

生猪养殖周期下行是生猪养殖企业业绩下滑的主要因素。根据农村农业部监测数据，2018 年全年猪肉批发市场均价为每公斤 18.7 元，同比下跌 12.1%。以牧原股份为例，2018 年所属 84 家子公司陆续投产，产能得到释放，出栏量快速增长，共销售生猪 1101.1 万头，同比增长 52.14%，实现营业收入 133.88 亿元，同比增长 33.32%；而公司商品猪全年销售均价为 11.62 元 / 公斤，较 2017 年下降 19.7%，导致 2018 年归属于母公司所有者的净利润为 5.2 亿元，同比下降 78.01%，商品猪销售价格下降是导致 2018 年净利润相比 2017 年出现下降的主要原因。

非洲猪瘟疫情导致了地区间的供给不平衡，但对猪价总体回升影响不大。2018 年 8 月，辽宁省沈阳市发现中国首例非洲猪瘟疫情，之后疫情点状散发。由于我国猪肉产区和消费区域比较分明，猪肉制品禁运措施导致了“南方库存不足、北方库存上升”“产区跌、销区涨”的现象，猪价区域分化严重。10 月份部分疫情地区开始解除封锁，而后随着改“调猪”为“调肉”，流通渠道逐渐通畅，猪价区域分化程度有所缓解。以温氏股份为例，2018 年公司商品猪销售 2229.70 万头，同比增长 17.1%，但受行业周期低迷和非洲猪瘟疫情影响，全年商品猪销售价格同比下降 14.42%，毛利率同比下降 12.48%，商品猪盈利水平同比下降。

资料链接：

2018 年非洲猪瘟疫情

2018 年 8 月 1 日，辽宁省沈阳市沈北新区某养殖户的生猪发生疑似非洲猪瘟疫情，8 月 3 日 11 时，经国家参考实验室确诊，为中国首次发现该疫情。

截至 2018 年 11 月 22 日，中国共有 20 个省份的 47 个市（区、盟）发生了 73 起家猪疫情、1 起野猪疫情，累计扑杀生猪 60 万头。截至 2018 年 12 月 3 日，中国共有 21 个省份发生 79 起家猪疫情、2 起野猪疫情，累计扑杀生猪 63.1 万头。

2018 年非洲猪瘟疫情在全球也较活跃，全球共有俄罗斯、罗马尼亚、波兰等 22 个国家报告发生 5800 多起疫情。

截至 2019 年 1 月 14 日，中国曾有 24 个省份发生过家猪和野猪疫情，累计扑杀生猪 91.6 万头。已有 21 个省份的 77 个疫区按规定解除封锁。疫情处于点状散发，未流行蔓延。

资料来源：新华网

（三）白羽鸡行业供给端紧缩，需求端旺盛，行业景气度复苏，鸡养殖行业内企业业绩大幅增长

鸡肉产品目前已经是我国肉类消费的第二大品种，鸡肉产业是目前中国畜禽养殖产业中规模化程度最高的产业，白羽肉鸡产业是中国现代畜牧业的重要组成部分。近年来，全球主要种鸡出口国美国、法国、西班牙等国因发生禽流感而被封关，祖代白羽肉种鸡连续多年进口不足。根据畜牧业协会统计，我国祖代白羽肉种鸡引种更新量自 2015 年至 2018 年持续收缩，年引种更新量均低于 75 万套，供给端持续紧缩。2018 年，受祖代白羽肉种鸡引种紧缩及强制换羽明显减少等因素影响，父母代白羽肉种鸡的存栏趋势性下滑，2018 年毛鸡全面出栏量为 41.9 亿羽，同比下降 1.6%，商品代白羽肉鸡饲养量及鸡肉供给量下降。从需求端看，随着健康饮食理念的不断深入，鸡肉作为健康营养的白肉越来越受到广大消费者的欢迎，我国人均鸡肉消费量正在逐年增长。2018 年 8 月非洲猪瘟疫情暴发后，鸡肉替代性消费需求不断增长。供给紧缩、需求增长带动了鸡产品价格不断上涨，养鸡企业业绩亮眼。如益生股份，是我国繁育祖代白羽肉种鸡规模最大的企业。2018 年公司主营产品父母代肉种鸡雏鸡及商品代雏鸡价格大幅上涨，其中父母代肉种鸡雏鸡均价较上年度增加 23.94%，商品代肉雏鸡均价较上年度增加 138.14%。2018 年公司实现营业收入 147311.90 万元，较 2017 年增长 124.42%；营业利润 36448.89 万元，较 2017 年增加 214.58%；归属于上市公司股东的净利润 36283.75 万元，较 2017 年增加 216.91%。

（四）受益于农业供给侧结构性改革和消费升级，水产养殖行业内企业营业收入稳定增长

我国是世界上重要的水产品生产和出口国之一，水产品产量在世界总产量中的比重逐年提升，在世界水产品供给方面有着举足轻重的地位，水产养殖业一直是水产品供应量大幅增长的主要驱动力。近年来，随着农业供给侧结构性改革的持续深入，水产养殖业结构调整成果已经显现。自2016年起，全国开始调整水产养殖布局结构，减少湖泊、水库和近海网箱养殖密度，鼓励发展大水面养殖和离岸养殖，逐步压减近海和内陆捕捞产能，加强海洋牧场建设，提高水产养殖业国际竞争力。2018年水产品产量6469万吨，比上年增长0.4%，其中养殖水产品产量5018万吨，增长2.3%。目前，行业处于总体平稳增长、品类结构调整阶段，呈现细分品类众多、行业高度分散的状态。

另外，随着国家经济的快速发展，人民生活质量的不断提高，居民的消费观念、消费水平和消费能力也逐步得到了提升，已经从温饱型消费逐渐向健康型、营养型、安全型、休闲型消费发展，大型餐饮企业加速成长，以电商平台和线下精品店为核心的新零售正在加速崛起，水产消费需求逐年增加。2018年，根据申万数据显示，水产养殖板块实现营业收入136.52亿元，同比增长7.55%。以国联水产为例，公司主要业务为以对虾产品为核心的全产业链，主要客户为终端零售商、餐饮客户及水产批发商。公司抓住国内消费升级及行业规范化机遇，持续优化渠道结构和产品结构，水产品内销业务和电商业务大幅增长。2018年实现营业收入47.38亿元，同比增长15.67%，归属于上市公司股东的净利润2.31亿元，同比增长60.48%。

资料链接：

2018年中国水产养殖超5000万吨 占水产总量78%以上

农业农村部副部长于康震指出，改革开放以来，在“以养为主”的发展方针指引下，水产养殖业发展取得巨大成就。2018年的水产养殖总产量超过5000万吨，占我国水产品总产量的比重达78%以上，是世界上唯一养殖水产品总量超过捕捞总量的主要渔业国家。党的十八大以来，各地区各部门按照党中央、国务院决策部署，切实采取有效措施，大力推进水产养殖业供给侧结构性改革，生态养殖模式迅速铺开，水产养殖业发展亮点纷呈。

稻渔综合种养开展得如火如荼，池塘工程化循环水养殖、近海立体生态养殖、工厂化循环水养殖等先进技术示范推广力度不断加大，世界上最大的全潜式大型网箱“深蓝1号”在山东成功建造并下水，开始进行三文鱼的养殖，目前进展很顺利。千岛湖、查干湖等养水生态渔业享誉全国，冬季有捕鱼项目。水产养殖业的快速发展为解决城乡居民“吃鱼难”、保障优质动物蛋白的供给、降低天然水域水生生物资源的利用强度、促进渔业产业兴旺和渔民生活富裕等都做出了突出贡献。

资料来源：中国新闻网

（五）受中美贸易摩擦、玉米去库存、养殖周期下行、非洲猪瘟疫情等因素影响，饲料行业内企业营业利润下滑

2018年申万数据显示，饲料板块实现营业利润99.10亿元，比上年减少17.39亿元。

从饲料成本分析，大宗原料波动，造成饲料成本上升。一是主要原料豆粕价格暴涨暴跌。2018 年中美贸易摩擦走势不断影响饲料大宗原料价格，加征大豆关税作为反击手段，美国大豆进口关税提高、进口量大幅减少。据海关统计，2018 年美国大豆进口量为 1664 万吨，同比减少 49%。为有效缓解供应压力，国内一方面大量采购巴西等国大豆，另一方面通过推广低蛋白饲料配方和拓宽蛋白粕来源，降低了下游豆粕需求，2018 年中国大豆进口数量为 8803 万吨，同比下降 7.9%，全国进口均价同比上涨 4.2%。饲用豆粕价格从 2 月份均价 2893 元 / 吨，涨至 4 月份 3450 元 / 吨，然后下跌至 6 月份 2850 元 / 吨，10 月份涨至最高均价 3652 元 / 吨，12 月再次下跌至 2989 元 / 吨，全年均价 3171 元 / 吨，同比上涨 6%。二是主要原料玉米价格稳中有涨。2018 年受下游需求快速增长和种植面积调减影响，玉米库存消化进度超出预期，产需缺口扩大，库存消化进度加快，临储拍卖累计成交突破 1 亿吨，全年玉米平均采购价格高出往年 150 元 / 吨以上。

从饲料产销量分析，下游养殖业对产品需求拉动作用不明显。目前，我国饲料产业进入了稳定发展和产业结构调整升级的阶段，产量稳定，增长放缓，行业集中度快速上升。2018 年中国成品饲料年度总产量 18131.58 万吨，同比增长 0.31%。其中：所占比重最大的猪料产量 7036.38 万吨，同比增长 0.32%，猪料产量增长偏低。虽然受生猪规模化、集约化、工厂化过程驱动，但因生猪养殖周期下行和非洲猪瘟疫情影响，猪饲料销量承压。以金新农为例，2018 年公司饲料销售 76.92 万吨，饲料销量与上年同期持平，其中猪饲料占饲料销量的 98.72%。2018 年实现饲料销售收入 217816.14 万元，较去年同期下降 1.05%。受益于禽养殖行业景气度回升和消费拉动，蛋禽料产量 3133.06 万吨，同比增长 0.81%；水产料产量 1549.08 万吨，同比增长 0.98%。

链接：

2018 中国饲料市场年度大总结，饲料总产量 18131.58 万吨

岁末将至，2018 年关的钟声即将敲响，回首过往的一年，中国畜牧饲料行业经历了不断深化改革与创新中的重重考验，并且在非洲猪瘟持续爆发及中美贸易战的阵痛中，迎来了新一轮逆市增长。

根据中国饲料行业信息网的初统数据显示：2018 年中国成品饲料年度总产量 18131.58 万吨，同比增长 0.31%。其中猪料产量 7036.38 万吨，同比增长 0.32%；蛋禽料产量 3133.06 万吨，同比增长 0.81%；肉禽料产量 5210.09 万吨，同比下降 0.26%；水产料产量 1549.08 万吨，同比增长 0.98%；反刍料产量 800.60 万吨，同比增长 1.11%；其他料产量 402.38 万吨，同比下降 0.32%。猪料、蛋禽料及水产料、反刍料总产量同比增长，肉禽料及其他特种动物饲料产量同比下降。

资料来源　饲料行业信息网

（六）收储制度改革成效显现，种植行业内企业实现业绩增长

我国粮食种植业主要是以家庭联产承包经营为主体的组织生产形式，国家实行小麦、稻谷最低收购价。粮食种植业作为国计民生产业，竞争性并不明显。2018 年国家根据粮食供需形势变化，小麦最低收购价首次小幅下调（每斤 3 分）、稻谷最低收购价较大幅度下调（每斤 1—2 毛），且提高了收购质量标准。受此影响，稻谷小麦市场价格有所下跌，价格下调引导结构调整的效果开始显现。小麦、早籼稻和稻谷播种面积分别下降 1%、6.8% 和 1.8%，市场化购销趋于活跃，新麦上市后优质麦价格持续上涨，与普通麦价差拉大，部分地区超过每斤 1.3 元，明显高于最低收购价水平，种植业优质优价特征进一步显现。另外，随着国家对农业产业化、规模化、标准化生产政策的推广及农村土地流转规模的持续扩大，近年来种植行业内兼并重组活跃，规模化程度持续扩大。以苏垦农发为例，公司以自主生产粮食为主，通过承包和流转土地从事稻麦种植。2018 年公司通过先后新设、收购苏垦农服、农垦园艺、江蔬种苗三家子公司，对下属子公司大华种业、苏垦米业分别增资 1.7 亿元、3 亿元，与七河生物签署股权战略合作协议，构建起“互联网 + 金融 + 现代农服 + 规模种植户”的一体化农业综合服务平台。2018 年公司营业收入 48.84 亿元，较上年增长 13.16%，归属于上市公司股东的净利润 6.05 亿元，较上年增长 8.66%，经营业绩稳定增长。

种业位于种植业上游，是国家战略性、基础性核心产业。在国家一系列政策推动下，种业整体发展水平显著提升：优势种企通过兼并重组、战略合作，积极布局国内国际市场，行业优质资源整合加速；具备一定优势的中小企业则逐步向区域性、专业型公司方向发展。种子企业“多小散弱”状况明显改善，行业集中度稳步提升。以隆平高科为例，公司实行“内生增长”与“外延发展”并重的增长战略，通过并购和合作，聚合一大批优秀的团队和资源，为公司的市场竞争能力和份额的进一步提升奠定了坚实基础。2018 年实现营业收入 35.79 亿元，比上年增加 3.89 亿元，实现归属于上市公司股东的净利润 7.91 亿元，比上年增 0.19 亿元。

三、2019 年农林牧渔行业前景展望

2019 年，面临较大的经济下行压力和复杂的外部环境，中共中央、国务院出台了“关于坚持农业农村优先发展做好三农工作的若干意见”，明确了农林牧渔行业的特殊重要性，发挥国民经济体系中的压舱石作用，巩固农业好形势，为有效应对各种风险挑战赢得主动。

（一）政策加码，农林牧渔行业发展总体向好

2019 年中央一号文件要求坚持农业农村优先发展总方针，以实施乡村振兴战略为总抓手，抓重点、补短板、强基础，围绕“巩固、增强、提升、畅通”深化农业供给侧结构性改革，夯实农业基础，保障重要农产品有效供给。

一是要稳定粮食产量，完成高标准农田建设任务。确保粮食播种面积稳定在 16.5 亿亩，到 2020 年确保建成 8 亿亩高标准农田。发挥粮食主产区优势，恢复启动新疆优质棉生产基

地建设，进一步加强农田水利建设，加大东北黑土地保护力度。种植产业标准化、规模化、区域化步伐将进一步加快，板块内相关企业如苏垦农发等业绩有望改善。

二是要调整优化农业结构。大力发展紧缺和优质绿色优质农产品生产，推进农业由增产导向转向提质导向。实施大豆振兴计划、奶业振兴行动，积极发展木本油料，发展青贮玉米、优质苜蓿等优质饲草料生产，推进海洋牧场建设，发展远洋渔业。2018 年中美贸易摩擦以来，中国对美国大豆加征 25% 的进口关税，美国大豆进口量大幅减少，大豆价格上扬，以大豆为主要原料的行业成本涨幅明显。随着国家对国产大豆生产支持力度的加大，2019 年播种面积有望持续增加，相关板块如北大荒、国联水产等业绩有望提升。

三是实施重要农产品保障战略，加快突破农业关键核心技术。将稻谷、小麦作为必保品种，稳定玉米生产，继续组织实施水稻、小麦、玉米、大豆和畜禽良种联合攻关，加快选育和推广优质草种，板块内企业如隆平高科等业绩有望改善。

2019 年 1 月 29 日，中国人民银行、银保监会、证监会、财政部、农业农村部联合印发《关于金融服务乡村振兴的指导意见》，意见指出要积极满足农田水利、农业科技研发、高端农机装备制造、农产品加工业、智慧农业产品技术研发推广、农产品冷链仓储物流及烘干等现代农业重点领域的合理融资需求，促进发展节水农业、高效农业、智慧农业、绿色农业，为农业牧渔行业的产业整合和转型升级提供了有力的财政金融支持。

（二）受政策、供需、疫情等影响，多个行业有望获益

1. 非洲猪瘟疫情加速产能出清，猪价拐点即将到来，生猪养殖企业业绩有望大幅增长

我国生猪养殖长期以散养为主，虽然近年来规模化程度有所提升，但生产集中度仍然很低。由于养殖散户抗风险能力差，受 2018 年生猪养殖周期下行、非洲猪瘟疫情及比较严格环保政策等影响，养殖散户补栏积极性低迷。根据农村农业部监测数据，2018 年 12 月份全国生猪存栏同比下降 4.8%，能繁母猪存栏同比下降 8.3%，连续 3 个月跌幅超过 5% 的预警线，供给短缺会刺激肉价上涨，猪价拐点可能提前到来。

2018 年为预防和遏制疫情，保障猪肉产品供给安全，维护生猪养殖业健康稳定发展，国家出台了一系列文件，鼓励养殖、屠宰、加工企业推行“规模养殖、集中屠宰、冷链运输、冷鲜上市”模式，降低动物疫病传播风险。2019 年非洲猪瘟疫情的延续将进一步加速散户产能出清，“规模养殖、就近屠宰、冷链运输”也将成为行业的发展趋势。板块内龙头企业如温氏股份、牧原股份等有望享受自身规模扩张带来的成长红利。

2. 白羽鸡供给紧缩，行业景气度有望延续

从祖代鸡来看，2016 年以来，白羽鸡祖代鸡引种更新量始终处于历史低位，2018 年第四季度引种量开始明显增加。根据白羽鸡养殖周期，受此影响，2019 年下半年父母代鸡苗供应量有望增加，但增加的这部分产能释放到商品鸡则要到 2020 年才有所体现。从父母代鸡来看，根据中国畜牧业协会数据，2018 年祖代鸡累计强制换羽 14.31 万套，换羽率和换羽基数出现双低，父母代存栏量处于近年低位水平。从生产效率来看，受种源疾病多发影响，祖代鸡、父母代生产性能普遍下降，祖代鸡生产效率下降超过 6%；换羽鸡育成期

父母代种鸡死亡淘汰率增加了5%—7%，肉鸡死亡淘汰率增加了3%—5%。从贸易形势来看，巴西是我国最大的鸡肉进口国，占2018年全年白羽鸡进口量的80%以上。2019年2月商务部决定对原产于巴西的进口白羽肉鸡产品征收17.8%—32.4%的反倾销税，进一步缩减了国内白羽鸡鸡肉供应量。2019年白羽鸡行业供给大概率紧缩，板块内企业如益生股份、圣农发展等业绩有望稳中向好。

3. 市场规模不断扩大，宠物饲料行业迎来高速发展期

2018年农村农业部出台《宠物饲料管理办法》，将宠物食品均归入饲料进行管理，宠物饲料行业正式进入规范化发展期。根据《中国宠物行业白皮书》统计，2018年我国宠物市场规模较2017年增长27.46%，目前处于高速成长期。其中宠物饲料在宠物行业中占比最大，达到55%左右。2018年我国宠物饲料市场规模达到260亿元，行业增速达到30%以上。据统计，目前中国人均饲养宠物0.06只，人均宠物食品消费4元，宠物数量和宠物消费额都处于较低水平。随着我国经济和社会环境的不断发展，育宠理念和消费水平的不断提升，市场规模有望进一步扩大，宠物饲料行业有望高速发展。宠物饲料板块相关企业如佩蒂股份、中宠股份有望未来获益。

2018年，面对复杂严峻的国际环境，我国农业结构调整和提质增效迈出坚实的步伐。粮食生产再获好收成，农业种植结构调整取得积极成效；畜牧业生产基本稳定，实现“增、盈、提、调、控、减”目标；主要农产品市场供给充裕，农产品价格总水平总体平稳，农业生产在结构调整优化中保持平稳增长。2019年，各项惠农强农政策持续发力，大豆振兴计划、智慧农业、数字农业等各项措施的推进落实将进一步激发农业农村活力，农林牧渔行业未来可期。

附表　2018 年度农林牧渔行业上市公司业绩评价结果排序表

行业排名	全部上市公司排名	股票代码	股票简称	综合得分（100 分）	每股收益（元）	总资产报酬率（%）	净资产收益率（%）	总资产周转率（次）	流动资产周转率（次）	资产负债率（%）	已获利息倍数	营业收入增长率（%）	资本扩张率（%）	市场投资回报率（%）	股价波动率（%）	年末资产总额（万元）	营业收入（万元）	净利润（万元）
1	40	002746	仙坛股份	83.3	1.3	14.95	16.3	0.91	1.41	19.74	197.37	19.12	17.36	-2.49	83.04	309838.14	257779.77	42224.16
2	71	300498	温氏股份	81.4	0.75	8.89	12.22	1.11	2.76	34.06	15.47	2.84	6.61	4.76	54.32	5395001.66	5723599.7	425612.34
3	73	002299	圣农发展	81.3	1.21	13.04	20.86	0.83	3.34	44.78	8.33	13.67	23.7	8.65	66.19	1465578.73	1154722.87	155123.17
4	74	002311	海大集团	81.3	0.9	12.81	19.14	2.76	5.21	52.64	10.32	29.49	20.29	4.85	51.79	1736566.39	4215662.88	148394.02
5	107	000048	*ST 康达	79.3	1.12	13.49	46.54	0.76	1	76.36	65.91	121.79	72.89	-11.35	60.14	518250.41	343694.09	44953.94
6	136	600598	北大荒	78.3	0.55	11.95	16.07	0.42	1.07	20.89	0	9.1	7.36	-19.98	70.36	797346.67	326477.88	91529.61
7	215	002234	民和股份	76.1	1.26	18.45	39.33	0.74	2.38	57.27	6.35	70.28	51.54	-3.95	87.74	262430.3	181771.14	38044.33
8	266	603609	禾丰牧业	74.9	0.66	11.74	14.86	2.44	5.29	38.45	11.38	15	13.87	-14.37	64.04	693069.46	1575079.81	60468.92
9	291	300673	佩蒂股份	74.4	1.16	15.12	14.16	0.8	1.14	17.14	680.21	37.55	14.56	45.7	143.29	118024.96	86932.18	14143.7
10	312	000876	新希望	73.9	0.4	7.59	11.38	1.53	5.6	42.98	7.8	10.38	4.2	-4.05	65.54	4794378.81	6906322.53	272180.33
11	332	002458	益生股份	73.6	1.08	17.35	25.47	0.66	3.28	30.54	14.33	124.42	30.98	-38.28	136.09	231062.36	147311.9	35973.97
12	374	300149	量子生物	72.9	0.35	9.63	9.77	0.45	1.6	34.15	6.36	262.05	163.87	-4.51	99.91	334770.1	99691.53	15992.98
13	486	600438	通威股份	71	0.52	8.29	13.28	0.86	3.41	60.43	10.37	5.54	11.1	-34.87	181.96	3848363.16	2753517.03	203102.01
14	514	600201	生物股份	70.5	0.67	14.87	15.01	0.32	0.48	17.28	337.87	-0.23	16.63	-30.16	98.01	631321.33	189660.86	74960.3
15	593	600097	开创国际	69.4	0.58	7.75	8.87	0.93	1.79	27.8	68.55	6.85	8.36	-38.95	121.01	230672.31	190997.62	14600.95
16	617	000639	西王食品	69.1	0.62	9.76	12.7	0.65	2.06	51.1	3.97	4.03	81.46	-52.43	131.4	1027974.2	584504.02	53209.71
17	652	600873	梅花生物	68.6	0.32	8.25	9.72	0.7	2.56	50.84	5.39	13.62	0.13	-17.97	59.5	1906502.92	1264804.58	102007.05
18	653	600298	安琪酵母	68.6	1.04	12.6	19.93	0.79	2.12	49.3	11.97	15.75	11.23	-24.16	110.6	898020.03	668560.07	89970.77
19	670	600965	福成股份	68.3	0.2	9.32	8.05	0.56	0.94	26.2	12.03	6.85	11.93	-7.31	26.28	281345.68	145372.04	16083.47
20	679	002852	道道全	68.3	0.76	10.95	4.66	1.33	1.88	21.6	0	9.04	12.76	-37.31	116.49	276140.51	360049.52	22150.52
21	770	601952	苏垦农发	67	0.44	9.69	8.87	0.72	0.93	18.62	78.77	13.16	7.71	-35.11	99.68	698541.73	488360.48	61360.64
22	793	002714	牧原股份	66.7	0.17	4	3.55	0.5	1.45	54.07	1.95	33.32	7.62	-2.34	71.4	2984186.29	1338815.77	52807.9

续表

行业排名	全部上市公司排名	股票代码	股票简称	综合得分（100分）	每股收益（元）	总资产报酬率（%）	净资产收益率（%）	总资产周转率（次）	流动资产周转率（次）	资产负债率（%）	已获利息倍数	营业收入增长率（%）	资本扩张率（%）	市场投资回报率（%）	股价波动率（%）	年末资产总额（万元）	营业收入（万元）	净利润（万元）
23	826	600195	中牧股份	66.3	0.69	8.59	10.5	0.68	1.23	34.45	13.17	8.96	13.44	-23.6	85.94	684278.11	443423.8	45003.17
24	846	600737	中粮糖业	65.9	0.25	6.23	5.89	1.07	1.73	51.51	3.52	-8.57	3.2	-8.92	38.34	1555500.03	1751489.9	55670.8
25	981	300087	荃银高科	64.4	0.16	5.4	7.83	0.52	0.69	44.64	303.26	-3.92	8.49	-3.45	35.94	190617.72	91031.54	9265.47
26	1031	002891	中宠股份	63.7	0.56	6.25	7.89	1.17	2.33	40.76	10.03	39.09	8.22	-4.73	74.51	140734.74	141225.83	6153.8
27	1129	002868	绿康生化	62.6	0.62	11.18	7.55	0.44	0.7	7.73	3925.48	-8.29	6.42	-38.51	109.42	80241.83	34429.19	7468.94
28	1182	002567	唐人神	62	0.16	4.79	5.06	2.45	6.53	39.48	8.6	12.26	0.83	-26.94	116.54	653082.36	1540551.71	19500.77
29	1287	000930	中粮生化	60.9	0.26	5.95	6.38	1.35	3.13	52.45	4.79	182.09	391.8	-44.38	144.19	2028758.09	1770393	51736.81
30	1301	000702	正虹科技	60.7	0.21	10.13	-0.31	1.88	4.27	27.33	27.46	-0.48	10.29	-22.71	74.47	71921.01	134187.72	5277.75
31	1317	300094	国联水产	60.6	0.29	7.92	6.94	1.07	1.33	55.49	3.92	15.67	12.39	-28.21	100.65	492109.7	473777.87	23081.49
32	1325	603668	天马科技	60.5	0.25	6.41	6.97	0.79	1.09	55.99	3.32	32.55	13.95	-38.01	102.63	213460.1	150618.11	7363.35
33	1428	300021	大禹节水	59.4	0.13	6.28	6.86	0.53	0.76	59.33	3.51	38.55	6.93	-37.68	127.84	382087.08	177958.91	10962.39
34	1431	002157	正邦科技	59.3	0.08	2.73	3.28	1.17	3.47	68.02	1.65	7.27	1.76	-11.73	105.09	2132562.57	2211298.39	19254.81
35	1554	000998	隆平高科	58	0.63	8.6	6.29	0.25	0.56	51.24	4.36	12.22	16.41	-43.02	158.61	1536373.98	357971.74	90318.67
36	1557	603566	普莱柯	58	0.42	8.28	5.45	0.33	0.56	14.06	409.69	14.75	4.25	-50.73	148.25	190307.96	60805.93	13561.48
37	1590	000505	京粮控股	57.6	0.24	6.47	6.27	1.35	2.24	42.26	4.53	-6.42	9.18	-37.84	128.16	491714.9	740912.43	21112.61
38	1632	002696	百洋股份	57.2	0.14	3.21	-2.65	0.86	1.81	37.93	3.75	30.89	0.26	-17.37	97.84	371744.03	313358.39	7252.08
39	1680	600371	万向德农	56.5	0.23	7.45	10.45	0.34	0.51	34.63	0	2.37	0.62	-41.22	129.8	78840.57	26389.08	5819.27
40	1703	300511	雪榕生物	56.3	0.35	5.93	1.03	0.48	2.65	59.67	2.62	38.81	10.84	-52.47	175.57	389250.28	184662.57	12477.06
41	1717	002688	金河生物	56.2	0.26	7.77	8.96	0.52	1.36	46.65	4.89	11.73	8.68	-31.07	104.55	333535.41	162889.01	16440.35
42	1728	000798	中水渔业	56	0.18	5.71	1.79	0.6	1.29	24.44	11.99	-16.3	15.25	-40.09	130.25	104617.59	62621.29	5420.38
43	1739	000735	罗牛山	55.9	0.34	7.26	-0.05	0.18	0.65	35.22	15.97	-13.63	11.36	23.22	167.23	631525.15	112125.48	39077.21
44	1757	002772	众兴菌业	55.8	0.31	4.22	2.6	0.23	0.56	35.94	2.87	25.23	-0.08	-40.69	130.01	410939.84	92643.21	11274.61

续表

行业排名	全部上市公司排名	股票代码	股票简称	综合得分（100分）	每股收益（元）	总资产报酬率（%）	净资产收益率（%）	总资产周转率（次）	流动资产周转率（次）	资产负债率（%）	已获利息倍数	营业收入增长率（%）	资本扩张率（%）	市场投资回报率（%）	股价波动率（%）	年末资产总额（万元）	营业收入（万元）	净利润（万元）
45	1778	000713	丰乐种业	55.5	0.18	3.76	−3.71	0.83	1.44	33.53	5.63	33.21	17.78	−34.46	104.06	244250.05	192714.55	5736.97
46	1789	300119	瑞普生物	55.4	0.29	6.05	5.53	0.4	0.89	24.81	10.38	13.61	3.59	−36.06	119.42	299844.58	118986.6	14104.48
47	1880	603336	宏辉果蔬	54.5	0.37	7.38	7.55	0.85	1.13	16.32	32.18	11.55	7.49	−15.66	158.6	99935.9	76335.38	6416.99
48	1980	002321	华英农业	53.6	0.22	4.94	4.74	0.62	0.95	66.96	2.24	29.77	4.15	−57.43	195.16	906406.86	534882.86	19172.37
49	2156	600313	农发种业	51.4	0.03	2.4	0.25	1.04	1.7	32.67	3.74	−10.87	−1.16	−33.55	110.69	311536.1	344639.53	5506.98
50	2172	002100	天康生物	51.2	0.33	5.85	8.76	0.73	1.12	61.47	4.89	13.89	7.32	−48.4	156.04	850874.22	527303.24	30105.76
51	2223	300138	晨光生物	50.6	0.28	6.33	7.04	0.98	1.4	48.16	4.28	10.51	7.16	−36.41	140.72	335710.87	306344.06	14242.51
52	2227	600467	好当家	50.6	0.04	3.39	1.57	0.2	0.64	48.67	1.58	−4.81	1.48	−24.19	65.92	595704.2	114983.11	6362.77
53	2246	002286	保龄宝	50.4	0.12	3.47	1.29	0.74	2.06	40.22	2.83	8.6	1.11	−44.99	155.32	257925.3	173001.25	4264.18
54	2275	601118	海南橡胶	50.1	0.05	2.31	−7.65	0.48	1.27	32.99	2	−37.56	25.84	−23.09	77.62	1493272.34	675452.29	22148.29
55	2305	002385	大北农	49.7	0.12	4.84	0.85	1.03	2.41	40.79	3.64	2.99	−8.95	−50.49	177.27	1809572.06	1930206.67	48597.2
56	2314	600108	亚盛集团	49.6	0.04	2.82	1.26	0.3	0.7	43.89	1.53	21.35	0.88	−36.54	103.31	855936.62	250750.96	8259.78
57	2353	300268	佳沃股份	49	0.18	6.99	5.28	1.7	2.22	67.79	2.51	235.41	11.65	−41.95	144.21	121461.25	192743.4	4063.75
58	2490	600189	吉林森工	47	0.06	2.45	−2.81	0.24	0.58	53.76	3.03	50.72	17.37	−35.98	116.61	662784.83	154647.34	4852.61
59	2514	300175	朗源股份	46.6	0.12	7.06	0.29	0.3	0.79	29.96	31.92	−8.12	19.21	−43.7	165.67	141024.23	34902.42	5841.64
60	2538	603363	傲农生物	46.1	0.07	3.08	0.74	1.97	4.8	69.47	1.28	17.53	4.49	−50	188.27	330502.95	576189.19	1024.25
61	2542	600251	冠农股份	46.1	0.12	2.84	2.77	0.39	0.62	61.8	2.61	35.73	2.93	−38.76	110.39	621281.88	217477.75	9160.83
62	2553	600257	大湖股份	45.9	0.04	1.95	0.26	0.61	1.03	24.58	5.52	7.38	1.67	−43.51	171.62	180267.67	107008.79	1700.4
63	2564	002679	福建金森	45.5	0.2	5.43	4.1	0.1	0.11	55.38	2.21	−3.66	−2.8	40.22	106.09	170464.54	16849.29	4745.33
64	2594	600265	ST景谷	45.1	0.05	4.92	−47.98	0.34	0.47	91.2	1.5	80.17	26.1	25.93	111.82	36948.86	11886.67	571.04
65	2683	600540	新赛股份	43.3	0.04	2.94	−1.41	0.62	1.03	75.51	2.13	16.41	−16.39	−28.85	71.58	190527.73	128351.08	3166.59
66	2690	000576	广东甘化	43.2	0.22	7.48	−5.67	0.28	0.72	31.19	296.05	−13.85	11.82	−64.73	361.4	166556.7	40918.89	10758.74

续表

行业排名	全部上市公司排名	股票代码	股票简称	综合得分（100分）	每股收益（元）	总资产报酬率（%）	净资产收益率（%）	总资产周转率（次）	流动资产周转率（次）	资产负债率（%）	已获利息倍数	营业收入增长率（%）	资本扩张率（%）	市场投资回报率（%）	股价波动率（%）	年末资产总额（万元）	营业收入（万元）	净利润（万元）
67	2714	600506	香梨股份	42.7	0.03	1.63	-4.16	0.14	0.31	5.9	0	-34.85	1.61	-29.05	128.2	29945.54	4255.56	452.78
68	2725	300106	西部牧业	42.5	0.09	3.24	-16.78	0.38	0.87	38.5	1.5	-2.13	-2.27	-34.39	89.08	113746.49	67781.18	1229.03
69	2792	600962	国投中鲁	40.8	0.02	1.93	0.75	0.51	0.87	49.89	1.71	-2.29	0.97	-31.37	119.39	195427.46	96319.06	1018.98
70	2797	600975	新五丰	40.6	-0.05	-1.69	-3.89	1.21	2.11	27.13	-4.07	18.41	-8.5	-42.24	122.84	159409.21	204103.99	-3740.55
71	2817	002124	天邦股份	40.1	-0.49	-9.01	-24.38	0.85	2.25	61.52	-7.07	47.63	-21.36	20.7	104.36	622876.64	451895.06	-57516.38
72	2855	600226	瀚叶股份	38.8	0.05	3.29	2.93	0.19	0.5	14.51	4.82	-25.46	3.07	-38.6	89.01	506890.29	98206.49	13782.04
73	2915	603718	海利生物	36.7	0.03	0.82	-2.52	0.15	0.32	41.34	0.92	-16.16	-4.57	19.1	150.17	174857.44	25456.52	-1370.78
74	2923	002069	獐子岛	36.5	0.05	4.76	1.81	0.75	1.26	87.58	1.31	-12.72	9.47	-60.44	211.92	355434.01	279799.74	3398.69
75	2955	600275	ST 昌鱼	35.2	0.01	2.58	-5.06	0.13	0.52	36.08	2.52	161.89	2.88	-53.34	201.2	23919.23	3789.05	427.93
76	2964	300189	神农基因	34.7	0.02	1.22	-4.79	0.09	0.17	5.94	5.38	-61.92	-31.62	-30.4	115.45	149754.57	17189.54	1702.74
77	2972	000893	*ST 东凌	34.3	0	0.63	-0.17	0.1	0.66	8.16	153.8	-72.59	-0.29	-52.05	195.81	422072.86	42102.32	-222
78	3038	600127	金健米业	30.5	-0.08	-1.36	-9.97	1.42	2.55	64.76	-1.58	9.12	-2.92	-39.61	106.43	219231.96	301122.35	-5430.79
79	3075	000592	平潭发展	28.7	0.01	2.33	-0.69	0.22	0.29	21.39	4.78	10.26	-3.28	-53.57	197.75	430376.88	93542.86	3141.26
80	3129	000972	ST 中基	25.9	-0.55	-23.78	-87.88	0.35	0.66	63.9	-11.4	21.05	-49.71	-35.33	108.19	122669.24	62666.96	-46277.02
81	3134	002548	金新农	25.5	-0.75	-4.74	-15.37	0.74	2.19	63.01	-2.4	-8.52	-19.68	-39.42	108.97	405435.11	280062.41	-26161.73
82	3156	002505	大康农业	24.5	-0.12	-3.03	-13.01	0.91	1.92	60.85	-1.18	8.21	-15.01	-42.96	152.47	1376442.58	1339482.05	-61640.85
83	3181	600354	敦煌种业	23.2	-0.41	-9.24	-25.53	0.31	0.46	59.94	-5.38	58.18	-34.66	-51.41	165.8	212530.54	76746.91	-26473.75
84	3190	000911	*ST 南糖	23	-4.21	-15.48	-202.23	0.54	1.05	99.43	-3.93	23.8	-97.65	-42.99	102.79	581621.58	359825.07	-138237.03
85	3194	002041	登海种业	22.8	0.04	-0.03	-0.84	0.19	0.23	13.14	0	-5.32	-13.16	-59.44	207.79	375847.72	76106.57	-2468.83
86	3237	002604	*ST 龙力	20.3	-4.68	-82.76	78.58	0.31	0.82	316.56	-4.48	-56.47	0	-81.01	529.46	149319.05	85566.53	-280754.34
87	3256	002220	天宝食品	19.2	-0.22	-0.53	-6.37	0.21	0.39	48.05	-0.19	-29.09	-6.3	-50.54	185.79	497039.26	103897.55	-16524.6
88	3292	600359	新农开发	16.7	-0.57	-7.24	-21.08	0.27	0.42	78.47	-3.42	-42.24	-31.89	-37.92	130.43	213987.09	62656.27	-22119.74

续表

行业排名	全部上市公司排名	股票代码	股票简称	综合得分（100分）	每股收益（元）	总资产报酬率（%）	净资产收益率（%）	总资产周转率（次）	流动资产周转率（次）	资产负债率（%）	已获利息倍数	营业收入增长率（%）	资本扩张率（%）	市场投资回报率（%）	股价波动率（%）	年末资产总额（万元）	营业收入（万元）	净利润（万元）
89	3355	002086	ST东海洋	12.6	−1.08	−18.18	−25.84	0.18	0.35	33.28	−16.87	−6.98	−7.41	−65.46	232.85	416238.54	72503.43	−79117.36
90	3382	300313	天山生物	9.3	−7.09	−183.95	−650.23	0.1	0.41	85.33	−98.05	−46.12	−43.23	−48.36	90.39	140303.09	10522.6	−194648.16
91	3388	600191	华资实业	8.9	−0.24	−4.81	−6.35	0.03	0.27	13.61	−14.77	−60.93	−11.12	−53.78	178.35	211735.69	6540.39	−11660
92	3418	002477	*ST雏鹰	3.2	−1.23	−15.48	−92.56	0.16	0.33	87.89	−4.61	−37.6	−60.39	−67.55	212.47	2106746.13	355582.9	−415016.89

第十七章 房地产行业上市公司业绩评价

从国民经济上下游产业链的关系看，房地产行业处于承上启下的位置，在经济建设、社会发展、财政税收、国防建设及稳定就业等方面发挥着重要作用。2018年，我国国内生产总值（GDP）总额达到90.03万亿元，同比增长6.6%，其中房地产行业占GDP比重约为6.6%。房地产行业指数（申万）全年市场表现较为疲软，全年跌幅为28.79%。全年房地产行业调控经历了从趋紧到逐步稳定的过程：中央在延续分类调整的基础上，一方面继续抑制投机活动，降低市场风险，稳步推进去库存的任务，截至2018年12月末，商品房待售面积5.24亿平方米，同比下降11%；另一方面进一步推动长效机制的建立，从根本上推动行业的结构调整，为行业未来的健康发展奠定良好的基础。预计2019年房地产行业整体将继续处于调整升级的状态，转型升级将继续成为关键词。

一、房地产行业上市公司业绩评价结构

截至2018年年末，房地产行业A股上市公司共128家，其中115家盈利。

房地产行业综合评价分值为58.68分，低于同年全部上市公司（全部上市公司是指：不包括金融和B股，本文以下如无特指按此口径）的综合评价分值61.16分。有4家房地产行业上市公司进入2018年上市公司业绩评价综合得分的百强名单。在128家房地产行业上市公司中，业绩为AAA的有2家；业绩为AA的有2家；业绩为A的有10家；业绩为BBB的有12家；业绩为BB的有14家；业绩为B的有8家；业绩为CCC的有7家；业绩为CC的有18家；业绩为C的有54家。

2018年全部上市公司为3473家，其资产总额总计为61.13万亿元，其中，房地产行业全部上市公司资产总额合计为10.23万亿元，占全部上市公司资产总额的16.73%；全部上市公司实现主营业务收入37.87万亿元，房地产行业128家上市公司实现主营业务收入2.08万亿元，占全部上市公司营业收入的5.49%；全部上市公司共计实现利润总额2.51万亿元，房地产行业上市公司实现利润总额达到0.36万亿元，占全部上市公司全部实现利润总额的14.37%；全部上市公司共计实现净利润1.92万亿元，房地产行业上市公司实现

净利润 0.26 万亿元，占全部上市公司全部实现净利润的 13.47%；该行业上市公司 2017 年度市场投资回报率为 –35.08%，低于全部上市公司的市场投资回报率 –33.09%；房地产行业上市公司股价波动率为 129.43%，高于全部上市公司的股价波动率 127.11%；房地产行业扣除非经常性损益净资产收益率的平均值为 12.26%，高于全部上市公司的扣除非经常性损益净资产收益率 7.16%。

表 17 – 1　2018 年度房地产行业中联十强排行榜

名次	股票代码	股票简称	业绩得分	在全部上市公司中排名
1	60102030	中华企业	92.27	5
2	60102030	深深房 A	85.81	24
3	60102030	荣盛发展	82.15	50
4	60102030	宁波富达	80.88	81
5	60102030	绿地控股	79.51	100
6	60102030	万业企业	78.8	126
7	60102030	招商蛇口	78.02	150
8	60102030	保利地产	77.24	173
9	60102030	万科 A	76.88	191
10	60102030	新城控股	76.30	211

基于对房地产行业上市公司的整体评价，下面分别从财务效益状况、资产质量状况、偿债风险状况、发展能力状况和市场表现状况五个方面对房地产行业上市公司进行具体分析。

（一）财务效益

从综合得分来看，2018 年房地产行业上市公司财务效益状况平均得分为 26.40 分，高于全部上市公司平均得分 22.01 分。

表 17–2 列示了 2018 年房地产行业财务效益状况评价结果（满分为 35 分）。在房地产行业上市公司财务效益状况指标中，有 61 家得分高于全国上市公司平均水平；有 19 家公司得分超过 30 分。

财务效益状况指标得分排名前五位的公司中有两家的行业综合评价得分亦在前五名之列，其中中华企业财务效益排名第一。中华企业 2018 年实现营业收入 192.86 亿元，比 2017 年增长 151.81%；实现营业利润 46.41 亿元，比上年增长 646.63%；扣除非经常性损益净资产收益率 30.19%，盈利现金保障倍数 2.63。主要受益于中华企业在坚持践行住房居住属性和回归房地产实业属性的基础上，通过资产重组多个战略投资者，优化管理，注入优质资产特别是上海区域的优质房地产项目，扩大经营规模，逐步实现资源、资产和资本的良性循环。

表 17－2　房地产行业财务效益状况比较表

分析指标		2018 年全部上市公司平均值	2018 年行业值	2017 年行业值	增长率（%）
基本指标	扣除非经常性损益净资产收益率（%）	7.16	12.26	11.45	7.07
	总资产报酬率（%）	5.61	5.13	5.04	1.79
	得分	20.59	24.49	22.8	7.41
修正指标	营业利润率（%）	6.73	17.43	16.78	3.87
	盈利现金保障倍数	1.69	0.89	0.22	304.55
	股本收益率（%）	38.49	80.02	72.53	10.33
综合得分		22.01	26.4	25.06	5.35

与 2017 年的情况相比较，2018 年房地产行业上市公司总体上财务效益状况稳健发展，主要指标均高于 2018 年行业值，也高于 2018 年全部上市公司平均值。

（二）资产质量

从综合得分来看，房地产行业上市公司资产质量状况平均得分为 4.73 分，低于全部上市公司平均得分 9.17 分。

表 17–3 列示了房地产行业资产质量状况评价结果。在房地产行业上市公司资产质量状况指标中，有中华企业等 30 家得分均为满分 15 分，另有 54 家得分为 0。这说明房地产行业上市公司在资产质量上一方面两极分化较为严重，行业集中度进一步提高；另一方面相对于全国平均水平而言仍有一定的差异，资产质量较低的上市公司占比较大，仍然需要通过转型升级，提升资产质量。以新华联地产为例，其总资产周转率为 0.27 次，高于行业平均值，存货周转率为 0.38，同样高于行业平均值，主要受益于该企业在全年业务重组和结构转型升级，着力打造文化旅游项目，精做旅游生态圈，形成房地产、旅游、酒店等多位一体的运营模型，提升企业的资产质量，提高盈利能力。

表 17－3　房地产行业资产质量状况表

分析指标		2018 年全部上市公司平均值	2018 年行业值	2017 年行业值	增长率（%）
基本指标	总资产周转率（次）	0.65	0.22	0.23	–4.35
	流动资产周转率（次）	1.23	0.27	0.28	–3.57
	得分	9.26	2.08	2.08	0.00
修正指标	应收账款周转率（次）	8.18	15.26	17.99	–15.18
	存货周转率（次）	2.78	0.28	0.3	–6.67
综合得分		9.17	4.73	5.13	–7.80

与2017年比较可知，2018年房地产行业上市公司总体上资产质量继续下降。

（三）偿债风险

从综合得分来看，2018年房地产行业上市公司偿债风险状况平均得分为4.39分，低于全部上市公司平均得分8.79分。

表17–4列示了房地产行业偿债风险状况评价结果。在房地产行业上市公司偿债风险状况指标中，排名前5的为深深房A、ST岩石、ST新梅、长春经开和万业企业。其中较为典型的为万业企业。这主要是因为该企业集中力量稳步推进现有项目的开发进度，在此基础上创新销售思路，集中于刚需市场，尤其是针对上海市场的首套房或首次改善性住房，促进其房产销售，提升现金流量和盈利能力，进而降低偿债风险。

表17－4　房地产行业偿债风险状况比较表

分析指标		2018年全部上市公司平均值	2018年行业值	2017年行业值	增长率（%）
基本指标	资产负债率（%）	60.9	80.08	79.11	1.23
	获利倍数	4.41	4.13	4.6	−10.22
	得分	8.94	4.15	4.12	0.73
修正指标	速动比率（%）	78.76	51.16	53.59	−4.53
	现金流动负债比率（%）	12.06	3.88	1.03	276.70
	带息负债比率（%）	48.41	47.96	43.62	9.95
综合得分		8.79	4.39	4.47	−1.79

与2017年相比较，2018年房地产行业上市公司偿债风险状况平均得分下降了1.79%，主要由于一方面房地产上市公司发债规模不断增加，另一方面资金成本不断提升，导致其付息债务规模和成本不断提高，相应的偿债风险有所上升。

（四）发展能力

从综合得分来看，2018年房地产行业上市公司发展能力状况平均得分为14.52分，比2017年略有上升，高于2018年全部上市公司的平均得分12.19分。

表17–5列示了房地产行业发展能力状况评价结果。在房地产行业上市公司发展能力状况指标排名前五位的公司中有两家的行业综合评价得分亦在百强之列，且得分均为满分20分，以万科为例：其资本扩张率26.22%、累计保留盈余率65.89%、三年营业收入平均增长率15.04%，各项指标均比较靠前，规模的稳定扩张和运营能力的不断提高为企业发展提供了强大的动力。这主要是因为企业在2018年将自身定位于“城乡建设与生活服务商”，从根本上转变运营理念，实现自身的转型升级，提高公司的发展能力。

表 17－5　房地产行业发展能力状况比较表

分析指标		2018 年全部上市公司平均值	2018 年行业值	2017 年行业值	增长率（%）
基本指标	营业收入增长率（%）	13.68	19.78	7.68	157.55
	资本扩张率（%）	9.66	15.7	18.73	–16.18
	得分	12.2	14.45	11.19	29.13
修正指标	累计保留盈余率（%）	40.89	48.54	47.05	3.17
	三年营业收入增长率（%）	15.02	18.2	25.02	–27.26
	总资产增长率（%）	11.63	22.34	29.69	–24.76
	营业利润增长率（%）	4.93	22.6	32.47	–30.40
综合得分		12.19	14.52	12.94	12.21

2018 年房地产行业上市公司三年营业收入增长率从 2017 年的 25.02% 降至 18.20%，资本扩张率由 18.73% 降至 15.70%，累计保留盈余率由 47.05% 增至 48.54%，营业利润增长率由 32.47% 降至 22.60%。这说明房地产行业上市公司受到宏观调控政策的影响导致销售增速有所减慢，且扩张速度逐步放缓，这进一步体现了房地产行业正在通过高质量的发展和转型升级，改变过去的单一的运营结构，实现多元化经营。

（五）市场表现

从综合得分来看，房地产行业上市公司市场表现状况平均得分为 9 分，略高于全国上市公司 8.64 分的平均水平。

表 17–6 列示了房地产行业市场表现状况评价结果（满分 15 分）。在房地产行业上市公司市场表现状况指标中，有 68 家得分高于全国上市公司平均水平；有 7 家公司得分超过 13.5 分。

表 17－6　房地产行业公司市场表现状况比较表

分析指标	2018 年全部上市公司平均值	2018 年行业值	2017 年行业值	增长率（%）
市场投资回报率（%）	–33.09	–35.08	–11.66	200.86
股价波动率（%）	127.11	129.43	78.95	63.94
综合得分	8.64	9.00	9.89	–9.00

2018 年，宏观调控逐步稳定，房地产上市公司发展也逐步稳定，但房地产行业的市场表现与整体经济周期相关度较高，房地产指数随市场行情同步变化。2018 年上市公司市场

投资回报率为 –33.09%，远低于 2017 年的 –14.59%。房地产行业上市公司 2018 年市场投资回报率为 –35.08%，也同样远低于 2017 年的 –11.66%。房地产行业指数与沪深 300 指数波动情况如图 17–1 所示。

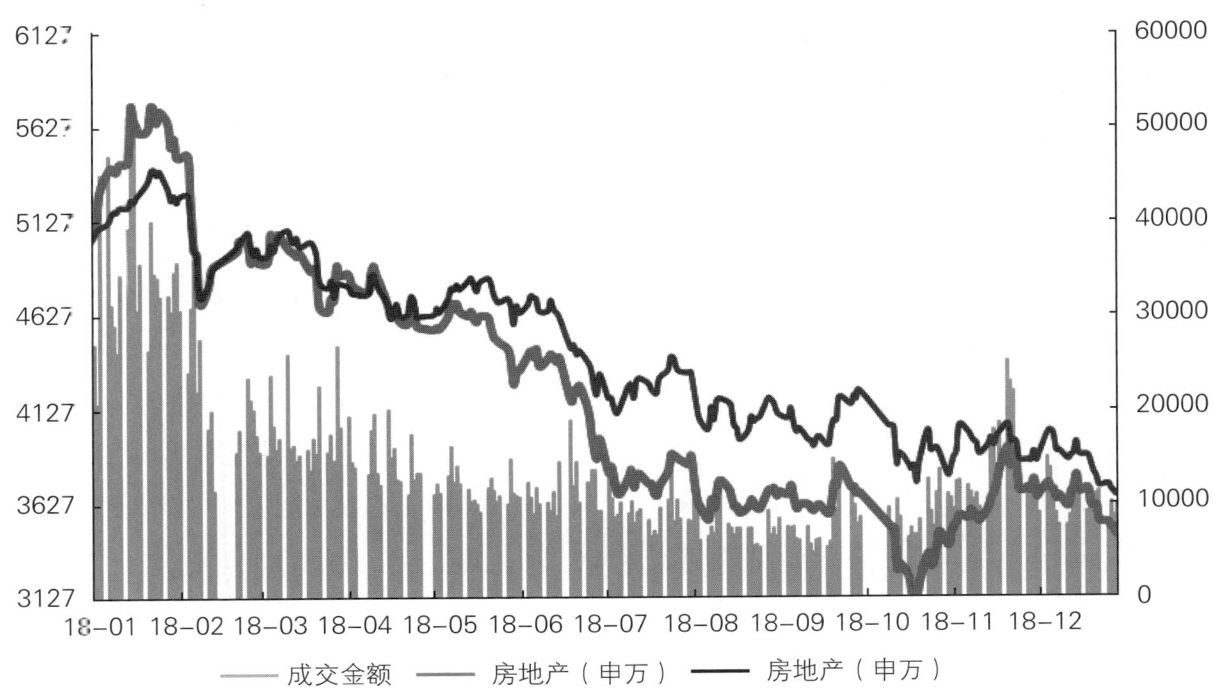

图 17–1　房地产行业指数与沪深 300 指数波动

数据来源：Wind 资讯。

二、房地产行业上市公司业绩影响因素分析

总体来看，2018 年全年房地产市场平稳发展，但不同等级的城市分化明显，一线城市量缩价稳，二线城市量升价涨，三四线城市则量稳价升，同一等级内部城市也开始出现分化，截至 2018 年 12 月末，商品房待售面积 5.24 亿平方米，同比下降 11%；除此之外租赁市场大力发展，尤其是房地产信托基金的逐步推出，释放出了较为积极的信号，其更好推动了租赁市场甚至整个房地产行业的发展和转型升级。房地产行业上市公司作为社会经济发展的重要组成部分和代表力量，也在稳步推进自身的结构调整和转型升级。相较去年而言，2018 年对房地产行业上市公司业绩产生重要影响的变化趋势主要表现为以下几个方面：

（一）延续的房地产行业调控政策，对行业去库存和销售业绩有较大影响

为了更好地促进房地产行业健康发展，推动和完善房地产行业长效机制的建立，各地政府在 2018 年全年实行了较为多样化的调控政策，从传统的限购和限价等措施，到共有产权、租购同权和宅基地三权分置等探索性措施，使得各地房地产市场热度逐步回归理性。

从成交量来看，市场表现逐步降温。截至 2018 年 12 月末，商品房待售面积 5.24 亿平

方米，同比下降 11%，相较 2017 年的去化速度有所下降。根据易居研究院所公布的数据显示，2018 年全年 40 个代表城市新建商品住宅成交面积同比增长 8.8%，其中一线城市商品住宅成交面积同比下降约 4.6%，三四线城市累计同比增长 27.3%，成交面积主要来源于三四线城市。

从销售角度而言，2018 年房地产行业销售金额和销售面积虽然创下新高，但相较去年而言增速有所回落。根据克而瑞数据显示，2018 年 TOP100 房地产行业全年销售金额同比增长 35%，但是下半年随着调控政策的逐步显现，单月同比增速逐步回落，从 7 月的 60% 大幅回落到 21% 左右，其中中国恒大、碧桂园和万科三家龙头企业仍然领跑，整体来看房地产行业 2018 年以稳字贯穿全年。

出现这种现象的主要原因如下：第一，三四线城市棚改货币化安置的热度不断下降，使得三四线城市市场热度有所下降。2018 年 10 月 8 日召开的国务院常务会议部署推进棚户区改造工作。会议明确要求严格把握好棚改范围和标准，坚持将老城区内脏乱差的棚户区和国有工矿区、林区、垦区棚户区作为改造重点。同时明确提出要调整完善棚改货币化安置政策，对于商品房库存不足、房价上涨压力大的市县，要尽快取消货币化安置优惠政策，为棚改货币化政策打上了“降温和理性化”的标签。事实上，根据克而瑞研究中心数据显示，主要房企已经开始全面调整布局结构，从 2017 年逐步下沉到非一线城市，到 2018 年主要布局三四线城市，随着 2018 年下半年三四线城市楼市逐步回归理性，使得房企的销售额和销售面积也同步下降。第二，部分房地产上市公司也逐步开始采用降价销售的手段，提升企业存货周转率和现金周转速度：从万科的“活下去”的口号开始，各大房企为了去库存，提升资金周转率，从下半年逐步开始全面降价销售。

根据 Wind 数据统计，2018 年房地产行业 128 家上市公司实现主营业务收入 2.08 万亿元，同比增长 19.78%，全行业上市公司实现营业利润 0.36 万亿元，同比增长 22.60%；从全年整体来看，行业整体财务状况平稳发展，但行业利润集中度逐步提高。根据 Wind 数据统计，A 股上市房地产开发企业中净利润前十强的平均年度净利润达 51.53 亿元，是全部 128 家上市房地产企业净利润均值的 9.48 倍。

（二）行业调控政策趋于稳定，房地产租赁市场稳步发展

2018 年房地产行业的宏观调控逐步趋向稳定，更加注重质量和结构性调控。从年初重点、热点城市限购和限价等调控措施的实施，到年中住建部等七部门联合行动打击房地产市场乱象，再到逐步推动房地产市场证券化及租赁市场的发展，进一步推动共有产权、长期租赁市场的完善，倒逼房地产上市公司进行升级转型，适应未来“新型”房地产市场结构，全面推进市场结构转型。

一方面，房地产企业全力以赴通过“去库存”提升周转率和现金流量，为结构转型奠定良好的资金基础。以万科为例，2018 年存货周转率为 0.2745，较 2017 年 0.2879 有所下降；2018 年应收账款周转率为 197.04，较 2017 年 138.48 提升较大。

另一方面，随着调控政策和顶层设计的不断完善，房地产上市公司逐步从过去“野蛮

式”和单一化的发展模式，转变为租购并举和产业多元化的新型发展模式，以适应未来的房地产市场发展格局。

政府层面：第一，2018 年 4 月 25 日中国证监会、住房城乡建设部联合印发《关于推进住房租赁资产证券化相关工作的通知》，通知明确提出，将重点支持住房租赁企业发行以其持有不动产物业作为底层资产的权益类资产证券化产品，推动多类型具有债权性质的资产证券化产品，试点发行房地产投资信托基金（REITs），从宏观政策层面推动住房租赁产业的发展。第二，北京市住建委于 2018 年 8 月 17 日联合北京银监局等部门，集中约谈北京几家大型住房经租企业，提出“三不得”：不得利用银行贷款等融资渠道获取的资金恶性竞争抢占房源；不得以高于市场水平的租金或哄抬租金抢占房源；不得通过提高租金诱导房东提前解除租赁合同等方式抢占房源，从行业管控方面，促进长租市场的合理健康运行和发展。

企业层面：第一，加大布局长期租赁市场的力度。随着调控政策的深入，国家对于租赁市场的支持力度不断加大，租赁市场不断完善。为了改善自身的经营环境，提高租赁物业的运营能力，房地产行业上市公司在加大对于租赁产业运营投入力度的基础上，通过商业房地产抵押贷款支持证券（CMBS）①、抵押支持债券（MBS）②和房地产信托投资基金（REITs）③等资产证券化的方式，进一步提升周转率和现金流量，促进企业发展。例如：保利地产 2017 年 10 月发行首单央企租赁住房 REITs，产品总规模达 50 亿元，这一举措不仅提高了保利地产的经营效率，更为整个租赁市场的发展树立了良好的榜样。2018 年 1 月 20 日上海发布首个国企租赁住房业务品牌，并与临港集团、建设银行、申寿润投资、中信证券、中国通服、阿里云等 20 多家企业组成租赁住房建设运营生态合作联盟。2018 年 3 月龙湖地产发布首单住房租赁公募债券。第二，通过产业多元化，降低企业运营风险。例如：万科企业，从 2017 年开始，其逐步加快了从开发商转型为城市配套服务商的脚步。尤以上海万科的“热带雨林体系”战略为代表：在该体系下形成了较为完善的多元化配套服务体系，从多角度协同发展，进一步地推动其走向轻资产和多元化的发展模式；2018 年 3 月 28 日盒马生鲜与 13 家全国性地产商签订了新零售战略合作协议，推动房地产上市公司的产业多元化布局，促进结构转型。

总而言之，随着房地产开发企业不断推进升级转型和产业布局的调整，房地产上市公司的整体资产质量也将不断提高。

① CMBS 是指商业房地产抵押贷款支持证券，债权银行以原有的商业抵押贷款为资本，发行证券。

② MBS 主要由美国住房专业银行及储蓄机构利用其贷出的住房抵押贷款，发行的一种资产证券化商品。其基本结构是，把贷出的住房抵押贷款中符合一定条件的贷款集中起来，形成一个抵押贷款的集合体（pool），利用贷款集合体定期发生的本金及利息的现金流入发行证券，并由政府机构或政府背景的金融机构对该证券进行担保。

③ REITs 是房地产证券化的重要手段。房地产证券化就是把流动性较低的、非证券形态的房地产投资，直接转化为资本市场上的证券资产的金融交易过程。房地产证券化包括房地产项目融资证券化和房地产抵押贷款证券化两种基本形式。

（三）融资环境持续收紧，推动房地产行业上市公司融资和运营结构多元化

从2016年的“9.30”调控政策之后，2017—2018年房地产行业经历了多轮调控，2018年为了更好地贯彻“房子是用来住的，不是用来炒的”的理念，各地政府调控政策也是频频出台，房地产行业的融资环境更是“步步紧逼”。2018年房地产行业融资环境现状整体上呈现以下几大特点。

1. 融资规模小幅下降，融资结构多元化。根据CRIC数据统计整理，2018年85家典型房企融资总额为11920亿元，同比下降11.09%。整体来看，融资环境趋于紧张，融资规模有所下降。主要原因如下：第一，国家对于房地产企业的融资管控力度不断加大，尤其是下半年以来，融资环境更加紧张。例如，5月11日，发改委和财政部联合发布政策限制境外发债的使用用途。下半年房企境外发债规模开始逐月下降，但是年末融资环境有所回暖，导致整体融资规模并未出现断崖式下跌；第二，创新融资渠道和融资方式。为了更好地缓解资金紧张的局面，各个房地产企业不断寻求新的融资渠道和融资方式，利用境外渠道、股权方式和资产证券化等多种渠道或方式融取资金，以提高自身的现金保有量。

整体来看融资规模变化不大，但结构和方式趋于多元化发展。根据《2018中国房地产百强企业研究报告》数据显示，2018年房企境内债权融资总额约为6900亿元，相比2017年全年减少了约955亿元。从占比情况来看，境内融资的融资总量占比57.9%，相比2017年的占比下降0.7%。

2. 现金持有量稳步上涨，但上涨速度有所放缓。在房地产行业整体转型升级的背景下，房地产上市公司把握机遇，一方面通过创新销售和降价促销等方式，加速去库存，提高存货周转率和现金流量，例如，万科企业和碧桂园在2018年为了更好地提升销量，开始采用降价促销，万科更是打出“活下去”的口号以示决心；另一方面优化产业结构和产品结构，创新发展模式，淘汰“落后产能和产品”，逐步过渡到轻资产高周转的运营模式，拓宽盈利方式，提升现金流量，改善融资环境，降低企业运营风险。从货币资金角度来看，以万科、绿地控股和保利地产为例：万科2018年末金额为1884.17亿元，同比仅增长了8.21%，2017年末金额为1741.21亿元，同比增长约100%；绿地控股2018年末金额为810.20亿元，同比增长了7.49%，2017年末金额为753.76亿元，同比增长20.25%；保利地产2018年末金额为1134.41亿元，2017年末金额为678.01亿元，2018年同比增长67%，相对于2017年增速有所下降。

整体来看，全年房地产上市公司的债务风险有所控制，但仍然存在一定的隐患，尤其是中小房企仍需进一步改善经营策略，拓宽融资渠道，创新融资方式，改善经营环境。

（四）主要原材料价格和劳动力成本持续上涨，继续推高房地产营运成本

房地产项目施工涉及多种原材料，如沙、土、石料、砖、水泥、钢筋等。一方面，受输入性通货膨胀和国内成本性通胀的影响，建筑类原材料价格2018年仍然持续上涨；另一方面，由于国家对于政策性保障房的投入力度不断加大，由此提升了对于房地产原材料的需求，进而推高建筑行业所需的成本。以水泥和钢筋两种原材料为例来看：

2018 年房地产行业之十大事件

✧ 2018 年 1 月 4 日，《上海市城市总体规划（2017—2035 年）》正式公布，主动融入长三角区域协同发展，构建上海大都市圈，打造具有全球影响力的世界级城市群。

✧ 2018 年 1 月 20 日，上海地产在上海发布首个国企租赁住房业务品牌——城方，并与临港集团、建设银行、申寿润投资、中信证券、中国通服、阿里云等 20 多家企业组成租赁住房建设运营生态合作联盟。

✧ 2018 年 3 月 21 日，龙湖发行第一期 30 亿元人民币的五年期住房租赁专项公募债券，债券票面利率 5.6%，这标志着全国首单住房租赁专项债券的成功发行。

✧ 2018 年 6 月 26 日，住建部等七部委联合印发了《关于在部分城市先行开展打击侵害群众利益违法违规行为治理房地产市场乱象专项行动的通知》，决定于 2018 年 7 月初至 12 月底，在北京、上海、厦门等 30 个城市先行开展治理房地产市场乱象专项行动。

✧ 2018 年 6 月下旬，市场上出现了“国家开发银行收紧棚改融资政策”的传闻。7 月份，住建部称，因地制宜推进棚改货币化安置，商品住房库存不足、房价上涨压力较大的地方，应有针对性地及时调整棚改安置政策，更多采取新建安置房的方式；商品住房库存量较大的地方，可以继续推进棚改货币化安置，减少棚改货币化一刀切的情况。

✧ 2018 年 9 月 30 日，一张满场打出鲜红宣传标语“活下去”的万科秋季例会现场照片被各大媒体广泛传播，万科董事会主席郁亮在会上进行了战略检讨，认为房地产行业转折已经到来，“收敛”和“聚焦”是应对转折点和不确定情况的最好办法，房地产行业的转型升级的速度逐步加快。

✧ 2018 年地王减少，土地流拍增加，截至 2018 年 10 月，全国土地流拍数量达到 758 宗，其中 7 月、9 月和 10 月是流拍最严重的月份，流拍土地均超过 100 宗，其中 10 月更是达到峰值，158 宗土地流拍。

✧ 2018 年 10 月，北京住建委联合多部门集中约谈北京几家大型住房经租企业，提出“三不得”：不得利用银行贷款等融资渠道获取的资金恶性竞争抢占房源；不得以高于市场水平的租金或哄抬租金抢占房源；不得通过提高租金诱导房东提前解除租赁合同等方式抢占房源。

✧ 2018 年 10 月 18 日，中弘股份股价收于 0.74 元。根据交易所相关规则，股票连续 20 个交易日收盘价均低于 1 元股票面值，交易所有权终止公司股票上市交易。

✧ 根据国家统计局数据，2018 年末，商品房待售面积 52414 万平方米，比 11 月末减少 214 万平方米，比上年末减少 6510 万平方米。其中，住宅待售面积比 11 月末减少 393 万平方米，办公楼待售面积增加 93 万平方米，商业营业用房待售面积减少 166 万平方米。

资料来源：国家统计局，克而瑞地产研究，戴德梁行，前瞻产业研究院

第一，从图 17–2 中可以看出 2018 年 1—8 月水泥市场整体平稳，受多重因素影响，9 月份价格扶摇直上，全年平均价格达到 431 元 / 吨，高出 2011 年 20 元 / 吨，且延续了 2017 年的涨势，整体来看，2018 年全年水泥价格涨幅较大，增速较快。

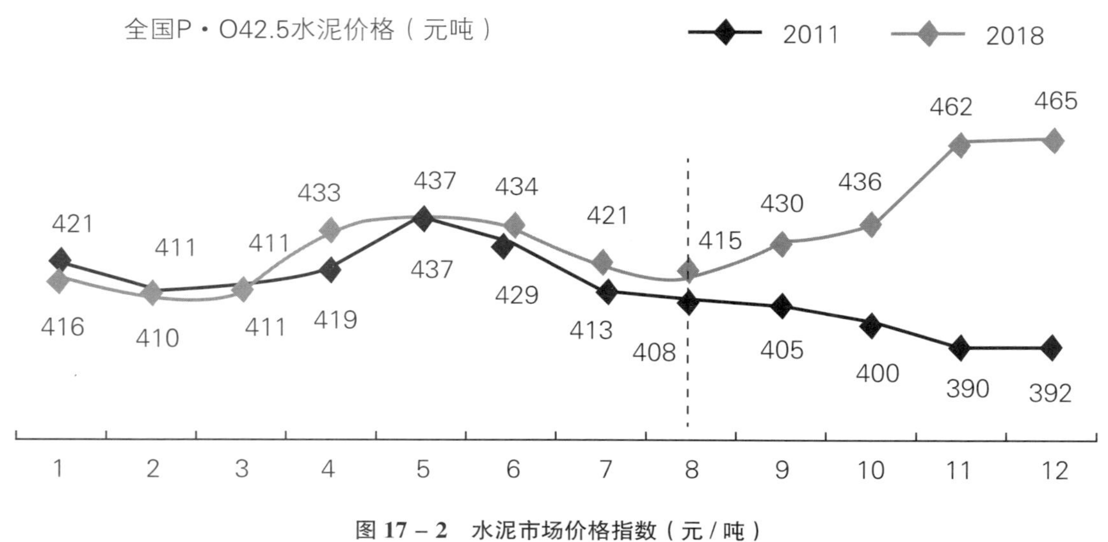

图 17 – 2 水泥市场价格指数（元 / 吨）

数据来源：水泥地理。

第二，2018 年钢铁市场上半年市场仍然逐步上涨，虽然下半年有所回落，但是仍然维持在高位。其中以螺纹钢为代表的黑色产业链表现较为活跃。由图 17–3 可以明显看出钢铁市场在 2018 年前八个月钢铁市场呈现“牛市”状态，在下半年有所回落。

除此之外，劳动力资源作为房地产经营必不可少的生产要素之一，其成本的上升也必不可少地导致房地产营运成本上涨。根据国家统计局公布数据显示，2018 年全年全国居民人均可支配工资性收入（累计值）为 28228 元，同比上涨了 8.7%。

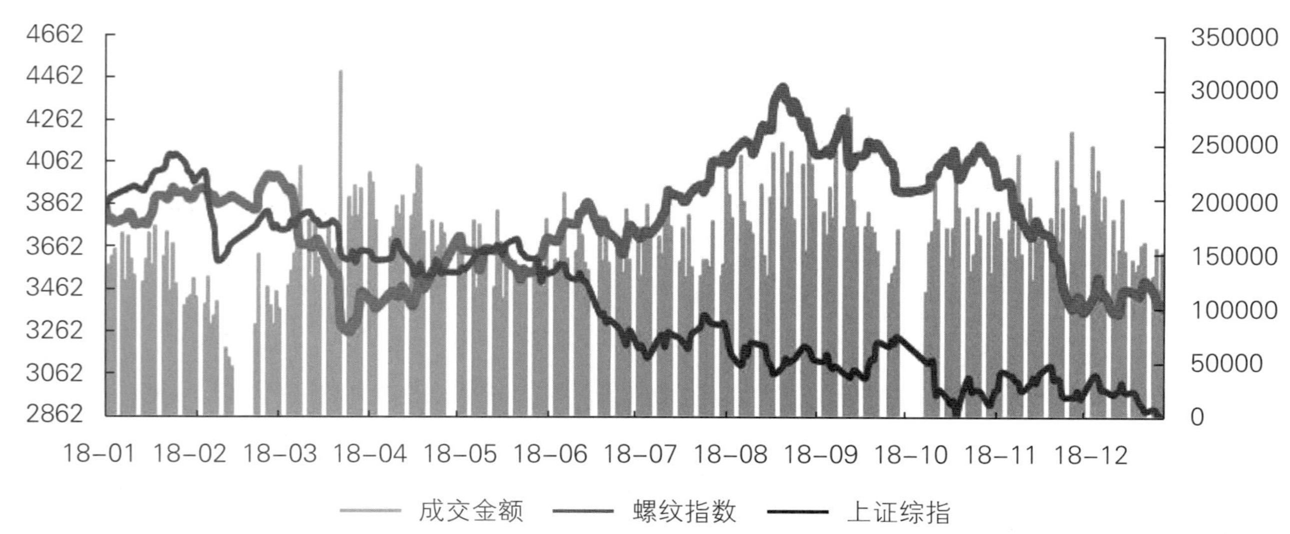

图 17–3 Wind 螺纹钢指数

数据来源：Wind 资讯。

三、2019年房地产行业发展趋势分析

从整体来看，2019年中国的房地产行业将迎来结构转型的关键期，在延续2018年调控政策的基础上，预计2019年中央将继续有针对性地对房地产行业进行进一步调控。在继续落实去库存任务的前提下，完善和健全租购并举的住房制度，发展和培育健康的长期租赁住房市场，形成以市场为主满足多层次需求，以政府为主提供基本保障的体系。除此之外，积极应对国际上的保护主义尤其是美国推行的制造业回归政策和要求贸易“平等自由”的态度，推动整体经济的转型平稳过渡，改变房地产行业占据经济支柱地位的现状。

（一）中国经济处于改革和平稳发展阶段，房地产投资将趋于更加谨慎和理性

在深化改革、结构化调整的攻坚阶段和落地年的背景下，我国的经济已经步入改革转型的关键期，为了更好地实现转型升级和产业结构的优化调整，转变过去主要依赖房地产行业发展的情况，我国将对房地产行业进行更加合理的调控。2019年，坚持更好地贯彻“房子是用来住的，而不是用来炒的”的理念，推动建立房地产健康发展的长效机制，预计中央将继续有针对性地对房地产行业进行新一轮的结构性调整。在2019年的政府工作报告中，我国的GDP增速目标定在了6%—6.5%，2019年的中国经济将继续维持新常态，经济的转型升级和改革将摆在第一位，并处于攻坚阶段。这一方面佐证了经济的新常态将继续存在，另一方面说明房地产行业的调控仍将继续。2019年，从趋势来看，经济结构转型升级依然会导致部分资金从房地产行业流向其他领域；进一步的调控政策也将会使得房地产行业发展步入稳定的状态。2019年房地产开发投资将更加谨慎。

（二）行业结构转型升级仍将逐步推进，多元化和结构化发展成为关键词

经济的新常态发展和结构化调整已然进入了新的阶段，房地产的调控政策还将继续压顶，行业升级、企业整合和洗牌的速度将继续加快。2019年房地产行业将进一步推进结构升级转型，多元化和结构化的发展将成为行业发展的关键词。

第一，多元化发展势在必行。首先继续推进产业多元化：从2018年开始，为了更好地减少政策调控带来的负面影响，各大房地产行业上市公司，开始逐步转型过渡，从以房地产产业为主的运营结构向多元化产业的方向辐射发展，例如，碧桂园成立博智林机器人公司，已吸引超过200名博士加盟，并与清华等高校及一些国际顶尖机构建立了联合研发等合作，进军高科技产业领域。其次，产业板块布局多元化：从过去的以开发住宅为主的运营方式向商业地产、养老地产等特色地产板块延伸和拓展。随着老龄化问题的逐步显现，养老问题也逐步凸显，部分房地产上市公司抓住这一细化“产品”领域，积极布局养老地产板块，通过发展养老地产，提供完善的养老服务，以获取稳定的现金流。除此之外，特色小镇、高端地产板块也成为未来房地产行业上市公司角逐的市场点之一。

第二，房地产行业结构化发展如火如荼。首先，城市布局结构更加优化。随着一二线城市调控政策的加码，各大房地产企业开始向三四线城市下沉转移，在一二线城市更多布局于高端地产和服务型地产板块。除此之外，一二线城市租赁地产板块尤其是长租公寓的

布局也将不断加大。相反三四线城市更多以刚需等普通住宅类型为主，满足刚需需求和棚改货币化的需求成为主要的布局方向。其次，融资布局趋于多元化和结构化。1. 企业融资成本在 2018 年逐步上升。根据克而瑞数据整理来看，2018 年房企新增融资成本 6.4%，同比 2017 年增加了 0.17 个百分点。其中，境内债券的平均成本为 5.75%，较 2017 年微涨；境外债券的平均成本为 7.08%，较 2017 年全年上涨 0.32 个百分点。因此为了更好降低融资成本，房地产上市公司一方面寻求香港上市和海外融资，另一方面寻找其他融资渠道和融资方式，例如，发行证券化产品，降低企业的融资成本。2. 2018 年整体融资环境趋于紧张，单一的融资渠道或方式已经难以满足房地产企业的资金需求，结构化证券和境内外多管齐下的融资方式成为房地产企业未来融资的主要方向。

（三）稳定的宏观调控政策推动房地产行业继续进行结构转型升级

1. 积极的财政政策对行业的影响

2019 年，在稳定发展的前提下，将继续完善和创新宏观调控政策，确保经济运行在合理的区间范围之内。更大规模的减税降费政策将在 2019 年陆续推出。根据《关于深化增值税改革有关政策的公告》公告称：4 月 1 日起，增值税一般纳税人发生增值税应税销售行为或者进口货物，原适用 16% 税率的，税率调整为 13%，原适用 10% 税率的，税率调整为 9%，这一举措更好地降低了企业的税赋。除此之外，在稳定现行的征缴养老保险的方式前提下，下调城镇职工基本养老保险单位缴费比例，各地可降至 16%，进一步降低企业负担，提升企业的竞争力和发展活力。

2. 松紧适度的稳健型货币政策对行业的影响

一方面，国家着力缓解企业融资难融资贵的问题，通过改善货币的投放机制和扩大投放渠道，改善中小企业的融资难问题；另一方面，通过出台相关的货币政策，为租赁产业发展提供相关的支持。例如，推动房地产信托基金的进一步发展，以拓宽租赁行业的融资渠道。借此房地产企业可以以 REIRs 基金的形式，融取资金，降低融资成本，提升自身发展的现金流量，更重要的是可以通过房地产信托基金，为企业实现多元化经营和结构化升级转型提供源源不断的“血液”支撑。

总而言之，2018 年全年在调控政策不断加码的前提下，房地产市场进入了结构调整期。事实上，在有限的市场容量内，企业之间的激烈竞争才刚刚开始。一方面通过行业内快速整合兼并，可以提升企业的竞争力，形成强强联合；另一方面，扩大产业布局，优化企业战略方向，发展租赁市场和房地产服务业市场，实现企业的多元化发展，推动企业转型升级。总体上而言，无论是企业间的整合，还是战略调整的多元化，都为未来企业的结构转型奠定了良好的基础。

2019 年，房地产市场调控逐步趋稳，有效供给尤其是政府对于市场的投入力度将逐步释放，供求矛盾将得到进一步的缓解。另外，在租赁证券化的助力下，租赁市场将得到更加长足的发展。

附录　2018 年房地产行业上市公司业绩评价结果排序表

行业排名	全部上市公司排名	股票代码	单位名称	评价等级	综合得分	每股收益（元）	净资产收益率	总资产报酬率（%）	总资产周转率（次）	流动资产周转率（次）	资产负债率（%）	已获利息倍数	营业收入增长率（%）	资本扩张率（%）	市场投资回报率（%）	股价波动率（%）	年末资产总额（万元）	营业收入（万元）	净利润（万元）
1	5	600675	中华企业	AAA	92.30	0.55	31.36	12.87	0.46	0.57	72.39	7.44	151.81	206.38	-11.85	/1.38	5663072.98	1928584.78	325165.26
2	24	000029	深深房 A	AAA	85.80	0.5	16.95	15.84	0.50	0.62	31.40	243.32	61.61	18.54	—	—	466589.15	217518.72	49997.16
3	50	002146	荣盛发展	AA	82.20	1.74	25.18	5.64	0.27	0.29	84.04	13.39	45.64	23.76	-21.23	109.15	22776238.55	5636761.70	827693.90
4	81	600724	宁波富达	AA	80.90	0.52	33.87	11.98	0.47	0.60	62.99	6.98	24.20	16.75	-18.06	42.99	787240.75	516325.94	91609.11
5	100	600606	绿地控股	A	79.50	0.93	15.84	2.95	0.37	0.41	89.49	7.89	20.07	16.56	-27.84	85.14	103654545.63	34842645.75	1602330.85
6	126	600641	万业企业	A	78.80	1.21	16.14	15.51	0.32	0.36	22.85	—	27.81	5.26	-31.79	86.48	801127.57	267929.37	97252.49
7	150	001979	招商蛇口	A	78.00	1.89	19.30	7.99	0.23	0.28	74.28	8.38	16.99	17.33	-17.05	86.29	42322144.69	8827785.47	1946078.06
8	173	600048	保利地产	A	77.20	1.59	15.17	5.22	0.25	0.28	77.97	8.91	32.95	17.86	-20.59	85.30	84649392.32	19451384.25	2614913.66
9	191	000002	万科 A	A	76.90	3.06	23.34	6.06	0.22	0.26	84.59	5.77	22.55	26.22	-28.79	118.20	152857935.65	29767933.11	4927229.45
10	211	601155	新城控股	A	76.30	4.69	31.74	9.78	0.21	0.27	84.57	2.69	33.58	96.13	-20.82	114.74	33031841.74	5413331.10	1220881.06
11	226	000011	深物业 A	A	75.80	0.99	18.92	13.87	0.50	0.60	42.59	—	-4.04	14.32	-47.43	144.96	582020.21	278724.06	59266.18
12	238	000620	新华联	A	75.40	0.63	13.75	5.15	0.27	0.40	81.38	3.36	88.15	21.82	-36.86	101.62	5360193.81	1400100.49	124965.72
13	242	600007	中国国贸	A	75.30	0.77	11.58	10.44	0.28	2.77	37.60	7.82	14.61	7.00	-23.97	43.82	1109272.78	317076.82	77547.47
14	247	600173	卧龙地产	A	75.20	0.8	30.91	13.68	0.48	0.57	62.06	347.21	81.62	13.60	-37.91	110.46	611362.39	283010.74	67410.50
15	263	000736	中交地产	BBB	75.00	1.82	28.90	7.11	0.25	0.26	89.48	2.47	54.44	13.06	-30.09	102.91	4022978.55	894756.79	115209.18
16	281	000036	华联控股	BBB	74.60	0.85	19.60	14.76	0.34	0.44	50.06	66.35	-16.04	7.03	-39.92	164.59	1089304.07	333457.23	103113.77
17	287	600823	世茂股份	BBB	74.50	0.64	11.90	6.92	0.21	0.32	58.65	24.03	10.75	29.36	-31.70	93.39	10832024.73	2067423.29	472620.09
18	306	000537	广宇发展	BBB	74.00	1.34	24.60	6.43	0.36	0.41	85.93	3.55	25.02	10.62	-45.69	173.43	7595438.82	2705698.46	250237.59
19	317	000656	金科股份	BBB	73.80	0.72	13.37	2.97	0.21	0.23	83.63	10.59	18.63	68.85	28.24	63.67	23069866.54	4123367.64	402050.40
20	331	600383	金地集团	BBB	73.60	1.79	19.46	7.72	0.21	0.25	76.12	5.14	34.77	14.70	-30.86	124.44	27835503.27	5031181.75	1210466.02
21	402	600736	苏州高新	BBB	72.50	0.41	9.37	5.58	0.23	0.30	63.68	7.94	16.64	41.97	-14.90	58.97	3706716.30	728150.37	107472.54
22	421	600565	迪马股份	BBB	72.10	0.43	10.94	4.16	0.27	0.31	80.44	7.81	38.87	48.25	-39.54	114.93	5886204.36	1324560.19	105406.01

续表

行业排名	全部上市公司排名	股票代码	单位名称	评价等级	综合得分	每股收益（元）	净资产收益率	总资产报酬率（%）	总资产周转率（次）	流动资产周转率（次）	资产负债率（%）	已获利息倍数	营业收入增长率（%）	资本扩张率（%）	市场投资回报率（%）	股价波动率（%）	年末资产总额（万元）	营业收入（万元）	净利润（万元）
23	423	600663	陆家嘴	BBB	72.10	1	19.10	8.76	0.16	0.35	70.82	4.59	35.54	12.80	-35.17	90.98	7811264.72	1263876.96	410508.30
24	442	600657	信达地产	BBB	71.80	1.04	16.22	8.44	0.22	0.24	79.43	1.85	23.25	107.36	-33.28	121.31	10148347.22	1875406.67	250931.46
25	454	000671	阳光城	BBB	71.60	0.66	10.91	6.39	0.24	0.26	84.42	1.72	70.28	34.22	-39.34	132.23	26339662.64	5647009.07	390636.40
26	536	600466	蓝光发展	BBB	70.30	0.62	10.82	3.20	0.25	0.28	82.04	6.98	25.53	42.25	-25.48	123.29	15088067.96	3082054.09	249604.92
27	560	600683	京投发展	BB	69.90	0.48	20.52	5.50	0.27	0.32	85.52	4.49	28.27	8.56	-29.84	96.98	3186758.26	797490.85	90981.81
28	607	002016	世荣兆业	BB	69.20	0.98	31.01	14.94	0.33	0.36	63.30	168.66	-24.21	8.20	-17.97	145.91	731603.06	235347.87	80122.97
29	623	600696	ST 岩石	BB	69.00	0.06	6.61	4.17	1.79	2.55	23.92	—	528.68	7.03	-28.04	156.54	41441.03	110074.52	2014.42
30	665	600177	雅戈尔	BB	68.40	1.03	13.93	7.91	0.14	0.30	62.46	4.37	-2.07	16.18	-21.08	60.39	7561200.36	963547.93	367849.13
31	696	000043	中航善达	BB	68.10	1.28	17.38	9.53	0.41	0.82	63.09	4.88	12.93	6.24	-25.00	96.27	1323564.61	665564.65	82398.19
32	704	000961	中南建设	BB	68.00	0.59	12.78	3.90	0.20	0.21	91.69	1.62	31.28	18.05	-19.35	79.00	23569408.70	4011012.59	231255.09
33	707	600665	天地源	BB	67.90	0.49	12.34	2.98	0.24	0.25	84.26	11.11	33.18	11.17	-22.04	59.82	2172902.10	526705.19	40074.54
34	752	002244	滨江集团	BB	67.20	0.39	17.67	6.83	0.29	0.32	77.94	6.24	53.30	18.06	-50.88	195.19	8755225.67	2111547.45	315221.48
35	787	600246	万通地产	BB	66.80	0.16	5.79	5.92	0.28	0.44	41.10	3.72	10.62	6.70	-22.84	61.30	1303947.16	364476.93	43087.63
36	817	002133	广宇集团	BB	66.50	0.43	17.94	9.21	0.32	0.35	69.33	12.76	-8.74	6.48	-29.86	73.73	1155708.56	316183.91	61649.70
37	858	000631	顺发恒业	BB	65.80	0.42	17.55	11.53	0.21	0.24	48.71	10.02	-59.36	5.98	-28.23	80.76	1263042.88	271571.76	110480.69
38	913	600622	光大嘉宝	BB	65.20	0.76	16.46	9.89	0.25	0.39	67.54	6.64	54.30	34.35	-58.86	211.21	2509946.07	475768.90	116962.91
39	920	600639	浦东金桥	BB	65.10	0.87	10.67	6.68	0.14	0.56	55.42	18.31	64.98	-1.14	-34.26	103.66	2034694.21	276145.84	97386.79
40	921	600708	光明地产	BB	65.10	0.63	11.43	4.59	0.32	0.33	82.38	4.37	-1.53	20.60	-37.27	120.96	7442571.96	2049377.01	137140.03
41	934	600732	ST 新梅	B	64.90	0.04	4.05	5.46	0.28	0.64	17.05	186.75	241.24	4.67	-41.68	133.57	58837.00	15671.76	1931.56
42	975	600077	宋都股份	B	64.40	0.31	9.33	5.02	0.22	0.25	80.72	3.34	67.03	17.98	-33.49	91.11	2404503.33	459219.77	39977.76
43	1000	600648	外高桥	B	64.10	0.73	8.44	5.18	0.25	0.50	65.60	3.97	-13.88	3.64	-27.28	78.58	3108178.69	771083.05	88656.70
44	1113	600340	华夏幸福	B	62.70	3.79	18.77	4.80	0.21	0.23	86.65	13.40	40.52	-22.97	-24.92	135.33	40971183.41	8379859.02	1180274.60
45	1250	000573	粤宏远 A	B	61.30	0.08	2.32	2.43	0.28	0.45	50.80	3.71	61.15	-0.62	-38.75	137.75	346880.37	91167.70	3972.33

续表

行业排名	全部上市公司排名	股票代码	单位名称	评价等级	综合得分	每股收益（元）	净资产收益率	总资产报酬率（%）	总资产周转率（次）	流动资产周转率（次）	资产负债率（%）	已获利息倍数	营业收入增长率（%）	资本扩张率（%）	市场投资回报率（%）	股价波动率（%）	年末资产总额（万元）	营业收入（万元）	净利润（万元）
46	1298	600325	华发股份	B	60.80	1.08	8.56	2.32	0.15	0.16	82.34	5.72	18.99	34.57	−22.05	74.32	18220908.85	2369892.74	240179.18
47	1335	600748	上实发展	B	60.40	0.36	8.08	4.44	0.23	0.26	69.69	3.99	19.77	−1.63	−18.56	84.25	3743200.08	866375.24	92450.24
48	1357	000069	华侨城 A	B	60.10	1.29	15.84	7.13	0.19	0.24	73.77	6.41	13.70	17.85	−30.19	115.88	29416713.68	4814234.32	1129432.88
49	1374	600094	大名城	CCC	59.90	0.22	5.88	4.06	0.26	0.30	72.30	2.16	30.64	4.65	−49.16	158.16	4784262.71	1338302.14	76257.07
50	1382	601588	北辰实业	CCC	59.80	0.35	13.20	5.75	0.21	0.23	81.67	2.31	15.58	26.06	−52.51	140.85	9189439.99	1786416.28	199314.15
51	1591	000090	天健集团	CCC	57.60	0.54	10.12	4.60	0.35	0.41	72.47	5.56	51.26	32.62	−46.97	133.13	3174115.39	1020948.41	77538.03
52	1738	000797	中国武夷	CCC	55.90	0.21	7.52	4.11	0.31	0.34	63.09	584.08	16.68	5.94	−46.16	156.69	1579968.17	486755.43	42647.38
53	1753	000732	泰禾集团	CCC	55.80	2.05	13.72	2.61	0.14	0.16	86.88	7.40	27.35	26.95	−48.79	214.95	24313640.78	3098492.03	391102.47
54	1760	002285	世联行	CCC	55.70	0.2	8.56	6.76	0.56	0.70	59.02	5.72	−8.26	4.40	−57.63	204.01	1322023.47	753363.84	45368.25
55	1802	600376	首开股份	CCC	55.30	1.07	7.94	4.62	0.15	0.17	81.58	1.90	8.34	14.98	−24.38	89.20	29141070.03	3973600.57	398391.12
56	1839	000838	财信发展	CC	54.90	0.1	2.68	1.68	0.29	0.31	84.15	11.14	69.00	5.20	−51.88	164.42	1247489.71	304786.59	5168.61
57	1874	600064	南京高科	CC	54.60	0.78	10.27	5.73	0.13	0.26	61.18	7.58	−5.47	−6.31	−13.02	74.55	2596749.83	339859.72	106993.54
58	1932	600067	冠城大通	CC	54.10	0.51	10.03	6.84	0.36	0.47	62.87	6.62	17.57	8.88	−43.76	156.92	2438999.91	810853.19	87125.87
59	1943	000006	深振业 A	CC	54.00	0.65	15.27	8.82	0.19	0.24	52.82	10.89	−15.12	11.89	−45.82	167.72	1353672.82	251184.44	92312.74
60	1959	002208	合肥城建	CC	53.80	0.77	15.22	4.71	0.16	0.16	84.42	3.21	−28.36	6.89	−0.21	154.71	1281338.62	197146.91	29414.67
61	2035	000615	京汉股份	CC	53.00	0.2	4.42	2.73	0.27	0.30	75.71	2.97	3.35	6.18	−45.22	177.69	1228447.24	288855.47	12808.74
62	2062	000031	大悦城	CC	52.60	0.77	15.72	4.71	0.17	0.19	84.91	3.66	0.55	17.16	−38.46	126.82	9117193.00	1411957.51	200436.36
63	2083	600684	珠江实业	CC	52.30	0.29	6.99	3.66	0.22	0.31	75.92	4.10	−19.70	4.24	−31.86	136.57	1674661.98	340452.19	27629.50
64	2145	000926	福星股份	CC	51.40	1.17	9.89	7.09	0.22	0.29	74.56	1.95	−7.92	1.55	−42.44	148.28	4747906.22	1073522.83	118573.26
65	2159	000517	荣安地产	CC	51.30	0.19	12.17	4.68	0.21	0.23	80.39	5.13	−6.95	12.53	−38.99	185.64	2431586.16	396776.89	54814.84
66	2181	002314	南山控股	CC	51.10	0.19	8.61	7.08	0.29	0.43	65.75	3.36	6.82	60.92	−55.05	213.68	3152366.88	705167.86	75364.69
67	2198	600215	长春经开	CC	50.90	0.21	3.94	3.75	0.19	0.26	11.86	—	41.16	3.90	−37.77	126.45	286646.79	58894.35	9770.97
68	2221	600716	凤凰股份	CC	50.60	0.6	18.83	12.03	0.11	0.14	49.63	296.56	−22.05	51.91	−43.28	126.01	1015011.37	104696.84	79821.85

续表

行业排名	全部上市公司排名	股票代码	单位名称	评价等级	综合得分	每股收益（元）	净资产收益率	总资产报酬率（%）	总资产周转率（次）	流动资产周转率（次）	资产负债率（%）	已获利息倍数	营业收入增长率（%）	资本扩张率（%）	市场投资回报率（%）	股价波动率（%）	年末资产总额（万元）	营业收入（万元）	净利润（万元）
69	2225	600895	张江高科	CC	50.60	0.35	5.67	4.61	0.06	0.14	54.54	3.29	-8.36	3.49	0.93	121.76	1966034.06	114831.18	49798.01
70	2233	600223	鲁商置业	CC	50.60	0.16	8.53	1.15	0.19	0.20	94.09	7.28	16.86	10.23	-25.20	97.71	4887834.00	882131.25	23490.99
71	2242	000014	沙河股份	CC	50.50	0.72	17.66	12.44	0.21	0.23	50.44	41.12	-30.25	18.76	-23.61	115.30	191724.90	35792.93	15452.21
72	2262	600159	大龙地产	CC	50.30	0.11	3.94	3.61	0.24	0.26	41.37	13.14	41.00	3.27	-39.14	124.97	399903.25	88235.59	9091.46
73	2268	000965	天保基建	CC	50.20	0.09	1.88	3.39	0.23	0.27	46.07	3.97	24.03	1.90	-29.77	80.11	967629.59	228967.43	9702.40
74	2292	600649	城投控股	C	49.90	0.41	5.80	5.31	0.19	0.25	45.53	4.75	114.69	-1.72	-38.75	122.85	3672219.16	690260.73	117006.82
75	2302	600848	上海临港	C	49.80	0.39	5.51	5.31	0.13	0.20	48.13	4.39	-6.90	7.64	-15.20	64.93	1551452.04	192942.16	42767.86
76	2335	000809	铁岭新城	C	49.30	0.12	3.07	3.47	0.26	0.32	44.85	2.74	1847.26	3.11	-39.77	116.58	580572.46	155243.09	9665.77
77	2336	000616	海航投资	C	49.30	0.24	7.57	6.21	0.03	0.05	27.46	2.98	179.09	10.22	-33.43	94.82	661327.86	26990.27	34612.35
78	2340	600658	电子城	C	49.20	0.37	5.93	5.97	0.18	0.21	50.81	5.23	4.71	5.84	-21.07	107.52	1398221.08	223444.38	39664.43
79	2357	000718	苏宁环球	C	49.00	0.34	10.91	7.55	0.17	0.19	52.95	18.58	-43.76	-1.87	-34.11	101.23	1888760.44	324379.43	97881.44
80	2387	000042	中洲控股	C	48.60	0.67	5.70	5.50	0.18	0.20	83.35	1.61	-8.23	11.37	-37.00	87.50	4605068.87	794211.24	41494.91
81	2418	000402	金融街	C	48.00	1.09	11.39	7.20	0.16	0.24	74.96	2.29	-13.35	10.36	-43.43	135.92	14852683.91	2211335.43	403748.74
82	2545	600095	哈高科	C	46.00	0.04	2.32	4.04	0.29	0.62	22.61	3.86	34.52	1.49	-42.31	135.32	100155.97	29940.46	1787.46
83	2577	000909	数源科技	C	45.40	0.12	5.12	5.02	0.43	0.55	61.32	2.20	-42.29	0.12	-38.92	115.29	324141.22	153740.37	6418.14
84	2635	600052	浙江广厦	C	44.50	0.14	4.95	2.27	0.13	0.18	64.92	7.02	-1.59	6.14	-28.18	70.40	698784.94	80855.60	11781.65
85	2652	600638	新黄浦	C	44.00	0.85	12.93	8.28	0.09	0.13	62.49	6.65	-40.01	8.98	-32.62	115.73	1257960.20	106632.84	58479.88
86	2662	000540	中天金融	C	43.80	0.21	7.47	3.76	0.13	0.25	80.67	1.70	-10.51	3.34	—	—	10195538.15	1413269.44	144843.54
87	2670	600266	北京城建	C	43.60	0.7	5.62	1.94	0.13	0.15	76.39	9.63	-4.72	17.09	-41.52	125.05	10994994.62	1338052.06	135260.89
88	2680	600533	栖霞建设	C	43.40	0.21	5.82	3.03	0.15	0.18	77.50	2.92	36.94	-4.66	-42.13	132.54	1630621.87	233052.94	21878.68
89	2703	600463	空港股份	C	42.90	0.05	0.66	2.33	0.44	0.75	49.76	2.38	-21.16	-0.53	-39.79	168.37	290867.37	126560.82	971.92
90	2711	000667	美好置业	C	42.70	0.1	1.95	2.56	0.12	0.15	66.26	4.83	-43.21	3.87	-25.33	102.17	2309839.64	252043.48	14909.31
91	2715	600162	香江控股	C	42.70	0.15	6.02	5.18	0.21	0.27	75.17	2.60	-4.14	-33.08	-31.59	108.74	2178730.30	413538.80	40651.78

续表

行业排名	全部上市公司排名	股票代码	单位名称	评价等级	综合得分	每股收益（元）	净资产收益率	总资产报酬率（%）	总资产周转率（次）	流动资产周转率（次）	资产负债率（%）	已获利息倍数	营业收入增长率（%）	资本扩张率（%）	市场投资回报率（%）	股价波动率（%）	年末资产总额（万元）	营业收入（万元）	净利润（万元）
92	2742	600604	市北高新	C	42.10	0.13	4.00	3.75	0.03	0.06	55.10	3.54	-76.82	19.71	2.98	187.87	1633069.41	50785.62	26917.13
93	2745	600185	格力地产	C	42.10	0.25	6.38	2.58	0.11	0.13	72.34	12.49	-1.65	4.80	-29.47	104.77	2966876.09	307849.94	51181.78
94	2761	600208	新湖中宝	C	41.70	0.29	8.01	4.21	0.13	0.20	75.42	2.73	-1.56	4.52	-45.65	133.30	13987114.41	1722711.47	269335.93
95	2807	600515	海航基础	C	40.30	0.48	4.65	5.23	0.13	0.21	60.86	2.78	4.48	-13.20	-60.57	218.59	9394511.73	1165635.70	184067.97
96	2809	000502	绿景控股	C	40.30	0.42	41.60	16.33	0.04	0.07	47.25	—	-21.06	49.24	-32.99	117.23	41649.41	1741.43	7631.17
97	2812	000668	荣丰控股	C	40.20	0.06	1.33	1.46	0.10	0.11	66.00	1.79	-7.97	37.59	-36.52	124.45	281928.05	24846.67	1101.26
98	2819	600692	亚通股份	C	40.00	0.12	6.47	4.96	0.36	0.48	57.21	4.45	-39.54	6.69	-33.18	127.64	193034.57	73393.89	5174.96
99	2823	002305	南国置业	C	39.90	0.05	2.22	1.32	0.17	0.18	78.63	3.84	27.31	2.88	-38.76	151.88	2396479.20	403094.38	11220.78
100	2844	600743	华远地产	C	39.20	0.32	9.01	2.62	0.16	0.18	82.74	25.17	-31.02	10.72	-37.57	132.53	4966545.04	683135.58	73496.38
101	2871	000534	万泽股份	C	38.10	0.12	2.76	3.47	0.10	0.17	40.95	6.30	1.29	-0.60	-24.30	65.27	260195.17	25844.30	4257.71
102	2904	000558	莱茵体育	C	37.20	-0.05	-3.97	0.91	0.26	0.79	50.96	0.62	-46.95	-2.50	-43.93	141.58	275301.66	70247.41	-5424.96
103	2909	000056	皇庭国际	C	36.90	0.08	2.05	3.33	0.07	0.29	56.19	1.48	35.15	0.34	-64.22	185.58	1325484.63	94911.12	11866.23
104	2945	000803	金宇车城	C	35.80	0.06	3.98	6.43	0.38	0.74	86.89	3.49	64.20	14.88	-46.39	167.13	131602.88	49124.47	641.96
105	2959	600773	西藏城投	C	34.90	0.13	3.00	1.70	0.10	0.12	72.18	2.20	21.98	2.77	-49.76	145.11	1186989.38	117695.57	9769.88
106	2971	600225	天津松江	C	34.40	-0.41	-21.71	1.78	0.22	0.31	89.10	0.37	116.37	-19.83	-32.87	134.26	1392308.06	319315.89	-37024.75
107	2974	600791	京能置业	C	34.10	0.11	1.26	1.48	0.16	0.17	53.82	3.02	36.66	9.48	-50.72	178.93	676502.74	101558.21	3753.71
108	2981	000608	阳光股份	C	33.80	0.02	2.29	4.56	0.04	0.18	43.31	1.95	-45.95	1.44	-26.86	137.90	658327.10	28884.90	8473.20
109	2990	000514	渝开发	C	33.10	0.03	1.26	1.72	0.08	0.11	47.28	1.63	-48.12	0.22	-47.45	166.35	657079.48	54003.95	4350.12
110	2998	000046	泛海控股	C	32.80	0.18	3.69	1.81	0.03	0.03	86.60	1.59	-40.28	3.40	-38.83	120.12	21209666.82	500730.38	103309.76
111	3002	600322	天房发展	C	32.60	0.12	2.76	0.98	0.10	0.11	83.38	4.22	-46.43	2.00	-50.36	134.65	3166298.59	340141.35	14403.63
112	3104	600503	华丽家族	C	27.10	0.01	-0.07	1.48	0.06	0.12	46.78	1.43	-81.66	4.58	-55.39	169.49	726601.04	38688.54	-272.42
113	3105	600393	粤泰股份	C	27.10	0.11	3.77	3.01	0.17	0.18	67.66	2.00	-41.52	-0.98	-67.97	292.26	1988095.61	327550.41	24376.87
114	3114	000691	亚太实业	C	26.70	0.03	11.52	5.87	0.17	0.20	50.25	5.32	-18.26	12.23	-43.18	182.26	19847.46	3772.15	1075.99

续表

行业排名	全部上市公司排名	股票代码	单位名称	评价等级	综合得分	每股收益（元）	净资产收益率	总资产报酬率（%）	总资产周转率（次）	流动资产周转率（次）	资产负债率（%）	已获利息倍数	营业收入增长率（%）	资本扩张率（%）	市场投资回报率（%）	股价波动率（%）	年末资产总额（万元）	营业收入（万元）	净利润（万元）
115	3143	000506	中润资源	C	25.10	0.05	2.72	3.39	0.20	0.34	55.99	1.49	-35.45	3.35	-65.23	215.82	253276.07	49646.02	2985.46
116	3175	600239	云南城投	C	23.50	0.28	5.10	3.01	0.12	0.17	89.37	1.36	-33.69	2.35	-44.23	126.70	8486811.30	954298.32	45464.56
117	3184	002147	ST 新光	C	23.10	-0.12	-2.62	0.26	0.14	0.23	45.96	0.14	7.77	-2.88	-77.11	195.06	1492918.05	216425.62	-21488.31
118	3207	600807	ST 天业	C	21.90	0.04	2.77	13.46	0.16	0.22	82.91	1.06	-25.61	-1.35	-62.23	447.65	726191.73	142214.90	3466.23
119	3210	600647	同达创业	C	21.90	-0.4	-18.15	-7.91	0.04	0.06	37.46	—	-13.89	-18.40	-34.76	102.87	47392.57	2039.67	-5987.50
120	3215	600240	华业资本	C	21.40	-4.52	-184.89	-32.55	0.30	0.90	98.39	-8.37	26.54	-97.12	-71.44	224.33	1214016.28	488677.94	-646745.49
121	3234	600890	中房股份	C	20.50	-0.07	-15.31	-13.94	0.04	0.06	9.13	—	-84.03	-14.23	-28.21	98.78	27890.95	1222.54	-4202.25
122	3236	000918	嘉凯城	C	20.40	-0.87	-36.17	-4.24	0.08	0.10	81.32	-1.39	34.59	-37.40	6.58	125.47	1885272.11	169415.86	-165460.94
123	3307	000981	银亿股份	C	15.50	-0.14	-2.82	1.03	0.22	0.40	59.04	0.54	-29.39	-18.68	-61.93	173.17	3678056.80	896975.89	-47381.47
124	3386	000609	中迪投资	C	9.00	-0.2	-3.98	-2.61	0.01	0.01	48.90	-17.51	-89.13	-3.90	-53.79	197.75	296556.15	2949.27	-6159.01
125	3387	000897	*ST 津滨	C	9.00	-0.08	-11.73	-2.13	0.02	0.02	82.67	-9.87	-84.14	-11.08	-36.00	111.01	691748.88	15477.18	-14939.02
126	3395	600568	中珠医疗	C	8.20	-0.95	-36.81	-29.20	0.09	0.13	24.25	-146.66	-41.61	-30.74	-69.06	295.63	561930.51	57286.14	-191492.45
127	3404	000679	大连友谊	C	6.30	-1.16	-34.32	-3.38	0.19	0.23	81.52	-0.86	-41.00	-30.42	-46.52	148.88	558773.53	108755.59	-43188.66
128		603506	南都物业			0.91	20.60	12.32	0.98	1.19	51.86	—	29.18	127.14	-33.02	126.88	134269.55	105862.86	9586.71

第十八章　环保行业上市公司业绩评价

2018 年环保行业营收增速持续放缓，监测、固废、水务运营板块收入保持稳健增长，水务工程、大气节能板块收入增速继续放缓。环保行业的股价指数变动与行业增长情况相悖，环保行业的股价指数变动比例为 –3.89%，变化较小。预计 2019 年环保板块业绩增速放缓，细分板块分化明显，大气治理板块增速放缓，市场饱和度高；水务工程板块受到融资环境的影响，增长幅度较小；环境监测板块业绩提升。随着融资环境的改善，以及相关环保政策的进一步趋严，预计 2019 年环保行业将在 2018 年的基础上逐步向好。

一、环保行业上市公司业绩评价结果

截至 2018 年末，环保行业包括环保工程及服务、环保设备行业 A 股上市公司共 49 家，其中盈利 40 家。

环保行业的综合评价得分值为 48.73 分，低于全部上市公司的 61.16 分。有 2 家环保行业上市公司进入 2018 年上市公司业绩评价综合得分的百强名单。在 45 家环保上市公司中，业绩为 AA 级的有 1 家；业绩为 A 级的有 2 家；业绩为 BBB 级的有 1 家；业绩为 BB 级的有 4 家；业绩为 B 级的有 5 家；业绩为 CCC 级的有 9 家；业绩为 CC 级的有 5 家；业绩为 C 级的有 21 家。

2018 年全部上市公司（不包括金融和 B 股，以下无特指同）为 3473 家，全部上市公司资产总额为 61.13 万亿元，环保行业上市公司资产总额为 0.46 万亿元，占上市公司资产总额的 0.76%；全部上市公司实现营业收入为 37.87 万亿元，环保行业上市公司实现营业收入为 0.15 万亿元，占全部上市公司营业收入的 0.40%；全部上市公司实现利润总额为 2.51 万亿元，环保行业上市公司实现利润总额约为 0.01 万亿元，占全部上市公司利润总额的 0.43%；全部上市公司实现净利润 1.92 亿元，环保行业上市公司实现净利润 0.01 亿元，占全部上市公司净利润的 0.37%；环保行业上市公司的市场投资回报率低于全部上市公司市场投资回报率；环保行业上市公司的股价波动率为 154.88%，高于全部上市公司 127.11% 的股价波动率。

2018 年，环保行业排名前十的上市公司见下表。

2018 年度环保行业中联十强排行榜

名次	股票代码	股票简称	在全部上市公司中排名
1	603568	伟明环保	42
2	600323	瀚蓝环境	93
3	600803	新奥股份	175
4	300203	聚光科技	491
5	002341	新纶科技	711
6	603588	高能环境	718
7	000967	盈峰环境	753
8	603200	上海洗霸	769
9	300422	博世科	1070
10	300631	久吾高科	1093

基于对环保行业上市公司的整体评价，下面分别从财务效益状况、资产质量状况、偿债风险状况、发展能力状况、市场表现状况五个方面对环保行业上市公司进行具体分析。

资料链接：

伟明环保中标 5.2 亿垃圾焚烧发电 BOT 项目

2019 年 2 月 20 日，据永丰县城市管理综合执法局、招标代理机构江西精信工程造价咨询有限公司发来的《中标通知书》，确认伟明环保为“永丰县生活垃圾焚烧发电特许经营权 BOT 项目”的中标单位。中标总规模为 1200 吨 / 日，分两期实施，一期规模 800 吨 / 日，二期规模 400 吨 / 日。项目总投资约人民币 5.20 亿元。本项目的中标，有助于增加伟明环保在江西省的生活垃圾焚烧处理规模。本项目中标对公司 2019 年财务状况及经营成果不会产生重大影响，但项目的实施有利于促进公司未来业务发展及经营业绩提升。

资料来源：东方财富网

（一）财务效益

从综合得分来看，2018 年环保行业上市公司财务效益低于全部上市公司平均水平，也低于同行业上年水平。下表列示了 2018 年环保行业上市公司财务效益状况评价结果。

与 2017 年的情况相比较，2018 年环保行业上市公司财务效益略有下降，但是幅度不大。从表 18–1 中可以看出，在财务效益中，环保行业营业利润率及盈利现金保障倍数均低于全部上市公司整体水平。

在环保行业上市公司财务效益状况指标中，新奥股份的综合得分为 30.23 分，在环保行业排名第一。新奥股份各项业务的生产经营稳定，受益油气价格上涨，盈利提升。特别是 Santos 公司给公司带来较大的投资收益，甲醇价格上涨，新能能源和新能凤凰分别实现较高的净利润，因此新奥股份在 2018 年取得良好业绩。

表 18 – 1 环保行业财务效益状况比较表

评价指标		2018 年上市公司平均值	2018 年	2017 年	增长率（%）
			行业值	行业值	
基本指标	扣除非经常性损益净资产收益率（%）	7.16	–2.80	7.43	–137.69
	总资产报酬率（%）	5.61	3.05	6.27	–51.35
	得分	20.59	18.24	20.34	–10.33
修正指标	营业利润率（%）	6.73	6.84	6.93	–1.08
	盈利现金保障倍数	1.69	0.45	0.84	–46.48
综合得分		22.01	16.62	18.19	–8.63

（二）资产质量

从综合得分来看，环保行业上市公司资产质量低于全部上市公司平均水平，略低于同行业上年水平。

表 18–2 列示了环保行业上市公司资产质量状况评价结果。在环保行业上市公司资产质量状况指标中，总资产周转率、流动资产周转率、应收账款周转率及存货周转率均大幅低于全部上市公司平均水平。与 2017 年相比，2018 年各项周转率指标均有下降，行业的资产质量整体有所滑坡。

该项指标中，第一名为富春环保，为 14.7。富春环保主营业务为垃圾发电、热电联产，通过早年的扩张发展和积累形成了一定的垄断优势，目前日处理垃圾能力和固废处置规模全国领先，公司围绕“热电联产模式”不断完成并购，形成除富阳当地外，有衢州、常州、溧阳、南通四大基地。收购后的子公司盈利能力均有大幅度提升。

表 18－2 环保行业资产质量状况比较表

分析指标		2018 年上市公司平均值	2018 年	2017 年	增长率（%）
			行业值	行业值	
基本指标	总资产周转率（次）	0.65	0.36	0.4	–10.15
	流动资产周转率（次）	1.23	0.83	0.89	–6.79
	得分	9.43	6.28	6.81	–7.79
修正指标	应收账款周转率（次）	8.18	3.54	4.21	–15.90
	存货周转率（次）	2.78	6.03	6.08	–0.78
综合得分		9.17	6.85	7.43	–7.85

（三）偿债风险

从综合得分来看，2018 年环保行业上市公司偿债风险状况低于全部上市公司平均水平，低于同行业上年水平。

表 18–3 列示了环保行业上市公司偿债风险状况评价结果。在环保行业上市公司偿债风险状况指标中，资产负债率、获利倍数、速动比率等指标均好于全部上市公司及行业平均水平，这与其产品优势、经营状况有很大关系。

表 18－3 环保行业偿债风险状况比较表

评价指标		2018 年上市公司平均值	2018 年	2017 年	增长率（%）
			行业值	行业值	
基本指标	资产负债率（%）	60.9	54.37	49.37	10.13
	已获利息倍数	4.41	28.56	7.18	297.74
	得分	8.94	8.04	9.12	–11.86
修正指标	速动比率（%）	78.76	117.20	110.38	6.18
	现金流动负债比率（%）	12.06	8.32	8.27	0.56
	带息负债比率（%）	48.41	43.86	46.12	–4.90
综合得分		8.79	7.19	8.38	–14.17

该项指标中，第一名为伟明环保。伟明环保在垃圾焚烧行业中，公司的运营能力和成本管控能力行业领先。从垃圾处置终端向全产业链延伸，无废城市纯正标的：公司从 2015 年开始由垃圾终端处置向餐厨领域布局延伸，目前温州餐厨项目已经落地，实现了餐厨设备研发制造＋前端清运＋终端处置投资运营的全产业布局，并表现了很好的盈利能力。

2019 年 1 月，国务院印发《“无废城市”建设试点工作方案》，为固废处理提出了一个整体解决的理念与思路，认为无废城市涉及废弃物的前端分类、中端运输、终端分类处置各个环节，在部分区域拥有成熟系统解决方案的垃圾终端处置企业将是直接受益者。公司在温州市拥有成熟系统的固废全产业链解决方案，是无废城市的纯正标的，未来有望成功复制到全国其他项目。

环保行业现金流量状况略有退步。环保行业公司在宏观环境改善及利好政策不断推出的情况下，业绩水平逐步提高，但由于其扩张比例较大，因此相应偿债风险也随之有所降低。

（四）发展能力

从综合得分来看，2018 年环保行业上市公司发展能力状况低于全部上市公司的平均水平，略高于同行业上年水平。

表 18–4 列示了环保行业上市公司发展能力状况评价结果。在环保行业上市公司发展能力状况指标中，新奥股份得分 18.73 分，排名第一。2018 年，受益油气价格上涨及甲醇价格的提高，公司环保类主营业务经营态势向好，公司环保类各项细分业务经营业绩均保持了持续稳定的增长。

表 18 – 4　环保行业发展能力状况比较表

分析指标		2018 年上市公司平均值	2018 年	2017 年	增长率（%）
			行业值	行业值	
基本指标	营业收入增长率（%）	13.68	11.62	26.47	–56.12
	资本扩张率（%）	9.66	8.05	20.35	–60.43
	得分	12.2	11.09	12.08	–8.16
修正指标	累计保留盈余率（%）	40.89	23.84	31.85	–25.14
	三年营业收入平均增长率（%）	15.02	25.48	31.94	–20.22
	总资产增长率（%）	11.63	18.55	26.91	–31.07
	营业利润增长率（%）	4.93	–109.83	18.88	–681.72
综合得分		12.19	10.45	8.38	24.66

（五）市场表现

2018 年行业表现劣于大盘的表现，且整体走势较差，弱于 2017 年的市场表现。主要原因是监测、固废、水务运营板块收入增速较快，水务工程、大气及节能板块收入增速放缓。PPP 政策与金融去杠杆影响自 2018 年二季度开始显现，水务工程板块业务普遍收缩。

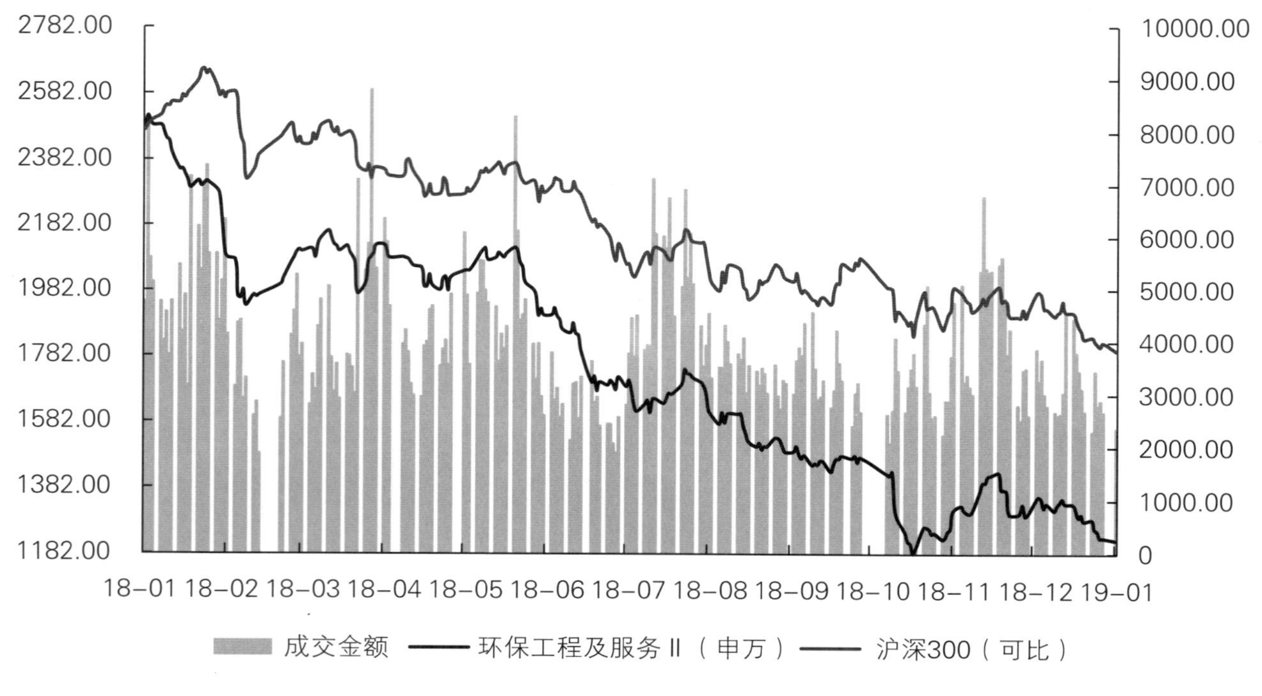

图 18－1　环保指数与大盘指数波动

数据来源：Wind。

从综合得分来看，环保行业上市公司市场表现状况劣于全部上市公司的平均水平。下表列示了环保行业上市公司市场表现状况评价结果。在环保行业上市公司市场表现状况指标中，伟明环保名列第一。公司主营业务涵盖城市生活垃圾焚烧发电行业全产业链，实现一体化运作，是国内领先的生活垃圾焚烧处理企业，在长三角等东部沿海发达地区拥有较高市场份额。公司主要通过增加生活垃圾焚烧发电运营项目规模和设备销售规模，提升营收和利润水平。

表 18－5　环保行业公司市场表现状况比较表

分析指标	2018 年上市公司平均值	2018 年	2017 年	增长率（%）
		行业值	行业值	
投资回报率（%）	-33.09	-44.23	-10.91	305.37
股价波动率（%）	127.11	154.89	81.71	89.56
得分	9.00	6.39	10.38	-38.41

二、2018 年环保行业业绩的影响因素分析

2018 年，环保行业收入增速继续放缓，盈利能力尚未好转，监测、固废、水务运营板块收入保持稳健增长，水务工程、大气节能板块收入增速继续放缓。分板块来看，2018 年年报收入增速基本一致。监测、固废、水务运营板块收入增速较快，水务工程、大气及节

能板块收入增速放缓。PPP 政策与金融去杠杆影响自 2018 年二季度开始显现，水务工程板块业务普遍收缩。

从环保行业的归母净利润看，监测板块业绩维持高增，水务工程业绩继续探底。分板块看，2018 年监测和大气业绩正向增长，水务运营和水务工程分别下滑 34.69%、9.73%，业绩受 PPP 政策、财务成本抬升影响。

（一）政策变化影响项目建设，导致水务工程板块业绩下降

2018 年，环保行业面临严峻的政策环境，继 92 号文清理 PPP 项目库的政策之后，3 月财政部印发了 23 号文，规范金融企业对地方政府和国有企业的投融资行为；4 月财政部对 173 个不符合要求的 PPP 示范项目进行处置；8 月地方隐性债务风险排查开始启动。PPP 仍处于政策规范期。

同时，由于环保行业是典型的投资驱动业绩增长，行业整体资产负债率为 55%，金融去杠杆造成资金成本提升，基于对地方政府信用风险的担忧，金融机构对 PPP 项目融资处于观望状态。

在此基础上，业绩降低的直接原因是：2018 年水务板块在 PPP 驱动下有息负债规模上升导致利息支出增加，进而导致费用率快速上升。另外，由于环保公司前期无序扩张下，部分资产质量较差，导致减值较高。短期行业利息支出及资产减值压力较大，行业仍需调整。

（二）三大因素提升固废板块业绩

1. 农村环保市场扩大，使得固废板块业绩提升

国务院印发《乡村振兴战略规划（2018—2022 年）》，建设生态宜居的美丽乡村是乡村振兴的重要组成部分，文件要求到 2022 年，农村畜禽粪污综合利用率达到 78%，村庄绿化覆盖率为 32%，对生活垃圾进行处理的村占比超过 90%。根据该政策要求，全国部分区市县已经开始加大对农村固废的处理力度，在此基础上，农村环保市场扩大，使得固废板块业绩有一定幅度提升。

2. 在政策的驱动下，危废处理需求开始释放

2018 年我国将开启地市污染普查，同时环保督察力度、政府监管力度持续加强，在此背景下，危废处理需求将加速释放。随着政策法规利好的不断释放，涉危行业在“十三五”期间将出现快速增长趋势，未来危险废弃物处理行业市场空间较大。危险废弃物产生量与处理能力分布不均衡，山东、浙江等大部分污染大省危废产生量量大，但其就地处理危废能力不足，部分危废需要运输到外地处理。跨地区转移处置危废的流程复杂、审批周期长，一定程度上对当地危废处理周期产生影响。

危废处置价格方面，近年来，危废处置价格呈现稳步上升趋势。根据行业情况来看，2013 年，危废处置业务平均价格为 1500 元 / 吨左右，2018 年则较大幅度上升，填埋处置的价格般在 2000—4000 元 / 吨，焚烧处置的价格一般在 2000—5000 元 / 吨。

3. 生活垃圾持续增长，导致垃圾焚烧前景广阔

我国生活垃圾清运量及处理量继续保持增长，随着固废相关政策的出台和城镇化战略

的不断推进，垃圾焚烧发电行业将继续保持快速发展态势，我国人口基数大，有效利用土地少，未来随着我国人口稳步增长，城镇化率稳步提高，垃圾清运量快速增加，垃圾处理压力越来越大，目前，生活垃圾无害化处理量仍存在一定缺口，随着城镇化战略的不断推进，预计“十三五”期间城镇人口数量仍将保持一定增速，生活垃圾处理量也将随之增长。

固废相关政策的陆续出台，多项规定中提到“截至2020年底生活垃圾焚烧处理能力占无害化处理能力的比例达到50%”，明确了未来五年的我国垃圾焚烧行业发展目标，在政策的推进下，未来各地将不断新建垃圾焚烧发电厂，垃圾焚烧占比有望进一步提高，垃圾焚烧发电行业市场空间较大。

全国规划：“十三五”期间，垃圾焚烧规模新增35.64万吨/日，将从23.5万吨/日提高到59.14万吨/日，复合增速20.27%，预计总投资1300亿元。

伟明环保自2001年成立以来经过18年的发展，相继投资、建设和运营30余座环保产业项目。公司注重研发和技术积累，将焚烧炉国产化并拥有自己专利技术和生产线，且入选了国家工信部148家《鼓励发展的重大环保技术装备目录名单》。公司在行业中具有较强的技术和成本优势，市场开拓能力也明显具有优势，新订单不断落地。

（三）细分市场拓展，导致环境监测业务增速明显

1. 水环境（地表水）监测：监测质量提升，拓展市场需求

监测事权上收和监测数据质量提高了对高质量监测运营业务的需求，水环境（地表水）监测领域新增需求及国控点位监测站的改建带来大量收入，同时“十二五”期间已经投入运营的设备在“十三五”期间需要陆续替换，总体来看，运营和替换需求成为水环境（地表水）质量监测投资需求的主要原因。

2. 空气环境质量监测：新增省控点带来大量需求

根据《“十三五”环境监测质量管理工作方案》，2020年将全面建成空气环境监测质量控制体系，完成全国省市县的空气环境质量监测点位布局。参考《国家环境空气监测网设置方案》，空气环境质量监测点位应根据区域面积和人口进行布局。目前，我国县级区划数有2851个，整体来看，2018年空气环境质量的监测需求主要来自省控点位的增加。

3. VOCs监测带来新增需求

2017年，《“十三五”挥发性有机物污染防治工作方案》印发，对建立健全环境质量和污染源排放VOCs自动监测体系提出了要求。2018年是落实元年，相关推广力度较大，为2018年的监测板块带来大量的收益。

4. 土壤环境质量监测：整体点位布设新增大量投资

《土壤污染防治行动计划》提出到2020年底前要实现土壤环境质量监测点位所有县、市、区的全覆盖，我国建设用地面积为38.57万平方公里，农用地面积为644.86万平方公里。土壤监测推广的不断深入，使得2018年的土壤环境质量监测板块收入增长稳定。

综上，监测行业的市场由众多细分领域构成，每个领域需求又有新增、运营、替换等不同来源，监测公司业务往往覆盖了几个细分领域（龙头公司几乎覆盖全部细分），这种多

领域的覆盖和市场的细分在单个领域需求出现波动的时候为公司提供了其他的市场选择，业绩的稳定性更高。

资料链接：

聚光科技：精准治污之抓手，环境监测龙头启航

根据细分行业估算，2018—2020年环境监测年均市场空间415亿元，其中大气74亿/年，VOCs监测79亿/年，水质监测103亿/年，污染源监测145亿/年，土壤检测14亿/年，预计2018—2020年行业复合增速16%，行业景气度持续。

环境监测行业集中度提升，聚光科技持续受益。近几年环境监测客户对监测数据的稳定性、有效性的要求不断提高，设备质量成为核心要素，公司研发能力成为决胜关键。监测龙头企业依靠研发和综合服务逐步产生品牌溢价，监测行业CR5（聚光、先河、雪迪龙、中节能、宇星）的销售额在前60家企业的占比由2011年的32%提升至2017年的48%，集中度提升明显。聚光科技作为环境监测市占率第一的企业，拥有研发团队736余人，硕博比例40%以上，研发费用2.7亿元（占营收的9.6%），行业领先，未来市占率望不断提升（2012—2017年公司市占率由2.7%提升至4.2%）。同时，公司产业链延伸至环境治理，构建起“从监测检测到大数据分析再到治理工程”的闭环，逐步打造环境综合服务商。

资料来源：国盛证券

（四）火电治理需求降低，使得大气板块业绩下滑明显

由于火电超低排放改造需求下降、非电超低排放需求释放缓慢，2018年的大气板块业绩表现不佳。

火电大气治理市场萎缩的重要原因是火电大气污染物排放水平已经很低，从2015年到2018年，整体需求降低了40%，随着火电行业大力减排相关政策的实施，以及火电行业大气治理技术越发先进，且覆盖率高。使得火电污染降幅提高，火电行业污染物排放占比已由两至三成降低到一成。火电治理政策排放标准不断降低，已执行超低排放标准。同时火电治理的先进大气治理设施覆盖率不断提高，已达到90%。基础市场未来增速趋缓。

链接：行业重大事件

➢ 国务院印发《“无废城市”建设试点工作方案》

国务院办公厅印发《“无废城市”建设试点工作方案》，《方案》提出在全国范围内选择10个左右有条件、有基础、规模适当的城市，在全市域范围内开展“无废城市”建设试点。以大宗工业固体废物、主要农业废弃物、生活垃圾和建筑垃圾、危险废物为

重点，实现源头大幅减量、充分资源化利用和安全处置。到2020年，系统构建“无废城市”建设指标体系，探索建立“无废城市”建设综合管理制度和技术体系，形成一批可复制、可推广的“无废城市”建设示范模式。

➢ 十三届全国人大常委会表决通过《土壤污染防治法》

十三届全国人大常委会第五次会议表决通过了《土壤污染防治法》，该法将于2019年1月1日起施行。

《土壤污染防治法》填补了我国环境污染防治法律体系缺失的关键部分，将食品安全、公众健康和环境安全统筹协调，大大提升了我国环境保护立法的水平和层次。第一，明确了政府的土壤污染防治责任，实行土壤污染防治目标责任制和考核评价制度，加大了政府问责力度，强化了部门联动机制。第二，明确了不同情形下的土壤污染责任人和责任形式。第三，为了增强对风险管控、修复活动效果的监督，建立了全国土壤环境信息平台和土壤环境信息共享机制。第四，土壤有毒有害物质的防控和重点监管单位管控制度。第五，建立了类型化的土壤污染风险管控和修复制度。第六，借鉴域外的先进经验，建立了土壤污染防治基金制度。第七，明确要求建立土壤污染防治标准体系和土壤污染状况监测制度。

资料来源：和讯网新闻

三、2019年环保行业前景展望

从2019年1季度的数据看，环保板块龙头股明显超预期，收入和利润增速较高。自2017年一季度之后，环保板块归母净利润增速持续放缓，2019年一季度出现拐点回升。

2019年一季度水务工程业绩同比下滑72%，业绩继续探底；固废运营净利润同比下滑3.52%，受原材料成本、人工成本提升而产品价格上涨受限有关；监测、大气、水务运营板块业绩实现正向增长。

（一）减税降负激发市场活力

财政部、国家税务总局、国家发展改革委、生态环境部日前联合发布公告，决定自2019年1月1日起至2021年12月31日止，对符合条件的从事污染防治的第三方企业减按15%的税率征收企业所得税，减税新政实施以前，只有部分污染防治第三方企业凭借高新企业认定、两免三减半等政策享受税收优惠，此次减税新政的出台有助于全面降低污染防治第三方企业税收负担，激发市场活力，同时显示出对未来打好污染防治攻坚战的进一步支持。

（二）融资支持力度加大，环保行业望受益

全国人大常委会授权提前下达2019年地方政府新增债务限额1.39万亿元，占存量地方政府负债27万亿元的5.1%，地方债提前发行有利于稳定和加速地方投资。环保作为地方

债重要投向，资金来源进一步充实。

同时，融资收紧的背景下，环保企资金面紧张，部分环保企业爆发流动性危机，2019年，上市公司层面已出现多个国资入股环保民企的案例。国资在项目拿单、市场开拓、资金成本上具有一定优势，结合环保民企的技术、项目管理优势，有望盘活企业资产，叠加降准对融资环境的改善，环保企业的项目建设进度有望回归常态。

（三）环保督查常态化，使得固废处理持续增长

"城镇化推进＋环保督查"是垃圾清运量增加的主要推动因素。（1）城镇化推进：2017年，我国城镇化率仅为58.52%（国家统计局口径），与发达国家83.99%的城镇化率均值（世界银行口径）仍有较大差距；（2）环保督查：截至2018年12月6日，第二批中央生态环境保护督察"回头看"全部完成督察进驻工作，受理有效举报38133件，环保督查常态化态势明确。

根据"十三五"全国城镇生活垃圾无害化处理设施建设规划推算，垃圾焚烧市场在"十三五"仍有千亿空间。目前，垃圾焚烧市场已经从快速跑马圈地的高速成长期进入重视运营质量的"后垃圾焚烧市场"。在此阶段中，市场份额主要被规模较大的龙头公司所占据。此外，由于行业已经摈弃粗放型的发展方式并开始转向高质量发展，"后垃圾焚烧市场"的订单更倾向给予运营经验成熟的龙头公司，而改扩建项目也更信赖原有的运营单位，优质公司将在这种更健康的竞争环境下受益，业绩将仍然维持高增速长。

（四）动力电池回收：启动百亿市场

有效回收动力电池具备环保及经济价值。在政策鼓励、渗透率不断提升的利好背景下，新能源车有望继续快速发展，预计到2020年销量将超过230万辆。新能源车产销的快速增长带动动力电池装机量表现强劲，三元锂电池市场份额持续提升。废旧动力电池若未妥善处置将存在较大的环境风险，具备一定毒害性的化学物质、难降解的材料等可能会对生态系统产生破坏，并最终对人类健康带来损害；但其中锂、钴、镍等高价值金属回收后能产生较大的资源价值，具备经济性。

动力电池回收逐步规范完善。2018年下半年起，动力电池回收政策出台明显加速，动力电池回收利用管理迈入落地实施阶段。地方方案较为细致，如深圳市提出销售新能源汽车的企业，按照20元/千瓦时的标准专项计提动力蓄电池回收处理资金，对已按要求计提动力蓄电池回收处理资金的企业，按经审计确定金额的50%对企业给予补贴，补贴资金专项用于动力蓄电池回收。

2019—2025年动力电池梯次利用及回收市场空间有望超过600亿元，复合增速50%。仅聚焦磷酸铁锂、三元锂电池，按照磷酸铁锂电池报废期5年、三元锂电池报废期6年测算，2019年开始动力电池将进入规模性报废期，预计到2020年动力电池报废装机量将达到24.7亿瓦时。预计2019—2025年动力电池回收合计市场空间有望超过600亿元，2019—2025年均复合增速有望达到50%。

附表 2018年度环保行业上市公司业绩评价结果排序表

行业排名	全部上市公司排名	股票代码	股票简称	综合得分（100）	每股收益（元）	总资产报酬率（%）	净资产收益率（%）	总资产周转率（次）	流动资产周转率（次）	资产负债率（%）	已获利息倍数	营业收入增长率（%）	资本扩张率（%）	市场投资回报率（%）	股价波动率（%）	年末资产总额（万元）	营业收入（万元）	净利润（万元）
1	42	603568	伟明环保	83.1	1.08	18.05	26.97	0.32	1.03	46.23	61.98	50.29	33.43	5.39	51.5	573924.23	154712.75	73806.24
2	93	600323	瀚蓝环境	79.7	1.14	8.75	11.59	0.32	2.16	61.05	5.92	15.38	5.35	-10.06	49.72	1649219.04	484849.48	87875.47
3	175	600803	新奥股份	77.2	1.11	9.32	18.37	0.6	2.2	60.29	4.38	35.84	58.21	-32.18	66.02	2351446.27	1363247.9	140572.56
4	491	300203	聚光科技	70.9	1.33	11.89	16.61	0.54	0.86	50.43	8.64	36.63	12.59	-28.46	73.21	788722.61	382490.52	66819.61
5	711	002341	新纶科技	67.8	0.27	6.12	5.15	0.4	0.85	47.2	3.48	55.67	53.82	-8.54	69.84	973426.19	321370.33	28503.67
6	718	603588	高能环境	67.7	0.5	7.62	13.55	0.52	1.25	64.06	5.82	63.2	23.17	-39.08	102.75	848580.1	376225.03	39679.99
7	753	000967	盈峰环境	67.2	0.41	10.8	7.85	0.8	1.62	40.18	13.15	166.31	228.8	-40.04	111.42	2446129.39	1304476.11	135817.92
8	769	603200	上海洗霸	67	1.08	10.78	8.55	0.48	0.53	18.27	948.38	37.45	5.89	-13.4	70.5	92245.58	41360.48	8037.41
9	1070	300422	博世科	63.2	0.66	6.97	15.43	0.52	1.18	73.65	3.72	85.49	32.85	-42.1	114.63	652550.6	272402.36	23150.04
10	1093	300631	久吾高科	63	0.54	8.04	7.92	0.56	0.72	32.59	60.67	60.93	8.15	-36.35	155.99	93328.4	47240.58	5760.8
11	1153	002672	东江环保	62.4	0.47	7.32	8.65	0.35	1.07	51.91	5.1	5.95	8.43	-30.65	101.25	974445.77	328408.07	47411.72
12	1255	300190	维尔利	61.3	0.29	5.07	6.2	0.31	0.56	48.37	6.14	45.64	-0.5	-26.12	67.82	721267.33	206484.37	24700.63
13	1311	300137	先河环保	60.6	0.47	13.64	14.74	0.6	0.81	24.66	168.62	31.8	12.56	-39.64	142.45	247057.19	137410.01	26722.12
14	1439	601200	上海环境	59.2	0.82	6.96	7.83	0.19	1.06	51.22	6.45	0.66	16.2	-46.25	141.03	1502836.49	258283.84	67403.17
15	1527	002658	雪迪龙	58.3	0.3	9.17	8.52	0.51	0.61	26.59	8.96	18.87	12.33	-45.61	148.92	290384.34	128879.24	17999.64
16	1552	000035	中国天楹	58	0.16	5	6.52	0.22	0.93	62.6	3.25	14.58	8.07	-22.62	140.01	880891.12	184688.31	22229.76
17	1553	600217	中再资环	58	0.23	11.56	17.8	0.66	0.79	69.19	3.73	34.12	-15.22	-37.16	97.14	464888.03	313596.45	32164.99
18	1565	000040	东旭蓝天	57.9	0.83	6.36	0.12	0.27	0.41	57.67	3.15	6.71	26.05	-47.48	95.54	3442304.48	867628.95	112643.82
19	1664	300425	环能科技	56.7	0.21	6.5	8.58	0.4	0.74	47.82	8.06	46.17	6.47	-24.96	75.9	326152.85	118575.54	14554.34
20	1672	300172	中电环保	56.6	0.24	6.93	7.4	0.37	0.6	40.52	21.7	17.33	10.43	-37.24	86.09	230776.91	79839.88	12604.02
21	1820	603126	中材节能	55.1	0.21	5.18	6.59	0.57	0.91	42.99	49.14	11.26	5	-48.87	172.31	334641.9	187358.14	13972.93

续表

行业排名	全部上市公司排名	股票代码	股票简称	综合得分（100）	每股收益（元）	总资产报酬率（%）	净资产收益率（%）	总资产周转率（次）	流动资产周转率（次）	资产负债率（%）	已获利息倍数	营业收入增长率（%）	资本扩张率（%）	市场投资回报率（%）	股价波动率（%）	年末资产总额（万元）	营业收入（万元）	净利润（万元）
22	1824	300263	隆华科技	55.1	0.15	4.38	5.07	0.4	0.76	36.47	27.67	50.82	8.93	-44.04	105.89	444226.78	161122.34	14873.2
23	1971	000920	南方汇通	53.6	0.21	8.41	11	0.58	1.99	51.32	5.35	2.06	1.23	-47.71	143.5	201603.06	110511.44	10442.64
24	2004	603817	海峡环保	53.3	0.26	7.05	6.42	0.18	1.3	48.48	4.71	38.38	14.07	-53.39	162.61	322003.13	48249.89	11836.45
25	2107	002479	富春环保	52	0.15	5.57	4.19	0.55	2.28	31.39	4.89	-9.42	25.74	-56.45	197.17	584538.85	301039.35	17467.82
26	2176	300335	迪森股份	51.1	0.45	8.53	12.65	0.52	1.18	52.78	7.15	-7.56	7.92	-63.86	233.21	344655.97	177559.99	20825.12
27	2245	600292	远达环保	50.4	0.16	2.78	2.57	0.41	1.03	40.27	3.65	12.2	1.46	-45.76	122.5	886443.41	367648.58	13544.95
28	2318	002573	清新环境	49.6	0.49	7.4	11.12	0.35	0.65	55.1	3.58	-0.16	3.74	-66.62	197.3	1072969.35	408772.64	56614.12
29	2330	603603	博天环境	49.3	0.46	3.22	8.37	0.42	1.01	79.97	3.08	42.35	24.86	-59.17	207.07	1191966.01	433588.44	18347.94
30	2399	000826	启迪桑德	48.3	0.38	3.95	4.27	0.3	1.02	61.44	2.35	17.48	2.23	-55.79	176.96	3995270.22	1099378.06	68937.27
31	2507	300262	巴安水务	46.7	0.18	4.86	4.69	0.23	0.49	56.82	2.73	21.33	7.7	-40.61	167.58	536865.56	110427.22	11483.8
32	2519	000711	京蓝科技	46.6	0.12	4.3	1.76	0.25	0.41	59.17	1.81	37.77	3.14	-40.4	116.43	1099493.89	249085.78	10609.11
33	2533	300070	碧水源	46.2	0.4	4.61	6.64	0.23	0.68	61.46	3.23	-16.34	9.89	-55.73	185.03	5669016.63	1151780.94	135153.51
34	2747	300332	天壕环境	42	0.1	2.59	-1.11	0.24	0.91	55.77	1.21	-0.49	-1.99	-45.62	123.58	813294.77	197407.23	1943.17
35	2751	300140	中环装备	42	0.09	2.16	1.57	0.4	0.52	63.92	2.31	-3.98	34.05	-46.53	182.89	559254.3	182571.41	3488.32
36	2856	000005	世纪星源	38.7	0.14	7.47	-7.49	0.16	0.33	49.4	4.26	-8.43	12.46	-38.24	104.71	312142.34	48618.1	15674.86
37	2874	300072	三聚环保	38.1	0.22	4.41	5.25	0.6	0.72	56.43	2.54	-31.57	5.25	-66.01	220.16	2541441.57	1538052.23	58827.09
38	2912	300334	津膜科技	36.8	0.04	1.97	-0.34	0.23	0.41	40.71	1.44	8.41	6.37	-49.64	176.52	296445.11	68635.97	1714.98
39	2988	603177	德创环保	33.3	0.06	2.04	1.27	0.59	0.7	60.92	2.38	-6.59	-1.37	-55.54	173.83	135286	74640.55	1285.78
40	3168	300055	万邦达	23.8	-0.09	-0.28	-1.34	0.17	0.4	22.72	-0.67	-36.06	-2.12	-64.15	216.85	741864.55	132428.04	-8070.07
41	3241	300056	三维丝	19.9	-1.11	-15.19	-37.29	0.29	0.49	62.95	-13.53	-39.92	-30.69	-29.16	98.45	263399.16	78649.16	-43265.11
42	3266	300187	永清环保	18.4	-0.26	-4.17	-9.23	0.29	0.52	53.86	-4.1	-22.61	-8.97	-53.43	142.92	333078.15	95108.95	-17313.33

续表

行业排名	全部上市公司排名	股票代码	股票简称	综合得分（100）	每股收益（元）	总资产报酬率（%）	净资产收益率（%）	总资产周转率（次）	流动资产周转率（次）	资产负债率（%）	已获利息倍数	营业收入增长率（%）	资本扩张率（%）	市场投资回报率（%）	股价波动率（%）	年末资产总额（万元）	营业收入（万元）	净利润（万元）
43	3359	000068	华控赛格	12	-0.13	-2.87	-14.56	0.07	0.18	72.81	-1.94	-50.14	-14.3	-20.96	159.66	344368.73	20589.84	-13968.85
44	3384	300152	科融环境	9.2	-0.67	-19.08	-18.73	0.21	0.42	65.16	-34.04	-20.45	-41.75	-61.07	225.34	205708.68	52643.48	-50935.32
45	3409	300266	兴源环境	5.5	-0.81	-11.96	-38.8	0.25	0.34	70.35	-8.46	-23.6	-29.33	-80.34	391.82	934971.54	231619.3	-127161.95
46	3422	300156	神雾环保	0	-1.48	-20.17	-69.2	0.01	0.01	77.23	-10.01	-98.18	-53.74	-84.97	398.42	564714.73	5125.3	-149382.1
47	3424	300090	盛运环保	0	-2.36	-22.88	-131.58	0.04	0.09	97.89	-6.11	-62.04	-94.72	-76.73	368.87	973766.31	51547.51	-312356.22
48	3429	000820	ST 节能	0	-1.1	-27.75	-129.51	0.01	0.01	89.77	-8.98	-98.82	-78.59	-80.7	323.31	186629.9	1289.55	-70056.43
49		601330	绿色动力		0.25	6.09	10.2	0.12	0.91	72.22	2.4	34.43	31.07	-33.02	132.96	1054241.67	105506.07	27280.19

第三部分
中国上市公司税收分析报告

第十九章 上市公司税收负担率分析

一、2018年度我国税收环境及其变化

2018年度我国开征税种共18个，包括：（1）增值税；（2）消费税；（3）企业所得税；（4）个人所得税；（5）资源税；（6）城镇土地使用税；（7）土地增值税；（8）房产税；（9）城市维护建设税；（10）车辆购置税；（11）车船税；（12）印花税；（13）契税；（14）耕地占用税；（15）烟叶税；（16）关税；（17）船舶吨税；（18）环境保护税。《环境保护税》于2016年12月25日第十二届全国人民代表大会常务委员会第二十五次会议通过，《中华人民共和国环境保护税法实施条例》（中华人民共和国国务院令第693号）自2018年1月1日起施行，环境保护税法的主要目的是为了保护和改善环境，减少污染物排放，推进生态文明建设，该税种的起征将对部分制造业的税负产生影响。

2018年我国税收环境的主要变化点有：①国税地税征管体制改革；②持续税制改革；③不断深化税收领域“放管服”改革，持续优化税收营商环境；④提升国际税收合作的影响力。2018年度税收体系建设有以下几个方面的变化：

（一）国税地税征管体制改革

2018年3月，十三届全国人大一次会议审议通过《国务院机构改革方案》，决定将省级和省级以下国税地税机构合并，具体承担所辖区域内税收和非税收入征管等职责。国税地税机构合并后，实行以国家税务总局为主与省（自治区、直辖市）党委和政府双重领导管理体制。

按照党中央、国务院决策部署，税务总局精心搭建起“1+10+36+6+N+1”工作机制，即“1”个机构改革工作小组牵头，下设“10”个专项工作组，向36个省级税务机关派驻“36”个联络（督导）组，分区域设置“6”个指导协调组，机动式派出“若干”个纪律检查组，开展“1”轮改革落实情况巡视。多维布局，形成总局党委管总抓、工作小组统筹抓、专项工作组分工抓、联络（督导）组指导抓、省局具体抓的改革工作格局。2018年7月20日，全国所有县级和乡镇新税务机构统一挂牌，官方网站、税务用章当天同步完成转换；2018年9月21日，国家税务总局各省、自治区、直辖市和计划单列市税务局统一

宣布市级局科级干部任命；2018 年 10 月 25 日上午，全国所有县乡税务局（所）统一举行“三定”宣布仪式，标志着税务机构改革第二场主攻战基本完成。据统计，改革后的省市县乡税务机构数量大幅减少，其中厅级税务局数量较合并前减少 45 个，省级、市级、县级税务局内设处室、事业单位和派出机构分别减少 709 个、5349 个和 24899 个，撤销县局稽查局 3954 个。

《改革方案》强调，要通过改革提高征管效率，降低征纳成本，增强税费治理能力，确保税收职能作用充分发挥，夯实国家治理的重要基础。国家税务总局征管和科技发展司司长饶立新表示：“未来，我们将逐步建成一套制度体系、一套运行机制、一套岗责流程，加快推动优化高效统一的税收征管体系不断完善。”

征管实现变革，税收执法也更加规范。截至 2018 年底，税务总局梳理了 1700 余件文件，省、市、县三级税务机关共梳理超过 2 万件规范性文件，相关法规规章得到全面精简。

（二）持续税制改革

1. 落实降低增值税税率等改革措施

从 2013 年部分行业开始“营改增”到 2016 年 5 月全面实施“营改增”，我国的增值税税收政策改革是一项前所未有的持续性税收优化举措，降低减税效果一直是税务机关及纳税人关注的重点，在这一持续减税效应下，2018 年也不例外地出台了一些相关的调整措施，其中包括：

2018 年 4 月增值税小规模纳税人标准调整为年应征增值税销售额 500 万元及以下，纳税人可以在 2018 年 12 月 31 日前转登记为小规模纳税人，其未抵扣的进项税额作转出处理。小规模纳税人标准统一，是国家完善增值税制度，进一步支持小微企业发展的重要举措，年销售额未超过 500 万元的企业可以自主选择适用简易计税方式，对企业释放现金流、降低税负、扩大规模等方面具有直接激励作用。

为完善增值税制度，2018 年 4 月调整了增值税税率：纳税人发生增值税应税销售行为或者进口货物，原适用 17% 和 11% 税率的，税率分别调整为 16% 和 10%。税务总局税收科学研究所所长李万甫表示，交通运输、建筑、基础电信等费用均为实体经济重要经营成本，将这些行业的增值税税率从 11% 降至 10%，会显著降低企业负担，增加企业流动资金，为实体经济发展注入新活力。

扩大留抵退税范围，2018 年 3 月 28 日国务院常务会议确定，对装备制造等先进制造业、研发等现代服务业、符合条件的企业和电网企业的进项留抵税额，予以一次性退还。现行可以留抵退税的行业和企业范围扩大到现代服务业（如研发企业）和先进制造业（如装备制造企业）及电网企业，对这些企业的进项留抵税额，予以一次性退还。

本年度增值税改革的主要特点有：（1）优化增值税结构和税率，体现了效率原则：增值税税率档级越多，制度就越复杂，纳税人的遵从成本和税务部门的行政成本就越高。多档税率间级差越大，纳税人适用低税率的愿望就更强烈，更易出现“错误”适用低税率的情况，这些都会影响增值税税制的运行效率。

（2）统一小规模纳税人标准，体现了公平和简便原则：中国将增值税小规模纳税人标准统一调整至年销售额500万元。这样的措施消除了处于类似情况中的不同纳税人纳税标准的差异，体现了税收公平原则。小规模纳税人标准不再按行业进行划分，也不再按照销项减进项的方法计算应纳税额，税制更加简洁。税收规则更加清晰确定、简单易懂，财务核算更加简单，办税流程更加便捷，有效降低了小微企业税收遵从成本。

（3）扩大留抵退税范围，体现了中性原则：增值税的中性原则覆盖很大范围，其中最重要的一点就是增值税主要是针对最终消费征收的税款。在经济生产中每一个环节都征收增值税，使得每个环节的纳税人都可以扣除购买部分的增值税，缴纳销售部分的增值税。因此税收仅针对经济生产每个环节中“增值”的部分，直到终端消费者缴纳恰当的税额。这样的过程避免了有害和扭曲的重复征税，避免税负在生产、流通经营活动层面的累积。此前仅部分行业、企业实施留抵退税。2018年深化增值税改革进一步扩大留抵退税范围，涉及行业广泛，退税总规模达千亿元以上。

（4）市场主体减税预期良好：经测算，上述三项改革措施预计一年将减轻市场主体税收负担4000亿元。企业纳税负担有效减少，对资金的压力明显减轻，将鼓励固定资产投资和扩大再生产。这将提振企业发展信心，从而撬动中国经济的内在发展动能，推动中国制造业转型升级，同时也为世界经济持续稳定发展做贡献。

（5）与终端消费者共享改革红利：增值税税率调整最终在一定程度上反映到产品价格上，使消费者直接受益。税率调整当日，就有一些国际知名企业宣布下调在中国市场的产品零售价格。

（6）促进小微企业发展：小微企业增值税政策的简化和统一，让更多的小微企业可根据自身经营情况，在一般计税方法和简易计税方法之间进行选择，实现了“一减两简”。

2. 个人所得税第一步改革平稳落地

2018年8月31日第十三届全国人民代表大会常务委员会第五次会议通过了《关于修改〈中华人民共和国个人所得税法〉的决定》第七次修正稿，我们简称为《新个人所得税法》。

新个人所得税法有很多新的特点，如提高基本减除费用；由分月计税改为按年计税，体现了税负公平性；同时对于衔接性的计税问题凸显人性化，倾向于保持税收负担只减不增的原则；新个税实施条例更加合理规范了个人所得税前可以专项附加扣除的项目内容，在考量个人计税差异方面有很大的进步，也是本次个人所得税改革的里程碑式的突破点；本次个人所得税改革优化了税率结构，大幅拉大了中低档税率级距，改革红利更多地惠及中低收入人群。

2018年10月1日开始实施新的税率表，分别适用于在对工资薪金所得和个体工商户的经营所得和对企事业单位的承包经营所得进行分别计税时，且对于工资薪金所得计税时适用新的基本减除费用标准（5000元/月），个税改革实施首月，全国个人所得税减税316亿元，有6000多万税改前的纳税人不再缴纳工资薪金所得个人所得税，当月领取工资薪金所得在2万元以下的纳税人，减税幅度都超过50%，占税改前纳税人总数的96.1%，减税金额达 224 亿元。

3. 环境保护税顺利开征

环境保护税从研究、起草、出台颁布花费了很长时间，因为绿色发展越来越被重视，但环境保护税不同于以前的税种，核算污染物的排放量是比较专业且复杂的工作。我国目前开征的税目范围包括水污染排放、大气污染排放、固体废弃物及噪声污染。环境保护税首个征期，通过识别、认定，共采集的环境保护税纳税人有 24 万多户，共计申报应纳税额 66.6 亿元，扣除申报减免税额 22 亿元后，实际应征税额 44.6 亿元，环境保护税的征收不以增加财政收入为目的，其生态意义远大于税收意义。

不难看出，环保税减免税力度较大，大约免税比例为 33%，其原因是环保税新增加一档税收减免政策，扩大了优惠覆盖面，原先排污费对大气和水污染物排放浓度低于国家和地方标准 50% 的减按 50% 征费，环保税法在保留这一政策的同时，新增了一档优惠，对排放浓度低于标准 30% 的，减按 75% 征税。另外，环保税对城乡污水和生活垃圾集中处理场所达标排放免税政策纳入了减免税明细核算，这部分大概可新增 8 亿元的免税额。

（三）深化税收领域“放管服”改革

根据《全国深化“放管服”改革转变政府职能电视电话会议重点任务分工方案》（国办发〔2018〕79 号文件印发）要求，为深化税务系统“放管服”改革，切实解决办税痛点堵点，不断提升纳税人获得感，持续优化税收营商环境，2018 年“放管服”的主要工作方向包括：

1. 扩大税收营商环境试点范围。2018 年 9 月底前，在第一批 5 省市优化税收营商环境试点的基础上，总结经验、复制推广，再确定国家税务总局浙江、江西、湖北、广西、海南、重庆、陕西、新疆、大连、宁波、厦门、青岛 12 省（区、市）税务局作为第二批优化税收营商环境试点单位。

2. 加快推进电子税务局建设。2018 年底前，在全国范围内建成规范统一的电子税务局，实现“四个统一”，提供功能更加全面、办税更加便捷的网上办税系统，优化业务信息系统功能，提供预填或免填单服务，减少纳税人基础信息重复填写，让纳税人多跑网路、少跑马路。

3. 压缩房地产交易办税时间。强化与房地产管理部门协作，积极推进房地产交易合同网签备案信息、不动产登记信息共享。整合房地产交易、办税、办证业务流程，推动实施跨部门业务联办，积极创造条件，力争 2018 年底前试点单位实现房地产交易、办税、办证资料一窗受理、内部流转、一次认证，提升办事效率，压缩房地产交易办理时间。

4. 推进首次申领发票 1 日办结。2018 年 10 月底前，试点单位将符合条件的新办企业首次申领发票的时间再压缩至 1 天；鼓励有条件的地区实行新办企业首次申领发票即时办结。

5. 推行个体工商户承诺制税务注销。2018 年底前，试点单位推行承诺制税务注销，即对在税收征管系统中无欠税（罚款）记录等事项的定期定额个体工商户，由其业主出具承担未尽税收事项清缴义务的承诺书，税务注销即时办结。

6. 实行纳税人网上自主更正申报。2018 年底前，试点单位实现纳税人在申报期内，对企业所得税、增值税申报数据可进行网上自主更正申报，并补缴相应税款。

7. 推进网上办税系统与企业财务软件对接。开放网上办税系统与企业财务软件对接接口，2018 年底前在通信、银行等行业，以及汇总缴纳企业所得税、汇总缴纳增值税、连锁经营的企业实现纳税申报表、财务报表联网报送。鼓励有条件的地区扩大实行纳税申报表、财务报表联网报送的行业和企业范围，鼓励有个性化需求（如集中或批量报送纳税申报表和财务报表）的纳税人、涉税专业服务机构开发接入软件，符合信息安全规定的，税务机关免费提供接入服务，最大限度压减企业办理纳税时间。

8. 简化税务迁移、注销流程。简化跨区域迁移流程，2018 年底前，对不存在未办结事项且属于正常户的纳税人在本省内跨区迁移即时办结。与市场监管部门协同推进企业简易注销改革，2018 年底前，在企业简易注销公告前，设置企业清税提示；对有未办结涉税事项的企业，税务部门应在公告期届满次日提出异议，最大程度便利市场主体，激发市场活力。

9. 限时解决办税堵点问题。对纳税人反映强烈的办事堵点问题，建立责任清单，限时解决，对账销号。当前要抓紧解决“基础信息反复填写”“税控变更发行无法网上办理”等突出问题。2018 年底前，全面解决“群众办事百项堵点疏解行动”中的涉税问题。

10. 建立暗访、追责机制。突出问题导向，加大监督问责力度，建立窗口单位办税问题处理机制和追责机制，实行层层约谈制度，严肃责任追究，持续提升税务系统窗口服务质量和效率。

在优化服务的同时，建全联合惩戒机制也是税务机关的一项重要职责，税务信息电子化为税务机关实行联合惩戒奠定了基石，联合惩戒更加体现了税收的公平性，对于纳税信用良好的纳税人将可以获得更多的社会资源，比如银行信贷等，而对于纳税失信人员将会失去更多的社会服务，更有甚者，可能触发行业稽查风险。

（四）2018 年度新增税收法规

2018 年度国税总局新发布的主要税收法规集中在以下几个方面：

1. 与企业所得税有关的主要税收政策

（1）明确责任保险为税前可扣除项目——《国家税务总局关于责任保险费企业所得税税前扣除有关问题的公告》（国家税务总局公告 2018 年第 52 号）；

（2）延长部分企业弥补亏损期限——《国家税务总局关于延长高新技术企业和科技型中小企业亏损结转弥补年限有关企业所得税处理问题的公告》（国家税务总局公告 2018 年第 45 号）；

（3）鼓励固定资产再投资——《国家税务总局关于设备器具扣除有关企业所得税政策执行问题的公告》（国家税务总局公告 2018 年第 46 号）；

（4）扩大境外研发加计扣除范围——《财政部 税务总局 科技部关于企业委托境外研究开发费用税前加计扣除有关政策问题的通知》（财税〔2018〕64 号）；

（5）规范企业所得税税前扣除凭证要求——《国家税务总局关于发布〈企业所得税税

前扣除凭证管理办法〉的公告》（国家税务总局公告2018年第28号）。

2. 与增值税有关的主要税收政策

（1）小微企业税收减免——《财政部 税务总局关于金融机构小微企业贷款利息收入免征增值税政策的通知》（财税〔2018〕91号）；

（2）统一了小规模纳税人认定标准——《国家税务总局关于统一小规模纳税人标准等若干增值税问题的公告》（国家税务总局公告2018年第18号）；

（3）降低部分行业增值税税率——《财政部 税务总局关于调整增值税税率的通知》（财税〔2018〕32号）；

（4）明确了增值税留抵退税的范围——《财政部 税务总局关于增值税期末留抵退税有关城市维护建设税 教育费附加和地方教育附加政策的通知》（财税〔2018〕80号）。

3. 与个人所得税等税种相关的主要政策

（1）个人所得税优惠衔接问题——《财政部 税务总局关于个人所得税法修改后有关优惠政策衔接问题的通知》（财税〔2018〕164号）；

（2）个人转让新三板股份个人所得税问题——《财政部 税务总局 证监会关于个人转让全国中小企业股份转让系统挂牌公司股票有关个人所得税政策的通知》（财税〔2018〕137号）；

（3）成果转化的个人所得税问题——《国家税务总局关于科技人员取得职务科技成果转化现金奖励有关个人所得税征管问题的公告》（国家税务总局公告2018年第30号）；

（4）污染物核算问题——《财政部 税务总局 生态环境部关于环境保护税有关问题的通知》（财税〔2018〕23号）；

（5）明确了环境保护税的一些适用问题——《财政部 税务总局 生态环境部关于明确环境保护税应税污染物适用等有关问题的通知》（财税〔2018〕117号）；

（6）印花税减免——《财政部 税务总局关于对营业账簿减免印花税的通知》（财税〔2018〕50号）。

二、企业税负影响因素分析

（一）制度因素

1. 税收法律

企业税收负担天然来源国家指定的税收法律制度，税收制度体系的改变会带来税负的变化。1994年我国实行了分税制改革，2008年开始实施内外资企业的企业所得税两税合并，2009年开始实施增值税从生产型向消费型全面转型，2012年实施营业税改征增值税试点，2016年5月，“营改增”全面实现，2018年1月1日正式实施《环境保护税》。从理论预期和政策目标来讲，上述改革措施有利于体现我国企业的税收中性原则，有助于我国经济结构的调整与优化。

2. 政治关联

我国是一个处于经济转型的国家，市场制度尚未完善，社会资本等非市场力量有着重要的影响，税收制度作为政府宏观经济管理的工具，不可避免地带有不完善的色彩。国内相关研究发现，虽然在我国市场化进程中不同企业之间的制度、政策差异已经消除，但是非市场力量仍然发挥着作用（陆铭和李爽，2008）。作为非市场力量，企业寻求与政府的关系成为公司治理的一种重要外部机制，对公司业绩有着重要影响（李维安等，2010）。例如，它有助于企业获得贷款便利、税收优惠、政府补助等政策资源（白重恩等，2005；吴文锋等，2009；潘越等，2009）。除此之外，企业税负高低与具体征管过程中政策的执行程度密切相关，我国存在着较大的税收征管空间（高培勇，2006），意味着在实际税收征管中操作弹性较大。

（二）企业特征因素

1. 企业客观因素

企业客观因素包括了企业所处的行业、地域、经营的业务类型等，这些会显著地影响企业的税收负担情况。就企业所得税而言，比较典型的区域税收差别是西部大开发适用15%税率的优惠政策；就消费税、资源税、土地增值税而言，其课税对象对应的是某些行业中特定的某种或某类对象，不在该范围内即不纳税，税负差异明显；就增值税而言，不同类别的纳税人或不同业务所适用的销项税率也有所不同，对进项税的处理也大相径庭。

鉴于以上原因，在同样的政策环境和税收制度环境下，企业自身的一些“天然”特点将造成企业之间税收负担最原始的差异。

2. 经营管理状况

企业的经营管理状况对税收负担率的影响主要反映在两个地方。一是由于企业自身的经营状况良好，财税管理合法合规，取得不同的纳税人身份而带来的税收负担的减轻或纳税便利降低的机会成本。最典型的莫过于增值税一般纳税人和小规模纳税人的纳税身份。另一个是由于企业内部管理和操作流程的规范合理，以及更加重视经营过程中涉及的税收处理，而使得应纳税额更加合理有效、税收风险降低的税收隐性收益。

（三）时间因素

限于国家政策实施的时效性，一般而言，政策变动的效果并不能立刻显现出来，实际税负变化相比政策的发布和实施具有一定的滞后性、递延性，例如，处于营业税改征增值税期间的被研究对象的税负变化，行业不同其受影响的期间亦不同，这种变化将在一定时期内对上市公司税收负担研究产生一定影响。

三、上市公司年度税负研究指标

（一）一般税负率评价指标

有效税率是企业实际税收负担的一个重要测度，即企业实际缴纳的税收占企业税前收益/利润总额的比例。许多学者尝试基于财务报告建立科学的计量企业有效税率的指标，这些指标主要包括两类：平均有效税率和边际有效税率，平均有效税率侧重于对税收负担的测量，边际有效税率侧重于税收对新增投资和劳动供应刺激的分析。根据研究对象的不同进一步可以分为四类：宏观的平均有效税率、宏观的边际有效税率、微观的平均有效税率及微观的边际有效税率。前两个概念主要是应用国家国民账户数据和税收统计数据对国家层面的税收负担进行测度，后两个概念则是应用企业的财务数据、税收数据进行企业税收负担的测度。

建立企业税负率评价指标时，除考虑资产负债表和利润表中的相关数据建立指标外，选取现金流量表中的对象建立指标也具有相当的实际意义。现金流量表是基于收付实现制基础编制而成的，它提供了会计期间企业实际支付的各项税费金额，是构建、计量税收负担指标最可靠的信息来源。本次对上市公司的税收负担分析指标体系即是主要依靠现金流量表中的“支付的各项税费”作为企业的税费来源，与上市公司的营业收入、利润总额、年度经济增加值和经营活动现金流出额共同考察上市公司2018年度的税收负担情况。

（二）本次分析指标介绍

本次上市公司税收负担率综合以上税负评价指标的研究内容，基于税收中性原则，以公开的财务数据为基础，依据企业经营逻辑，特选择上市公司在一个会计年度内实际支付的各项税费为核心，考核税收成本在营业收入、利润总额、年度经济增加值及经营活动现金流出中所占比重来判断上市公司的税收负担程度。

指标体系涵盖收入、利润、经济增加值和现金流四大方面，建立了营业收入税收负担率、利润总额税收负担率、年度经济增加值税收负担率、经营活动现金流出税收负担率四个税收负担衡量指标。

1. 营业收入税收负担率

收入税收负担率反映上市公司支付的各项税费在每一个经营年度内的财务账面收入中所占比例，即企业利润表中每获得100元营业收入中需支付的税费金额。

营业收入税收负担率＝现金流量表中支付的各项税费 ÷ 利润表中的营业收入 ×100%

2. 利润总额税收负担率

利润税收负担率反映上市公司支付的各项税费在每一个经营年度内的财务账面利润总额中所占比例，即企业利润表中每获得100元利润总额需支付的税费。

利润税收负担率＝现金流量表中支付的各项税费 ÷ 利润表中的利润总额 ×100%

3. 年度经济增加值税收负担率

年度经济增加值税收负担率反映上市公司支付的各项税费在每一年度创造的增加值中所占的比例，即企业每获得100元增加值付出的税收成本。

年度经济增加值税收负担率＝现金流量表中支付的各项税费 ÷ 年度增加值 ×100%

其中：

①年度经济增加值＝利润＋人工成本＋折旧＋摊销＋税金

②利润＝利润表中的归属于母公司的净利润

③人工成本＝现金流量表中的支付给职工及为职工支付的现金

④税金＝现金流量表中支付的各项税费

⑤折旧＝现金流量表附表中的固定资产折旧、油气资产折耗、生产性生物资产折旧摊销、无形资产摊销

4. 经营活动现金流出税收负担率

经营活动现金流出税收负担率反映上市公司支付的各项税费在该年度经营活动现金流出总量中所占的比例，即企业在主营业务过程中每支付100元付现成本中的税收金额。

经营活动现金流出税收负担率＝现金流量表中支付的各项税费÷年度经营活动现金流出×100%

（三）本次研究指标体系的特点介绍

税收是为维持国家机器运转而在经济事项中征收的一种额外的成本。在经济学上，税收具有“中性”原则。所谓中性原则首先要求税收尊重效率，以效率为前提，表面来看，绝对数值可能表现出收入越大，税收越多的现象，但是税收与效率之间是呈现匹配关系的。因为税收中性的第二个原则是普适性，如企业所得税率，2008年新的所得税法实施之后，居民企业不区分规模、不区分行业、不区分性质，法定税率为25%。

本研究所选的指标具有考核的一致性和全面性。一致性体现在考核的核心指标是上市公司在一个会计年度和不同的会计年度中均采用了实际支付的各项税费为基础，该指标为上市公司现金流量表中的现金流出额；全面性体现在考核边界以年度为限，包括年度的流量指标和存量指标。年度的流量指标主要采信了利润表中的营业收入、现金流量中的经营活动产生的现金流量和统计口径下的年度经济增加值；存量指标采信了资产负债表中资产总额、归属于母公司的所有者权益及股本。

（四）税收负担率各指标间的逻辑关系

从现代公司制企业来看，资本作为企业经营的第一要素，是股东投入的。资本是股份公司的最核心资源，是生产经营的最基础条件。资本的属性是增值，资本要求回报。股东具有投资偏好，同时也有风险偏好，根据金融学原理，资本回报与风险呈现出正相关关系，风险越大，资本要求的回报越高。但是现实是不以资本意志为转移的，投资在同一领域或者同一个行业内的资本具有相似的回报率。

资本在年度经营内得以积累的部分是留存收益，留存收益是企业年度经营成果分配后的结果，是企业能够再生产的投入资源。归属于母公司的所有者权益是股本与各年度留存收益之和（暂且把资本公积作为资本的溢价不予以考虑）。

自有资金与外来资金之和共同构成企业的资金来源，是企业生产的起点，企业开始使用资金，资金于是转化为资产，体现为各种生产要素，物体性的生产要素即产权能够转移的要素构成企业的资产负债表左侧的资产。作为生产中能够创造价值的要素——生产力，即人力资源，不构成企业的资产，其价值表现在运用资产创造效益中的“成本”。生产力驾

驭生产要素在年度内形成企业的营业收入，购买生产要素的成本构成利润表中的成本，其中以现金支付的部分构成现金流量中经营活动产生的现金流量。

税收以资产的获取、保有和交易等各个环节征收流转税、所得税、财产税、行为税和特殊目的税，是生产经营的额外支出。

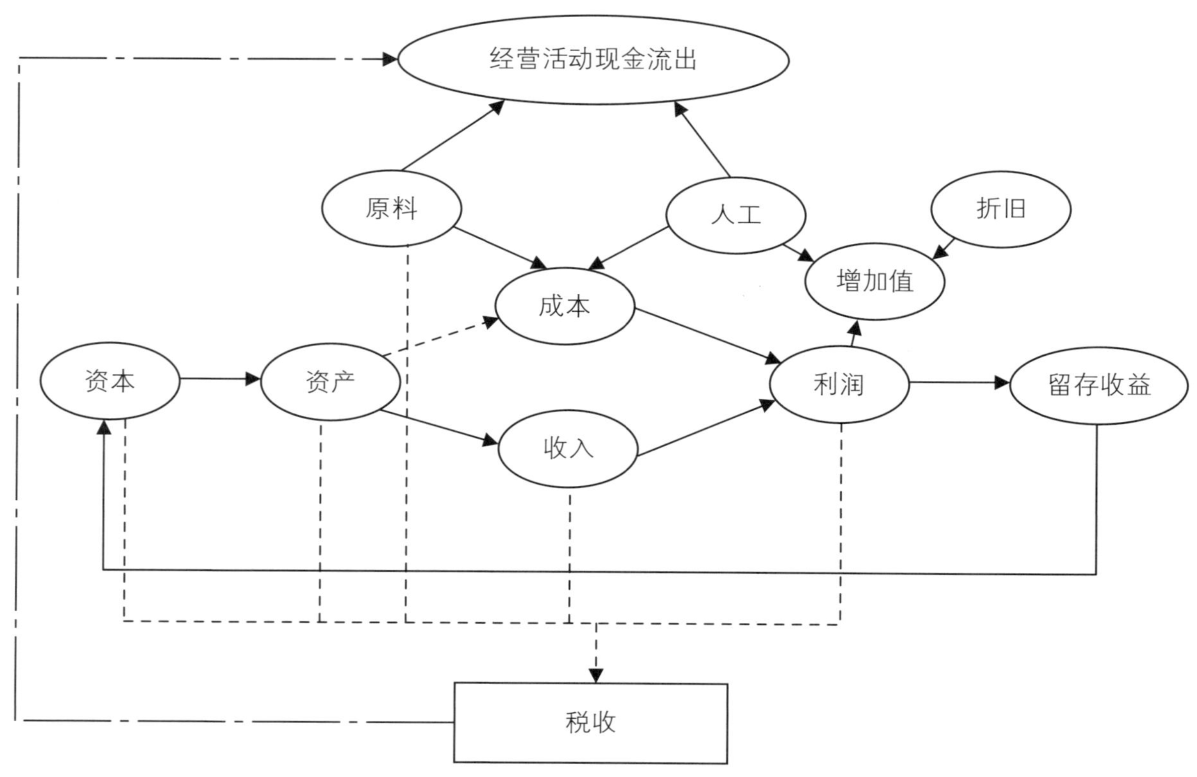

图 19-1　上市公司税收负担率指标体系关系图

构建恰当的衡量指标，是使用数据对企业税收负担水平进行实证分析的基础，由于本文主要采用上市公司和新三板企业的面板数据，因此，所能构建的指标受到企业财务报表内容的影响。目前我国上市公司分别在利润表中报告“所得税费用”和“税金及附加”，在现金流量表中报告“支付的各项税费”三个与企业税费负担相关的会计科目，根据数据对企业实际税收成本的涵盖程度和本文的分析目的，选取现金流量表中报告的“支付的各项税费”作为企业实际税收支出成本进行税收负担的测算。

四、2018 年度 A 股上市公司税收负担率分析

（一）研究范围介绍

本次研究选取 A 股上市公司（剔除 ST 企业）的合并报表数据，主要针对 2018 年度相关数据指标进行分析，并对 2014—2018 年度的指标变化进行比较。

A 股上市公司选取我国沪深两市 2014—2018 年度所有公布财报数据企业。其中

2014—2018 年 A 股上市公司历年数量和构成是有所不同的，具体为 2014 年 2643 家，2015 年 2842 家，2016 年 2704 家，2017 年 3422 家，2018 年 3583 家。

本节内容仅对 A 股上市公司的整体税负和各行业税负水平进行分析比较说明，由于数据来源问题，不考虑上市公司的地域特点和重大重组等经济行为给企业带来的税收负担影响，对上市公司的行业分类以证监会的行业分类为准。

（二）研究方法介绍

对 A 股上市公司的税负分析主要利用上市公司 2014—2018 年度的面板数据分析，从宏观层面上把握我国上市公司整体税收负担水平和各行业的差异之处，因此本次分析从以下两个方面进行研究：

1. 全行业整体税收负担分析；

2. 各行业收入税负率、利润税负率、年度增加值税负率、经营活动现金流出税负率分项分析。

行业按照证监会〔2012〕31 号公告《上市公司行业分类指引》（2012 年修订）进行行业分类，将全部 A 股上市公司分为 19 类汇总及对制造业的 29 类细分，以序号 1—48 作为对应行业代码进行作图，比较分析 A 股上市公司各行业的税收负担在年度间的变化情况。如表 19–1 所示。

表 19 – 1　上市公司行业分类表

序号	行业名称	序号	行业名称
1	房地产业	15	农副食品加工业
2	住宿和餐饮业	16	电气机械和器材制造业
3	综合	17	石油加工、炼焦和核燃料加工业
4	交通运输、仓储和邮政业	18	有色金属冶炼和压延加工业
5	批发和零售业	19	化学原料和化学制品制造业
6	电力、热力、燃气及水生产和供应业	20	纺织业
7	制造业	21	汽车制造业
8	医药制造业	22	通用设备制造业
9	专用设备制造业	23	化学纤维制造业
10	非金属矿物制品业	24	造纸和纸制品业
11	计算机、通信和其他电子设备制造业	25	橡胶和塑料制品业
12	酒、饮料和精制茶制造业	26	仪器仪表制造业
13	其他制造业	27	黑色金属冶炼和压延加工业
14	金属制品业	28	食品制造业

续表

序号	行业名称	序号	行业名称
29	铁路、船舶、航空航天和其他运输设备制造业	39	水利、环境和公共设施管理业
30	印刷和记录媒介复制业	40	文化、体育和娱乐业
31	木材加工和木、竹、藤、棕、草制品业	41	采矿业
32	纺织服装、服饰业	42	信息传输、软件和信息技术服务业
33	文教、工美、体育和娱乐用品制造业	43	农、林、牧、渔业
34	家具制造业	44	科学研究和技术服务业
35	废弃资源综合利用业	45	卫生和社会工作
36	皮革、毛皮、羽毛及其制品和制鞋业	46	教育
37	租赁和商务服务业	47	金融业
38	建筑业	48	居民服务、修理和其他服务业

（三）研究数据来源

税收负担率的具体指标的分析、计算以A股上市公司年报中披露的合并资产负债表、合并利润表和合并现金流量表为基础。

2014—2018年度A股上市公司的审计报告大部分为标准无保留意见，审计报告类型情况统计如表19-2所示。

表19－2　审计报告类型统计表

单位：%

类型	2014年	2015年	2016年	2017年	2018年
标准无保留意见	96	95	96.7	97.6	95.8
带强调事项段的无保留意见	3	4	2.4	1.3	2.1
保留意见	1	0.3	0.6	0.8	1.6
无法表示意见	0	0.5	0.3	0.3	0.4
合计	100	100	100	100	100

数据来源：Wind资讯。

本次研究分析是建立在外部独立审计机构的审计的基础上，财务数据的质量是能够得以保证的。本次分析过程中对于保留意见的审计报告进行了分析，保留事项对于税收成本不构成重大影响，因此不影响本次研究的财务数据安全。

（四）A 股上市公司税收负担分析

1. 2018 年度国家总体税收情况

根据中华人民共和国国家统计局发布的《中华人民共和国 2018 年国民经济和社会发展统计公报》，2018 年全年国内生产总值 900309 亿元，比上年增长 6.60%，增值率比上年下降 0.30%。2019 年 1 月国家税务总局公布了 2018 年全国税务部门组织税收收入的情况，2018 年，全年组织税收收入（已扣除出口退税）137967 亿元，同比增长 9.5%，扭转了近年来税收增长持续放缓的状况，税收与经济增长的协调性明显增强。

根据 Wind 资讯的面板数据统计，A 股上市公司剔除 ST 后的 3583 家上市公司，2018 年度共实现营业收入 46.57 万亿元，同比增长率为 19.59%；共实现利润总额约 4.88 万亿元，同比增长率 6.78%，共支付的各项税费额为 3.40 万亿元，同比增值率为 13.71%，经营活动现金流出总额共计 61.30 万亿元，同比增长率为 17.46%，所选 A 股 3583 家公司，营业收入增长率＞经营活动现金流出增长率＞支付的各项税费增长率＞利润总额增长率。

从所选 A 股上市公司共支付的各项税费占全国税务部门组织税收收入的比重值来看，2018 年度为 24.65%，比 2017 年提高了 0.92%，该比重在 2018 年度有所增加。近 5 年 A 股上市公司的营业收入、利润总额、年度经济增加值、支付的各项税费情况如表 19–3 所示。

表 19 – 3　上市公司历年总体数据情况表

金额单位：万亿元

项目金额 / 年度	2014	2015	2016	2017	2018
支付的各项税费	2.54	2.71	2.75	2.99	3.40
营业收入总额	28.84	29.32	31.39	38.94	46.57
利润总额	3.36	3.49	3.68	4.57	4.88
年度增加值总额	8.35	8.92	9.47	21.84	12.56
经营活动现金流出总额	38.39	46.62	44.17	52.19	61.30

数据来源：Wind 资讯。

根据上述数据得出各项目在 2014—2018 年度的增长率如表 19–4 所示。

表 19 – 4　上市公司历年总体指标增值率表

单位：%

各项数值增长率	2014	2015	2016	2017	2018
支付的各项税费增长率	7.63	6.69	1.42	8.73	13.71
营业收入增长率	6.03	1.66	7.07	24.05	19.59
利润总额增长率	6.33	3.87	5.56	24.18	6.78
年度增加值总额增长率	8.72	6.83	6.20	130.62	–42.49
经营活动现金流出总额增长率	4.09	21.44	–5.26	18.16	17.46

数据来源：Wind 资讯。

根据中华人民共和国财政部2019年1月23日发布的《2018年财政收支情况》，2018年度，全国一般公共预算收入183352亿元，比上年增长6.2%，增长速度比往年有所放缓。全国一般公共预算收入中的税收收入156401亿元，同比增长8.3%。税收收入中国内增值税61529亿元，同比增长9.1%；消费税收入10632亿元，同比增长4%；流转税占总税收收入的比例为46.14%，与去年基本一致，企业所得税收入为35323亿元，同比增长10%；个人所得税收入为13872亿元，同比增长15.9%；所得税占总税收收入的比例为31.45%，比去年有所增加，流转税与所得税占税收收入比重合计77.59%，比上年76.67%上升0.92%。

2. 总体税负分析

2018年度全部A股上市公司（剔除ST企业），按照其已经公布的2018年度财务报表（合并口径）统计，支付的各项税费总额为34010.53亿元、营业收入总额465749.84亿元、利润总额48753.53亿元，年度经济增加值总额125647.40亿元。具体情况如表19–5所示。

表19－5　2014—2018上市公司相关财务数据

金额单位：亿元

年度	数量	支付的各项税费	营业收入总额	利润总额	年度增加值总额	经营活动现金流出总额
2014	2643	25391.09	288419.27	33623.46	83488.50	383911.38
2015	2842	27184.29	294236.51	34593.45	89198.19	467281.98
2016	2704	27485.82	313934.72	36839.57	94728.31	441666.36
2017	3422	29857.71	389385.66	45709.72	218358.35	521897.64
2018	3583	34010.53	465749.84	48753.53	125647.40	612950.44

数据来源：Wind资讯。

根据前述本次税收负担率指标的计算方法计算得出，2014—2018各年全行业的税收负担率如表19–6所示。

表19－6　2014—2018年上市公司税收负担率总览

单位：%

年度	收入税收负担率	利润税收负担率	年度增加值税收负担率	经营活动现金流出税收负担率
2014	7.81	67.01	26.99	5.87
2015	7.66	65.13	25.26	4.82
2016	7.18	61.16	23.78	5.10
2017	7.67	65.32	13.67	5.72
2018	7.30	69.76	27.07	5.55
5年平均	7.52	65.68	23.35	5.41

数据来源：Wind资讯。

2014—2018 年，A 股上市公司的收入、利润、年度增加值和经营活动现金流出四个税负率指标呈现如下结果：利润税负率＞年度经济增加值税负率＞收入税负率＞经营活动现金流出税负率。2018 年度从四个税负率指标来看，表现出两低两高的情况，收入税负率与经营活动现金流量税收负担率较低，利润税收负担率与年度增加值税收负担率比较高；与近 5 年平均值相比较，收入税收负担率低于平均值，利润、经营活动现金流出和年度增加值税负率均高于近 5 年的平均值。

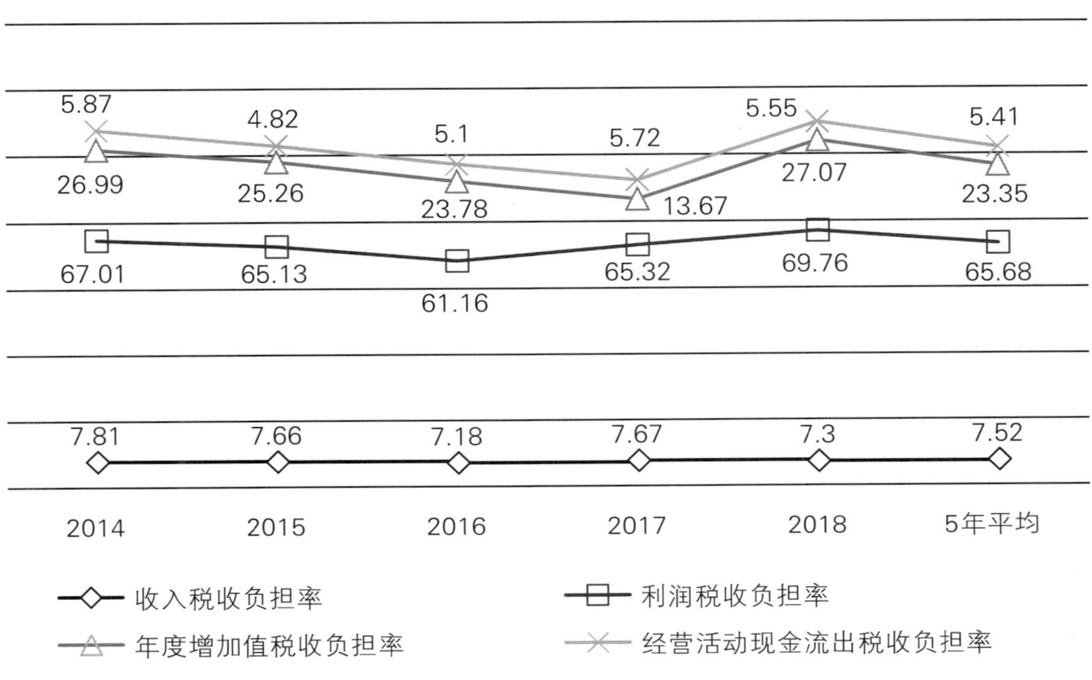

图 19–2　2014 年到 2018 年上市公司税收负担率趋势图

可观察到：1. 从税负率值离散的角度看，图 19–2 中离散程度低的指标是收入税负率和利润税收负担率；2. 利润总额税负率为最高比例，即相比收入、利润和经营活动现金流，企业每获得 1 元的利润总额所耗费的税收成本占成本 50% 以上；3. 经营活动现金流出税负率最低，即税收成本在企业经营活动现金流出中所占的比重相对较小，税收支出对企业的日常经营活动现金流的影响较小，即 100 元现金流出中，税金的平均流出金额为 5.41 元；4. 从收入、利润、年度经济增加值、经营活动现金流出对上市公司税负程度的分析结果具有相似性，即以 2014 年开始，2014 年至 2016 年期间的税负率均呈下降趋势，且 2016 年度各项税负率均较低，除收入税负率外，2017、2018 年其他三项税负水平有略微增长。

3. A 股上市公司税收收入和全国税收收入的对比分析

A 股上市公司是我国经济发展的主要动力，对 A 股上市公司税收负担率的分析，旨在考量我国的整体税负水平，同时督导上市公司税法遵从度的提升，降低资本市场的涉税风险，实现国家与企业的双赢，促进我国经济进一步繁荣昌盛。同时对于非上市公司也有一定的参考价值。

从2014年到2018年连续五年，分析范围内的上市公司支付的税费与全国税收收入的比值稳定在24%左右，离散程度比较低，表明上市公司对我国税收收入的贡献率比较稳定。

表 19－7　2014—2018 年上市公司支付税费情况表

单位：亿元

年度	上市公司支付的各项税费	上市公司户均支付税费	全国税收收入	上市公司支付税费在税收收入中占比
2014	25391.09	9.61	103768.00	24.47%
2015	27184.29	9.57	110604.00	24.58%
2016	27485.82	10.16	115878.00	23.72%
2017	29857.71	8.73	126000.00	23.70%
2018	34010.53	9.49	137967.00	24.65%
5年平均	28785.89	9.51	118843.40	24.22%

数据来源：Wind资讯。

本次分析范围内的上市公司支付的各项税费在全国税收收入中的比重如图19–3所示。

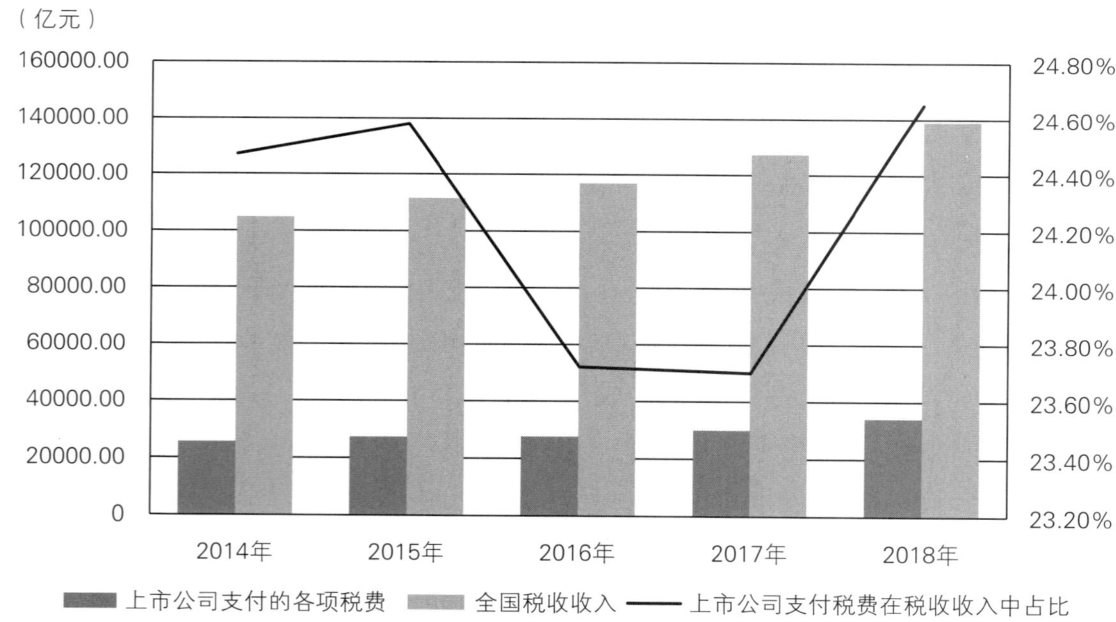

图 19－3　支付的各项税费与税收收入的比值图

上市公司创造的年度经济增加值、营业收入与我国GDP的比值在2016年下降后在2017、2018年增长明显，主要得益于上市公司数量和质量的提升，2018年营业收入占GDP的比重为51.73%，明显高于近5年平均值，年度增加值占GDP的比重为13.96%，接近于近5年平均值，详见表19–8。

表 19－8　营业收入及年度增加值对 GDP 的贡献程度

单位：亿元

年度	营业收入	年度增加值	我国 GDP	营业收入在 GDP 中占比	年度增加值在 GDP 中占比
2014	288419.27	83488.50	636463.00	45.32%	13.12%
2015	294236.51	89198.19	676708.00	43.48%	13.18%
2016	313934.72	94728.31	744127.00	42.19%	12.73%
2017	389385.66	218358.35	827122.00	47.08%	26.40%
2018	465749.84	125647.40	900309.00	51.73%	13.96%
5 年平均	350345.20	122284.15	756945.80	45.96%	15.88%

数据来源：Wind 资讯。

历年增长率如图 19–4 所示。

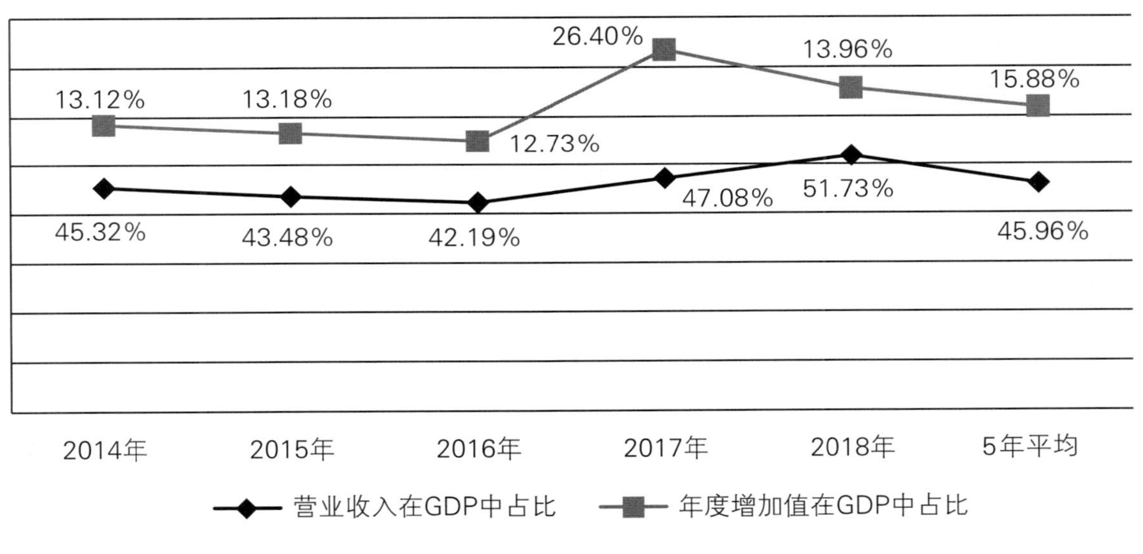

图 19－4　收入及年度增加值对 GDP 的贡献程度

经济增长是税收增长的基础，但影响税收增长的最主要因素是各税种对应税基的增长。由于 GDP 与各税种的税基增长速度不一致，GDP 的增长并非在任何条件下都与税收增长呈正相关关系。具体来讲，以销售额或销售量为税基的税种与 GDP 一般呈明显的正相关关系，如增值税、消费税、城建税、资源税。当经济处于上升期时，GDP 增长较快，这些税种的税基一般较快增长；当经济处于下行期时，GDP 增速减缓，这些税种的税基的增速一般也会减缓。另外，一些税种与 GDP 有一定的相关关系，但相关度比较小，如企业所得税，其税基是企业的利润，与经济发展的质量密切相关，但其增速与 GDP 增速的关联度很小；还有一些税种与 GDP 没有明显的相关关系，如财产税、行为税等税种，与财产的存量和行为发生的数量等密切相关，与 GDP 没有直接的数量对比关系。

4. 行业税收负担分析

（1）收入税收负担率分析

就全行业而言，2014 年到 2018 年营业收入税收负担率整体表现为弱倒“U”形，2015 年最高为 9.24%，2018 年最低，为 7.30%，可以解释为与收入相关性较强税种，如增值税等税负在 2018 年下降明显，尤其“营改增”所带来的变化在图 19–5 中是显而易见的。

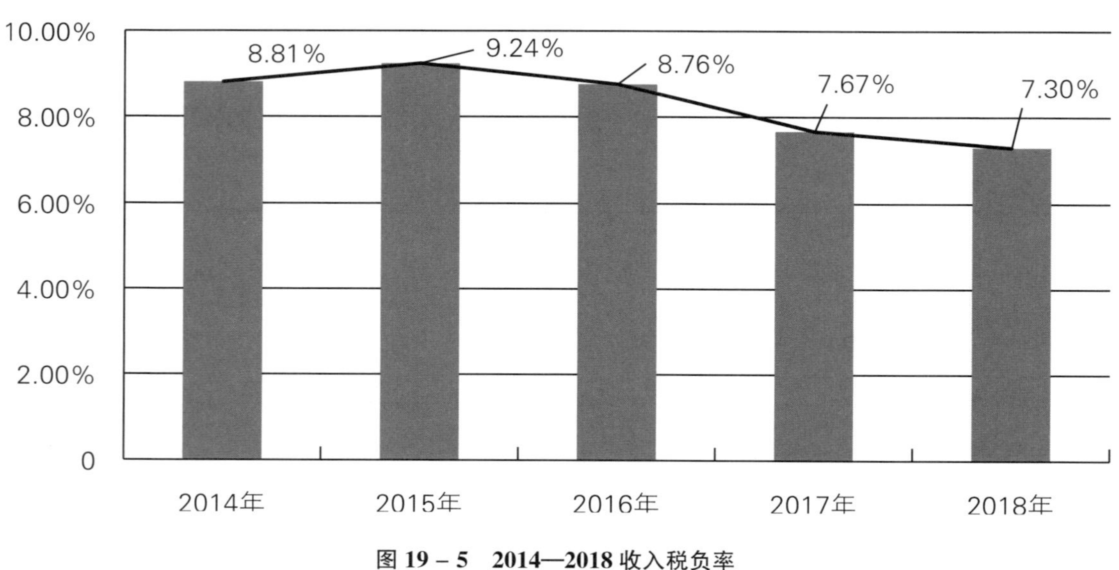

图 19 – 5　2014—2018 收入税负率

就具体行业而言，2014—2018 年度收入税收负担率表现如表 19–9 所示。

表 19 – 9　2014—2018 各行业营业收入税收负担率表

单位：%

序号	行业	收入税收负担率					均值
		2014 年	2015 年	2016 年	2017 年	2018 年	
全行业		8.80	9.24	8.76	7.67	7.30	8.35
1	房地产业	16.59	14.04	13.41	15.33	7.08	13.29
2	住宿和餐饮业	9.84	9.81	9.02	6.71	8.13	8.70
3	综合	7.22	7.06	8.28	8.00	5.40	7.19
4	交通运输、仓储和邮政业	5.34	5.79	5.80	5.27	2.54	4.95
5	批发和零售业	3.03	2.96	2.71	2.30	8.14	3.83
6	电力、热力、燃气及水生产和供应业	9.04	13.81	13.15	9.09	5.39	10.10
7	制造业	5.33	5.71	5.70	5.56	2.59	4.98
8	医药制造业	9.57	10.48	10.40	10.39	10.57	10.28

续表

序号	行业	收入税收负担率					均值
		2014 年	2015 年	2016 年	2017 年	2018 年	
9	专用设备制造业	5.85	6.16	6.26	5.97	5.95	6.04
10	非金属矿物制品业	9.00	9.34	9.45	9.38	9.99	9.43
11	计算机、通信和其他电子设备制造业	3.56	4.56	4.13	3.94	3.12	3.86
12	酒、饮料和精制茶制造业	25.16	27.91	28.57	28.12	29.99	27.95
13	其他制造业	3.20	2.98	3.58	3.73	2.84	3.27
14	金属制品业	3.15	4.15	3.89	4.21	4.49	3.98
15	农副食品加工业	2.81	3.26	2.99	3.02	2.80	2.98
16	电气机械和器材制造业	4.81	6.67	6.02	5.35	5.04	5.58
17	石油加工、炼焦和核燃料加工业	8.39	13.38	14.76	12.24	9.35	11.62
18	有色金属冶炼和压延加工业	3.61	2.75	2.52	2.76	2.73	2.87
19	化学原料和化学制品制造业	4.45	4.84	4.68	5.24	5.24	4.89
20	纺织业	4.67	5.87	5.15	4.80	4.40	4.98
21	汽车制造业	6.08	4.70	4.97	4.86	4.50	5.02
22	通用设备制造业	5.34	6.34	6.47	5.49	4.88	5.70
23	化学纤维制造业	2.81	1.95	2.07	1.69	2.03	2.11
24	造纸和纸制品业	5.75	5.62	5.90	6.17	6.47	5.98
25	橡胶和塑料制品业	4.04	5.08	4.93	4.39	4.15	4.52
26	仪器仪表制造业	8.38	9.03	8.77	8.46	8.39	8.61
27	黑色金属冶炼和压延加工业	2.85	3.11	3.35	3.68	4.41	3.48
28	食品制造业	6.32	6.97	7.17	7.16	6.92	6.91
29	铁路、船舶、航空航天和其他运输设备制造业	3.94	4.48	5.06	5.05	4.44	4.59
30	印刷和记录媒介复制业	10.78	11.54	11.85	9.72	8.50	10.48
31	木材加工和木、竹、藤、棕、草制品业	7.06	7.27	8.07	7.87	7.43	7.54
32	纺织服装、服饰业	7.73	7.98	7.83	7.95	7.23	7.74
33	文教、工美、体育和娱乐用品制造业	5.54	7.36	6.84	5.96	5.82	6.30
34	家具制造业	5.46	7.84	8.36	7.41	6.86	7.19
35	废弃资源综合利用业	6.78	2.78	4.94	6.25	5.63	5.28

续表

序号	行业	收入税收负担率					均值
		2014年	2015年	2016年	2017年	2018年	
36	皮革、毛皮、羽毛及其制品和制鞋业	6.36	8.85	7.66	8.92	8.07	7.97
37	租赁和商务服务业	4.96	4.37	2.74	2.49	2.59	3.43
38	建筑业	4.44	4.68	4.73	4.08	4.06	4.40
39	水利、环境和公共设施管理业	15.48	14.68	14.91	7.59	7.12	11.96
40	文化、体育和娱乐业	5.14	4.79	4.67	4.45	4.12	4.63
41	采矿业	13.45	16.43	15.20	13.54	12.08	14.14
42	信息传输、软件和信息技术服务业	5.44	4.84	4.68	4.41	4.13	4.70
43	农、林、牧、渔业	1.52	1.04	1.12	1.25	0.92	1.17
44	科学研究和技术服务业	6.13	6.39	5.50	5.98	5.41	5.88
45	卫生和社会工作	5.24	4.08	4.81	5.23	6.60	5.19
46	教育	5.67	5.14	7.72	10.13	7.20	7.17
47	金融业	14.88	14.29	14.26	11.68	11.11	13.24
48	居民服务、修理和其他服务业	—	—	—	10.42	4.31	7.37

数据来源：Wind资讯。

可观察到，全行业中营业收入税收负担率最高的前几位分别是：酒、饮料和精制茶制造业（27.95%）、采矿业（14.14%）、房地产业（13.29%）、金融业（13.24%），税负率较低的是农、林、牧、渔业（1.17%）、化学纤维制造业（2.11%）、有色金属冶炼和压延加工业（2.87%）、农副食品加工业（2.98%）。

从表19-9可以看到，在制造业近5年的收入税收负担率均值（4.98 %）大大低于平均税收负担率（8.35%）的情况下，其细分出来的酒、饮料和精制茶制造业税收负担率高达27.95%，超过平均值（8.35%）3倍多，在全行业中位居第一，同在制造业中收入税收负担率最低的是化学纤维制造业（2.11%），制造业的收入负担率差异较大，同时我们关注到，制造业整体在2018年收入税负率有很大的降低，从2017年的5.56%降低到2018年的2.59%。这一比例的变化体现了制造业相关的增值税税率的降低带来的利好，以及制造业相关的其他各项税收优惠得以体现。另外金融业的收入税负率较高的原因主要是资金拆借利息成本的进项不可以抵扣所导致。

我们关注了与营改增相关的细分行业：住宿与餐饮业、租赁和商务服务业、建筑业和金融业，在2018年度我们可以看出住宿与餐饮业收入税负率增长比较明显，租赁和商务服务业收入税负率与去年项目比变化不大，金融业、建筑业收入税负率有略微下降。

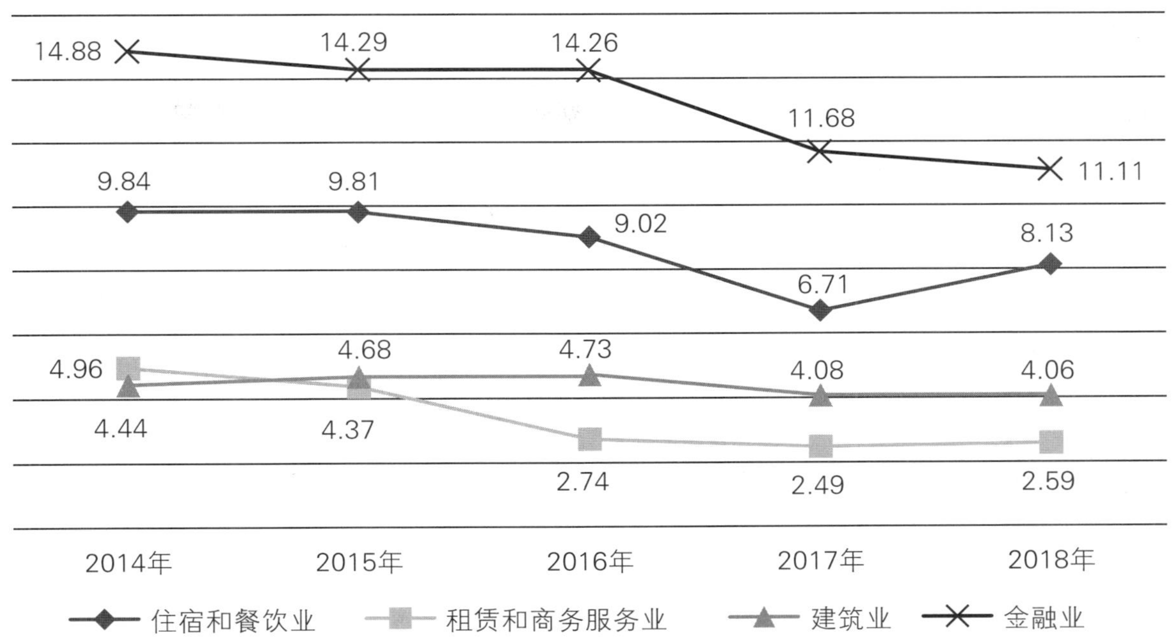

图 19－6　营改增相关行业收入税负率

（2）利润税收负担率分析

利润税收负担率指标的立脚点是从股东回报的角度来看，在股东获取 100 元利润总额的时候，企业为此支付的税收成本。从图 19–7 的数据中可以看到 2017 年度利润税负率是近 5 年来最低值，2018 年利润税负率略有增加，利润总额可以在某种程度上代表企业所得税的计税基数，从 2017、2018 年来看，所得税也取得了一些降低税负的成效。

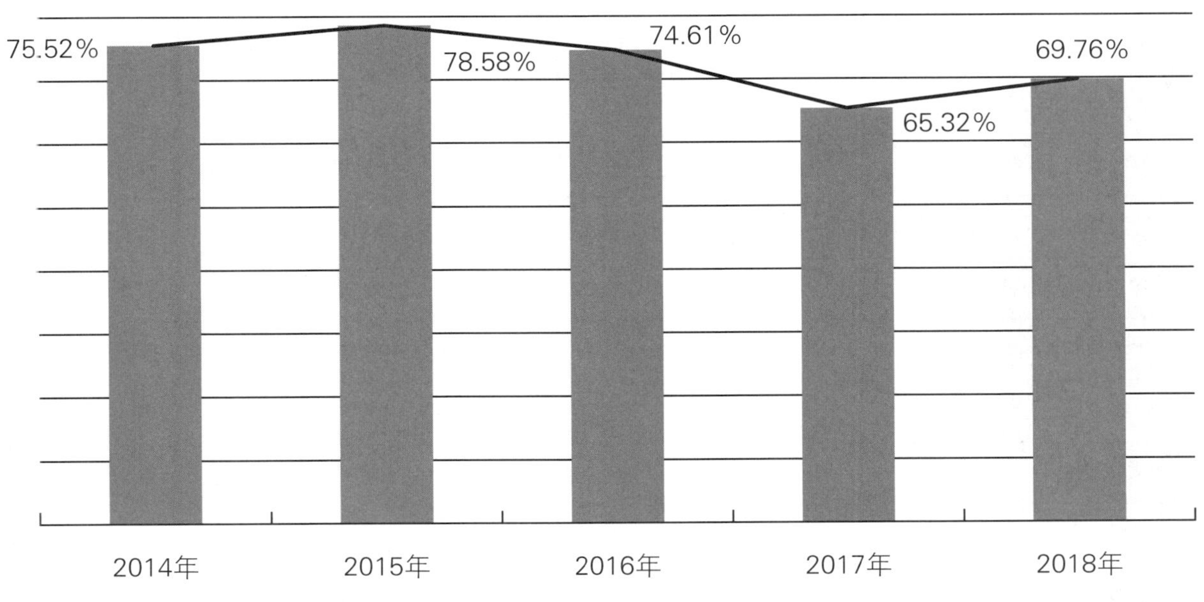

图 19－7　2014—2018 年利润税收负担率

不同行业 2014—2018 年度利润税收负担率表现如表 19–10 所示。

表 19－10　2014—2018 年各行业利润税收负担率表

单位：%

序号	行业	利润税收负担率					均值
		2014 年	2015 年	2016 年	2017 年	2018 年	
	全行业	75.52	78.58	74.61	65.32	69.76	72.76
1	房地产业	92.55	101.92	92.48	89.26	81.53	91.55
2	住宿和餐饮业	429.39	83.49	130.10	74.84	83.80	160.32
3	综合	68.41	251.99	95.78	100.83	52.58	113.92
4	交通运输、仓储和邮政业	46.15	46.46	52.48	37.92	98.35	56.27
5	批发和零售业	112.50	140.05	97.50	82.16	75.05	101.45
6	电力、热力、燃气及水生产和供应业	65.38	68.06	77.70	83.42	72.99	73.51
7	制造业	88.92	104.93	77.42	64.62	84.18	84.01
8	医药制造业	58.88	69.07	63.67	59.29	86.45	67.47
9	专用设备制造业	46.14	139.34	127.65	67.40	77.06	91.52
10	非金属矿物制品业	55.22	118.49	82.09	62.80	55.85	74.89
11	计算机、通信和其他电子设备制造业	60.75	71.97	67.61	51.68	72.16	64.83
12	酒、饮料和精制茶制造业	94.35	96.11	99.81	83.10	81.49	90.97
13	其他制造业	64.11	58.70	52.45	56.78	(214.32)	3.54
14	金属制品业	44.21	72.55	75.70	62.73	50.51	61.1
15	农副食品加工业	63.88	58.60	46.41	45.22	51.07	53.04
16	电气机械和器材制造业	59.53	72.73	61.49	62.16	79.38	67.06
17	石油加工、炼焦和核燃料加工业	210.54	—	182.79	170.25	126.39	172.49
18	有色金属冶炼和压延加工业	88.92	—	126.45	83.90	171.11	117.6
19	化学原料和化学制品制造业	55.17	91.40	90.89	54.44	49.77	68.33
20	纺织业	52.33	92.94	67.25	52.02	52.86	63.48
21	汽车制造业	68.30	65.25	69.88	73.38	80.56	71.47
22	通用设备制造业	62.71	105.71	63.10	72.16	128.65	86.47
23	化学纤维制造业	33.97	82.98	49.58	35.37	41.83	48.75
24	造纸和纸制品业	99.71	123.02	90.30	56.41	68.58	87.6
25	橡胶和塑料制品业	54.11	67.61	65.71	63.74	69.17	64.07

续表

序号	行业	利润税收负担率					均值
		2014 年	2015 年	2016 年	2017 年	2018 年	
26	仪器仪表制造业	56.78	56.37	63.15	47.42	101.21	64.99
27	黑色金属冶炼和压延加工业	96.20	—	123.48	51.99	53.48	81.29
28	食品制造业	81.75	81.86	69.19	66.33	66.47	73.12
29	铁路、船舶、航空航天和其他运输设备制造业	61.81	134.64	91.64	80.04	101.86	94
30	印刷和记录媒介复制业	52.09	49.95	69.49	53.24	46.42	54.24
31	木材加工和木、竹、藤、棕、草制品业	117.16	94.39	72.18	68.66	63.90	83.26
32	纺织服装、服饰业	50.54	65.52	70.45	79.85	98.15	72.9
33	文教、工美、体育和娱乐用品制造业	43.09	50.76	54.90	71.16	406.09	125.2
34	家具制造业	49.63	52.62	63.99	60.17	88.63	63.01
35	废弃资源综合利用业	39.81	57.23	48.09	47.15	61.21	50.7
36	皮革、毛皮、羽毛及其制品和制鞋业	60.80	93.59	80.38	92.90	89.09	83.35
37	租赁和商务服务业	75.20	89.74	41.97	38.48	84.18	65.91
38	建筑业	112.03	116.43	110.56	89.56	91.28	103.97
39	水利、环境和公共设施管理业	68.15	70.39	68.40	43.21	58.04	61.64
40	文化、体育和娱乐业	31.35	30.69	28.59	28.29	137.97	51.38
41	采矿业	256.36	518.35	412.78	256.03	207.76	330.26
42	信息传输、软件和信息技术服务业	65.39	53.00	63.89	71.45	111.28	73
43	农、林、牧、渔业	80.62	15.61	7.64	17.71	10.94	26.5
44	科学研究和技术服务业	51.22	55.37	64.33	52.97	51.19	55.02
45	卫生和社会工作	29.46	22.85	27.52	35.30	29.81	28.99
46	教育	92.43	137.19	47.74	59.87	61.66	79.78
47	金融业	38.31	38.72	41.81	35.09	37.21	38.23
48	居民服务、修理和其他服务业	—	—	—	103.21	83.45	106.83

数据来源：Wind 资讯。

从表中可看出，利润税负率排名靠前的行业有：采矿业（330.26%），石油加工、炼焦和核燃料加工业（172.49%），住宿和餐饮业（160.32%），文教、工美、体育和娱乐用品制造业（125.2%）；利润税负率较低的行业有：其他制造业（3.54%），农、林、牧、渔业

（26.5%），卫生和社会工作（28.99%），金融业（38.23%）。

我们同时关注了营改增相关的四个细分行业的利润税负率水平，在 2017 年均有不同程度的下降，但在 2018 年利润税负率有所增加。如图 19–8 所示：

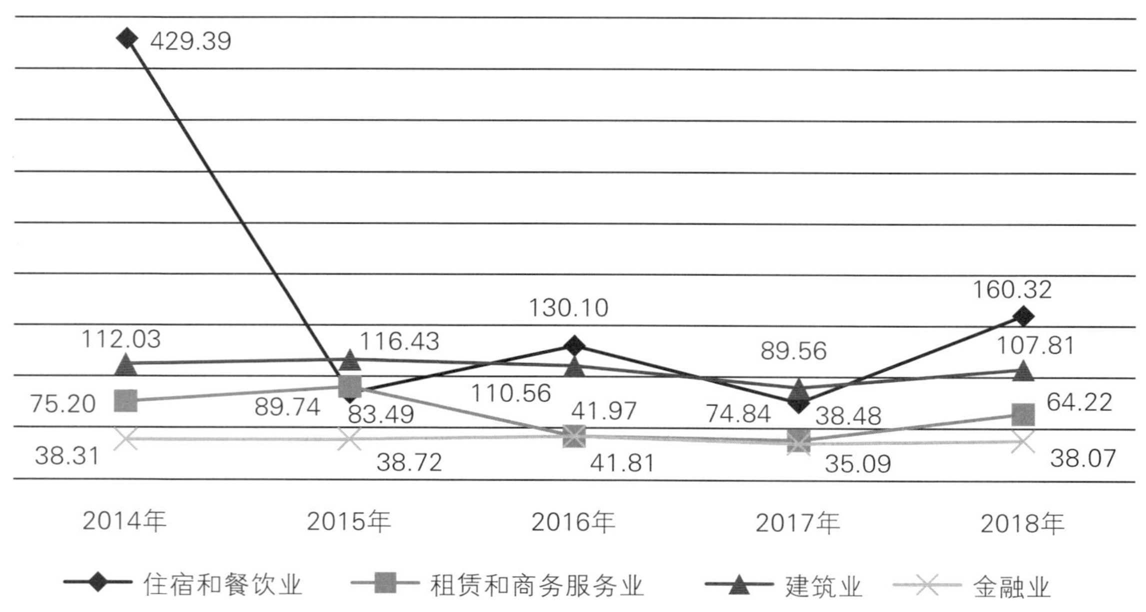

图 19 – 8　营改增相关行业利润税负率

（3）年度经济增加值税收负担率分析

2014—2018 年度增加值税负率，除了 2017 年度偏低以外，其余年度差异程度不大，且除了 2017 年数值外，其余年度中 2018 年的数值最低，年度经济增加值取值为支付的相关税费、支付给员工的现金、净利润、折旧、摊销，因此如果相关因素在年度内变动较大时，则该数据的波动较大。总体来看，2018 年度的年度增加值税负率处于中等偏下的水平。

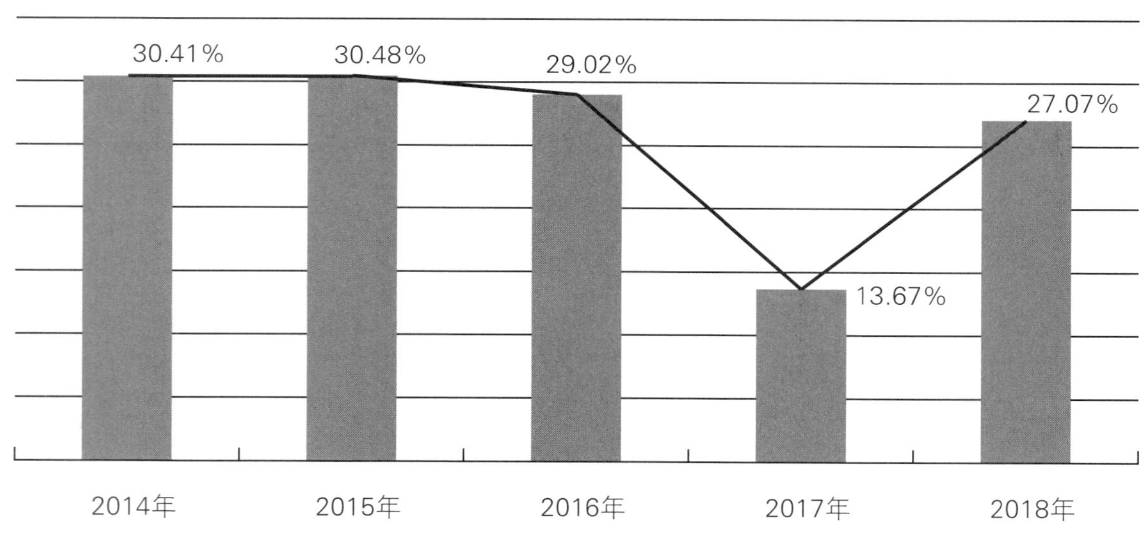

图 19 – 9　年度增加值税负率图

年度增加值反映企业在经营中创造价值并承担一定社会责任，年度增加值从2014年的83488.50亿元提高到2018年的125647.40亿元，除2017年外，税收成本在其中的份额基本能够保持在30%左右，这意味着企业新创造的100元价值中，其中将近三分之一是用来给国家缴纳税收的，该指标与经营活动现金流量的税负率体现的都是税收刚性约束。从2017、2018年的数据来看，表现出来政府的减税效应，愿意让更多的利润留到企业中。

在行业分布上，各个行业的年度增加值税收负担率具体数据见表19–11。

表19－11　2014—2018年各行业经济增加值税收负担率表

单位：%

序号	行业	经济增加值税负率					均值
		2014年	2015年	2016年	2017年	2018年	
全行业		30.41	30.48	29.02	13.67	27.07	26.13
1	房地产业	48.97	51.36	48.73	15.16	15.47	35.94
2	住宿和餐饮业	22.48	17.10	18.37	5.28	28.34	18.31
3	综合	25.83	30.44	29.50	3.68	15.12	20.91
4	交通运输、仓储和邮政业	13.90	14.45	14.81	4.06	30.65	15.57
5	批发和零售业	33.15	33.83	30.53	7.68	22.64	25.57
6	电力、热力、燃气及水生产和供应业	27.91	28.76	27.51	6.53	23.35	22.81
7	制造业	25.31	25.78	24.12	6.80	25.63	21.53
8	医药制造业	27.50	27.83	27.08	7.25	30.32	24.00
9	专用设备制造业	22.67	22.30	22.05	4.60	20.45	18.41
10	非金属矿物制品业	26.13	27.93	26.16	7.84	26.87	22.99
11	计算机、通信和其他电子设备制造业	19.16	18.14	16.77	4.36	14.33	14.55
12	酒、饮料和精制茶制造业	43.38	42.37	43.72	16.18	42.68	37.67
13	其他制造业	29.85	30.15	29.65	6.55	61.32	31.5
14	金属制品业	18.45	19.86	19.86	5.09	19.63	16.58
15	农副食品加工业	23.27	20.74	18.11	5.67	17.76	17.11
16	电气机械及器材制造业	26.35	27.25	24.47	7.19	24.21	21.89
17	石油加工、炼焦及核燃料加工业	44.12	63.41	50.62	20.24	43.56	44.39
18	有色金属冶炼及压延加工业	26.57	30.56	24.10	6.32	27.79	23.07
19	化学原料及化学制品制造业	21.80	23.00	22.77	6.09	21.37	19.01
20	纺织业	18.01	20.78	18.03	4.43	15.83	15.42
21	汽车制造业	32.95	24.08	24.49	8.58	22.57	22.53

续表

序号	行业	经济增加值税负率					均值
		2014年	2015年	2016年	2017年	2018年	
22	通用设备制造业	24.36	26.28	25.11	4.91	23.05	20.74
23	化学纤维制造业	17.10	15.02	15.90	3.95	17.70	13.93
24	造纸及纸制品业	26.02	24.64	24.68	6.39	25.69	21.48
25	橡胶和塑料制品业	21.07	19.90	19.71	4.69	17.53	16.58
26	仪器仪表制造业	23.51	22.18	22.60	4.57	23.30	19.23
27	黑色金属冶炼及压延加工	19.85	31.17	18.70	6.47	21.60	19.56
28	食品制造业	27.84	25.31	24.39	8.85	23.39	21.96
29	铁路、船舶、航空航天和其他运输设备制造业	19.35	20.50	20.28	4.82	17.37	16.46
30	印刷和记录媒介复制业	25.63	24.04	26.69	5.52	20.51	20.48
31	木材加工及木、竹、藤、棕、草制品业	27.60	24.98	26.17	7.32	26.61	22.54
32	纺织服装、服饰业	24.34	25.37	26.42	8.02	27.44	22.32
33	文教、工美、体育和娱乐用品制造业	17.75	19.68	19.24	4.68	25.74	17.42
34	家具制造业	19.01	21.44	23.16	7.14	21.20	18.39
35	废弃资源综合利用业	17.57	15.81	18.79	5.45	22.92	16.11
36	皮革、毛皮、羽毛及其制品和制鞋业	24.16	25.58	24.06	6.21	22.22	20.45
37	租赁和商务服务业	31.85	32.58	21.08	4.91	25.63	23.21
38	建筑业	30.29	30.20	29.38	9.73	25.87	25.09
39	水利、环境和公共设施管理业	34.65	33.18	32.52	4.53	22.37	25.45
40	文化、体育和娱乐业	14.88	14.70	14.17	2.73	17.32	12.76
41	采矿业	49.43	51.49	47.89	17.15	44.62	42.12
42	信息传输、软件和信息技术服务业	12.68	11.50	11.84	3.39	12.77	10.44
43	农、林、牧、渔业	7.18	4.72	3.93	1.22	3.62	4.13
44	科学研究和技术服务业	17.99	15.72	14.48	4.62	13.09	13.18
45	卫生和社会工作	11.00	8.27	10.08	4.03	12.30	9.14
46	教育	11.63	9.32	11.31	5.82	10.75	9.77
47	金融业	24.76	25.20	25.48	4.86	22.48	20.56
48	居民服务、修理和其他服务业	—	—	—	16.45	15.50	15.98

数据来源：Wind资讯。

由以上数据看出，2018 年度增加值税收负担率指标整体上看略微下降，但比 2017 年有所增加，其中年度经济增加值税负率排名靠前的行业有：石油加工、炼焦及核燃料加工业（44.39%），采矿业（42.12%），酒、饮料和精制茶制造业（37.67%），房地产（35.94%）；排名比较靠后的行业有：农、林、牧、渔业（4.13%），卫生和社会工作（9.14%），教育（9.77%），信息传输、软件和信息技术服务业（10.44%）。

（4）现金流量税负率分析

现金流量税负率反映的是企业经营活动发生的付现成本中税收所占的比重。这个指标与其他指标相比有其独特性，因为只有该指标是从付现角度来衡量，其他指标都是以权责发生制为前提。在现代企业经营中，企业追求的不再是“纸面富贵”，而是“现金为王”。历年来，因金融危机导致公司破产案例举不胜举，究其原因不是因为其资产质量恶化，而是因为其流动性发生了问题，在利润为正数的情况下出现了“黑字破产”。经营活动的现金流出代表的是企业在主营业务过程中支付的购买原料、支付员工薪酬等成本，税收成本也是其中的一个因素。该指标能够说明企业付现成本中税收成本的压力。相比以往年度，从图 19–10 可以看出，整体上经营活动现金流出税负率是下降趋势，且 2018 年该数据已经下降至 5.55%。该指标各年变化如图 19–10 所示。

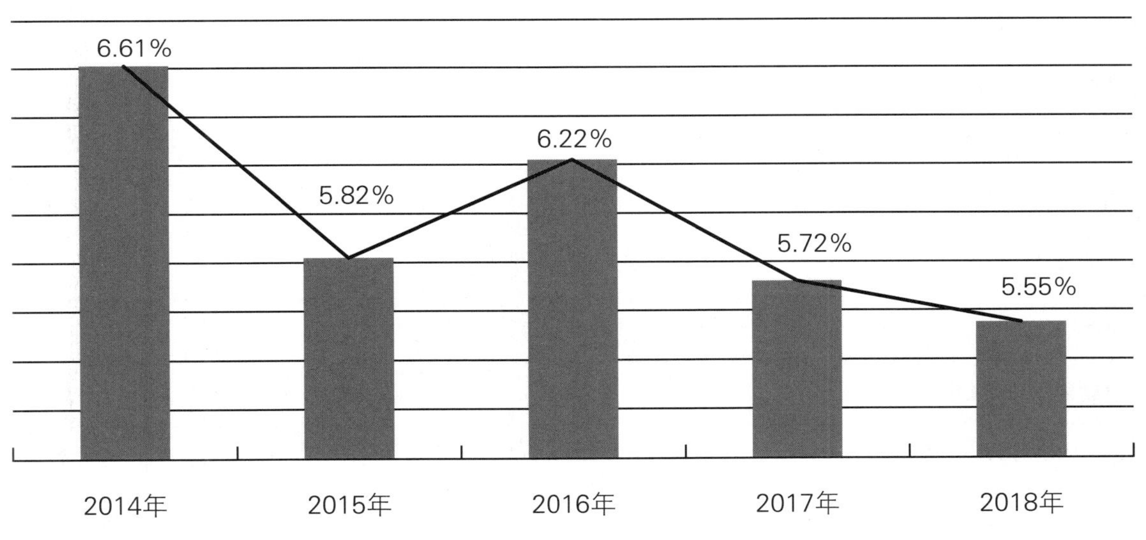

图 19 – 10　各年度经营活动现金流出税负率比较图

该指标在各行业比较中也表现出较强的行业特征，2014 年至 2018 年度各行业经营活动现金流量税负率计算结果如下：

从表 19–12 中可以看到，经营活动现金流出税负率按近 5 年均值来看，排名靠前的行业有：酒、饮料和精制茶制造业（29.16%），采矿业（13.52%），水利、环境和公共设施管理业（12.68%），石油加工、炼焦及核燃料加工业（11.68%）；排名比较靠后的行业有：农、林、牧、渔业（1.22%），化学纤维制造业（2.1%），其他制造业（2.47%），租赁和商务服务业（2.66%）。

表 19－12　2014—2018 年各行业经营活动现金流出税收负担率表

单位：%

序号	行业	经营活动现金流出税收负担率					均值
		2014 年	2015 年	2016 年	2017 年	2018 年	
全行业		6.61	5.82	6.22	5.72	5.55	5.98
1	房地产业	11.75	10.54	9.99	9.70	7.67	9.93
2	住宿和餐饮业	10.66	8.93	10.26	7.60	8.38	9.17
3	综合	6.79	6.01	7.76	7.79	5.62	6.79
4	交通运输、仓储和邮政业	5.34	5.21	6.32	5.61	2.21	4.94
5	批发和零售业	2.62	2.50	2.32	1.96	9.35	3.75
6	电力、热力、燃气及水生产和供应业	13.70	11.77	16.04	10.34	5.63	11.50
7	制造业	5.48	5.30	5.81	5.83	2.25	4.93
8	医药制造业	10.41	9.99	11.20	11.18	11.17	10.79
9	专用设备制造业	6.50	6.07	6.53	6.52	6.33	6.39
10	非金属矿物制品业	9.31	6.85	10.71	10.47	11.50	9.77
11	计算机、通信和其他电子设备制造业	3.53	4.23	4.16	3.97	3.12	3.80
12	酒、饮料和精制茶制造业	26.13	23.68	30.77	30.70	34.50	29.16
13	其他制造业	2.64	2.47	2.27	2.76	2.21	2.47
14	金属制品业	3.08	4.36	4.34	4.51	4.84	4.23
15	农副食品加工业	2.60	2.98	2.93	3.01	2.79	2.86
16	电气机械及器材制造业	5.77	6.34	6.59	6.00	5.74	6.09
17	石油加工、炼焦及核燃料加工业	8.09	12.14	15.13	13.14	9.92	11.68
18	有色金属冶炼及压延加工	3.31	2.42	2.43	2.68	2.74	2.72
19	化学原料及化学制品制造业	4.58	4.92	4.99	5.82	5.74	5.21
20	纺织业	4.41	5.39	5.13	4.65	4.31	4.78
21	汽车制造业	6.43	4.40	4.86	4.83	4.34	4.97
22	通用设备制造业	5.40	6.09	5.87	5.53	5.04	5.59
23	化学纤维制造业	3.42	1.62	1.80	1.67	1.98	2.10
24	造纸及纸制品业	5.92	5.73	6.61	7.07	7.30	6.53

续表

序号	行业	经营活动现金流出税收负担率					均值
		2014 年	2015 年	2016 年	2017 年	2018 年	
25	橡胶和塑料制品业	4.10	4.85	5.29	4.92	4.74	4.78
26	仪器仪表制造业	8.57	9.16	9.45	9.15	8.79	9.02
27	黑色金属冶炼及压延加工	3.06	2.91	3.70	4.51	5.39	3.91
28	食品制造业	5.85	6.11	7.39	7.07	6.81	6.65
29	铁路、船舶、航空航天和其他运输设备制造业	3.86	4.28	5.07	4.96	4.25	4.48
30	印刷和记录媒介复制业	11.12	10.33	12.88	10.35	9.60	10.86
31	木材加工及木、竹、藤、棕、草制品业	6.04	6.41	8.22	7.71	7.28	7.13
32	纺织服装、服饰业	7.42	7.08	7.31	7.16	6.70	7.13
33	文教、工美、体育和娱乐用品制造业	5.34	6.78	6.54	5.68	5.33	5.93
34	家具制造业	5.00	6.87	8.85	7.44	6.66	6.96
35	废弃资源综合利用业	3.97	2.63	4.88	6.27	5.39	4.63
36	皮革、毛皮、羽毛及其制品和制鞋业	5.98	7.41	7.43	8.68	7.73	7.45
37	租赁和商务服务业	3.94	2.97	2.16	1.99	2.25	2.66
38	建筑业	4.71	4.84	5.06	4.05	3.92	4.52
39	水利、环境和公共设施管理业	16.48	14.44	14.38	9.70	8.40	12.68
40	文化、体育和娱乐业	5.54	4.46	4.96	4.46	4.05	4.69
41	采矿业	13.04	14.15	15.00	13.53	11.89	13.52
42	信息传输、软件和信息技术服务业	6.92	4.43	5.07	4.64	4.34	5.08
43	农、林、牧、渔业	1.54	0.98	1.28	1.31	1.00	1.22
44	科学研究和技术服务业	8.01	7.14	6.34	6.67	5.85	6.8
45	卫生和社会工作	6.15	4.01	4.46	6.01	7.43	5.61
46	教育	5.61	4.22	7.87	10.16	7.10	6.99
47	金融业	4.95	3.94	4.46	3.96	3.87	4.24
48	民服务、修理和其他服务业	—	—	—	9.36	4.20	6.78

数据来源：Wind 资讯。

下面我们以2012年度证监会行业分类，将全部A股上市公司分为19类汇总与制造业的29类细分，以序号1—48作为对应行业代码进行作图，从直观图中比较分析A股上市公司各行业的税收负担在年度间的变化情况。

（1）收入税收负担率年度变化比较

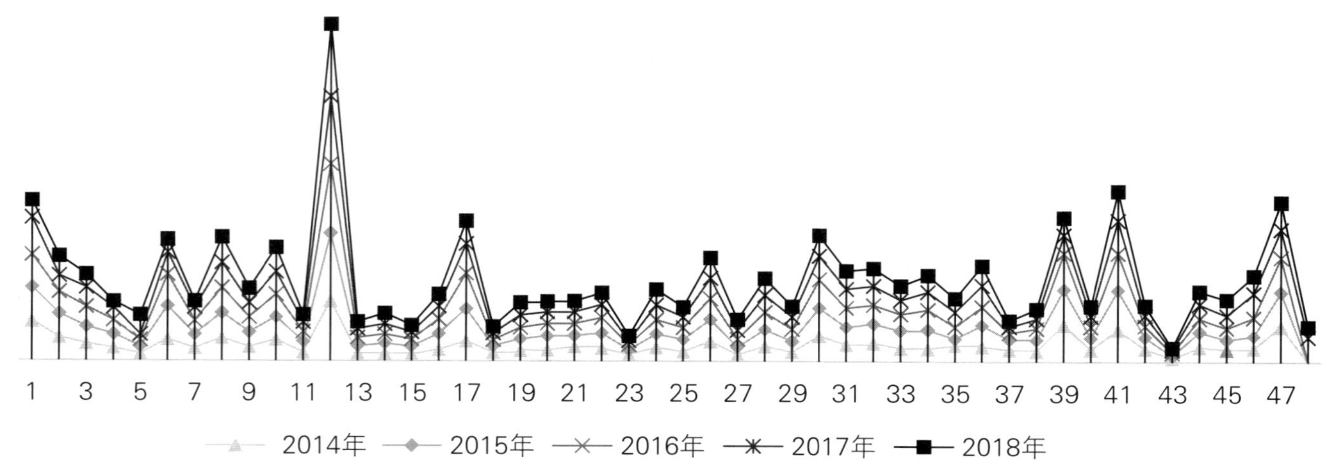

图19-11 2014—2018年收入税负率近五年比较图

从上图中可以看到，2018年度的收入税负率跟历年趋势比较契合，只是在个别行业中表现为降低，如行业4交通运输、仓储和邮政业，行业7制造业，行业17石油加工、炼焦和核燃料加工业；表现为升高的主要有：行业5批发和零售业，行业45卫生和社会工作。从2018年收入税负率与近5年来均值比较，48个行业中有35个行业2018年的收入税负率低于近5年来均值，只有13个行业该税负率有所增加。

（2）利润税收负担率年度变化比较

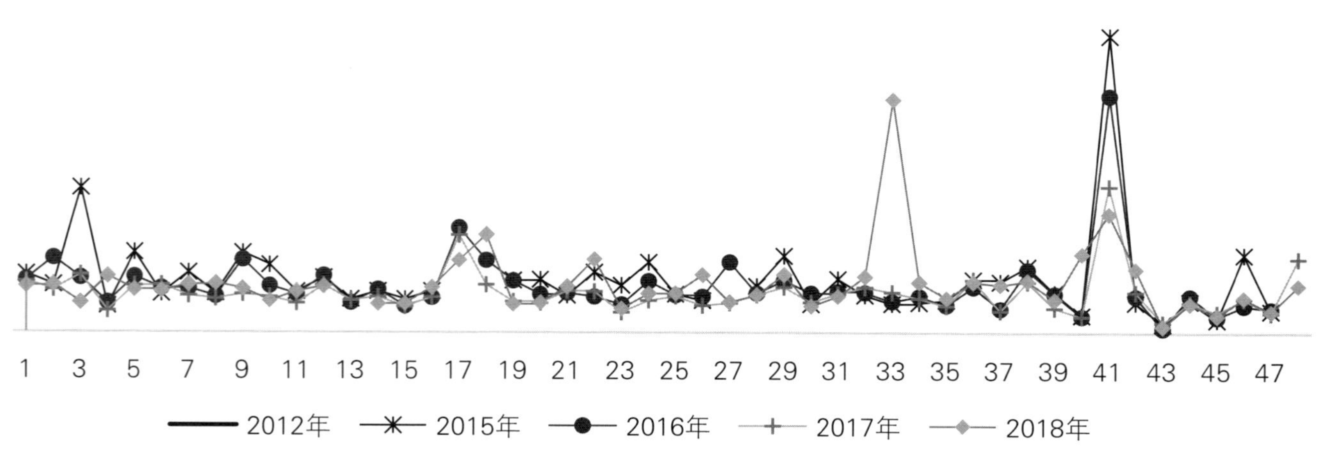

图19-12 2014—2018年利润税收负担率五年比较图

上述数据中剔除了利润总额整体为负值的个别行业个别年份数据，从图19-12中可以看到用利润考核税负率的离散程度要高于收入税负率，表明一些与收入直接相关的税种的税收刚性。从整体来看，利润总额税负率在2018年有所增长的行业有：行业33文教、工美、体育和娱乐用品制造业，行业40文化、体育和娱乐业，行业18有色金属冶炼和压延加工业，行业22通用设备制造业。从2018年利润总额税负率与近5年来均值比较，48个行业中有28个行业2018年的利润总额税负率低于近5年来均值，只有20个行业该税负率有所增加。

（3）年度经济增加值税收负担率年度变化比较

2014年度至2018年度各行业年度增加值税负率变化如图19–13所示。

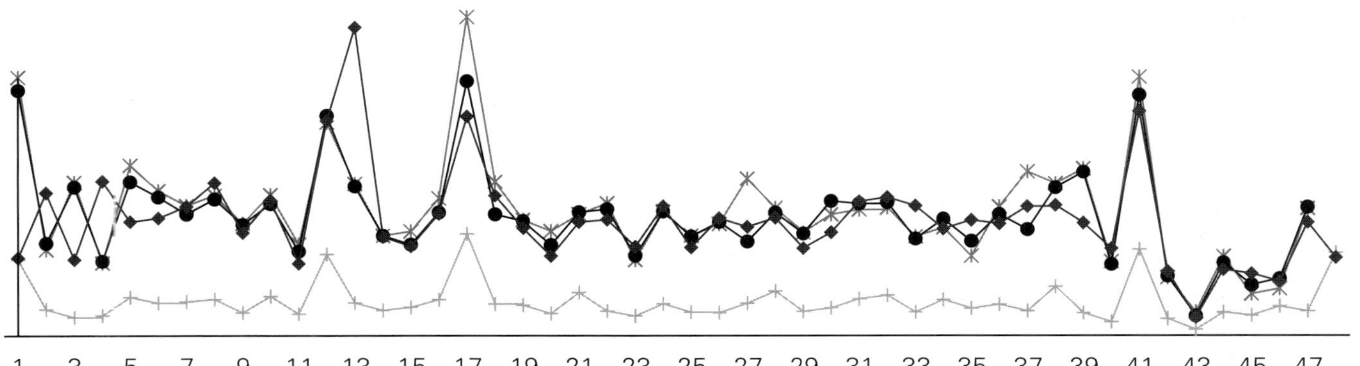

图19－13 2014—2018年年度经济增加值税负率变化比较图

由上图可直观看到，2018年度该指标与前几年的线性轨迹拟合度较高。从2018年年度增加值税负率与近5年来均值比较，48个行业中有39个行业2018年的年度增加值税负率高于近5年来均值，只有9个行业该税负率有所减少。

（4）经营活动现金流出税收负担率年度变化比较

2014年度至2018年度各行业年度增加值税负率变化如图19–14所示。

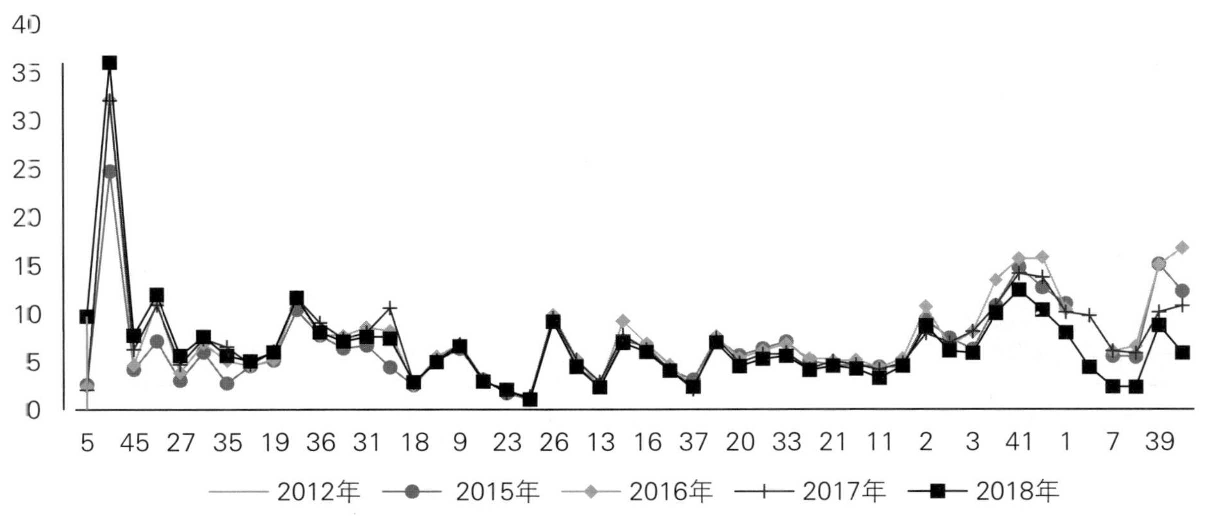

图19－14 各行业经营活动现金流出连续5年税负率分布图

2014—2018 年度，整体行业现金流出税负率在各年基本保持了统一的趋势，从 2018 年经营活动现金流出税负率与近 5 年来均值比较，48 个行业中有 33 个行业 2018 年的经营活动现金流出税负率低于近 5 年来均值，只有 15 个行业该税负率有所增加。其中 2018 年下降最为明显的是：行业 6 电力、热力、燃气及水生产和供应业，行业 39 水利、环境和公共设施管理业，行业 4 交通运输、仓储和邮政业行业；有所上升的是行业 5 批发和零售业，行业 12 酒、饮料和精制茶制造业，行业 45 卫生和社会工作。

（五）新三板上市公司税收负担分析

1. 总体税负分析

2014—2018 年，对新三板企业的收入、利润、年度增加值和经营活动现金流出四个税负率指标取平均值进行比较，呈现如下结果：利润税负率＞年度增加值税负率＞收入税负率、经营活动现金流出税负率，收入税负率与经营活动税负率比较接近，除年度经济增加值税负率在 2018 年有所增长外，收入税负率、利润税负率指标在 2014—2018 年间总体均呈现下降趋势，利润税负率在 2018 年最低；从四个指标在 2018 年的表现来看，新三板的数据值均低于 A 股市场的数据值；经营现金流出税负率与收入税负率比较接近，与 A 股市场表现基本一致。

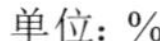

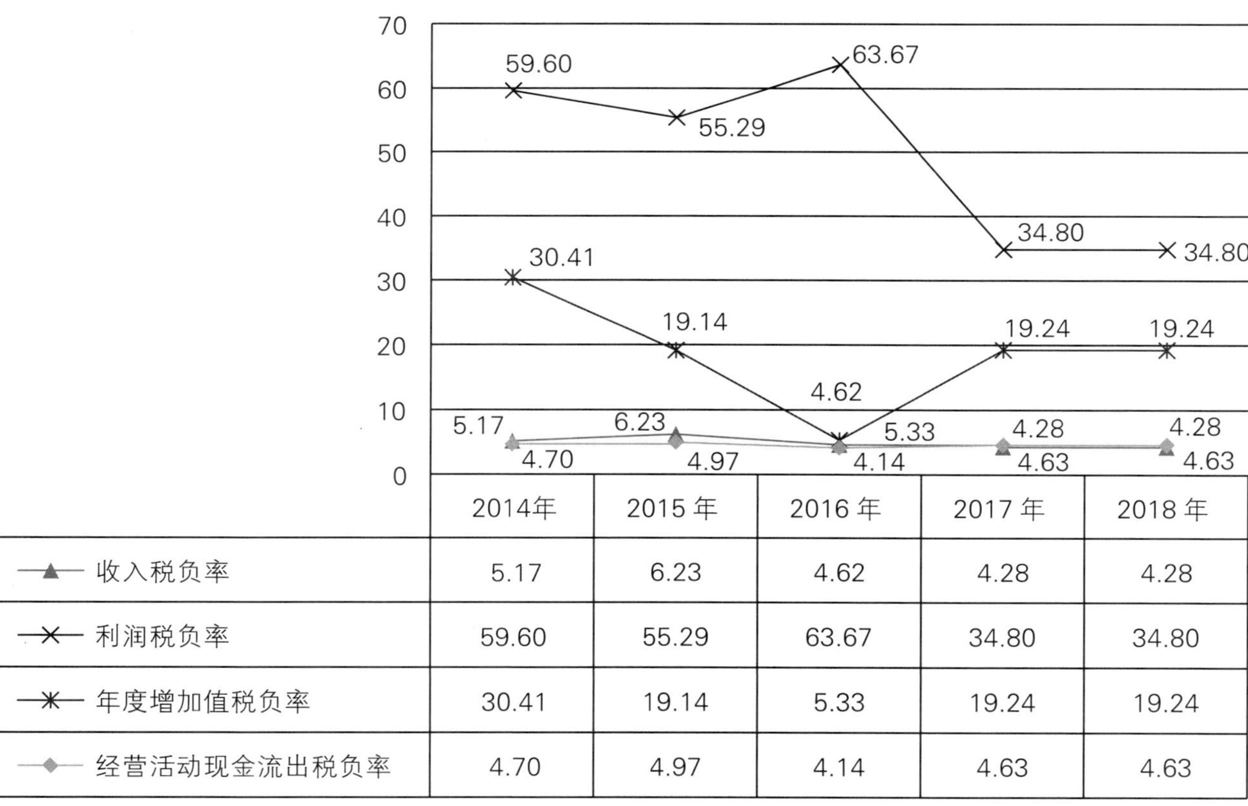

	2014年	2015 年	2016 年	2017 年	2018 年
收入税负率	5.17	6.23	4.62	4.28	4.28
利润税负率	59.60	55.29	63.67	34.80	34.80
年度增加值税负率	30.41	19.14	5.33	19.24	19.24
经营活动现金流出税负率	4.70	4.97	4.14	4.63	4.63

图 19－15　2014 年到 2018 年新三板企业税收负担率总览

数据来源：Wind 资讯。

可观察到，与A股上市公司相比，新三板企业的税收负担率指标平均值较低，说明普遍来看，新三板企业的税收负担低于A股上市公司。这与新三板公司可享受的税收优惠政策有不可或缺的关系，如小微企业的企业所得税适用20%的低税率并减半征收，小规模纳税人认定标准统一提高至500万元等，这些减税政策对降低小微企业的税负率，创造良好的营商环境具有重要的意义。

我们通过Wind数据整理发现，新三板的行业划分比A股多一个制造业的细分行业：金属制品、机械和设备修理业，我们以此类推，对新三板的行业重新排序，总共有49个细分行业（含制造业）。根据以上描述我们按行业对税收负担情况进行分析：

（1）收入税收负担率分析

就全行业而言，2014年到2018年营业收入税收负担率保持平稳下降趋势，均值为5.12%，2018年均值比去年5年均值下降0.18%。2018年全行业中收入税收负担率最高的前三行业分别是：酒、饮料和精制茶制造业（10.75%）、金属制品、机械和设备修理业（9.41%）和医药制造业（8.59%），排名靠后的行业是农、林、牧、渔业（1.17%）、农副食品加工业（1.72%）和有色金属冶炼及压延加工（2.36%），收入税负率基本与去年保持一致。

2C14—2018年各行业收入税收负担率表现见表19–13。

表19－13　2014—2018年各行业收入税收负担率表

单位：%

序号	行业	收入税收负担率					均值
		2014年	2015年	2016年	2017年	2018年	
全行业		5.17	6.23	5.29	4.62	4.28	5.12
1	房地产业	7.52	8.11	8.52	8.11	7.75	8.00
2	住宿和餐饮业	7.34	7.16	5.8	4.2	3.79	5.66
3	交通运输、仓储和邮政业	3.52	3.94	3.7	2.91	3.04	3.42
4	批发和零售业	2.12	2.77	2.65	2.39	2.30	2.45
5	电力、热力、燃气及水生产和供应业	7.66	5.28	7.14	6.35	5.82	6.45
6	制造业	5.77	5.43	5.7	5.23	4.91	5.41
7	医药制造业	8.85	9.04	8.81	8.61	8.59	8.78
8	专用设备制造业	6.47	7.32	7.94	7.49	6.93	7.23
9	非金属矿物制品业	7.41	7.74	7.98	6.79	7.34	7.45
10	计算机、通信和其他电子设备制造业	5.25	5.17	5.1	4.72	4.62	4.97
11	酒、饮料和精制茶制造业	18.77	11.84	10.67	10.78	10.75	12.56

续表

序号	行业	收入税收负担率					均值
		2014年	2015年	2016年	2017年	2018年	
12	其他制造业	6.23	6.03	6.99	4.93	3.72	5.58
13	金属制品业	4.14	5.01	5.59	5.17	4.93	4.97
14	农副食品加工业	1.64	1.77	1.77	1.91	1.50	1.72
15	电气机械及器材制造业	6.04	4.8	5.73	5.06	4.61	5.25
16	有色金属冶炼及压延加工	3.12	1.8	2.02	2.35	2.50	2.36
17	纺织业	5.48	4.91	4.62	4.06	3.80	4.57
18	汽车制造业	5.16	6.36	5.7	5.22	4.95	5.48
19	通用设备制造业	6.82	7.33	7.67	6.74	5.93	6.90
20	化学纤维制造业	2.76	5.95	4.27	4.72	4.24	4.39
21	橡胶和塑料制品业	4.69	5.52	5.79	4.67	4.15	4.96
22	仪器仪表制造业	9.11	9.53	9	7.98	8.34	8.79
23	黑色金属冶炼及压延加工	2.28	4.25	3.72	4.02	4.01	3.66
24	食品制造业	9.26	6.09	6.52	6.38	6.63	6.98
25	铁路、船舶、航空航天和其他运输设备制造业	7.98	9.12	8.91	7.72	7.32	8.21
26	印刷和记录媒介复制业	5.71	6.45	6.39	5.29	4.65	5.70
27	纺织服装、服饰业	8.18	6.68	7.59	4.98	6.02	6.69
28	文教、工美、体育和娱乐用品制造业	3.73	4.41	5.18	3.96	2.96	4.05
29	家具制造业	4.03	6.61	6.23	6.02	5.19	5.62
30	废弃资源综合利用业	3.43	4.18	4.86	4.59	4.86	4.38
31	皮革、毛皮、羽毛及其制品和制鞋业	6.75	7.4	4.71	3.8	3.90	5.31
32	金属制品、机械和设备修理业	—	—	—	—	9.41	9.41
33	租赁和商务服务业	6.77	5.33	5.19	4.71	4.53	5.31
34	建筑业	4.11	4.3	4.86	3.94	3.85	4.21
35	水利、环境和公共设施管理业	7.48	6.48	8.13	8	7.61	7.54
36	文化、体育和娱乐业	5.6	7.92	7.56	6.42	6.57	6.81
37	采矿业	11.21	10.39	11	9.12	7.84	9.91
38	信息传输、软件和信息技术服务业	6.44	4.75	4.53	3.82	3.38	4.58

续表

序号	行业	收入税收负担率					均值
		2014 年	2015 年	2016 年	2017 年	2018 年	
39	农、林、牧、渔业	1.33	1.34	1.05	1.16	0.99	1.17
40	科学研究和技术服务业	4.85	5.67	6.54	6.22	5.90	5.84
41	卫生和社会工作	4.5	5.93	3.96	3.76	3.45	4.32
42	教育	10.69	6.67	7.61	7.4	6.82	7.84
43	金融业	6.29	12.64	9.96	7.05	5.37	8.26
44	居民服务、修理和其他服务业	—	—	—	3.69	3.50	3.60

数据来源：Wind 资讯。

（2）利润税收负担率分析

我们在剔除了行业利润总额为负的数据后，不同行业 2014—2018 年度利润税收负担率表现见表 19–14。从表 19–14 中可以看出，利润税收负担率排名靠前的行业是：教育（149.96%）、采矿业（131.50%）、汽车制造业（130.72%）；排在靠后的行业有：农、林、牧、渔业（21.91%）、水利、环境和公共设施管理业（49.74%）和农副食品加工业（49.59%）。

表 19 – 14　2014—2018 年各行业利润税收负担率表

单位：%

序号	行业	利润税收负担率					均值
		2014	2015	2016	2017	2018	
全行业		59.6	55.29	64.5	63.67	34.8	55.57
1	房地产业	110.67	62.65	62.63	65.1	73.15	74.84
2	住宿和餐饮业	301.85	299.7	102.76	57.27	74.69	167.25
3	交通运输、仓储和邮政业	80.18	84.75	58.35	53.41	66.95	68.73
4	批发和零售业	153.65	105.46	91.06	91.24	114.10	111.1
5	电力、热力、燃气及水生产和供应业	62.68	42.26	49.31	54.56	81.92	58.15
6	制造业	71.11	65.24	66.27	69.47	77.68	69.95
7	医药制造业	52.6	60.28	59.7	65.03	75.28	62.58
8	专用设备制造业	71.78	78.19	80.22	75.66	67.51	74.67
9	非金属矿物制品业	97.11	66.95	82.54	102.09	66.73	83.08
10	计算机、通信和其他电子设备制造业	72.12	60.26	59.36	69.91	68.50	66.03

续表

序号	行业	利润税收负担率					均值
		2014	2015	2016	2017	2018	
11	酒、饮料和精制茶制造业	271.57	57.74	80.83	85.89	90.51	117.31
12	其他制造业	89.72	65.79	76.82	79.66	69.16	76.23
13	金属制品业	73.31	70.83	73.13	73.57	84.15	75
14	农副食品加工业	29.06	33.42	31.59	40.07	49.59	36.75
15	电气机械及器材制造业	91.11	59.98	62.65	65.63	92.28	74.33
16	有色金属冶炼及压延加工	55.91	92.39	72.4	53.16	—	68.47
17	纺织业	379.44	49.98	57.43	73.45	73.36	126.73
18	汽车制造业	55.97	55.84	55.02	65.11	130.72	72.53
19	通用设备制造业	83.53	81.31	77.4	83.77	81.89	81.58
20	化学纤维制造业	54.97	—	—	—	–50.16	2.41
21	橡胶和塑料制品业	67.56	65.23	59.01	63.92	81.04	67.35
22	仪器仪表制造业	66.62	63.54	73.88	70.98	80.97	71.2
23	黑色金属冶炼及压延加工	255.13	152.98	51.27	94.72	93.84	129.59
24	食品制造业	79.61	60.39	69.38	73.58	55.28	67.65
25	铁路、船舶、航空航天和其他运输设备制造业	64.99	70.9	84.39	67.87	80.97	73.82
26	印刷和记录媒介复制业	160.43	111.65	87.03	107.58	106.82	114.7
27	纺织服装、服饰业	130.55	109.73	122.34	100.42	114.62	115.53
28	文教、工美、体育和娱乐用品制造业	45.22	41.27	60.95	52.35	89.47	57.85
29	家具制造业	61.17	67.21	73.42	80.21	126.26	81.65
30	废弃资源综合利用业	55.53	88.1	83.94	89.06	121.49	87.62
31	皮革、毛皮、羽毛及其制品和制鞋业	75.74	116.97	77.07	71.96	69.02	82.15
32	金属制品、机械和设备修理业	—	—	—	—	557.24	557.24
33	租赁和商务服务业	43.43	41.05	60.36	63.92	57.18	53.19
34	建筑业	66.88	58.76	85.53	55.04	86.80	70.6
35	水利、环境和公共设施管理业	44.07	41.49	52.1	50.15	49.74	47.51
36	文化、体育和娱乐业	28.45	47.04	58.3	62.96	93.29	58.01
37	采矿业	102.79	144.94	—	111.63	131.50	122.71

续表

序号	行业	利润税收负担率					均值
		2014	2015	2016	2017	2018	
38	信息传输、软件和信息技术服务业	59.6	59.57	86.54	75.6	89.23	74.11
39	农、林、牧、渔业	17.22	13.04	11	15.74	21.91	15.78
40	科学研究和技术服务业	38.94	38.05	51.44	53.42	60.55	48.48
41	卫生和社会工作	66.83	48.3	86.06	84.89	72.65	71.75
42	教育	53.51	32.77	48.26	75.91	149.96	72.08
43	金融业	11.72	29.94	39.99	38.19	66.16	37.2
44	居民服务、修理和其他服务业	—	—	—	85.75	116.98	101.37

数据来源：Wind 资讯。

（3）年度经济增加值税收负担率分析

2014—2018 年，分析范围内的新三板上市公司年度增加值的税收负担率近 5 年均值为 16.49%，除 2017 年外，其余年度均为 19% 左右，离散程度低。行业具体数据见表 19–15。

表 19 – 15 2014—2018 年各行业年度经济增加值税收负担率表

单位：%

序号	行业	年度增加值税收负担率					均值
		2014	2015	2016	2017	2018	
全行业		19.08	19.14	19.67	5.33	19.24	16.49
1	房地产业	13.45	12.33	13.12	6.85	11.87	11.52
2	住宿和餐饮业	22.3	20.87	15.85	5.57	10.60	15.04
3	交通运输、仓储和邮政业	16.51	20.45	19	5.08	16.91	15.59
4	批发和零售业	27.98	29.17	27.85	9.36	26.99	24.27
5	电力、热力、燃气及水生产和供应业	24.06	17.53	20.05	4.1	21.10	17.37
6	制造业	21.27	20.76	21.62	6.08	20.05	17.96
7	医药制造业	22.45	23.15	23.42	6.31	23.56	19.78
8	专用设备制造业	21.96	21.96	22.61	6.25	19.35	18.43
9	非金属矿物制品业	26.53	26.53	25.16	6.11	23.25	21.52
10	计算机、通信和其他电子设备制造业	18.07	18.07	17.46	5.6	15.50	14.94
11	酒、饮料和精制茶制造业	49.71	49.71	26.38	7.54	24.72	31.61

续表

序号	行业	年度增值税收负担率					均值
		2014	2015	2016	2017	2018	
12	其他制造业	19.88	19.88	21.74	4.98	14.66	16.23
13	金属制品业	22.63	22.63	21.86	5.9	20.56	18.72
14	农副食品加工业	11.66	11.66	12.79	3.54	13.43	10.62
15	电气机械及器材制造业	23.04	23.04	22.4	6.22	20.93	19.13
16	有色金属冶炼及压延加工	17.05	17.05	21.68	6.43	38.43	20.13
17	纺织业	21.86	21.86	19.14	5.3	16.63	16.96
18	汽车制造业	16.07	16.07	18.73	6.43	17.47	14.95
19	通用设备制造业	20.75	20.75	22.28	6.26	19.35	17.88
20	化学纤维制造业	17.75	17.75	26.21	3.4	18.96	16.81
21	橡胶和塑料制品业	21.41	21.41	21.3	5.61	18.73	17.69
22	仪器仪表制造业	23.34	23.34	22.59	6.37	20.41	19.21
23	黑色金属冶炼及压延加工	17.07	17.07	18.91	5.33	20.93	15.86
24	食品制造业	26.16	26.16	21.93	6.8	19.86	20.18
25	铁路、船舶、航空航天和其他运输设备制造业	24.82	24.82	24.06	5.17	20.86	19.95
26	印刷和记录媒介复制业	18	18	20.56	6.62	16.14	15.86
27	纺织服装、服饰业	26.68	26.68	24.78	7.05	19.43	20.92
28	文教、工美、体育和娱乐用品制造业	13.38	13.38	20.61	6.01	15.61	13.80
29	家具制造业	13.15	13.15	21.27	7.03	18.91	14.70
30	废弃资源综合利用业	23.02	23.02	27.44	5.78	28.89	21.63
31	皮革、毛皮、羽毛及其制品和制鞋业	24.4	24.4	20.75	5.82	16.32	18.34
32	金属制品、机械和设备修理业	—	—	—	—	27.07	27.07
33	租赁和商务服务业	15.15	13.74	13.56	4.84	12.60	11.98
34	建筑业	21.12	23.09	25.57	6.36	25.89	20.41
35	水利、环境和公共设施管理业	19.54	18.76	19.21	5.45	18.40	16.27
36	文化、体育和娱乐业	14.59	17.17	18.35	4.04	17.13	14.26
37	采矿业	25.31	23.1	32.87	9.81	22.04	22.63
38	信息传输、软件和信息技术服务业	15.9	15.41	15.82	4.78	15.03	13.39

续表

序号	行业	年度增加值税收负担率					均值
		2014	2015	2016	2017	2018	
39	农、林、牧、渔业	7.13	5.73	4.72	0.98	5.15	4.74
40	科学研究和技术服务业	14.6	13.03	14.84	4.65	13.55	12.13
41	卫生和社会工作	10.33	13.98	9.72	3.74	8.13	9.18
42	教育	19.46	11.77	13.67	6.35	13.71	12.99
43	金融业	9.56	21.12	20.92	3.16	25.38	16.03
44	居民服务、修理和其他服务业	—	—	—	6.25	10.84	8.54

数据来源：Wind 资讯。

由以上数据可以看出，年度经济增加值税收负担率指标中，该税负率指标排名靠前的行业有：金属制品、机械和设备修理业（27.07%），废弃资源综合利用业（28.89%），有色金属冶炼及压延加工（38.43%）；排名靠后的行业有：住宿和餐饮业（10.60%），农、林、牧、渔业（5.15%），卫生和社会工作（8.13%）。

（4）经营活动现金流出税负率分析

2014—2018 年新三板企业按行业分类其经营活动现金流出税负率计算结果见表 19–16。

表 19 – 16　2014—2018 年各行业经营活动现金流出税收负担率表

单位：%

序号	行业	现金流税收负担率					均值
		2014	2015	2016	2017	2018	
全行业		4.70	4.97	4.58	4.14	4.63	4.60
1	房地产业	7.32	7.28	7.38	7.50	6.71	7.24
2	住宿和餐饮业	7.69	6.65	6.04	4.07	3.79	5.65
3	交通运输、仓储和邮政业	3.22	3.42	2.95	2.49	2.64	2.94
4	批发和零售业	1.86	2.35	2.29	2.01	1.92	2.09
5	电力、热力、燃气及水生产和供应业	7.14	5.65	7.03	6.7	6.11	6.53
6	制造业	5.66	5.31	5.63	5.29	5.04	5.39
7	医药制造业	9.50	8.89	9.32	9.06	9.02	9.16
8	专用设备制造业	6.15	7.07	7.55	7.26	6.89	6.98
9	非金属矿物制品业	7.64	7.72	8.43	7.03	8.50	7.86

续表

序号	行业	现金流税收负担率					均值
		2014	2015	2016	2017	2018	
10	计算机、通信和其他电子设备制造业	5.08	5.08	5.11	4.73	4.62	4.92
11	酒、饮料和精制茶制造业	14.34	11.48	9.85	10.12	10.01	11.16
12	其他制造业	5.12	5.92	7.18	5.3	4.61	5.63
13	金属制品业	3.97	5.07	5.59	5.52	5.26	5.08
14	农副食品加工业	1.50	1.66	1.59	1.78	1.38	1.58
15	电气机械及器材制造业	5.88	4.91	5.78	5.51	4.90	5.40
16	有色金属冶炼及压延加工	3.29	1.68	1.76	2.18	2.34	2.25
17	纺织业	4.54	4.48	4.19	3.71	3.54	4.09
18	汽车制造业	5.51	6.67	6.34	5.98	5.64	6.03
19	通用设备制造业	6.41	7.57	7.81	6.97	6.23	7.00
20	化学纤维制造业	2.53	5.68	4.16	4.34	3.75	4.09
21	橡胶和塑料制品业	4.61	5.21	5.75	4.88	4.27	4.94
22	仪器仪表制造业	9.07	9.15	8.67	7.66	8.48	8.61
23	黑色金属冶炼及压延加工	4.88	5.67	3.92	3.95	4.23	4.53
24	食品制造业	8.93	5.09	6.15	6.13	6.39	6.54
25	铁路、船舶、航空航天和其他运输设备制造业	6.59	8.58	8.11	7.87	7.50	7.73
26	印刷和记录媒介复制业	5.46	6.23	6.21	5.23	4.57	5.54
27	纺织服装、服饰业	8.13	5.78	6.41	4.49	5.45	6.05
28	文教、工美、体育和娱乐用品制造业	3.30	4.07	4.62	3.44	2.65	3.62
29	家具制造业	3.67	6.01	5.85	5.73	4.63	5.18
30	废弃资源综合利用业	2.56	3.49	4.38	4.01	4.26	3.74
31	皮革、毛皮、羽毛及其制品和制鞋业	6.84	6.17	3.94	3.38	3.46	4.76
32	金属制品、机械和设备修理业	—	—	—	—	7.40	7.40
33	租赁和商务服务业	2.81	3.41	3.20	3.81	3.33	3.31
34	建筑业	3.72	4.22	4.58	3.87	3.69	4.02
35	水利、环境和公共设施管理业	7.97	7.31	8.87	9.05	8.60	8.36
36	文化、体育和娱乐业	5.39	6.7	5.98	5.08	5.57	5.74
37	采矿业	11.80	8.72	9.73	10.20	8.30	9.75

续表

序号	行业	现金流税收负担率					均值
		2014	2015	2016	2017	2018	
38	信息传输、软件和信息技术服务业	5.79	4.14	3.77	3.29	2.98	3.99
39	农、林、牧、渔业	1.10	1.41	1.06	1.16	1.01	1.15
40	科学研究和技术服务业	4.98	5.54	6.52	6.02	5.92	5.80
41	卫生和社会工作	4.94	5.52	3.74	3.88	3.69	4.35
42	教育	11.26	7.74	8.04	7.39	6.52	8.19
43	金融业	3.03	5.48	3.82	3.37	2.52	3.64
44	居民服务、修理和其他服务业	—	—	—	2.97	3.12	3.05

数据来源：Wind 资讯。

2014—2018 年新三板上市公司经营活动现金流出税收负担率均值为 4.60%，行业间收入税负率差异较大，收入税负率较高的是：酒、饮料和精制茶制造业（10.01%）、医药制造业（9.02%）、水利、环境和公共设施管理业（8.60%）；经营活动现金流出税收负担率较低的是：农、林、牧、渔行业（1.01%）、农副食品加工业（1.38%）和批发和零售业（1.92%）。

从上述几张表中可以看到，四个指标均显示酒、饮料和精制茶制造业税负率较高，主要是所属行业的税种征收与否的差异所致，对于特殊商品调节的消费税对此影响较大，另外，税负率较高的行业是采矿业，对利用自然资源征收的资源税也会增加相应的税负，我们看到，房地产业有特殊的环节征收的土地增值税，其税负并没有像前两个特别明显，我们也看到其四个指标均高于各个指标的平均值；农、林、牧、渔业和农副食品加工业相对的税负率较低，我们从以上信息中可以看到税收的调节功能，能够限制和鼓励某些行业或产品的生产和消费。

2. 各行业年度变化比较

依照证监会行业分类，去掉 2014—2018 年新三板企业不涉及的行业类型，并将行业按照顺序编码，有如下行业，各行业数量按照 2018 年底本次样本数量计算，见表 19–17。

表 19 – 17　2018 年新三板各行业分布表

号码	行业类别	数量
全行业		9182
1	房地产业	75
2	住宿和餐饮业	29
3	综合	1

续表

号码	行业类别	数量
4	交通运输、仓储和邮政业	166
5	批发和零售业	404
6	电力、热力、燃气及水生产和供应业	108
7	制造业	4546
8	医药制造业	246
9	专用设备制造业	590
10	非金属矿物制品业	217
11	计算机、通信和其他电子设备制造业	560
12	酒、饮料和精制茶制造业	31
13	其他制造业	28
14	金属制品业	193
15	农副食品加工业	134
16	电气机械及器材制造业	496
17	石油加工、炼焦及核燃料加工业	18
18	有色金属冶炼及压延加工	73
19	化学原料及化学制品制造业	442
20	纺织业	66
21	汽车制造业	150
22	通用设备制造业	405
23	化学纤维制造业	14
24	造纸及纸制品业	45
25	橡胶和塑料制品业	196
26	仪器仪表制造业	214
27	黑色金属冶炼及压延加工	18
28	食品制造业	90
29	铁路、船舶、航空航天和其他运输设备制造业	61

续表

号码	行业类别	数量
30	印刷和记录媒介复制业	48
31	木材加工及木、竹、藤、棕、草制品业	28
32	纺织服装、服饰业	33
33	文教、工美、体育和娱乐用品制造业	48
34	家具制造业	24
35	废弃资源综合利用业	53
36	皮革、毛皮、羽毛及其制品和制鞋业	16
37	金属制品、机械和设备修理业	9
38	租赁和商务服务业	478
39	建筑业	309
40	水利、环境和公共设施管理业	166
41	文化、体育和娱乐业	200
42	采矿业	33
43	信息传输、软件和信息技术服务业	1782
44	农、林、牧、渔业	184
45	科学研究和技术服务业	445
46	卫生和社会工作	39
47	教育	66
48	金融业	123
49	居民服务、修理和其他服务业	28

数据来源：Wind 资讯。

依次将收入税收负担率、利润总额税收负担率（对利润为负的企业取绝对值）、年度增加值税收负担率和经营活动现金流出税收负担率做折线图，比较其在 2014—2018 年的变化趋势，依次如图 19–16 、图 19–19 所示。

从以上四个表中，整体上 2014—2018 年新三板企业的税负整体上呈现下降的趋势，2018 年各项税收负担率跟历年情况走势基本一致，2018 年收入税负率、利润税负率整体趋势有所下降且税负率水平趋于稳定于区间范围内变化。

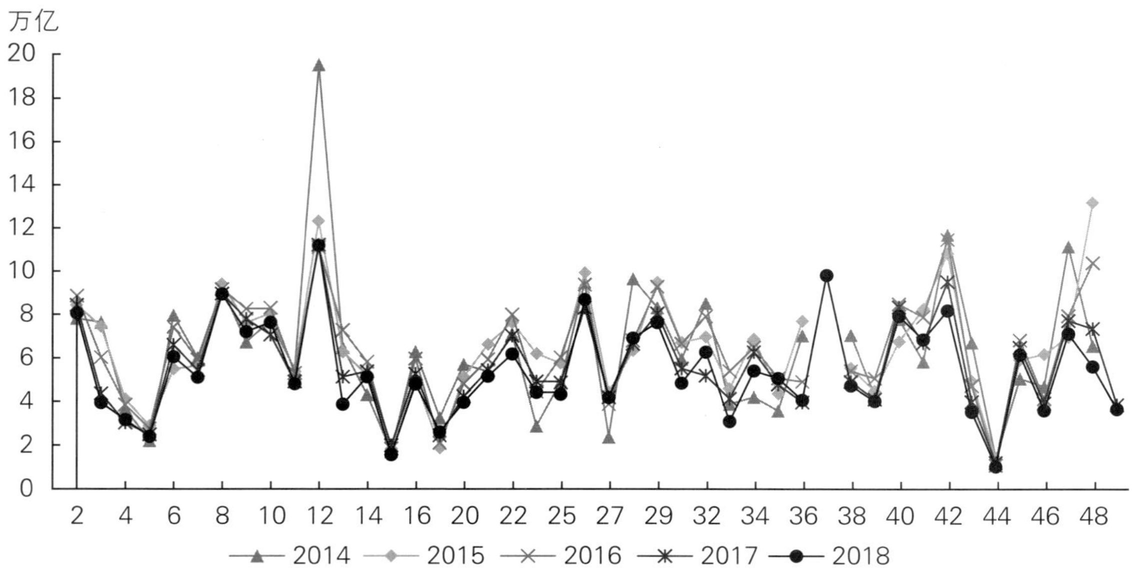

图 19-16 收入税收负担率年度比较

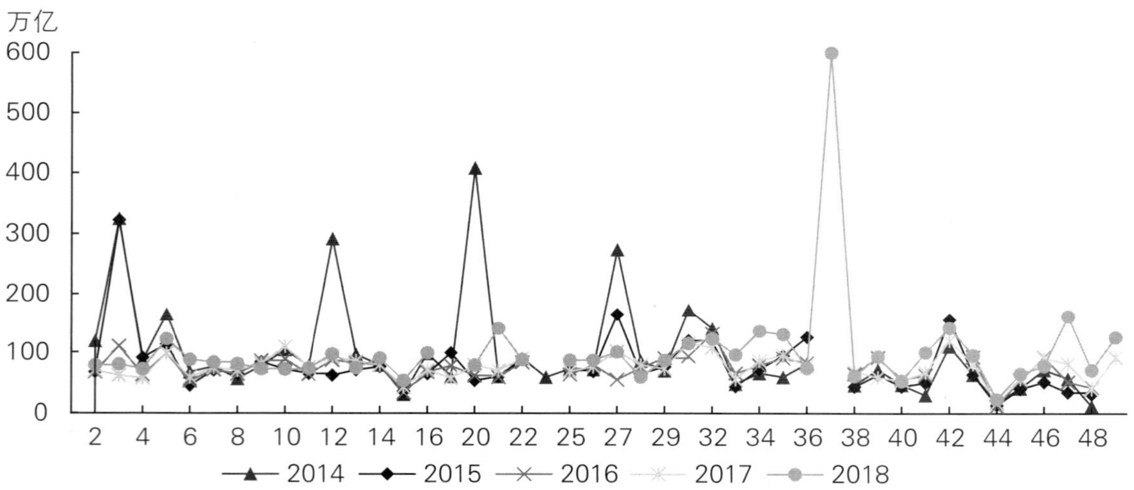

图 19-17 利润税收负担率年度比较

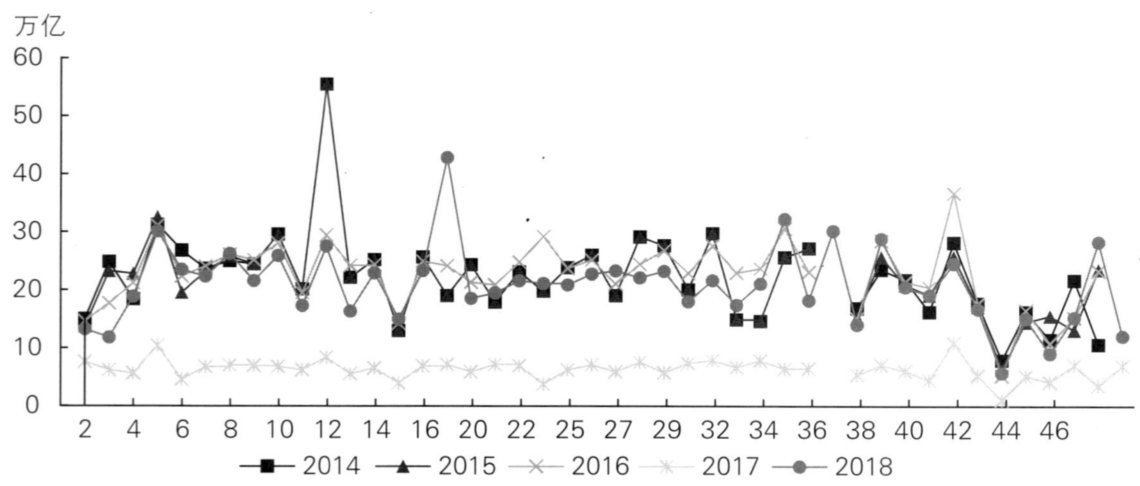

图 19-18 年度增加值税收负担率年度比较

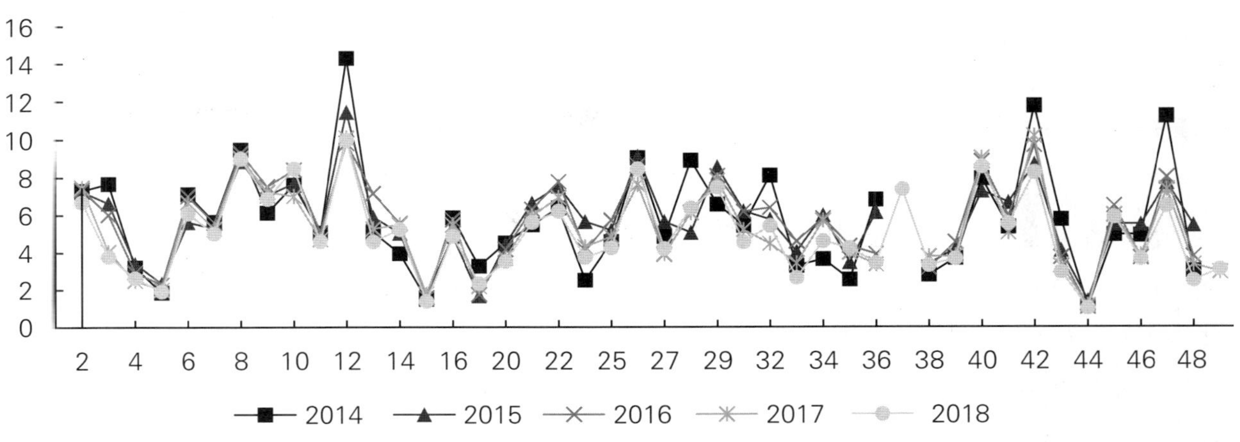

图 19－19　经营活动现金流出税收负担率年度比较

3. 新三板“营改增”相关行业的税收负担分析

从 49 个行业分类中，与“营改增”政策相关行业，有房地产业（序号 1）、住宿和餐饮业（序号 2）、租赁和商务服务业（序号 38）建筑业（序号 39）、金融业（序号 48），我们对这五个行业的数据单独进行税负率分析，增值税属于流转税，跟收入有密切的关系，因此我们选择收入税负率指标，税负率变化情况如图 19–20 所示。

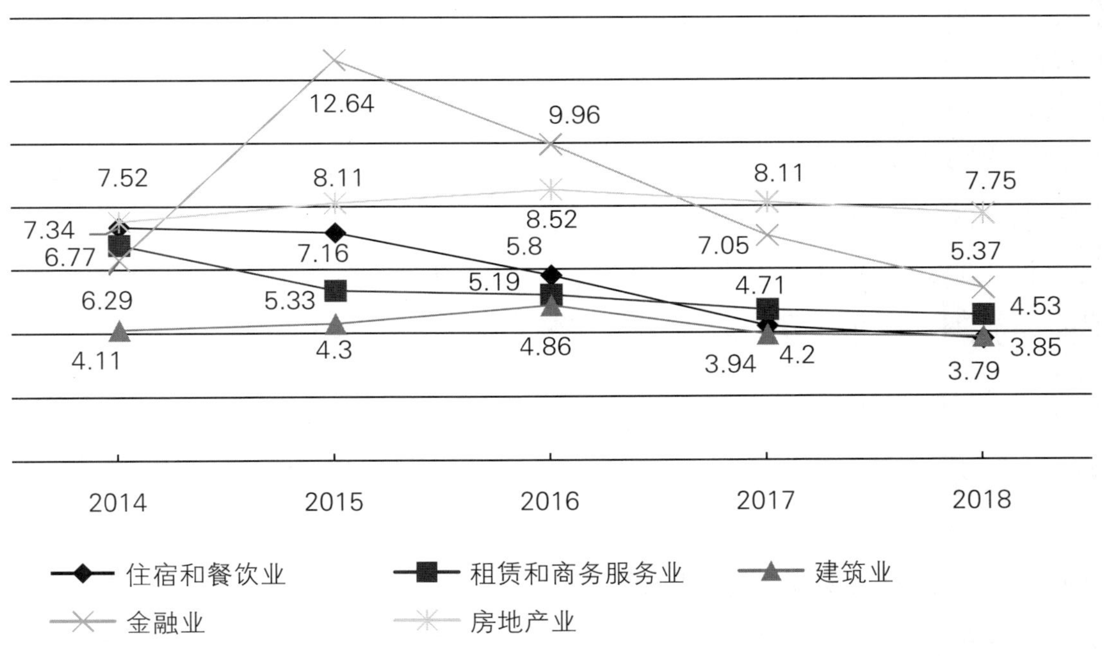

图 19－20　新三板相关行业收入税收负担率年度比较

从图 19–20 中可以看出，房地产业的收入税负率在 2014—2018 年期间呈现倒“U”形，2016 年收入税负率最高，金融业在 2015 年达到峰值，之后逐年递减，且降幅最为明显，住宿和餐饮业近 5 年来收入税负率不断降低，收入税负率在总体上各个行业有不同程度的降低，体现了国家减税降费的一个效果，且所选的 5 个行业的税负率水平越发趋近于同一水平。

五、小结

从分析结果来看，呈现出如下特点：

1. 各个行业的税负率水平体现了我国的税收政策，税收有显著调节经济的功能

在本次分析中，就A股数据表现，从2018年收入税负率来看，税收贡献排名靠前的行业有：酒、饮料和精制茶制造业，采矿业，医药制造业，金融业，非金属矿物制品业；从2018年利润总额税负率来看，税收贡献排名靠前的行业有：文教、工美、体育和娱乐用品制造业，采矿业，有色金属冶炼和压延加工业，文化、体育和娱乐业；从2018年年度经济增加值税负率来看，税收贡献排名靠前的行业有：酒、饮料和精制茶制造业，石油加工、炼焦及核燃料加工业，采矿业，交通运输、仓储和邮政业；从2018年现金流出税负率来看，税收贡献排名靠前的行业有：酒、饮料和精制茶制造业，采矿业，医药制造业，非金属矿物制品业。

2. 上市公司的税收成本是企业经营的刚性约束，上市公司的税法遵从度较高

税收负担的4个指标在A股上市公司连续5个年度内变化基本在可控范围内，指标的离散度较小，年度间基本保持了稳定的趋势，说明我国上市公司的税法遵从度较高，财务信息质量较好。

3. 深化营改增的税收改革，继续释放红利效果明显

我们分析了与营改增相关的几个行业（房地产业、住宿和餐饮业、租赁和商务服务业、建筑业、金融业）的收入负担率税水平，无论是A股上市公司还是新三板上市公司，4个行业的收入税收负担率均不同程度地下降，表明我国营商税收环境向好发展，在国家众多税收优惠政策叠加，减少企业负担方面，增强企业活力。我们研究上市公司税负情况，可以从侧面看到这些成果的展现。

六、澄清与说明

由于上市公司税收相关数据的披露较为单一，从可操作的角度出发，本次对上市公司税收负担的数据取自上市公司披露2018年度现金流量表中“支付的各项税费”，该项数据体现了上市公司在2018年度中实际支出的税费金额，与实际的归属于企业2018年度应缴纳的税费有一定的差异，对税收负担率的分析造成了一定的影响，但是我们认为从全行业角度出发来对上市公司进行税收负担率的分析，其带来的影响是可以接受的。

附　录

附录一　中国上市公司业绩评价体系说明

为准确、科学评价上市公司的经营业绩，提高上市公司监管效率，更好地服务于广大投资者和促进提高上市公司经营管理水平。2001 年中联财务顾问有限公司和中联资产评估有限公司组织评价领域有关专家成立“中国上市公司业绩评价课题组”，借鉴国内外企业绩效评价的体系与方法，结合上市公司的特点，研究制定了中国上市公司业绩评价指标体系。该评价体系从多角度反映上市公司的业绩，在衡量公司盈利能力的同时，兼顾公司的成长、风险、资产质量和市场表现，做到财务效益和债务风险、资产质量与公司成长的平衡。该评价体系旨在方便利广大投资者、政府监管机构、债权人、公司职工及其他利益相关者获取上市公司真实业绩的相关资料及信息，并提供一个有效的分析工具。现将该评价体系的基本内容说明如下：

一、中国上市公司评价体系的主要特点

在研究上市公司业绩评价体系过程中，我们充分借鉴了财政部、原国家经贸委、原中央企业工委、劳动保障部和原国家计委联合颁布的《企业效率评价实施细则》和国务院国有资产监督管理委员会颁布的《中央企业绩效评价管理暂行办法》（国资委令第 14 号）的有关规定，根据公开披露的上市公司数据，紧密结合中国上市公司的特点，突出反映上市公司的市场表现，研究建立了中国上市公司业绩评价指标体系。归纳起来，主要有以下特点。

（一）充分体现了投入回报特性

企业的根本属性是以盈利为目的，不仅是短期盈利，更重要的是可持续的长期盈利。本评价体现以投入产出为核心，充分反映企业的盈利能力。在评价的五个方面中，有两个方面主要反映盈利能力，一个是从企业的角度反映企业的盈利水平，即盈利能力，占 35% 的权重；另一个是从市场角度反映股票的增值水平，即市场表现，占 15% 的权重。盈利能力主要从投资人和社会两个角度来反映，体现在净资产收益率和总资产报酬率上，增值水平主要体现在市场投资回报率上。因此，本评价体系的核心是体现投入产出特性。

（二）构建了多层次的立体评价体系

本评价体系的评价指标包括基本评价指标和修正评价指标两个层次，两层次之间不是简单的并列关系，而是递进的修正和验证关系，首先，通过10项基本评价指标计算出上市公司的业绩评价的得分，然后，通过13项评价指标对基本指标评价分数进行验证和修正，从而得出更加客观的评价结果。评价指标之间相互牵制，通过作假财务数据，一项指标得分高了，另一指标可能得分低了，不会获得高分的，要想获得评价高分只有提高上市公司的竞争力和发展质量。

（三）首创了线性评价标准

对某一个评价指标而言，传统的评价标准只是一个数值，最多也只有满意值和不允许值两个评价标准。而在本评价体系中，创立了线性评价标准，具体而言，每一评价指标分为优秀、良好、平均、较低、较差五档标准，这五档标准反映在坐标轴上就是一条曲线，即评价标准线，线标准不仅能为评价计分提供准确的计算依据，而且，能描述不同评价指标的经济特性，不同的评价指标有不同类型的评价标准曲线，只有线标准才能实现更加科学的计分。

（四）具有较强的可操作性

在设计本评价体系时，我们将可操作性作为一项重要的目标，首先，要求所有的评价指标能够从公开的市场上获取；其次，评价标准要做到符合实际，既考虑到中国企业的普遍情况，又考虑到上市公司的实际特点；最后，还要设计一套上市公司业绩评价软件，通过软件自动评价中国上市公司的评价得分。

二、中国上市公司业绩评价指标体系

由于我国上市公司法人治理不完善、股权割裂、法制不健全等原因，上市公司出于市场融资、配合二级市场炒作、避免亏损、管理层骗取激励基金及政治追求等特别目的，人为进行盈余操纵，甚至财务欺诈的行为时有发生。因此，不能仅仅从实现利润情况评价上市公司的业绩，我们认为，上市公司的业绩应包括财务效益、资产质量、偿债风险、发展能力及市场表现五个方面，对于每一方面，我们设置了若干财务指标反映其真实状况，具体分为基本指标和修正指标两个层次。只有五方面有机结合，才能客观反映企业的真实业绩。

（一）中国上市公司业绩评价指标体系的设置原则

上市公司业绩评价指标体系的设置遵循以下几项原则：一是选定的指标应具有较强的横向、纵向可比性，尽可能排除偶然或异常事项的影响，如果不能完全剔除这些因素的干扰，则通过调整相关指标的权数以降低其对评价结果的影响程度；二是各项指标的设立在整体均衡的基础上应突出相互的制衡性，整个指标体系要具备“此消彼涨”的内在机制，提高操控整个指标体系的困难程度；三是指标体系的确定要充分考虑上市公司特点，而且所有财务指标的计算、取值只局限在上市公司公告的数据资料内，不尝试获得每家上市公司进一步的内部信息资料，即在现行法规框架下，通过对部分必要信息的分析判断取得尽可能公平合理的评价结果。

（二）中国上市公司业绩评价指标体系的主要特点

第一，突出股东回报，企业的根本属性就是实现股东价值最大化，本评价体系以投入产出为核心，从股东价值和企业价值两个角度来反映企业的盈利能力，主要采用扣除非经常性损益后的净资产收益率和总资产报酬率两个财务指标来体现，占35%的权重，核心是突出股东回报，体现股东价值最大化。扣除非经常性损益后的净资产收益率剔除了企业盈利的偶然因素，反映企业持续盈利能力，总资产报酬率反映企业占用总资产创造的总价值，包括对股东的回报和对债权人的回报。当然，反映企业盈利能力的财务指标还有很多，我们重点从经营活动创造的利润、盈利是否有现金保障、投入资本获得的收益等多角度对企业的盈利能力进行修正，目的是更加全面、完整、真实地反映企业的盈利能力。

第二，关注公司成长。上市公司的发展不仅需要短期盈利，更需要长期持久的健康发展，本体系从规模增长的角度反映企业的成长性，采用的主要指标是销售增长率和资本扩张率，权重占20%。销售增长反映企业的市场占有和业务发展状况，资本扩张反映企业的盈利中用于扩大再生产的状况。同时，还采用三年营业收入增长、总资产增长、营业利润增长和盈余保留等项指标对成长性进行修正。

第三，体现资产质量。企业资产是创造财富的源泉，资产质量的高低间接反映企业盈利能力。本体系从资产效率的角度反映资产运营水平，采用的主要指标是总资产周转率和流动资产周转率，权重占15%。总资产周转率反映总资产创造产品和服务的能力，体现总资产的运营效率，流动资产周转率反映企业流动资产的运营效率。同时，还采用应收账款周转速度和存货周转速度进行修正。

第四，反映债务风险。企业在发展的同时要防范债务风险，防止出现债务危机，要做到收益和风险的平衡。本体系从负债和流动性角度反映企业的偿债能力，采用的主要指标是资产负债率和已获利息倍数，权重占15%。资产负债率是国际通行反映企业债务水平的指标，已获利息倍数反映企业的盈利中偿还债务利息的能力。同时，还采用带息负债、现金流和速动资产比率进行修正。

第五，重视市场表现。尽管目前我国资本市场的股票价与上市公司业绩的相关性不强，仅股价不能完全反映上市公司的真实业绩，但从我们多年的研究结果看，上市公司的市场表现与业绩的相关性逐年提高，本课题很重视企业在资本市场上的表现，将市场表现作为企业业绩的重要内容，采用的主要指标是市场投资回报率和股价波动率，占15%的权重。市场投资回报率反映股票投资人在资本市场上获得的收益，包括股价上涨、分红、送股等，股价波动率反映股价的稳定性，对股价大起大落的公司适当减分。

（三）中国上市公司业绩评价指标体系的基本框架

中国上市公司业绩评价指标体系由财务效益状况、资产质量状况、偿债风险状况、发展能力状况及市场表现五部分指标构成，包括基本指标和修正指标两个层次，共23项评价指标。

中国上市公司业绩评价指标体系与指标权数表

评价指标		基本指标		修正指标	
评价内容	权数 100	指标	权数 100	指标	权数 100
一、财务效益状况	35	净资产收益率（%） 总资产报酬率（%）	20 15	营业利润率（%） 盈利现金保障倍数 股本收益率（%） 资产规模系数	7 8 8 12
二、资产质量状况	15	总资产周转率（次） 流动资产周转率（次）	8 7	应收账款周转率（次） 存货周转率（次）	9 6
三、偿债风险状况	15	资产负债率（%） 获利倍数	8 7	速动比率（%） 现金流动负债比率（%） 带息负债比率（%）	5 5 5
四、发展能力状况	20	营业收入增长率（%） 资本扩张率（%）	10 10	累计保留盈余率（%） 三年营业收入增长率（%） 总资产增长率（%） 营业利润增长率（%） 资产规模系数	3 3 4 4 6
五、市场表现状况	15	市场投资回报率（%） 股价波动率（%）	10 5		

（四）基本指标的内涵

基本指标是评价上市公司业绩的主要计量指标，是整个评价指标体系的核心。基本指标由净资产收益率、总资产报酬率、总资产周转率、流动资产周转率、资产负债率、已获利息倍数、营业收入增长率、资本扩张率、市场投资回报率及股价波动率共10项计量指标构成。

1. 净资产收益率

（1）基本概念

净资产收益率是指企业一定时期内的净利润同平均净资产的比率。净平均净资产收益率充分体现了投资者投入企业的自有资本获取净收益的能力，突出反映了投资与报酬的关系，是评价企业资本经营效益的核心指标。

（2）计算公式

净资产收益率 =（净利润 – 非经常性损益）/ 平均净资产 *100%

（3）内容解释

净利润是指企业未作任何分配前的税后利润，为更好地评价企业业绩，反映上市公司的可持续盈利能力，本指标的净利润是指扣除非经常性损益后的净利润。

平均净资产是企业年初所有者权益同本年所有者权益变动的平均数。净资产包括实收资本、资本公积、盈余公积和未分配利润等。

2. 总资产报酬率

（1）基本概念

总资产报酬率是企业在报告期内获得的可供投资者和债权人分配的经营收益占总资产的百分比，反映资产利用的综合效果，本指标剔除了财务杠杆对收益率的影响。

（2）计算公式

总资产报酬率 = 息税前利润 / 年度平均资产总额 *100%

（3）内容解释

息税前利润是指企业利润总额 + 利息支出。数据取值于《利润及利润分配表》和会计报表附注。

年度平均资产总额指企业年平均占用的资产额，年度平均资产总额 =（资产总额年初数＋资产总额年末数）/ 2，数据取值于《资产负债表》。

3. 总资产周转率

（1）基本概念

总资产周转率是指企业一定时期主营业务收入净额同平均资产总额的比值。总资产周转率是综合评价企业全部资产经营质量和利用效率的重要指标。

（2）计算公式

$$总资产周转率（次）= \frac{主营业务收入净额}{平均资产总额}$$

（3）内容解释

主营业务收入净额同上。

平均资产总额是指企业资产总额年初数与年末数的平均值，平均资产总额 =（资产总额年初数＋资产总额年末数）/ 2。数据取值于《资产负债表》。

4. 流动资产周转率

（1）基本概念

流动资产周转率是指企业一定时期主营业务收入净额同平均流动资产总额的比值。流动资产周转率是评价企业资产利用效率的另一主要指标。

（2）计算公式

$$流动资产周转率（次）= \frac{主营业务收入净额}{平均流动资产总额}$$

（3）内容解释

主营业务收入净额同上。

平均流动资产总额是指企业流动资产总额的年初数与年末数的平均值，平均流动资产总额 =（流动资产年初数 + 流动资产年末数）/2。数值取值于《资产负债表》。

5. 资产负债率

（1）基本概念

资产负债率是指企业一定时期负债总额同资产总额的比率。资产负债率表示企业总资产中有多少是通过负债筹集的，该指标是评价企业负债水平和偿债能力的综合指标。该指标为逆向指标，实际值越低，得分越高。

（2）计算公式

$$资产负债率 = \frac{负债总额}{资产总额} \times 100\%$$

（3）内容解释

负债总额是指企业流动负债、长期负债和递延税款贷项的总和。少数股东权益不在负债总额中体现。数值取值于《资产负债表》。

资产总额是指企业拥有各项资产价值的总和。数值取值于《资产负债表》。

6. 获利倍数

（1）基本概念

获利倍数是指企业一定时期的盈利偿还利息的能力。从偿还利息的角度来反映企业当期偿付债务的能力，也叫利息保障倍数。

（2）计算公式

获利倍数 =（利润总额 + 利息费用）/ 利息支出

（3）内容解释

由于 WIND 系统数据不断丰富，利息支出取自 WIND 衍生报表中财务费用项下的“利息支出”。

7. 营业收入增长率

（1）基本概念

营业收入增长率是指企业本年营业收入增长额同上年营业收入的比率。营业收入增长率表示与上年相比，企业营业收入的增减变动情况，是评价企业成长状况和发展能力的重要指标。

（2）计算公式

营业收入增长率 = 本年营业收入增长额 / 上年营业收入 ×100%

（3）内容解释

①本年营业收入增长额是企业本年营业收入与上年营业收入的差额，本年营业收入增长额 = 本年营业收入 – 上年营业收入。如本年营业收入低于上年，本年营业收入增长额用“–”表示。有关数据取值于《利润及利润分配表》。

②上年营业收入指企业上年全年的主要经营活动所取得的收入减去折扣与折让后的数额。数据取值于《利润及利润分配表》。

8. 资本扩张率

（1）基本概念

资本扩张率是指上市公司本年股东权益增长额同年初股东权益的比率。资本扩张率表示企业当年资本的积累能力，是评价企业发展潜力的重要指标。

（2）计算公式

$$资本扩张率 = \frac{本年股东权益增长额}{年初股东权益} * 100\%$$

（3）内容解释

本年股东权益增长额是指企业本年股东权益与上年股东权益的差额，本年股东权益增长额 = 股东权益年末数 – 股东权益年初数。数值取值于《资产负债表》。

年初股东权益指股东权益的年初数。数值取值于《资产负债表》。

9. 市场投资回报率

（1）基本概念

市场投资回报率是指上市公司本年在资本市场上投资股票所获得的收益同同年初股票投资成本的比率，反映上市公司股权在一年内的增值幅度。市场投资回报包括股票价格变动、企业分红派息、送配股等因素。市场投资回报率表示上市公司资本市场的增值能力，是评价上市公司市场表现的重要指标。

（2）计算公式

$$市场投资回报率 = \frac{本年股票投资收益}{股票投资成本} * 100\%$$

（3）内容解释

本年股票投资收益是指在资本市场投资股票所获得的收益，本年股票投资收益 = 股票年末复权价格 – 股票年初复权价格

股票投资成本是指年初投资股票时的复权价格。

10. 股价波动率

（1）基本概念

股价波动率是指上市公司每周股价同平均股价的标准平均方差，反映上市公司本年股票价格在股票市场上的波动情况。股价波动率主要体现上市公司的经营风险，以及稳定持续发展情况。该指标为逆向指标，实际值越低，得分越高。

（2）计算公式

$$股价波动率 = \sqrt{\sum_{i=1}^{n} (\frac{x_i}{\bar{x}} - 1)^2} * 100\%$$

其中：x_i 表示每周股票的复权开盘价

$\bar{x}$ 表示一年股票的平均复权价

n 表示一年的股票开盘周数

（3）有关说明

为避免送配股、分红等对股价的影响，股价波动率采用股票的复权价格计算。

考虑到股价对波动率的影响，在计算股价波动率时，对每周复权价和平均股价都除以平均股价。

（五）修正指标的内涵

修正指标是从多方面调整完善基本指标评价结果的计量因素，是整个评价指标体系的重要辅助部分。通过修正指标的分析评价，实现对基本指标评价结果的全面调整和修正，形成定量指标评价结果。修正指标由营业利润率、盈利现金保障倍数、股本收益率、资产规模系数、应收账款周转率、存货周转率、速动比率、现金流动负债比率、带息负债比率、累计保留盈余率、三年营业收入增长率、总资产增长率及营业利润增长率共 13 项计量指标构成。

1. 营业利润率

（1）基本概念

营业利润率是指企业一定时期营业利润同营业收入的比率。它表明企业每单位营业收入能带来多少营业利润，反映了企业日常经营性业务的获利能力。

（2）计算公式

营业利润率 = 本年营业利润 / 本年营业收入 *100%

（3）内容解释

① 营业利润是指日常经营业务获得的利润，不包括投资收益、营业外收支等因素。数据取值于《利润及利润分配表》。

② 营业收入额是指企业当期销售产品、商品、提供劳务等主要经营活动所取得的收入减去折扣与折让后的数额。数据取值于《利润及利润分配表》。

2. 盈利现金保障倍数

（1）基本概念

盈利现金保障倍数是企业一定时期经营现金净流量同净利润的比值。盈利现金保障倍数指标反映了企业当期净利润中现金收益的保障程度，真实地反映了企业盈余的质量。

（2）计算公式

$$盈余现金保障倍数 = \frac{经营现金净流量}{净利润}$$

（3）内容解释

① 经营现金净流量指一定时期内，由企业经营活动所产生的现金及其等价物的流入量

与流出量的差额。数据取值于《现金流量表》。

② 净利润同上。数据取值于《利润及利润分配表》。

3. 股本收益率

（1）基本概念

股本收益率是指企业一定时期内获得的净利润与平均股本净额的比率。股本收益揭示了上市公司净资产中的股本获取净收益的能力，突出反映了股本与报酬的关系。

（2）计算公式

$$股本收益率 = \frac{净利润}{平均股本净额} * 100\%$$

（3）内容解释

① 净利润采用归属母公司的净利润。

② 平均股本净额是指企业股本净额年初数与年末数的平均值，平均股本净额 =（股本净额年初数＋股本净额年末数）/ 2。数据取值于《资产负债表》。

4. 资产规模系数

为准确反映不同规模企业的业绩增长难度，合理评价公司业绩，我们设置了资产规模系数。对于资产总额较大的企业，其盈利增长和发展能力增长空间较小，获得高速增长的难度较大，对于资产总额较小的企业，其盈利增长和发展能力增长空间较大，获得高速增幅相对容易。因此，我们用资产规模系数来修正盈利能力和发展能力状况的评价得分，以上市公司的平均资产总额为基准，依据上市公司的实际资产规模适当修正评价得分。原则上，上市公司的总资产规模越大，则其对基本得分的正方向修正力度就越大。

5. 应收账款周转率

（1）基本概念

应收账款周转率是企业一定时期内主营业务收入净额同应收账款平均余额的比率。应收账款周转率是对流动资产周转率的补充说明。

（2）计算公式

$$应收账款周转率 = \frac{主营业务收入净额}{应收账款平均余额}$$

（3）内容解释

① 主营业务收入净额同上。

② 应收账款是指企业因赊销产品、材料、物资和提供劳务而应向购买方收取的各种款项。应收账款是应收账款账面价值减坏账准备之后的净值。应收账款平均余额 =（应收账款余额年初数 + 应收账款余额年末数）/2。数据取值于《资产负债表》。

6. 存货周转率

（1）基本概念

存货周转率是企业一定时期主营业务成本与存货平均余额的比率。存货周转率是对流动资产周转率的补充说明。

（2）计算公式

$$存货周转率 = \frac{主营业务成本}{存货平均余额}$$

（3）内容解释

① 营业成本是指企业销售产品、商品或提供劳务等经营业务的实际成本。数据取值于《利润及利润分配表》。

② 存货余额是指企业存货账面价值与存货跌价准备之和，存货余额是存货账面价值减存货跌价准备之后的净值。存货账面价值指企业期末各种存货的历史成本。存货跌价准备指存货可变现净值低于存货成本的部分。存货平均余额是存货余额年初数与年末数的平均值，即存货平均余额 =（存货余额年初数 + 存货余额年末数）/2。数据取值于《资产负债表》。

7. 速动比率

（1）概念

速动比率是企业一定时期的速动资产同流动负债的比率。速动比率衡量企业的短期偿债能力，评价企业流动资产变现能力的强弱。

（2）计算公式

$$速动比率 = \frac{速动资产}{流动负债} * 100\%$$

（3）解释

① 速动资产是指扣除存货后流动资产的数额，速动资产 = 流动资产 − 存货。数据取值于《资产负债表》。

② 流动负债同上。

8. 现金流动负债比率

（1）基本概念

现金流动负债比率是企业一定时期的经营现金净流量同流动负债的比率。现金流动负债比率是从现金流动角度来反映企业当期偿付短期负债的能力。

（2）计算公式

$$现金流动负债比率 = \frac{年经营现金净流量}{年末流动负债} * 100\%$$

（3）内容解释

① 年现金净流量指一定时期内，由企业经营活动所产生的现金及其等价物的流入量与流出量的差额。数据取值于《现金流量表》。

② 流动负债指企业所有偿还期在一年或一个经营周期以内债务。数据取值于《资产负债表》。

9. 带息负债比率

（1）基本概念

带息负债比率是指带息负债与企业负债总额。带息负债包括短期借款＋一年内到期的非流动负债＋长期借款＋应付债券＋应付利息。该指标反映企业负债中承担利息负债的比率。该指标为逆向指标，实际值越低，得分越高。

（2）计算公式

带息负债比率＝带息负债／负债总额 *100%

其中：带息负债＝短期借款＋一年内到期的非流动负债＋长期借款＋应付债券＋应付利息

（3）内容解释

① 带息负债表示企业负债中需要承担利息的负债额度。数据取值于《资产负债表》。

② 负债总额同上。数据取值于《资产负债表》。

10. 累计保留盈余率

（1）基本概念

累计保留盈余率是指企业盈余公积与未分配利润之和同平均股东权益的比率。累计保留盈余率反映了企业靠自身经营积累的发展能力大小。

（2）计算公式

$$累计保留盈余率=\frac{盈余公积+未分配利润}{平均股东权益}*100\%$$

（3）内容解释

① 盈余公积是企业按照有关规定及程序从净利润中提取的。数据取值于《资产负债表》。

② 未分配利润是企业净利润经过一系列利润分配程序之后的剩余额。数据取值于《资产负债表》。

③ 平均股东权益是指企业股东权益年初数与年末数的平均值，平均股东权益＝（股东权益年初数＋股东权益年末数）／2。数据取值于《资产负债表》。

11. 三年营业收入平均增长率

（1）基本概念

三年营业收入平均增长率表明企业营业收入连续三年的增长情况，体现企业的持续发展态势和市场扩张能力。

（2）计算公式

$$三年主营业务平均增长率=\left(\sqrt[3]{\frac{当年主营业务收入净额}{三年前主营业务收入净额}}-1\right)*100\%$$

（3）内容解释

① 当年营业收入同上。

② 三年前营业收入指企业三年前的营业收入数。数据取值于三年前《利润及利润分配表》。

12. 总资产增长率

（1）基本概念

总资产增长率是指企业资产规模的增长，反映企业的成长性。

（2）计算公式

总资产增长率 = 本年资产总额增长额 / 上年资产总额 * 100%

（3）内容解释

本年资产总额增长额 = 本年资产总额 – 上年资产总额。如本年资产总额低于上年，本年资产总额增长额用“–”表示。数据取值于《资产负债表表》。

13. 营业利润增长率

（1）基本概念

营业利润增长率是指企业本年营业利润增加额同上年营业利润的比率。

（2）计算公式

营业利润增长率 =（本年营业利润 – 上年营业利润）/ 上年营业利润 *100%

（3）内容解释

① 本年营业利润增长额 = 本年营业利润 – 上年营业利润。如本年营业利润低于上年，本年营业利润增长额用“–”表示。数据取值于《利润及利润分配表》。

② 上年营业利润数据取值于上年的《利润及利润分配表》。

（六）评价指标权数的确定方法

在一个指标集合中，指标权数是其中每项指标占有的比重。每项指标对上市公司业绩的影响程度不同，其占有的权重应有所差别。不同的评价目的，评价指标权数的设置也有所区别。上市公司的财务效益状况是整个业绩评价指标体系的重点，该部分的指标权重就应相应加大。在权数设置上进行了分层处理，根据不同层次指标评价的需要，同时采用了德尔菲法（专家意见法）和相关性权重法来确定每个指标的权数。

1. 总权数与分层次权数的设置

按照权重设计的习惯做法，将评价指标体系的总权数设定为 100 分，即所有指标都是最好的企业可得满分 100 分。同时，为便于不同层次指标的评价计分，先将基本指标和修正指标的权重均设定为 100 分，修正指标是对基本指标的评价结果的修正，再将不同层次的计分结果返回百分制。

2. 具体指标的权数设置

对具体指标的权数设置综合运用了相关性权重法与德尔菲法。首先，根据测算的各评价指标之间的相关系数，确定指标之间的关联度，根据关联度赋予每个指标的权数。然后，运用德尔菲法将测算初定的权数分配表，分别发送至有关部门、专家，征求他们的意见，在此基础上进行意见综合，形成具体指标的权数分配。

三、中国上市公司业绩评价标准

评价标准是评价三要素之一，是上市公司业绩评价体系中重要组成部分，如果没有合适的评价对比标准，就无法进行具体评价。为取得客观、公正、准确的业绩评价结果，需要根据评价目的和上市公司的特点制定评价标准。为了客观、准确地评价上市公司经营业绩，我们利用全部上市公司的数据，结合全社会平均水平测算制定出一个统一的标准值，以适应所有上市公司跨行业评价的需要，其中上市公司的行业特性和规模大小分别通过所属行业的行业系数和企业规模系数进行修正。

本次业绩评价在考虑行业、规模影响因素的基础上，进一步将评价标准分类细化，分为优秀、良好、平均、较低、较差五个档次。下表是根据上述原则制定的2018年度上市公司评价标准值：

2018年度中国上市公司业绩评价标准值

项目	优秀值	良好值	平均值	较低值	较差值
一、财务效益状况					
净资产收益率（%）	16.8	12.2	8	0	–5.6
总资产报酬率（%）	13.2	9.3	5.6	3.1	–0.7
营业利润率（%）	24.8	17.2	6.9	3.2	–0.6
盈余现金保障倍数	3.5	2.3	1.4	0.2	–0.5
总股本收益率（%）	67.5	48.2	27.2	4.8	–7.2
二、资产质量状况					
总资产周转率（次）	1.2	1	0.6	0.3	0.2
流动资产周转率（次）	2.5	1.9	1.1	0.5	0.3
存货周转率（次）	12.5	9.1	2.9	1.1	0.7
应收账款周转率（次）	28.3	13.3	7.8	2.7	1.9

续表

项目	优秀值	良好值	平均值	较低值	较差值
三、偿债风险状况					
资产负债率（%）[逆向指标]	19.6	29.2	60.6	66	73.1
已获利息倍数	52	15.7	4.2	2.2	0.1
速动比率（%）	306.3	182	79.3	66.9	53.6
现金流动负债比率（%）	48.8	32.5	12.1	2	−4.2
带息负债比率[逆向指标]	3.5	22.5	47.1	53.6	67.6
四、发展能力状况					
营业收入增长率（%）	42.6	24.6	13.4	0.4	−14.1
资本扩张率（%）	27.2	19.3	8.9	−2.1	−10.1
累计保留盈余率（%）	59.9	54.2	39.9	16.1	1.7
三年营业收入平均增长率（%）	42.5	28.7	14.3	6.8	−2.8
总资产增长率（%）	30.7	21.5	10.9	−1	−7.8
营业利润增长率（%）	71.7	38.7	5.6	−39.9	−113.6
五、市场表现状况					
市场投资回报率（%）	−10.2	−20.6	−33.5	−46.4	−53.4
股价波动率（%）[逆向指标]	70.2	87.4	124.9	162.4	193.1

需要特别说明的是：在本评价体系中，所有上市公司采用上述相同的评价标准。有些人建议不同行业采用不同的行业标准，我们考虑，一是上市公司的具有行业选择的自主权；二是上市公司评价是更侧重于对投资人角度评价的，投资人关注的是上市公司的质量，而不是行业；三是国有资企业的评价侧重于企业经营者的业绩，国有企业的主业范围被限定，经营者只能在限定的范围经营，对企业经营者的评价更要考虑行业因素，在实践中通常不同行业采用不同的行业评价标准，以更加准确地衡量企业经营者的业绩。

四、中国上市公司的行业分类

本次业绩评价参照中国证监会颁布的《上市公司行业分类指引》，对被评价的上市公司进行行业分类，并针对不同行业确定了不同的行业系数。

上市公司业绩评价的行业分类情况表

序号	行业名称	行业代码	序号	行业名称	行业代码
1	全国所有企业	—	13	医药、生物制品	C8
2	农、林、牧、渔、业	A	14	其他制造业	C9
3	采掘业	B	15	电力煤气及水的生产和供应业	D
4	其中：煤炭	B01	16	建筑业	E
5	制造业	C	17	交通运输、仓储业	F
6	食品、饮料	C0	18	信息技术业	G
7	纺织、服装、毛皮	C1	19	批发和零售贸易业	H
8	造纸、印刷	C3	20	房地产业	J
9	石油、化学、塑胶、塑料	C4	21	社会服务业	K
10	电子	C5	22	传播与文化产业	L
11	金属、非金属	C6	23	综合类	M
12	机械、设备、仪表	C7	—	—	—

在实践中，一些上市公司的上述行业分类填写不太准确，我们同时运用申银万国的行业分类标准进行行业分类，在一些行业分析中，我们使用的申银万国的行业分类标准进行统计汇总，并撰写分析报告。

此外，我们根据上市公司的特点，分别依据上市地点、上市时间及上市公司规模进行了分组。在本评价体系中，将各项分组汇总数据视同一户上市公司进行了业绩评价，目的是为了广大投资者在分析各上市公司业绩的同时，也能分辨不同行业的发展状况，从而更好地评判上市公司业绩状况。

五、中国上市公司业绩评价计分方法

上市公司业绩评价计分方法主要为功效系数法，分为基本指标计分方法、修正指标计分方法两种。

（一）基本指标计分方法

基本指标计分方法是指运用业绩评价的基本指标，将指标实际值对照相应的评价标准值，计算各项指标实际得分的方法。计算公式为：

基本指标总得分 = $\sum$ 单项基本指标得分

单项基本指标得分 = 本档基础分 + 调整分

本档基础分 = 指标权数 × 本档标准系数

调整分 = [（实际值 − 本档标准值）/（上档标准值 − 本档标准值）] ×（上档基础分 − 本档基础分）

上档基础分 = 指标权数 × 上档标准系数

对有关指标的分母为零或为负数时，做了相应的具体处理。

在每一部分指标评价分数计算出来后，要计算该部分指标的分析系数。分析系数是指企业财务效益、资产营运、偿债能力、发展能力四部分评价内容各自的评价分数与该部分权数的比率。基本指标分析系数的计算公式为：某部分基本指标分析系数 = 该部分指标得分 / 该部分权数

（二）修正指标计分方法

修正指标计分方法是在基本指标计分结果的基础上，运用修正指标对企业效绩基本指标计分结果做进一步调整。修正指标的计分方法仍运用功效系数法原理，以各部分基本指标的评价得分为基础，计算各部分的综合修正系数，再据此计算出修正指标分数。计算公式为：

修正后总得分 = ∑四部分修正后得分

各部分修正后得分 = 该部分基本指标分数 × 该部分综合修正系数

综合修正系数 = ∑该部分各指标加权修正系数

某指标加权修正系数 =（修正指标权数 / 该部分权数）× 该指标单项修正系数

某指标单项修正系数 = 1.0+（本档标准系数 + 功效系数 ×0.2 − 该部分基本指标分析系数）/ 2

功效系数 =（指标实际值 − 本档标准值）/（上档标准值 − 本档标准值）

该部分基本指标分析系数 = 该部分基本指标得分 / 该部分权数

在计算修正指标的修正系数时，对有关指标的单项修正系数做如下特殊规定。

（三）特殊修正指标计分方法

1. 资产规模系数

由于上市公司的总资产规模差异较大，不同规模公司的盈利增长难度是不同的，大企业可以获得规模效益，但利润或资产的增长速度很难与小企业相比，为了客观、公正地评价上市公司业绩，因而在评价体系的财务效益状况部分设置资产规模系数修正指标，并制定相应的评价标准值。上市公司的总资产规模越大，则其修正系数也越大，具体方法如下：

（1）当平均资产总额除以户均资产小于 0.1，该指标修正系数为 0.6；

（2）当平均资产总额除以户均资产在 0.1（含）—0.5 之间，该指标的基本修正系数为 0.6—0.8；

（3）当平均资产总额除以户均资产 0.5（含）—1.0 之间，该指标的基本修正系数为

0.8—1.0；

（4）当平均资产总额除以户均资产在 1（含）—5 之间，该指标的基本修正系数为 1.0—1.2；

（5）当平均资产总额除以户均资产在 5（含）—10 之间，该指标的基本修正系数为 1.2—1.4；

（6）当平均资产总额除以户均资产在 10（含）—100 之间，该指标的基本修正系数为 1.4—1.6；

（7）当平均资产总额除以户均资产大于 100，该指标修正系数为 1.6。

2. 行业系数

本次评价采用了所有企业统一的标准值，由于上市公司有本行业的资产营运特点，为客观、公正地评价上市公司业绩，就需要通过设置行业系数来修正上市公司的行业差异。

取得行业系数的具体办法是：首先，根据企业绩效评价方法，采用统一的评价标准计算出全国所有企业资产营运状况得分；其次，分行业对资产营运状况得分进行汇总统计，计算出各行业的资产营运状况的平均得分；最后，根据各行业的平均得分测算出各行业相应的行业修正系数。

六、金融行业上市公司业绩评价方法

金融行业上市公司是中国证券市场的重要组成部分，金融行业上市公司的表现直接影响 A 股上市公司的总体表现，如何对金融行业上市公司业绩进行评价是一个重要课题。与其他行业企业不同，金融行业企业作为经营货币、信用业务的特殊企业，其财务会计信息表现与其他企业差异很大，这种差异性和特殊性决定了不能采用一般行业企业的评价方法对之进行评价，突出表现在某些财务指标差异较大，如金融企业普遍通过经营杠杆获取收益，其资产负债率一般远高于其他企业，而总资产收益率则较低，无法与一般企业相比较；此外，金融企业的安全性和资产质量方面有其独特的衡量指标。因此，不能将金融企业与其他企业合并起来一起进行评价，而必须单独对之进行评价。我们参考前面上市公司的评价方法同时考虑到金融企业的特殊性，尤其是银行、保险、证券等金融子行业的特殊性，建立了一套金融行业上市公司的评价体系。

（一）金融行业上市公司绩效评价体系

结合目前金融行业上市公司的特点和我国上市公司的现状，我们对银行业、证券行业的评价方法做了进一步完善，并初步建立了保险行业评价体系，以更能反映行业的整体财务状况。其他金融企业（主要是信托公司、投资公司）由于经营特点与银行、保险、证券行业有差距，不能简单套用这些评价体系，同时由于这类上市公司数量较少，市值规模影响有限，我们准备在后期进行深入研究的基础上加以探讨。

参考上市公司的评价方法，考虑到上市银行、保险、证券公司经营绩效在盈利能力、资产质量、偿债风险、发展能力及股票市场表现上的要求，其评价体系的设计仍然围绕这五个方面来选择指标（考虑到金融行业的资产质量和偿债风险的相应指标均涉及公司的稳健性，部分指标难以准确划分其性质，因此设置了稳健性指标用以反映）。在比较了各个指标，同时参考了相应行业监管指标后，我们分别选取了相应指标用以衡量上述几个方面，同时考虑到指标的影响力，决定了其权重大小。下图分别是上市银行、证券公司、保险公司简易的评价体系。

上市银行简易评价体系

评价内容	基本指标	指标权重（%）
安全性	资本充足率	8
	不良资产比率	7
流动性	流动性比例	8
	流动性覆盖率	7
盈利能力	净资产收益率	20
	总资产收益率	15
发展能力	资本扩张率	8
	营业收入增长率	12
市场表现	投资回报率	10
	股价波动率	5

上市证券公司简易评价体系

评价内容	基本指标	指标权重（%）
稳健性指标	资本杠杆率	8
	流动性覆盖率	7
	风险覆盖率	8
	净稳定资金率	7
盈利能力	净资产收益率	20
	总资产收益率	15
发展能力	资本扩张率	8
	营业收入增长率	12
市场表现	投资回报率	10
	股价波动率	5

上市保险公司简易评价体系

评价内容	基本指标	指标权重（%）
稳健性指标	偿付能力充足率	15
	资产负债率	15
盈利能力	净资产收益率	20
	总投资收益率	15
发展能力	内含价值增长率	8
	一年新业务价值增长率	12
市场表现	投资回报率	10
	股价波动率	5

注：银行业资本充足率、不良资产比率、流动性比例、流动性覆盖率等指标，证券行业资本杠杆率、流动性覆盖率、风险覆盖率、净稳定资金率等指标，保险业偿付能力充足率总投资收益率内含价值增长率一年新业务价值增长率等指标均为行业监管指标，其计算方法均按照监管部门有关规定计算，公司年报也会按照规定披露。

此外，考虑到金融类上市公司规模差异较大，不同规模公司的盈利能力和发展能力指标不能用统一标准衡量，因此，参考一般企业的评价方法，设置了规模系数对盈利能力和发展能力指标进行调整，使行业内不同规模的企业标准能够相符。考虑到金融行业公司的资产规模普遍较大，不能简单地运用一般上市企业的规模系数，因此，分别针对银行、证券公司具体情况单独设置了规模系数。

（二）金融行业上市公司业绩评价标准

本次业绩评价考虑到行业特殊性、行业监管要求及上市公司整体情况三个因素，将评价标准分为优秀值和平均值两个档次，但是对应不同的指标，标准值的选取有所不同。

对于类似银行业的资本充足率、证券行业净资本指标、保险行业偿付能力充足率等监管指标，其评价标准值综合考虑监管标准及各公司实际指标情况，选取标准值，这些标准值既考虑到监管要求，同时也具有一定的区分度，能够衡量各公司间的相对水平。

对于净资产收益率、主营业务收入增长率、投资回报率、股价波动率等指标，由于在这些指标上金融行业公司与其他企业具有可比性，因此，选择所有上市公司对应指标的优秀值、平均值为标准计算。

其他指标则选取相应金融类上市公司对应指标的优秀值和平均值为标准计算。

（三）金融行业上市公司业绩评价计分方法

业绩评价计分方法仍然采用功效系数法。

指标计分方法是指运用业绩评价的指标，将指标实际值对照相应的评价标准值，计算各项指标实际得分的方法。计算公式为：

指标总得分 = $\sum$单项基本指标得分

单项指标得分 = [0.6+（实际值 - 平均值）/（优秀值 - 平均值）* 0.4] * 权重

（注：对于部分行业监管部门规定了相应监管值的指标，由于各上市公司相关指标均较好地满足了监管标准，反映了金融类上市公司的稳健性较好，为了体现这种情况同时也考虑到增加公司区分度的需要，我们在计算单项指标得分过程中对计算系数进行了微调：单项指标得分 = [0.8+（实际值 - 平均值）/（优秀值 - 平均值）* 0.2] * 权重）

对有关指标的分母为零或为负数时，做了相应的具体处理。

附录二　2018 年度上市公司业绩评价排序

排名	股票代码	单位名称	评价得分	排名	股票代码	单位名称	评价得分
1	600585	海螺水泥	97.5	27	601318	中国平安	85
2	601006	大秦铁路	94.7	28	601021	春秋航空	84.8
3	002120	韵达股份	94.4	29	600808	马钢股份	84.6
4	601888	中国国旅	92.6	30	600507	方大特钢	84.5
5	600675	中华企业	92.3	31	002142	宁波银行	84.3
6	600801	华新水泥	90.7	32	600309	万华化学	84.2
7	603288	海天味业	89.5	33	600036	招商银行	83.7
8	600009	上海机场	88.5	34	601088	中国神华	83.6
9	002110	三钢闽光	87.9	35	600688	上海石化	83.6
10	000651	格力电器	87.8	36	600233	圆通速递	83.6
11	600276	恒瑞医药	87.7	37	300146	汤臣倍健	83.5
12	601225	陕西煤业	87.6	38	002304	洋河股份	83.5
13	600160	巨化股份	87.5	39	600271	航天信息	83.4
14	600031	三一重工	87.5	40	002746	仙坛股份	83.3
15	002233	塔牌集团	87.1	41	000975	银泰资源	83.2
16	000789	万年青	86.5	42	603568	伟明环保	83.1
17	002841	视源股份	86.4	43	600887	伊利股份	82.9
18	600519	贵州茅台	86.2	44	300015	爱尔眼科	82.8
19	000401	冀东水泥	86.2	45	600681	百川能源	82.7
20	002468	申通快递	86.2	46	002475	立讯精密	82.7
21	600426	华鲁恒升	86	47	000932	华菱钢铁	82.5
22	300144	宋城演艺	86	48	600985	淮北矿业	82.4
23	601003	柳钢股份	85.8	49	002507	涪陵榨菜	82.3
24	000029	深深房 A	85.8	50	002146	荣盛发展	82.2
25	000858	五粮液	85.5	51	002032	苏泊尔	82.1
26	600782	新钢股份	85.3	52	603899	晨光文具	82.1

续表

排名	股票代码	单位名称	评价得分	排名	股票代码	单位名称	评价得分
53	600346	恒力股份	82.1	89	600886	国投电力	80
54	600406	国电南瑞	82.1	90	601100	恒立液压	79.9
55	002203	海亮股份	82	91	603833	欧派家居	79.8
56	600332	白云山	82	92	601288	农业银行	79.8
57	000338	潍柴动力	82	93	600323	瀚蓝环境	79.7
58	300628	亿联网络	81.9	94	000636	风华高科	79.6
59	600282	南钢股份	81.9	95	603711	香飘飘	79.6
60	600126	杭钢股份	81.8	96	603228	景旺电子	79.6
61	600763	通策医疗	81.7	97	000813	德展健康	79.6
62	603060	国检集团	81.6	98	300637	扬帆新材	79.6
63	002372	伟星新材	81.6	99	600570	恒生电子	79.5
64	300107	建新股份	81.5	100	600606	绿地控股	79.5
65	600161	天坛生物	81.5	101	600987	航民股份	79.5
66	600900	长江电力	81.5	102	601128	常熟银行	79.5
67	600104	上汽集团	81.5	103	600897	厦门空港	79.4
68	600398	海澜之家	81.5	104	002127	南极电商	79.4
69	601601	中国太保	81.5	105	600872	中炬高新	79.3
70	002415	海康威视	81.4	106	000898	鞍钢股份	79.3
71	300498	温氏股份	81.4	107	000048	*ST 康达	79.3
72	601939	建设银行	81.4	108	600436	片仔癀	79.3
73	002299	圣农发展	81.3	109	600660	福耀玻璃	79.2
74	002311	海大集团	81.3	110	600567	山鹰纸业	79.2
75	600997	开滦股份	81.2	111	300662	科锐国际	79.2
76	002007	华兰生物	81.2	112	000661	长春高新	79.2
77	000568	泸州老窖	81.1	113	600673	东阳光	79.1
78	603260	合盛硅业	81.1	114	002832	比音勒芬	79.1
79	600516	方大炭素	81	115	603369	今世缘	79.1
80	603866	桃李面包	80.9	116	000825	太钢不锈	79
81	600724	宁波富达	80.9	117	002001	新和成	79
82	000596	古井贡酒	80.6	118	600019	宝钢股份	79
83	600596	新安股份	80.6	119	000999	华润三九	79
84	603338	浙江鼎力	80.3	120	002352	顺丰控股	79
85	600690	青岛海尔	80.3	121	601211	国泰君安	79
86	600566	济川药业	80.3	122	603886	元祖股份	78.9
87	002602	世纪华通	80.1	123	603444	吉比特	78.9
88	603043	广州酒家	80.1	124	000333	美的集团	78.9

续表

排名	股票代码	单位名称	评价得分	排名	股票代码	单位名称	评价得分
125	601877	正泰电器	78.9	162	603357	设计总院	77.5
126	600641	万业企业	78.8	163	300630	普利制药	77.5
127	300122	智飞生物	78.8	164	600273	嘉化能源	77.5
128	600741	华域汽车	78.7	165	601997	贵阳银行	77.5
129	601988	中国银行	78.7	166	300408	三环集团	77.4
130	300529	健帆生物	78.6	167	600236	桂冠电力	77.4
131	600548	深高速	78.5	168	002749	国光股份	77.4
132	300571	平治信息	78.5	169	600750	江中药业	77.4
133	600740	山西焦化	78.4	170	601229	上海银行	77.4
134	603160	汇顶科技	78.4	171	601139	深圳燃气	77.3
135	601398	工商银行	78.4	172	300394	天孚通信	77.3
136	600598	北大荒	78.3	173	600048	保利地产	77.2
137	600028	中国石化	78.3	174	601857	中国石油	77.2
138	300595	欧普康视	78.3	175	600803	新奥股份	77.2
139	603086	先达股份	78.2	176	002821	凯莱英	77.2
140	000672	上峰水泥	78.2	177	300575	中旗股份	77.2
141	600377	宁沪高速	78.2	178	000708	大冶特钢	77.2
142	603605	珀莱雅	78.2	179	601166	兴业银行	77.2
143	600809	山西汾酒	78.2	180	603658	安图生物	77.1
144	600188	兖州煤业	78.2	181	603127	昭衍新药	77.1
145	300525	博思软件	78.1	182	300073	当升科技	77.1
146	000895	双汇发展	78.1	183	000538	云南白药	77
147	603816	顾家家居	78.1	184	002859	洁美科技	77
148	000629	攀钢钒钛	78	185	600256	广汇能源	77
149	000418	小天鹅 A	78	186	002815	崇达技术	77
150	001979	招商蛇口	78	187	600030	中信证券	77
151	000786	北新建材	78	188	600845	宝信软件	76.9
152	002242	九阳股份	77.9	189	600486	扬农化工	76.9
153	600802	福建水泥	77.9	190	603515	欧普照明	76.9
154	600668	尖峰集团	77.9	191	000002	万科 A	76.9
155	603517	绝味食品	77.9	192	300347	泰格医药	76.9
156	600483	福能股份	77.9	193	002478	常宝股份	76.9
157	300559	佳发教育	77.8	194	002075	沙钢股份	76.8
158	603225	新凤鸣	77.7	195	300357	我武生物	76.8
159	000429	粤高速 A	77.7	196	002027	分众传媒	76.7
160	601668	中国建筑	77.6	197	002737	葵花药业	76.7
161	600977	中国电影	77.6	198	002608	江苏国信	76.7

续表

排名	股票代码	单位名称	评价得分	排名	股票代码	单位名称	评价得分
199	600085	同仁堂	76.7	236	300389	艾比森	75.4
200	601688	华泰证券	76.7	237	300294	博雅生物	75.4
201	603103	横店影视	76.5	238	000620	新华联	75.4
202	300577	开润股份	76.5	239	603018	中设集团	75.3
203	601928	凤凰传媒	76.5	240	300476	胜宏科技	75.3
204	603585	苏利股份	76.4	241	603639	海利尔	75.3
205	000830	鲁西化工	76.4	242	600007	中国国贸	75.3
206	002833	弘亚数控	76.4	243	000676	智度股份	75.3
207	300285	国瓷材料	76.4	244	300725	药石科技	75.2
208	002916	深南电路	76.4	245	002690	美亚光电	75.2
209	603360	百傲化学	76.3	246	300450	先导智能	75.2
210	603848	好太太	76.3	247	600173	卧龙地产	75.2
211	601155	新城控股	76.3	248	002878	元隆雅图	75.2
212	603589	口子窖	76.2	249	600837	海通证券	75.2
213	600230	沧州大化	76.2	250	300599	雄塑科技	75.1
214	000650	仁和药业	76.2	251	603298	杭叉集团	75.1
215	002234	民和股份	76.1	252	601233	桐昆股份	75.1
216	603393	新天然气	76.1	253	600761	安徽合力	75.1
217	300383	光环新网	76.1	254	002128	露天煤业	75.1
218	603885	吉祥航空	76	255	603305	旭升股份	75.1
219	300121	阳谷华泰	76	256	002419	天虹股份	75.1
220	002223	鱼跃医疗	76	257	002373	千方科技	75.1
221	002757	南兴装备	76	258	601019	山东出版	75.1
222	300482	万孚生物	75.9	259	000902	新洋丰	75
223	600655	豫园股份	75.9	260	002078	太阳纸业	75
224	600487	亨通光电	75.8	261	603113	金能科技	75
225	601858	中国科传	75.8	262	603039	泛微网络	75
226	000011	深物业 A	75.8	263	000736	中交地产	75
227	002563	森马服饰	75.8	264	600999	招商证券	75
228	603811	诚意药业	75.7	265	002557	洽洽食品	74.9
229	601005	重庆钢铁	75.7	266	603609	禾丰牧业	74.9
230	000719	中原传媒	75.6	267	600757	长江传媒	74.9
231	600167	联美控股	75.5	268	300735	光弘科技	74.9
232	300684	中石科技	75.5	269	002812	恩捷股份	74.9
233	300590	移为通信	75.5	270	002044	美年健康	74.8
234	601009	南京银行	75.5	271	300132	青松股份	74.8
235	601799	星宇股份	75.4	272	002287	奇正藏药	74.8

续表

排名	股票代码	单位名称	评价得分	排名	股票代码	单位名称	评价得分
273	600348	阳泉煤业	74.8	310	601818	光大银行	74
274	300570	太辰光	74.8	311	600352	浙江龙盛	73.9
275	300349	金卡智能	74.8	312	000876	新希望	73.9
276	000166	申万宏源	74.8	313	600461	洪城水业	73.9
277	000581	威孚高科	74.7	314	603659	璞泰来	73.9
278	002179	中航光电	74.7	315	600452	涪陵电力	73.9
279	000776	广发证券	74.7	316	300602	飞荣达	73.8
280	600563	法拉电子	74.6	317	000656	金科股份	73.8
281	000036	华联控股	74.6	318	002038	双鹭药业	73.8
282	600088	中视传媒	74.6	319	600995	文山电力	73.8
283	001872	招商港口	74.6	320	603429	集友股份	73.8
284	603337	杰克股份	74.6	321	600389	江山股份	73.8
285	002867	周大生	74.6	322	000423	东阿阿胶	73.8
286	603136	天目湖	74.5	323	002493	荣盛石化	73.7
287	600823	世茂股份	74.5	324	300638	广和通	73.7
288	002396	星网锐捷	74.5	325	000717	韶钢松山	73.7
289	603345	安井食品	74.5	326	002624	完美世界	73.7
290	300470	日机密封	74.4	327	002440	闰土股份	73.7
291	300673	佩蒂股份	74.4	328	600015	华夏银行	73.7
292	300395	菲利华	74.3	329	300567	精测电子	73.6
293	000688	国城矿业	74.3	330	600511	国药股份	73.6
294	000703	恒逸石化	74.3	331	600383	金地集团	73.6
295	603198	迎驾贡酒	74.2	332	002458	益生股份	73.6
296	300633	开立医疗	74.2	333	603638	艾迪精密	73.6
297	002818	富森美	74.2	334	600176	中国巨石	73.6
298	601899	紫金矿业	74.2	335	300601	康泰生物	73.6
299	002258	利尔化学	74.1	336	000560	我爱我家	73.6
300	002912	中新赛克	74.1	337	002153	石基信息	73.6
301	600529	山东药玻	74.1	338	603806	福斯特	73.6
302	002901	大博医疗	74.1	339	601881	中国银河	73.6
303	000582	北部湾港	74.1	340	600132	重庆啤酒	73.5
304	603496	恒为科技	74.1	341	600057	厦门象屿	73.5
305	300685	艾德生物	74	342	600420	现代制药	73.5
306	000537	广宇发展	74	343	300616	尚品宅配	73.5
307	600588	用友网络	74	344	300401	花园生物	73.5
308	600021	上海电力	74	345	603027	千禾味业	73.5
309	300400	劲拓股份	74	346	300632	光莆股份	73.5

续表

排名	股票代码	单位名称	评价得分	排名	股票代码	单位名称	评价得分
347	300207	欣旺达	73.5	384	600000	浦发银行	72.8
348	300003	乐普医疗	73.5	385	600600	青岛啤酒	72.7
349	601328	交通银行	73.5	386	600403	大有能源	72.7
350	601515	东风股份	73.4	387	600378	天科股份	72.7
351	002717	岭南股份	73.4	388	601158	重庆水务	72.7
352	000681	视觉中国	73.4	389	002831	裕同科技	72.7
353	002595	豪迈科技	73.4	390	000528	柳工	72.7
354	002360	同德化工	73.3	391	600305	恒顺醋业	72.7
355	002191	劲嘉股份	73.3	392	002275	桂林三金	72.7
356	600828	茂业商业	73.3	393	600023	浙能电力	72.6
357	000603	盛达矿业	73.3	394	300429	强力新材	72.6
358	000089	深圳机场	73.2	395	600258	首旅酒店	72.6
359	603939	益丰药房	73.2	396	600141	兴发集团	72.6
360	601717	郑煤机	73.2	397	600062	华润双鹤	72.5
361	600229	城市传媒	73.2	398	603199	九华旅游	72.5
362	002677	浙江美大	73.1	399	000848	承德露露	72.5
363	600277	亿利洁能	73.1	400	600373	中文传媒	72.5
364	002913	奥士康	73.1	401	002439	启明星辰	72.5
365	300620	光库科技	73.1	402	600736	苏州高新	72.5
366	300448	浩云科技	73.1	403	600699	均胜电子	72.5
367	601966	玲珑轮胎	73	404	601238	广汽集团	72.4
368	002444	巨星科技	73	405	601000	唐山港	72.4
369	300298	三诺生物	73	406	300413	芒果超媒	72.4
370	300124	汇川技术	73	407	603808	歌力思	72.4
371	002768	国恩股份	73	408	600779	水井坊	72.4
372	603067	振华股份	73	409	600569	安阳钢铁	72.4
373	300452	山河药辅	72.9	410	000778	新兴铸管	72.4
374	300149	量子生物	72.9	411	600022	山东钢铁	72.3
375	600618	氯碱化工	72.9	412	300271	华宇软件	72.3
376	000977	浪潮信息	72.9	413	600299	安迪苏	72.3
377	300661	圣邦股份	72.9	414	603898	好莱客	72.2
378	600908	无锡银行	72.9	415	002643	万润股份	72.2
379	601098	中南传媒	72.8	416	300082	奥克股份	72.2
380	002376	新北洋	72.8	417	603826	坤彩科技	72.2
381	300012	华测检测	72.8	418	300014	亿纬锂能	72.2
382	300457	赢合科技	72.8	419	000683	远兴能源	72.2
383	002410	广联达	72.8	420	300546	雄帝科技	72.1

续表

排名	股票代码	单位名称	评价得分	排名	股票代码	单位名称	评价得分
421	600565	迪马股份	72.1	458	603367	辰欣药业	71.5
422	600535	天士力	72.1	459	600231	凌钢股份	71.5
423	600663	陆家嘴	72.1	460	300176	派生科技	71.5
424	000938	紫光股份	72.1	461	600183	生益科技	71.5
425	603663	三祥新材	72	462	002117	东港股份	71.5
426	603167	渤海轮渡	72	463	603707	健友股份	71.5
427	002138	顺络电子	72	464	002802	洪汇新材	71.4
428	603928	兴业股份	72	465	000900	现代投资	71.4
429	600623	华谊集团	72	466	002271	东方雨虹	71.4
430	600125	铁龙物流	72	467	300232	洲明科技	71.3
431	000963	华东医药	72	468	000819	岳阳兴长	71.2
432	000408	藏格控股	71.9	469	300718	长盛轴承	71.2
433	000726	鲁泰 A	71.9	470	603387	基蛋生物	71.2
434	603026	石大胜华	71.9	471	002092	中泰化学	71.2
435	601965	中国汽研	71.9	472	002394	联发股份	71.2
436	601012	隆基股份	71.9	473	002463	沪电股份	71.1
437	002081	金螳螂	71.9	474	600387	海越能源	71.1
438	002911	佛燃股份	71.9	475	002597	金禾实业	71.1
439	000520	长航凤凰	71.9	476	300523	辰安科技	71.1
440	600729	重庆百货	71.8	477	601898	中煤能源	71.1
441	600522	中天科技	71.8	478	603203	快克股份	71
442	600657	信达地产	71.8	479	600810	神马股份	71
443	300037	新宙邦	71.8	480	002739	万达电影	71
444	002614	奥佳华	71.7	481	002014	永新股份	71
445	603823	百合花	71.7	482	600054	黄山旅游	71
446	002626	金达威	71.7	483	300258	精锻科技	71
447	002061	浙江交科	71.7	484	300031	宝通科技	71
448	600547	山东黄金	71.7	485	603980	吉华集团	71
449	002168	惠程科技	71.7	486	600438	通威股份	71
450	002318	久立特材	71.7	487	002601	龙蟒佰利	71
451	603968	醋化股份	71.6	488	300497	富祥股份	71
452	600642	申能股份	71.6	489	002798	帝欧家居	71
453	600326	西藏天路	71.6	490	002050	三花智控	70.9
454	000671	阳光城	71.6	491	300203	聚光科技	70.9
455	002632	道明光学	71.6	492	002773	康弘药业	70.9
456	600016	民生银行	71.6	493	002422	科伦药业	70.9
457	600612	老凤祥	71.5	494	002736	国信证券	70.9

续表

排名	股票代码	单位名称	评价得分	排名	股票代码	单位名称	评价得分
495	300687	赛意信息	70.8	532	300365	恒华科技	70.3
496	601801	皖新传媒	70.8	533	600317	营口港	70.3
497	600409	三友化工	70.8	534	603608	天创时尚	70.3
498	300653	正海生物	70.8	535	603019	中科曙光	70.3
499	000425	徐工机械	70.8	536	600466	蓝光发展	70.3
500	601169	北京银行	70.8	537	300284	苏交科	70.3
501	603037	凯众股份	70.7	538	300584	海辰药业	70.3
502	300481	濮阳惠成	70.7	539	000922	佳电股份	70.3
503	603708	家家悦	70.7	540	300596	利安隆	70.3
504	002025	航天电器	70.7	541	300572	安车检测	70.2
505	000710	贝瑞基因	70.7	542	300244	迪安诊断	70.2
506	601998	中信银行	70.7	543	300530	达志科技	70.2
507	002825	纳尔股份	70.6	544	603960	克来机电	70.2
508	300701	森霸传感	70.6	545	300649	杭州园林	70.2
509	300485	赛升药业	70.6	546	601186	中国铁建	70.2
510	002884	凌霄泵业	70.6	547	000877	天山股份	70.2
511	002753	永东股份	70.6	548	300327	中颖电子	70.2
512	601811	新华文轩	70.5	549	002807	江阴银行	70.2
513	300423	鲁亿通	70.5	550	002408	齐翔腾达	70.1
514	600201	生物股份	70.5	551	300487	蓝晓科技	70.1
515	600756	浪潮软件	70.5	552	603226	菲林格尔	70.1
516	603326	我乐家居	70.5	553	300623	捷捷微电	70.1
517	601111	中国国航	70.5	554	300033	同花顺	70.1
518	603323	苏农银行	70.5	555	002803	吉宏股份	70.1
519	601678	滨化股份	70.4	556	600018	上港集团	70.1
520	600395	盘江股份	70.4	557	002327	富安娜	70
521	300560	中富通	70.4	558	002391	长青股份	70
522	002064	华峰氨纶	70.4	559	000028	国药一致	70
523	002871	伟隆股份	70.4	560	600683	京投发展	69.9
524	600885	宏发股份	70.4	561	600798	宁波海运	69.9
525	600510	黑牡丹	70.4	562	300722	新余国科	69.9
526	600971	恒源煤电	70.4	563	603737	三棵树	69.9
527	601117	中国化学	70.4	564	603328	依顿电子	69.9
528	300610	晨化股份	70.4	565	600004	白云机场	69.9
529	300113	顺网科技	70.4	566	600926	杭州银行	69.9
530	600123	兰花科创	70.3	567	300326	凯利泰	69.8
531	002851	麦格米特	70.3	568	002430	杭氧股份	69.8

续表

排名	股票代码	单位名称	评价得分	排名	股票代码	单位名称	评价得分
569	300428	四通新材	69.8	606	603181	皇马科技	69.2
570	002810	山东赫达	69.8	607	002016	世荣兆业	69.2
571	002174	游族网络	69.8	608	300579	数字认证	69.2
572	002091	江苏国泰	69.7	609	000065	北方国际	69.2
573	601216	君正集团	69.7	610	600211	西藏药业	69.2
574	002777	久远银海	69.7	611	002727	一心堂	69.2
575	603877	太平鸟	69.7	612	002838	道恩股份	69.1
576	603416	信捷电气	69.7	613	603380	易德龙	69.1
577	002039	黔源电力	69.7	614	002226	江南化工	69.1
578	300522	世名科技	69.6	615	002099	海翔药业	69.1
579	002189	利达光电	69.6	616	603929	亚翔集成	69.1
580	600027	华电国际	69.6	617	000639	西王食品	69.1
581	603611	诺力股份	69.6	618	600742	一汽富维	69
582	002795	永和智控	69.6	619	603882	金域医学	69
583	000951	中国重汽	69.6	620	002648	卫星石化	69
584	603858	步长制药	69.6	621	002653	海思科	69
585	601607	上海医药	69.6	622	603025	大豪科技	69
586	000739	普洛药业	69.6	623	600696	ST 岩石	69
587	002880	卫光生物	69.5	624	601336	新华保险	69
588	300170	汉得信息	69.5	625	600153	建发股份	68.9
589	002860	星帅尔	69.4	626	002294	信立泰	68.9
590	002511	中顺洁柔	69.4	627	300451	创业慧康	68.9
591	603997	继峰股份	69.4	628	300398	飞凯材料	68.9
592	603689	皖天然气	69.4	629	002541	鸿路钢构	68.9
593	600097	开创国际	69.4	630	002406	远东传动	68.9
594	601900	南方传媒	69.4	631	600197	伊力特	68.9
595	600260	凯乐科技	69.3	632	600863	内蒙华电	68.9
596	000516	国际医学	69.3	633	603233	大参林	68.8
597	300531	优博讯	69.3	634	002051	中工国际	68.8
598	000860	顺鑫农业	69.3	635	002267	陕天然气	68.8
599	002195	二三四五	69.3	636	002150	通润装备	68.8
600	002236	大华股份	69.3	637	603986	兆易创新	68.8
601	000935	四川双马	69.3	638	600248	延长化建	68.8
602	000822	山东海化	69.3	639	300720	海川智能	68.8
603	603606	东方电缆	69.3	640	601390	中国中铁	68.8
604	600919	江苏银行	69.3	641	002706	良信电器	68.8
605	300280	紫天科技	69.2	642	603989	艾华集团	68.7

续表

排名	股票代码	单位名称	评价得分	排名	股票代码	单位名称	评价得分
643	603987	康德莱	68.7	680	000062	深圳华强	68.3
644	000828	东莞控股	68.7	681	000001	平安银行	68.3
645	300016	北陆药业	68.7	682	601101	昊华能源	68.2
646	603730	岱美股份	68.7	683	600572	康恩贝	68.2
647	300689	澄天伟业	68.7	684	002020	京新药业	68.2
648	002892	科力尔	68.6	685	002088	鲁阳节能	68.2
649	300668	杰恩设计	68.6	686	000709	河钢股份	68.2
650	002254	泰和新材	68.6	687	600033	福建高速	68.2
651	002572	索菲亚	68.6	688	601991	大唐发电	68.1
652	600873	梅花生物	68.6	689	002466	天齐锂业	68.1
653	600298	安琪酵母	68.6	690	603868	飞科电器	68.1
654	300609	汇纳科技	68.6	691	601636	旗滨集团	68.1
655	000869	张裕A	68.6	692	300166	东方国信	68.1
656	002221	东华能源	68.5	693	002262	恩华药业	68.1
657	600113	浙江东日	68.5	694	002215	诺普信	68.1
658	300437	清水源	68.5	695	300058	蓝色光标	68.1
659	300296	利亚德	68.5	696	000043	中航善达	68.1
660	002180	纳思达	68.5	697	300286	安科瑞	68
661	600479	千金药业	68.4	698	000547	航天发展	68
662	002382	蓝帆医疗	68.4	699	603099	长白山	68
663	600557	康缘药业	68.4	700	601872	招商轮船	68
664	002687	乔治白	68.4	701	603278	大业股份	68
665	600177	雅戈尔	68.4	702	600559	老白干酒	68
666	000030	富奥股份	68.4	703	002008	大族激光	68
667	002024	苏宁易购	68.4	704	000961	中南建设	68
668	603098	森特股份	68.4	705	600508	上海能源	68
669	000968	蓝焰控股	68.4	706	002353	杰瑞股份	67.9
670	600965	福成股份	68.3	707	600665	天地源	67.9
671	000818	航锦科技	68.3	708	300723	一品红	67.9
672	002549	凯美特气	68.3	709	601677	明泰铝业	67.9
673	601018	宁波港	68.3	710	603660	苏州科达	67.8
674	600993	马应龙	68.3	711	002341	新纶科技	67.8
675	600093	易见股份	68.3	712	002449	国星光电	67.8
676	603306	华懋科技	68.3	713	600967	内蒙一机	67.8
677	300446	乐凯新材	68.3	714	600781	辅仁药业	67.7
678	300009	安科生物	68.3	715	600308	华泰股份	67.7
679	002852	道道全	68.3	716	300699	光威复材	67.7

续表

排名	股票代码	单位名称	评价得分	排名	股票代码	单位名称	评价得分
717	300642	透景生命	67.7	754	603129	春风动力	67.2
718	603588	高能环境	67.7	755	002381	双箭股份	67.2
719	000983	西山煤电	67.7	756	000498	山东路桥	67.2
720	300193	佳士科技	67.7	757	600593	大连圣亚	67.2
721	000598	兴蓉环境	67.7	758	600419	天润乳业	67.2
722	600329	中新药业	67.6	759	600131	岷江水电	67.2
723	603383	顶点软件	67.6	760	600603	广汇物流	67.2
724	002700	新疆浩源	67.6	761	002003	伟星股份	67.2
725	300231	银信科技	67.6	762	300371	汇中股份	67.2
726	603365	水星家纺	67.6	763	600408	ST 安泰	67.2
727	000997	新大陆	67.6	764	603909	合诚股份	67.1
728	600722	金牛化工	67.6	765	300547	川环科技	67.1
729	603976	正川股份	67.5	766	300445	康斯特	67.1
730	600723	首商股份	67.5	767	002728	特一药业	67.1
731	300017	网宿科技	67.5	768	603096	新经典	67.1
732	000723	美锦能源	67.5	769	603200	上海洗霸	67
733	603766	隆鑫通用	67.5	770	601952	苏垦农发	67
734	601228	广州港	67.5	771	603368	柳药股份	67
735	603089	正裕工业	67.4	772	002508	老板电器	67
736	300188	美亚柏科	67.4	773	300276	三丰智能	67
737	603179	新泉股份	67.4	774	600252	中恒集团	67
738	002228	合兴包装	67.4	775	000779	三毛派神	67
739	600315	上海家化	67.4	776	002293	罗莱生活	66.9
740	002900	哈三联	67.4	777	000720	新能泰山	66.9
741	002713	东易日盛	67.4	778	002587	奥拓电子	66.9
742	603313	梦百合	67.3	779	600859	王府井	66.9
743	600850	华东电脑	67.3	780	603669	灵康药业	66.9
744	600528	中铁工业	67.3	781	000543	皖能电力	66.9
745	600328	兰太实业	67.3	782	002109	兴化股份	66.9
746	002776	柏堡龙	67.3	783	002115	三维通信	66.9
747	002842	翔鹭钨业	67.3	784	000019	深粮控股	66.8
748	601800	中国交建	67.3	785	002849	威星智能	66.8
749	300308	中际旭创	67.3	786	300230	永利股份	66.8
750	603881	数据港	67.3	787	600246	万通地产	66.8
751	300243	瑞丰高材	67.2	788	300036	超图软件	66.8
752	002244	滨江集团	67.2	789	600917	重庆燃气	66.8
753	000967	盈峰环境	67.2	790	600050	中国联通	66.8

续表

排名	股票代码	单位名称	评价得分	排名	股票代码	单位名称	评价得分
791	002159	三特索道	66.8	828	600958	东方证券	66.3
792	601001	大同煤业	66.7	829	603339	四方科技	66.2
793	002714	牧原股份	66.7	830	603985	恒润股份	66.2
794	002412	汉森制药	66.7	831	601699	潞安环能	66.2
795	603218	日月股份	66.7	832	300500	启迪设计	66.2
796	600429	三元股份	66.7	833	603799	华友钴业	66.1
797	002761	多喜爱	66.7	834	601311	骆驼股份	66.1
798	002705	新宝股份	66.7	835	300622	博士眼镜	66.1
799	002320	海峡股份	66.7	836	603856	东宏股份	66.1
800	002579	中京电子	66.7	837	600138	中青旅	66.1
801	603883	老百姓	66.6	838	000960	锡业股份	66.1
802	603636	南威软件	66.6	839	002104	恒宝股份	66
803	300136	信维通信	66.6	840	600694	大商股份	66
804	600262	北方股份	66.6	841	300488	恒锋工具	66
805	300640	德艺文创	66.6	842	300434	金石东方	66
806	002281	光迅科技	66.6	843	603599	广信股份	66
807	300130	新国都	66.6	844	002155	湖南黄金	65.9
808	002661	克明面业	66.6	845	300316	晶盛机电	65.9
809	603701	德宏股份	66.5	846	600737	中粮糖业	65.9
810	300200	高盟新材	66.5	847	002152	广电运通	65.9
811	001965	招商公路	66.5	848	600933	爱柯迪	65.8
812	000906	浙商中拓	66.5	849	300605	恒锋信息	65.8
813	603688	石英股份	66.5	850	600611	大众交通	65.8
814	300439	美康生物	66.5	851	600170	上海建工	65.8
815	600674	川投能源	66.5	852	600790	轻纺城	65.8
816	000529	广弘控股	66.5	853	300732	设研院	65.8
817	002133	广宇集团	66.5	854	603912	佳力图	65.8
818	300261	雅本化学	66.4	855	600777	新潮能源	65.8
819	000921	海信家电	66.4	856	002697	红旗连锁	65.8
820	600577	精达股份	66.4	857	002820	桂发祥	65.8
821	603535	嘉诚国际	66.4	858	000631	顺发恒业	65.8
822	600285	羚锐制药	66.3	859	002840	华统股份	65.8
823	603058	永吉股份	66.3	860	000919	金陵药业	65.8
824	600498	烽火通信	66.3	861	002796	世嘉科技	65.8
825	601886	江河集团	66.3	862	603518	维格娜丝	65.7
826	600195	中牧股份	66.3	863	603158	腾龙股份	65.7
827	300727	润禾材料	66.3	864	600362	江西铜业	65.7

续表

排名	股票代码	单位名称	评价得分	排名	股票代码	单位名称	评价得分
865	600704	物产中大	65.7	902	002896	中大力德	65.4
866	600637	东方明珠	65.7	903	601788	光大证券	65.4
867	002864	盘龙药业	65.7	904	603607	京华激光	65.3
868	002756	永兴特钢	65.7	905	300580	贝斯特	65.3
869	000883	湖北能源	65.7	906	601566	九牧王	65.3
870	600012	皖通高速	65.7	907	603303	得邦照明	65.3
871	002370	亚太药业	65.7	908	300505	川金诺	65.3
872	603726	朗迪集团	65.7	909	000539	粤电力 A	65.3
873	002460	赣锋锂业	65.7	910	603505	金石资源	65.3
874	600098	广州发展	65.7	911	603990	麦迪科技	65.2
875	002675	东诚药业	65.7	912	002830	名雕股份	65.2
876	000501	鄂武商 A	65.6	913	600622	光大嘉宝	65.2
877	000966	长源电力	65.6	914	300127	银河磁体	65.2
878	002398	建研集团	65.6	915	603637	镇海股份	65.2
879	000799	酒鬼酒	65.6	916	300702	天宇股份	65.2
880	600820	隧道股份	65.6	917	000888	峨眉山 A	65.2
881	600780	通宝能源	65.6	918	603208	江山欧派	65.2
882	000049	德赛电池	65.6	919	300556	丝路视觉	65.2
883	603558	健盛集团	65.6	920	600639	浦东金桥	65.1
884	600242	中昌数据	65.6	921	600708	光明地产	65.1
885	603040	新坐标	65.6	922	002368	太极股份	65
886	002171	楚江新材	65.5	923	603131	上海沪工	65
887	600380	健康元	65.5	924	603035	常熟汽饰	65
888	002695	煌上煌	65.5	925	002187	广百股份	65
889	002225	濮耐股份	65.5	926	600482	中国动力	65
890	002561	徐家汇	65.5	927	300501	海顺新材	65
891	601689	拓普集团	65.5	928	600073	上海梅林	65
892	600180	瑞茂通	65.5	929	002022	科华生物	64.9
893	002543	万和电气	65.5	930	300705	九典制药	64.9
894	603421	鼎信通讯	65.4	931	000553	安道麦 A	64.9
895	600196	复星医药	65.4	932	002790	瑞尔特	64.9
896	000034	神州数码	65.4	933	002238	天威视讯	64.9
897	603993	洛阳钼业	65.4	934	600732	ST 新梅	64.9
898	000912	泸天化	65.4	935	600970	中材国际	64.9
899	300463	迈克生物	65.4	936	600650	锦江投资	64.8
900	603138	海量数据	65.4	937	300563	神宇股份	64.8
901	002402	和而泰	65.4	938	002526	山东矿机	64.8

续表

排名	股票代码	单位名称	评价得分	排名	股票代码	单位名称	评价得分
939	600116	三峡水利	64.8	976	300576	容大感光	64.4
940	002853	皮阿诺	64.8	977	300196	长海股份	64.4
941	300253	卫宁健康	64.8	978	002316	亚联发展	64.4
942	603055	台华新材	64.8	979	300513	恒实科技	64.4
943	601633	长城汽车	64.8	980	300657	弘信电子	64.4
944	300715	凯伦股份	64.8	981	300087	荃银高科	64.4
945	002033	丽江旅游	64.8	982	002126	银轮股份	64.3
946	000156	华数传媒	64.8	983	603938	三孚股份	64.3
947	601628	中国人寿	64.8	984	600481	双良节能	64.3
948	600720	祁连山	64.7	985	002734	利民股份	64.3
949	001696	宗申动力	64.7	986	603920	世运电路	64.2
950	603538	美诺华	64.7	987	002724	海洋王	64.2
951	002116	中国海诚	64.7	988	000600	建投能源	64.2
952	300473	德尔股份	64.7	989	002847	盐津铺子	64.2
953	300384	三联虹普	64.7	990	600114	东睦股份	64.2
954	002328	新朋股份	64.7	991	000552	靖远煤电	64.2
955	000666	经纬纺机	64.7	992	603165	荣晟环保	64.2
956	603012	创力集团	64.7	993	601231	环旭电子	64.2
957	603959	百利科技	64.7	994	000059	华锦股份	64.2
958	603617	君禾股份	64.7	995	603180	金牌厨柜	64.1
959	600711	盛屯矿业	64.7	996	002801	微光股份	64.1
960	601127	小康股份	64.7	997	603878	武进不锈	64.1
961	300618	寒锐钴业	64.6	998	600101	明星电力	64.1
962	002858	力盛赛车	64.6	999	002907	华森制药	64.1
963	002393	力生制药	64.6	1000	600648	外高桥	64.1
964	603919	金徽酒	64.6	1001	600580	卧龙电驱	64.1
965	002365	永安药业	64.6	1002	603017	中衡设计	64
966	300703	创源文化	64.6	1003	002097	山河智能	64
967	000690	宝新能源	64.6	1004	603508	思维列控	64
968	002603	以岭药业	64.5	1005	002881	美格智能	64
969	603238	诺邦股份	64.5	1006	603838	四通股份	64
970	600703	三安光电	64.5	1007	603685	晨丰科技	64
971	000887	中鼎股份	64.5	1008	000524	岭南控股	64
972	603000	人民网	64.5	1009	300406	九强生物	64
973	300416	苏试试验	64.5	1010	300388	国祯环保	64
974	300506	名家汇	64.4	1011	002793	东音股份	64
975	600077	宋都股份	64.4	1012	600738	兰州民百	63.9

续表

排名	股票代码	单位名称	评价得分	排名	股票代码	单位名称	评价得分
1013	000948	南天信息	63.9	1050	600039	四川路桥	63.5
1014	002222	福晶科技	63.9	1051	002317	众生药业	63.5
1015	300495	美尚生态	63.9	1052	603809	豪能股份	63.5
1016	603033	三维股份	63.9	1053	603277	银都股份	63.5
1017	002839	张家港行	63.9	1054	300606	金太阳	63.5
1018	300427	红相股份	63.8	1055	300098	高新兴	63.5
1019	002013	中航机电	63.8	1056	600350	山东高速	63.5
1020	000952	广济药业	63.8	1057	603839	安正时尚	63.4
1021	603319	湘油泵	63.8	1058	300233	金城医药	63.4
1022	600029	南方航空	63.8	1059	600008	首创股份	63.4
1023	600011	华能国际	63.8	1060	603499	翔港科技	63.4
1024	300586	美联新材	63.8	1061	002068	黑猫股份	63.4
1025	603698	航天工程	63.7	1062	300659	中孚信息	63.4
1026	300180	华峰超纤	63.7	1063	601198	东兴证券	63.4
1027	601985	中国核电	63.7	1064	600835	上海机电	63.3
1028	600500	中化国际	63.7	1065	002331	皖通科技	63.3
1029	002645	华宏科技	63.7	1066	600867	通化东宝	63.3
1030	002056	横店东磁	63.7	1067	603038	华立股份	63.3
1031	002891	中宠股份	63.7	1068	601918	新集能源	63.2
1032	300226	上海钢联	63.7	1069	300635	达安股份	63.2
1033	002875	安奈儿	63.7	1070	300422	博世科	63.2
1034	002237	恒邦股份	63.7	1071	002889	东方嘉盛	63.2
1035	603569	长久物流	63.7	1072	603788	宁波高发	63.2
1036	000060	中金岭南	63.7	1073	000959	首钢股份	63.2
1037	600755	厦门国贸	63.6	1074	603679	华体科技	63.2
1038	002641	永高股份	63.6	1075	300379	东方通	63.2
1039	600789	鲁抗医药	63.6	1076	002811	亚泰国际	63.2
1040	600754	锦江股份	63.6	1077	300192	科斯伍德	63.2
1041	300621	维业股份	63.6	1078	002725	跃岭股份	63.2
1042	600629	华建集团	63.6	1079	601901	方正证券	63.2
1043	603580	艾艾精工	63.6	1080	603728	鸣志电器	63.1
1044	603787	新日股份	63.6	1081	600017	日照港	63.1
1045	000055	方大集团	63.6	1082	600386	北巴传媒	63.1
1046	000027	深圳能源	63.6	1083	300164	通源石油	63.1
1047	603601	再升科技	63.5	1084	300707	威唐工业	63.1
1048	300496	中科创达	63.5	1085	002775	文科园林	63.1
1049	603359	东珠生态	63.5	1086	000833	粤桂股份	63.1

续表

排名	股票代码	单位名称	评价得分	排名	股票代码	单位名称	评价得分
1087	600388	龙净环保	63	1124	002649	博彦科技	62.6
1088	601333	广深铁路	63	1125	300669	沪宁股份	62.6
1089	600760	中航沈飞	63	1126	002404	嘉欣丝绸	62.6
1090	300519	新光药业	63	1127	600667	太极实业	62.6
1091	300600	瑞特股份	63	1128	300339	润和软件	62.6
1092	600619	海立股份	63	1129	002868	绿康生化	62.6
1093	300631	久吾高科	63	1130	603266	天龙股份	62.6
1094	002683	宏大爆破	63	1131	601949	中国出版	62.6
1095	603030	全筑股份	62.9	1132	603860	中公高科	62.5
1096	300046	台基股份	62.9	1133	603801	志邦家居	62.5
1097	300550	和仁科技	62.9	1134	601958	金钼股份	62.5
1098	002806	华锋股份	62.9	1135	300034	钢研高纳	62.5
1099	300667	必创科技	62.9	1136	002882	金龙羽	62.5
1100	300655	晶瑞股份	62.9	1137	600370	三房巷	62.5
1101	000761	本钢板材	62.9	1138	000613	大东海 A	62.5
1102	000885	城发环境	62.9	1139	603665	康隆达	62.5
1103	300650	太龙照明	62.8	1140	002049	紫光国微	62.5
1104	300717	华信新材	62.8	1141	603159	上海亚虹	62.5
1105	002836	新宏泽	62.8	1142	300510	金冠股份	62.5
1106	600081	东风科技	62.8	1143	002917	金奥博	62.5
1107	600056	中国医药	62.8	1144	002332	仙琚制药	62.5
1108	300607	拓斯达	62.8	1145	002273	水晶光电	62.5
1109	002905	金逸影视	62.8	1146	600351	亚宝药业	62.5
1110	002035	华帝股份	62.7	1147	300396	迪瑞医疗	62.5
1111	000403	振兴生化	62.7	1148	603896	寿仙谷	62.5
1112	603077	和邦生物	62.7	1149	300177	中海达	62.5
1113	600340	华夏幸福	62.7	1150	002080	中材科技	62.5
1114	300206	理邦仪器	62.7	1151	300205	天喻信息	62.4
1115	603388	元成股份	62.7	1152	002399	海普瑞	62.4
1116	600367	红星发展	62.7	1153	002672	东江环保	62.4
1117	000519	中兵红箭	62.7	1154	600449	宁夏建材	62.4
1118	600979	广安爱众	62.7	1155	600118	中国卫星	62.4
1119	300272	开能健康	62.7	1156	002063	远光软件	62.4
1120	002057	中钢天源	62.7	1157	600697	欧亚集团	62.4
1121	300729	乐歌股份	62.6	1158	600295	鄂尔多斯	62.4
1122	300184	力源信息	62.6	1159	600025	华能水电	62.4
1123	603100	川仪股份	62.6	1160	300538	同益股份	62.4

续表

排名	股票代码	单位名称	评价得分	排名	股票代码	单位名称	评价得分
1161	603888	新华网	62.3	1198	000627	天茂集团	61.9
1162	002888	惠威科技	62.3	1199	600855	航天长峰	61.8
1163	601766	中国中车	62.3	1200	002326	永太科技	61.8
1164	002555	三七互娱	62.3	1201	603906	龙蟠科技	61.8
1165	002083	孚日股份	62.3	1202	000096	广聚能源	61.8
1166	601377	兴业证券	62.3	1203	600884	杉杉股份	61.8
1167	002202	金风科技	62.2	1204	002898	赛隆药业	61.8
1168	603903	中持股份	62.2	1205	601137	博威合金	61.7
1169	000157	中联重科	62.2	1206	600010	包钢股份	61.7
1170	002843	泰嘉股份	62.2	1207	600582	天地科技	61.7
1171	603798	康普顿	62.2	1208	002735	王子新材	61.7
1172	600190	锦州港	62.2	1209	603358	华达科技	61.7
1173	600068	葛洲坝	62.2	1210	601595	上海电影	61.7
1174	002594	比亚迪	62.2	1211	002206	海利得	61.7
1175	002230	科大讯飞	62.1	1212	300341	麦克奥迪	61.7
1176	603223	恒通股份	62.1	1213	002763	汇洁股份	61.7
1177	002558	巨人网络	62.1	1214	002186	全聚德	61.6
1178	603656	泰禾光电	62.1	1215	000695	滨海能源	61.6
1179	600219	南山铝业	62.1	1216	300542	新晨科技	61.6
1180	300627	华测导航	62	1217	002585	双星新材	61.6
1181	300459	金科文化	62	1218	603320	迪贝电气	61.5
1182	002567	唐人神	62	1219	601919	中远海控	61.5
1183	603678	火炬电子	62	1220	300089	文化长城	61.5
1184	300142	沃森生物	62	1221	600089	特变电工	61.5
1185	600710	苏美达	62	1222	000791	甘肃电投	61.5
1186	300514	友讯达	61.9	1223	603128	华贸物流	61.5
1187	002698	博实股份	61.9	1224	000630	铜陵有色	61.5
1188	000910	大亚圣象	61.9	1225	603520	司太立	61.5
1189	300390	天华超净	61.9	1226	600179	安通控股	61.5
1190	002631	德尔未来	61.9	1227	002640	跨境通	61.5
1191	601007	金陵饭店	61.9	1228	002435	长江润发	61.4
1192	002484	江海股份	61.9	1229	600581	八一钢铁	61.4
1193	002301	齐心集团	61.9	1230	002782	可立克	61.4
1194	603322	超讯通信	61.9	1231	000990	诚志股份	61.4
1195	601058	赛轮轮胎	61.9	1232	000039	中集集团	61.4
1196	002532	新界泵业	61.9	1233	600998	九州通	61.4
1197	002897	意华股份	61.9	1234	000009	中国宝安	61.4

续表

排名	股票代码	单位名称	评价得分	排名	股票代码	单位名称	评价得分
1235	300151	昌红科技	61.4	1272	002019	亿帆医药	61.1
1236	603800	道森股份	61.4	1273	603908	牧高笛	61.1
1237	002495	佳隆股份	61.4	1274	300507	苏奥传感	61.1
1238	300246	宝莱特	61.4	1275	000525	红太阳	61.1
1239	000731	四川美丰	61.4	1276	002029	七匹狼	61
1240	603677	奇精机械	61.4	1277	603936	博敏电子	61
1241	002568	百润股份	61.4	1278	603456	九洲药业	61
1242	603676	卫信康	61.3	1279	000546	金圆股份	61
1243	002819	东方中科	61.3	1280	002371	北方华创	61
1244	002598	山东章鼓	61.3	1281	300088	长信科技	61
1245	000507	珠海港	61.3	1282	002384	东山精密	61
1246	002520	日发精机	61.3	1283	300651	金陵体育	61
1247	002885	京泉华	61.3	1284	300047	天源迪科	61
1248	300682	朗新科技	61.3	1285	300222	科大智能	61
1249	300608	思特奇	61.3	1286	600702	舍得酒业	60.9
1250	000573	粤宏远A	61.3	1287	000930	中粮生化	60.9
1251	603579	荣泰健康	61.3	1288	603979	金诚信	60.9
1252	300418	昆仑万维	61.3	1289	000637	茂化实华	60.9
1253	600727	鲁北化工	61.3	1290	603655	朗博科技	60.9
1254	600551	时代出版	61.3	1291	603283	赛腾股份	60.8
1255	300190	维尔利	61.3	1292	601113	华鼎股份	60.8
1256	000050	深天马A	61.3	1293	002877	智能自控	60.8
1257	600422	昆药集团	61.2	1294	600792	云煤能源	60.8
1258	603527	众源新材	61.2	1295	300039	上海凯宝	60.8
1259	002062	宏润建设	61.2	1296	600284	浦东建设	60.8
1260	601669	中国电建	61.2	1297	000513	丽珠集团	60.8
1261	002182	云海金属	61.2	1298	600325	华发股份	60.8
1262	300409	道氏技术	61.2	1299	300645	正元智慧	60.8
1263	002536	西泵股份	61.2	1300	300120	经纬辉开	60.7
1264	002303	美盈森	61.2	1301	000702	正虹科技	60.7
1265	002216	三全食品	61.2	1302	002745	木林森	60.7
1266	002101	广东鸿图	61.2	1303	002065	东华软件	60.7
1267	603466	风语筑	61.2	1304	000915	山大华特	60.7
1268	601727	上海电气	61.2	1305	300589	江龙船艇	60.7
1269	300391	康跃科技	61.2	1306	002741	光华科技	60.7
1270	600109	国金证券	61.2	1307	002154	报喜鸟	60.7
1271	002605	姚记扑克	61.1	1308	603969	银龙股份	60.7

续表

排名	股票代码	单位名称	评价得分	排名	股票代码	单位名称	评价得分
1309	002553	南方轴承	60.6	1346	600771	广誉远	60.2
1310	600261	阳光照明	60.6	1347	603917	合力科技	60.2
1311	300137	先河环保	60.6	1348	002599	盛通股份	60.2
1312	002243	通产丽星	60.6	1349	600575	皖江物流	60.2
1313	600602	云赛智联	60.6	1350	002726	龙大肉食	60.2
1314	300329	海伦钢琴	60.6	1351	603600	永艺股份	60.2
1315	300656	民德电子	60.6	1352	603977	国泰集团	60.2
1316	300541	先进数通	60.6	1353	600216	浙江医药	60.2
1317	300094	国联水产	60.6	1354	002401	中远海科	60.2
1318	000889	中嘉博创	60.6	1355	600795	国电电力	60.1
1319	300026	红日药业	60.5	1356	002442	龙星化工	60.1
1320	603232	格尔软件	60.5	1357	000069	华侨城 A	60.1
1321	300179	四方达	60.5	1358	600579	天华院	60.1
1322	603016	新宏泰	60.5	1359	002461	珠江啤酒	60.1
1323	601933	永辉超市	60.5	1360	300474	景嘉微	60.1
1324	300038	数知科技	60.5	1361	600459	贵研铂业	60.1
1325	603668	天马科技	60.5	1362	600368	五洲交通	60.1
1326	603500	祥和实业	60.5	1363	300465	高伟达	60
1327	600546	山煤国际	60.5	1364	300114	中航电测	60
1328	601016	节能风电	60.5	1365	002823	凯中精密	60
1329	002409	雅克科技	60.5	1366	600903	贵州燃气	60
1330	002377	国创高新	60.5	1367	002085	万丰奥威	60
1331	000937	冀中能源	60.5	1368	000768	中航飞机	60
1332	600307	酒钢宏兴	60.4	1369	000541	佛山照明	60
1333	603519	立霸股份	60.4	1370	603887	城地股份	60
1334	000665	湖北广电	60.4	1371	603239	浙江仙通	60
1335	600748	上实发展	60.4	1372	300568	星源材质	60
1336	300578	会畅通讯	60.4	1373	002589	瑞康医药	59.9
1337	300587	天铁股份	60.3	1374	600094	大名城	59.9
1338	000070	特发信息	60.3	1375	300042	朗科科技	59.9
1339	603331	百达精工	60.3	1376	603533	掌阅科技	59.9
1340	600228	ST 昌九	60.3	1377	603108	润达医疗	59.9
1341	002540	亚太科技	60.3	1378	600103	青山纸业	59.9
1342	600066	宇通客车	60.3	1379	300305	裕兴股份	59.9
1343	002392	北京利尔	60.3	1380	600505	西昌电力	59.8
1344	002212	南洋股份	60.3	1381	300183	东软载波	59.8
1345	000628	高新发展	60.2	1382	601588	北辰实业	59.8

续表

排名	股票代码	单位名称	评价得分	排名	股票代码	单位名称	评价得分
1383	600814	杭州解百	59.8	1420	300420	五洋停车	59.5
1384	601618	中国中冶	59.8	1421	600717	天津港	59.5
1385	002436	兴森科技	59.8	1422	002701	奥瑞金	59.5
1386	603396	金辰股份	59.8	1423	300731	科创新源	59.5
1387	603289	泰瑞机器	59.8	1424	600984	建设机械	59.4
1388	600158	中体产业	59.8	1425	002846	英联股份	59.4
1389	002828	贝肯能源	59.8	1426	600338	西藏珠峰	59.4
1390	000607	华媒控股	59.8	1427	300380	安硕信息	59.4
1391	002783	凯龙股份	59.8	1428	300021	大禹节水	59.4
1392	603916	苏博特	59.8	1429	002538	司尔特	59.4
1393	600640	号百控股	59.8	1430	601518	吉林高速	59.3
1394	600549	厦门钨业	59.8	1431	002157	正邦科技	59.3
1395	000557	西部创业	59.8	1432	002004	华邦健康	59.3
1396	002751	易尚展示	59.8	1433	603757	大元泵业	59.3
1397	601555	东吴证券	59.8	1434	600210	紫江企业	59.3
1398	600489	中金黄金	59.7	1435	300387	富邦股份	59.3
1399	002129	中环股份	59.7	1436	300619	金银河	59.2
1400	600076	康欣新材	59.7	1437	600857	宁波中百	59.2
1401	603859	能科股份	59.7	1438	002386	天原集团	59.2
1402	300227	光韵达	59.7	1439	601200	上海环境	59.2
1403	000685	中山公用	59.7	1440	600728	佳都科技	59.2
1404	600731	湖南海利	59.7	1441	600080	金花股份	59.2
1405	002106	莱宝高科	59.7	1442	002340	格林美	59.2
1406	300081	恒信东方	59.7	1443	603567	珍宝岛	59.2
1407	000510	金路集团	59.7	1444	601368	绿城水务	59.2
1408	300453	三鑫医疗	59.7	1445	600488	天药股份	59.2
1409	601015	陕西黑猫	59.6	1446	300455	康拓红外	59.2
1410	300444	双杰电气	59.6	1447	300214	日科化学	59.2
1411	002411	延安必康	59.6	1448	000928	中钢国际	59.2
1412	601326	秦港股份	59.6	1449	603386	广东骏亚	59.1
1413	600269	赣粤高速	59.6	1450	603066	音飞储存	59.1
1414	600035	楚天高速	59.6	1451	603813	原尚股份	59.1
1415	300204	舒泰神	59.6	1452	600775	南京熊猫	59.1
1416	603118	共进股份	59.6	1453	600676	交运股份	59.1
1417	600070	浙江富润	59.6	1454	002637	赞宇科技	59.1
1418	000823	超声电子	59.6	1455	000100	TCL 集团	59.1
1419	002349	精华制药	59.5	1456	603355	莱克电气	59.1

续表

排名	股票代码	单位名称	评价得分	排名	股票代码	单位名称	评价得分
1457	603183	建研院	59.1	1494	000802	北京文化	58.6
1458	601107	四川成渝	59.1	1495	601369	陕鼓动力	58.6
1459	300583	赛托生物	59	1496	000810	创维数字	58.6
1460	002283	天润曲轴	59	1497	603615	茶花股份	58.6
1461	002837	英维克	59	1498	600846	同济科技	58.6
1462	000623	吉林敖东	59	1499	002438	江苏神通	58.6
1463	002514	宝馨科技	59	1500	002545	东方铁塔	58.6
1464	600785	新华百货	59	1501	300045	华力创通	58.6
1465	300438	鹏辉能源	59	1502	002918	蒙娜丽莎	58.6
1466	600996	贵广网络	59	1503	000728	国元证券	58.6
1467	002047	宝鹰股份	59	1504	300604	长川科技	58.5
1468	002702	海欣食品	58.9	1505	000729	燕京啤酒	58.5
1469	603090	宏盛股份	58.9	1506	002026	山东威达	58.5
1470	600578	京能电力	58.9	1507	600115	东方航空	58.5
1471	600423	*ST 柳化	58.9	1508	002079	苏州固锝	58.5
1472	600206	有研新材	58.9	1509	002467	二六三	58.5
1473	300303	聚飞光电	58.9	1510	603227	雪峰科技	58.5
1474	002490	山东墨龙	58.9	1511	300219	鸿利智汇	58.5
1475	603855	华荣股份	58.9	1512	002082	万邦德	58.5
1476	300639	凯普生物	58.9	1513	000783	长江证券	58.5
1477	002866	传艺科技	58.9	1514	300319	麦捷科技	58.4
1478	600811	东方集团	58.9	1515	002465	海格通信	58.4
1479	002111	威海广泰	58.9	1516	000682	东方电子	58.4
1480	600038	中直股份	58.8	1517	600279	重庆港九	58.4
1481	601011	宝泰隆	58.8	1518	300403	汉宇集团	58.4
1482	002087	新野纺织	58.8	1519	300378	鼎捷软件	58.4
1483	600491	龙元建设	58.8	1520	603123	翠微股份	58.4
1484	600626	申达股份	58.8	1521	600363	联创光电	58.3
1485	002559	亚威股份	58.7	1522	000756	新华制药	58.3
1486	603869	新智认知	58.7	1523	002857	三晖电气	58.3
1487	600475	华光股份	58.7	1524	300369	绿盟科技	58.3
1488	603819	神力股份	58.7	1525	601996	丰林集团	58.3
1489	600725	ST 云维	58.7	1526	002682	龙洲股份	58.3
1490	600090	同济堂	58.7	1527	002658	雪迪龙	58.3
1491	600874	创业环保	58.7	1528	603722	阿科力	58.3
1492	000936	华西股份	58.6	1529	000012	南玻 A	58.3
1493	300515	三德科技	58.6	1530	600865	百大集团	58.3

续表

排名	股票代码	单位名称	评价得分	排名	股票代码	单位名称	评价得分
1531	300660	江苏雷利	58.3	1568	000958	东方能源	57.9
1532	300593	新雷能	58.2	1569	603699	纽威股份	57.8
1533	603630	拉芳家化	58.2	1570	600433	冠豪高新	57.8
1534	002908	德生科技	58.2	1571	300019	硅宝科技	57.8
1535	300490	华自科技	58.2	1572	300174	元力股份	57.8
1536	000950	重药控股	58.2	1573	002443	金洲管道	57.8
1537	002037	久联发展	58.1	1574	603828	柯利达	57.8
1538	300654	世纪天鸿	58.1	1575	603069	海汽集团	57.8
1539	300499	高澜股份	58.1	1576	600026	中远海能	57.8
1540	002537	海联金汇	58.1	1577	300553	集智股份	57.8
1541	603330	上海天洋	58.1	1578	600817	ST 宏盛	57.8
1542	600477	杭萧钢构	58.1	1579	000811	冰轮环境	57.8
1543	002862	实丰文化	58.1	1580	603006	联明股份	57.7
1544	603966	法兰泰克	58.1	1581	600493	凤竹纺织	57.7
1545	300643	万通智控	58.1	1582	600597	光明乳业	57.7
1546	300067	安诺其	58.1	1583	600143	金发科技	57.7
1547	002139	拓邦股份	58.1	1584	600689	上海三毛	57.7
1548	000899	赣能股份	58.1	1585	002364	中恒电气	57.7
1549	000750	国海证券	58.1	1586	600635	大众公用	57.7
1550	002485	希努尔	58	1587	300652	雷迪克	57.7
1551	002060	粤水电	58	1588	300288	朗玛信息	57.6
1552	000035	中国天楹	58	1589	600827	百联股份	57.6
1553	600217	中再资环	58	1590	000505	京粮控股	57.6
1554	000998	隆平高科	58	1591	000090	天健集团	57.6
1555	600982	宁波热电	58	1592	000903	云内动力	57.6
1556	300259	新天科技	58	1593	300154	瑞凌股份	57.6
1557	603566	普莱柯	58	1594	000988	华工科技	57.6
1558	600327	大东方	58	1595	601116	三江购物	57.6
1559	300726	宏达电子	58	1596	603825	华扬联众	57.6
1560	002827	高争民爆	58	1597	300469	信息发展	57.6
1561	600059	古越龙山	57.9	1598	300217	东方电热	57.6
1562	000551	创元科技	57.9	1599	002770	科迪乳业	57.5
1563	300066	三川智慧	57.9	1600	601882	海天精工	57.5
1564	600148	长春一东	57.9	1601	300486	东杰智能	57.5
1565	000040	东旭蓝天	57.9	1602	002017	东信和平	57.5
1566	002145	中核钛白	57.9	1603	000757	浩物股份	57.5
1567	300554	三超新材	57.9	1604	300695	兆丰股份	57.5

续表

排名	股票代码	单位名称	评价得分	排名	股票代码	单位名称	评价得分
1605	300212	易华录	57.5	1642	600831	广电网络	57.1
1606	603311	金海环境	57.5	1643	300712	永福股份	57.1
1607	300677	英科医疗	57.5	1644	603716	塞力斯	57.1
1608	002498	汉缆股份	57.5	1645	600330	天通股份	57.1
1609	603861	白云电器	57.5	1646	002738	中矿资源	57.1
1610	600990	四创电子	57.4	1647	300679	电连技术	57.1
1611	002067	景兴纸业	57.4	1648	601579	会稽山	57.1
1612	000715	中兴商业	57.4	1649	600636	三爱富	57.1
1613	002582	好想你	57.4	1650	600136	当代明诚	57
1614	603595	东尼电子	57.4	1651	002500	山西证券	57
1615	600283	钱江水利	57.4	1652	300059	东方财富	56.9
1616	000597	东北制药	57.4	1653	601789	宁波建工	56.9
1617	603918	金桥信息	57.4	1654	300545	联得装备	56.8
1618	600705	中航资本	57.4	1655	300458	全志科技	56.8
1619	601163	三角轮胎	57.3	1656	300512	中亚股份	56.8
1620	000413	东旭光电	57.3	1657	600787	中储股份	56.7
1621	600633	浙数文化	57.3	1658	600182	S 佳通	56.7
1622	300373	扬杰科技	57.3	1659	600706	曲江文旅	56.7
1623	002664	长鹰信质	57.3	1660	002873	新天药业	56.7
1624	002448	中原内配	57.3	1661	002462	嘉事堂	56.7
1625	600973	宝胜股份	57.3	1662	601086	国芳集团	56.7
1626	002621	美吉姆	57.3	1663	002921	联诚精密	56.7
1627	300348	长亮科技	57.3	1664	300425	环能科技	56.7
1628	002144	宏达高科	57.3	1665	000032	深桑达 A	56.7
1629	600909	华安证券	57.3	1666	002612	朗姿股份	56.7
1630	002732	燕塘乳业	57.2	1667	603578	三星新材	56.6
1631	600545	卓郎智能	57.2	1668	603926	铁流股份	56.6
1632	002696	百洋股份	57.2	1669	300617	安靠智电	56.6
1633	002861	瀛通通讯	57.2	1670	002533	金杯电工	56.6
1634	603901	永创智能	57.2	1671	000785	武汉中商	56.6
1635	600893	航发动力	57.2	1672	300172	中电环保	56.6
1636	002646	青青稞酒	57.2	1673	000908	景峰医药	56.6
1637	603501	韦尔股份	57.1	1674	002119	康强电子	56.6
1638	600288	大恒科技	57.1	1675	000657	中钨高新	56.6
1639	002616	长青集团	57.1	1676	000407	胜利股份	56.6
1640	300024	机器人	57.1	1677	000419	通程控股	56.6
1641	603648	畅联股份	57.1	1678	600063	皖维高新	56.5

续表

排名	股票代码	单位名称	评价得分	排名	股票代码	单位名称	评价得分
1679	002674	兴业科技	56.5	1716	600767	ST 运盛	56.2
1680	600371	万向德农	56.5	1717	002688	金河生物	56.2
1681	600644	乐山电力	56.5	1718	300690	双一科技	56.2
1682	601567	三星医疗	56.5	1719	002491	通鼎互联	56.2
1683	002253	川大智胜	56.5	1720	002636	金安国纪	56.1
1684	603032	德新交运	56.5	1721	600075	新疆天业	56.1
1685	601126	四方股份	56.5	1722	601666	平煤股份	56.1
1686	600497	驰宏锌锗	56.5	1723	002274	华昌化工	56.1
1687	300360	炬华科技	56.5	1724	600111	北方稀土	56.1
1688	002482	广田集团	56.5	1725	601188	龙江交通	56.1
1689	300468	四方精创	56.5	1726	000686	东北证券	56.1
1690	002107	沃华医药	56.5	1727	002550	千红制药	56
1691	601999	出版传媒	56.5	1728	000798	中水渔业	56
1692	000759	中百集团	56.5	1729	600372	中航电子	56
1693	002395	双象股份	56.4	1730	002446	盛路通信	56
1694	002799	环球印务	56.4	1731	600986	科达股份	56
1695	002789	建艺集团	56.4	1732	600480	凌云股份	56
1696	002010	传化智联	56.4	1733	300716	国立科技	56
1697	603139	康惠制药	56.4	1734	603007	花王股份	56
1698	603041	美思德	56.4	1735	600739	辽宁成大	56
1699	300681	英搏尔	56.4	1736	002678	珠江钢琴	56
1700	300133	华策影视	56.4	1737	600628	新世界	55.9
1701	002350	北京科锐	56.4	1738	000797	中国武夷	55.9
1702	300582	英飞特	56.3	1739	000735	罗牛山	55.9
1703	300511	雪榕生物	56.3	1740	603116	红蜻蜓	55.9
1704	600193	ST 创兴	56.3	1741	300509	新美星	55.9
1705	002788	鹭燕医药	56.3	1742	300321	同大股份	55.9
1706	000559	万向钱潮	56.3	1743	600060	海信电器	55.9
1707	300057	万顺股份	56.3	1744	600336	澳柯玛	55.9
1708	000836	富通鑫茂	56.3	1745	000782	美达股份	55.9
1709	603101	汇嘉时代	56.3	1746	601108	财通证券	55.9
1710	002048	宁波华翔	56.2	1747	002455	百川股份	55.8
1711	002424	贵州百灵	56.2	1748	601619	嘉泽新能	55.8
1712	601808	中海油服	56.2	1749	603528	多伦科技	55.8
1713	002781	奇信股份	56.2	1750	600312	平高电气	55.8
1714	603002	宏昌电子	56.2	1751	002883	中设股份	55.8
1715	600297	广汇汽车	56.2	1752	002400	省广集团	55.8

续表

排名	股票代码	单位名称	评价得分	排名	股票代码	单位名称	评价得分
1753	000732	泰禾集团	55.8	1790	002414	高德红外	55.4
1754	000796	凯撒旅游	55.8	1791	603268	松发股份	55.4
1755	600839	四川长虹	55.8	1792	002774	快意电梯	55.4
1756	601002	晋亿实业	55.8	1793	600037	歌华有线	55.4
1757	002772	众兴菌业	55.8	1794	002808	恒久科技	55.4
1758	603001	奥康国际	55.7	1795	300007	汉威科技	55.4
1759	601339	百隆东方	55.7	1796	600513	联环药业	55.4
1760	002285	世联行	55.7	1797	000821	京山轻机	55.3
1761	300581	晨曦航空	55.7	1798	603023	威帝股份	55.3
1762	600379	宝光股份	55.7	1799	000421	南京公用	55.3
1763	000532	华金资本	55.7	1800	603020	爱普股份	55.3
1764	600337	美克家居	55.7	1801	002586	围海股份	55.3
1765	000733	振华科技	55.7	1802	600376	首开股份	55.3
1766	603879	永悦科技	55.7	1803	300043	星辉娱乐	55.3
1767	601010	文峰股份	55.7	1804	603398	邦宝益智	55.3
1768	603050	科林电气	55.7	1805	000777	中核科技	55.3
1769	600662	强生控股	55.7	1806	600369	西南证券	55.3
1770	603197	保隆科技	55.6	1807	000655	金岭矿业	55.2
1771	000417	合肥百货	55.6	1808	300354	东华测试	55.2
1772	300693	盛弘股份	55.6	1809	000415	渤海租赁	55.2
1773	601611	中国核建	55.6	1810	601500	通用股份	55.2
1774	002158	汉钟精机	55.6	1811	300382	斯莱克	55.2
1775	300290	荣科科技	55.5	1812	002232	启明信息	55.2
1776	300239	东宝生物	55.5	1813	300314	戴维医疗	55.2
1777	600825	新华传媒	55.5	1814	300367	东方网力	55.2
1778	000713	丰乐种业	55.5	1815	002791	坚朗五金	55.2
1779	600392	盛和资源	55.5	1816	603999	读者传媒	55.2
1780	002429	兆驰股份	55.5	1817	300252	金信诺	55.2
1781	002217	合力泰	55.5	1818	300078	思创医惠	55.2
1782	002528	英飞拓	55.5	1819	000970	中科三环	55.1
1783	002531	天顺风能	55.5	1820	603126	中材节能	55.1
1784	601878	浙商证券	55.5	1821	002224	三力士	55.1
1785	300041	回天新材	55.4	1822	000021	深科技	55.1
1786	002042	华孚时尚	55.4	1823	000066	中国长城	55.1
1787	603937	丽岛新材	55.4	1824	300263	隆华科技	55.1
1788	300414	中光防雷	55.4	1825	300274	阳光电源	55.1
1789	300119	瑞普生物	55.4	1826	002822	中装建设	55.1

续表

排名	股票代码	单位名称	评价得分	排名	股票代码	单位名称	评价得分
1827	002620	瑞和股份	55	1864	300035	中科电气	54.7
1828	603889	新澳股份	55	1865	603078	江化微	54.6
1829	000880	潍柴重机	55	1866	600339	中油工程	54.6
1830	603978	深圳新星	55	1867	300381	溢多利	54.6
1831	000153	丰原药业	55	1868	600875	东方电气	54.6
1832	603829	洛凯股份	55	1869	600496	精工钢构	54.6
1833	300435	中泰股份	55	1870	600774	汉商集团	54.6
1834	600291	西水股份	55	1871	300377	赢时胜	54.6
1835	600819	耀皮玻璃	54.9	1872	002920	德赛西威	54.6
1836	300421	力星股份	54.9	1873	002644	佛慈制药	54.6
1837	002817	黄山胶囊	54.9	1874	600064	南京高科	54.6
1838	300054	鼎龙股份	54.9	1875	300386	飞天诚信	54.6
1839	000838	财信发展	54.9	1876	002028	思源电气	54.6
1840	000800	一汽轿车	54.9	1877	600983	惠而浦	54.6
1841	600812	华北制药	54.9	1878	600691	阳煤化工	54.5
1842	300671	富满电子	54.9	1879	600841	上柴股份	54.5
1843	002338	奥普光电	54.9	1880	603336	宏辉果蔬	54.5
1844	000878	云南铜业	54.9	1881	603333	尚纬股份	54.5
1845	300112	万讯自控	54.9	1882	300516	久之洋	54.5
1846	600586	金晶科技	54.9	1883	000088	盐田港	54.5
1847	600677	航天通信	54.8	1884	300333	兆日科技	54.5
1848	000531	穗恒运 A	54.8	1885	002125	湘潭电化	54.5
1849	300363	博腾股份	54.8	1886	600733	北汽蓝谷	54.5
1850	002826	易明医药	54.8	1887	000901	航天科技	54.5
1851	002650	加加食品	54.8	1888	300492	山鼎设计	54.5
1852	002546	新联电子	54.8	1889	002322	理工环科	54.5
1853	000606	顺利办	54.8	1890	000831	五矿稀土	54.5
1854	603970	中农立华	54.7	1891	601968	宝钢包装	54.4
1855	002270	华明装备	54.7	1892	002492	恒基达鑫	54.4
1856	000931	中关村	54.7	1893	600583	海油工程	54.4
1857	603309	维力医疗	54.7	1894	002615	哈尔斯	54.4
1858	600250	南纺股份	54.7	1895	000790	泰合健康	54.4
1859	600055	万东医疗	54.7	1896	000409	*ST 地矿	54.4
1860	002040	南京港	54.7	1897	600624	复旦复华	54.4
1861	002619	艾格拉斯	54.7	1898	300375	鹏翎股份	54.4
1862	000025	特力 A	54.7	1899	002282	博深工具	54.4
1863	002909	集泰股份	54.7	1900	603329	上海雅仕	54.4

续表

排名	股票代码	单位名称	评价得分	排名	股票代码	单位名称	评价得分
1901	600502	安徽水利	54.4	1938	603186	华正新材	54
1902	002747	埃斯顿	54.4	1939	000795	英洛华	54
1903	600590	泰豪科技	54.3	1940	002389	航天彩虹	54
1904	300322	硕贝德	54.3	1941	002211	宏达新材	54
1905	600843	上工申贝	54.3	1942	000680	山推股份	54
1906	002539	云图控股	54.3	1943	000006	深振业 A	54
1907	300075	数字政通	54.3	1944	002250	联化科技	54
1908	000917	电广传媒	54.3	1945	300676	华大基因	53.9
1909	000677	恒天海龙	54.3	1946	300430	诚益通	53.9
1910	603633	徕木股份	54.3	1947	603166	福达股份	53.9
1911	601226	华电重工	54.3	1948	000875	吉电股份	53.9
1912	600171	上海贝岭	54.3	1949	300215	电科院	53.9
1913	600523	贵航股份	54.3	1950	002899	英派斯	53.9
1914	002855	捷荣技术	54.3	1951	300099	精准信息	53.9
1915	002453	华软科技	54.3	1952	300053	欧比特	53.9
1916	002135	东南网架	54.3	1953	300502	新易盛	53.9
1917	603022	新通联	54.2	1954	300558	贝达药业	53.9
1918	002722	金轮股份	54.2	1955	300320	海达股份	53.9
1919	600735	新华锦	54.2	1956	300248	新开普	53.9
1920	600345	长江通信	54.2	1957	600678	四川金顶	53.9
1921	300013	新宁物流	54.2	1958	603822	嘉澳环保	53.8
1922	600853	龙建股份	54.2	1959	002208	合肥城建	53.8
1923	600051	宁波联合	54.2	1960	600105	永鼎股份	53.8
1924	601992	金隅集团	54.2	1961	603661	恒林股份	53.8
1925	600609	金杯汽车	54.2	1962	603559	中通国脉	53.8
1926	600879	航天电子	54.2	1963	600468	百利电气	53.7
1927	002185	华天科技	54.2	1964	002593	日上集团	53.7
1928	300417	南华仪器	54.2	1965	300218	安利股份	53.7
1929	000766	通化金马	54.2	1966	600797	浙大网新	53.7
1930	600613	神奇制药	54.2	1967	000859	国风塑业	53.7
1931	601020	华钰矿业	54.1	1968	600163	中闽能源	53.6
1932	600067	冠城大通	54.1	1969	002434	万里扬	53.6
1933	300520	科大国创	54.1	1970	002363	隆基机械	53.6
1934	002339	积成电子	54.1	1971	000920	南方汇通	53.6
1935	000150	宜华健康	54.1	1972	600360	华微电子	53.6
1936	002673	西部证券	54.1	1973	002403	爱仕达	53.6
1937	603797	联泰环保	54	1974	600784	鲁银投资	53.6

续表

排名	股票代码	单位名称	评价得分	排名	股票代码	单位名称	评价得分
1975	300328	宜安科技	53.6	2012	603602	纵横通信	53.2
1976	300675	建科院	53.6	2013	300494	盛天网络	53.2
1977	600490	鹏欣资源	53.6	2014	300065	海兰信	53.2
1978	600713	南京医药	53.6	2015	000705	浙江震元	53.2
1979	300535	达威股份	53.6	2016	000026	飞亚达 A	53.2
1980	002321	华英农业	53.6	2017	000738	航发控制	53.2
1981	603458	勘设股份	53.5	2018	600456	宝钛股份	53.2
1982	603258	电魂网络	53.5	2019	002574	明牌珠宝	53.2
1983	002497	雅化集团	53.5	2020	603998	方盛制药	53.1
1984	000788	北大医药	53.5	2021	600096	云天化	53.1
1985	600168	武汉控股	53.5	2022	002893	华通热力	53.1
1986	002787	华源控股	53.5	2023	002246	北化股份	53.1
1987	603991	至正股份	53.5	2024	002762	金发拉比	53.1
1988	002277	友阿股份	53.4	2025	300171	东富龙	53.1
1989	300480	光力科技	53.4	2026	600882	妙可蓝多	53.1
1990	600536	中国软件	53.4	2027	600301	ST 南化	53.1
1991	300573	兴齐眼药	53.4	2028	300289	利德曼	53.1
1992	002845	同兴达	53.4	2029	300049	福瑞股份	53.1
1993	300436	广生堂	53.4	2030	300092	科新机电	53.1
1994	600805	悦达投资	53.4	2031	600335	国机汽车	53.1
1995	300178	腾邦国际	53.4	2032	002733	雄韬股份	53.1
1996	002397	梦洁股份	53.4	2033	002425	凯撒文化	53
1997	600120	浙江东方	53.4	2034	600444	国机通用	53
1998	603083	剑桥科技	53.4	2035	000615	京汉股份	53
1999	000905	厦门港务	53.3	2036	600287	江苏舜天	53
2000	600382	广东明珠	53.3	2037	000755	山西路桥	53
2001	300441	鲍斯股份	53.3	2038	600866	星湖科技	53
2002	300260	新莱应材	53.3	2039	603378	亚士创能	53
2003	002870	香山股份	53.3	2040	300304	云意电气	53
2004	603817	海峡环保	53.3	2041	000632	三木集团	52.9
2005	603010	万盛股份	53.3	2042	603399	吉翔股份	52.9
2006	600980	北矿科技	53.3	2043	300691	联合光电	52.9
2007	300443	金雷股份	53.3	2044	002635	安洁科技	52.9
2008	300462	华铭智能	53.3	2045	603196	日播时尚	52.8
2009	002596	海南瑞泽	53.3	2046	600759	洲际油气	52.8
2010	002302	西部建设	53.3	2047	002043	兔宝宝	52.8
2011	000601	韶能股份	53.3	2048	300001	特锐德	52.8

续表

排名	股票代码	单位名称	评价得分	排名	股票代码	单位名称	评价得分
2049	603557	起步股份	52.8	2086	300168	万达信息	52.3
2050	300456	耐威科技	52.8	2087	600992	贵绳股份	52.2
2051	603738	泰晶科技	52.7	2088	300300	汉鼎宇佑	52.2
2052	000420	吉林化纤	52.7	2089	300670	大烨智能	52.2
2053	600272	开开实业	52.7	2090	002685	华东重机	52.2
2054	002240	威华股份	52.7	2091	000973	佛塑科技	52.2
2055	600587	新华医疗	52.7	2092	603110	东方材料	52.2
2056	000610	西安旅游	52.7	2093	600589	广东榕泰	52.2
2057	002530	金财互联	52.7	2094	600020	中原高速	52.2
2058	000099	中信海直	52.7	2095	002915	中欣氟材	52.1
2059	002307	北新路桥	52.6	2096	000404	长虹华意	52.1
2060	002481	双塔食品	52.6	2097	300068	南都电源	52.1
2061	300597	吉大通信	52.6	2098	600976	健民集团	52.1
2062	000031	大悦城	52.6	2099	601222	林洋能源	52.1
2063	002375	亚厦股份	52.5	2100	002578	闽发铝业	52
2064	002276	万马股份	52.5	2101	000545	金浦钛业	52
2065	600959	江苏有线	52.5	2102	603933	睿能科技	52
2066	600664	哈药股份	52.5	2103	600558	大西洋	52
2067	603229	奥翔药业	52.5	2104	600435	北方导航	52
2068	600834	申通地铁	52.5	2105	603488	展鹏科技	52
2069	002140	东华科技	52.5	2106	300257	开山股份	52
2070	002731	萃华珠宝	52.5	2107	002479	富春环保	52
2071	002066	瑞泰科技	52.5	2108	600894	广日股份	52
2072	300229	拓尔思	52.5	2109	601375	中原证券	52
2073	300150	世纪瑞尔	52.5	2110	600776	东方通信	51.9
2074	300006	莱美药业	52.4	2111	603880	南卫股份	51.9
2075	000652	泰达股份	52.4	2112	000989	九芝堂	51.9
2076	300346	南大光电	52.4	2113	300293	蓝英装备	51.9
2077	300283	温州宏丰	52.4	2114	601199	江南水务	51.9
2078	002036	联创电子	52.4	2115	002610	爱康科技	51.9
2079	300295	三六五网	52.4	2116	002136	安纳达	51.9
2080	300297	蓝盾股份	52.3	2117	603385	惠达卫浴	51.8
2081	300338	开元股份	52.3	2118	002441	众业达	51.8
2082	002380	科远股份	52.3	2119	603963	大理药业	51.8
2083	600684	珠江实业	52.3	2120	000758	中色股份	51.8
2084	600428	中远海特	52.3	2121	603015	弘讯科技	51.8
2085	300625	三雄极光	52.3	2122	300267	尔康制药	51.7

续表

排名	股票代码	单位名称	评价得分	排名	股票代码	单位名称	评价得分
2123	300399	京天利	51.7	2160	300240	飞力达	51.3
2124	601929	吉视传媒	51.7	2161	300641	正丹股份	51.3
2125	300678	中科信息	51.7	2162	603335	迪生力	51.3
2126	300245	天玑科技	51.7	2163	300135	宝利国际	51.3
2127	603843	正平股份	51.7	2164	000978	桂林旅游	51.3
2128	000698	沈阳化工	51.7	2165	603667	五洲新春	51.3
2129	600278	东方创业	51.7	2166	603005	晶方科技	51.3
2130	300697	电工合金	51.6	2167	601366	利群股份	51.3
2131	300730	科创信息	51.6	2168	600939	重庆建工	51.2
2132	002718	友邦吊顶	51.6	2169	300079	数码科技	51.2
2133	300613	富瀚微	51.6	2170	000078	海王生物	51.2
2134	600963	岳阳林纸	51.6	2171	300615	欣天科技	51.2
2135	300223	北京君正	51.6	2172	002100	天康生物	51.2
2136	600826	兰生股份	51.5	2173	002214	大立科技	51.2
2137	002748	世龙实业	51.5	2174	300191	潜能恒信	51.1
2138	000801	四川九洲	51.5	2175	002156	通富微电	51.1
2139	000589	黔轮胎A	51.5	2176	300335	迪森股份	51.1
2140	002245	澳洋顺昌	51.5	2177	002779	中坚科技	51.1
2141	603598	引力传媒	51.5	2178	603299	苏盐井神	51.1
2142	300549	优德精密	51.5	2179	002407	多氟多	51.1
2143	300213	佳讯飞鸿	51.4	2180	600353	旭光股份	51.1
2144	002183	怡亚通	51.4	2181	002314	南山控股	51.1
2145	000926	福星股份	51.4	2182	002298	中电兴发	51.1
2146	600232	金鹰股份	51.4	2183	600617	国新能源	51
2147	000753	漳州发展	51.4	2184	002863	今飞凯达	51
2148	600969	郴电国际	51.4	2185	002879	长缆科技	51
2149	300255	常山药业	51.4	2186	000985	大庆华科	51
2150	600448	华纺股份	51.4	2187	603081	大丰实业	51
2151	300376	易事特	51.4	2188	600310	桂东电力	51
2152	000812	陕西金叶	51.4	2189	002470	金正大	51
2153	300666	江丰电子	51.4	2190	603076	乐惠国际	51
2154	000544	中原环保	51.4	2191	002627	宜昌交运	51
2155	000037	深南电A	51.4	2192	300185	通裕重工	51
2156	600313	农发种业	51.4	2193	300721	怡达股份	51
2157	300108	吉药控股	51.4	2194	300145	中金环境	51
2158	300479	神思电子	51.3	2195	000591	太阳能	51
2159	000517	荣安地产	51.3	2196	300503	昊志机电	51

续表

排名	股票代码	单位名称	评价得分	排名	股票代码	单位名称	评价得分
2197	300265	通光线缆	50.9	2234	002472	双环传动	50.5
2198	600215	长春经开	50.9	2235	000635	英力特	50.5
2199	002652	扬子新材	50.9	2236	300658	延江股份	50.5
2200	000721	西安饮食	50.9	2237	002922	伊戈尔	50.5
2201	000561	烽火电子	50.9	2238	300611	美力科技	50.5
2202	002750	龙津药业	50.9	2239	600495	晋西车轴	50.5
2203	002785	万里石	50.9	2240	002792	通宇通讯	50.5
2204	002542	中化岩土	50.9	2241	600397	安源煤业	50.5
2205	300686	智动力	50.8	2242	000014	沙河股份	50.5
2206	601179	中国西电	50.8	2243	300636	同和药业	50.5
2207	300569	天能重工	50.8	2244	002707	众信旅游	50.5
2208	002346	柘中股份	50.7	2245	600292	远达环保	50.4
2209	000725	京东方 A	50.7	2246	002286	保龄宝	50.4
2210	000023	深天地 A	50.7	2247	002031	巨轮智能	50.4
2211	600851	海欣股份	50.7	2248	300537	广信材料	50.4
2212	600220	江苏阳光	50.7	2249	002666	德联集团	50.4
2213	300663	科蓝软件	50.7	2250	300526	中潜股份	50.4
2214	002487	大金重工	50.7	2251	600745	闻泰科技	50.4
2215	002521	齐峰新材	50.7	2252	300412	迦南科技	50.4
2216	000155	川能动力	50.7	2253	000555	神州信息	50.4
2217	000851	高鸿股份	50.7	2254	002009	天奇股份	50.4
2218	603036	如通股份	50.7	2255	600527	江南高纤	50.4
2219	300201	海伦哲	50.7	2256	300517	海波重科	50.4
2220	002046	轴研科技	50.7	2257	300241	瑞丰光电	50.4
2221	600716	凤凰股份	50.6	2258	300521	爱司凯	50.3
2222	300385	雪浪环境	50.6	2259	002712	思美传媒	50.3
2223	300138	晨光生物	50.6	2260	603088	宁波精达	50.3
2224	603536	惠发股份	50.6	2261	300692	中环环保	50.3
2225	600895	张江高科	50.6	2262	600159	大龙地产	50.3
2226	002315	焦点科技	50.6	2263	002510	天汽模	50.3
2227	600467	好当家	50.6	2264	002351	漫步者	50.3
2228	603767	中马传动	50.6	2265	300647	超频三	50.2
2229	601616	广电电气	50.6	2266	002778	高科石化	50.2
2230	600605	汇通能源	50.6	2267	000881	中广核技	50.2
2231	600082	海泰发展	50.6	2268	000965	天保基建	50.2
2232	601519	大智慧	50.6	2269	600869	智慧能源	50.2
2233	600223	鲁商置业	50.6	2270	300096	易联众	50.2

续表

排名	股票代码	单位名称	评价得分	排名	股票代码	单位名称	评价得分
2271	002534	杭锅股份	50.2	2308	000861	海印股份	49.7
2272	000622	恒立实业	50.2	2309	002173	创新医疗	49.7
2273	601866	中远海发	50.1	2310	300688	创业黑马	49.7
2274	002357	富临运业	50.1	2311	603616	韩建河山	49.7
2275	601118	海南橡胶	50.1	2312	002547	春兴精工	49.6
2276	603768	常青股份	50.1	2313	000584	哈工智能	49.6
2277	300551	古鳌科技	50.1	2314	600108	亚盛集团	49.6
2278	300123	亚光科技	50.1	2315	300527	中国应急	49.6
2279	600133	东湖高新	50.1	2316	600645	中源协和	49.6
2280	002130	沃尔核材	50.1	2317	300236	上海新阳	49.6
2281	300220	金运激光	50.1	2318	002573	清新环境	49.6
2282	002516	旷达科技	50.1	2319	002095	生意宝	49.5
2283	300536	农尚环境	50	2320	603222	济民制药	49.5
2284	603612	索通发展	50	2321	002002	鸿达兴业	49.5
2285	300533	冰川网络	50	2322	600794	保税科技	49.4
2286	600573	惠泉啤酒	50	2323	600653	申华控股	49.4
2287	002583	海能达	50	2324	300358	楚天科技	49.4
2288	002523	天桥起重	50	2325	002809	红墙股份	49.4
2289	002295	精艺股份	50	2326	603988	中电电机	49.4
2290	002910	庄园牧场	50	2327	603300	华铁科技	49.3
2291	603696	安记食品	49.9	2328	002556	辉隆股份	49.3
2292	600649	城投控股	49.9	2329	002454	松芝股份	49.3
2293	002758	华通医药	49.9	2330	603603	博天环境	49.3
2294	603321	梅轮电梯	49.9	2331	002288	超华科技	49.3
2295	300404	博济医药	49.8	2332	002483	润邦股份	49.3
2296	300131	英唐智控	49.8	2333	300101	振芯科技	49.3
2297	002300	太阳电缆	49.8	2334	002743	富煌钢构	49.3
2298	603922	金鸿顺	49.8	2335	000809	铁岭新城	49.3
2299	600400	红豆股份	49.8	2336	000616	海航投资	49.3
2300	002324	普利特	49.8	2337	600888	新疆众和	49.3
2301	603686	龙马环卫	49.8	2338	000949	新乡化纤	49.2
2302	600848	上海临港	49.8	2339	300331	苏大维格	49.2
2303	603725	天安新材	49.8	2340	600658	电子城	49.2
2304	600531	豫光金铅	49.7	2341	002335	科华恒盛	49.2
2305	002385	大北农	49.7	2342	002313	日海智能	49.1
2306	600829	人民同泰	49.7	2343	300155	安居宝	49.1
2307	300249	依米康	49.7	2344	002290	中科新材	49.1

续表

排名	股票代码	单位名称	评价得分	排名	股票代码	单位名称	评价得分
2345	002269	美邦服饰	49.1	2382	600227	圣济堂	48.6
2346	601908	京运通	49.1	2383	300557	理工光科	48.6
2347	601880	大连港	49.1	2384	300415	伊之密	48.6
2348	600150	中国船舶	49.1	2385	600218	全柴动力	48.6
2349	600966	博汇纸业	49	2386	600006	东风汽车	48.6
2350	600936	广西广电	49	2387	000042	中洲控股	48.6
2351	300585	奥联电子	49	2388	600460	士兰微	48.5
2352	603890	春秋电子	49	2389	002628	成都路桥	48.5
2353	300268	佳沃股份	49	2390	002268	卫士通	48.5
2354	300153	科泰电源	49	2391	002266	浙富控股	48.5
2355	600778	*ST 友好	49	2392	002651	利君股份	48.5
2356	600184	光电股份	49	2393	002306	*ST 云网	48.5
2357	000718	苏宁环球	49	2394	002797	第一创业	48.5
2358	603690	至纯科技	48.9	2395	002709	天赐材料	48.4
2359	002588	史丹利	48.9	2396	002229	鸿博股份	48.4
2360	002760	凤形股份	48.9	2397	002816	和科达	48.4
2361	000923	河北宣工	48.9	2398	000400	许继电气	48.4
2362	300143	星普医科	48.9	2399	000826	启迪桑德	48.3
2363	300449	汉邦高科	48.9	2400	600537	亿晶光电	48.3
2364	600765	中航重机	48.9	2401	002457	青龙管业	48.3
2365	600592	龙溪股份	48.8	2402	300548	博创科技	48.3
2366	300539	横河模具	48.8	2403	600137	浪莎股份	48.3
2367	002149	西部材料	48.8	2404	300612	宣亚国际	48.3
2368	603803	瑞斯康达	48.8	2405	002752	昇兴股份	48.2
2369	002358	森源电气	48.8	2406	603133	碳元科技	48.2
2370	002165	红宝丽	48.7	2407	600714	金瑞矿业	48.2
2371	603779	威龙股份	48.7	2408	002310	东方园林	48.2
2372	002767	先锋电子	48.7	2409	300626	华瑞股份	48.2
2373	300483	沃施股份	48.7	2410	603683	晶华新材	48.1
2374	002361	神剑股份	48.7	2411	000550	江铃汽车	48.1
2375	002919	名臣健康	48.7	2412	002194	*ST 凡谷	48.1
2376	300472	新元科技	48.7	2413	002730	电光科技	48.1
2377	600509	天富能源	48.6	2414	600099	林海股份	48.1
2378	300052	中青宝	48.6	2415	000570	苏常柴 A	48.1
2379	600868	梅雁吉祥	48.6	2416	000962	东方钽业	48
2380	603009	北特科技	48.6	2417	002416	爱施德	48
2381	601177	杭齿前进	48.6	2418	000402	金融街	48

续表

排名	股票代码	单位名称	评价得分	排名	股票代码	单位名称	评价得分
2419	002413	雷科防务	48	2456	600560	金自天正	47.5
2420	002169	智光电气	48	2457	600321	ST 正源	47.5
2421	002235	安妮股份	48	2458	000839	中信国安	47.5
2422	002198	嘉应制药	48	2459	300324	旋极信息	47.5
2423	300565	科信技术	48	2460	300706	阿石创	47.5
2424	600960	渤海汽车	48	2461	300086	康芝药业	47.5
2425	002241	歌尔股份	48	2462	002193	如意集团	47.4
2426	600156	华升股份	47.9	2463	002344	海宁皮城	47.4
2427	300084	海默科技	47.9	2464	002544	杰赛科技	47.4
2428	002576	通达动力	47.9	2465	002379	宏创控股	47.4
2429	601608	中信重工	47.9	2466	002433	太安堂	47.4
2430	600800	天津磁卡	47.9	2467	000411	英特集团	47.4
2431	600455	博通股份	47.9	2468	600199	金种子酒	47.4
2432	600562	国睿科技	47.9	2469	603178	圣龙股份	47.3
2433	300344	太空智造	47.9	2470	300433	蓝思科技	47.3
2434	002886	沃特股份	47.9	2471	002800	天顺股份	47.3
2435	300085	银之杰	47.9	2472	002405	四维图新	47.3
2436	603003	龙宇燃油	47.9	2473	603507	振江股份	47.3
2437	600268	国电南自	47.8	2474	002421	达实智能	47.3
2438	600862	中航高科	47.8	2475	002334	英威腾	47.3
2439	002865	钧达股份	47.8	2476	601208	东材科技	47.3
2440	300342	天银机电	47.8	2477	300147	香雪制药	47.2
2441	300197	铁汉生态	47.8	2478	002084	海鸥住工	47.2
2442	000976	华铁股份	47.8	2479	300562	乐心医疗	47.2
2443	002055	得润电子	47.7	2480	002348	高乐股份	47.2
2444	002850	科达利	47.7	2481	300323	华灿光电	47.2
2445	002330	得利斯	47.7	2482	300311	任子行	47.2
2446	603626	科森科技	47.7	2483	002108	沧州明珠	47.2
2447	600824	益民集团	47.7	2484	000430	张家界	47.1
2448	002123	梦网集团	47.7	2485	002565	顺灏股份	47.1
2449	002633	申科股份	47.7	2486	000716	黑芝麻	47.1
2450	000488	晨鸣纸业	47.6	2487	601600	中国铝业	47.1
2451	600415	小商品城	47.6	2488	002506	协鑫集成	47.1
2452	600235	民丰特纸	47.6	2489	002469	三维工程	47
2453	600764	中国海防	47.6	2490	600189	吉林森工	47
2454	600844	丹化科技	47.6	2491	600718	东软集团	47
2455	002034	旺能环境	47.5	2492	002771	真视通	47

续表

排名	股票代码	单位名称	评价得分	排名	股票代码	单位名称	评价得分
2493	300352	北信源	46.9	2530	600833	第一医药	46.2
2494	603900	莱绅通灵	46.9	2531	300543	朗科智能	46.2
2495	300277	海联讯	46.9	2532	300493	润欣科技	46.2
2496	603079	圣达生物	46.9	2533	300070	碧水源	46.2
2497	300665	飞鹿股份	46.9	2534	002474	榕基软件	46.2
2498	600543	莫高股份	46.9	2535	000016	深康佳 A	46.2
2499	603776	永安行	46.9	2536	002488	金固股份	46.2
2500	300307	慈星股份	46.8	2537	002618	丹邦科技	46.1
2501	600793	宜宾纸业	46.8	2538	603363	傲农生物	46.1
2502	002517	恺英网络	46.8	2539	300102	乾照光电	46.1
2503	300251	光线传媒	46.8	2540	000697	炼石航空	46.1
2504	000554	泰山石油	46.8	2541	600343	航天动力	46.1
2505	601069	西部黄金	46.8	2542	600251	冠农股份	46.1
2506	600106	重庆路桥	46.7	2543	600769	祥龙电业	46
2507	300262	巴安水务	46.7	2544	000605	渤海股份	46
2508	300591	万里马	46.7	2545	600095	哈高科	46
2509	002715	登云股份	46.7	2546	002023	海特高新	46
2510	300719	安达维尔	46.7	2547	300165	天瑞仪器	46
2511	300211	亿通科技	46.7	2548	300062	中能电气	46
2512	603316	诚邦股份	46.6	2549	603618	杭电股份	45.9
2513	300598	诚迈科技	46.6	2550	000850	华茂股份	45.9
2514	300175	朗源股份	46.6	2551	600130	波导股份	45.9
2515	002308	威创股份	46.6	2552	300561	汇金科技	45.9
2516	002437	誉衡药业	46.6	2553	600257	大湖股份	45.9
2517	002729	好利来	46.6	2554	300282	三盛教育	45.8
2518	603586	金麒麟	46.6	2555	000158	常山北明	45.8
2519	000711	京蓝科技	46.6	2556	002093	国脉科技	45.8
2520	300235	方直科技	46.5	2557	603308	应流股份	45.7
2521	002074	国轩高科	46.5	2558	000521	长虹美菱	45.6
2522	300169	天晟新材	46.5	2559	002058	威尔泰	45.6
2523	002566	益盛药业	46.4	2560	000892	欢瑞世纪	45.6
2524	000151	中成股份	46.4	2561	603106	恒银金融	45.6
2525	600630	龙头股份	46.3	2562	600356	恒丰纸业	45.5
2526	600083	博信股份	46.3	2563	603556	海兴电力	45.5
2527	300182	捷成股份	46.3	2564	002679	福建金森	45.5
2528	002524	光正集团	46.3	2565	300410	正业科技	45.5
2529	002716	金贵银业	46.3	2566	300353	东土科技	45.5

续表

排名	股票代码	单位名称	评价得分	排名	股票代码	单位名称	评价得分
2567	000619	海螺型材	45.5	2604	300237	美晨生态	44.9
2568	300254	仟源医药	45.5	2605	002471	中超控股	44.9
2569	002890	弘宇股份	45.5	2606	600320	振华重工	44.9
2570	000722	湖南发展	45.5	2607	002560	通达股份	44.9
2571	002251	步步高	45.5	2608	300109	新开源	44.8
2572	603031	安德利	45.5	2609	002689	远大智能	44.8
2573	600753	东方银星	45.5	2610	002669	康达新材	44.8
2574	002623	亚玛顿	45.5	2611	603777	来伊份	44.8
2575	002213	特尔佳	45.5	2612	002204	大连重工	44.8
2576	000886	海南高速	45.5	2613	000751	锌业股份	44.8
2577	000909	数源科技	45.4	2614	300195	长荣股份	44.7
2578	002518	科士达	45.4	2615	300020	银江股份	44.7
2579	002552	宝鼎科技	45.4	2616	002094	青岛金王	44.7
2580	300424	航新科技	45.4	2617	300302	同有科技	44.7
2581	600129	太极集团	45.3	2618	002090	金智科技	44.7
2582	002691	冀凯股份	45.3	2619	002686	亿利达	44.7
2583	002367	康力电梯	45.3	2620	002383	合众思壮	44.7
2584	603029	天鹅股份	45.3	2621	002486	嘉麟杰	44.7
2585	002362	汉王科技	45.3	2622	600822	上海物贸	44.7
2586	300464	星徽精密	45.3	2623	002786	银宝山新	44.7
2587	601388	怡球资源	45.2	2624	600361	华联综超	44.7
2588	000862	银星能源	45.2	2625	603286	日盈电子	44.6
2589	002639	雪人股份	45.2	2626	000159	国际实业	44.6
2590	300050	世纪鼎利	45.2	2627	603377	东方时尚	44.6
2591	603955	大千生态	45.2	2628	000856	冀东装备	44.6
2592	300683	海特生物	45.1	2629	002835	同为股份	44.6
2593	000564	供销大集	45.1	2630	002895	川恒股份	44.5
2594	600265	ST 景谷	45.1	2631	002162	悦心健康	44.5
2595	600561	江西长运	45.1	2632	601989	中国重工	44.5
2596	300402	宝色股份	45.1	2633	600135	乐凯胶片	44.5
2597	600876	洛阳玻璃	45	2634	600300	维维股份	44.5
2598	300440	运达科技	45	2635	600052	浙江广厦	44.5
2599	300407	凯发电气	45	2636	300696	爱乐达	44.5
2600	002769	普路通	45	2637	002824	和胜股份	44.5
2601	600746	江苏索普	44.9	2638	300603	立昂技术	44.4
2602	002347	泰尔股份	44.9	2639	002201	九鼎新材	44.4
2603	300518	盛讯达	44.9	2640	002742	三圣股份	44.4

续表

排名	股票代码	单位名称	评价得分	排名	股票代码	单位名称	评价得分
2641	002667	鞍重股份	44.4	2678	600978	宜华生活	43.4
2642	002296	辉煌科技	44.3	2679	002291	星期六	43.4
2643	002151	北斗星通	44.3	2680	600533	栖霞建设	43.4
2644	600783	鲁信创投	44.3	2681	603063	禾望电气	43.4
2645	002272	川润股份	44.3	2682	603028	赛福天	43.3
2646	600293	三峡新材	44.1	2683	600540	新赛股份	43.3
2647	300532	今天国际	44.1	2684	601718	际华集团	43.3
2648	600804	鹏博士	44.1	2685	600693	东百集团	43.3
2649	300711	广哈通信	44.1	2686	000058	深赛格	43.3
2650	300117	嘉寓股份	44	2687	600375	华菱星马	43.2
2651	601212	白银有色	44	2688	600302	标准股份	43.2
2652	600638	新黄浦	44	2689	601106	中国一重	43.2
2653	600078	澄星股份	44	2690	000576	广东甘化	43.2
2654	000565	渝三峡 A	44	2691	300368	汇金股份	43.2
2655	603577	汇金通	44	2692	600425	青松建化	43.1
2656	300478	杭州高新	44	2693	600719	大连热电	43.1
2657	600858	银座股份	43.9	2694	601599	鹿港文化	43
2658	300709	精研科技	43.9	2695	000548	湖南投资	43
2659	002591	恒大高新	43.9	2696	002378	章源钨业	43
2660	002655	共达电声	43.9	2697	603189	网达软件	42.9
2661	600121	郑州煤电	43.8	2698	600871	石化油服	42.9
2662	000540	中天金融	43.8	2699	300672	国科微	42.9
2663	002592	八菱科技	43.8	2700	002765	蓝黛传动	42.9
2664	600744	华银电力	43.7	2701	603721	中广天择	42.9
2665	300093	金刚玻璃	43.7	2702	300356	光一科技	42.9
2666	600749	西藏旅游	43.7	2703	600463	空港股份	42.9
2667	603269	海鸥股份	43.7	2704	002902	铭普光磁	42.9
2668	300281	金明精机	43.6	2705	002148	北纬科技	42.9
2669	002464	众应互联	43.6	2706	300710	万隆光电	42.8
2670	600266	北京城建	43.6	2707	002239	奥特佳	42.8
2671	000767	漳泽电力	43.6	2708	300181	佐力药业	42.8
2672	000815	美利云	43.6	2709	002634	棒杰股份	42.8
2673	002740	爱迪尔	43.6	2710	002480	新筑股份	42.8
2674	600476	湘邮科技	43.6	2711	000667	美好置业	42.7
2675	002613	北玻股份	43.6	2712	600237	铜峰电子	42.7
2676	600861	北京城乡	43.5	2713	603477	振静股份	42.7
2677	000422	ST 宜化	43.5	2714	600506	香梨股份	42.7

续表

排名	股票代码	单位名称	评价得分	排名	股票代码	单位名称	评价得分
2715	600162	香江控股	42.7	2752	000526	紫光学大	42
2716	002388	新亚制程	42.7	2753	002625	光启技术	41.9
2717	300318	博晖创新	42.7	2754	600608	ST 沪科	41.9
2718	300097	智云股份	42.6	2755	002856	美芝股份	41.8
2719	600981	汇鸿集团	42.6	2756	002342	巨力索具	41.8
2720	002564	天沃科技	42.6	2757	002551	尚荣医疗	41.8
2721	300141	和顺电气	42.6	2758	600615	丰华股份	41.8
2722	300139	晓程科技	42.6	2759	300091	金通灵	41.8
2723	603628	清源股份	42.6	2760	300126	锐奇股份	41.7
2724	600152	维科技术	42.5	2761	600208	新湖中宝	41.7
2725	300106	西部牧业	42.5	2762	601028	玉龙股份	41.7
2726	002209	达意隆	42.5	2763	300698	万马科技	41.7
2727	603717	天域生态	42.4	2764	600469	风神股份	41.6
2728	600854	春兰股份	42.4	2765	600333	长春燃气	41.6
2729	600366	宁波韵升	42.4	2766	300264	佳创视讯	41.6
2730	002030	达安基因	42.4	2767	002284	亚太股份	41.6
2731	002829	星网宇达	42.3	2768	300680	隆盛科技	41.5
2732	002780	三夫户外	42.3	2769	300273	和佳股份	41.5
2733	002264	新华都	42.3	2770	002337	赛象科技	41.5
2734	603315	福鞍股份	42.3	2771	002006	精功科技	41.5
2735	300534	陇神戎发	42.3	2772	000530	大冷股份	41.4
2736	600520	文一科技	42.3	2773	300299	富春股份	41.4
2737	002580	圣阳股份	42.3	2774	601008	连云港	41.3
2738	600601	方正科技	42.2	2775	002575	群兴玩具	41.3
2739	300040	九洲电气	42.2	2776	002805	丰元股份	41.3
2740	300076	GQY 视讯	42.2	2777	300477	合纵科技	41.2
2741	000659	珠海中富	42.2	2778	002887	绿茵生态	41.2
2742	600604	市北高新	42.1	2779	002181	粤传媒	41.2
2743	600192	长城电工	42.1	2780	002657	中科金财	41.2
2744	000061	农产品	42.1	2781	000426	兴业矿业	41.1
2745	600185	格力地产	42.1	2782	002503	搜于特	41.1
2746	300044	赛为智能	42	2783	600355	精伦电子	41
2747	300332	天壕环境	42	2784	300159	新研股份	41
2748	000523	广州浪奇	42	2785	002903	宇环数控	41
2749	300002	神州泰岳	42	2786	600686	金龙汽车	41
2750	002473	圣莱达	42	2787	300110	华仁药业	40.9
2751	300140	中环装备	42	2788	300105	龙源技术	40.9

续表

排名	股票代码	单位名称	评价得分	排名	股票代码	单位名称	评价得分
2789	000701	厦门信达	40.9	2826	000925	众合科技	39.8
2790	600198	大唐电信	40.9	2827	600661	昂立教育	39.8
2791	300340	科恒股份	40.8	2828	002054	德美化工	39.8
2792	600962	国投中鲁	40.8	2829	600110	诺德股份	39.7
2793	600838	上海九百	40.8	2830	300508	维宏股份	39.7
2794	601099	太平洋	40.8	2831	300022	吉峰科技	39.6
2795	603021	山东华鹏	40.7	2832	002096	南岭民爆	39.6
2796	000020	深华发 A	40.7	2833	300592	华凯创意	39.6
2797	600975	新五丰	40.6	2834	002872	天圣制药	39.5
2798	300118	东方日升	40.6	2835	002141	贤丰控股	39.5
2799	002012	凯恩股份	40.6	2836	600883	博闻科技	39.5
2800	603117	万林物流	40.5	2837	300100	双林股份	39.5
2801	600316	洪都航空	40.5	2838	002577	雷柏科技	39.5
2802	300648	星云股份	40.4	2839	002562	兄弟科技	39.4
2803	000004	国农科技	40.4	2840	600439	瑞贝卡	39.4
2804	300555	路通视信	40.4	2841	300566	激智科技	39.3
2805	002345	潮宏基	40.4	2842	002522	浙江众成	39.3
2806	002278	神开股份	40.4	2843	300475	聚隆科技	39.2
2807	600515	海航基础	40.3	2844	600743	华远地产	39.2
2808	600532	宏达矿业	40.3	2845	300162	雷曼光电	39.1
2809	000502	绿景控股	40.3	2846	603318	派思股份	39.1
2810	600847	万里股份	40.3	2847	600478	科力远	39
2811	600830	香溢融通	40.2	2848	600576	祥源文化	38.9
2812	000668	荣丰控股	40.2	2849	300208	青岛中程	38.9
2813	600751	海航科技	40.2	2850	300224	正海磁材	38.9
2814	600365	通葡股份	40.2	2851	600178	东安动力	38.9
2815	300489	中飞股份	40.2	2852	000008	神州高铁	38.8
2816	002459	天业通联	40.1	2853	603188	亚邦股份	38.8
2817	002124	天邦股份	40.1	2854	002584	西陇科学	38.8
2818	600202	哈空调	40.1	2855	600226	瀚叶股份	38.8
2819	600692	亚通股份	40	2856	000005	世纪星源	38.7
2820	002366	台海核电	39.9	2857	300374	恒通科技	38.7
2821	600889	南京化纤	39.9	2858	002227	奥特迅	38.6
2822	300125	易世达	39.9	2859	300588	熙菱信息	38.6
2823	002305	南国置业	39.9	2860	002600	领益智造	38.5
2824	002876	三利谱	39.9	2861	300484	蓝海华腾	38.5
2825	000996	中国中期	39.8	2862	000852	石化机械	38.5

续表

排名	股票代码	单位名称	评价得分	排名	股票代码	单位名称	评价得分
2863	000662	天夏智慧	38.5	2900	002703	浙江世宝	37.3
2864	600707	彩虹股份	38.5	2901	002166	莱茵生物	37.2
2865	002622	融钰集团	38.4	2902	002137	麦达数字	37.2
2866	000913	钱江摩托	38.4	2903	002590	万安科技	37.2
2867	300552	万集科技	38.3	2904	000558	莱茵体育	37.2
2868	600552	凯盛科技	38.2	2905	600169	太原重工	37.1
2869	002192	融捷股份	38.2	2906	002535	林州重机	37
2870	002869	金溢科技	38.1	2907	002662	京威股份	37
2871	000534	万泽股份	38.1	2908	603085	天成自控	36.9
2872	300209	天泽信息	38.1	2909	000056	皇庭国际	36.9
2873	600399	ST 抚钢	38.1	2910	000625	长安汽车	36.9
2874	300072	三聚环保	38.1	2911	600221	海航控股	36.8
2875	600517	置信电气	38	2912	300334	津膜科技	36.8
2876	002570	贝因美	38	2913	002170	芭田股份	36.7
2877	300115	长盈精密	38	2914	601777	力帆股份	36.7
2878	002663	普邦股份	37.9	2915	603718	海利生物	36.7
2879	600758	红阳能源	37.9	2916	600881	亚泰集团	36.7
2880	002609	捷顺科技	37.9	2917	300129	泰胜风能	36.6
2881	603729	龙韵股份	37.9	2918	002309	中利集团	36.6
2882	000737	ST 南风	37.8	2919	300713	英可瑞	36.6
2883	002205	国统股份	37.7	2920	002102	ST 冠福	36.6
2884	002297	博云新材	37.7	2921	600267	海正药业	36.5
2885	600679	上海凤凰	37.7	2922	600836	界龙实业	36.5
2886	600128	弘业股份	37.7	2923	002069	獐子岛	36.5
2887	002451	摩恩电气	37.6	2924	000566	海南海药	36.4
2888	600157	永泰能源	37.6	2925	603789	星光农机	36.4
2889	002105	信隆健康	37.6	2926	000599	青岛双星	36.4
2890	600187	国中水务	37.5	2927	601700	风范股份	36.4
2891	300103	达刚路机	37.5	2928	600072	中船科技	36.2
2892	300393	中来股份	37.5	2929	600186	莲花健康	36.2
2893	600203	福日电子	37.4	2930	600238	ST 椰岛	36.2
2894	300278	华昌达	37.4	2931	002172	澳洋健康	36.2
2895	600319	亚星化学	37.4	2932	002387	维信诺	36.1
2896	600249	两面针	37.3	2933	300025	华星创业	36.1
2897	600671	天目药业	37.3	2934	002369	卓翼科技	36.1
2898	600539	ST 狮头	37.3	2935	000882	华联股份	36
2899	300238	冠昊生物	37.3	2936	603011	合锻智能	36

续表

排名	股票代码	单位名称	评价得分	排名	股票代码	单位名称	评价得分
2937	600571	信雅达	36	2974	600791	京能置业	34.1
2938	002319	乐通股份	36	2975	600584	长电科技	34.1
2939	300700	岱勒新材	35.9	2976	600988	赤峰黄金	34.1
2940	000038	深大通	35.9	2977	600730	中国高科	34.1
2941	002417	深南股份	35.9	2978	002656	摩登大道	34
2942	600213	亚星客车	35.8	2979	300074	华平股份	34
2943	600961	株冶集团	35.8	2980	300080	易成新能	33.9
2944	600521	华海药业	35.8	2981	000608	阳光股份	33.8
2945	000803	金宇车城	35.8	2982	002759	天际股份	33.7
2946	600870	ST 厦华	35.7	2983	600726	华电能源	33.7
2947	002218	拓日新能	35.6	2984	002654	万润科技	33.6
2948	601890	亚星锚链	35.5	2985	000927	一汽夏利	33.5
2949	600234	ST 山水	35.5	2986	300392	腾信股份	33.5
2950	600151	航天机电	35.5	2987	300330	华虹计通	33.4
2951	002813	路畅科技	35.5	2988	603177	德创环保	33.3
2952	600620	天宸股份	35.5	2989	300292	吴通控股	33.2
2953	002504	弘高创意	35.4	2990	000514	渝开发	33.1
2954	002118	紫鑫药业	35.3	2991	600207	安彩高科	33
2955	600275	ST 昌鱼	35.2	2992	600381	青海春天	33
2956	002428	云南锗业	35	2993	002494	华斯股份	33
2957	002255	海陆重工	35	2994	000593	大通燃气	32.9
2958	000586	汇源通信	35	2995	002279	久其软件	32.8
2959	600773	西藏城投	34.9	2996	002708	光洋股份	32.8
2960	002431	棕榈股份	34.8	2997	002476	宝莫股份	32.8
2961	002906	华阳集团	34.8	2998	000046	泛海控股	32.8
2962	600149	ST 坊展	34.8	2999	002355	兴民智通	32.8
2963	300225	金力泰	34.8	3000	300491	通合科技	32.7
2964	300189	神农基因	34.7	3001	300242	佳云科技	32.7
2965	603818	曲美家居	34.6	3002	600322	天房发展	32.6
2966	300194	福安药业	34.6	3003	002131	利欧股份	32.6
2967	603619	中曼石油	34.6	3004	600796	钱江生化	32.5
2968	300157	恒泰艾普	34.5	3005	300467	迅游科技	32.5
2969	300134	大富科技	34.5	3006	300063	天龙集团	32.4
2970	300355	蒙草生态	34.5	3007	600112	天成控股	32.3
2971	600225	天津松江	34.4	3008	600770	综艺股份	32.3
2972	000893	*ST 东凌	34.3	3009	300148	天舟文化	32.2
2973	600155	华创阳安	34.3	3010	000700	模塑科技	32.2

续表

排名	股票代码	单位名称	评价得分	排名	股票代码	单位名称	评价得分
3011	000929	兰州黄河	32.1	3048	000707	ST 双环	30.1
3012	000045	深纺织 A	32.1	3049	600446	金证股份	29.9
3013	002177	御银股份	32	3050	300228	富瑞特装	29.8
3014	600556	ST 慧球	32	3051	002167	东方锆业	29.7
3015	601798	ST 蓝科	32	3052	600401	*ST 海润	29.7
3016	300158	振东制药	31.9	3053	002021	中捷资源	29.6
3017	000692	惠天热电	31.9	3054	600247	*ST 成城	29.6
3018	002190	*ST 集成	31.8	3055	600100	同方股份	29.5
3019	002489	浙江永强	31.8	3056	000829	天音控股	29.5
3020	300315	掌趣科技	31.7	3057	600877	*ST 嘉陵	29.5
3021	600458	时代新材	31.6	3058	002527	新时达	29.4
3022	000969	安泰科技	31.6	3059	000953	*ST 河化	29.4
3023	000017	深中华 A	31.6	3060	600091	ST 明科	29.3
3024	601558	ST 锐电	31.6	3061	600079	人福医药	29.3
3025	002721	金一文化	31.6	3062	000933	神火股份	29.3
3026	300161	华中数控	31.5	3063	600512	腾达建设	29.2
3027	002676	顺威股份	31.5	3064	300540	深冷股份	29.1
3028	000678	襄阳轴承	31.4	3065	300250	初灵信息	29
3029	603366	日出东方	31.4	3066	002070	*ST 众和	28.9
3030	601168	西部矿业	31.3	3067	002325	洪涛股份	28.8
3031	601218	吉鑫科技	31.3	3068	000585	*ST 东电	28.8
3032	002719	麦趣尔	31.2	3069	002113	ST 天润	28.8
3033	603168	莎普爱思	31.1	3070	600418	江淮汽车	28.8
3034	603958	哈森股份	31	3071	603727	博迈科	28.8
3035	600616	金枫酒业	30.9	3072	002456	欧菲光	28.7
3036	600107	美尔雅	30.6	3073	000780	平庄能源	28.7
3037	600818	中路股份	30.6	3074	300061	康旗股份	28.7
3038	600127	金健米业	30.5	3075	000592	平潭发展	28.7
3039	002432	九安医疗	30.5	3076	002134	天津普林	28.6
3040	002163	中航三鑫	30.5	3077	600172	黄河旋风	28.5
3041	300629	新劲刚	30.5	3078	300364	中文在线	28.5
3042	002671	龙泉股份	30.4	3079	600766	园城黄金	28.5
3043	002571	德力股份	30.4	3080	600071	凤凰光学	28.5
3044	300528	幸福蓝海	30.4	3081	603389	亚振家居	28.4
3045	000626	远大控股	30.3	3082	600734	实达集团	28.4
3046	600538	国发股份	30.3	3083	300325	德威新材	28.4
3047	600410	华胜天成	30.2	3084	002052	同洲电子	28.4

续表

排名	股票代码	单位名称	评价得分	排名	股票代码	单位名称	评价得分
3085	000980	众泰汽车	28.4	3122	300447	全信股份	26.4
3086	300336	新文化	28.1	3123	002606	大连电瓷	26.4
3087	300351	永贵电器	28	3124	300247	融捷健康	26.3
3088	600462	ST 九有	28	3125	002112	三变科技	26.3
3089	000518	四环生物	27.9	3126	300337	银邦股份	26.2
3090	300343	联创互联	27.9	3127	600682	南京新百	26.1
3091	000633	合金投资	27.8	3128	002073	软控股份	26
3092	600222	太龙药业	27.8	3129	000972	ST 中基	25.9
3093	600896	览海投资	27.8	3130	000957	中通客车	25.9
3094	002711	ST 欧浦	27.6	3131	603758	秦安股份	25.9
3095	002692	远程股份	27.5	3132	600768	宁波富邦	25.6
3096	002261	拓维信息	27.4	3133	600069	银鸽投资	25.5
3097	600165	新日恒力	27.4	3134	002548	金新农	25.5
3098	002693	双成药业	27.3	3135	600209	*ST 罗顿	25.4
3099	300460	惠伦晶体	27.3	3136	002196	方正电机	25.3
3100	603008	喜临门	27.2	3137	600898	国美通讯	25.2
3101	300018	中元股份	27.2	3138	300064	豫金刚石	25.2
3102	600396	金山股份	27.2	3139	002132	恒星科技	25.2
3103	000837	秦川机床	27.2	3140	002423	中原特钢	25.2
3104	600503	华丽家族	27.1	3141	002848	高斯贝尔	25.2
3105	600393	粤泰股份	27.1	3142	002611	东方精工	25.1
3106	002252	上海莱士	27.1	3143	000506	中润资源	25.1
3107	000955	欣龙控股	27	3144	600880	博瑞传播	25
3108	000669	金鸿控股	27	3145	002260	*ST 德奥	24.9
3109	300301	长方集团	26.9	3146	600303	曙光股份	24.9
3110	002280	联络互动	26.9	3147	603042	华脉科技	24.9
3111	002659	凯文教育	26.9	3148	002160	常铝股份	24.7
3112	300270	中威电子	26.8	3149	000971	ST 高升	24.6
3113	002642	*ST 荣联	26.8	3150	603778	乾景园林	24.6
3114	000691	亚太实业	26.7	3151	600501	航天晨光	24.6
3115	300405	科隆股份	26.6	3152	600712	南宁百货	24.6
3116	000816	*ST 慧业	26.6	3153	300366	创意信息	24.5
3117	300095	华伍股份	26.5	3154	300030	阳普医疗	24.5
3118	600860	京城股份	26.5	3155	600358	国旅联合	24.5
3119	600594	益佰制药	26.5	3156	002505	大康农业	24.5
3120	300419	浩丰科技	26.5	3157	000727	华东科技	24.4
3121	002265	西仪股份	26.5	3158	300234	开尔新材	24.4

续表

排名	股票代码	单位名称	评价得分	排名	股票代码	单位名称	评价得分
3159	000571	ST 大洲	24.3	3196	300048	合康新能	22.5
3160	002333	罗普斯金	24.1	3197	600290	华仪电气	22.5
3161	002184	海得控制	24	3198	000533	顺钠股份	22.5
3162	001896	豫能控股	24	3199	600289	*ST 信通	22.4
3163	300005	探路者	24	3200	002390	信邦制药	22.4
3164	600891	ST 秋林	23.9	3201	300010	立思辰	22.4
3165	002199	东晶电子	23.9	3202	000590	启迪古汉	22.4
3166	300350	华鹏飞	23.8	3203	600058	五矿发展	22.3
3167	002005	德豪润达	23.8	3204	000410	沈阳机床	22.3
3168	300055	万邦达	23.8	3205	300160	秀强股份	22
3169	002554	惠博普	23.7	3206	002681	奋达科技	22
3170	600255	梦舟股份	23.7	3207	600807	ST 天业	21.9
3171	002515	金字火腿	23.6	3208	300199	翰宇药业	21.9
3172	600212	江泉实业	23.6	3209	000752	ST 西发	21.9
3173	002513	蓝丰生化	23.6	3210	600647	同达创业	21.9
3174	300359	全通教育	23.5	3211	000504	南华生物	21.7
3175	600239	云南城投	23.5	3212	600281	太化股份	21.5
3176	600470	六国化工	23.4	3213	002329	皇氏集团	21.5
3177	000792	盐湖股份	23.4	3214	300461	田中精机	21.4
3178	600530	交大昂立	23.4	3215	600240	华业资本	21.4
3179	002249	大洋电机	23.3	3216	600634	*ST 富控	21.4
3180	300708	聚灿光电	23.2	3217	600721	百花村	21.4
3181	600354	敦煌种业	23.2	3218	600241	时代万恒	21.3
3182	600525	长园集团	23.1	3219	300077	国民技术	21.3
3183	002256	兆新股份	23.1	3220	600892	大晟文化	21.3
3184	002147	ST 新光	23.1	3221	002519	银河电子	21.2
3185	300011	鼎汉技术	23.1	3222	300027	华谊兄弟	21.2
3186	002502	骅威文化	23.1	3223	002164	宁波东力	21.1
3187	603157	拉夏贝尔	23	3224	002098	浔兴股份	21.1
3188	000612	焦作万方	23	3225	603703	盛洋科技	21
3189	603996	中新科技	23	3226	002011	盾安环境	21
3190	000911	*ST 南糖	23	3227	002629	仁智股份	20.8
3191	002247	聚力文化	23	3228	300269	联建光电	20.8
3192	002045	国光电器	23	3229	600259	广晟有色	20.8
3193	002426	胜利精密	22.9	3230	002231	奥维通信	20.7
3194	002041	登海种业	22.8	3231	002103	广博股份	20.6
3195	600385	*ST 金泰	22.7	3232	000760	斯太尔	20.6

续表

排名	股票代码	单位名称	评价得分	排名	股票代码	单位名称	评价得分
3233	600306	商业城	20.5	3270	002178	延华智能	18.3
3234	600890	中房股份	20.5	3271	600146	商赢环球	18.3
3235	300275	梅安森	20.5	3272	600680	*ST 上普	18.1
3236	000918	嘉凯城	20.4	3273	300221	银禧科技	18.1
3237	002604	*ST 龙力	20.3	3274	002018	*ST 华信	18.1
3238	300310	宜通世纪	20.1	3275	002197	证通电子	18
3239	300163	先锋新材	20.1	3276	000793	华闻传媒	18
3240	600685	中船防务	20	3277	300004	南风股份	17.9
3241	300056	三维丝	19.9	3278	002581	未名医药	17.9
3242	600687	ST 刚泰	19.9	3279	600166	福田汽车	17.9
3243	002420	毅昌股份	19.9	3280	000007	全新好	17.9
3244	600485	信威集团	19.9	3281	002452	长高集团	17.8
3245	000595	宝塔实业	19.9	3282	002259	ST 升达	17.5
3246	002336	*ST 人乐	19.9	3283	002374	丽鹏股份	17.3
3247	600391	航发科技	19.8	3284	000863	三湘印象	17.3
3248	002176	江特电机	19.8	3285	002359	北讯集团	17.2
3249	600117	西宁特钢	19.7	3286	000890	法尔胜	17.1
3250	300210	森远股份	19.6	3287	002219	恒康医疗	17
3251	300032	金龙机电	19.6	3288	600175	美都能源	17
3252	300051	三五互联	19.5	3289	002638	勤上股份	17
3253	002660	茂硕电源	19.5	3290	002312	三泰控股	16.9
3254	601038	一拖股份	19.5	3291	002077	大港股份	16.9
3255	603111	康尼机电	19.2	3292	600359	新农开发	16.7
3256	002220	天宝食品	19.2	3293	000428	华天酒店	16.6
3257	000670	*ST 盈方	19.1	3294	600595	中孚实业	16.6
3258	002188	*ST 巴士	19.1	3295	300306	远方信息	16.5
3259	600200	江苏吴中	19	3296	000687	华讯方舟	16.5
3260	600405	动力源	18.9	3297	600715	文投控股	16.4
3261	002569	步森股份	18.8	3298	000611	天首发展	16.4
3262	002114	罗平锌电	18.8	3299	600550	保变电气	16.4
3263	600311	荣华实业	18.6	3300	000807	云铝股份	16.2
3264	600243	青海华鼎	18.6	3301	002207	ST 准油	16.2
3265	600499	科达洁能	18.5	3302	002289	*ST 宇顺	16.1
3266	300187	永清环保	18.4	3303	002630	华西能源	16.1
3267	600698	*ST 天雁	18.4	3304	002723	金莱特	16
3268	300442	普丽盛	18.4	3305	000572	*ST 海马	15.7
3269	002161	远望谷	18.3	3306	002668	奥马电器	15.7

续表

排名	股票代码	单位名称	评价得分	排名	股票代码	单位名称	评价得分
3307	000981	银亿股份	15.5	3344	002699	美盛文化	13.3
3308	300466	赛摩电气	15.5	3345	300345	红宇新材	13.3
3309	600815	厦工股份	15.5	3346	300216	千山药机	13
3310	300411	金盾股份	15.5	3347	300312	邦讯技术	13
3311	002617	露笑科技	15.4	3348	600747	ST 大控	13
3312	601258	庞大集团	15.3	3349	300256	星星科技	12.9
3313	300370	安控科技	15.3	3350	600555	海航创新	12.9
3314	600421	ST 仰帆	15.2	3351	600821	津劝业	12.8
3315	600119	长江投资	15.2	3352	300173	智慧松德	12.7
3316	300287	飞利信	15.2	3353	002292	奥飞娱乐	12.7
3317	600331	宏达股份	15.1	3354	000536	华映科技	12.7
3318	300167	迪威迅	15.1	3355	002086	ST 东海洋	12.6
3319	002248	华东数控	15	3356	002766	索菱股份	12.5
3320	002210	飞马国际	15	3357	000063	中兴通讯	12.5
3321	600280	中央商场	15	3358	002447	晨鑫科技	12.3
3322	002121	科陆电子	15	3359	000068	华控赛格	12
3323	600654	ST 中安	15	3360	002071	长城影视	12
3324	002089	新海宜	14.9	3361	600074	*ST 保千	11.9
3325	000993	闽东电力	14.9	3362	002072	凯瑞德	11.9
3326	300104	乐视网	14.7	3363	000995	*ST 皇台	11.9
3327	600652	游久游戏	14.7	3364	300198	纳川股份	11.8
3328	300029	天龙光电	14.5	3365	000762	西藏矿业	11.7
3329	002496	辉丰股份	14.5	3366	300432	富临精工	11.6
3330	002694	顾地科技	14.5	3367	603555	贵人鸟	11.4
3331	000509	华塑控股	14.4	3368	300291	华录百纳	11.2
3332	600122	宏图高科	14.4	3369	002122	*ST 天马	11.1
3333	300397	天和防务	14.3	3370	300083	劲胜智能	11
3334	300202	聚龙股份	14.2	3371	600526	*ST 菲达	11
3335	300128	锦富技术	14.1	3372	002509	天广中茂	10.9
3336	300111	向日葵	14.1	3373	300069	金利华电	10.7
3337	300071	华谊嘉信	13.9	3374	002354	天神娱乐	10.6
3338	600139	西部资源	13.9	3375	300317	珈伟新能	10.5
3339	300279	和晶科技	13.8	3376	002665	首航节能	10.3
3340	600856	中天能源	13.7	3377	000673	当代东方	10.2
3341	601969	海南矿业	13.7	3378	000806	ST 银河	10.1
3342	002343	慈文传媒	13.6	3379	600614	鹏起科技	10
3343	002076	雪莱特	13.5	3380	002200	*ST 云投	10

续表

排名	股票代码	单位名称	评价得分	排名	股票代码	单位名称	评价得分
3381	000587	金洲慈航	9.7	3406	002143	ST 印纪	6.2
3382	300313	天山生物	9.3	3407	000663	永安林业	5.8
3383	300008	天海防务	9.3	3408	300023	宝德股份	5.6
3384	300152	科融环境	9.2	3409	300266	兴源环境	5.5
3385	000503	国新健康	9.1	3410	600666	奥瑞德	5.5
3386	000609	中迪投资	9	3411	002356	赫美集团	5.4
3387	000897	*ST 津滨	9	3412	600086	东方金钰	5.4
3388	600191	华资实业	8.9	3413	000638	万方发展	5.2
3389	300471	厚普股份	8.8	3414	000835	长城动漫	4.5
3390	002427	*ST 尤夫	8.5	3415	000982	*ST 中绒	3.9
3391	000010	*ST 美丽	8.4	3416	600651	飞乐音响	3.8
3392	002512	达华智能	8.2	3417	300362	天翔环境	3.4
3393	000868	*ST 安凯	8.2	3418	002477	*ST 雏鹰	3.2
3394	002418	康盛股份	8.2	3419	000018	神州长城	3
3395	600568	中珠医疗	8.2	3420	600701	*ST 工新	0
3396	600084	*ST 中葡	7.9	3421	300426	唐德影视	0
3397	300431	暴风集团	7.8	3422	300156	神雾环保	0
3398	002529	海源复材	7.8	3423	300116	坚瑞沃能	0
3399	002445	ST 中南	7.7	3424	300090	盛运环保	0
3400	603169	兰石重装	7.3	3425	002684	猛狮科技	0
3401	300028	金亚科技	7.1	3426	002499	*ST 科林	0
3402	002175	东方网络	7	3427	002323	*ST 百特	0
3403	002501	利源精制	6.8	3428	000939	*ST 凯迪	0
3404	000679	大连友谊	6.3	3429	000820	ST 节能	0
3405	600416	湘电股份	6.3				

注：2018 年当年新股发行上市和借壳上市的公司只进行业绩评价，不参与排序

附录三　2018年度中国上市公司分类财务指标

序号	单位名称	带息负债比率（%）	累计保留盈余率（%）	三年营业收入平均增长率（%）	总资产增长率（%）	营业利润增长率（%）	扣除非经常性损益净资产收益率（%）
1	全国A股上市公司	48.41	40.89	15.02	11.63	4.93	7.16
2	一、按证监会行业划分（根据行业代码）						
3	农林牧渔业A	54.48	32.32	15.52	5.55	-43.26	2.52
4	采掘业B	49.65	55.75	12.46	2.30	38.66	7.95
5	煤炭B01	55.11	51.17	18.73	4.45	9.80	11.75
6	制造业C	45.21	39.27	16.16	10.81	-1.53	7.59
7	食品、饮料C0	36.26	60.65	12.46	15.53	22.02	16.19
8	纺织、服装、毛皮C1	53.25	37.72	14.36	7.85	-11.25	5.12
9	造纸、印刷C3	62.85	37.44	19.71	7.63	-17.87	7.37
10	石油、化学、塑胶、塑料C4	53.87	37.12	22.66	22.10	24.39	9.36
11	电子C5	46.96	25.89	20.93	16.78	-42.45	2.42
12	金属、非金属C6	54.87	37.40	17.24	8.73	35.74	11.15
13	非金属矿物制品业（建筑材料）C61	56.41	52.92	27.26	14.98	67.65	15.79
14	机械、设备、仪表C7	35.56	39.59	13.12	7.02	-17.50	5.67
15	普通机械、专用设备（装备制造）	42.02	29.16	10.19	5.60	-30.26	1.65
16	交通运输设备制造业C75	32.28	44.70	10.88	5.42	-14.43	7.04
17	医药、生物制品C8	47.95	44.63	16.60	11.93	-17.77	7.43
18	医药制造业C81	48.03	45.37	16.46	12.40	-18.51	7.29
19	其他制造业C9	52.32	30.77	14.48	4.54	-90.22	-3.22
20	电力煤气及水的生产和供应业D	75.34	32.03	11.33	6.58	9.92	5.81
21	电力、蒸汽、热水的生产和供应业（D01）	76.84	31.88	10.98	5.98	17.04	6.01
22	自来水的生产和供应业（D05）	59.29	35.93	16.03	19.61	-8.93	6.13
23	建筑业E	40.96	42.55	9.23	15.15	9.88	9.31
24	交通运输、仓储业F	63.76	40.64	15.79	15.93	-7.68	6.68
25	铁路运输业（f01）	29.68	55.93	15.38	12.05	23.43	12.14

续表

序号	单位名称	带息负债比率（%）	累计保留盈余率（%）	三年营业收入平均增长率（%）	总资产增长率（%）	营业利润增长率（%）	扣除非经常性损益净资产收益率（%）
26	公路运输业（f03）	66.81	45.08	44.15	11.75	2.15	8.26
27	管道运输业（f05）	0.00	0.00	0.00	0.00	0.00	0
28	水上运输业（f07）	79.85	14.93	15.43	27.15	−24.73	3.76
29	航空运输业（f09）	50.16	38.50	10.40	6.72	−55.68	3.35
30	信息技术业 G	36.50	23.90	13.52	5.46	−39.66	1.57
31	通信及相关设备制造业（G81）	32.93	32.85	11.92	10.49	−16.26	6.12
32	计算机及相关设备制造业（G83）	44.28	31.83	14.63	15.53	43.08	2.79
33	计算机应用服务业（G87）	36.48	25.58	23.83	5.23	−74.03	−0.5
34	批发和零售贸易业 H	38.04	34.51	19.48	10.39	4.45	4.24
35	零售 H11	37.13	37.90	11.60	16.53	17.57	3.73
36	外贸 H21	35.24	39.21	20.18	8.56	26.17	7.13
37	房地产业 J	47.83	47.93	19.15	23.00	24.88	12.45
38	社会服务业 K	56.01	37.78	28.39	6.89	−11.09	5.45
39	传播与文化产业 L	29.58	31.22	14.86	−0.37	−76.05	−2.43
40	综合类 M	68.75	33.02	30.72	16.26	−4.60	2.96
41	二、按照申万行业代码分类（按照汉字分类）						
42	农林牧渔（申银）	55.45	30.64	11.67	12.48	−34.91	3.26
43	采掘（申银）	49.21	56.21	13.01	2.95	56.98	8.27
44	化工（申银）	51.89	45.84	15.83	11.41	20.80	9
45	化工 + 石油（申银）	50.22	53.86	14.16	7.42	45.47	7.81
46	化工 + 石油 + 油气钻采（申银）	49.15	52.70	14.14	7.14	50.63	7.59
47	钢铁（申银）	46.21	34.43	20.75	3.36	45.77	15.14
48	有色金属（申银）	66.26	28.13	11.38	9.44	−29.56	3.14
49	建筑材料（申银）	47.15	58.25	23.67	12.81	65.52	16.9
50	建筑装饰（申银）	40.34	43.39	8.87	15.20	11.67	9.39
51	电气设备（申银）	43.08	26.60	14.28	8.35	−37.92	2.07
52	机械设备（申银）	41.64	33.11	13.06	7.21	−15.49	3.2
53	机械设备 − 不包括金属制品（申银）	39.15	32.28	12.79	6.42	−19.74	3.09
54	机械设备 + 非汽车交运设备 − 金属制品	39.15	32.28	12.79	6.42	−19.74	3.09
55	电气设备 + 机械设备 + 国防军工	41.03	28.93	12.43	7.00	−25.27	2.3
56	国防军工（申银）	33.65	22.38	5.66	3.15	−15.00	0.26
57	汽车（申银）	36.37	46.75	12.19	6.00	−22.19	6.47
58	汽车整车和零部件（申银）	35.11	48.44	13.15	7.58	−19.60	7.12
59	家用电器（申银）	25.90	60.94	20.80	8.38	−7.66	14.2
60	纺织服装（申银）	45.97	36.55	12.88	6.59	−23.83	3.9

续表

序号	单位名称	带息负债比率（%）	累计保留盈余率（%）	三年营业收入平均增长率（%）	总资产增长率（%）	营业利润增长率（%）	扣除非经常性损益净资产收益率（%）
61	轻工制造（申银）	58.93	36.55	15.26	7.39	–38.99	4.76
62	食品饮料（申银）	23.48	69.56	12.88	14.25	27.61	19.53
63	医药生物（申银）	43.33	44.56	19.11	15.60	–7.76	8.54
64	休闲服务（申银）	49.76	35.75	26.14	4.20	15.98	7.2
65	电子（申银）	44.43	29.17	29.91	17.60	–17.63	4.94
66	计算机（申银）	36.34	29.03	17.50	12.10	–43.53	1.46
67	传媒（申银）	35.74	24.51	18.65	–2.73	–132.68	–5.49
68	通信（申银）	37.73	18.66	7.63	–0.43	5.20	1.99
69	交通运输（申银）	60.07	40.43	21.32	16.17	–4.57	6.89
70	房地产（申银）	47.96	48.54	18.20	22.34	22.60	12.26
71	商业贸易（申银）	37.46	38.85	13.11	13.28	22.70	3.32
72	公用事业（申银）	73.22	32.65	13.30	8.12	3.73	5.58
73	电力（申银，公共事业其中项）	77.49	32.46	11.56	6.29	19.70	6.23
74	非银金融（申银）	86.56	21.97	38.92	8.42	–17.23	6.12
75	综合（申银）	61.18	27.54	17.83	7.56	14.56	2
76	煤炭（申银，包含煤炭两字的）	54.58	49.21	18.57	5.31	13.07	12.24
77	环保（申银，包含环保两字的）	46.81	31.39	23.65	16.86	–51.21	1.74
78	节能（申银，包含节能两字的）	0.00	0.00	0.00	0.00	0.00	0
79	三、按资产规模划分						
80	100 亿元以上	49.41	44.58	15.07	12.63	13.09	8.72
81	50 亿—100 亿元	42.21	30.36	17.83	6.64	–22.44	2.84
82	10 亿—50 亿元	36.77	27.39	12.08	5.89	–51.13	0.69
83	10 亿元以下	24.69	–3.82	6.78	–0.58	–60.87	–2.2
84	四、按上市地点划分						
85	沪市（60 开头或 900）	48.14	43.75	13.27	10.83	15.03	8.31
86	深市（00 开头或 300）	48.94	35.87	19.47	13.17	–12.68	5.14
87	其中：深圳普通版（000，001）	51.84	39.39	16.16	14.42	5.80	7.6
88	中小企业板（002）	44.63	35.17	22.47	12.12	–23.85	4.23
89	创业板（300）	41.54	27.95	25.26	10.26	–54.18	0.53
90	五、按上市时间						
91	2018 年上市	29.74	49.55	17.26	34.63	6.71	16.26
92	2017 年上市	47.10	38.71	15.08	14.64	10.38	9.79
93	2016 年上市	33.64	46.52	14.90	22.61	5.47	9.1
94	2015 年上市	56.50	41.46	22.32	25.13	6.68	9.6
95	2014 年上市	41.35	38.50	21.01	10.90	–22.50	7.79
96	2013 年前上市	48.56	40.76	14.78	10.76	5.23	6.81

续表

序号	单位名称	带息负债比率（%）	累计保留盈余率（%）	三年营业收入平均增长率（%）	总资产增长率（%）	营业利润增长率（%）	扣除非经常性损益净资产收益率（%）
97	六、按公司地点分类						
98	北京	49.28	44.74	10.37	8.06	21.41	7.01
99	天津	54.95	26.49	38.29	18.10	−7.05	3.88
100	河北	42.79	40.60	16.11	8.92	19.63	8.6
101	京津冀地区	49.01	43.65	11.64	8.57	20.11	6.98
102	山西	55.41	46.15	13.25	7.03	25.17	10.25
103	内蒙古	44.61	34.75	21.15	6.50	9.99	9.34
104	辽宁	63.01	28.72	18.66	9.66	−19.35	3.49
105	吉林	51.18	34.10	7.85	5.18	−60.37	1.61
106	黑龙江	71.58	16.07	10.87	11.61	−107.99	−3.91
107	上海	41.71	45.90	12.02	10.79	1.70	8.58
108	江苏	43.19	36.82	20.47	17.07	11.78	6.19
109	浙江	46.85	39.42	20.79	13.60	−7.87	6.86
110	安徽	44.13	48.60	19.72	16.81	33.41	10.46
111	福建	47.93	33.49	30.20	17.56	0.24	7.43
112	江西	50.36	48.40	9.01	9.83	14.62	8.06
113	山东	48.74	44.70	21.18	10.73	11.56	9.34
114	河南	50.95	30.86	15.67	6.19	−22.95	4.26
115	湖北	47.23	32.98	15.46	10.41	0.26	5.03
116	湖南	52.87	30.10	17.30	7.99	−10.26	3.52
117	广东	47.19	44.00	17.54	19.87	−4.92	8.78
118	广西	64.85	33.24	25.05	18.18	2.87	7.28
119	海南	62.29	10.14	16.33	−0.99	−221.98	−6.56
120	重庆	35.67	37.34	13.13	15.06	10.61	5.13
121	四川	46.87	43.10	12.40	18.24	1.29	8.47
122	贵州	53.03	71.00	15.34	7.92	20.00	20.24
123	云南	63.50	21.56	6.43	8.03	36.46	4.55
124	西藏	59.76	40.74	9.42	14.31	−9.90	10.17
125	陕西	36.18	23.99	16.69	6.34	6.00	5.61
126	甘肃	59.09	27.43	5.18	0.15	−6.78	4.54
127	青海	65.48	18.11	9.22	1.56	0.00	−9.27
128	宁夏	62.55	−16.48	7.00	−7.10	−766.10	−13.65
129	新疆	60.21	28.08	27.68	3.65	0.68	5.38

附录四　2018 年度新三板概述

受宏观经济的影响，2018 年市场收缩调整态势明显，全年新增挂牌公司数同比下滑 71%，且摘牌离场蔚然成风，自 2018 年 3 月起，新三板挂牌公司总数一路下降；2018 年挂牌总数较 2017 年末减少了 939 家；全年共摘牌 1517 家，同比增加 114%。同时融资也深受影响，2018 年实施完成的募资总额为 494 亿元，是 2017 年 913.65 亿元的 54.07%。

二级市场方面，全年三板各种指数也是一路下探，成交换手锐减，成指跌幅曾高达 25%。自 2018 年 2 月以来，新三板成交跌至冰点，全年月均成交额仅 74 亿元，同比下降了 61%，月均换手率为 5.07%，较 2017 年下降了 17.4%。

一、重点政策回顾

2018 年是新三板制度化、完善健全的一年，继 2017 年一系列政策后，全国股转系统又新出台了一系列规范性文件，主要涉及发行制度、并购重组制度、交易制度、信息披露制度等方面，并且清理了三类股东转板障碍，创新开辟新三板 +H 股的新上市模式。

1. 改革发行制度，提高发行效率

10 月 26 日，全国股转系统发布实施系列规定，对新三板市场股票定向发行制度、并购重组制度等存量制度进行优化改革。新制定有《关于挂牌公司股票发行有关事项的规定》《全国中小企业股份转让系统股票发行业务指引第 1–4 号》和新修订的《全国中小企业股份转让系统股票发行业务指南》。这将提高新三板企业定向增发的发行效率，具体政策包括实施并联审查机制、推出授权发行制度并落实相关监管规则等。

2. 优化并购重组，实现规范增效

10 月 8 日，证监会正式推出“小额快速”并购重组审核机制，10 月 26 日全国股转公司发布实施《全国中小企业股份转让系统非上市公众公司重大资产重组业务指引》《挂牌公司重大资产重组业务问答》与《挂牌公司权益变动与收购业务问答》。这一系列文件对并购重组制度进行了优化，提高了新三板并购重组的交易效率，同时也将规范并购市场不合理现象。

3.“三类股东”尘埃落定

3月，证监会在《首发业务若干问题解答》明确了契约性基金、信托计划、资产管理计划等“三类股东”的信息核查和披露要求：

（1）中介机构应核查确认公司控股股东、实际控制人、第一大股东不属于“三类股东”。

（2）中介机构应核查确认发行人的“三类股东”依法设立并有效存续，已纳入国家金融监管部门有效监管，并已按照规定履行审批、备案或报告程序，其管理人也已依法注册登记。

（3）发行人应根据《关于规范金融机构资产管理业务的指导意见》（银发〔2018〕106号）披露“三类股东”相关过渡期安排，以及相关事项对发行人持续经营的影响。中介机构应当对前述事项核查并发表明确意见。

（4）发行人应当按照首发信息披露准则的要求对“三类股东”进行信息披露。中介机构应对控股股东、实际控制人，董事、监事、高级管理人员及其近亲属，本次发行的中介机构及其签字人员是否直接或间接在“三类股东”中持有权益进行核查并发表明确意见。

（5）中介机构应核查确认“三类股东”已做出合理安排，可确保符合现行锁定期和减持规则要求。

附录表4－1　2018年新三板主要政策概览

时间	部门	主要政策概况
2018年1月15日	股转系统	全国股转公司正式实施“股票转让方式、市场分层标准”改革。同时最新版《全国中小企业股份转让系统股票转让细则》正式施行
2018年3月25日	证监会	《首发业务若干问题解答》针对“三类股东”的问题，应按照首发信息披露准则对“三类股东”进行信息披露
2018年4月21日	股转公司	“新三板+H股”正式落地，双方欢迎对方市场符合条件的挂牌/上市公司在本市场申请挂牌/上市
2018年5月3日	股转系统	发布《全国中小企业股份转让系统公开转让说明书信息披露指引——医药制造公司》《全国中小企业股份转让系统挂牌公司信息披露指引——医药制造公司》
2018年9月19日	股转公司	发布《公开转让说明书信息披露指引——环境治理公司》和《挂牌公司信息披露指引——环境治理公司》
2018年9月26日	国务院	发布《国务院关于推动创新创业高质量发展打造“双创”升级版的意见》，对个人在二级市场买卖新三板股票比照上市公司股票，对差价收入免征个人所得税。支持有发展潜力，但尚未盈利的创新型企业上市或在新三板、区域性股权市场挂牌
2018年10月26日	股转公司	发布《关于挂牌公司股票发行有关事项的规定》《全国中小企业股份转让系统股票发行业务指引第1–4号》，修订了《全国中小企业股份转让系统股票发行业务指南》
2018年12月24日	证监会	证监会表示，健全多层次市场体系，支持企业拓展直接融资渠道。深化创业板和新三板改革，加快发展私募股权投资基金，发展和完善企业资产证券化业务，推动债券品种创新，更好地支持民营经济发展
2018年12月25日	国务院	发布《国务院办公厅关于印发文化体制改革中经营性文化事业单位转制为企业和进一步支持文化企业发展两个规定的通知》，鼓励符合条件的文化企业赴中小企业板、创业板、新三板、科创板等融资
2018年12月28日	股转公司	发布《关于发布全国中小企业股份转让系统引领指数系列的公告》

二、市场概况

1. 市场总量规模收缩态势

2017 年 11 月新三板挂牌公司数达到 11649 家的高峰，之后数月总数一直徘徊在 11600 家左右；自 2018 年 3 月起，随着新三板挂牌公司总数一路下降。截至 2018 年底，挂牌公司总数为 10691 家，较 2017 年末减少 939 家。

按照交易模式划分，做市转让公司 1086 家，较年初的 1343 家下降 257 家，协议转让公司 9605 家，较年初 10287 家下降 682 家。

按照分层划分，创新层公司共 914 家，占比为 8.55%，基础层公司 9777 家，占比 91.45%。

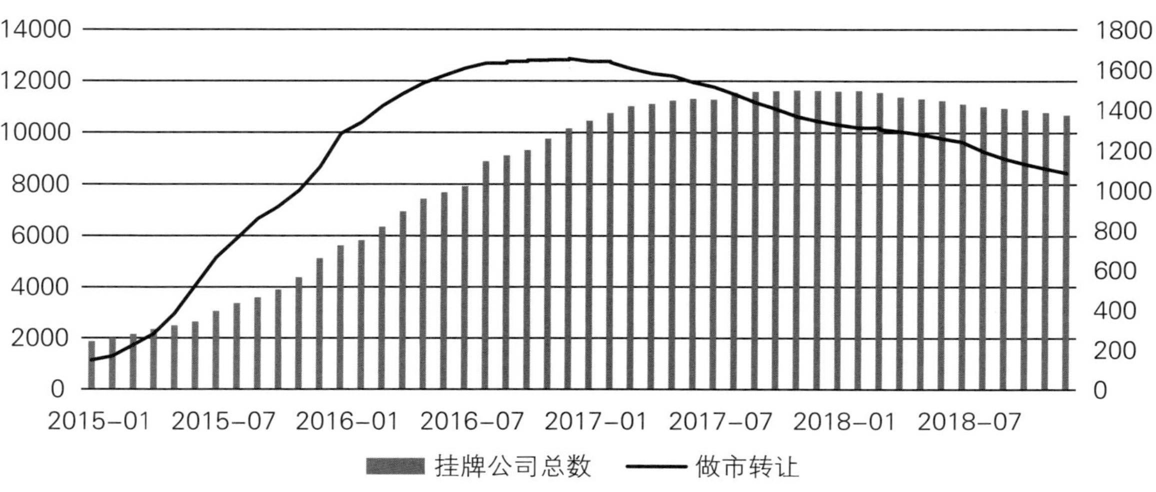

附录图 4－1　挂牌公司总数与做市转让公司总数月度图（2015—2018）

资料来源：海瀛新锐，Wind

2. 行业分类

在全部挂牌公司中，工业仍然是排名第一的行业门类，工业企业挂牌公司 3137 家，占比 29.3%，其次是信息技术类企业，挂牌公司 2999 家，占比 28.0%，排名第三位为可选消费类公司 1527 家，占比 14.3%。

附录表 4－2　2018 年各行业挂牌公司情况概览表（Wind 一级行业）

行业名称	挂牌家数	做市家数	股份总量（万股）	总资产均值（万元）	净资产均值（万元）	营业收入均值（万元）	净利润均值（万元）
工业	3137	253	16428542.27	21690.61	10405.48	15860.87	863.88
信息技术	2999	301	12801187.54	15101.64	8733.81	15246.57	636.40
可选消费	1527	104	6953483.70	19510.57	10136.13	17586.66	810.91
材料	1306	122	8369339.82	25833.41	13391.00	25225.26	1310.96
医疗保健	631	75	3317974.97	21600.58	12762.66	15194.32	1094.31

续表

行业名称	挂牌家数	做市家数	股份总量（万股）	总资产均值（万元）	净资产均值（万元）	营业收入均值（万元）	净利润均值（万元）
日常消费	589	53	3749970.33	27079.52	14164.03	22618.03	1076.26
金融	149	18	9145313.65	564475.54	117930.96	69291.34	8747.90
公用事业	117	13	1572861.90	61623.91	24443.67	25583.17	1763.48
能源	109	15	816017.17	30147.59	12837.76	25370.60	889.35
房地产	89	7	488766.59	21361.34	11275.27	18532.42	1516.13
电信服务	36	7	163475.30	13906.54	8089.29	17261.09	930.89

资料来源：海瀛新锐，Wind

3. 地域分布

附录表 4－3　2018 年各省市挂牌公司情况概览表

所属地域	挂牌家数	全国占比（%）	股份总量（万股）	总资产均值（万元）	净资产均值（万元）	营业收入均值（万元）	净利润均值（万元）
广东	1638	15.32	8213137.9	20639.1	10498.8	17831.6	892.5
北京	1440	13.47	11086511.7	33839.0	15637.0	17420.4	992.7
江苏	1273	11.91	6715026.5	26039.3	10890.3	16551.1	954.7
浙江	932	8.72	4985353.4	24024.3	11069.3	22520.4	1084.2
上海	904	8.46	4500849.2	22402.7	10637.4	26468.7	596.2
山东	624	5.84	4088566.6	67742.8	15539.0	20892.8	1406.0
福建	373	3.49	2175369.8	26518.7	10132.3	15070.9	1018.7
河南	371	3.47	2218595.7	23621.7	12536.1	14347.6	1040.9
湖北	360	3.37	1720375.0	20154.0	9885.9	15531.5	780.0
安徽	340	3.18	2742006.1	33037.2	14194.5	17972.0	1204.0
四川	311	2.91	1688497.0	19045.0	9980.7	13456.9	784.7
河北	243	2.27	1564176.8	28797.1	12927.4	18065.5	1249.7
湖南	223	2.09	1422580.7	25537.6	11832.2	18947.0	1235.0
辽宁	223	2.09	1419758.9	22457.9	12208.5	13617.9	933.0
天津	194	1.81	861070.9	21543.3	9678.0	18510.9	868.5
陕西	159	1.49	1044144.4	32146.8	17581.0	18300.6	2293.3
江西	146	1.37	885107.4	23216.6	11191.6	18518.4	1101.5
重庆	132	1.23	809366.7	22138.1	11230.6	14794.5	804.8
云南	94	0.88	701139.6	41197.5	17454.4	20133.8	399.3
黑龙江	94	0.88	595142.7	22647.7	12678.5	16476.0	1198.1
山西	89	0.83	484055.7	17216.0	9243.1	9640.7	620.2
新疆	87	0.81	584849.3	45556.2	15032.1	16960.6	1262.9
吉林	85	0.80	446119.7	21184.8	10216.6	11225.2	721.6

续表

所属地域	挂牌家数	全国占比（%）	股份总量（万股）	总资产均值（万元）	净资产均值（万元）	营业收入均值（万元）	净利润均值（万元）
广西	76	0.71	508171.8	22087.7	12009.5	15463.5	410.5
内蒙古	66	0.62	554103.0	38070.1	17103.6	21936.9	1197.1
宁夏	58	0.54	355434.1	25742.6	13658.5	16095.0	1026.6
贵州	54	0.51	394341.8	40812.8	13166.8	16140.4	435.5
海南	39	0.36	416536.2	66239.6	25595.1	24346.3	2073.0
甘肃	35	0.33	377766.3	45684.9	25209.1	26340.1	3947.5
西藏	20	0.19	146578.3	37106.6	24863.6	24114.8	2591.4
青海	6	0.06	102200.0	61945.5	25167.4	12090.7	1107.3

资料来源：海瀛新锐，Wind

4. 退市

2018 年，共有 1517 家退市，较 2017 年 709 家增长 114%。

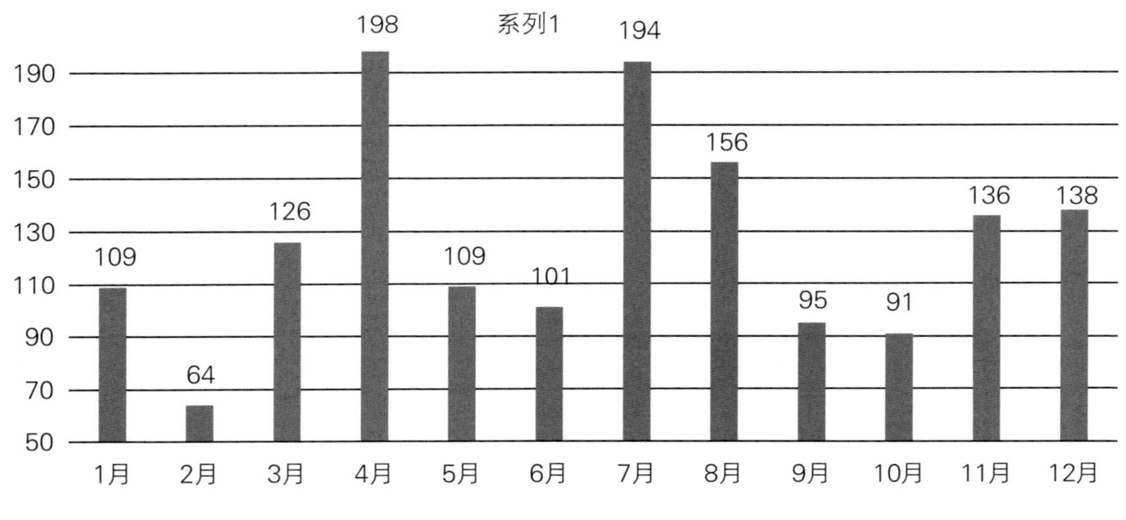

附录图 4－2　2018 年月度退市家数图

资料来源：海瀛新锐，Wind

随着新三板挂牌“13 条红线”、负面清单等政策出台，预计 2019 年摘牌企业数将进一步增加。

附录表 4－4　退市原因汇总表

退市原因	家数	退市原因	家数
连续三年亏损	1	暂停上市后未披露定期报告	112
吸收合并	3	生产经营调整	566
转板上市	48	其他不符合挂牌的情形	787

资料来源：海瀛新锐，Wind

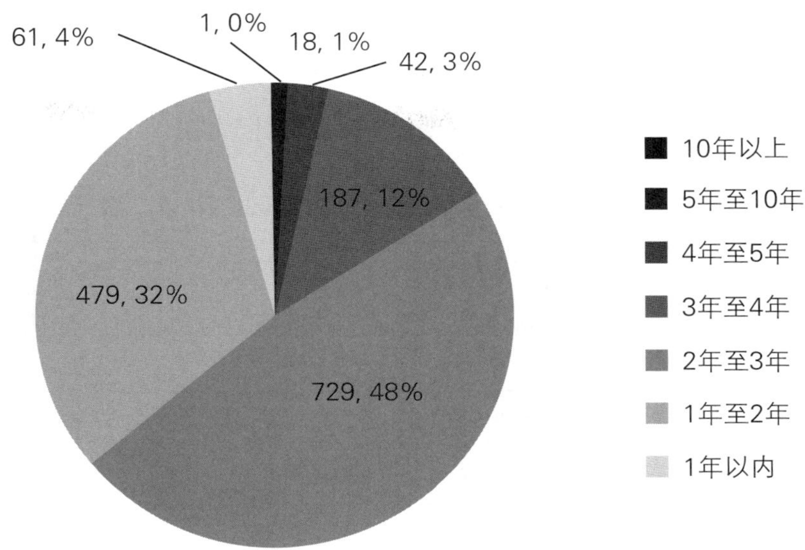

附录图 4－3　退市公司持续挂牌时间图

资料来源：海瀛新锐，Wind

三、一级发行市场

1. 新增挂牌同比下滑 71%

2018 年以来，新三板市场挂牌公司数持续下降，新增挂牌公司数量减少，主动摘牌公司数急剧增加。截至 2018 年底，累计新增挂牌公司 583 家，其中 19 家当年即摘牌退市；而 2017 年为 1971 家，新增挂牌量仅为 2017 年的 29.6%。4 月后，各月新增挂牌公司数量基本保持平稳。

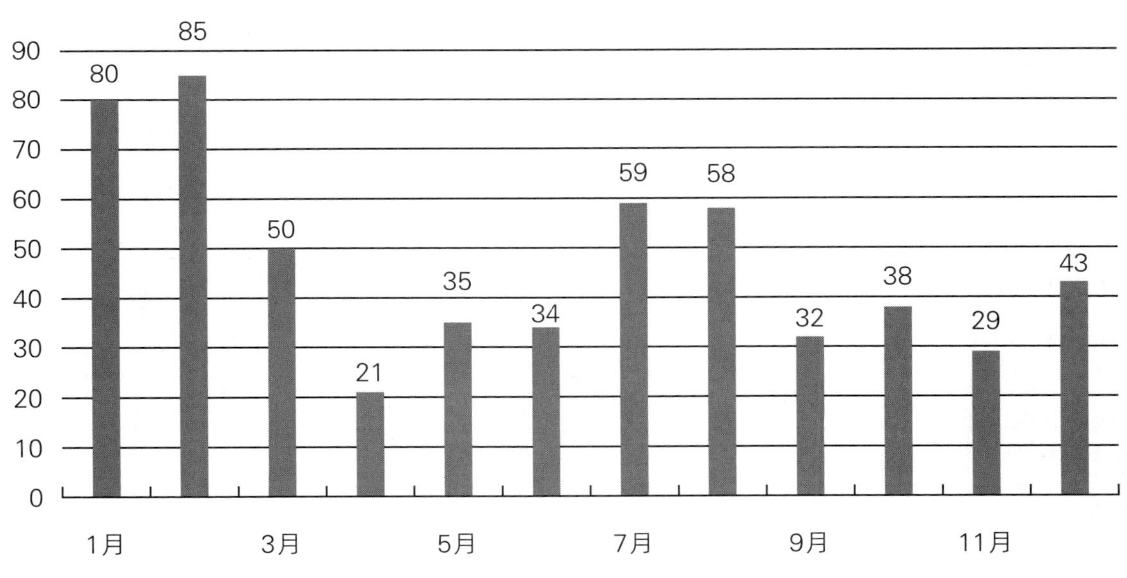

附录图 4－4　2018 年月度新增挂牌公司数量

资料来源：海瀛新锐，Wind

2. 新增行业：主要为资本货物、软件与服务、商业和专业服务

以新增挂牌公司家数统计，行业分布主要为资本货物、软件与服务、商业和专业服务。以总资产统计，新增行业主要为材料Ⅱ、多元金融、资本货物。

附录表4－5　新增挂牌公司数量行业分布情况（Wind二级行业）

Wind二级行业	家数	总资产平均值（万元）	总营收平均值（万元）	净利润平均值（万元）	总股本平均值（万股）
电信服务Ⅱ	1	2840.08	2766.72	218.24	1200.00
多元金融	1	2072994.02	631505.25	32962.17	130150.00
银行	1	1361917.82	61150.53	25213.81	81421.56
食品与主要用品零售Ⅱ	2	5589.95	5552.53	310.77	4565.87
保险Ⅱ	3	6596.09	11111.16	502.61	5000.00
家庭与个人用品	5	7617.94	9690.78	372.81	1531.15
半导体与半导体生产设备	6	3024.67	4095.40	476.41	766.67
运输	7	7213.55	11690.80	209.89	2233.95
公用事业Ⅱ	8	25327.41	9048.95	1201.93	6879.20
汽车与汽车零部件	9	39610.68	24805.60	23.7	15202.08
房地产Ⅱ	10	4789.99	4811.46	207.76	1318.42
能源Ⅱ	11	21295.24	26176.97	665.31	4738.84
制药、生物科技与生命科学	13	9974.90	7943.09	654.11	3378.01
零售业	16	10860.69	24922.85	585.99	1947.49
媒体Ⅱ	17	6403.33	6459.36	559.5	2476.45
消费者服务Ⅱ	18	10774.02	7527.11	431.6	5064.77
医疗保健设备与服务	18	20196.45	22719.50	1035.37	2577.34
耐用消费品与服装	25	13366.36	19341.39	569.77	4651.48
食品、饮料与烟草	33	15995.64	16746.12	1187.83	5036.63
技术硬件与设备	44	8360.70	9315.93	697.02	2315.24
材料Ⅱ	71	36437.48	20396.49	−1658.61	7978.77
商业和专业服务	71	17426.12	10343.56	1153.68	4147.93
软件与服务	74	9535.17	10407.53	1391.66	2090.91
资本货物	100	13865.25	10825.76	137.05	4209.79
总计	564	22221.30	14475.24	540.22	4605.96

资料来源：海瀛新锐，Wind

3. 增发

（1）增发总次数下降明显

挂牌企业融资难度继续增加，实施完成的增发总次数为 1249 次，是 2017 年 2058 次的 60.7%。

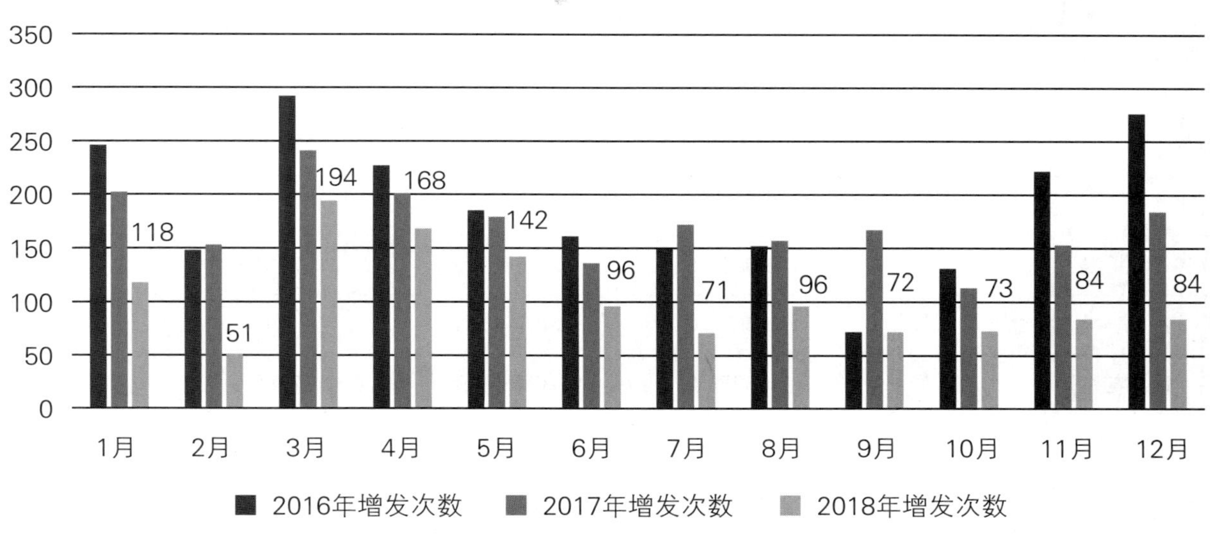

附录图 4－5　2016—2018 年完成增发次数月度对比

资料来源：海瀛新锐，Wind

（2）募集资金为 2017 年的 54%

2018 年实施完成的募资总额为 494 亿元，是 2017 年 913.65 亿元的 54.07%。

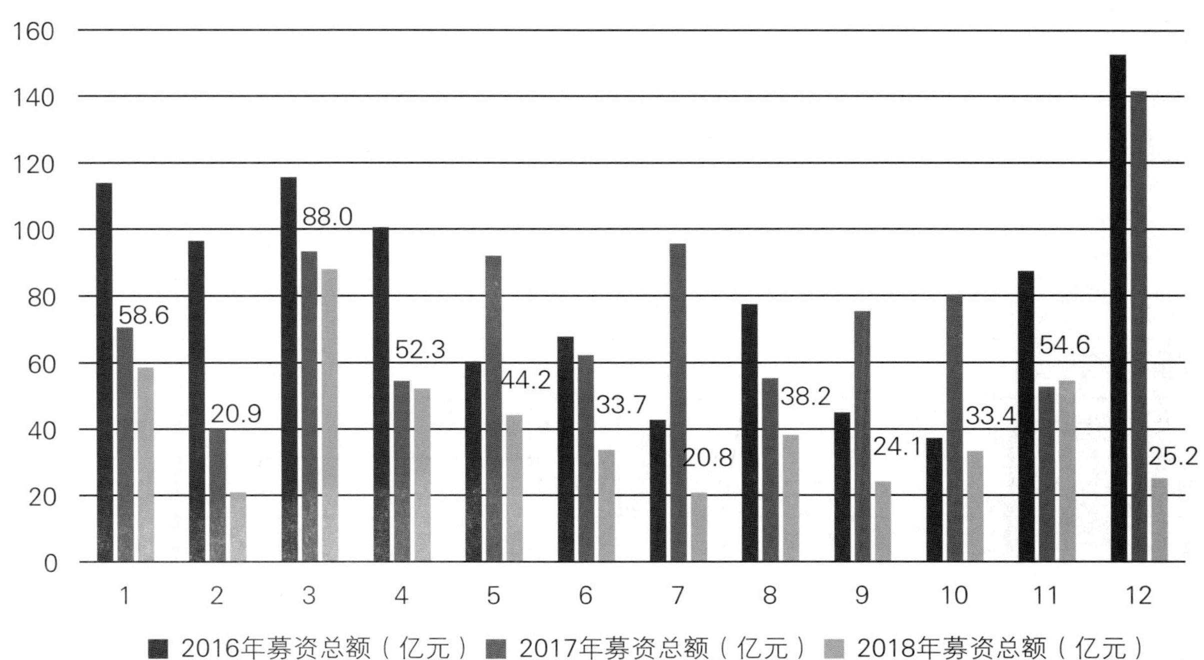

附录图 4－6　2016—2018 年增发融资额月度对比

资料来源：海瀛新锐，Wind

（3）行业分布

资本货物、软件与服务等定增融资较多。

附录表4-6 2018年实现定增融资的行业分布（Wind行业）

Wind行业	2018年增发数量（万股）	2018年实募总额（万元）	2017年增发数量（万股）	2017年实募总额（万元）
资本货物	178822.5	932650.8	264213.7	1057641.4
软件与服务	114383.1	637952.2	227638.3	1777282.0
材料Ⅱ	119722.0	579591.7	261665.0	1138683.4
商业和专业服务	98887.6	425081.7	153900.7	704582.1
制药、生物科技与生命科学	54972.6	407765.3	73244.7	652165.3
食品、饮料与烟草	65281.0	381817.3	121889.0	632452.3
技术硬件与设备	60077.7	268569.5	104411.2	579409.8
房地产Ⅱ	100538.5	196260.4	10445.2	47538.2
汽车与汽车零部件	30379.2	162901.9	45499.9	203836.7
银行	35000.0	144900.0	133091.0	508050.2
医疗保健设备与服务	25948.1	143646.8	29720.6	134707.4
耐用消费品与服装	25417.4	132059.9	46724.0	249057.4
消费者服务Ⅱ	37602.9	120968.9	49489.4	339536.0
媒体Ⅱ	13822.1	102739.3	41779.2	322112.4
零售业	25700.9	76662.2	25965.8	89841.8
运输	10071.8	52507.6	39757.2	114454.5
公用事业Ⅱ	23089.4	51220.7	112508.5	198258.5
能源Ⅱ	6745.0	27652.2	18812.3	49001.0
食品与主要用品零售Ⅱ	4778.0	27123.7	1557.0	10905.9
半导体与半导体生产设备	3121.3	22406.0	12061.2	68342.7
家庭与个人用品	4861.7	21640.0	3262.9	29517.8
多元金融	4355.6	15524.8	99674.8	177535.0
保险Ⅱ	1980.0	8050.0	3448.4	43531.0
电信服务Ⅱ	325.0	650.0	876.8	7972.0
总计	1045883.2	4940342.6	1881636.6	9136414.7

资料来源：海瀛新锐，Wind

（4）融资前十名

2018 年实施增发融资金额最高的是主营锂电池正极材料的杉杉能源，完成融资额 20 亿元，募集资金在 10 亿元以上的还有主营开发区运营管理的武侯高新，以及地方农商行如皋银行。

附录表 4－7　2018 完成融资募集金额 TOP10（按金额排序）

名称	预计募集（万元）	实际募资（万元）	发行对象	大股东认购比例（%）	大股东认购方式	Wind 行业
杉杉能源	200000.00	200000.00	机构投资者			资本货物
武侯高新	175647.00	175647.00	大股东，机构投资者	93.21	债权	房地产 Ⅱ
如皋银行	144900.00	144900.00	大股东，机构投资者，境内自然人	31.92	现金	银行
纽米科技	122100.00	30000.00	大股东，机构投资者	66.67	现金	材料 Ⅱ
参仙源	95632.05	95632.05	境内自然人			食品、饮料与烟草
天士营销	70000.00	52000.00	大股东	100.00	现金	医疗保健设备与服务
森萱医药	55871.62	55871.62	大股东	100.00	资产	制药、生物科技与生命科学
民基生态	53986.99	53986.99	机构投资者			商业和专业服务
泽生科技	50700.00	50400.00	机构投资者，境内自然人			制药、生物科技与生命科学
剑门旅游	48000.00	48000.00	机构投资者			消费者服务 Ⅱ

资料来源：海赢新锐，Wind

4. 债券发行

2018 年共有 12 家企业发行各类债券，较 2017 年的 16 次减少了 4 次。2018 年，累计发行各类债券 16.05 亿元，较 2017 年的 116.862 亿元减少了 86%。

附录表 4－8　2018 债券发行概况表

公司简称	发行起始日	发行期限（年）	特殊期限	债券评级	主体评级	票面利率（%）	特殊条款	增信方式	上市地点	发行规模（亿）
阿尔特	2018-01-31	3.0		—		6.50		不可撤销连带责任担保	上海	0.60
德鑫物联	2018-02-09	3.0	2+1	—		6.80	回售，调整票面利率	不可撤销连带责任担保	上海	0.30
赛莱拉	2018-02-12	3.0	2.5018	AAA		7.23	债券提前偿还	不可撤销连带责任担保	深圳	0.30
君实生物	2018-02-23	6.0	3+3	—		10.35	赎回，回售		上海	2.00
西谷数字	2018-06-14	1.0	365D	—		7.50		不可撤销连带责任担保	上海	0.05

续表

公司简称	发行起始日	发行期限（年）	特殊期限	债券评级	主体评级	票面利率（%）	特殊条款	增信方式	上市地点	发行规模（亿）
美兰股份	2018-06-29	3.0		—		7.70		质押担保	深圳	0.20
树业环保	2018-08-10	4.0	3+1	AAA	AA-	7.50	调整票面利率，回售	不可撤销连带责任担保	银行间	2.00
树业环保	2018-08-10	4.0	3+1	AAA	AA-	7.50	调整票面利率，回售	不可撤销连带责任担保	上海	2.00
革新百集	2018-10-22	3.0	1+1+1	—		7.50	回售，调整票面利率	不可撤销连带责任担保	上海	0.10
中国康富	2018-11-07	3.0	1+1+1	—	AA+	7.00	回售，调整票面利率		上海	5.00
信中利	2018-11-07	5.0	3+2	AAA	AA-	7.80	回售，调整票面利率	不可撤销连带责任担保	深圳	3.40
金泉股份	2018-12-11	1.0	365D	—		7.00		不可撤销连带责任担保	上海	0.10

资料来源：海赢新锐，Wind

5. 分红送股

2018年共有3098家次进行了分红送股，是2017年的114%。其中，2385家次分红、504家次送股、729家次转增股份。其中现金分红金额累计是2017年的135%。

附录表4－9　2018年分红送股行业分布表

行业	家数	分红家数	送股家数	转增加数	分红（万元）	送股（万股）	转增（万股）
材料Ⅱ	379	316	45	62	511632.2	73933.7	123677.0
资本货物	604	471	99	147	405006.3	158065.3	340427.2
软件与服务	520	381	89	156	374081.4	79816.7	282953.6
多元金融	55	50	4	5	246584.8	9319.7	71557.4
技术硬件与设备	324	249	65	77	240652.0	83409.8	105985.7
商业和专业服务	318	231	64	79	235851.7	69501.6	115429.5
食品、饮料与烟草	114	80	21	30	163492.4	37511.8	140179.0
制药、生物科技与生命科学	101	78	16	21	140401.9	32955.4	50415.6
媒体Ⅱ	95	74	14	20	133978.1	16474.2	43487.5
消费者服务Ⅱ	60	46	3	14	114229.8	1672.1	40591.4
医疗保健设备与服务	81	66	11	17	98375.6	14275.5	22041.0

续表

行业	家数	分红家数	送股家数	转增加数	分红（万元）	送股（万股）	转增（万股）
银行	7	6	3	0	92692.6	27169.9	—
耐用消费品与服装	99	76	13	20	89945.9	17968.1	30984.6
汽车与汽车零部件	88	74	13	14	81900.3	19237.5	24933.1
运输	60	48	10	15	81086.5	19091.2	30888.2
公用事业 II	29	24	2	5	54109.5	22711.6	20059.2
零售业	42	32	7	10	32852.0	7841.0	28938.4
房地产 II	35	28	7	10	22200.4	8541.4	10321.4
能源 II	30	21	4	9	20175.0	3991.6	11200.6
保险 II	11	6	4	2	9853.3	7001.0	2840.8
电信服务 II	12	9	2	4	8527.9	2534.9	7582.4
半导体与半导体生产设备	13	9	1	6	5269.3	650.0	9273.6
食品与主要用品零售 II	11	5	4	4	5015.2	6010.4	5098.1
家庭与个人用品	10	5	3	2	3108.2	2250.4	5655.0
总计	3098	2385	504	729	3171022.0	721934.6	1524520.0
2017 年总计	2707	1813	522	975	2393274.0	598567.7	2164446.0

资料来源：海赢新锐，Wind

6. 推荐挂牌主办券商

2018 年有 75 家主办券商开展推荐挂牌业务，名列前 15 名如附录表 4–10 所示。

附录表 4 – 10　2018 年主办券商前 15 名

主办券商	推荐家数	可交易股份总量（万股）	总资产均值（万元）	净资产均值（万元）	营业收入均值（万元）	净利润均值（万元）
开源证券	69	53268.72	8755.40	3586.44	6866.73	326.21
国融证券	44	42383.59	8877.32	4602.94	9871.05	381.16
恒泰证券	21	26299.73	9040.73	5157.19	6153.80	350.53
东吴证券	20	7977.56	7216.63	3394.85	7990.88	232.66
中信建投	19	19799.59	24117.11	11772.77	20243.01	4346.45
安信证券	19	27616.90	12144.32	6960.26	10475.37	1128.84
申万宏源	17	67935.10	86409.88	11495.28	10631.76	2210.45

续表

主办券商	推荐家数	可交易股份总量（万股）	总资产均值（万元）	净资产均值（万元）	营业收入均值（万元）	净利润均值（万元）
长江证券	17	16616.87	16511.18	6545.18	22764.25	985.10
中泰证券	17	76311.60	24263.02	10240.61	17073.97	352.66
西部证券	16	29996.45	13561.35	7312.14	7580.41	-197.98
东莞证券	16	4818.62	8208.33	3103.31	11039.96	438.07
招商证券	14	16004.92	20116.64	8817.49	14156.08	1132.13
东北证券	13	21720.14	15941.06	11751.82	22914.71	1586.69
首创证券	13	4496.49	6917.06	2921.90	9678.39	446.13
兴业证券	12	6588.52	10286.61	6176.22	12934.49	634.99

资料来源：海瀛新锐，Wind

四、交易——指数一路下探，成交换手锐减

1. 三板指数

从指数走势来看，三板成指从年初的 1275 点下跌至 955 点，跌幅达到 25%，三板做市指数从年初的 994 点一路下跌至 719 点，跌幅达到 28%；同期中小板指数下跌 38%，创业板指数下跌 29%。

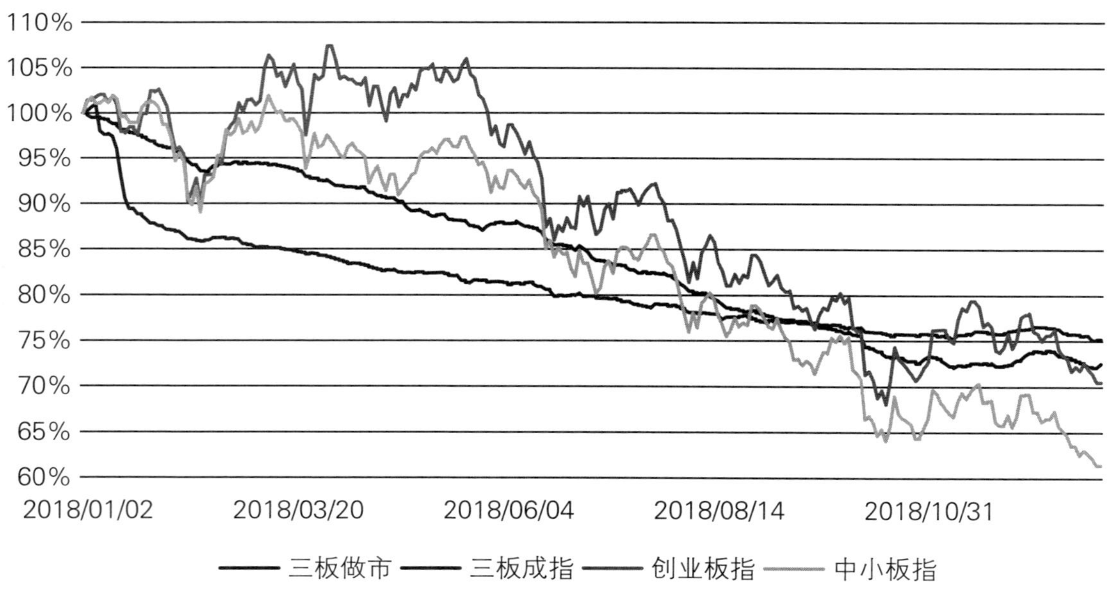

附录图 4－7　2018 年三板做市、三板成指、创业板指、中小板指对比

资料来源：海瀛新锐，Wind

2. 成交

2018 年 2 月以来，新三板成交几乎跌至冰点。2 月起新三板月度成交额不到 20 亿元，10 月成交额为全年最低，仅为 9.18 亿元；之后市场略有好转，12 月成交额达到 10.19 亿元。

附录表 4－11 新三板、中小企业板和创业板 2018 年成交数据比较

交易日期	新三板（899001.SCI）		中小企业		创业板	
	成交数量（亿股）	成交金额（亿元）	成交数量（亿股）	成交金额（亿元）	成交数量（亿股）	成交金额（亿元）
2018 年 1 月	14.13	55.31	1542.20	22181.30	829.19	14117.60
2018 年 2 月	4.16	14.15	896.37	12010.78	626.17	8841.57
2018 年 3 月	5.06	18.11	1678.81	23693.01	1220.00	19704.90
2018 年 4 月	4.67	17.03	1325.75	18881.46	1025.26	17628.85
2018 年 5 月	4.35	16.65	1532.73	21188.16	1074.93	17768.22
2018 年 6 月	3.56	13.75	1258.53	15486.97	854.78	12793.18
2018 年 7 月	3.08	11.65	1549.43	16914.71	1159.28	16192.12
2018 年 8 月	3.23	11.28	1420.53	14404.73	932.57	11369.25
2018 年 9 月	2.70	9.43	1214.02	11349.23	799.90	8633.67
2018 年 10 月	2.88	9.18	1290.18	10994.56	813.39	8528.14
2018 年 11 月	3.50	12.87	2276.47	18622.96	1311.12	13289.75
2018 年 12 月	2.73	10.19	1559.04	13254.35	952.55	9479.32

资料来源：海瀛新锐，Wind

3. 行业成交情况

2018 年，新三板中软件与服务、多元金融业、材料 II 成交最为活跃。

附录表 4－12 2018 年新三板行业成交情况

行业名称	区间成交数量（万股）		区间成交金额（万元）		区间成交占股转总成交额比（%）	
	合计	做市	合计	做市	合计	做市
软件与服务	126773.1	71135.8	441053.1	217846.9	100.0	49.4
多元金融	195472.4	106213.1	319203.8	162122.4	100.0	50.8
材料 II	77686.4	34841.5	308603.8	150437.8	100.0	48.7
资本货物	86075.4	43133.8	303438.4	146960.9	100.0	48.4

续表

行业名称	区间成交数量（万股）		区间成交金额（万元）		区间成交占股转总成交额比（%）	
	合计	做市	合计	做市	合计	做市
技术硬件与设备	69050.8	33786.5	251549.6	154936.7	100.0	61.6
制药、生物科技与生命科学	26586.1	18569.1	239046.4	188915.6	100.0	79.0
食品、饮料与烟草	32191.7	12620.0	121283.1	40620.6	100.0	33.5
商业和专业服务	65731.6	47948.2	114544.0	43354.7	100.0	37.8
媒体Ⅱ	25597.7	14742.9	87730.9	29438.8	100.0	33.6
医疗保健设备与服务	14828.7	8850.7	75592.6	41484.9	100.0	54.9
运输	18749.5	15629.1	60730.5	45496.8	100.0	74.9
耐用消费品与服装	14313.2	3710.5	56414.0	13610.6	100.0	24.1
消费者服务Ⅱ	8838.4	3496.3	53067.2	29727.9	100.0	56.0
银行	32473.2		41299.6		100.0	
能源Ⅱ	8232.2	4985.4	29281.1	15037.1	100.0	51.4
公用事业Ⅱ	5232.1	1936.5	27225.5	3761.3	100.0	13.8
汽车与汽车零部件	6418.2	3065.0	24649.1	10553.7	100.0	42.8
半导体与半导体生产设备	6928.0	4299.4	18973.2	11700.6	100.0	61.7
零售业	9793.0	1424.3	18423.3	4018.7	100.0	21.8
电信服务Ⅱ	2027.5	1863.1	10040.5	9346.6	100.0	93.1
房地产Ⅱ	1021.8	360.0	8263.9	4259.0	100.0	51.5
家庭与个人用品	1993.9	1672.0	6197.0	3054.3	100.0	49.3
食品与主要用品零售Ⅱ	1400.8	1002.5	4434.2	2591.9	100.0	58.5
保险Ⅱ	625.0	5.7	3315.8	42.8	100.0	1.3

资料来源：海瀛新锐，Wind

4. 估值情况

（1）2018年新三板估值变化情况

2018年新三板市场持续降温，整体估值一降再降。走势上，新三板估值在5月呈现横盘整理态势，说明投资价值已逐渐显现。

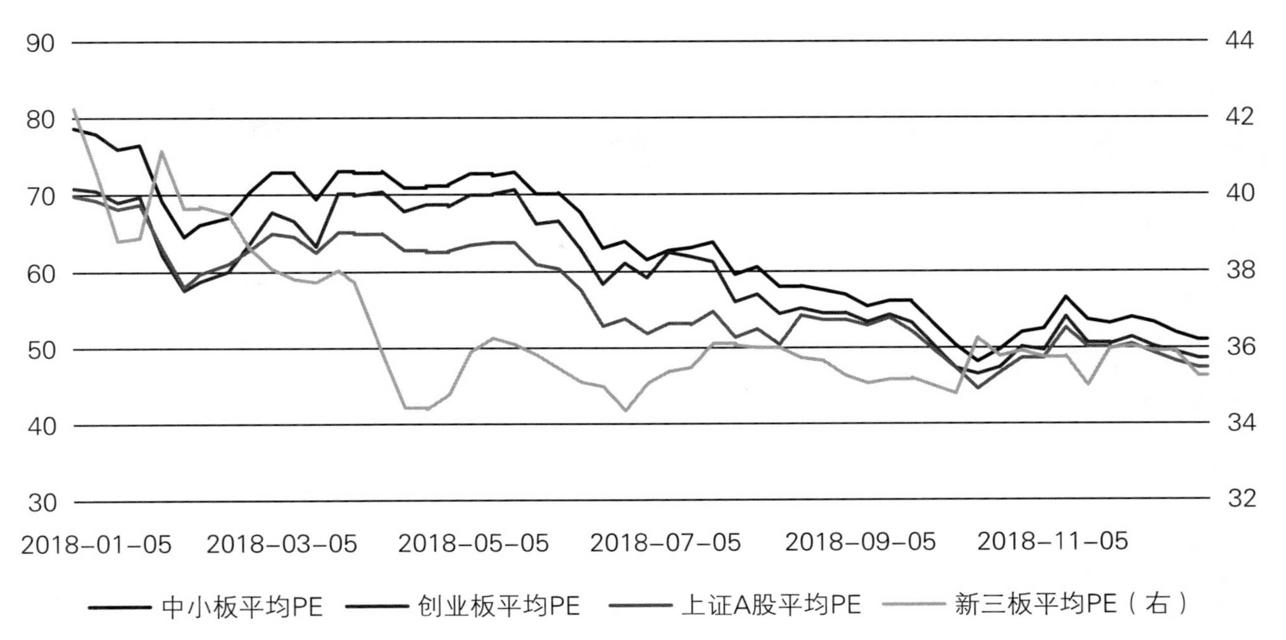

附录图 4－8　2018 年新三板、中小板、创业板、上证平均 PE 比较图

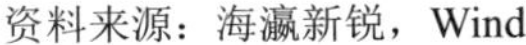
资料来源：海瀛新锐，Wind

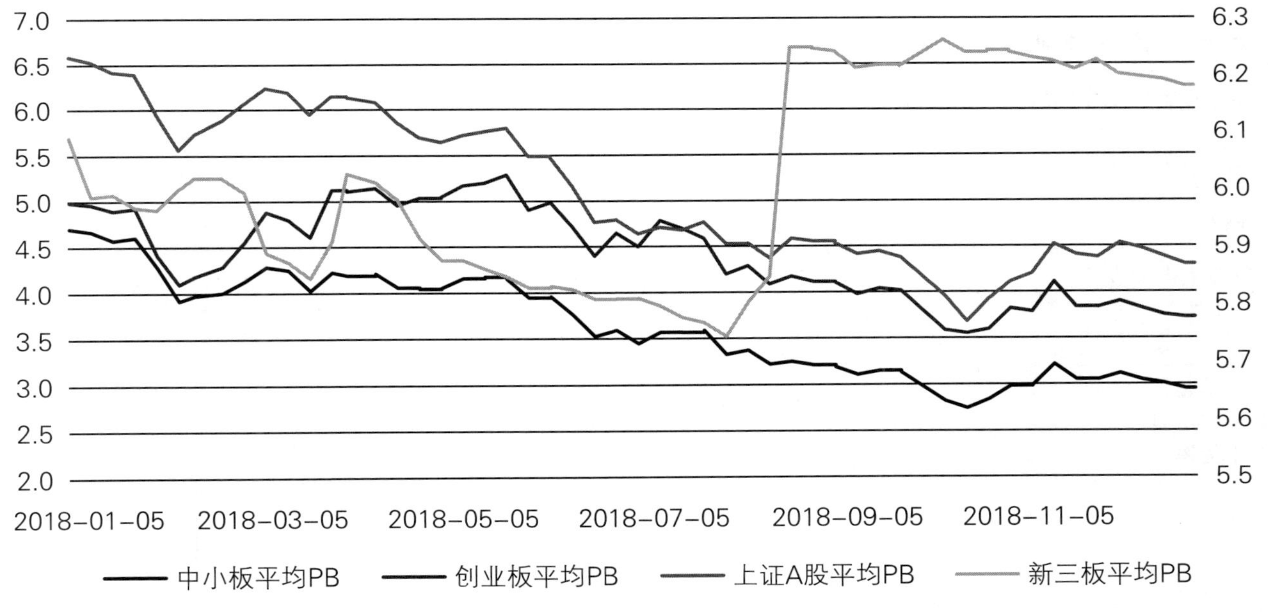

附录图 4－9　新三板（协议）、中小板、创业板、上证平均 PB 比较图（更新到年底）

资料来源：海瀛新锐，Wind

（2）行业估值

平均 PE（市盈率）前三名为医疗保健设备与服务、家庭与个人用品、电信服务Ⅱ，平均市盈率分别为 105.9 倍、92.6 倍、54.5 倍。

平均 PB（市净率）前三名的则为消费者服务Ⅱ、媒体Ⅱ、软件与服务，分别为 165.9 倍、11.7 倍、8.2 倍。

附录表 4 – 13　新三板、中小板、创业板平均 PE、PB 比较表

	新三板			中小企业板			创业板		
行业名称	公司家数	平均 PE	平均 PB	公司家数	平均 PE	平均 PB	公司家数	平均 PE	平均 PB
消费者服务 II	233	–124.3	165.9	11	134.6	–647.2	8	41.0	2.3
媒体 II	415	39.5	11.7	18	16.8	2.2	22	20.2	2.4
软件与服务	1851	23.6	8.2	51	34.7	3.2	111	15.7	3.3
医疗保健设备与服务	272	105.9	6.4	17	39.3	2.5	19	47.1	4.8
电信服务 II	34	54.5	6.2	1	109.5	2.1	1	57.4	7.3
零售业	184	21.7	4.9	8	11.9	2.1	3	–2.0	3.6
商业和专业服务	978	1.1	4.8	15	40.3	2.5	36	35.2	3.0
房地产 II	82	–27.3	4.5	13	11.7	1.3	0		
耐用消费品与服装	398	–39.8	4.5	83	–165.8	2.2	23	50.8	3.1
家庭与个人用品	39	92.6	4.3	3	29.1	2.5	1	28.9	3.6
食品与主要用品零售 II	44	–28.2	4.1	5	–6.0	2.0	1		
制药、生物科技与生命科学	317	1.8	4.0	62	27.5	3.0	65	42.2	3.8
食品、饮料与烟草	474	–148.4	4.0	52	44.4	2.4	14	42.3	3.2
保险 II	29	–22.9	3.9	0			0		
技术硬件与设备	917	4.7	3.7	96	37.7	3.1	120	55.1	3.6
汽车与汽车零部件	222	28.6	3.1	39	101.5	1.9	21	30.4	2.9
多元金融	106	11.0	3.1	11	–162.1	2.3	3	17.9	3.2
资本货物	1894	–4.0	3.1	223	44.6	2.2	180	26.3	2.7
运输	157	21.8	2.9	20	45.8	2.7	3	49.6	2.0
材料 II	1262	16.0	2.9	162	37.4	2.2	85	52.9	2.9
能源 II	104	40.8	2.8	12	7.9	1.9	4	53.1	1.9
公用事业 II	112	29.0	2.5	8	32.0	2.4	2	57.9	0.9
半导体与半导体生产设备	68	5.3	2.5	15	20.7	2.4	30	–635.1	2.9
银行	9	2.3	1.1	6	9.2	1.1	0		

资料来源：海瀛新锐，Wind

5. 做市券商排名

截至 2018 年 12 月 31 日，新三板做市商共有 93 家。

附录表 4－14　2018 做市券商做市股票个数前 15 名

券商列表	期间做市股票个数	截止日期做市股票个数	总市值（万元）	股份总量（万股）	可交易股份数量（万股）
国泰君安	19	18	3346094.64	410232.08	270752.54
天风证券	15	15	1331797.37	132004.43	99906.93
国信证券	11	11	7639710.47	404668.25	343024.47
方正证券	11	11	2421214.30	127872.76	90151.92
东兴证券	10	8	731852.52	95347.82	47504.23
安信证券	9	9	2997753.85	151391.99	87948.40
联讯证券	8	8	303556.15	51864.81	32886.51
华金证券	7	7	1509612.23	163280.29	27852.41
信达证券	7	7	262426.29	29390.18	15362.30
中银国际	7	7	241799.51	35515.31	14929.03
浙商证券	6	6	1301620.10	191452.26	62345.62
中泰证券	6	6	1398681.66	160054.26	30733.83
申万宏源	6	6	447083.13	46772.49	30296.93
南京证券	6	6	2680085.45	192835.56	138399.02
财通证券	6	6	162651.91	41248.07	21946.28

资料来源：海瀛新锐，Wind

五、并购、重组

1. 并购

2018 年，上市公司并购挂牌公司事件发生了 223 起。按照进度划分：

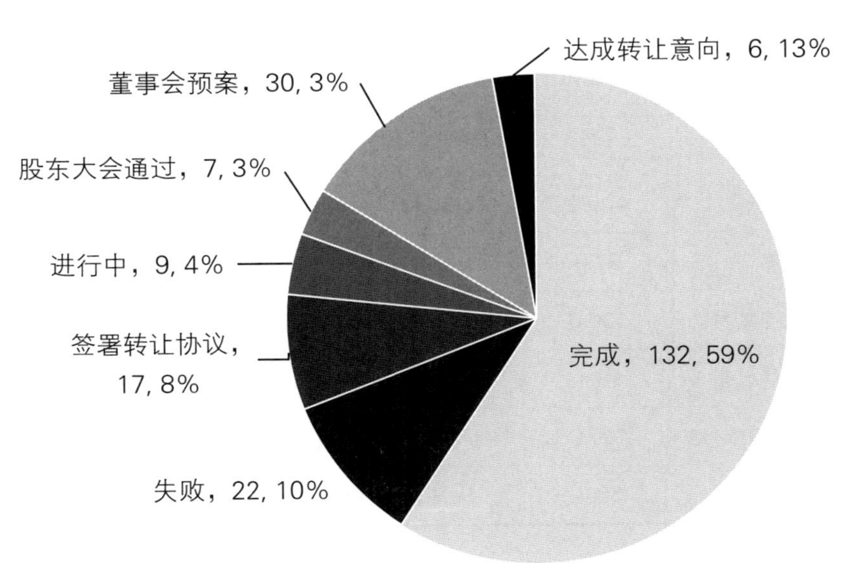

其中，完成部分，按照并购目的划分，如图：

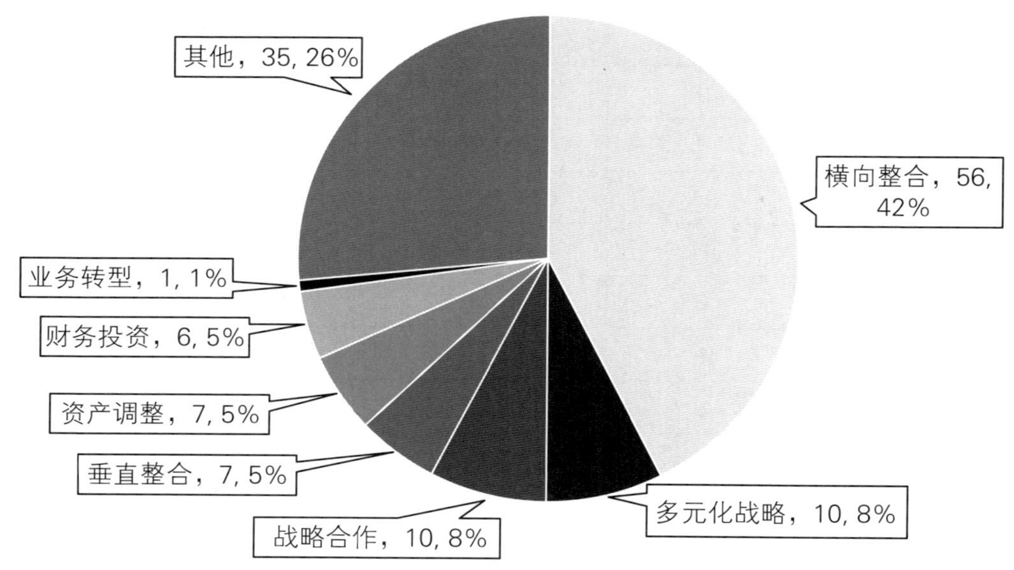

附录表 4－15　上市公司并购挂牌公司交易金额前 15 名

竞买方			目标方	交易详情		
公司名称	所属行业	受让后持股比例（%）	公司名称	并购目的	支付方式	交易金额（万元）
宝新能源	公用事业 II	42.9	东方富海	横向整合	现金	252000
天山生物	食品、饮料与烟草	96.2	大象股份（退市）	多元化战略	股权 + 现金	237261
帝欧家居	资本货物	98.4	欧神诺（退市）	横向整合	股权 + 现金	196774
金冠股份	资本货物	100.0	鸿图隔膜（退市）	横向整合	股权 + 现金	147625
航天发展	资本货物		壹进制（退市）	横向整合	股权	144976
围海股份	资本货物	88.2	千年设计（退市）	垂直整合	股权 + 现金	142932
隆平高科	食品、饮料与烟草	90.0	联创种业（退市）	横向整合	股权	138690
启迪桑德	商业和专业服务	100.0	浦华环保（退市）	横向整合	现金	130000
神州高铁	资本货物	99.6	华高世纪（退市）	横向整合	现金	92560
ST 高升	软件与服务	100.0	华麒通信（退市）	横向整合	股权 + 现金	91897
新元科技	资本货物	97.0	清投智能（退市）	横向整合	股权 + 现金	77126
黑芝麻	食品、饮料与烟草	100.0	礼多多（退市）	横向整合	股权 + 现金	70000
长方集团	半导体与生产设备	99.1	康铭盛（退市）	横向整合	现金	60100
鱼跃医疗	医疗保健设备与服务	100.0	中优医药（挂牌终止）	横向整合	现金	53729
隆平高科	食品、饮料与烟草	50.4	三瑞农科	横向整合	现金	51521

资料来源：海瀛新锐，Wind

2. 重组

据 Wind 统计，2018 年全年新三板共发生 76 次重组。

按照重组方式划分，发行股份收购资产 33 次、协议收购 31 次、二级市场收购 4 次、增资 4 次、赠予 1 次、其他 3 次。

按照重组目的划分，横向联合 46 次、多元化战略 6 次、垂直整合 3 次、资产调整 3 次、财务投资 2 次、其他 16 次。

按照进度划分，完成的 54 次、失败的 6 次、股东大会通过的 2 次、董事会预案的 14 次。

六、其他重大事项

1. 股权质押

2018 年，累计公告发生 2531 次股权质押，质押股数达 274.1 亿股。分行业质押情况如附录表 4–16 所示。

附录表 4 – 16　2018 年新三板股权质押分行业概况（Wind 二级行业）

Wind 行业	次数累计	质押股数（万股）	单笔平均质押股数（万股）
多元金融	39	709023.6	18180.1
材料 II	379	450625.9	1189.0
资本货物	484	331657.9	685.2
食品、饮料与烟草	281	249512.1	887.9
软件与服务	313	202525.0	647.0
商业和专业服务	189	140845.5	745.2
技术硬件与设备	202	128515.5	636.2
耐用消费品与服装	94	71381.5	759.4
制药、生物科技与生命科学	85	69735.9	820.4
公用事业 II	40	64962.8	1624.1
汽车与汽车零部件	68	48529.6	713.7
运输	48	45939.2	957.1
医疗保健设备与服务	40	45079.8	1127.0
媒体 II	87	41839.6	480.9
能源 II	37	38105.9	1029.9
消费者服务 II	40	31462.5	786.6

续表

Wind 行业	次数累计	质押股数（万股）	单笔平均质押股数（万股）
零售业	45	31073.2	690.5
银行	3	10986.1	3662.0
半导体与半导体生产设备	20	10279.2	514.0
房地产 II	10	8246.9	824.7
食品与主要用品零售 II	11	5361.0	487.4
家庭与个人用品	8	2820.0	352.5
电信服务 II	7	2315.2	330.7
保险 II	1	600.0	600.0
合计	2531	2741424.0	

资料来源：海瀛新锐，Wind

2. 冻结

2018 年，新三板共发生冻结股权 300 起，累计冻结 42.6 亿股。

附录表 4 – 17　2018 年新三板股权冻结分行业概况（Wind 二级行业）

Wind 行业	冻结股数（万股）	次数	平均冻结股数
材料 II	134122.32	83	1615.93
资本货物	63997.70	58	1103.41
食品、饮料与烟草	33344.40	21	1587.83
多元金融	32598.50	4	8149.63
技术硬件与设备	31610.79	26	1215.80
耐用消费品与服装	27781.88	21	1322.95
软件与服务	27702.67	33	839.47
商业和专业服务	14518.66	10	1451.87
制药、生物科技与生命科学	11789.00	8	1473.63
运输	8340.00	4	2085.00
半导体与半导体生产设备	8053.87	2	4026.93
公用事业 II	7460.38	3	2486.79
媒体 II	6191.49	9	687.94

续表

Wind 行业	冻结股数（万股）	次数	平均冻结股数
消费者服务 II	5907.22	4	1476.80
医疗保健设备与服务	4202.73	3	1400.91
能源 II	2713.54	5	542.71
房地产 II	2523.00	1	2523.00
零售业	1561.97	2	780.99
汽车与汽车零部件	1043.70	2	521.85
电信服务 II	102.459	1	102.46
合计	425566.27	300	1418.55

资料来源：海瀛新锐，Wind

3. 诉讼仲裁

2018 年，新三板共发生诉讼仲裁 1906 起，累计涉案金额 164.0 亿元。

附录表 4 - 18　2018 年新三板诉讼仲裁分行业概况（Wind 二级行业）

Wind 行业	涉案次数	涉案金额（万元）
资本货物	488	470172.55
技术硬件与设备	141	172696.34
材料 II	235	170088.75
耐用消费品与服装	124	139392.62
商业和专业服务	133	112326.88
软件与服务	189	110173.81
公用事业 II	73	88438.35
多元金融	58	84523.99
能源 II	41	61523.23
媒体 II	86	52537.50
食品、饮料与烟草	103	50647.06
消费者服务 II	37	34524.38
医疗保健设备与服务	40	28400.99
制药、生物科技与生命科学	27	12437.64

续表

Wind 行业	涉案次数	涉案金额（万元）
汽车与汽车零部件	40	11920.80
零售业	27	9626.86
运输	19	7377.52
房地产Ⅱ	22	7369.79
食品与主要用品零售Ⅱ	12	6040.41
半导体与半导体生产设备	1	5676.14
银行	3	1700.00
家庭与个人用品	4	1350.00
电信服务Ⅱ	3	717.81
总计	1906	1639663.41

资料来源：海瀛新锐，Wind

4. 处罚

2018 年，新三板共发生处罚 1084 起，累计处罚金额 4564 万元。

附录表 4 – 19　2018 年新三板处罚分行业概况（Wind 二级行业）

Wind 行业	处罚次数	处罚金额（万元）
保险Ⅱ	15	72.90
材料Ⅱ	193	1557.29
多元金融	45	64.80
房地产Ⅱ	3	3.00
公用事业Ⅱ	20	22.47
技术硬件与设备	72	201.25
家庭与个人用品	1	0.00
零售业	26	23.30
媒体Ⅱ	36	24.06
耐用消费品与服装	63	207.64
能源Ⅱ	19	66.37
汽车与汽车零部件	29	189.80

续表

Wind 行业	处罚次数	处罚金额（万元）
软件与服务	125	341.04
商业和专业服务	68	250.03
食品、饮料与烟草	71	229.85
食品与主要用品零售 II	8	79.00
消费者服务 II	13	42.20
医疗保健设备与服务	23	76.35
银行	3	90.00
运输	12	104.94
制药、生物科技与生命科学	30	198.57
资本货物	209	719.37
总计	1084	4564.22

资料来源：海瀛新锐，Wind

附录表 4－20　处罚类型次数及金额

处罚类型	次数	处罚金额（万元）
出具警示函	173	0.00
公开处罚	329	4534.22
公开处罚，责令改正	1	30.00
公开批评	13	0.00
公开谴责	5	0.00
公司自查	1	0.00
监管关注	88	0.00
其他	11	0.00
要求提交书面承诺	37	0.00
责令改正	425	0.00
责令整改	1	0.00
总计	1084	4564.22

资料来源：海瀛新锐，Wind

5. 关联交易

2018 年，新三板共发生关联交易 8357 起，累计发生金额 398 亿元。

附录表 4 – 21　2018 年新三板关联交易分行业概况（Wind 二级行业）

	关联交易次数	关联交易金额（万元）
半导体与半导体生产设备	103	41107
保险 II	121	6599
材料 II	1122	586216
电信服务 II	9	592
多元金融	207	203999
房地产 II	346	30969
公用事业 II	119	71159
技术硬件与设备	688	310547
家庭与个人用品	13	5464
零售业	104	78014
媒体 II	289	51673
耐用消费品与服装	245	50200
能源 II	72	37061
汽车与汽车零部件	131	45481
软件与服务	1144	685269
商业和专业服务	892	179878
食品、饮料与烟草	497	128089
食品与主要用品零售 II	98	11884
消费者服务 II	269	160634
医疗保健设备与服务	224	126749
银行	24	373431
运输	202	116114
制药、生物科技与生命科学	367	167731
资本货物	1071	513630

资料来源：海瀛新锐，Wind

6. 股权转让

2018年，新三板共发生股权转让4055起，累计发生金额153.79亿元，涉及股数127.81亿股。

附录表4－22　2018年新三板股权转让分行业概况（Wind二级行业）

股权转让	次数	交易金额（万元）	转让数量（万股）
半导体与半导体生产设备	32	1298.55	2128.65
保险Ⅱ	5	0.00	576.50
材料Ⅱ	458	87382.79	169572.13
电信服务Ⅱ	4	0.00	923.18
多元金融	32	54940.70	358903.68
房地产Ⅱ	27	7383.50	4448.00
公用事业Ⅱ	26	5371.19	8587.60
技术硬件与设备	332	68292.23	44311.14
家庭与个人用品	12	14079.00	10970.84
零售业	111	32933.49	21034.42
媒体Ⅱ	167	43297.12	19138.30
耐用消费品与服装	137	24560.37	33412.32
能源Ⅱ	27	1889.04	3702.06
汽车与汽车零部件	81	72308.22	27996.96
软件与服务	869	529675.22	211168.17
商业和专业服务	348	75472.84	50759.49
食品、饮料与烟草	207	78029.38	51181.32
食品与主要用品零售Ⅱ	25	4780.30	5046.32
消费者服务Ⅱ	91	69332.52	40862.92
医疗保健设备与服务	105	17908.68	11023.88
银行	1	947.16	350.80
运输	62	15733.78	28129.19
制药、生物科技与生命科学	189	95290.36	30019.93
资本货物	707	237009.08	143892.55
总数	4055	1537915.51	1278140.35

7. 股权激励

2018年，新三板共发生股权激励166起，其中实施的64起、股东大会通过的92起、股东大会未通过的1起、停止实施的9起。

成功实施的，涉及股票的59起、涉及期权的5起。

附录表4－23　2018年新三板股权激励分行业概况（Wind二级行业）

股权激励行业	激励总数（万股/万份）	激励次数
材料Ⅱ	3734.2	8
电信服务Ⅱ	325.0	1
多元金融	873.0	1
公用事业Ⅱ	750.0	2
技术硬件与设备	2329.4	8
零售业	373.3	2
媒体Ⅱ	500.0	1
汽车与汽车零部件	296.3	1
软件与服务	1999.6	12
商业和专业服务	2401.2	10
食品、饮料与烟草	76.5	1
消费者服务Ⅱ	108.0	1
医疗保健设备与服务	764.1	3
制药、生物科技与生命科学	844.4	4
资本货物	1326.3	9
合计	16701.3	64

七、2019年展望

1. 深化新三板改革，成2019年重点工作之一

12月24日，证监会召开党委（扩大）会议，传达学习中央经济工作会议精神，研究2019年推进资本市场改革发展稳定工作。

会议明确了证监会下一步要做好的九个方面重点工作。除了提及尽快确保在上交所设立科创板并试点注册制尽快落地之外，深化新三板改革也是2019年重点工作之一。

2. 深入论证再分层，吸引优质企业

2018 年 11 月 23 日，全国股转公司表示精选层的推出，将有效呈现新三板市场的企业特征，满足市场多元化投资的需求，进而推进新三板的发展；同时，可让优秀挂牌企业有更好的发展环境。

3. 持续转板，涌现“新三板 +H 股”案例

2018 年，多家三板企业携三类股东顺利通过发审会，表明三类股东历史遗留问题通过穿透和清理操作，已不再成为转板障碍。

2018 年 4 月 21 日，全国股转公司与香港交易所签署了合作备忘录，双方欢迎对方符合条件的挂牌 / 上市公司在本市场挂牌 / 上市的申请，继“A+H 股”后创新推出了“新三板 +H 股”的新模式，为挂牌企业提供了新的上市途径。12 月 24 日首例“新三板 +H 股”最终花落君实生物 –B（01877. HK）。君实生物 –B 主要从事创新药研发，2015 年 8 月 13 日在新三板挂牌，此次赴港上市共发行约 1.59 亿股，发售价格 19.38 港元，募资净额约 29.44 亿港元。首日较发行价上涨 22.55%。

可以预计，将有更多三板企业转板或“新三板 +H 股”成功。

4. 严格监管，违规处分力度持续加大

近年来，处分违规力度持续加大：一是由于监管机构对新三板市场的监管不断加强；二是说明目前挂牌公司、公司高管等市场参与各方的违规现象依然较多，各类违规行为层出不穷；三是除了少部分“明知故犯”的情况，违规行为的不断出现也部分由于挂牌公司、公司高管等对于相关法律法规的不了解，说明法制管理尚未到位。

2018 年 12 月 14 日，在新闻发布会股转回复提问时，指出“挂牌公司定期报告被会计师事务所出具持续经营能力存在不确定意见的，全国股转公司将组织专业力量，对其定期报告进行重点审查，重点关注影响公司持续经营能力的具体事项，对发现的问题责令公司作出解释说明或进行公开问询，要求公司充分披露经营情况及财务状况变动。在日常监管中，全国股转公司将以信息披露为监管核心，要求主办券商切实加强持续督导工作，督促挂牌公司及时披露影响公司持续经营能力具体事项的重要进展，必要时须做好风险提示工作”。

可以预计，2019 年监管将继续持续严格；同时，将颁布更多的披露、完善规则等规定，这将有助于使新三板市场获得长期规范、健康、有序的发展。

5. 文化企业新三板融资增多

2018 年 12 月 25 日，国务院发布公告《国务院办公厅关于印发文化体制改革中经营性文化事业单位转制为企业和进一步支持文化企业发展两个规定的通知》。文件指出，通过公司制改建实现投资主体多元化的文化企业，符合条件的可申请上市。鼓励符合条件的文化企业进入中小企业板、创业板、新三板、科创板等融资。鼓励符合条件的文化企业通过发行企业债券、公司债券、非金融企业债务融资工具等方式扩大融资。

6. 免征所得税，新三板成交将渐热

2018 年 12 月 7 日，财政部、国家税务总局、证监会联合发布通知，明确了个人转让新三板挂牌公司股票有关个人所得税政策。文件明确规定，自 2018 年 11 月 1 日（含）起，对个人转让新三板挂牌公司非原始股取得的所得，暂免征收个人所得税。通知所称非原始股是指个人在新三板挂牌公司挂牌后取得的股票，以及由上述股票孳生的送、转股。同时，对个人转让新三板挂牌公司原始股取得的所得，按照“财产转让所得”，适用 20% 的比例税率征收个人所得税。